학봉상 수상논문집 1

2015~2020

서울대학교 법학전문대학원 편

박영사

머리말

학봉상은 재일동포 실업가이셨던 故 학봉 이기학 선생(1928~2012)의 철학과 이념을 기리고 소중한 뜻을 계승하고자 제정되었습니다. 열한 살에 일본으로 건너간 학봉 선생은 온갖 어려움을 이겨내고 일본에서 사업가로 성공하신 후 학봉장학회를 설립하여 귀중한 재산을 사회에 환원함으로써 재일교포 사회는 물론 한국사회에도 큰 귀감이 되셨습니다.

서울대학교 법학전문대학원은 학봉장학회의 후원을 받아 학봉상을 제정하여, 우리 사회가 직면하고 있는 여러 문제에 대한 근원적 해답을 찾기 위해 2015년부터 매년 논문 주제를 제시하고 논문을 공모하여 시상해 왔습니다. 이것은 차별 없는 사회, 기회의 균등, 인간의 존엄성을 무엇보다도 소중히 여긴 학봉 선생의 뜻을 받드는 한편, 각계각층의 다양한 사람들의 지혜를 모아 우리 사회가 당면하고 있는 수많은 난제들에 대한 해답을 모색하기 위함이었습니다.

지금까지 제시된 주제들은 우리 사회가 당면하고 있는 도전과 과제를 망라하고 있습니다. “한일 문화교류와 양국관계의 미래”(2015년 제1회), “청년 실업, 세대간 갈등, 한국 사회의 미래는?”(2016년 제2회), “저출산 사회: 일, 가정, 삶의 균형”(2017년 제3회), “대북정책의 과거, 현재, 미래”(2018년 제4회), “불신사회에서 신뢰사회로: 정치, 사법, 언론, 기업”(2020년 제5회) 등 우리 사회의 미래를 진지하게 고민하는 사람이라면 피해갈 수 없는 문제들입니다.

이번에 펴내는 <학봉상 논문집>은 지난 제1회부터 제5회까지 학봉상 논문 분야의 수상작을 모은 책입니다. 기성 학자, 연구원, 학생 등 다양한 필자들의 열정과 고민이 담겨 있는 수상작들은 이미 학봉상 홈페이지에 전문이 공개되어 있지만, 이렇게 책으로 만들어 세상에 더 널리 알릴 수 있게 되어 매우 기쁘게 생각합니다. 이 책에 담긴 문제의식과 대안들이 우리 사회의 당면 과제를 해결하고 미래를 준비하는 데에 도움이 되길 바라는 마음이 간절합니다.

선친의 유지를 받들어 학봉상을 제정하시고 학봉상의 더 나은 운영을 위해 열정을 다하시는 이연현 학봉장학회 이사장님께 깊은 감사를 드립니다. 오랫동안 학봉상 심사위원장을 맡아주시고 이 책의 발간을 맞아 축사를 써주신 정운찬 전 국무총리님께도 깊은 감사를 드립니다. 바쁘신 중에도 언제나 식견과 지혜를 나눠주시는 학봉상 운영위원회의 운영위원님들, 매년 심사를 맡아주신 심사위원님들, 그리고 상을 받든 받지 못했든 학봉상의 취지에 공감하고 열정을 다해 논문을 작성하여 응모해 주셨던 많은 분들께도 따뜻한 감사의 말씀을 전합니다. 편집실무를 담당한 서채원 조교와 전문가의 솜씨로 깔끔한 책을 만들어 주신 박영사의 관계자 분들께도 감사 드립니다.

2021년 늦은 가을,

서울대학교 법학전문대학원장 한 기 정

학봉상 논문집 인사말

먼저 매우 사적인 말씀부터 드리겠습니다.

저희 학봉장학회를 창설하신 선친 학봉 선생은 한 십년전에 제 팔 안에서 숨을 거두셨습니다. 팔 안에서 사람을 떠나 보낸 것은 그때가 처음이었고, 그 경험으로 말미암아 저는 여러 가지 생각을 하게 되었습니다.

하루하루 실감하기는 어렵지만, 모든 인간, 나아가 전 인류에게 공통된 한가지가 있다면 우리 모두는 언젠가 반드시, 혹은 조만간 죽게 된다는 것이 아닐까 생각합니다. 매우 당연한 말씀이지만 우리는 떠날 때, 아무것도 가져갈 수가 없습니다. 하지만 죽으면서 할 수 있는 단 하나의 일이 있다고 생각합니다. 다름 아닌 무언가를 남기고 갈 수 있다는 것 아닐까요.

선친 학봉 선생이 젊은 나이에 전혀 넉넉하지 못할 때부터 고향인 전남 화순군에서 여러 장학사업을 계속하시고 나중에 장학회를 설립하시게 된 것도, 당신이 바라던 무언가를 고향 사람들과 고국에 남기고 가고 싶으셨기 때문이었을 것이라고 저는 여깁니다.

그렇다면 우리가 이 세상에 남기고 갈 수 있는 가장 소중한 것은 무엇일까요. 그것은 결코 돈이 아니라 바로 '사람'이라고 생각합니다. 여기서 말하는 사람이란 우리 자식들만 말하는 것이 아니라, 어떤 형태로든 서로서로 관계를 맺고 있는 모든 사람들입니다.

사람과 더불어 또 하나 우리가 남기고 가는 것은, 이 사회입니다. 왜냐하면 이 사회는 바로 우리가 만든 것이니까요.

그러나 지금 우리가 살고 있는 사회는 과연 우리 아이들이나 손자들, 더 나아가 많은 사랑하는 사람들에게 남겨 주고 가고 싶은 사회인지 묻고 싶습니다. 현재 우리 사회를 생각해보면 문제가 한두 가지가 아니기 때문입니다.

저출산에 따른 인구감소, 고령화 사회와 노인 빈곤, 소득 양극화에 따른 극심한 빈부격차, 청년실업에 세대 갈등, 젠더 갈등까지 겹치고 있습니다. 저성장에 따른 산업 경쟁력 약화로 국가 경쟁력도 떨어져 가고 있고 세계적인 정치 포퓰리즘 물결을 탄 정치불신과 좌우 이념 갈등, 편가르기도 심각합니다. 대외적으로는 미중 양극화 시대에 지정학적 리스크와 남북 갈등에 이르기까지, 대한민국은 정말 온갖 사회문제가 모여 있는 백화점 같아 보입니다. 여기에 대한민국만의 문제는 아니지만 지구 온난화라는 기후변화 문제까지 맞닥뜨리고 있습니다.

생각할수록 더욱 골치가 아픈 것은, 이런 문제들이 각기 독립된 현상들이 아니라 서로 얽히고 설켜 있어 직선적인 해법이 없고 문제의 원인을 파악하기도 복잡해서 풀기가 쉽지 않다는 겁니다.

슬픈 사실이지만 이런 문제들은 자연발생적으로 생겨난 것이 아니라 우리 스스로가 만들어 온 것들의 결과물임을 부정할 수가 없습니다.

결국 단번에 해결하는 쾌도난마식의 신통한 해결방법은 없다고 생각합니다. 또 돈이나 한 두 사람의 정치적인 지도자의 힘만으로도 해결될 수 있는 일도 아닙니다. 복잡한 사실을 복잡한 대로 인정하고 받아들이며 하나씩 하나씩 변화시켜 나가기 위한 지렛대를 찾아 우리 스스로를 바꾸어 가면서 현상과 현실을 조율해 나가는 수 밖에 없다고 봅니다.

보다 나은 사회를 남기기 위하여 조금이라도 할 수 있는 일이 없을까,

그러기 위해서는 우선 복잡한 현 상황에 대한 사실과 데이터를 수집해 상황을 진단하고 파헤치고 방안을 강구해 나가는 것이 우선이라고 생각했습니다. 그런 터전의 하나를 제공하고자 하는 것이 우리 학봉상의 목적입니다.

여러 해 고민을 거듭해 오다가 서울대 법대의 힘을 빌려서 이 시도를 할 수 있게 된 것은 정말 행운이라고 생각합니다. 이 작은 시도가 어떤 결실을 맺게 될지 아닐지는 모르지만, 그 또한 언제나 우리의 노력에 달려 있음을 매번 저 자신에게 되새기고 있습니다.

그러한 시도를 가능한 한 계속 이어 나가는 것이 생전에 선친께서 보다 나은 사회를 위해 뭔가 조금이라도 보태고 남기고 가고자 했던 일을 제 나름대로 이어받고 실천해 나가는 하나의 방도라고 생각하고 있습니다.

저의 이런 생각에 공감해 주시고 함께 걸음을 시작해 주신 당시 서울대 법대 학장이셨던 정상조 교수님, 이어 법대 학장으로서 계속 학봉상의 추진과 발전에 힘을 써 주신 이원우 교수님, 조홍식 교수님, 장승화 교수님, 현 학장이신 한기정 교수님께 우선 감사드립니다. 그리고 지난 5년간 논문 심사위원장을 맡아 물심양면으로 도와주신 정운찬 전 서울대 총장님께도 감사드립니다.

학봉상의 모든 운영은 '학봉상 운영위원회'에서 결정됩니다. 일일이 성함을 열거할 수 없지만 귀한 시간을 내주시고 적극 참여해서 도와 주시고 계신 운영위원분들께 이 자리를 빌어 감사 인사를 올립니다.

마지막으로 학봉 장학회 창립부터 학봉상 창설 및 운영에 이르기까지 모든 면에서 변함없이 저를 도와주고 힘을 주었던 저의 가장 친했던 친구, 그러나 지금은 하늘나라에 있는 차형근 변호사께도 이 자리를 빌어 진심으로 감사 말씀을 올리겠습니다.

재단법인 학봉장학회
이사장 이 연현

축사: 학봉상 수상 논문집 출판을 바라보며

정운찬 동반성장연구소 이사장

서울법대 학봉상은 재일동포 사업가이셨던 고(故) 학봉 이기학 선생(1928~2012)의 철학과 이념을 기리고 소중한 뜻을 계승하고자 만들어진 상입니다. 고 이기학 선생은 1928년 전남 화순군 청풍면에서 태어나 11살 때 일본으로 건너가서 고학으로 메이지(明治)대 법학부를 졸업했으나, 한국인이라는 이유로 대기업 합격이 취소되자 와코물산과 와코테크니카를 창업해 자수성가하신 분입니다. 와코(和光)라는 회사명도 고향 화순(和順)과 광주(光州)의 첫 글자를 따서 지을 정도로 애향심이 남다른 분이셨다고 합니다. 30대부터 고향에 틈틈이 행하던 기부활동을 체계적으로 진행하기 위해 2005년 학봉장학회를 설립했고, 2012년 타계하면서 전 재산을 학봉장학회에 유증(遺贈)하셨습니다.

재일교포이자 서울법대 졸업생인 이연현 학봉장학회 이사장(78학번)은 부친 학봉 이기학 선생의 유지를 받들어 서울법대 학봉상을 제정하고 지난 5년 동안 논문대회를 열어왔습니다. 그 취지는 더불어 사는 나눔의 삶을 추구하면서 차별 없는 사회, 기회의 평등, 인간의 존엄성을 무엇보다도 소중히 하자는 것이었습니다. 5회에 걸쳐 축적된 우수논문은 우리 사회를 보다 개방적이고 미래지향적으로 만드는데 기여할 것으로 믿습니다. 홍보를 조금 더 활발히 했더라면 더 좋은 논문도 나올 수 있었을 것이라는 아쉬움도 있었지만 선정된 논문들은 모두 훌륭한 논문이었다고 생각합니다.

제1회 수상작인 '일본인 종군기자의 한국전쟁 보도와 그 성격'과 '한일공동선언 이후 문화·인적 분야의 교류 전개'는 한일 문화교류란 주제에 잘 부합하는 논문이었습니다. 6·25전쟁 당시 한국에서 활동한 일본 종군기자는 해방 후 첫 한일 민간교류라는 점에서 의의가 있습니다. 한국과 일본은 과거도 현재도 좋아지기 어려운 관계입니다. 그러나 미래에는 한일공동선언 이후 확산된 한류 같은 문화교류가 양국 관계를 우호적으로 바꿔나가길 바랍니다.

제2회 수상작은 '노동시장의 이중구조화와 청년실업', '청년층의 노동시장 이행 유형과 그 결정요인', '현대 한국사회의 세대갈등의 기원과 전망'입니다. 한국 노동시장의 취업 및 승진 결정요인에는 학점이나 영어점수와 같은 개인 능력과 함께, 가구소득·개인적 인맥·대학 평판 등이 포함됩니다. 또한 노동시장은 크게 대졸 노동시장과 전문대·고졸 노동시장으로 나누어진 이중구조로 되어있습니다. 이러한 노동시장 문제를 해결하기 위해서는 개인적 노력과 함께 정책적 개선 노력이 필요합니다. 한편 '청년수당'과 '기초연금'으로 불거진 세대 갈등은 정치권이 정략적 이해득실에 따라 조장하는 경향이 있습니다. 7, 80년대 고도 경제성장기와 달리, 2021년 현재 한국 사회는 저성장과 양극화의 늪에 빠져있습니다. 이러한 시대에 사회에 진출해야 하는 젊은 세대들은 높은 청년 실업률과 비정규직 증가 앞에 좌절하고 있습니다. 수상작은 이러한 한국 사회의 노동문제와 세대 갈등 문제의 해결 방향을 잘 정리했다고 생각합니다.

제3회 수상작은 '기혼의 취업여성이 인식하는 일', '한국 사회의 비혼·저출산 가치관은 어떻게 성별과 시기에 따라 상이한가?'입니다. 취업여성은 일과 가정의 관계 속에서 만족과 활력을 얻는 한편 양육 부담을 많이 느끼고 있습니다. 그리고 여성의 사회참여를 활성화하기 위해서는 가정의 구성원인 남성을 정책적으로 '아버지'로 만들어야 합니다. 2021년 현재 한국은 세계에서 출생률이 가장 낮은 국가 중 하나입니다. 인구가 줄어들면 노동력이 줄어들고 경제성장이 큰 타격을 입게 됩니다. 또한 연령별 인구 구성이 불균형하게 되면 건강보험이나 연금과 같이 지속가능한 사회를 뒷받침하는 제도들이 허물어질 위험이 있습니다. 이러한 현실에서 취업한 여성들이 미취업 여성들보다 더 높은 결혼·출산 경향을 보이는 것은 희망이 있다고 생각합니다.

제4회 학봉상 주제는 남북문제와 통일이었습니다. 수상작은 '남한-북한-미국 간 전략적 삼각관계의 변화', '민족통일론에서 시민통일론으로: 민족주의 통일론의 위기와 대안', '남북 통일합의서의 절차적 요건에 관한 연구' 이상 세 개 논문입니다. 독일, 베트남, 예멘이 통일된 지금 세계의 분단국가는 중국, 키프로스 그리고 한국이 남았습니다. 남북문제와 통일은 한국 사회의 오래된 숙제라고 할 수 있습니다. 수상작은 현재 남북미가 공존하는 관계를 유지하면서, 추상적인 '민족'이나 '공동체'가 아닌 자유민주주의와 시장주의를 기반으로 남북 개개의 시민이 서로를 수용하며 변화하는 통일이 바람직하며, 평화적 통일의 로드맵이 될 '통일합의서'에 헌법적인 효력을 부여하기 위해 국민투표를 통한 조인 과정이 필요하다고 말합니다. 북한의 핵무기 위협이 현실화된 지금, 냉철하고 합리적인 판단과 대처가 무엇보다도 필요합니다. 우리는 원칙과 기본으로 돌아가야 합니다. 대화와 타협을 통하여 국민적인 공감대를 형성하는 것이 과거 어느 때보다 절실히 필요합니다.

제5회 수상작은 '신뢰정부 구현을 위한 새로운 접근'입니다. 이 논문은 신뢰받는 정부를 구현하기 위한 기초작업으로 정부의 신뢰와 불신을 가져오는 요인들과 그 상호관계를 분석하여 정부에 대한 신뢰가 변동하는 메커니즘을 실증적으로 규명하고자 하였습니다. 이상과 같은 학봉상 수상 논문들이 독자들과 한국 사회의 문제를 공유하고, 문제 해결을 위한 국민적 공감대 형성에 도움이 되기를 기대합니다.

감사시선행지모(感謝是善行之母), 즉 감사는 선행의 어머니라는 말이 생각납니다. 이연현 이사장이 조국에서 법학을 공부할 수 있게 해준 서울법대를 위해 행한 선행에 박수를 보냅니다. 앞으로도 학봉상을 통하여 독창적이고 실현가능한 사회문제 해결 방안들이 활발히 제시되기를 바랍니다. 감사합니다.

차례

제1회 학봉상

米津篤八 (요네즈 토쿠야), 日本人 從軍記者의 韓國戰爭 報道와 그 性格 -韓日 文化交流의 原點-(日本人従軍記者の韓国戦争報道とその性格 ―日韓文化交流の原点) (일반부문 장려상)

岡見 浩史 (오카미 히로시), 한일공동선언 이후의 문화·인적 분야에서의 교류의 진전 – 일본 내 한국 대중문화를 중심으로 (日韓共同宣言以降の文化·人的分野における交流の進展 ―日本における韓国大衆文化を中心に―) (일반부문 장려상)

제2회 학봉상

박미희 · 홍백의, 청년층의 노동시장 이행 유형과 그 결정요인 (일반부문 우수상)
/ 139 /

송은호 · 이가현, 현대 한국사회의 세대갈등의 기원과 전망: 세대균열과 세대주의를 넘어서 (일반부문 장려상)
/ 181 /

제3회 학봉상

第4회 학봉상

박천우 · 오현정, 남한-북한-미국간 전략적 삼각관계의 변화 (대상)
/ 305 /

노현종, 민족통일론에서 시민통일론으로: 민족주의 통일론의 위기와 대안 (우수상)
/ 369 /

강민식·김광수, 남북 통일합의서의 절차적 요건에 관한 연구 (장려상)
/ 403 /

제5회 학봉상

이하영 · 강혜진, 신뢰정부 구현을 위한 새로운 접근: 신뢰와 불신의 비대칭성, 그리고 신뢰수준별 차이를 중심으로 (연구논문부문 장려상)
/ 443 /

제1회 학봉상

/

일반부문 장려상

日本人 從軍記者의 韓國戰爭 報道와 그 性格
-韓日 文化交流의 原點-

米津篤八(요네즈 토쿠야)*

논문 초록

1951년 7월 한국전쟁이 교착 상태에 빠져 휴전회담이 시작된 시기에 일본인 종군기자 일행이 한국으로 파견되었다. 그들은 한국이 독립된 후 처음으로 한반도 땅을 밟은 기자들이었다. 신문사, 통신사, 방송사 등 모두 16개 언론사 18명으로 구성된 일본인 기자단은 UN군 영관급 장교 신분 종군기자로 7월 11일 서울 김포비행장에 도착했다. 이후 1953년 7월 휴전협정 체결 때까지 2년간에 걸쳐 60여명의 일본인 기자가 파견되었다.

그들은 미8군으로부터 온갖 편의를 제공받으며 한국 국내를 자유롭게 돌아다니면서 취재활동을 했는데 기사를 일본에 보낼 때는 미리 미군 검열관의 엄중한 검열을 받아야 했다. 그러한 제약 속에서도 그들은 한국전쟁의 추이는 물론 한국의 사회상이나 민심, 대일감정 등을 취재하고 일본 독자들에게 소개했다. 그러한 취재 태도는 다른 나라에서 온 종군기자가 전황을 중심으로 보도한 것과는 달리 일본인 기자만의 특징이라 할 수 있다. 그 이유는 그들이 일본어로 직접 한국인을 취재할 수 있었기 때문이다. 나아가 그들의 기사에서는 그 시기 일본인이 갖고 있었던 한국의 이미지까지 읽을 수 있었다는 점에서 오늘의 한일 관계를 생각하는 데 귀중한 선례를 보여준다.

일본인 기자들은 폐허가 된 서울 거리를 돌아다니면서 전쟁의 비참함과 식민지 조선의 흔적을 발견했다. 동시에 적극적으로 한국인을 만나 반공의식과 식민주의의 잔재가 얽힌 대일 감정, 일본 재무장에 대한 기대와 경계심이 뒤섞인 복잡한 여론, 앞으로의 한일 관계에 대한 기대와 희망 등을 자세하게 기사화하고 이

* 한국어 번역가, 히토쓰바시대학 사회학연구과 박사과정

를 일본 독자들에게 전해 주었다. 휴전회담 반대 여론이 고조됐을 때는 격렬한 시위 장면을 사진과 함께 일본 독자에게 전해 주었고 미 해군기지에서 일하는 일본인 기술자의 모습이나 한국인과 결혼하여 서울에 머물고 있는 일본인 여성의 소리 등 일본과 한국전쟁의 생생한 관계를 밝혀냈다.

그러나 일본인 종군기자의 활동은 처음부터 큰 한계를 가지고 있었다. 우선 파견 당시 그들은 미군의 강한 통제 아래 있었고 미국의 이익에 반하는 사실을 보도할 수는 없었다는 것이다. 예를 들어 서울을 파괴한 주체가 미군의 공중폭격이었다는 사실조차 쓰지 못했다. 그리고 일본인 기자들은 식민주의적 사고방식을 벗어나지 못했다. 서울을 경성(京城)이라 부르고 일본어로 취재하는 것을 당연시했다. 이러한 태도는 취재 대상이 된 한국인 지식인층의 친일적·반공적 성향과 결부됨으로써 한국인들이 일본과의 관계 개선을 최우선시하고 있다는 인상을 주는 기사들을 생산시켰다. 이 경향은 후에 한일 협정의 성격을 예상케 하는 것이었다.

그러한 반공적·친일적 보도 태도는 한국전쟁을 기점으로 본격화되는 동아시아에서 미국의 일본 중심의 새로운 수직적-차별적 냉전질서 구축과 지체된 한일 양국의 탈식민화가 낳은, 즉 새로운 한미일 구조가 낳은 '자연스런' 귀결이었다.

그러나 일본이 독립하고 일본 국내에서 미군의 검열이 폐지된 후에는 일본인 기자 나름의 독자성을 발휘했다. 휴전회담 반대 시위의 이면에 흐르는 한국인의 염전(厭戰)주의 또는 평화에 대한 염원을 적극적으로 일본 독자에게 전해주는 동시에 그때까지 주류를 이룬 반공주의적 한국전쟁관을 벗어나 '내전론'에 기초한 새로운 시각을 제공했다. 그것은 제2차 세계대전에서 괴멸적인 타격을 입은 일본인의 민족적 경험에 기초한 '평화주의'의 반영이기도 했다.

일본인 종군기자의 활동은 한일 양국에서 과거의 기록에 파묻혀 거의 잊혀져 있지만 그들이 남긴 보도 내용과 경험은 앞으로 건전하고 건설적인 한일 관계를 구축하는 데 있어서 극복해야 할 과제와 가능성을 보여주고 있다.

日本人 從軍記者의 韓國戰爭 報道와 그 性格
-韓日 文化交流의 原點-

米津篤八(요네즈 토쿠야)

머리말

이른 아침, 며칠 동안 계속되던 비는 아직 그치지 않았다.

비를 보고 기자실에 레인코트를 두고 온 것을 알아차린 UP통신 서울특파원 잭 제임스는 지프차를 몰고 미 대사관으로 향했다. 오전 8시를 조금 지나고 있었다.

대사관에 도착하고 차를 내린 그는 일요일인데도 현관문 앞에 서 있는 첩보 장교의 모습을 발견했다.

제임스를 본 장교는 이렇게 말을 걸었다.

"큰일 났다. 제8사단을 제외하고 전면적으로 월경해 온 모양이다."

제임스는 즉시 기자실로 뛰어들고 전화기를 잡았다.[1)]

"38선 지역에서의 단편적인 보도에 의하면 북한은 일요일 아침 전경계선에서 전면 공격을 개시했다."[2)]

제임스가 9시 50분에 타전한 서울발 전문(電文)은 미 대사관이 본국에 타전한 보고보다도 빨랐다.[3)] 제임스의 기사가 도쿄의 교도통신(共同通信) 외신부로 날아온 것은 1950년 6월 25일 오전 10시 35분이었다. 한 기자가 한국의 통신사로 확인 전화를 했지만 전화를 받은 사람은 "우리도 UP의 전문을 보고 놀랐다"고만 할

---

1) 《新聞協会報》 1950년 7월 20일자 〈UP通信社ジャック・ジェームス特派員記〉

2) 한국외국어대학교 국제커뮤니케이션연구소, 1990 《한국전쟁의 동서보도 비교》 한국언론연구원, 9쪽.

3) 같은 책, 9쪽.

뿐 아무런 정보도 가지고 있지 않았다.[4] 마이니치신문(毎日新聞)도 UP의 기사를 받자마자 곧바로 호외를 발행했다. 이는 일본에서 최초로 한국전쟁을 보도한 호외였다. 마이니치신문의 확인 전화를 받고 처음으로 전쟁 발발을 알아차린 경향신문도 마찬가지로 호외를 발행했다.[5]

선수를 친 마이니치신문에 질세라 아사히신문(朝日新聞)은 서울의 외교부와 국방부, 서울시청, 각 언론기관에 국제전화를 신청했다. 같은 날 오후 1시 30분, 서울신문사 오종식 논설주필과 전화가 연결되었다. 그 인터뷰는 〈동란의 현지에 묻다/京城－본사 국제전화/전선에서 반격 전개/한국, 최후의 승리를 믿다〉란 제목으로 지면을 장식했다.[6] 아사히신문은 그 후도 계속 한국 신문사를 통해 사태를 파악했고, 27일에는 〈경성 함락 직전/한국 수도 대전으로 이전〉이라는 제목으로 조선인민군의 진격을 지도와 함께 게재했다.[7] 한국의 신문이 "군 당국의 검열을 받아 전황을 왜곡 보도한" 데 비해 일본의 신문이 "오히려 훨씬 사실에 가까운 보도를 했다"는 평가는 주목할 만하다.[8]

한편 일본공산당 기관지 《아카하타(赤旗)》는 6월 26일, 연합군최고사령관총사령부(General Head－quarters of the Supreme Commander for the Allied Powers, GHQ)의 지령에 의해 30일간의 발행 정지 처분을 받았다. 논설에서 남한의 북침(北侵)을 주장한 점이 문제시된 것이었다. 27일자 아사히신문 조간은 〈《아카하타》를 처단/"조선 문제에서 허위 보도"〉라는 제목으로 GHQ의 특별발표를 보도했지만 무엇이 "허위"였는지에 관해서는 언급하지 않았다.[9]

이상에서 한국전쟁 발발 당시 일본 언론의 보도 흐름을 시간의 추이에 따라 살펴보았다. 당시 일본은 미군의 점령 하에 있었고, 따라서 일본 언론은 자의적으로 한국에 특파원을 파견할 수 없었다. 대신 일본 언론은 미국 언론을 통해 정보를 수집하면서 한국 신문사나 군에 전화를 걸어 사실과 정황을 확인하려고 시도했다. 일본 언론의 그러한 노력은 어느 정도 성공했고, 일본 독자들에게 비교적 정확한 전황을 알릴 수 있었다. 그러나 그것이 가능했던 것은 서울 함락까지의 3일간에 지나지 않았다.

---

4) 共同通信社社史刊行委員会編, 1996《共同通信社50年史》共同通信社, 120쪽.
5)《한국전쟁의 동서보도 비교》, 10, 11쪽.
6)《夕刊朝日》1950년 6월 25일자.
7)《朝日新聞》1950년 6월 27일자.
8)《한국전쟁의 동서보도 비교》14쪽.
9)《朝日新聞》1950년 6월 27일자.

일본 언론들에게 현장에 기자를 보낼 수 없는 상황은 틀림없이 답답했을 것이다. 일본은 지리적으로 전장인 한반도에서 가장 가까운 곳이며, UN군에 기지와 무기를 제공하는 형태로 전쟁에 협력했다. 더구나 한반도와 현해탄을 사이에 둔 규슈(九州) 북부에는 미군 전투기가 출격하는 이타즈케(板付) 공군 기지도 있었다. 6월 29일 밤에는 "국적 불명 비행기가 접근 중"이란 미군 정보를 받아 규슈 북부에 경계경보가 발령되었고, 7월 11일에는 고쿠라(小倉, 현 기타큐슈시北九州市)에서 160여 명의 미군 흑인병사들이 출동을 기피해 탈영한 뒤 진압부대와 시가전을 벌이는 미증유의 사건이 일어나기도 했다. 그러나 미군에 의한 엄중한 보도 통제로 인해 이러한 사건들은 1단의 작은 기사로 보도되었을 뿐이다.[10)]

이렇듯 한반도에서 벌어진 전란은 일본인들에게도 중대한 관심사였으나, 그럼에도 불구하고 미군이나 미 언론이 제공하는 정보는 일방적인 것이고 이론(異論)을 보도하는 언론사는 GHQ의 "처단"을 받을 터였다.

전선이 교착 상태로 접어든 1951년 7월 11일, 즉 개성에서 휴전회담이 열린 다음 날이 돼서야 일본인 기자들은 한국의 현장을 직접 취재할 수 있게 되었다. 이 날 일본의 신문사, 통신사, 방송국 등 모두 16개사에서 선발된 18명이 도쿄 하네다 비행장을 출발하여 서울 김포 비행장에 도착했다. 이들은 일본 패전 후 최초의 한국 특파원, UN군 소속 종군기자들이었다. 이호영은 "일본인 기자가 한국전선에 파견되었다는 사실은 전후 최초의 일이라는 점에서 의의"[11)]가 있다고 평가했지만, 그 사실은 오늘날까지도 한일양국에서 그리 널리 알려지지 않았다. 일본의 주요 언론이 한국전쟁의 휴전 협정 체결까지 합계 60명 이상의 기자를 파견했음에도 불구하고, 그 사실은 거의 잊혀지고 있는 듯하다. 종군기자들의 활동을 전해주는 책은 거의 없고 각 언론사 사사(社史)에도 단편적인 기술 이상으로는 나오지 않는다.

---

10) 朝日新聞社百年史編修委員会編, 1995《朝日新聞社史 昭和戦後編》朝日新聞社, 117~118쪽. 《体験者に聞くテーマ別戦後新聞史第2号 朝鮮戦争報道》, 1998, 日本新聞協会研究所, 4쪽. 흑인병 탈영 사건은 8년후인 1958년에 고쿠라 출신의 작가 마쓰모토 세이초(松本清張)가 소설화했다. 이 소설에서 마쓰모토는 한국전쟁에 투입된 흑인병사들의 높은 사망률이 사건의 배경에 있었다고 보았다(《黒地の絵》光文社, 1958). 한편《体験者に聞く…》에서는 사건의 동기를 "미군 보병 25사단 24연대, 장교 이외는 모두 흑인으로 구성된 부대로 일본에 진주하고 이제 전쟁은 끝났다고 생각했는데 UN군에 편입되고 한국전선에 투입되는 것을 싫어해 탈영했다" 라고 설명했다.

11) 李虎栄, 1998《日本のメディアにおける朝鮮戦争の報道に関する研究》上智大学大学院文学研究科新聞学博士論文, 62쪽.

한국전쟁은 현대 한일 관계의 원점이라고 할 수 있는 사건이다. 특히 일본인 종군기자 파견은 독립국가가 된 '대한민국'을 일본인이 직접 눈으로 보고 보도한 최초의 계기가 되었다. 그런 중요성에도 불구하고 그들의 활동이나 보도 내용에 대한 연구는 일본에서도 거의 없고 이호영[12]과 쓰치야 레이코(土屋礼子)[13]가 논문 속에서 부분적으로 다루었을 뿐이다. 이호영의 글은 일본의 주요 신문과 잡지에 게재된 한국전쟁 관련 기사, 논설, 사진 등 방대한 자료를 수량적으로 분석하여 그 시기 일본 미디어와 지식인들의 한국(전쟁)관의 전체적인 경향을 정리한 노작이다. 그는 일본인 종군기자 파견과 관련된 기본적인 사실관계나 활동에 대해서도 신문업계지 등을 이용하여 자세히 소개했지만, 그들이 쓴 기사의 구체적인 내용을 천착하지는 않았다. 한편 쓰치야의 글은 미국의 대일심리전이라는 관점에서 미군 자료를 활용하여 일본 언론의 한국전쟁 보도를 연구했다. 쓰치야는 일본 종군기자의 보도내용을 간략히 언급하면서 그들의 견문은 패전 후 일본과 아시아 제국(諸國)과의 "대화의 첫 걸음"이었다고 결론지었지만 아쉽게도 그들의 보도내용에 대한 분석이 모자란 감이 없지 않다.

이에 본고는 쓰치야와 이호영이 제시한 위와 같은 문제의식을 공유하면서 기존 연구가 다루지 못했던 일본인 종군기자의 기사 내용을 분석함으로써 한국전쟁 당시 일본의 한국 보도의 특징과 그 현대적 의의를 부각시키고자 한다. 동시에 거기서 엿볼 수 있는 당대 한국인, 한국사회의 특색을 살펴본다.

종군기자들이 쓴 기사는 비록 미군의 검열이라는 제약 아래서 쓰인 것이지만, 한국전쟁기의 한국 사회를 외부자의 시선에서 관찰한 귀중한 증언이기도 하다.

본고는 특히 휴전회담 개시 이후 휴전협정 체결까지 《아사히신문》과 《마이니치신문》에 게재된 종군기자가 쓴 기사 174편을 주된 분석 대상으로 삼았다(기사 일람은 참고자료 참조). 아사히신문과 마이니치신문은 그 시기 일본에서 발행부수가 가장 많았고 따라서 사회적 영향력 역시 컸기 때문이다. 물론 교도통신도 상당한 영향력이 있었지만 기술적인 한계 때문에 본고에서는 사용하지 않았다.[14] 그리고

12) 李虎栄, 앞의 논문.

13) 土屋礼子 2013〈対日心理戦としての朝鮮戦争報道〉《Intelligence》vol.12, 早稲田大学20世紀メディア研究所インテリジェンス編集委員会.

14) 1951년 6월의 발행 부수는 마이니치신문 425만부, 아사히신문 421만부로 각각 일본에서 1, 2위를 차지했다(日本新聞協會편, 1951《日本新聞年鑑 昭和27年版》, 247~258쪽). 교도통신은 이차대전 후 해산한 국책회사 도메이(同盟)통신사의 보도부문을 인수한 기업이며 후술하지만 GHQ도 한국에 종군기자를 파견할 때 다른 언론사에게는 기자를 한 명씩 할당했는데 교도통

한국전쟁에 대한 일본 언론의 보도와 한국의 보도를 비교하기 위해 같은 시기 《동아일보》《조선일보》를 일부 참조했다. 동일 주제를 다룬 한국의 신문과 대조함으로써 당대 일본과 한국의 한국전쟁 보도의 특징과 그 시기 양국 언론이 안고 있던 문제점과 한계를 보다 명확하게 부각할 수 있기 때문이다.

다음에 일본인 종군기자의 활동 실태와 한국 파견의 경위를 알아보기 위해 《新聞協会報》, 〈座談會 朝鮮戦線に従軍して〉(《改造 1951年9月号》改造社, 1951), 染川洋二郎〈廢墟の朝鮮をゆく〉(《地上》 5권 10호, 1951), 《昭和の戦争 ジャーナリストの証言10 朝鮮戦争・ベトナム戦争》(講談社, 1985), 《体験者に聞くテーマ別戦後新聞史 第2号 朝鮮戦争報道》(日本新聞協会研究所, 1998), 에고시 도시오(江越壽雄)씨 인터뷰(2014년 11월 실시)등을 참고했다.

I. 日本人 從軍記者의 韓國 派遣

1951년 7월 휴전회담 개최 결정과 함께 일본인 종군기자의 한국 파견이 허가된 당시 신문업계지인 《新聞協会報》는 일본인 기자 파견에 대해 다음과 같이 보도했다.

> 〈일본인 기자의 한국 파견을 허가/16사 18명이 출발〉
> 총사령부 공보처[Public Information Office, PIO]와 민간정보교육국[Civil Information and Education Section, CIE] 및 UN군 사령부가 한국 휴전회담을 취재하기 위해 일본인 기자 현지 파견을 허가함에 따라 기자단 18명은 11일 오후 2시 35분 비행기를 타고 京城[서울]을 향해 출발했다. 2차대전 후 일본인 기자가 방한하는 것은 그들이 처음인데, 일행의 활동은 총사령부 신문과가 지도하며 모두 UN종군 특파원과 동등한 대우를 받게 되어 있다.[15]

선정된 언론사는 아사히, 마이니치, 요미우리, 닛게이, 산케이, 지지신보 등 전국지 6개사와 홋가이도, 도쿄, 주부닛본, 오사카, 니시니혼 등 유력 지방지 5개,

---

신만 세 명의 기자 파견을 허용했다. 이것은 교도통신의 형향력을 고려한 결과일 것이다. 그런데 교도통신이 제공한 기사는 주로 지방신문에 게재되었기 때문에 자료 수집 상 어려움이 있다.

15) 《新聞協會報》 1951년 7월 12일자.

교도통신, 지지통신, 아크메선통신(후에 UPI통신 사진부로 통합) 등 통신사 3개, 그리고 방송사로 NHK, 영문지 닛본타임스 등 모두 16개사였다. 교도통신은 다른 회사와는 달리 3명의 기자를 파견했는데 이는 통신사를 우대하는 미국의 언론 관습 때문이었다. 제1진으로 파견된 언론사와 기자 성명은 다음과 같다.

> 산케이신문=安藤利男, 아크메선통신=江越寿雄, 교도통신=藤田一雄、渡辺忠恕、源関正寿, 마이니치신문=今村得之, 도쿄신문=笠井真男, 니혼케이자이(日本經濟)신문=木原健男, 요미우리신문=小平利勝, 닛본타임스=染川洋二郎, 지지(時事)신보=内藤男, 지지(時事)통신=千田図南男, 니시니혼(西日本)신문=小屋修一, 주부닛본(中部日本)신문=杉浦英男, 아사히신문=鈴川勇, NHK=中村重尚, 오사카(大阪)신문=吉富正甫, 홋가이도(北海道)신문=石坂欣二.[16]

기자 선정은 각사의 재량에 맡겼는데 미군의 사전 검열을 의식하여 영어로 기사 집필이 가능한 인물이어야 했다. 그래서 외국특파원 경험자나 일본계 2세 기자 등이 파견되는 경우가 많았다.[17] 예를 들어 아사히신문의 스즈카와(鈴川)는 사내에서 으뜸가는 영어통으로 일본 패전후 히가시쿠니노미야(東久邇宮) 총리가 맥아더와 면담할 때 통역을 맡았다.[18] 또 마이니치의 이마무라(今村)와 닛본타임스의 소메카와(染川)는 일본인 이민의 아들로 미국에서 태어나 이차대전 전에 조국 일본을 방문해서 교육을 받은 일본계 2세들이었다.[19]

당시 아크메선통신 카메라맨으로 제1진 종군기자가 된 에고시(江越)의 증언에 따르면 선발된 기자들은 CIE 신문과장 임보덴의 훈시를 받고 극동군 총사령부가 발행한 〈인터내셔널 트래블 오더(해외 취재 허가증)〉를 지급 받았다.[20] 트래블 오더는 "리지웨이 장군의 명으로 서울의 제8군으로 향하는 것을 허가한다"라는 내용으로, 이것만 가지고 있으면 미군의 비행기나 차량, 숙박시설 등을 마음대로 이용할 수 있었다. 역으로 트래블 오더가 없으면 아무것도 할 수 없었다. 에고시는 그 후 미군 장교의 인솔 하에 일본 외무성을 방문했다. 그의 증언을 좀 더 들어보자.

---

16) 《新聞協會報》 1951년 7월 12일자.
17) 《体験者に聞くテーマ別戦後新聞史第2号 朝鮮戦争報道》 10~11쪽.
18) 三好徹, 1988 《評伝 緒方竹虎》 岩波書店, 1988, 195쪽.
19) 今村得之, 1929 〈母國の所感〉 《母國見学記念誌》 布哇仏教青年会, 69쪽. 粂井輝子, 2009 〈友情と友好を結んで ← 敝之館からラヂオプレスへ〉 《JICA横浜海外移住資料館研究紀4》 3쪽.
20) 江越壽雄(에고시 도시오)씨 인터뷰, 2014년 11월 12일 실시.

"외무성에서 그 장교가 명령하는 거예요. 연합군 사령관의 명령으로 이 18명분의 여권을 30분 이내에 작성하라, 이런 식으로요." 그 후 그들은 미군 병참부 매점에 가서 미군 장교용 군복을 맞추었다. 대금은 미화로 지불해야 했는데, 외화가 귀중한 시대여서 개인적으로 환전할 수 없었다. 그러나 미군의 명령으로 대장성(재무부)에서 한 명당 500불씩 환전했다. UN군에 등록된 종군기자는 영관급 대우를 받는 것이 원칙이었고 일본인 기자도 예외는 아니었다. 패전국의 기자들이 갑자기 전승국(UN군) '장교'가 된 셈이다.[21]

그들은 11일 오후, 도쿄 하네다 비행장에서 C54 미군 특별수송기를 타고 4시간 만에 서울 김포 비행장에 도착했다. 그들의 숙소는 서울 종로구 내자동에 있는 미쿠니(三國) 아파트였다. 미쿠니 아파트는 1935년 미쿠니상회가 건설한 한국 최초의 근대식 아파트중 하나이며, 전쟁 후에 내자(內資) 아파트, 내자 호텔로 사용되었다. 미국은 접수한 미쿠니 아파트를 특파원 숙소(Press Billet)로 만들고 세계 각지에서 찾아온 특파원들의 숙박과 식사, 통신 등 편의를 제공하는 동시에 보도자문과(PAD, Press Advisory Division)를 설치하여 검열 작업도 했다.[22] 한국에 온 기자들은 먼저 이 특파원 숙소에서 미8군 공보과(Information Section)에 출두하고 부임 보고를 하며 특파원에 대한 주의사항이 나열된 팸플릿인 〈Information for Press Correspondents〉을 교부받았다.[23] 거기에는 UN군 공보처(PIO)의 위치, 특파원에 대한 기본정책에서부터 식당의 영업시간과 가격, 교통·통신 등 편의 사항, 검열의 요점까지 특파원이 알아야 할 주의사항들이 적혀 있었다. 이 팸플릿에 따르면, 특파원은 식사비 40센트를 개인부담 하는 것 이외에 교통비, 숙박비, 통신비 등은 한 푼도 낼 필요가 없었다. 이 팸플릿은 특파원 정책과 검열에 대해 다음과 같이 설명했다.

2) 전쟁 특파원에 대한 기본 정책

주한미8군사령부는 특파원의 업무를 쉽고 효과적으로 또 가능한 한 편하게 수행할 수 있도록 하는 특별한 목적을 위해 많은 홍보 기관을 설치했다. 한국 방문허가를 받은 모든 기자의 편의를 도모하기 위해 각종 서비스, 업무 지원, 그들의

---

21) 같은 인터뷰.

22) 《体験者に聞くテーマ別戦後新聞史第2号 朝鮮戦争報道》 12쪽.

23) EUSAK(주한 미8군) 〈Information for Press Correspondents〉 江越壽雄 씨 제공, 日本新聞博物館 소장 자료.

이익을 위한 규칙 등을 기재한다. 방한 허가는 도쿄 소재 라디오 도쿄 빌딩[방송회관]에 있는 극동군 총사령부의 몫이다. 식사를 제외한 모든 서비스는 특파원이나 그의 소속사에 대해 무료로 공급된다.

7) 검열—극비 정보

a. 극비 정보는 보도 불가하되 정황을 충분히 이해시키기 위해 신속하게 특파원에게 제공한다.

b. 특히 극비 정보와 관련된 보안 규칙을 엄수하는 것은 종군기자의 중요한 의무이다.

c. 공식·비공식을 막론하고 어떤 정보원에 의거한 모든 기사는 극동군 총사령부 PIO의 PAD에 제출하여 검열을 받아야 한다.

d. 특파원은 전화로 보안정보에 대해 말하지 않도록 유의하여야 한다.

e. 한국 국외 지역으로 전화할 때는 PAD의 제한을 받는다.[24]

이 자료가 보여주듯 종군기자들은 취재에 관한 온갖 편의를 제공받는 대신 이동, 통신, 기사 송고 등 그들의 모든 행동을 통제받았다. 전선으로 인해 북쪽이 막힌 남한 지역은 완전히 고립된 섬이 되었고 외부와의 교통수단은 도쿄발(發) 군용 비행기밖에 없었다. 특파원들은 도쿄에서 비행기를 타기 전에 UN군 사령부에 등록해야 했고, 서울에서 미8군의 협력을 받지 않으면 이동·통신 수단은 아예 없었다. 한편 미군이 마음에 들지 않는 기사를 쓴 기자를 통제하고 다시 한국에 못 들어오게 하는 것이 어렵지 않았다.

기사는 사전검열로 일본에 보내기 전에 전체 내용이 영어로 번역돼야 했고, 서울의 특파원 숙소에 있는 UN군 사령부 PAD 검열관에게 제출하여 '승인(Approved)' 도장을 받아야만 했다. 기사의 영어가 분명하지 않을 때는 병사가 "Censor calling!"이라고 외쳤는데, 그럴 경우 기자는 검열관에게 설명하러 가야 했다.[25] 사진의 경우, 특파원 숙소 내에 현상 시설이 부재하여 하루에 2번 군용 제트기와 지프차로 도쿄의 방송회관까지 보내 거기서 현상하고 총사령부 검열관의 검열을 받았다.[26]

---

24) 위와 같은 자료, 4쪽.

25) 《体験者に聞くテーマ別戦後新聞史第2号 朝鮮戦争報道》 8쪽.

26) 江越壽雄(에고시 도시오)씨 인터뷰.

에고시의 증언에 따르면, 검열 때 구두로만 주의를 받았고, 기준을 구체적으로 설명한 문서는 없었다. 하지만 PAD의 내부 자료를 보면 검열 절차나 검열 기준에 대해 꽤나 자세한 지침이 있었다는 것을 확인할 수 있다. 검열 기준은 20개 분야 88항목에 이른다. 특히 주목할 만한 항목은 다음과 같다.

- 세균전이나 전염병에 관한 기사는 G2의 심사를 받거나 GHQ PIO가 발표하기 전에 보도해서는 안 된다.
- "에이전트"라는 단어는 사용금지. 또 "민간의 정보원" 및 월남민, 전쟁 포로의 발언을 인용해서는 안 된다.
- 사진 촬영을 꺼리는 느낌이 드러나는 전쟁포로 사진은 공표해서는 안 된다.
- 제네바 협정 위반을 암시할 UN군 및 생존하는 포로 또는 포로의 시체가 찍힌 사진은 불허.
- 석방된 아군 측 전쟁 포로는 정보원(情報源)으로 공표하거나 인용해서는 안 된다.
- 심리전 계획에 관한 모든 정보는 G2 심리전과를 통해서 발표된다. PIO가 공식적으로 발표한 내용과 일치하거나 거기서 인용한 것 이외는 어떤 기사도 허가되지 않는다.(우리 측 계획과 기술을 적들이 모르면 모를수록 그들이 취할 수 있는 대항조치는 적어진다.)[27]

이 검열 기준은 "세균전", "월남민", "전쟁 포로", "심리전" 등 한국전쟁에서 민감한 말들을 나열했으며, 여기서 미군 측이 이 전쟁의 첩보전·심리전적 성격을 감추려고 노력한 흔적을 관찰할 수 있다. 그런데 이러한 번잡한 검열 기준에 기초한 미군의 검열을 일본 기자들은 어떻게 보았을까? 에고시는 미군 검열관에 대해 다음과 같이 증언했다.

> 검열관은 영관급이잖아요, 중령이 많았는데, 그들은 우리 기자 측도 영관급이라는 것을 잘 알고 있고, 서울에서 검열하는 검열관은 같은 건물에 있으니까요. 숙소도 같고 식당도 같고 기자들 중에도 원래 군인을 하다가 기자가 된 사람도 있어서 친구 같은 사이라고 할까. 2차대전 시기 일본의 검열과는 전혀 다르거든요.

27) 土屋礼子, 앞의 논문, 72~78쪽. 원 자료는 RG554 E#A1-141

그렇지 않아도 일본 군대는 기자를 영관 취급조차 하지 않았고요.[28]

일본해군 보도반에서 근무 경험이 있는 도쿄신문 가사이(笠井) 기자 역시 미군의 언론 정책을 "프리 프레스(Free Press)라는 개념이 생활 속에 정착했다는 인상을 받았다"고 높이 평가하면서 리지웨이나 〈시카고 데일리 뉴스〉의 카이즈 비치 가자가 맥아더를 당당하게 비판할 수 있는 풍토에 감탄했다.[29] 이러한 미군의 언론 정책에 대한 시각은 종군기자들뿐만 아니라 일본 식자층의 공통적인 요소이기도 했다. "점령 아래 검열에서는 기사를 문제 삼아 집필자나 발행자가 그것만을 이유로 기소, 투옥을 당한 일이 없고 그런 점에서 일본의 단속 당국(중략)과는 달랐다."[30]라고 하거나, "2차대전 당시의 검열과 비교하면 여전히 느슨한 것이었다는 것이 출판인의 한결같은 소리"[31]라는 지적, "점령 아래 언론 탄압도 가차 없는 것이었지만 아직 언론의 자유를 지키는 주체와 조직은 남아 있었다. 2차대전 중의 언론 탄압 아래서는 이것마저 남아 있지 않았으니 거기에는 상당한 차이가 있다"[32]는 등 언론인들의 목소리는 하나같이 일본인의 뇌리에 '자유의 나라 미국'의 이미지를 심어주려고 한 CIE의 언론 전략이 일정한 성과를 거두었음을 예증해준다고 할 수 있다.

그런데 이승만 정부의 입장에서 비자도 없이 UN군 기자 신분으로 한국 국내를 돌아다니는 일본인 기자는 그리 달갑지만은 않은 손님이었다. 당시 입국한 일본인 기자 중에는 무허가로 부산에 내려가 정부 요인을 취재하다가 한국정부로부터 사증을 가지고 있지 않다는 이유로 퇴거 명령을 받은 사람도 있었고,[33] 평화선을 침범하고 나포된 어민을 취재하여 한국 당국의 항의를 받은 사람도 있었다.[34] 이러한 직접적인 통제가 많았던 것은 아니지만, 이승만 정부가 일본 기자들에게 상당한 경계심 내지 불쾌감을 가지고 감시를 한 것만은 분명하다고 볼 수 있다. 교도통신 다케우치(竹內)가 합동통신 임원에게서 들은 바에 의하면, 한국 내무부에는 일본인 기자단에 관한 자료가 많이 있었다. 일본 기자들이 친해진 한국인과 밖에

28) 江越壽雄(에고시 도시오)씨 인터뷰.
29) 《体験者に聞くテーマ別戦後新聞史第2号 朝鮮戦争報道》30쪽.
30) 《朝日新聞社史 昭和戦後編》28쪽.
31) 朝日新聞社.東京本社.出版局, 1969《朝日新聞出版局史》朝日新聞社, 216쪽.
32) 松浦總三, 1974《増補決定版 占領下の言論弾圧》現代ジャーナリズム出版会, 131쪽.
33) 李虎栄, 앞의 논문, 51쪽.
34) 《体験者に聞くテーマ別戦後新聞史第2号 朝鮮戦争報道》22~23쪽.

서 만나면 꼭 치안국 외사특고과(外事特高課)의 사복형사가 미행했다. 한번은 다케우치가 그 사복형사를 미군 전용 바(bar)로 불러 물어보았더니, 그는 일제강점기에도 같은 일을 했었다고 고백했다.[35] 또 서울의 특파원 숙소에는 방마다 여성이 한 명씩 시중을 들었는데 그들은 일본 여학교나 여전을 나와 일본말에 능통한 인텔리였으며 잡일을 도맡았을 뿐만 아니라 기자에게 한국 신문을 읽어주고 한국 역사나 습관에 대해 질문하면 또렷하게 대답하기도 했다. 일본 기자들이 추측한 바에 따르면, 그 여성들은 특파원의 동정을 살피기 위해 한국 공안당국이 파견한 프락치였다.[36]

패전국 국민임에도 불구하고 UN군과 동등한 특권이 부여된 일본 종군기자의 존재를 바람직스럽지 않다고 여긴 사람은 이승만만이 아니었다. 도쿄신문 가사이 기자는 "당시 미국 정부나 군 요직은 한반도 자체보다 오히려 일본의 안전에 위협이 되니까 한국을 지켜야 한다는 취지의 발언을 하곤 했다. 따라서 일본인 기자에 대한 좋은 대우를 포함해서 한국인 기자들 사이에는 상당히 심각한 욕구불만이 있었을 것"이라고 회고했다.[37] 당시 한국인 기자는 외국 언론사의 통신원이 아닌 한 원칙적으로 UN 종군기자 자격을 얻지 못했다. 그것은 자국 안에 있으면서도 외국 기자보다 취재 활동에 훨씬 많은 제약을 받는다는 것을 의미했다. 이러한 억울한 상황을 조선일보 최병우 기자는 휴전협정 조인식을 보도한 기사에서 털어놓았다.

> (板門店 調印式場에서 崔秉宇 特派員發) 白晝夢과 같은 11分間의 休戰協定調印式은 모든 것이 象徵的이었다. 너무나 우리에게는 悲劇的이며 象徵的이었다. 學教講堂보다도 넓은 調印式場에 割當된 韓國人 記者席은 둘뿐이었다. 〈유엔〉側 記者團만 하여도 約百名이 되고 參戰하지 않는 日本人 記者席도 十名을 넘는데 休戰會談에 韓國을 公的으로 代表하는 사람은 한 사람도 볼 수 없었다.[38]

그런데 이 시기 미군이 일본인 특파원의 파견을 허용한 것은 무슨 까닭이었을까? 그 이유를 직접 언급한 자료를 찾을 수 없었지만 당시 상황으로 보아 세 가지 배경을 추측할 수 있다. 하나는 미군 내부의 언론 정책 변화다. 1950년 12월 미8군 사령관에 취임한 리지웨이는 브리핑에서 전황에 대해 가능한 한 자세한 정보

35) 같은 책, 19쪽.
36) 같은 책, 18쪽.
37) 같은 책, 22쪽.
38) 《조선일보》 1953년 7월 29일자.

를 제공하여 기자들의 의심을 푸는 동시에 검열에 대한 협력을 구했다.[39] 그리고 해임된 맥아더를 따라 연합군 총사령관에 취임하자 맥아더가 도입한 미8군과 총사령부의 이중검열 제도를 풀어주었고[40] 휴전회담 개최 시에는 기자단의 편의를 도모하기 위해 회담장에 가까운 문산에 취재기지와 숙박시설을 겸한 '프레스 트레인(Press Train, 신문열차)'을 설치하고 공산측이 특파원의 회담장 출입에 난색을 보이자 7월 12일에 회담을 중단하기도 했다.[41] 권위적이고 신비성에 감싸인 맥아더와 달리 투명성과 친화성을 추구한 리지웨이의 언론 정책이 일본인 종군기자 파견을 허용한 밑바탕이 되었다고 볼 수 있다.

둘째는 대일 강화회의가 가까워지고 일본 점령 종결의 일정이 본격적으로 궤도에 들어섰다는 점이다. 당시 일본 여론은 미소를 포함한 모든 연합국을 상대로 전쟁을 종결하여야 한다는 '전면강화'론과 미국 등 자유권만을 상대로 강화를 서둘러야 한다는 '단독강화'론의 두 흐름으로 분열되어 있었다. 아사히신문이나 잡지 《세카이(世界)》를 비롯한 비교적 진보적인 언론이나 지식인들은 전면강화를 통한 일본의 중립화를 주장했다. 한편 일본 외무성은 1950년 6월 1일 발표문을 통해 "우리나라를 독립된 대등한 나라로 인정해 주는 나라와 하루 빨리 강화를 맺어"야 한다고 역설함으로써 단독강화의 입장을 명확하게 드러냈다.[42] 냉전 체제 아래 일본을 자기 진영에 편입할 필요성이 절실했던 미국으로서는 점령 종결 후 강압적 통제 없이 일본 언론을 친미·반공적인 방향으로 이끌어 가야만 했다. 한편 6년이라는 오랜 점령에 지친 일본인들 사이에는 점차 반미감정이 고조되었다. 1951년 초 점령 종결을 의식해서 미 국무부는 〈기밀: 미국의 대일 정보·교육 프

39) Steven Casey, 2008《Selling the Korean War—Propaganda, Politics, and Public Opinion 1950－1953》 Oxford University Press, 166~167쪽.

40) 같은 책, 299~300쪽. 다만 UN사령부의 PAD 검열관은 주한 미8군 사령부 안에 두었다. 이것은 검열관이 전선의 정보를 정확하게 검열에 반영하고 두 사령부 간에 갈등을 피하기 위한 조치였다.

41) 리지웨이의 회담 중지 조치는 반드시 기자들의 호평을 받은 것은 아니었다. I.F.스톤은 미국 기자들의 비판적인 의견을 인용하면서 "특파원 본인들은 이러한 장군이나 제독들의 갑작스러운 배려를 신랄한 태도를 보인 것 같다. 장군들은 이제까지 언론에 대해 함부로 관대한 태도를 보여준 일은 없었으며 또 뒤이은 몇 주간도 상당히 제한적이었다"라고 비아냥거렸다(I.F.Stone, 1952《The Hidden History of the Korean War》 Monthly Review Press, 284~285쪽). 한편 케이시도 7월 후반에는 회담 의제의 세부 사항을 두고 양쪽 진영의 논쟁이 있었기 때문에 정보가 제한적이어서 기자들이 불만스러웠던 것은 사실이라고 하면서도 그 이후 군은 언론과의 소통에 많은 노력을 기울었다고 지적했다.(Steven Casey, 앞의 책, 273쪽)

42) 《朝日新聞社史 昭和戦後編》 115쪽.

로그램(USIE) : 강화 후 또는 강화 전 출발점〉이라는 문서를 작성했는데, 요점은 트루먼 대통령이 제창한 세계적인 정보활동 "진실 캠페인(Campaign of Truth)"을 일본에서도 실천하고 독립 후의 일본을 친미적인 반공의 방파제로 만드는 데에 있었다.[43] 이런 배경을 염두에 둔다면, 일본 특파원을 UN군 종군기자의 일원으로 삼아 '국제무대'로 끌어들인 것은 일본 언론에게 미국식 가치관을 심어주는 동시에 독자들에게 일본이 자유주의 진영의 일원이 되었다는 이미지를 조성하는 데 큰 효과가 있었을 것임을 짐작할 수 있다. 이에 대해 도쿄신문 가사이는 "기자를 파견하는 것에 상당히 상징적인 의미가 있었다."고 술회하면서 점령 아래 기자로서는 파격적인 대우를 받은 것도 언론을 자기편으로 끌어들이려는 미국의 정책적 배려 때문이었다고 보았다.[44]

셋째는 한일 회담과의 관련이다. 미국은 극동 전략의 일환으로 한국과 일본 간의 수교를 도모했고 1951년 10월에는 GHQ의 주선으로 한일 예비회담이 개최되었다. 그런데 이승만은 일본에 대해 강한 경계심을 보였으며, 한일 양국간에는 일본 재무장 문제, 식민지 배상문제, 독도문제 등 심각한 대립점이 산적해 있었다. 한편 한국전쟁 시기 사회 혼란과 엄격한 언론 통제로 인해 언로가 막힌 한국사회에서는 일본의 매체가 귀중한 정보원으로 기능했다. 미군은 일본 매체를 심리전의 도구로 삼았다. 서울 함락 다음 날인 1950년 6월 29일 CIE는 NHK 방송시설을 이용해 한국에 대한 한국어 특별방송을 개시했다.[45] 또 CIE는 NHK에 대해 일본어 방송을 제작할 때도 한국인 청취자에게 미치는 영향을 고려할 것을 지시했다.[46] 아사히신문 역시 서울 함락 직후 GHQ의 요청으로 매일 2만부씩 한국으로 공수되었다.[47] 휴전 회담 개최 후에도 한국인의 일본 매체에 대한 수요는 높았고, 부산의 시장에서는 일본 잡지가 정가의 백배에 달하는 가격으로 판매되었다.[48] 당시 한국에서 라디오를 가졌거나 일본어를 읽을 수 있는 사람은 사회에 일정한 영향력을 행사할 수 있는 지도층이 많았을 것으로 볼 수 있다. 한국전쟁 시 일본 매체의 이러한 영향을 고려할 때, 미군이 일본 특파원에게 한일 양국의 상호 이해를

---

43) 土屋由香, 2009《親米日本の構築ーーアメリカの対日情報·教育政策と日本占領》明石書店, 229~235쪽.
44)《体験者に聞くテーマ別戦後新聞史第2号 朝鮮戦争報道》19쪽.
45) 日本放送協会, 1972《放送五十年史》日本放送出版協会, 300쪽.
46) 土屋礼子, 앞의 논문, 63~64쪽.
47)《体験者に聞くテーマ別戦後新聞史第2号 朝鮮戦争報道》44~45쪽.
48)《朝日新聞》1952년 8월 26일자.

촉진시키는 매체 역할을 기대했으리라고 생각할 수 있다. 후술하겠지만, 일본인 기자가 쓴 기사 중에는 강화회의나 일본 재무장에 대한 한국인의 반응이 꽤나 많이 나오는 편으로 휴전회담의 추이 못지않게 큰 비중을 점했다.

Ⅱ. 日本人 記者들의 報道 內容

이상에서 살펴본 바와 같이 1951년 7월의 휴전회담 개최는 간접적인 정보에만 의지해 왔던 일본의 한국전쟁 보도를 크게 바꾼 전환점이 되었다. 그 이후 한국의 상황을 직접 취재한 일본인 종군기자들의 글이 일본 신문에 게재되기 시작했다. 그것은 일본인이 '식민지 조선'이 아닌 독립국가로서의 한국을 '재발견'할 첫걸음이자 한국전쟁에 대한 일본 나름의 시각을 정립할 중요한 계기이기도 했다. 그러면 일본인 기자들의 눈에 비친 '외국'으로서의 한국, '외국인'으로서의 한국인은 어떤 모습이었을까? 그리고 그들은 한국전쟁을 어떻게 그렸을까?

이 질문들에 대한 답을 찾기 위해 휴전회담 개시부터 휴전협정 체결까지 일본 신문에 게재된 일본인 종군기자들이 쓴 기사를 중심으로 구제적인 보도내용을 알아보도록 하겠다. 분석 대상은 《아사히신문》과 《마이니치신문》에 게재된 일본인 종군기자의 현지 보도 중에서 단순한 스트레이트 기사를 제외하고 기자들의 주관이 비교적 잘 드러난 174편 중 특히 일본과 관련이 깊은 기사들을 골라 다음과 같이 4가지 유형으로 분류하고 분석했다.

(1) 전쟁 피해의 실정과 부흥 양상
(2) 한국인의 대일 감정, 대일 이미지
(3) 휴전 협정에 대한 한국 여론, 한국인의 전쟁관
(4) 한국전쟁과 일본인과의 관계, 일본의 전쟁개입

우선 위와 같은 분류별로 일본 기자들의 보도 내용을 살펴본 뒤 기사들로부터 파악할 수 있는 몇 가지 특징을 정리함으로써 일본인 기자들의 한국관, 한국전쟁관을 부각시켰다. 그들의 시각은 당시 일본인의 전형적인 한국 이미지이기도 할 것이다. 동시에 기사 속에서 드러나는 미군의 심리전과 검열의 영향을 살피고 한국 언론 보도와 비교함으로서 당시 양국 언론의 특성과 한계를 부각시키고자 했다.

1. 전쟁 피해의 실정과 부흥 양상

1951년 7월 11일 16개 언론사에서 선발된 일본인 종군기자 18명을 태우고 도쿄 하네다비행장에서 날아오른 미군 수송기는 저녁 7시 20분 서울 김포비행장에 도착했다. 시내로 향하는 기자들에게 가장 먼저 강렬하게 와 닿은 것은 무엇보다 파괴된 서울의 모습이었다. 아사히신문 스즈카와(鈴川) 특파원의 기사 〈전화(戰火)의 흔적·게이죠(京城, 경성)[49]를 보다/상가의 7할이 폐허/무참한 숯과 기와 더미〉(1951년 7월 12일자)를 살펴보자.

> 전화에 휩쓸리고 풀이 죽은 이 잿빛 도시에는 민족의 비극이 낮게 깔리어 있다. 거리에는 일본사람이면 다 잘 알고 있는 전화를 입은 후의 저 독특한 냄새가 가득 차 있다. (중략) 일본군에 의해 건설된 김포비행장에서 경성으로 당도하는 그 아름다웠던 포장도로는 오늘은 군데군데 파괴되어 있다.[50]

같은 날의 마이니치신문 〈이마무라(今村) 특파원, 조선 전선에서 제1보/애처로운 전화(戰禍)의 흔적/폐옥 속에서 연기 나〉도 "경성 부근 비행장 상공에서 비행기가 고도를 낮추자 인가가 파괴된 모습이나 폭탄으로 난 큰 구멍 등 생생한 전쟁 재화(災禍)가 보인다. 기자는 이러한 애처로운 광경을 보면서 새삼스럽게 태평양 전쟁 당시의 일이 생각났다."고 기사를 끝맺었다.

당시는 제2차 세계대전에서 일본이 패배한지 불과 6년밖에 지나지 않은 때였다. 서울의 참상을 눈앞에 둔 기자들이 일본의 전쟁 피해를 연상한 것은 당연했을 것이다.

잡지 《改造(가이죠)》가 기획한 제1차 파견 종군기자 좌담회 〈조선전선에 종군하며〉에서도 니혼게이자이신문(日本經濟新聞)의 기하라 다케오(木原健男)는 "(서울의) 파괴 상황은 (패전 직후의) 도쿄 이상이며 상상을 초월"한다고 보도했고 "얼핏 보

49) 그 당시만 해도 모든 신문 기사가 京城이라는 식민통치기의 호칭을 그대로 사용했다. 한국 지명은 한국전쟁 보도 초기에는 교도통신이 현지음과 한자의 병기, NHK가 현지음으로 발표했지만 알기 어렵다는 이유로 한자표기로 통일되었다고 한다. 그 때 서울의 호칭도 "京城"으로 통일되었을 것이다.(《体験者に聞くテーマ別戦後新聞史第2号 朝鮮戦争報道》 2쪽)

50) 《朝日新聞》 1951년 7월 12일자.

기에 90%가 파괴"[51]되었다는 감상을 털어놓는가 하면, 닛본타임스(지금의 재팬타임스)의 소메카와 요지로(染川洋二郎)도 〈폐허의 조선을 가다〉라는 제목의 수기에서 "허허벌판이 된 도쿄와 히로시마를 보아온 우리의 눈에도 그것은 실로 애처롭게 느껴졌다."[52]고 밝히며 그들이 직접 체험한 일본의 전쟁 피해를 웃도는 정도의 심대한 타격이 한국 사람들에게 가해졌다는 사실에 연민을 표했다.

한편 특파원들은 공통적으로 서울 거리에서 식민지기의 흔적을 포착하기도 했다. 스즈카와 기자는 아래와 같이 서울 거리를 걸으며 피해 상황을 보도했다.

> 일본인이 친근감을 느끼는 장소 중에서도 게이죠 긴자(京城銀座)라고 불리던 메이지쵸(明治町)는 엉망진창이고 제대로 서 있는 집이 하나도 없다. 말하자면 기와와 숯 더미며 간혹 집 같은 것이 있더라도 속이 텅 비어 있다. 메이지쵸라는 이름은 조선이 해방된 직후 그 당시 조선인의 대일 감정을 반영해서 바로 〈명동〉으로 개칭되어 버렸다. 종전 전에 또 하나의 일본인 거리 중심지였던 혼마치(本町)는 〈충무로〉로 개칭되었는데 일찍이 번창을 누린 이 지구도 1정목(丁目)에서 3정목까지 거의 전멸되었으며 가끔씩 집이 서 있을 뿐이다. 또 다른 일본인 상가인 고가네쵸(黃金町)[현 을지로]는 1정목에서 6정목까지 파괴되어 있다. 여기서도 옥내가 텅 빈 빌딩이 2, 3채 눈에 띄었다. 2차대전 전에 6층짜리를 자랑했던 조지야(丁子屋)백화점[현 롯데백화점 영플라자]은 흔적도 없이 당하여 기둥 몇 개만 허무하게 남아 있을 뿐이다. 이전의 미쓰코시(三越)백화점[현 신세계백화점 본점]이나 조선은행[현 한국은행 화폐박물관]도 전파되어 있으며 전 아사히신문 지국도 반 정도 소멸되고 벽에 그려진 사기(社旗)마크가 빛바래 간신히 판별할 수 있다.[53]

그는 메이지쵸나 혼마치와 같이 일본인이 지은 지명을 밝혔고 마치 일본 도시가 파괴된 것처럼 탄식을 내지르며 피해 상황을 자세히 묘사했다. 또 해방 이후 "조선인의 대일감정" 때문에 지명이 개칭되었다는 해설을 덧붙였다. 이마무라 기자도 마이니치신문 7월 14일자에 파괴된 〈교마치〉(京町)[현 용산구 문배동]를 찾아가 모리나가(森永), 메이지(明治) 등 일본 과자회사의 간판, 폐허 속에 아무렇게나 뒹굴고 있는 얼음 깎기와 일본식 화로, 타고 남은 일본 가옥 등을 관찰하여 보

---

51) 《改造》 32권 10호, 1951년 9월, 136쪽.
52) 《地上》 5권 10호, 1951년 10월, 50쪽.
53) 《朝日新聞》 1951년 7월 12일자.

도했다. 이마무라 기자 역시 마이니치신문 경성지국 터를 방문하여 벽에 남은 빛바랜 사명(社名)을 확인했다는 사실은 사뭇 흥미롭기까지 하다.

이듬해인 1952년이 되면 서울이 복구되는 모습이 보도되기 시작했다. 마이니치신문의 니이노(新野) 특파원은 1·4후퇴 1주년을 맞은 서울의 신정 풍경을 전했다.

> 경성의 인구는 65만 명까지 급증했다. 시내에는 매일 전차가 6개 계통, 버스가 약 20개 노선 운행되고 있다. 시내 도처에 노천 시장이 나날이 확대되고 있다. 이런 시장에 가면 쌀, 보리 등 식량에서 조리된 식물, 연료, 의류, 서적, 가구에 이르기까지 거의 모든 생필품을 찾을 수 있다. 또 시내에는 영화관도 7, 8관 있고 한국영화뿐만 아니라 프랑스나 이태리 작품도 상영하고 있다. 하여간 작년 설날에는 남으로 남으로 도피 길에 올랐던 사람들의 약 반수가 올해는 경성에서 설을 맞을 수 있게 된 셈이다.[54)]

아사히신문 도미시게 특파원도 3월 19일자 기사에 "1년 전에 20만 명이던 시내 인구는 경성 남쪽을 흘러가는 한강의 도선(渡船) 제한에도 불구하고 70만 명에 이르고 있다."라고 서울의 인구 팽창을 전하면서 종로, 을지로, 동대문시장 등지의 번잡함을 묘사했다. 그러나 영화관은 "어디로 가도 손님은 군인이나 순경이며 일반인은 아직 오락을 즐길 여유가 없다"라고 관찰했고, 그 이유를 일본의 2, 3배에 달하는 물가고가 일반 시민의 생활을 궁색하게 만들기 때문이라고 설명했다.

나아가 도미시게 기자는 "경성 부근의 치안은 잘 유지되고 있는 듯하다."라는 감상과 함께 다음과 같은 인상으로 기사를 마무리 지었다.

> 이 도시에서 의외로 느껴진 일이 세 가지. 큰길은 항상 비교적 잘 청소되어 있다. 거의 부랑아가 없다. 낮에 외국병사와 같이 걸어 다니는 화려한 여자의 모습이 안 보인다. 종전 직후의 일본 도시 모습과는 사뭇 다르다.[55)]

미군의 일본 점령이 끝난 1952년 5월 이후에는 종군기자들이 서울에만 머무르지 않고 부산까지 취재 범위를 넓혔다. 아사히신문 도미시게 기자는 1952년 8월 26일자 기사로 서울로의 천도를 눈앞에 둔 "임시 수도" 부산의 거리를 취재했다.

---

54) 《每日新聞》 1952년 1월 4일자.
55) 《朝日新聞》 1952년 3월 19일자.

그는 한국에서 택시가 많이 돌아다니는 유일한 거리지만, 요금은 굉장히 비싸고 승객은 다 "아이노리"라는 일본어를 그대로 쓰면서 합승을 하며, 광복동에는 고급 외국제품을 파는 상점들이 늘어선 한편, 주변의 산은 꼭대기까지 판잣집으로 덮이고 있다는 등, 사방에서 유입된 피난민으로 완전히 변모한 항구도시의 풍경을 꽤나 자세하게 묘사했다. 그 중 아래의 대목은 무척 흥미롭다.

> 거리에는 일본제품도 많다. 카메라, 의류, 장신구, 화장품 이외에 잡지가 눈에 띈다. 야시장의 노점에서는 단행본, 改造, 中央公論, 世界, 文藝春秋에서 영화, 대중물, 에로잡지까지 없는 것이 없다. 종합 잡지는 1권에 1만원, 5천원 정도인데 조선 문제 등 한국과 관계가 있는 평론이 게재되면 1만 8천원 선까지 껑충 뛰어오른다. 週刊朝日은 3천원. 일본 정가의 약 100배라고 생각하면 틀림없다. 이런 책들은 주로 UN군 관련 해상 수송에 종사하는 수천명의 일본인 선원이 가지고 온다고 한다. 매주 수, 토요일에는 하네다에서 날아오는 정기 항공편으로 일본 신문 수천부도 수송된다. 이러한 잡지와 신문은 항상 팔다 남을 것은 없지만 한국에 대해 비판적인 기사가 나오면 종종 정부가 압수해 간다. 구독하는 이들에게 물어보니 "일본 출판물은 한국 것보다 평화롭고 자유로운 냄새가 난다"고 한다.[56]

이 기사에 따르면, 일본 출판물이 정가의 백배 값으로 팔리는 상황은 단지 오락에 대한 갈증 때문만이 아니라 일본 출판물이 담고 있는 정보 가치가 높았기 때문이다. 즉, 이는 당시 한국 언론이 심각한 언론 통제 하에서 독자들의 요구에 부응할 수 없었다는 사실을 보여준다.

마이니치신문 구로사키(黒崎)도 1953년 1월 19일자 기사에 인구증가, 주택난, 심한 교통량, 물가고 등 앞의 아사히신문 기사와 비슷한 사회문제를 호소하는 한편, 난로에 불을 피운 다방이 번창하며 상인과 브로커들이 그곳을 상담 장소로 삼아 2~3시간이나 버티고 있는 풍조에 주목해 '다방'을 부산의 한 특징으로 보도했다.[57]

56) 《朝日新聞》 1952년 8월 26일자.
57) 《毎日新聞》 1953년 1월 19일자.

2. 한국인의 대일 감정, 대일 이미지

한국인의 대일감정은 일본종군기자의 큰 관심거리였다. 특히 종군기자가 파견된 1951년 7월은 대일 강화회의(9월 4일~8일)를 눈앞에 둔 시기였고, 기자들은 강화회의에 대한 한국인의 심정을 중심으로 취재·보도했다.

마이니치신문의 이마무라 특파원은 7월 27일, 〈정전 후의 한국/"부흥"과 "방공(防共)"에 일본의 원조 열망〉이라는 제목의 기사를 쓰고 한국에 대한 일본의 역할을 긍정적으로 해설했다. 기사는 정전 후 한국이 직면할 중대한 문제는 경제와 정치, 즉 경제재건과 공산주의에 대한 대항이라는 두 가지 측면이 있다고 분석한 후, 한국인 식자층의 의견을 소개하면서 일본의 중요성을 주장했다. 우선 경제부흥 문제에 대해서는 아래와 같이 기술했다.

> 한국인은 이 문제에 대해 일본이 깊은 동정과 적극적 협력을 보여줄 것을 갈망하며 믿을 만한 대상은 일본인 밖에 없다고 한다. 왜냐하면 일본인은 조선을 직접 알고 있고, 문제 해결을 위한 완전한 도움을 줄 수 있기 때문이다. 한국인이 이렇게 생각하는 이유는 (일본인이) 과거 조선 통치의 경험으로 문제의 성격을 충분히 이해하고 있다는 점을 들고 있다. 이 귀한 경험과 일본인이 아시아인이라는 사실로 인해 일본은 한국이 현재 필요로 하는 각종 생산물의 규격을 알고 있다. (중략) 한국인 측은 일본 측이 약간의 희생을 감수해서라도 한국을 원조할 의무가 있다고 생각하고 있다. 이것이 과거 한국을 착취한 대가를 치를 최선의 길이며 혹시 일본이 관용과 성실을 가지고 협력을 보이면 일본과 한국 사이에 최량의 우호관계가 확립될 것이다.

정치문제에 대한 한국인의 태도도 다음과 같이 설명했다.

> 한국인은 일본이 공산주의의 위협을 더 인식하고 재무장에 한층 더 깊은 관심을 가질 것을 희망하고 있다. 모든 한국인은 통일 아래 평화가 이루어져야 된다고 주장하지만 지식계급 및 현실적 사고를 갖는 사람들은 한국 문제는 세계적인 공산주의와 민주주의의 각축의 일부이며 한국 문제만이 앞서 해결될 수는 없다고 인식하고 있다. (중략) 그들은 일본 자신을 위해서만 아니라 공산주의 진출을 막는 한국을 위해, 또 미국을 위해서도 일본은 재무장할 의무가 있다고 생각하고 있다. 그들 지식적, 실제적인 한국인은 일본이 아량으로 한국을 원조하고 양국

이 공산주의라는 공통의 적에 대항하여 협력하면 양국 간에 진정한 우호관계가 부활하고 양국이 극동의 안정적 세력이 될 수 있다고 확신하고 있다.[58)]

즉, "과거 한국을 착취"한 것을 전제하면서도 조선 통치는 한국의 이해를 도모한 "귀한 경험"이었으며, 일본이 요청받은 것은 착취에 대한 배상이 아니라 "관용과 성실", "아량"에 기초한 "협력"과 "원조"이다. 나아가 공산주의라는 "공통의 적" 아래 일본의 재무장도 정당화된다는 것이다. 이러한 논리는 이후 한일협정에서도 계속 반복되었는데, 일본 기자에게 이러한 견해를 피력할 수 있었던 한국인은 일본어로 취재에 응할 수 있는 "식자층"이었다.

한편 아사히신문의 에나(衣奈) 특파원은 8월 11일자 〈한국민의 대일감정/강화회의에 높은 관심/"호감"에 명확한 일선(一線)〉이란 제목의 기사에서 대일 강화회의에 대한 한국 측 요구를 ① 강화회의 참가, ② 한국에 남겨진 일본의 재산권 포기, ③ 맥아더 라인 유지 등으로 정리한 후 서울 시민의 목소리를 아래와 같이 소개했다.

그러나 "일본어를 아는 사람들"에게 경성의 거리에서 직접 위와 같은 소리를 듣기는 어렵다. 수도 경성은 너무나 전선에 가까운데다 시가지는 파괴되어 있어 시민 감정은 복잡하다. 경성에서 들은 시민의 대표적 견해는 이렇다. "40년에 걸쳐 일본인이 지은 건물들은 모두 우리에게 주어졌다. 그러나 보시다시피 남은 거란 뭐가 있어요?" (중략) 한국인은 겉으로는 일본의 사정이 호전되는 것에 깊은 관심과 기대를 보이고 있다. 그러나 마음속에서는 언제나 명확한 선을 긋고 있는 듯하다. 즉, "우리는 항상 일본의 좋은 면을 느끼고 있다. 그러나 그것은 한국의 기본적인 요구를 포기하는 것을 의미하지 않는다."… 이것이 일본에 대한 한국인의 일반적인 태도인 것이다.[59)]

이 기사는 결국 한국인은 일본과의 관계 개선에 관심과 기대를 가지고 있고, 강화 조약의 테두리 안에서 침략 책임을 확실히 할 것을 바라고 있다고 정리할 수 있다.

그런데 대일 강화조약 조인 후에 같은 기자가 쓴 〈한국인의 대일 감정/대일 강

---

58) 《每日新聞》 1951년 7월 27일자.
59) 《朝日新聞》 1951년 8월 11일자.

화 제외에 불만/일반적으로는 적대 감정 덜해져〉(9월 13일자)에서는 뉘앙스의 변화가 엿보인다. 기사는 이승만 대통령이 AP통신 인터뷰에서 UN이 한국보다 일본의 경제 재건을 중시하는 데에 불만을 토로했고, 일본의 재무장에 대해서도 강한 우려를 보였다는 사실을 소개하며 "일본에 대해 근본적으로 경계를 풀지 않는 것은 당연한 것"이라고 이해하는 태도를 보이면서도, 그러한 의식의 밑바탕에는 일본이 한국전쟁으로 얻은 경제적 번영에 대한 선망에 근거하는 "어떤 종류의 편견이 포함되어 있는 것도 사실"이라고 단정했다. 그러한 전제 아래 기사는 공산주의에 대한 위협과 일본의 원조에 대한 기대감으로 "일반감정은 일본에 대한 적대 의식을 점점 줄이는 경향에 있다"고 결론내리고 그 근거로 한국인들의 다음과 같은 질문을 들었다.

> "언제 일본 책을 자유롭게 구할 수 있을까?" "언제까지 기다려야 일본으로 공부하러 갈 수 있는 것일까?" "언제쯤 되어야 일본과 자유롭게 통신할 수 있을까?" 한국인들로부터 이러한 질문을 매일 매일 자꾸 받는다. (중략) 우리와 같은 일본어를 말하는 한국인은 일한 양국 간에 정상적인 관계가 빨리 열리는 날을 간절히 기다리고 있다.[60]

요컨대, 한국의 대일감정이란 이승만의 견해로 대표되는 일본에 대한 불만과 빨리 일본과 정상적인 관계를 맺고 싶어 하는 일반감정의 두 가지가 혼재돼있다는 것이다. 그러나 기자가 취재를 한 대상은 "우리와 같은 일본어를 말하는 한국인"이었다.

이러한 취재대상의 편향은 다른 기자가 쓴 기사에서도 발견된다. 아사히신문 쓰지(辻) 특파원이 쓴 〈한국 지식층이 본 일본/"되풀이되는 헛소동"/민심의 격동은 공통됨〉[61]은 한국 식자층의 입을 빌려 일본과 한국이 안고 있는 공통된 사회문제를 말하고 있다. 해방공간에서 좌익적·민족적 입장에서 미군철퇴나 자주통일을

---

60) 위와 같음. 그런데 이 기사는 독도 영유권 문제도 큰 현안사항의 하나로 소개했는데 흥미롭게도 "독도"라는 한국 명칭만을 사용하고 있고 "다케시마(竹島)"라는 일본 명칭은 한 번도 나오지 않는다. 이 기사가 쓰여진 1951년 시점에서 "다케시마"가 일본인에게 아직 낯선 존재였다는 사실을 말해주는 것으로 생각된다. 예를 들어 카지무라 히데키(梶村秀樹)는 일본 국민 사이에 "다케시마" 고유영토 의식이 침투한 것은 1952년에 시작된 일본정부의 배타적 캠페인 이후의 일이라고 지적한 바 있다(梶村秀樹, 1992 〈竹島＝獨島問題と日本國家〉《梶村秀樹著作集第1巻 朝鲜史と日本人》347쪽. 초출은 1977 《朝鮮研究》日本朝鮮研究所, 162호).

61) 《朝日新聞》1951년 10월 28일자.

호소하고 국대안 반대투쟁에 참가한 한국 식자층이 자신의 과거를 후회하면서, 좌익·반미 지향이 강한 일본이 한국의 전철을 밟으려고 하지 않을까 우려하며 "실력이 없는데 이상(理想)만 추구하는 것이 가장 위험한 행위"라고 도리어 충고한다. 여기에 등장한 지식인은 역시 의대 출신 군의관이나 보병 장교, 도쿄대학에 유학하고 있다가 전쟁 발발로 고향에 돌아온 청년으로 "일본에 대단한 관심 — 그것도 동경에 가까운 관심을 가지고 일본 소식에 주린 한국의 인텔리"들이었다.

일본이 독립을 되찾은 후에는 1952년 10월에 실시된 일본의 제25대 총선거에 대한 한국인의 반응이 기사화되기 시작했다. 그 중에서도 초점은 역시 일본의 재무장 문제에 모아졌다. 당시 재무장 문제는 일본인의 최대 관심사였고 재무장에 대한 국민 여론도 찬반이 엇갈린 상태였다.[62] 더구나 군대 보유를 금지한 새 헌법에도 불구하고, 한국전쟁이 재무장의 발판이 된 경찰예비대 창설의 계기가 되었던 만큼 이 문제에 대한 한국인의 의중을 살피는 것은 어떤 의미에서 당연한 일이기도 했다.

아사히신문 나카무라(中村) 특파원은 〈"이 선거"를 한국은 어떻게 보는가?/재무장에 높은 관심/연립내각 예측도〉[63]라는 제목 아래 "부산에서는 밤이 되면 집집마다 라디오에서 일본 뉴스나 뉴스해설 소리가 흘러나오고 한 달에 5만원(일본 돈으로 약 1200엔)이나 되는 일본 신문이 잘 팔린다"고 일본에 대한 부산 시민의 지대한 관심을 전하면서, 재무장에 소극적인 일본 여론에 대해 "넋 빠졌구만. 뭘 그래? 일본사람은 공산군 무서운 줄 몰라. 우리가 군비와 징병을 아껴서 이 지경이 된 거 못 봤어?"라는 한국인의 반응을 소개했다. 그리고 "만일 일본군이 오면 우리의 총구는 그들을 향할 것"이라는 이승만의 말에 대해 한 정부 고관이 몰래 일본어로 "그것은 정부의 슬로건이라고 생각하시면 됩니다. (중략) 한국에서는 일본인에 대한 경쟁심을 부채질하는 것이 가장 쉬운 단결법이랍니다."라고 설명해 주었다는 일화를 전했다.

마이니치신문 아사오카(淺岡) 특파원도 비슷한 시기에 〈총선거에 한국민의 관심/재무장 동향을 주시/"우호관계 앞당기는 기운을"〉이라는 기사에서 역시 일본 재

62) 《朝日新聞》1952년 9월 21일자. 아사히신문이 1952년 9월에 실시한 여론조사에 의하면 "지금 우리 국민에게 가장 중요한 문제가 무엇인가"라는 질문에 20%가 "재무장 문제"라고 회답하고 2위의 "국민생활의 안정" 12%를 크게 웃돌았다. 또 한국전쟁을 계기로 맥아더의 지시로 창설된 경찰예비대를 정식 군대로 개편할 문제에 대해 찬성이 38%, 반대가 33%, 모르겠다가 29%였다.

63) 《朝日新聞》1952년 9월 15일자.

무장 문제에 대한 한국인의 의견을 소개했다.

> 대구의 한 다방에서 어느 한국인과 이야기하고 있을 때의 일이다. 일본의 라디오 방송에서 한 후보자가 재무장론을 맹렬하게 비판했다. [그러자 그 한국인은] "공산주의가 대한해협을 사이에 둔 한국까지 닥치고 있는 마당에 일본이 방위력을 안 가질 이유가 어디 있겠소. 일본인은 도대체 어떻게 할 생각입니까? 일본은 3년 전의 한국과 같을 길을 걸어가고 있다는 말입니다"고 그는 흥분했다. 그러나 모든 한국인이 재무장에 찬성한다고 생각하는 것은 너무 위험하다. 일본 재무장에 명확한 위협을 느끼는 한국인도 꽤 있다. 이러한 사람들에게 과거 35년간의 일본 통치에 대한 쓰라린 경험이 아직 사라지지 않는 것 같다. 그들은 만일 일본이 재무장하고 한국까지 원조하러 오면 일본이 하는 일이니까 "빈손"으로 돌아가겠는가, 이렇게 생각한다. 결국 한국동란에서 일본의 역할을 중시하는가, 과거 일본이 조선통치에서 보여준 위협을 보다 강하게 우려하는가에 따라 일본 재무장에 대한 감각이 뚜렷하게 정반대가 되어 있다.64)

위와 같이 아사히와 마이니치는 재무장 문제를 둘러싸고 한국의 여론이 분열되고 있는 구도를 그려냈다. 하지만 아사히가 이승만 정부와 일반 국민의 대립으로 분열의 구도를 제시하는 한편, 마이니치는 일반국민 내부의 의견 대립으로 파악했다는 점에서 양사가 노정한 보도 자세의 차이를 엿볼 수 있다.

3. 휴전 협정에 대한 한국 여론, 한국인의 전쟁관

다음으로 한국인 자신이 한국전쟁을 어떻게 생각하고 있는지에 대한 기사를 살펴보자. 일본인 기자가 파견된 시기가 휴전 회담이 시작된 이후였기 때문에 기자들은 필연적으로 휴전 회담에 대한 한국인의 반응을 적극적으로 다루었다.

1952년 가을 인도가 UN총회에서 포로 문제 타협안을 제출한 후 마이니치신문 구로사키 특파원은 〈휴전에 대한 복잡한 한국민의 심리〉 (11월 16일자)라는 기사에서 "[인도안]에 대한 한국민 일반의 심리는 극히 복잡하다. 즉, 전쟁이 빨리 끝날 것을 원하는 자와 한국이 두 개로 갈라진 채 휴전이 되면 통일 염원은 영원히 이룰 수 없게 된다, 무엇 때문에 지금까지 한국인의 피를 흘렸는가, 라고 당황하는

---

64) 《每日新聞》1952년 9월 22일자.

사람들의 입장이다"라고 쓰면서, 휴전 반대 운동의 고조에도 불구하고 한국인의 마음이 전쟁과 평화를 둘러싸고 두 개로 분열되어 있다고 설명했다.

부상병 포로 교환협정이 체결되어 휴전 회담 재개 기운이 높아지기 시작한 1953년 4월에는 남한 내 휴전 반대 여론이 한층 더 고조되었다. 구로사키 기자는 4월 7일자 〈휴전 회담 재개/한국인의 표정/성립되면 "통일" 어려워져/가까워진 평화에 희비가 엇갈려〉라는 제목의 기사에서 한국정부와 언론의 휴전 반대 소리에도 불구하고 평화를 원하는 한국인들의 미묘한 심리를 그려냈다.

> 한국 신문들도 휴전 문제를 많이 다루고 사설이나 해설로 왕성하게 주장을 털어내고 있는데 그 내용은 정부의 견해와 오십보백보다. 결국 휴전이 실현하리라고 보면서도 꽤 회의적이고 지면 전체가 경구(警句)와 비장감으로 넘치고 있다. 한국 인텔리 층의 많은 부분이 평화주의자로 알려져 있다. 그들의 입버릇이 "이제 전쟁은 싫다"인데 그렇다고 무조건 휴전을 환영하는 것은 아닌 것 같다. (중략) 그렇다 하더라도 전반적으로 보아 한국인의 마음이 1년 전 또는 반년 전보다 밝아진 것은 부인할 수 없다. 이것은 피난과 유랑의 생활이 끝나고 전쟁의 공포로부터 해방되었다는 안도감도 있지만 휴전 회담이 재개되고 전쟁이 끝나면 가난하더라도 평화스러운 생활이 가능해질지도 모른다는 희미한 희망이 생겼기 때문이기도 할 것이다.[65]

6월 8일 휴전회담 의제들 중 마지막까지 남겨진 포로 문제에서 UN군과 공산군 사이에 합의가 성립되자 한국 정부와 국민의 휴전 반대 움직임은 절정에 이르렀다. 그 양상을 전한 6월 12일자 마이니치신문의 2면은 꽤나 인상적이다. 지면 맨 위에 〈한국민의 비분도 아랑곳없이 휴전으로…톱니바퀴는 돌아간다〉라는 제목을 걸고 아시다 특파원은 서울 거리를 메운 30만 시위대를 다음과 같이 묘사했다. 그는 "어깨동무를 끼고……일본인의 눈으로 보면 꼭 공산주의자의 시위 방식인데……." 종군기자들이 체류하는 UN군 종군기자단 숙소도 학생 시위의 표적이 되었다. "오늘도 파란 반소매 셔츠 교복을 입은 경성시내 중학생들이 수백 명이나 몰려오고 《한국을 또 하나의 중국으로 만들지 마라》라는 현수막을 내걸고 《북진! 북진!》을 절규한다"고 학생 시위대의 필사적인 모습을 기사에 실었다.

그런데 재미있는 것은 이 기사와 같은 면 하단에 게재된 〈휴전은 "죽음"을 의미

65) 《每日新聞》1953년 4월 7일자.

한다〉라는 이승만 대통령의 성명 사이에 〈경성 거리에 화려한 새색시의 모습/일선에서는 휴전 나팔 기다릴 뿐〉이라는 제목의 기사가 배치됐다는 점이다. 이 기사는 특파원이 직접 보고 느낀 서울의 편안하고 한가로운 풍경을 묘사했다.

> 그러나 이러한 흥분과 동시에 내가 이 두 눈으로 본 것은 평화스러운 신록의 경성 거리다. 불에 탄 빌딩 그늘 아래 이마에 땀을 흘리며 커다란 장롱을 지게로 나르는 노인의 모습이 보이고 중앙청 앞 큰 거리의 플라타너스 가로수 아래에는 기와를 실은 마차나 벽토를 나르는 조선 말이 따가닥따가닥 걸어갔다. 오색(五色) 테이프로 장식된 자동차가 몇 대 새색시의 발랄한 마음을 태우고 신랑이 기다리는 결혼식장으로 향한다. 호령만 떨어지면 시민의 3분의 2가 거리로 뛰어나간 대규모 시위는 과연 언제였을까. 경성 거리에서는 "이제 평화가 왔다"는 표정을 많이 볼 수 있었고 집 가격도 비록 현실로 매매는 없지만 며칠 사이에 가파른 상승세를 보인다고 한다.[66]

아사히신문 나카무라 기자도 UN군 종군기자단 숙소를 기습한 학생 시위대의 모습을 사진과 함께 자세히 보도했다.

> 기자단 숙소는 시위대, 특이 여학생 부대의 표적이 되었다. 그들의 눈물을 카메라와 마이크를 통해서 세계로 알리는 것이 시위대 리더의 목적일 것이다. 학교마다 4~500 명씩 집단으로 몰려오고 일제히 울부짖는다. 감수성이 예민한 나이다. 머리를 흩날리며 MP에게 덤벼들기도 하고 큰소리로 외쳤다가 정신을 잃고 쓰러지기까지 한다. 그들의 눈물은 (중략) 같은 아시아인의 눈으로 보는 기자에게는 민족의 비운을 하늘을 향해 한탄하는 모습으로 밖에 보이지 않았다. 호소하는 상대를 결코 화내게 해서는 안 될 시위인 것이다.[67]

그런데 이 기사는 동시에 상이군인 시위대가 기자단 숙소를 경비하는 한국인 경찰관과 몸싸움을 일으켰으나 미군과의 충돌은 신중하게 피했다고 전했다. 또 이승만 대통령이나 한국 언론이 시위를 "애국심" 또는 "민족의 분노"라는 문구를 들어 칭찬하는 한편 시위대에게는 자제를 요구했으며, 6월 11에는 부산에서 미군의

66) 《每日新聞》1953년 6월 12일자.
67) 《朝日新聞》1953년 6월 15일자.

발포로 시위대원 2명이 부상당했는데 한국 신문이 이 사건을 1단의 아주 작은 기사로만 취급했다는 등의 사실을 소개했다. 즉, 이 기사는 남한의 휴전 반대 시위가 겉으로는 격렬하지만 그것이 한미 간의 결정적인 균열로 이어지지 않도록 통제받고 있다는 인상을 가감 없이 드러냈다.

나카무라 특파원은 이어 7월 18일자 〈휴전색(休戰色)에 물들어가는 경성〉에서 격렬한 휴전반대 슬로건과는 별개로 수도로의 복귀를 착실히 준비하는 서울의 풍경을 다음과 같이 보도했다.

> 요즈음 경성은 완전히 휴전색으로 물들어가고 있다. 우리의 관념으로 말하면……조금 전에 들린 "휴전 반대" 의 외침이나 "북진 통일"의 울부짖음이 아직 생생하게 귓전에서 떠나지 않는데 거리는 천연한 얼굴로 시치미를 떼고 있는 듯하다. 공산 측의 대공세로 한국군이 큰 피해를 입었다는 비보도 아랑곳하지 않는 불가사의한 "낙관론"이다. 정부 각부서도 거의 모두 부산에서 복귀 완료했다. (중략) 무엇보다도 이승만 대통령 자신 이제 부산으로 갈 생각조차 없다.[68]

일본기자들이 휴전반대 시위로 들끓고 있던 서울 거리에서 애써 발견한 한국인의 염전(厭戰)기분과 평화스러운 풍경의 의미에 대해서는 후에 같은 시기 한국 언론과의 비교를 통해서 다시 생각해 보기로 한다.

4. 한국전쟁과 일본인과의 관계, 일본의 전쟁개입

일본과 한국전쟁의 관계를 다룬 기사들이 나오기 시작한 것도 일본 독립 후의 특징이다. 아사히신문 나카무라 기자는 1952년 11월 16자 〈조선전선에 일본병기/공산측에 불을 뿜다/한국인은 말한다, 팔짱만 낀 일본인〉이란 기사에서 병기, 탄약, 지프차, 군용담요, 심지어 외투까지 전선에서 사용되는 일본 제품들이 눈에 띄게 늘어난 현실을 자세히 전해주었다. UN군 전투부대는 한국에 있지만, 사령부와 보급기지, 항공기지는 전부 일본에 있었다. 어느 날 기자는 전선의 화장실에서 "일본 탄광이 파업 중이기 때문에 온수 공급시간 제한됨"이라는 공고문을 발견했다. 외국 특파원이 흔히 "재팬–코리어 에어리어"라는 용어를 쓰는데 사실 "일본

68) 《朝日新聞》1953년 7월 18일자.

과 한반도 사이에는 이제 바다가 없는 것과 마찬가지"라고 그는 생각했다. 그리고 한국인의 반응을 다음과 같이 소개했다.

> 모든 한국인이 말한다. 그 천문학적인 '돈'[미국이 한국전쟁에서 지출한 200억 달라] 의 상당부분이 일본인의 품에 들어갔다고. "일본인은 실속만 차리고 있네. 우리가 피를 흘리고 시달리고 있는데 일본인은 특수, 신특수로 편안하게 부흥해 왔다. 한국에서는 발행 통화 7500억 원(일본의 약 190억 엔) 중 77%가 전비로 사라지고 인민은 나머지 불과 23%로 간신히 살고 있는 거야." 일본에 대해 꽤 친근감을 가지고 있는 사람도 마지막으로는 이렇게 말한다. 이러나저러나 화제에 오르는 대일 감정의 뿌리는 이런 데에 있는 것이다.[69]

이 기사에서 나카무라 기자는 실질적으로 전쟁에 참가하고 있는데도 모른 척 시치미를 떼는 일본인을 통렬하게 비판했다. 그런데 이 기사는 일본이 병기를 제조하고 기지를 UN군에 공여한 사실은 지적하면서도, 구 일본해군 소해정이 인천과 원산 앞바다에서 소해(掃海)작업에 참가했고 1척이 기뢰 접촉으로 침몰하여 사상자까지 냈다는 사실은 언급하지 않았다.[70] 이 사실은 이미 도쿄신문(1951년 10월 9일자), 아사히신문(1951년 10월 22일자) 등에 의해 보도된 바 있었다. 나카무라 기자는 이를 몰랐던 것일까, 아니면 미군의 검열 정책에 의해 쓸 수 없는 주제였는가? 흥미로운 것은 이 사건은 당시 일본국회나 사회적으로도 거의 문제시되지 않았다는 사실이다. 아마 나카무라 기자도 몰랐을 공산(公算)이 컸을 것이다.

나카무라 기자는 이후에도 한국전쟁과 일본인의 관계에 대해 몇 번 정도 더 다루었다. 그는 1953년 1월 16일자 〈조선 전선에 날아가는 일본인의 혈액/이미 7천명분 보내져〉에서 한국 전선에서 매일 필요로 하는 혈액 250파인트 중 상당수가 도쿄에서 군용기로 공수되고 있고 그 중에는 히로히토 일왕의 동생이나 도죠 히데키(東条英機)의 딸, 유명한 씨름꾼의 피도 포함되어 있다고 일본의 전쟁협력 '비화'를 전했다.[71]

1월 25일자 〈조선 기지에 일본인 노무자/함정 수리에 종사/연간 2억의 외화 벌

---

69) 《朝日新聞》 1952년 11월 16자.

70) 南基正, 2000 《朝鮮戦争と日本ー〈基地国家〉における戦争と平和》 東京大学大学院総合文化研究科博士論文, 117∽137쪽. 大沼久夫, 2006 〈朝鮮戦争とは何か〉 《朝鮮戦争と日本》 新幹社, 104∽107쪽.

71) 《朝日新聞》 1953년 1월 16일자.

어〉 라는 제목의 기사는 놀랄 만한 사실을 전해주었다. 취재 여행으로 인천에 간 일본인 기자단이 UN군 기지의 철조망 안에서 일하는 47명의 일본인 노무자를 발견했던 것이다. 그들은 미군이 지급한 천막 안에서 집단생활을 하면서 UN군 함선을 수리하고 있다. 일본인 노무자들은 교대방식을 통해 밤낮없이 일했고, 그들을 지휘한 도노(戸野) 기사장은 한국전쟁 개전 이래 그들을 데리고 계속 UN군을 따라 다니며 일했다고 했다. 그런데 이들은 여권도 한국 돈도 가지고 있지 않은데다가 한국정부가 그들의 존재를 인정하지 않았기 때문에 외출할 수도, 물건을 살 수도 없었고 기지 안에서 한발 짝도 밖으로 나갈 수가 없었다. 이 기사는 그러한 일본인 노무자가 부산항에 1000명, 군산에 30명, 마산에 17명이나 있다고 전했다.

한편 《마이니치신문》에는 이 사실을 보도한 기사를 못 찾았다. 같은 날 인천을 방문한 일본기자단에 마이니치신문 기자가 포함되지 않았을 가능성도 없지 않지만 이 시기 《마이니치》에서 일본인의 한국전쟁 개입을 주제로 한 다른 기사도 찾을 수 없었으니 이것은 두 신문의 보도자세 차이를 반영한 것이라고 볼 수 있다.

3월 1일자 《아사히신문》의 〈경성에 잔류한 일본인 여성〉은 한국인과 결혼하여 서울에 살고 있는 4명의 일본인 여성들과 만나 그들의 삶과 일본인의 눈에 비친 한국사회를 그렸다. 그해 2월에 평화선 침범으로 일본 어선이 나포되고 총격을 받아 선원 한 명이 사망한 사건이 일어난 직후인데도 불구하고 4명 중 2명은 사건 자체를 몰랐고, 나머지 2명도 그 사건으로 학대받은 일은 없었다고 말을 맞추었다. 일본식 사시미(회)나 스노모노(초무침)를 대접하는 식당에서 일하는 한 여성은 오히려 한국 사람은 "[한국]동란 이후 친절해졌고 태연하게 일본어로 이야기할 수 있게 되었다"고 말했다. 이러한 현상에 대해 또 다른 여성은 한국인이 전쟁 때문에 미국인을 비롯한 외국인을 만날 기회가 늘어나서 그런지는 몰라도 "같은 동양인끼리 이해하기 쉽다고 말을 거는 사람이 많아졌다"고 흥미로운 증언을 남겼다.[72]

이상과 같이 특히 《아사히신문》에 일본의 한국전쟁 관여에 대한 중요한 기사가 몇 건 나왔는데, 일반적으로 한국전쟁 시기 일본이 특수로 경제 부흥을 이루었다는 사실은 잘 알려져 있지만 물적 측면뿐만 아니라 일본인의 직접적인 관여도 상당히 있었다는 사실을 이 보도를 통해 확인할 수 있다. 그러나 기실 직접적으로 한국전쟁에 관여한 일본인들의 존재는 거의 망각되고 말았다. 한국전쟁은 일본인들

72) 《朝日新聞》 1953년 3월 1일자.

에게 잊혀진 전쟁이었고, 한국전쟁에 관여한 일본인 역시 잊혀진 존재가 되었다.

Ⅲ. 日本人 記者의 報道에 나타난 特色

이상에서 일본인 종군기자가 생산한 기사를 4가지로 분류해서 자세히 살펴본 결과 대체로 다음의 세가지 특색을 발견할 수 있다. 첫째, 일본 종군기자들은 한국의 전쟁 피해에 대해 깊은 동정을 표하면서도 탈(脫)식민주의화의 과제에 아직 적응하지 못하였고 그들의 인식에 일제시기와의 연속성이 나타났다. 한국에 도착한 기자들은 서울을 '게이죠(京城)'로 표기하면서 '메이지쵸(明治町)' '고가네쵸(黃金町)'와 같은 지명을 그대로 사용했다.[73] 특히 '京城'은 한국전쟁이 휴전될 때까지 계속 사용됐으며 '서울'이라는 정식 명칭은 전혀 쓰이지 않았다.[74] 그들은 조지야(丁子屋)나 미쓰코시(三越)백화점과 같은 일본인이 지은 건물들을 찾아다니면서 빛바랜 일본어 간판이나 일본식 화로를 발견했다. 한편 서울의 첫인상을 전하는 기사 속에는 한국인의 모습은 하나도 등장하지 않았다.

이 기사들에서는 타국의 전장을 취재하는 긴장감보다는 몰라보게 변해 버린 자기 고향을 보는듯한 슬픔과 같은 감정이 배어있다. 기자들은 옛 "경성"을 잘 알고 있었을 뿐만 아니라 식민지 조선에 살다가 돌아온 일본인 독자들을 의식했기 때문에 일본식 지명을 들며 상황을 설명했다. 이러한 특징은 일본인 기자들과 다른 나라에서 파견된 종군기자들 사이의 결정적 차이점이기도 했다.

또 일본 기자들은 한국인에 대해 일본어로 취재하는 것을 당연시 했으며 취재 내용 중 한국인이 토로한 일본에 대한 관심이나 향수를 적극적으로 기사화했다. 이러한 기사들에는 한국인이 왜 일본어를 말하게 되었는가에 대한 성찰이 사상(捨象)돼있다. 물론 취재에 응한 한국인들도 일본 유학 경험이 있는 엘리트층이 많았기 때문에 식민지적 사고방식에서 벗어나지 못한 사람이 많았을 것이다. 그러나 해방 당시 한국인 중 일본어 사용 인구는 전체 한국인의 약 20% 정도였다는 사실[75]을 감안하면, 일본과의 교류 부활을 간절히 바라는 소리를 한국인의 소망으

73) 〈전화(戰火)의 흔적 · 게이죠(京城, 경성)를 보다/상가의 7할이 폐허/무참한 숯과 기와 더미〉《朝日新聞》 1951년 7월 12일자. 〈이마무라 특파원 조선 전선에서 제1보/애통한 전화(戰禍)의 흔적/폐옥에서 연기 나와〉《每日新聞》 1951년 7월 14일자.

74) 아사히신문의 경우 1960년까지 '京城'을 사용하고 서울'이라는 정식명칭을 사용하기 시작한 것은 1961녀부터였다.

로 일반화하는 것은 비약이 아닐 수 없다. 당시 일본 서적을 읽거나 일본어로 편지를 주고받을 수 있는 사람은 연령대별·계층별로 큰 편차가 있었다고 볼 수 있기 때문이다. 일본인 종군기자는 타국의 기자에 비해 일본어로 취재가 가능하다는 이점이 있었지만 그것은 취재 대상의 편향을 초래해 일본에 대해 "동경에 가까운 관심"을 가진 사람들의 견해를 한국 여론 일반으로 등치시키는 오류를 범하는 일에 다름 아니었다.

한편 당시 일본에서 큰 이슈였던 대일 강화조약이나 일본 재무장문제 등에 대해 한국인의 의견을 적극적으로 일본 독자들에게 소개했다. 취재 대상은 역시 일본어를 잘하는 지식층이 많았고 이들 의견에는 한국이 전쟁에서 큰 피해를 받은 만큼 일본도 재무장하여 공산주의의 침투에 대비해야 한다는 친일적·반공적 경향이 강하게 나타났다. 앞에서 본 바와 같이 대일 강화회의를 앞두고 일본의 여론은 크게 양분되어 있었다. 좌파·지식인층은 '전면강화'와 비무장을 기본으로 한 중립론을 제창하고 우파·일본정부 측은 '단독강화'와 재무장을 통한 미일동맹 구축을 주장했다. 이런 상황에서 "넋 빠졌구만. 일본사람은 공산군 무서운 줄 몰라"[76] 라고 질타하는 친일적·반공적 한국인의 반응은 당연히 단독강화·재무장을 정당화하고 냉전 체제를 강화하는 역할을 했다. 아울러 "믿을 만한 대상은 일본인밖에 없다"[77]고 호소하는 한국 인텔리 층의 목소리는 '제국' 의식에서 자유롭지 못한 일본인 기자의 우월감을 자극했다. 그것은 "조선 통치의 경험으로 문제의 성격을 충분히 이해하고 있다"[78]는 발언에 보듯이 조선 강점을 정당화하고 죄책감을 희석하는 효과를 낳았다.

반공과 경제 부흥을 빌미로 일본의 조선통치를 정당화하는 사고방식은 2차대전 후 과거청산이 불충분했던 한일 양국의 사정이 맞물려서 드러난 현상이었다. 일본

---

75) 김영희, 2009《한국사회의 미디어 출현과 수용 : 1880-1980》커뮤니케이션북스, 123~124쪽. 다만 주로 일본종군기자들이 취재활동을 한 서울 도심부의 일본어 사용자의 비율은 더 높았을 것이다. 일본 강점기 서울 교동소학교에 자제가 재학하는 가정의 일본어능력 조사를 보면 "회화에 지장이 없는 자"의 비율이 1939년부터 1940년 사이에 39%에서 69%로 급격히 높아졌다 (井上薫 〈日本統治下末期の朝鮮における日本語普及 · 強制政策〉《北海道大学教育学部紀要 73》1997, 130쪽).

76) 〈"이 선거"를 한국은 어떻게 보는가?/재군비에 높은 관심/연립내각 예측도〉《朝日新聞》1952년 9월 15일자.

77) 〈정전 후의 한국/"부흥"과 "방공(防共)"에 일본의 원조 열망〉《毎日新聞》 1951년 7월 27일자.

78) 같은 기사.

언론은 같은 패전국인 독일이나 이태리와 달리 패전 후에도 전쟁에 협력한 회사의 존속이 허용되었고 그 경영간부나 기자들이 통째로 살아남았다. 한편 한국에서는 반민족행위특별조사위원회(반민특위)가 정권 유지를 노린 이승만의 방해로 기능을 상실하고 친일 세력 청산 작업이 좌절됐다. 이런 보도에서 드러나는 반공과 일제의 조선통치 정당화와 같은 인식구조는 일차적으로 전쟁이라는 비상상황에서 한일 양국이 만났기 때문이었다. 나아가 한국전쟁을 기점으로 본격화되는 동아시아에서 미국의 새로운 일본 중심의 수직적－차별적 냉전질서 구축과 지체된 한일 양국의 탈식민주의가 낳은, 즉 새로운 한미일 구조가 낳은 '자연스런' 귀결이었다.

둘째, 기사들에는 미군 검열의 영향과 그에 따른 반공의식이 나타났다. 한국에 도착한 기자들이 먼저 전쟁 피해 상황을 취재한 지역은 서울 중구와 용산구, 김포비행장에서 시내로 향하는 도로 주변이었다. 김태우의 연구에 의하면, 전쟁 초기 미 극동공군 소속 B－29중폭격기는 인민군 치하 서울의 교통 요충지를 파괴하기 위해 김포비행장과 서울역, 용산 조차장을 공중폭격의 주요 목표로 삼았다. 그 결과 1952년에 서울시가 집계한 통계에 따하면, 중구의 경우 주택의 52%, 용산구는 주택의 70%가 반소(半燒)·반파(半破) 이상의 피해를 입었으며 그 정도는 다른 지역보다 훨씬 심했다.[79] 일본 종군기자들이 직접 목격한 서울의 참상은 미국 공중폭격의 결과물이기도 했다. 그러나 그들은 "도쿄와 히로시마를 보았음"에도 불구하고 "상상을 초월"한 피해를 누가 끼쳤는지에 관해서는 함구했다.

미국의 입장을 무비판적으로 수용하는 태도는 패전국민으로부터 UN군 '장교'로의 갑작스러운 신분상승이 낳은 서방세계에 대한 친근성의 반영이기도 했다. 이 시기 신문을 보면 외국특파원의 모습을 주제로 한 기사가 눈에 띈다. 일본인 종군기자가 파견된 시기는 대일 강화조약 발효 이전이라 일본 신문사가 해외에 기자를 파견하는 것 자체가 드문 일이었다. 물론 일반 일본인에게 해외여행은 꿈과 같은 이야기였고 거리에서 보는 '외국인'은 '지배자'인 미군뿐이었다.[80] 특파원들끼

---

79) 김태우, 2008 〈한국전쟁기 미 공군의 공중폭격에 관한 연구〉 서울대학교대학원 국사학과 박사논문, 203~209쪽.

80) 물론 해방된 재일조선인도 '외국인'이어야 할 텐데 2차대전 후 일본정부는 대일강화조약 발효까지, 즉 일본이 정식으로 식민지 조선을 포기하기까지, 조선인이 일본국적을 보유한다고 해석했다. 동시에 출입국관리령과 외국인등록법을 제정하여 조선인을 "외국인으로 간주"하고 관리했다. 이로 인해 일본정부는 재일조선인에 대해 미국인과 같은 외국인과 동등한 권리(한국정부에 의한 보호권 등)를 주지 않은 채 '비(非)일본인'으로 관리·통제하고 국외로 방축할 수 있게 되었다 (鄭榮桓, 2013《朝鮮獨立への隘路－－在日朝鮮人の解放五年史》 法政大學出版局, 4~6, 84~85, 328~330쪽). 현대 일본인의 재일조선인에 대한 인식은 애매한 것으로 그

리 교류하는 장면은 지금의 감각으로는 별로 뉴스 가치가 없지만 2차 대전 패배로 식민지를 잃고 해외로 나갈 통로가 완전히 막힌 일본인에게 지면을 통해서 외국인과 자유롭고 대등하게 대화하는 일본인 기자들의 모습은 해외로 이어지는 작은 창문인 동시에 패전의 상처를 가시게 하는 청량제가 되었을 것이다. 예를 들어 마이니치신문은 특파원 숙소에 "UN정신에 걸맞은 우정과 우애가 존재한다"고 자랑스럽게 보도했고[81] 아사히신문도 판문점에서 일본의 경제 부흥을 의심하는 공산측 기자에게 일본제 위스키를 마시게 해서 그 기술력을 납득시킨 장면을 보도함으로써 '국제무대에 복귀한 일본'의 이미지를 독자에게 심어주었다.[82]

셋째, 위와 같은 한계 속에서도 일본 언론 나름의 독자성을 바탕으로 한 비판 기능을 볼 수 있다. 1952년 4월 대일강화조약 체결로 일본이 독립한 후 일부 언론은 이러한 경향이 강해졌다. 특히 아사히신문은 무기, 탄약, 지프차, 군용담요, 심지어 수혈용 혈액까지 한국으로 수출하는 일본의 실태를 자세히 전해주었고 기자좌담회에서 휴전협정을 지연시킨 원인이 미국의 공산권 봉쇄정책에 있다고 지적했다.[83] 이런 기사들은 일본 국내에서 미국의 검열이 없어진 직접적 효과라 할 수 있는데 점령 종료 후 외국서적을 자유롭게 번역·출판할 수 있게 된 일본 출판계의 간접적 효과도 있을 것이다. 예를 들어 I.F.Stone의 《The Hidden History of the Korean War(비사 한국전쟁)》은 원본 출간과 같은 해인 1952년에 일찍 일본에서 번역되어 한국전쟁의 기원 논쟁에 새로운 시각을 제공하고 미국 음모설에 힘을 실었다.[84] 같은 해 출판된 잡지 《平和増刊 朝鮮戦争の真相》(青木書店)을 보면 그 시기 일본 출판계 분위기를 한층 더 깊이 이해할 수 있을 것이다. 이 잡지는 〈세균병기와 네이팜탄〉〈집단학살과 테러리즘〉〈일어서는 빨치산 소년 소녀〉〈피카소 "조선전쟁의 학살"〉〈누가 먼저 도발했는가〉등의 기사들을 사진과 함께 소개하며 일본인의 양심과 평화주의에 호소했다.[85]

들을 '외국인'으로 보는 의식이 희박하다. 이러한 의식의 기원은 일제강점기 조선인을 일제 臣民으로 간주한 시대까지 거슬러 올라갈 수 있지만 보다 직접적으로는 일본 패전/조선해방 후 일본정부의 재일조선인 정책에 기인한 것으로 생각된다.

81) 〈"폐허 경성"을 장식하는 보도 전쟁/기자 수백 명 집결/숙소는 하루 종일 번망〉《毎日新聞》 1951년 7월 13일자.

82) 〈한국에서 묻는 일본제품의 평판〉《朝日新聞》 1952년 1월 7일자.

83) 〈조선전선에 일본병기/공산측에 불을 뿜다/한국인은 말한다, 팔짱만 낀 일본인〉《朝日新聞》 1952년 11월 16자. 〈조선 전선에 날아가는 일본인의 혈액/이미 7천 명분 보내져〉《朝日新聞》 1953년 1월 16일자. 〈조선 휴전과 금후/대립이 오히려 격화 가능성/남북통일 전망 안 보여〉《朝日新聞》 1953년 6월 16일자.

84) 玉城素, 1967 〈日本における朝鮮戦争観〉《朝鮮戦争史—現代史の再発掘》コリア評論社, 283쪽.

한국의 휴전반대 시위에 대해서도 일본 신문은 독자적인 시각을 제공했다. 서울 시민의 과격 시위를 소개하면서도 그것이 미군과의 충돌은 신중하게 피하고 한미 관계를 훼손한지 않도록 통제된 것이라고 보도했다. 동시에 새색시를 태운 자동차가 결혼식장으로 향하는 장면 등 서울의 평화스러운 일상생활을 묘사했다.[86)]

이러한 일본 종군기자들의 보도를 동시대의 한국 언론 보도와 비교한다면 그 특징을 더욱 명확하게 이해할 수 있을 것이다. 예컨대《동아일보》1953년 6월 9일자 휴전관련 기사는 다음과 같다. 1면 머리기사 〈休戰事實上成立/八日捕虜問題暫定協定調印〉에서 사실 관계를 설명한 후 그 아래 〈基本策强力決行/政府國會 連席會議서 合意〉〈決戰態勢確立/公務員服務規程을 決定〉이라는 기사로 정치·행정 분야에 비상이 걸린 것을 알렸다. 가운데 상단에 배치된 〈韓美間意見差異深刻〉이라는 기사는 이승만 대통령의 성명과 아이젠하워 미 대통령의 친서를 나란히 배치하고 포로 문제와 통일, 평화문제를 둘러싸고 한미 간에 심각한 대립이 있으며, 우선 한미 상호안전 조약이 체결되지 않는 한 "우리는 우리끼리 만이라도 밀고 올라가서 死生을 決斷하여 左右間 統一을 規定내겠다"는 이승만의 "결심"을 소개했다. 2면 머리기사는 한층 더 격렬한 편으로, 〈國民의 失望은 最絶頂/죽엄의 休戰不拘/統一의 聖業에 總進軍하자" 라는 제목으로 아래와 같이 온 국민의 궐기를 부추겼다.

> 『單獨北進統一』에의 길로 우렁찬 발걸음을 내디딜 때는 닥쳐오고 있다. 아니 이미 문전에도 달하고 있는 것이다. 이 민족『唯一의 길』을 앞에 놓고 우리 총후 국민은 어떻게 하여야만 하고 또한 어떠한 각오를 가져야만 되겠는가? 두말할 필요도 없지 아니한가! 일체의 구각을 깨끗이 버서버리고 새로운 정신 하에 일치단결하여 三八선을 넘을 우렁찬 북진의 신호나팔에 발 마처 전진 있을 뿐인 것이다. 국난에 있어 배달민족은 군세ㅅ더니라 百만 당나라 군사를 쳐물린『살수전』에서 그러했고 세계만방에『自由民』임을 외친『己未 궐기』가 이미 증명하고 있지 아니한가? 민족의 얼은 이제 그 진가를 다시 한 번 과시할 때는 온 것이다. 온 겨레여! 이러서자. 그리하여 李대통령의 그 백절불굴의 "통일 독립" 쟁취의 기치 아래 뭉쳐 전진하자! 三천만 동포여!『통일 없는 휴전보다 죽엄』—이것

---

85) 이 잡지는 증판되어 20만 부 정도 팔렸다(松浦總三, 앞의 책, 351쪽).

86) 〈경성 거리에 화려한 새색시의 모습/일선에서는 휴전 나팔 기다릴 뿐〉《每日新聞》1953년 6월 12일자.

이 우리의 최후의 구호인 것이다. 자! 이제 이러서자![87]

이 기사는 신문기사라기보다 선동이라고 해도 무방할 정도의 강도 높은 문구가 나열되었다. 흡사 내일 다시 전면전을 시작할 듯한 논조의 보도만으로는 새색시를 태운 자동차가 거리를 오가는 서울 시민의 일상생활을 상상하기조차 힘들 것이다.

한국 언론과 달리 일본인 종군기자들은 압도적인 휴전 반대 여론과는 비교적 거리를 둔 채, 한국 사회 저변에 흐르는 조류를 감지하여 한국인들이 "통일"을 갈구하는 동시에 "평화"를 절실히 요구한다는 분위기를 포착하고 기사화할 수 있었다. 일본인 기자가 그러한 다면적 보도를 할 수 있던 이유는 무엇이었을까? 첫째, 그들이 외부적 존재였기 때문에 비교적 객관적인 눈으로 사태를 관찰할 수 있었다. 둘째, 외국 언론은 한국 정부의 검열 압력에서 비교적 자유로웠다. 셋째, 무엇보다 일본인 기자들 자신이 2차대전이라는 민족 멸망의 벼랑 끝에서 간신히 얻은 평화의 소중함을 몸으로 실감했기 때문이었다. 도쿄와 히로시마의 폐허 속에서 얻은 삶의 소중함이란 가치는 당시 일본인 대다수가 공유한 가치관이었다.[88] 종군기자들은 전쟁의 비참함을 서울에서 다시 발견했고, 한국인의 마음속에 깔려있는 "이제 전쟁은 싫다"라는 기분에 공감하며 애써 염전(厭戰)기분과 "평화스러운 풍경"을 찾아내어 일본인에게 전달하려고 했던 것이다.

다만 일본의 평화주의는 어디까지나 가해자 책임을 잊어버린 피해자로서의 평화주의였다. 그 한계를 표출한 단적인 예로 앞에서 소개한 잡지《平和増刊 朝鮮戦争の真相》의 신문광고 선전문구를 들 수 있다. "조국 일본을 결코 제2의 조선으로 만들면 안된다! 8천만 일본 민족의 애국심에 호소하기 위해 우리는 이 특집을 엮었다" "평화를 지키자! 일본을 구하자."[89] 이 선전문구에서는 일본의 조선강점이 민족분단과 한국전쟁을 초래했다는 책임의식을 전혀 느낄 수 없고 거기에 있는 것은 '전쟁 피해자로서의 일본인'뿐이다. 극동 군사재판에서 난징대학살의 사실이 밝혀졌을 때《아사히신문》은 "진실한 보도를 담은 한줄의 기사도 없었다는 것은 부끄러운 일"[90]이라고 반성의 변을 토로했다. 그러나 그러한 가해 의식은 끝내 일

87)《동아일보》1953년 6월 9일자.

88) 이 시기 일본인의 '평화주의'에 대해서는 존 다우어, 최은석 옮김, 2009《패배를 껴안고》민음사(원본은 John W. Dower, 2000《Embracing Defeat: Japan in the Wake of World War II》W W Norton & Co Inc)를 참조.

89)《朝日新聞》1952년 9월 22일자.

90)〈天声人語〉《朝日新聞》1946년 7월 27일자.

본인의 집단적 기억을 형성할 수 없었다. 한국이나 중국, 동남아시아에서 일본이 저지른 갖가지 가해 사실에 대한 인식이 널리 여론화되기 전에 중국에 공산주의 국가가 탄생하고 냉전이 격화됨에 따라 "미국은 정책적으로 일본인에 의한 잔혹 행위의 기억을 들추어 내지 않았다."[91] 미국 비호아래 냉전체제와 결탁한 '피해자로서의 평화주의'는 일본의 재무장과 무력행사에 대한 저항력을 키우는 힘이 되었더라도 미군의 한국전쟁 개입에 반대할 논리를 구축할 수 없었다. 가해자 의식의 희박함이라는 한계성은 종군기자들의 기사에서도 식민지주의에 대한 책임감의 결여라는 형체로 나타날 수밖에 없었다.

맺음말

한국전쟁은 일본이 미군의 점령 하에 있을 때 발발했다. 당시 일본 언론은 미군의 검열 아래 엄중한 통제를 받았다. 한국전쟁 발발 직전에는 이른바 "레드퍼지(빨갱이 숙청)"가 시작되었다. 1950년 6월 초 GHQ는 일본공산당 간부의 활동을 금지시켰고 전쟁이 발발하자마자 일본공산당 기관지 《아카하타》에 대해 "남한 북침설을 주장했다"는 이유로 발행정지 처분을 내렸다. 타 언론기관에서도 공산당 동조자로 간주된 직원들이 700여명이나 추방당했다.

그런 살벌한 분위기 속에서도 전쟁 초기 일본 미디어는 서울의 군·언론에 국제전화로 취재하는 등 그 나름의 노력을 했고 비교적 정확한 전황을 독자에게 제공했다. 그러나 서울 함락 후에는 독자적이 정보원이 없어지고 미군의 공식발표나 미군이 허용한 범위 내에서 외국 통신사의 송신기사를 이용할 수밖에 없었다. 미 점령 아래 일본 언론은 한국으로 특파원을 보낼 수도 없었다.

이러한 답답한 상황이 바뀐 계기는 휴전회담이었다. 맥아더 해임에 따라 연합군총사령관에 취임한 리지웨이는 전임자보다 비교적 투명성이 있고 유화적인 언론정책을 폈쳤다. 그는 일본 주요 언론사에 대해 한국에 특파원을 보낼 것을 허용하고 1951년 7월 11일 제1진 16사 18명이 UN군 종군가자로 서울에 파견되었다. 한국으로 파견된 종군기자들은 미8군의 관리 하에서 영관급 대우를 받고 교통·통신수단이나 숙박시설 등 온갖 편의를 제공받는 대신 모든 기사는 송고하기 전에 영

91) 존 다우어, 앞의 책, 664쪽.

어로 보도자문과(PAD)에 제출하고 사전검열을 받아야 했다. 검열에서는 부대명이나 사망자수는 물론, 세균전, 포로학대, 월남민의 증언과 같은 한국전쟁의 성격을 특징짓는 핵심적인 정보는 엄중하게 통제되었다.

그러한 제약 속에서 생산된 일본 종군기자들의 기사를 다음 세 가지 측면에서 분석·검토해보면 이 시기 일본의 한국전쟁 보도의 성격과 정치적 기능이 들어난다. 첫째, 기사에는 탈(脫)식민주의화에 아직 적응하지 못하고 일제시기와의 연속성이 곳곳에서 눈에 띈다. 제2차 세계대전 패배로 한국이 독립하고 제도적으로 완전히 '외국'이 됐음에도 불구하고 일본기자들은 '게이죠(京城)', 메이지쵸(明治町), 고가네쵸(黃金町)와 같은 지명을 그대로 사용했다. 그것은 기사를 쓴 기자 자신뿐만 아니라 언론사 전체와 독자들도 의식 속에 아직 식민지 조선이 살아 있었다는 것을 의미한다. 기자들은 잿더미가 된 서울의 거리를 돌아다니면서 파괴의 참상에 경악하고 동정을 표했지만 그것은 단순한 외국의 도시를 보는 시각이 아니었다. 폐허 속에서 일본인이 지은 건물들을 찾아다니는 등, 그들의 기사에서 흡사 자기 동네가 피해를 당한 것 같은 감정을 읽을 수 있다. 또 일본 기자들은 한국인에 대해 일본어로 취재하는 것을 당연하게 여기고 한국인이 토로한 일본에 대한 관심이나 향수를 적극적으로 기사화했다. 한편 취재를 받은 한국인들도 일본 유학 경험이 있는 엘리트층이 많았기 때문에 식민지적 사고방식에서 벗어나지 못한 사람이 많았을 것이다. 취재자와 취재대상자 사이의 대화에는 일제강점기와의 연속성을 볼 수 있다

그러는 한편 당시 일본에서 큰 이슈였던 대일 강화조약이나 일본 재무장문제 등에 대해 일본어를 잘하는 한국인 지식인층의 의견을 적극 기사화하고 일본 독자들에게 소개했다. 그들의 의견은 한국이 한국전쟁에서 큰 피해를 받은 만큼 일본도 재무장하고 공산주의의 침투에 대비하여야 한다는 친일적·반공적 경향이 강하게 나타났다. 그런 특징은 한국전쟁을 기점으로 본격화되는 동아시아에서 미국의 일본 중심의 새로운 수직적-차별적 냉전질서 구축과 지체된 한일 양국의 탈식민화가 낳은, 즉 새로운 한미일 구조가 낳은 '자연스런' 귀결이었다.

둘째, 기사에는 미군에 의한 검열의 영향과 그에 따른 반공의식이 들어난다. 기자들은 서울의 전쟁 피해를 자세히 보도했는데 그들이 직접 관찰한 지역은 중구와 용산구 등 미군의 공중폭격 피해가 가장 심했던 곳이었다. 그들은 제2차대전시 도쿄대공습으로 미 공군 전략폭격의 효과를 스스로 체험한 데다 한국전쟁 초기부

터 미군이 완전히 제공권을 장악한 상태로 일본의 기지에서 B29 폭격기가 한반도를 향해 출격했다. 그럼에도 불구하고 그들은 "상상을 초월한 피해'를 가져온 것이 누구인지에 대해 언급하지 않았다.

미국의 입장에서 한국전쟁을 보는 시각은 미군의 언론통제의 직접적 결과물이기도 하고 패전국민으로부터 UN군 '장교'로의 갑작스러운 신분상승이 낳은 서방세계에 대한 친근성의 반영이기도 했다. 그들은 UN군 종군기자로 영관급 대우를 받고 하루아침에 연합군 장교와 동등한 지위로 올랐다. 한 기자가 특파원 숙소에는 "UN정신에 걸맞은 우정과 우애가 존재한다"고 표현했듯이 일본이 독립하고 UN에 가입하기 전에 이미 '국제무대에 복귀한 일본'의 이미지를 독자에게 심어주었다.

셋째, 그러한 한계에도 불구하고 일본 언론 나름대로 독자적인 보도를 제공했다. 특히 1952년 4월 일본이 독립하고 국내에서 완전히 검열 제도가 없어진 후 아사히신문은 일본의 전쟁 협력 실태를 밝혀내고 미국의 동아시아 정책을 비판한 기사들을 종종 게재했다. 또 휴전협정 체결 직전에는 격화된 한국의 휴전반대 시위의 이면에 평화스러운 일상생활이나 시민의 염전기분이 흐르고 있음을 다각적으로 소개했다. 이것은 휴전 결사반대 일색이었던 한국 신문에서 볼 수 없는 특징이다.

이상과 같이 일본인 기자의 보도는 미군의 통제 아래 있으면서도 일본인에게 한국의 상황을 알리고 한국전쟁과 일본의 관계를 이해시키는 데 일정한 의의가 있었다. 그 시기 이승만 정부의 통제로 인해 언로가 막힌 상태에 있던 한국인에게도 일본 신문은 귀중한 정보원이 되었다. 한편 미군의 언론정책을 높이 평가하는 종군기자들의 회상에서 보듯이 그들에게 '자유의 나라, 미국'의 이미지를 심어주고 서방세계의 일원이라는 의식을 강화하는 데 성공했다. 동시에 그들의 기사에 나타난 한국인의 대일관(對日觀)을 보면 역사인식 문제를 외면 한 채 반공과 경제원조를 목적으로 북한을 배제한 수교라는 한일협정 체제의 원형을 이미 볼 수 있다. 그런 의미에서 일본 종군기자의 활동은 현재 일본 언론의 한국관, 미국관을 조성한 원점이라고 할 수 있다. 일본인 종군기자들의 활동은 한일 양국에서 과거의 기록에 파묻혀 거의 잊혀져 있지만 그들이 남긴 보도 내용과 경험은 앞으로 건전하고 건설적인 한일 관계를 구축하는 데 있어서 극복해야 할 과제와 가능성을 보여주고 있다.

참 고 문 헌

∽

1. 아사히신문과 마이니치신문에 게재된 종군기자들의 기사

《아사히신문》 92건

51.7.12〈戦火の跡·京城を見る/商店街七割は廃虚/無残·炭とカワラの山〉

51.7.13〈緊張みなぎる前進基地/報道陣火花の活躍/“新聞列車”を宿舎に〉

51.7.21〈さまよう韓国の人々/限りなき戦争憎悪/しかも38度線停戦に反対〉

51.8.11〈韓国民の対日感情/講和へ強い関心/“好感”に明確な一線〉

51.9.13〈韓国人の対日感情/対日講和除外に不満/一般的には敵対感情薄らぐ〉

51.10.25〈あえて休戦拒まず/再開に韓国人の意向〉

51.10.28〈韓国知識層の見た日本/“繰り返すバカ騒ぎ”/激動する民心は共通〉

51.10.30〈休戦会談苦労ばなし/顧問に心理学者/あてにならぬ「明白了」〉

51.11.1〈“冬将軍”は国連軍の味方/共産兵士の士気とみに低下〉

51.11.14〈パラシュート降下/米軍、朝鮮上空で演習〉

51.11.17〈休戦会談こぼれ話/虚々実々の記者合戦/呉越同舟/乱れ飛ぶ七カ国語〉

51.11.24〈現地、楽観論を警戒/「休戦監視」の範囲注視〉

51.11.28〈韓国人の見る境界問題/思わず歌う“三八度線”/古都開城の喪失に悲嘆〉

51.11.29〈冬将軍、再び朝鮮戦線に/つけ物ねらう共産軍/高い燃料が頭痛のタネ〉

51.12.7〈板門店の“チトー記者”/達者な理論家/共産側を煙に巻く〉

52.1.4〈世界の危機線/アジアの現地を探る/朝鮮/宿命の南北境界線/休戦か、統一か もだえる民の声〉

52.1.7〈韓国できく日本品の評判特需ものは“まあ一応”/ウィスキー無条件でＯＫ〉

52.2.28〈成立へ望み 休戦会談/交渉は「捕虜」に集約/双方ともに妥結の希い〉

52.3.19〈春近き京城/街に背広姿も/ふえる人口、騰る物価〉

52.5.9〈筋金入り/巨済島の捕虜〉

52.5.14〈巨済島捕虜収容所を見る/壁には激越なスローガン/記者団にツバする若い捕虜〉

52.7.5〈押し切った李大統領/韓国憲法ついに改正/対米交渉への先制/〉

52.7.10〈手詰りの休戦会談/今日で二年目/強気になった国連側/兵隊さん楽しみは除隊の点数〉

52.8.3〈五日に韓国大統領選挙/李承晩の再選は確実/他三候補 李派への抵抗運動〉

52.8.9〈日韓会談 態度不変か/李大統領 再選後の諸政策〉
52.8.26〈最近の釜山の表情/散調まで小屋の群立/百万人が戦乱にうごめく〉
52.8.30〈板門店のこのごろ/宣伝工作の一つ？/日本人記者に笑顔みせる赤い記者〉
52.9.11〈親子三代、韓国暮らし/休戦会談の人気米大尉(언더우드)〉
52.9.15〈"この選挙"韓国はどうみる/再軍備へ強い関心/連立内閣の予測も〉
52.10.13〈韓国の対日感情悪化/漁船捕獲や記者追放〉
52.10.18〈コガラシすさぶ板門店/一点真空の中立地帯/会談場はひっそり閑〉
52.10.25〈"鉄の三角地帯"血の戦い/"白馬"変じて"赤馬山"/倍加した共産軍砲兵力〉
52.10.25〈人気取り戻す李大統領/外交手腕に信頼/清い経歴の民族的偶像〉
52.10.26〈特命大使派遣を期待/韓国、吉田新内閣に注目〉
52.11.7〈アイクの出現/朝鮮動乱はどうなる/休戦成立には悲観的〉
52.11.12〈アイクは何をしに来る？/米兵たちの期待と心配/韓国軍部隊を激励に〉
52.11.16〈朝鮮戦線に日本兵器/共産側に火を吹く/韓国人はいう ふところ手の日本人〉
52.11.25〈アイクを迎える京城の表情/複雑な"期待と心配"/田舎疎開また始まる〉
52.11.26〈アイクの直面する現実/「公約」実現は無理？/途遠い韓国軍隊の自立〉
52.12.6〈ア元帥、訪鮮を終る/中国本土の攻撃は戦乱解決策に非ず〉
52.12.6〈アイク煙幕旅行に成功/世界を完全にだます〉
52.12.6〈ア元帥、訪鮮の成果/公約以上の重要意義/強気示した現地軍〉
52.12.6〈笑わなかった朝鮮戦線のアイク/辛い立場の表明？/特効薬は見当たらなかった〉
52.12.14〈ア元帥が与えた三つのOK/経済援助や北進/韓国側に明るい表情〉
52.12.19〈行きづまりの日韓交渉/双方に積極性乏し/李大統領対日反感あおる〉
52.12.22〈暮れも正月もない京城の表情/電燈配給は二日おき/男も女も古軍服着て/除夜のカネ代りに砲声〉
53.1.4〈"両虎模索"の年か 朝鮮動乱/"万能薬"予想されず/冬将軍下に永久陣地化〉
53.1.10〈韓国の対日感情好転/三月に会談再開を希望〉
53.1.16〈朝鮮戦線へ飛ぶ日本人の血/既に七千人分送る/羽黒山や東条姉妹など〉
53.1.20〈日韓関係/李大統領の所信/本社記者の質問書に答う/共通の敵・共産主義/将来の友好樹立に希望〉
53.1.25〈朝鮮基地に日本人労務者/艦艇の修理に従事/年に二億の外貨稼ぐ〉
53.2.15〈朝鮮戦線から見た米国のハラ/韓国人に代理戦争/対ソ世界戦略整備まで〉
53.2.4〈朝鮮の大攻勢は無理/基本線は韓国軍の増強〉
53.2.24〈京城奪回から二年/写真ルポ〉
53.3.1〈京城に残る日本女性/街の人達は親切/帰り度いが、辛い別れ〉
53.3.30〈朝鮮戦線にも春は来たが/共産軍の出撃つづく/国連軍 全戦線で節約運動〉

53.3.31〈日本の選挙 朝鮮戦線での反響〉
53.4.1〈半年ぶりの板門店/扇風機もそのまま/「平和攻勢」に驚いた国連側〉
53.4.5〈休戦会談の前途多難/なお微妙な食い違い？/“まず傷病捕虜”の国連軍〉
53.4.6〈傷病捕虜交換 連絡将校会談始まる/新聞列車大にぎわい〉
53.4.11〈傷病捕虜の交換/協定の調印成る/本会談再会も楽観/残るは中立国選定〉
53.4.14〈共産軍記者の言葉/“六月には休戦実現”/国連軍筋は本会議の長期化予測〉
53.4.18〈休戦気構えと韓国の反応/帰還捕虜を半年再教育/休戦条項の批准に反対〉
53.4.19〈十名以上の日本人捕虜/板門店帰着の英記者談〉
53.4.26〈“来月中には休戦実現”/国連側に高まる楽観論〉
53.4.29〈駆け引きの演出役？/板門店に初見参のソ連記者〉
53.5.8〈板門店に日本人の碑/小さな丘にポツンと/三年の戦火に残り休戦会談見守る〉
53.5.23〈ふくれる京城の人口/休戦会談と物価安にひかれ〉
53.5.24〈注目の休戦会談あす再開/国連側の譲歩予想/報道陣の観測/“即時釈放”撤回せん〉
53.5.25〈双方の「譲歩」に期待/きょう休戦会談再開〉
53.6.1〈会談延期要求を好感/現地　共産側の譲歩期待/韓国への保障要求/李返書〉
53.6.4〈休戦会談 共産側、見解説明か/国連方式の否定/休戦後の保障　米、韓国に同意か〉
53.6.5〈協定成立へ近づく/共産側提案 国連側も受諾？/現地観測〉
53.6.8〈きょう成立声明か/休戦協定の調整終る/議長はインドに/送還拒む捕虜管理委〉
53.6.8〈捕虜送還協定成る/憤激の声・期待の感情/休戦迎える韓国の表情〉
53.6.11〈“次の手”に戸惑う/苦境に立つ李大統領〉
53.6.15〈運命的な韓国の悲劇/天に訴う号泣デモ/休戦反対 痛しかゆしの李政権〉
53.6.16〈朝鮮の休戦と今後/対立逆に激化せん/南北統一の見込み立たず/苦境に立つ米国/中国承認と国連加入問題〉
53.6.22〈逃亡捕虜はどうなるか/韓国は愛国者と歓迎/既成事実化し、復帰困難〉
53.6.25〈朝鮮戦乱きょう三周年/「無」から出発する復興/韓国人の損害 軍25万、民間92万〉
53.6.26〈李大統領と会見/きょうロバートソン米国務次官補/米から妥協の手？〉
53.6.29〈休戦会談近く再開要求？/防衛条約に集中 韓米交渉ほぼ終わる〉
53.7.3〈反逆者から英雄？まで…/李承晩大統領の横顔/貫く強固な支配力〉
53.7.14〈板門店記者往来/脂粉なき中共婦人記者/笑いをふりまく米カメラマン〉
53.7.17〈板門店はユウウツ/たった六カ月の平和？/朝鮮休戦成立しても〉
53.7.18〈休戦色にそまる京城〉
53.7.26〈朝鮮の平和はいつまで続くか/六カ月後には危機/問題はらむ中立監視委〉
53.7.26〈“休戦”立役者の横顔/性格まったく対照的 ハリソンと南日両代表〉
53.7.26〈不安を包む静けさ/韓国の表情 小国の無力感〉

53.7.27〈休戦協定調印さる/両代表、黙々と署名/立ち去る前 一度だけ顔見合わす〉

53.7.27〈“ビッグ・デー”に大童/調印に備える報道陣〉

53.7.28〈平壌ではデモ行進/共産軍も飲めや歌えや〉

《마이니치신문》 82건

51.7.12〈今村特派員/朝鮮前線から第一報/痛々しい戦禍の跡 廃屋の中から煙立つ〉

51.7.13〈“廃虚京城”を彩る報道戦/集る記者数百/四六時中宿舎は繁忙〉

51.7.14〈残る日本字の看板/破壊し儘された京城京町〉

51.7.16〈漁業はや戦前の水準へ/仁川・廃虚に復興の兆〉

51.7.24〈三十八度線に立って/砲撃で地形も一変/墓石に刻む“南北統一”〉

51.7.27〈停戦後の韓国/《復興》と《防共》に日本の援助を熱望〉

51.11.14〈降下、忽ち戦闘態勢/大邱附近で 米奇襲空挺隊の大演習〉

51.12.13〈休戦会談/韓国人の心境複雑/生活苦に休息を切望 一時的平和には不安〉

51.12.23〈落ち着き取り戻した韓国の近情/強まる日本への関心/経済的な提携を希望〉

52.1.1〈休戦会談/共産側兵員交代で掛引/未解決の休戦監視、捕虜問題〉

52.1.4〈徵集の青年が行進/元旦の京城に“空襲警報”〉

52.1.13〈解決の道通し 朝鮮動乱/協定後の“優位”で掛引/政治休戦は更に困難〉

52.3.16〈停滞する休戦会談/《武装平和》で時かせぐ/共産側軍備、急激に増強〉

52.4.24〈現地の楽観論薄らぐ/共産側『ソ連指名』にも強硬〉

52.4.29〈双方妥結の道を残す/休戦会談 主導力は共産側に〉

52.5.4〈机の真ん中に小旗/板門店会談場を初訪問〉

52.5.9〈ドッド捕虜収容所長監禁/休戦会談に悪影響/共産側 宣伝に利用せん〉

52.5.13〈巨済島収容所を見る/反抗的な共産捕虜/旗を掲げ要求固持/困難になる捕虜扱い〉

52.8.11〈冷静な京城市民/“警告爆撃”で局面展開か/現地で感ずる休戦会談〉

52.9.18〈米ジェット機隊を訪れる/戦略爆撃の花形/超低空で攻撃、凄い命中率〉

52.9.20〈中ソ会談・韓国の反響/“共産側、戦略変えず”/動乱の長期化を覚悟〉

52.9.22〈総選挙に韓国民の関心/再軍備の動向を注視/“友好関係早める機運を”〉

52.10.4〈“密入国援助”とさわがる/張前韓国総理辞任の真相/“船員”で渡った元京城市長 古市氏〉

52.10.12〈朝鮮戦乱の様相/《無人戦》の段階へ/自由、共産陣営の実験台〉

52.10.22〈京城に砲声とどろく/市民は鴨緑江凍結を心配〉

52.10.24〈“冬将軍”迎える朝鮮戦線/激しい陣地争奪/戦略高地の制圧狙う〉

52.11.14〈新事態に期待と不安の韓国人/アイク訪鮮後の共産軍攻撃恐る/預言書にすがる〉

52.11.16〈休戦へ複雑な韓国民の心理/平和と統一の矛盾/強腰の政府、終始一貫妥協を排す/アイク訪鮮に二様の期待〉

52.11.20〈朝鮮戦線に硫黄島戦の再現/『鉄の三角地帯』をゆく〉
52.11.22〈アイクを待つ朝鮮の表情/ひしめく報道陣/接待準備に忙しい京城〉
52.11.23〈『救世主』アイクに期待する韓国/"何かしら"への望み/国を挙げての歓迎騒ぎ〉
52.11.28〈アイク、感謝祭にも姿見せず/歓迎旗に無情の雨/空仰ぎ落胆の京城市民〉
52.11.30〈韓国人、アイクに三様の期待/統一の悲劇変わらず/休戦会談の解決に反対〉
52.12.2〈韓国はアイクに何を望む？/"南北統一"の強攻策/国連軍撤退に断固反対〉
52.12.5〈アイク、朝鮮を訪問/李大統領 クラーク大将と会談/三日滞在、昨夜帰途へ〉
52.12.6〈完全な隠密行動/出迎えのクラーク大将もまく〉
52.12.6〈ほとんど前戦線を視察/軽飛行機とジープでかけ回る/肩をたたかれ感激する兵士〉
52.12.6〈アイク放鮮の成果/韓国人に明るい希望/効果は来年の春ごろか〉
52.12.8〈軍事的圧力を加えん/アイク放鮮 大きな心理的効果〉
52.12.13〈"開店休業"の板門店/今では苦情交換所/うさ晴らしにピンポンやヨーヨー〉
53.1.12〈対日友好・一歩前進した韓国/反共闘争協力を目標/日・韓・国府の結束に期待〉
53.1.19〈雑踏の街釜山/まるで終戦直後の上野/スシづめの難民小屋、さ迷う浮浪児/"国際市場"には日本品の山〉
53..1.25〈戦局の転換を望む韓国人/アイク政権の打開まつ/長い行き詰まりで士気にも影響〉
53.2.7〈台湾中立解除と朝鮮戦線/国連軍、新攻勢展開か/行詰り打開に後方上陸と空挺作戦〉
53.2.15〈春を待つ京城市民/戦火にめげぬ生活力〉
53.2.21〈凍結の朝鮮戦線を往く/四通八達の地下壕/呼べば答える共産陣地〉
53.3.9〈反共戦の渦中から/韓国将兵は望む/"日本よ強くあれ"/再軍備に意気込む重光総裁に人気集中〉
53.3.13〈マレンコフ登場と朝鮮動乱/融和的な態度とるか〉
53.3.24〈朝鮮だより/動乱の中にも芸道への熱意〉
53.3.28〈平和宣伝の側面攻撃/中西部戦線の戦闘激化/国連軍観測 春季攻勢を意味せず〉
53.4.7〈休戦会談再開/韓国人の表情/成立せば"統一"望めず/平和近しに悲喜こもごも〉
53.4.8〈韓国の通貨改革その後/一時は生産に大打撃/変りばえせず依然生活難は続く〉
53.4.10〈戦う北鮮の実相/板門店で共産側記者と会談/学生は軍事教練/戦災東京と同様インフレに悩む〉
53.4.11〈休戦交渉、さらに一歩進む/《自由送還》で譲歩/ただし帰国拒否あり得ず/共産側、ク書簡に回答〉
53.4.13〈新しい服やクツは一人も見当たらない/テント教室の韓国小学生〉
53.4.17〈朝鮮休戦/韓国人はこう見る/単に"行詰まりの平和"/日本との友好、経済提携は必然/南北統一の悲願遠のく〉
53.4..17〈休戦近し/復興急ぐ京城市民〉

53.4.18〈傷病捕虜交換を待つ板門店/両軍、設営準備に大童/胸打つ戦友への思いやり/機械力発揮する国連側〉

53.4.19〈傷病捕虜・あす第一回交換/世界の耳目を集めて/五十台のタイプ競う百余名の記者〉

53.4.27〈共産側から新提案/休戦会談第一日/期間六カ月に/送還拒否捕虜の中立国管理/最終処理は政治会議で〉

53.4.27〈共産側"残虐行為"の実相/国連軍交換捕虜にきく/敗走の重荷をかぶり/酷寒に死の強行軍/飢えと病で次々倒れる〉（署名なし）

53.5.7〈朝鮮動乱の"銃後"/京城の近ごろ/市民に背広姿を奨励/女学生は血書も平気/国策劇に《侵略者伊藤博文》〉

53.5.27〈韓国の読書界/国立図書館をたずねて〉

53.6.3〈統一なき休戦・嘆きの韓国民/経済的貧困に不安/共産主義の温床そのもの〉

53.6.5〈韓国 統一なき休戦憂う/"貧困と"共産侵略に不安〉

53.6.8〈朝鮮休戦、遂に成立/韓国も結局同意か/冷静な韓国市民〉

53.6.12〈韓国民の悲憤をよそに休戦へ/歯車は回る/理屈では制しきれぬ"北進・北進"の興奮/彼らは叫ぶ"三年の労苦の酬いが—"〉

53.6.13〈休戦で日韓関係好転せん/復興特需、大半日本に/李ライン問題解決に拍車〉

53.6.14〈京城覆う休戦反対の叫び/統一こそ民族の悲劇〉

53.6.21〈東（韓国）に西（東ベルリン）に〉

53.6.24〈クラーク大将に休戦妥結権/両者会談 李大統領から再確約に努力/韓国軍指揮権も強調〉

53.6.25〈きょう朝鮮動乱三周年/休戦へ期待高まる/韓国 ロバートソン次官補の来訪好感〉

53.6.25〈きょう韓国全土でデモ/だが街には早や平和の色〉

53.7.13〈雨季の韓国南部を往く/貧窮底をつく農村/行政機関京城復帰に多忙〉

53.7.20〈ホッとした韓国人/共産側の調印同意/問題は若い人の説得〉

53.7.20〈調印の日近き板門店の表情〉

53.7.24〈韓国、政治会議に悲観的/双方で正統を主張/統一の可能性薄し〉

53.7.27〈休戦会談の立役者/実直で忍耐強いハリソン将軍/インギン尊大な南日将軍〉

53.7.27〈休戦調印・けさ終る/ハリソン・南日両首席代表/今夜十時・三年ぶりに全線停戦/笑いなき晴れの式場/韓国代表の姿見えず〉

53.7.28〈おおビッグ・デー/朝鮮休戦/生きてきょうの日を/喜びあう前線兵士/韓国兵も"まあネ"と微笑む〉

53.7.28〈非武装地帯の設定進む/軍事境界線・国連軍から発表/戦略要地大半含む/金化の喪失、国連側不利〉

53.7.28〈砲声止んだその夜の朝鮮/赤肌の戦場照らす月/三韓国兵 停戦数分前に散る〉

2. 기타 신문 잡지 자료

《新聞協会報》《동아일보》《조선일보》

藤田一雄, 内藤男, 染川洋二郎, 千田圖南男, 木原健男, 1951 〈座談會 朝鮮戦線に従軍して〉《改造》 1951년 9월호 改造社

染川洋二郎, 1951 〈廢墟の朝鮮をゆく〉《地上》 5권 10호 家の光協会 에고시 도시오(江越壽雄) 인터뷰, 2014년 11월 실시

〈EUSAK Information for Press Correspondents〉 江越壽雄 씨 제공, 日本新聞博物館 소장 자료.

〈Code for Japanese Press〉 University of Maryland, Gordon W. Prange Collection

3. 사사류, 단체 간행물

朝日新聞社百年史編修委員会編, 1995, 《朝日新聞社史 昭和戦後編》 朝日新聞社

朝日新聞社百年史編修委員会編, 1995 《朝日新聞社史 資料編》朝日新聞社

朝日新聞社.東京本社.出版局, 1969 《朝日新聞出版局史》 朝日新聞社

共同通信社社史刊行委員会編, 1996 《共同通信社50年史》 共同通信社

日本放送協会, 1972 《放送五十年史》 日本放送出版協会

日本新聞協會編,,1951 《日本新聞年鑑 昭和27年版》

1999 〈証言：日本の社会運動 読売争議のその後(2)——増山太助氏に聞く〉 《大原社会問題研究所雑誌》 No.486,

1998 《体験者に聞くテーマ別戦後新聞史第2号 朝鮮戦争報道》 日本新聞協会研究所

2010 《「朝鮮戦争から60年 戦場の記録ーN,Y.デイリーニューズ写真コレクションより」展覧会図録》 日本新聞博物館

4. 단행본

한국외국어대학교 국제커뮤니케이션연구소, 1990《한국전쟁의 동서보도 비교》한국언론연구원

정용욱, 2003《해방 전후 미구의 대한정책》서울대학교출판부

김영희, 2009《한국사회의 미디어 출현과 수용 : 1880-1980》커뮤니케이션북스

한국역사연구회 현대사분과, 2010《역사학의 시선으로 읽는 한국전쟁ㅡ사실로부터 총체

적 인식으로》 휴머니스트
존 다우어, 최은석=옮김, 2009《패배를 껴안고》 민음사
세르주 브롱베르제, 정진국=옮김 2012《한국전쟁통신 네 명의 프랑스 종군기자가 본 6·25전쟁》 눈빛
I.F.Stone, 1952《The Hidden History of the Korean War》Monthly Review Press
Steven Casey 2008《Selling the Korean War—Propaganda, Politics, and Public Opinion 1950-1953》Oxford University Press
Reginald Thompson, 2009《Cry Korea》Reportage Press
マーク·ゲイン, 井本威夫=訳, 1951《ニッポン日記》筑摩書房
ウィルフレッド·バーチェット, アラン·ウィニングトン, 片山さとし=訳, 1953《朝鮮の米軍—巨済島 休戦会談》五月書房
D.W.コンデ, 1972《朝鮮戦争史》太平出版社
フィリップ·ナイトリー, 芳地昌三=訳, 1987《戦争報道の内幕 隠された真実》時事通信社
C. A. ウィロビー, 延禎, 平塚柾緒=訳, 2011 《GHQ 知られざる諜報戦—新版 ウィロビー回顧録》山川出版社
松本清張, 1958《黒地の絵》光文社
民族問題研究会, 1967 《朝鮮戦争史一現代史の再発掘》コリア評論社
松浦總三, 1974《増補決定版 占領下の言論弾圧》現代ジャーナリズム出版会
山室英男=責任編集, 1985《昭和の戦争 ジャーナリストの証言10 朝鮮戦争·ベトナム戦争》講談社
内海愛子·梶村秀樹·鈴木啓介, 1986《朝鮮人差別とことば》明石書店
梶村秀樹, 1992《梶村秀樹著作集第1巻 朝鮮史と日本人》明石書店
和田春樹, 1995《朝鮮戦争》岩波書店
豊下楢彦, 1996《安保条約の成立》 岩波書店
大沼久夫=編, 2006《朝鮮戦争と日本》新幹社
中正樹, 2006《客観報道とは何か》新泉社
新藤健一, 2006《疑惑のアングル》 平凡社
小林聡明, 2007《在日朝鮮人のメディア空間》風響社
土屋由香, 2009《親米日本の構築一アメリカの対日情報·教育政策と日本占領》明石書店
田中恒夫, 2011《図説 朝鮮戦争》河出書房新社
山本武利, 2013《GHQの検閲·諜報·宣伝工作》岩波書店
貴志俊彦, 土屋由香, 2009《文化冷戦の時代 アメリカとアジア》国際書院
鄭榮桓, 2013《朝鮮獨立への隘路--在日朝鮮人の解放五年史》法政大學出版局
白宗元, 2013《検証 朝鮮戦争－日本はこの戦争にどうかかわったか》 三一書房

5. 연구논문

이강수, 1972〈한국전쟁의 외국특파원〉《신동아》1972년 6월호

변동현·박홍수·김영기<한국전쟁 말기 휴전협정에 대한 한미 신문의 사설 비교 연구> 한국언론정보학보 14, 2012.

김영희, 2014〈한국전쟁 초기 전쟁 소식 전파와 대응의 커뮤니케이션〉《한국언론학보》 58권 4호 한국언론학회

김영희, 2012〈한국전쟁기 이승만정부의 언론정책과 언론의 대응〉《한국언론학보》56권 6호 한국언론학회

김영희, 2010〈한국전쟁기 커뮤니케이션 현상에 관한 연구동향과 과제〉《한국언론학보》 54권 5호 한국언론학회

김태우, 2008〈한국전쟁기 미 공군의 공중폭격에 관한 연구〉서울대학교대학원 국사학과 박사논문

小林聡明, 2010〈韓国通信検閲体制の形成〉一橋大学社会学研究科博士論文

井川充雄, 2002〈朝鮮戦争におけるアメリカのプロパガンダ放送とNHK〉《コミュニケーション研究》No.60

有山輝雄, 1994〈占領軍検閲体制の成立ー占領期メディア史研究〉《コミュニケーション紀要》第8輯 成城大学文芸学部

有山輝雄, 1995〈占領初期CI&Eのメディア統制ー占領期メディア史研究〉《コミュニケーション紀要》第9輯 成城大学文芸学部

土屋礼子, 2013〈対日心理戦としての朝鮮戦争報道〉《Intelligence》2013년 3월호, vol.12, 早稲田大学20世紀メディア研究所インテリジェンス編集委員会

李虎栄, 1998〈日本のメディアにおける朝鮮戦争の報道に関する研究〉上智大学大学院文学研究科新聞学博士論文

南基正, 2000〈朝鮮戦争と日本ー〈基地国家〉における戦争と平和〉東京大学大学院総合文化研究科博士論文

赤木完爾, 2013〈朝鮮戦争―日本への衝撃と余波―〉《朝鮮戦争と日本》防衛省防衛研究所

鈴木 英隆, 2013〈朝鮮海域に出撃した日本特別掃海隊―その光と影―〉《朝鮮戦争と日本》防衛省防衛研究所

田中 明, 2013〈朝鮮戦争における後方支援に関する一考察―仁川上陸作戦に焦点を当てて―〉《朝鮮戦争と日本》防衛省防衛研究所

小林知子, 1992〈GHQによる在日朝鮮人刊行雑誌の検閲〉《在日朝鮮人史研究》第22号 在日朝鮮人運動史研究会

小林知子, 1996〈戦後における在日朝鮮人と「祖国」〉《朝鮮史研究会論文集》34号

제1회 학봉상

/

일반부문 장려상

한일공동선언 이후의 문화·인적 분야에서의 교류의 진전
-일본 내 한국 대중문화를 중심으로-

오카미 히로시(岡見浩史)*

요지

한일공동선언은 1998년 10월에 오부치(小渕)수상과 김대중 대통령과의 사이에서 서명됐으며, 한일 양국민간의 다양한 문화·인적 교류 확충에 관한 중요성이 제시되어 있다. 분명히 한일공동선언 이후, 한일관계는 문화·인적 교류 분야에서 크게 진전했다고 할 수 있을 것이다. 그러나 이 문화·인적 교류에 있어서 구체적으로 무엇이 어떻게 변화했는지는 그다지 명확하지 않다. 따라서 한일공동선언을 출발점으로 특히 국민교류 및 문화교류의 구체적인 사례로 영화·드라마·K팝을 일본의 시점에서 고찰함으로써 한일간의 문화·인적 분야의 교류가 어떻게 진전하였으며, 또한 현재 어떠한 상황에 있는지를 생각해보고자 한다.

영화에 관해서 일본에서 처음으로 대중적인 확산을 보인 작품은 한일공동선언 후 일본에서 한류가 일어나기 전인 2000년 1월에 개봉된 "쉬리"다. 그 후 2001년에 개봉된 "JSA"의 히트 이후에는 한동안 히트 작품은 없었다. 드라마는 2004년 이후에 "겨울연가"가 계기가 되어 일본에서 한류가 발생한 이후 2006년까지 몇몇 히트 작품이 등장했으나 영화는 2007년 이후 히트 영화는 등장하지 않고 있다. 따라서 한국 영화는 한일공동선언 이후의 문화·인적 분야에서의 교류에 있어서 초기에는 크게 기여했다고 평가할 수 있을 것이다.

일본에서의 한류는 2004년에 NHK에서 방송된 "겨울연가" 이후에 시작되었으며 드라마는 바로 한류의 중심이었다. 이 "겨울연가"의 인기 이후, 민영방송 각 사에서도 한국 드라마를 방송하게 되었다. 특히, 한국 드라마를 전문으로 방송하는 시간대가 마련된 것이 특징이다. 2005년 9월에는, 일시적으로 니혼TV(日本テレビ)와 후지TV(フジテレビ)의 한국 드라마 전용 시간대가 종료했으며, NHK종합텔레비전의 한국 드라마 시간대도 2007년 9월에 일시 방송을 중지하면서 방송

* 게이오대학교 사무직원

작품 수, 방송 시간은 감소하였다. 2010년에는 TBS와 후지TV에서 새로 한국 드라마 전용 시간대가 마련되어, 한국 드라마의 방송 시간은 늘어났다. 그러나 2012년 8월에 후지TV, 2014년 3월에 TBS의 한국 드라마 전문 시간대는 종료했다. 2015년 8월 현재에는 TV도쿄에서 시작한 한국 드라마 전용 시간대인 한류 프리미엄에서 방영되는 드라마뿐이다. 한일공동선언 이후의 문화·인적분야의 교류의 진전이라는 시각에서 생각을 해본다면 배용준의 지명도가 방송 이후 10년이 지난 2015년에도 높은 수준인 것을 보면 "겨울연가"의 임팩트가 컸다. 또한 "겨울연가" 이후 작품 수나 방송 시간의 추이는 있지만, 지상파에서 한국 드라마가 일관적으로 방송되고 있다. 지상파 방송은 영화 등의 매체와 비교하여 시청자가 압도적으로 많기에 문화·인적 분야에서 교류에 기여하고 있는 점은 틀림없다.
음악·K팝의 분야는 일본 내의 한국 대중문화 중에서도 1998년의 한일공동선언 전에 일정한 성과를 거두고 있는 분야였다. 그러나 한류 이후 음악 분야에서 한국인 가수가 다수의 히트곡을 내기 시작했다. 랭킹에 들어간 한국인 가수는 세 가지 분류로 나눌 수 있다. 한국에서는 배우를 주 활동으로 하면서 일본에서 화제가 된 드라마에 출연한 배우가 곡을 낸 한류드라마형, 한국에서 가수로 주로 활동하며 일본에서도 처음부터 가수로서 진출하여 한일 거의 동시기에 가수로 활동하고 있는 한일동시활동형, 그리고 이 두 분류에 들어가지 않는 기타형이다. 각각 일본에서 히트하고 있는 시기를 보면, 한류드라마형은 2005년~2008년 즈음이 정점인 것에 비해, 한일동시활동형은 주로 2008년 이후에 정점을 맞이하여 최근에도 기록을 갱신하고 있다. 2012년 이후 일본인에 대한 친근감이 급격히 악화되었지만, K팝의 인기는 2012년 이후에도 지속되어 큰 영향을 받지 않았다. 문화·인적 교류라는 관점에서 보면, 여태까지 겨울연가를 시작으로 한 한류는 중·고년 여성이 팬층의 중심이었지만, K팝, 특히 한일동시활동형은 팬의 중심층이 10~20대이며 일본에서의 한국대중문화의 수용층을 확대하는 데에 공헌했다고 평가할 수 있다.

일본인의 한국에 대한 친근감을 보면, 2012년 이후 전 세대에서 감소하고 있지만, 20대에서는 7.5%만 감소했으며, 이는 다른 세대와 비교했을 때 특징적이다. 앞서 본 것처럼, K팝의 인기가 2012년 이후에도 감소하지 않고, 특히 한일동시활동형은 팬의 중심층이 10~20대인 점을 생각하면, K팝이라는 문화 관계가 일본의 한국을 향한 친근감이 저하되는 것을 억제하는데 기여했다고 할 수 있다.
한일관계의 과제나 한일관계의 발전을 가로막는 것으로 한일 양 국민은 영토 문제나 역사문제 등 정치적 문제를 들고 있다. 그러나, 1. 현재의 일본과 한국과의 관계가 양호하다고 생각하는 비율의 감소하는데 반해, 한국에 친근감을 느끼는 비율의 감소가 완만해지고 있다는 점. 2. 앞서 본 것처럼, K팝이라는 문화 관계가 일본의 한국을 향한 친근감이 저하되는 것을 억제하는데 기여했다고는 해도, 한일동시활동형은 팬의 중심층을 이루는 20대에서 친근감의 감소가 소폭에 그쳤다는 점. 3. 한일 양 국민이 관계 개선을 바라고 있다는 점. 이상의 3점을 보면, 문화적 인적 분야에서의 교류의 진전은 일정한 성과를 거두고 있으며, 반드시 한일관계의 미래에 대해 비관적일 필요는 없다고 생각한다.

한일공동선언 이후의 문화·인적 분야에서의 교류의 진전 －일본 내 한국 대중문화를 중심으로－

오카미 히로시(岡見浩史)

Ⅰ. 문제의 소재

일본과 한국은 오랜 시간 “가깝고도 먼 나라”라고 불려왔다. 이는 오랜 우호적인 역사 후의 근대 이후 사건에 기인한다. 오늘날까지의 한일관계를 볼 때[1] 사람의 세대 변화가 일어나는 약 30년의 주기로 정치적 사건을 계기로 하여 그 관계성이 변화해왔다는 사실을 알 수 있다. 즉, 근세까지의 한일관계에 종지부를 찍고, 일본의 영사재판권과 무관세특권을 승인하게 한 강화도 조약까지 연결되는 1875년 강화도 사건부터 1910년 한국병합까지의 35년간을 “식민지화 준비기”, 1910년부터 1945년의 일본 패전·조선의 광복까지의 35년간을 “한국 병합기”, 1945년에서 1965년의 한일기본조약 조인까지의 20년간을 “한국 독립 후 대립기”, 1965년에서 1998년의 “한일 공동선언－21세기를 향한 새로운 한일 파트너십－”(이하 한일 공동선언이라 표기)에 서명하기까지의 33년간을 “관계 모색기”, 그리고 1998년

1) 전후의 한일관계의 변화에 대해서는 다양한 선행연구가 있다. 예를 들어 정대균은 일본의 조선 통치가 종연한 1945년부터 한일 기본조약이 조인된 1965년까지를 “무관심 · 피관심의 시기”, 1965년부터 1983년 즈음의 한국 붐까지를 “정치적 관심의 시기”, 1984년부터 한일공동선언이 서명되는 1998년까지를 “문화적 관심의 시기”, 1998년 이후 현재까지를 “한류의 시기”라고 구분하고 있다.(정대균 『한국의 이미지－전후 일본인의 인국관 증보판』 중앙곤론신사, 2010년) 또한 구라모치 가즈오는 1945년부터 1960년을 “대립과 반목의 시기”, 1961년부터 1965년을 “타협에 의한 국교정상화의 시기”, 1966년부터 1982년을 “경제관계에서의 긴밀화와 외교관계에서의 갈등의 시기”, 1983년부터 97년까지를 “관계 개선과 지속적인 갈등의 시기”, 그리고 1998년 이후 현재까지를 “동북아시아에서의 선진국간 관계의 형성의 시기”로 구분하고 있다. (구라모치 가즈오, 「전후 한일관계의 변천과 그 특징」 『요코하마 시립대학 논총 인문과학계열』 Vol.59, No.3, 2008년)

이후 현재까지를 “한일 파트너십 시대”로 구분할 수 있다. 큰 흐름을 보면 메이지 시대에 후쿠자와 유키치(福沢諭吉)가 조선의 개화파에 기대를 하고 좌절한 것처럼, 한국과 일본은 체제를 공유하는 관계는 아니었다. 그러나 1970년대 이후의 한국의 경제성장과 1980년대 후반 이후 민주화를 거쳐 한일 양국은 민주주의·시장경제·자유와 인건의 존중·미국과의 동맹관계라는 체제를 공유하는 관계가 되었다.[2] 즉, 일본은 근대 이후 처음으로 동아시아 체제와 가치관을 공유하는 파트너를 갖게 된 것이다. 이 파트너십을 상징하는 듯, 한일공동선언 이후 일본에서도 한국영화의 몇몇 작품이 호평을 받았으며, 2004년에는 한국드라마 “겨울연가”가 NHK에서 방영된 이후 “한류” 붐이 일어났다. 그 후 K팝의 붐이 일어나 한일 양국은 시민 레벨에서는 “파트너십”이 구축된 것처럼 보였다. 그러나 정치적 레벨에서는 2012년 즈음부터 영토 문제나 역사문제 등이 고조되어 아래에 보는 것처럼 일본인에 대한 감정이 2012년 이후 급격히 악화되어 개선의 기미가 아직 보이지 않는다.

현대 한일관계 및 한국에 관련하는 연구는 정치학의 분야에서는 다수 존재한다. 그러나 초기 연구에는 남북한의 정통성 논쟁을 일본에 가져온 운동론적인 연구나, 반유신체제적인 성격을 가진 것이 많다.[3] 또한 최근에는 미국을 중심으로 하는 한미일 관계에서 한일관계를 “유사동맹”으로 파악한 연구[4]나 한일국교정상화 교섭에 대한 연구 등에서 업적이 있다.[5] 그러나 선행연구의 한일관계 시대 구분시 중요시되고 있는 한일공동선언에 의한 변화에 관해서는 아직 연구가 풍부한 상황은 아니며, 저널리즘에 의한 분석이 다수를 차지한다.

이 한일공동선언은 1998년 10월 8일에 도쿄에서 오부치 게이조(小渕恵三)수상과 김대중 대통령 사이에서 서명되었으며 선언과 부속서인 “21세기를 향한 새로운 한일 파트너십을 위한 행동계획”으로 구성되어있다. 그리고, 한일공동선언 10에 “여러 분야에서의 양국 간 협력을 효과적으로 진행하는 기초는 정부 간 교류에 그치지 않고 양국 국민의 깊은 상호 이해와 다양한 교류에 있다는 인식 아래 양국간의 문화·인적 교류를 확충해갈 것에 대해 의견이 일치했다”며 한일 양국민 간의 다양한 문화·인적 교류의 확충의 중요성이 제시되어 있다. 분명히 한일공동선언

2) 오코노기 마사오「100년째에 찾아온 기회－한일의「성숙한 파트너십」『외교포럼』2009년 9월호, 2009년
3) 구라타 히데야「일본에서의 한국연구 정치 · 국제관계」『현재 한국 조선연구』창간호, 2001년
4) 빅터 차『적대적 제휴: 한미일 삼각안보관계』유히카쿠(有斐閣), 2003년
5) 기미야 마사시「외국연구로써의 한국연구」『현대한국조선연구』제4호, 2004년

이 서명된 이후 한일관계는 문화·인적 교류의 분야에 있어서 크게 진전했다고 할 수 있을 것이다. 그러나 이 문화·인적 교류에서 구체적으로 무엇이 어떻게 변화했는지는 그다지 명확하지 않다. 그래서 이 한일공동선언을 출발점으로 특히 일본의 시점에서 구체적인 국민교류 및 문화교류의 사례로 영화·드라마·K팝을 고찰하여 한일간의 문화·인적 분야에서의 교류가 어떻게 진전하여 또한 현재 어떤 상황에 있는지 생각해 보고자 한다.

Ⅱ. 한일 공동선언의 의의와 평가

한일공동선언에서 가장 주목된 것은 선언 2에 있는 일본의 "과거"에 대한 사죄 부분이다. "통절(痛切)한 반성과 마음으로부터의 사죄"라는 표현은 1995년의 무라야마(村山) 담화의 표현을 답습한 표현이지만 이 선언에 의해 일본측이 "한국"이라고 구체적으로 상대를 명시하여 양국간 공식적인 외교문서를 통해 처음으로 사죄를 확인했다는 의미에서 중요하다. 이 점은 일본과 한국이 국교를 회복한 한일기본조약에서 "1910년 8월 22일 이전의 대일본제국과 대한제국 간에 체결된 모든 조약 및 협정은 이미 무효인 것을 확인한다." 정도만 언급하여 사죄의 문언을 외교문서 안에 일제히 포함하지 않았던 점과는 대조적이다. 또한 한국 측은 일본 측의 "역사인식의 표명을 진지하게 받아들여 이를 평가"하고 있다. 그러므로 이 한일공동선언은 종군위안부 문제나 창씨개명 등 구체적인 문제에 대해 직접 언급하고 있지는 않지만 한일기본조약 체결 이후 문제로 남아있던 일본에 의한 식민지 지배에 대한 사죄라는 점을 언급하여, 일본과 한국의 관계를 새로이 파트너로 규정을 했기에 한일기본조약에 필적하는 역사적 임팩트가 있는 문서였다고 평가 할 수 있을 것이다. 또한 이 사죄 다음으로 선언 3에서 한국 측이 "전후 일본의 평화헌법 하에서 전수방위 및 비핵삼원칙을 비롯한 안전보장정책과 세계경제 및 개발도상국에 대한 경제지원 등 국제사회의 평화와 번영에 일본이 완수해온 역할을 높이 평가"한 것도 일본의 식민지 지배의 피해자인 한국인의 심정을 고려하면 획기적인 내용일 것이다.

이와 같이 일본 측의 사죄를 받은 한국 측 자세는, 한일공동선언 서명 전날, 황거(皇居)에서 행해진 만찬회에서 천황의 "말씀"에 대한 답사 중에서 국정에 관여할 수 없는 상징 천황의 입장을 배려하여[6] 일본에 온 한국 대통령의 만찬회 연설로는 처음으로 식민지 지배 등 과거의 역사에 대해 언급하지 않았던 것에도 나타난다.

그 후 2001년 7월에는 새로운 역사 교과서를 만드는 모임이 제작한 역사교과서 문제가 불거지면서, 한국 국회가 한일공동선언 파기를 포함하여 대일 관계 전반을 재검토할 것을 한국 정부에 촉구하는 내용이 들어간 결의를 만장일치로 채택했다.[7] 그러나 결의가 채택된 후 한국의 이한동 수상은 국회에서 “공동선언을 파기하는 것보다는 일본 정부가 이 선언의 기본정신에 입각해 역사왜곡을 시정하는데 기여토록 하는 것이 바람직하다”고 답변하여 한국 정부는 공동선언을 파기할 생각이 없다는 입장을 밝혔다.[8] 이 국회 결의에 의해 한일공동선언이 무효화 되지 않은 것은 2003년 6월에 발표한 “한일 정상 공동성명－평화와 번영의 동북아시아 시대를 위한 협력기반 구축”에서 “1998년 10월에 발표된 “한·일 공동선언－21세기를 향한 새로운 한·일 파트너십”의 정신에 따라 한·일 양국이 과거 역사를 직시하고, 이를 토대로 21세기 미래지향적 양국관계 발전을 위해 함께 전진해 나가야 한다는 데 인식을 같이 하였다”고 한일 공동선언에 대해 언급하고 있는 점에서도 명확하다.

Ⅲ. 문화·인적분야에서의 교류사례

1. 한국대중문화의 확산과 한류

“한류”라는 단어는 의미하는 범위가 확산된 단어다. 이 “한류” 현상과 명칭은 대만에서 발상했으며 2001년 즈음부터 시작된 한국 드라마의 유행을 대만 언론이 “韓流正強、日頭又烈”(한국 붐이 겨울 한파와 같이 강하며, 일본에서부터의 햇살에도 강하게 노출되었다는 뜻)이라고 표현한 것에서부터 비롯됐다. “韓流”와 발음이 비슷한 “寒流(한파)”에 음을 맞춘 언어유희라고 한다.[9] “한류” 정의는 사람마다 다르며,

6) 아시히신문1998년 10월 8일 조간
7) 아사히신문 2001년 7월 18일 석간
8) 아사히신문 2001년 7월 19일 조간
9) 사카이 토오루「대만에서의 한류—한류의 발상지 · 대만」이시다사에코 · 기무라 칸 · 야마나카 치에편『포스트 한류의 미디어 사회학』미네르바 서방, 2007년

예를 들어 양욱명(梁旭明)은 “한국의 영화, 드라마, K팝, 패션, 화장법, 액세서리부터 전기제품, 휴대전화, 차[10]”라고 예시하는 것처럼 비교적 넓은 범위로 파악하고 있다. 또한 일본의 잡지 등의 용법을 보면 예를 들어 “한류 커플”이나 “한류 과학자”와 같은 용법도 있어 “한국의”와 같이 소유격과 거의 동일한 의미로 사용되고 있는 상황도 보여진다.[11] 본 논문에서는 한류를 “2000년대 이후에 동북아시아·동남아시아 지역에서 찾아볼 수 있는 드라마·영화·K팝 등 한국 대중문화의 인기”라고 정의하여, 특히 중심적으로 취급하는 일본에서의 한류에 관해서는“2004년 4월부터 NHK 종합 텔레비전에서 방영된 드라마 ‘겨울연가’의 히트 이후의 드라마를 중심으로 하는 한국 대중문화의 인기”라고 정의하도록 한다.

왜 한류가 일어났는지에 대해서도 다양한 분석이 존재한다. 사회학의 시점에서 접근하는 분석에서는 1990년대 이후 동아시아에서 다채널화, 글로벌화와 같은 과정을 통해 비슷한 경험을 간접 체험하게 되어 동아시아적 공감의 영역이 증가한 사실, 각본이나 촬영 완성 전에 방송이 시작돼, 이후 시청자 의견에 따라 스토리가 변화하는 다이나믹함 등을 원인으로 지적하고 있다.[12] 또한 정치학적 시점에서도 다양한 분석이 존재하지만 각각의 분석을 정리하자면 주로 다음과 같이 3점으로 정리할 수 있다. 첫 번째로 박정희나 전두환에 의한 권위주의체제 하에서는 미디어에 대해 검열이 실시되어 표현의 자유가 제약되었지만, 민주화 이후 표현의 자유가 확대한 것[13], 두 번째로 아시아 금융위기가 한국에도 파급된 결과, 대외무역을 활성화하기 위해 한국대중문화에 대해 김대중 정권이 장려정책을 취한 것[14], 세 번째로 한국에서 공적인 루트로 일본대중문화가 유입되는 것이 금지되어 있었기 때문에 한국의 문화 생산자 중에서는 일본의 문화상품의 형식이나 내용을 “표절·모방”하는 사람이 있었으나[15] 한일공동선언 이후, 일본대중문화는 단

---

10) 양극명 「아시아의 방정식? 한일 드라마 비교」 모리 요시타카편 『일식 한류—『겨울연가』와 한일 대중문화의 현재』 세리카 서방, 2004년

11) 이시다 사에코 「한류붐의 다양한 이야기꾼—타자표상과 월경하는 문화」 이시다사에코 · 기무라 칸 · 야마나카 치에편 『포스트 한류의 미디어 사회학』 미네르바 서방, 2007년. 또한 신문에서도 예를 들어 「너무 세다, 한류 골프 여자 세계 탑10에 5명」 (아사히신문 2010년 12월 12일 조간)

12) 黃盛彬 「한류의 저력, 그 언설」 이시다 사에코 · 기무라 칸 · 야마나카 치에편 『포스트 한류의 미디어 사회학』 미네르바 서방, 2007년

13) 黃盛彬, 2007년. 상기 논문

14) 이와부치 고이치 「한류가 「재일한국인」과 만났을 때—트랜스내셔널 · 미디어 교통과 로컬 다문 화 정치의 교착」 모리 요시타카편 『일식 한류—『겨울연가』와 한일 대중문화의 현재』 세리카 서방, 2004년. 양극명, 2004. 상기논문

계적으로 개방되고 한국의 인터넷의 발달과 더불어 시청자가 원작을 찾아 비판을 교환하는 회로가 증가했기 때문에 한국 사회가 "표절·모방"에 대해 민감해졌다는 점[16] 이상의 3점을 들 수 있다. 이들 요인에 의해 동아시아에서의 한류가 일어난 것으로 생각할 수 있다.

이후, 이 장에서는 영화·드라마·K팝을 구체적인 예로 한일공동선언 이후 일본에서 어느 정도 한국 대중문화가 확산되고 있는지를 보기로 한다. 더구나 원칙으로 한국 대중문화는 그 출연자·가수 등이 한국어를 모국어로 하는 사람의 작품을 가리키는 것이며 재일교포의 작품은 취급하지 않는다.

2. 일본에서의 한국 대중문화의 수용 사례

(1) 영화

태평양전쟁 이후 일본에서 최초로 수입된 한국 영화는 1962년에 개봉된 "춘향전"(신상옥, 1961)이었다. 1980년에는 한국문화원이 정기적으로 한국 영화 상영회를 개최하기 시작했다. 그러나 1980년대까지의 한국 영화라고 하면 주로 비디오 대여점에 있는 "코리안 에로스"의 코너에 그치는 것이었다. 이 장르의 대표작으로는 "뽕"(이두용, 1985년)을 들 수 있다.[17] 그리고 1986년의 서울아시아경기대회, 1988년의 서울 올림픽 개최가 있어 한국을 향한 관심이 높아지면서 한국 영화가 일본에서 소개될 기회도 늘어났다.[18] 그 중에서도 특히 1992년에 도쿄국제영화제의 그랑프리, 최우수감독상을 수상한 "하얀 전쟁"(정지영, 1992)은 주목 될 만하다. 그러나 이 시기의 한국 영화는 소형영화관이나 "단관"에서의 상영이 주류여서 대중적인 확산은 전혀 이루어지지 않았다.[19]

일본에서 최초로 대중적인 확산을 보인 한국 영화는 한일공동선언 후이며, 일본에서 한류가 일어나기 전인 2000년 1월에 개봉된 "쉬리"이다. 북한의 특수공작부

---

15) 김현미「한국에서의 일본대중문화의 수용과「팬의식」의 형성」모리 요시타카편『일식 한류—『겨울연가』와 한일 대중문화의 현재』세리카 서방, 2004년

16) 이동후「리메이크의 문화적 전력—『야마토나데시코』와『요조숙녀』의 번안의 사례」모리 요시타카편『일식 한류—『겨울연가』와 한일 대중문화의 현재』세리카 서방, 2004년

17) 권용석『「한류」와「일류」~문화에서부터 읽는 한일 신시대』일본방송출판협회, 2010년

18) 양인실「또 하나의 한류—한국 영화 속의「재일교포」상」이시다 사에코 · 기무라 칸 · 야마나카 치에편『포스트 한류의 미디어 사회학』미네르바 서방, 2007년

19) 권용석, 2010년. 상기 서적

대와 한국의 정보기관의 싸움을 그린 작품으로 당시 일본에서 한국영화로는 사상 최고인 관객 동원 수 120만 명[20], 흥행수입 18.5억 엔을 달성했다. 그 후 2001년에도 한반도를 남북으로 가르는 판문점·공동경비구역(JSA)에서의 남북 병사들의 교류와 전말을 그린 "JSA"가 개봉되어 흥행수입 11.6억 엔을 달성했다. 하지만 그 후 당분간은 대히트작은 없었다. 그러나 2004년 이후 "겨울연가"를 계기로 시작된 일본에서의 한류 이후 여태까지의 한국 영화 중에서는 최대 히트가 된 청년성 알츠하이머에 걸린 아내와 그 남편의 사랑을 그린 "내 머리 속의 지우개"나 배용준이 아내에게 배신당하고 사랑하면 안 되는 사람에게 끌리게 되는 남자를 연기하는"외출" 등의 히트작이 등장했다. 2015년 8월 현재 일반사단법인 일본영화제작자연맹의 홈페이지에 기재된 흥행수입 10억 엔 이상의 한국 영화는 다음의 <영화·자료 1>에 있는 6개 작품이다.

■ 영화·자료 1 **일본에서의 한국영화 흥행 성적**[21]

제목	흥행수입(억엔)	일본 개봉일
내 머리 속의 지우개	30.0	2005.10.22
외출	27.5	2005.9.17
내 여자친구를 소개합니다	10.0	2004.12.11
쉬리	18.5	2000.1.29
태극기 휘날리며	15.0	2004.6.26
JSA	11.6	2001.5.26

이 자료는 흥행수입이 10억 엔 이상이라는 대히트작품만 취급하기에[22] 일본에서의 한국 영화의 전체상이 잘 보이지 않는다. 그래서 같이 <영화·자료 2>로 영화 랭킹 속 한국 영화의 상황을 보고자 한다.

20) 관객동원수에 관해서는 몇가지 설이 있다. 예를 들어, 권 · 2010년. 상기 서적에는 130만명, 양 인실 · 2007년. 상기 논문에는 140만 명이라고 있다. 본 논문에서는 아사히신문 2001년 7월 11일 조간을 참조하여 120만 명이라고 했다.

21) 일반사단법인일본영화제작자연맹 홈페이지에서 저자 작성, 과거 흥행수입 상위작품 흥행수입 10억엔 이상 프로그램(2000년~2014년), http://www.eiren.org/index.html (최종 접속: 2015년 8월 10일)

22) 서양 영화 중 흥행 수입 10억엔을 넘는 것은 연간 18~39작품(2000년~2014년)이다.

■ 영화·자료 2 일본에서의 영화 랭킹 중의 한국영화[23]와 연별 랭크인 수

제목	최고위	최고위를 획득한 날	등장 영화 수
내 머리 속의 지우개	1	2005.1.28/11.4	8
JSA	2	2001.6.2/9	8
외출	2	2005.9.23	5
내 여자친구를 소개합니다	3	2004.12.17	4
실미도	4	2004.6.12	5
태극기 휘날리며	4	2004.7.3/10	4
누구에게나 비밀은 있다	4	2004.12.3	3
연리지	4	2006.4.21	2
폰	5	2003.5.3/10	4
말아톤	5	2005.7.8	3
태풍	5	2006.4.14	2
이중간첩	6	2003.6.14	4
데이지	6	2006.6.2	2
새드무비	6	2006.11.17	1
너는펫	6	2012.1.21	2
괴물	7	2006.9.8	2
스캔들-조선남녀상열지사	8	2004.5.29/6.5/6.19	5
친구	8	2002.4.13	2
분신사바	8	2005.4.29	1
달콤한 인생	9	2005.4.29	1
아저씨	9	2011.9.17	1
I AM	9	2012.6.2	1
엽기적인 그녀	10	2003.2.15	1
올드보이	10	2004.11.12	1
신부수업	10	2005.7.22	1
야수	10	2006.2.17	1
웰컴 투 동막골	10	2006.11.3	1
왕의 남자	10	2006.12.15	1
해운대	10	2010.10.1	1
광해, 왕이 된 남자	10	2013.2.16	1

23) 닛케이유통신문 · 영화 랭킹(흥행통신사 조사)에서 필자 작성, 2015년 8월 23일 현재까지

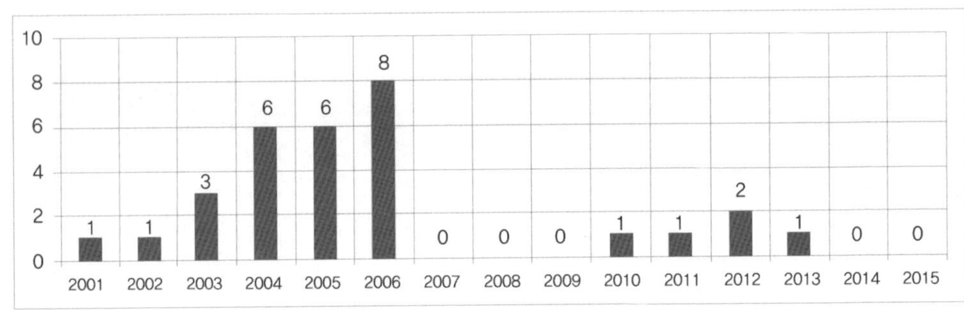

<영화·자료 2>를 정리해보면 위 그래프처럼 된다. <영화·자료 1>에서 본 2000년의 "쉬리"나 2001년의 "JSA"와 같은 대히트 작품 후 "엽기적인 그녀"나 "친구"와 같은 몇몇의 히트작품이 등장했다. 그리고 그 후 "겨울연가"에 의해 일본에서의 한류의 인기 이후 2004년, 2005년, 2006년에는 일본의 영화계에서도 한국 영화의 인기가 정착한 것과 같이 보였다. 그러나 2007년 이후, 2010년의 "해운대"까지는 히트작품은 등장하지 않았다. 그 후 2013년까지의 4년간은 2000년대 전반의 히트와는 달리 비교적 낮은 순위·적은 등장 수로 1·2작품씩 랭크인 했다. 그리고 2014년 이후에는 다시 히트 작품은 등장하지 않고 있다. 그러나 <영화·자료 3>의 일본에서의 한국 영화 총수(総数) 추이를 보면 일본에서 한국 영화가 쇠퇴하고 있다고 만은 할 수 없다는 사실을 알 수 있다.

■ 영화·자료 3 **일본에서의 한국 영화 총수의 추이**[24)]

연/작품수	2005년	2006년	2007년	2008년	2009년	2010년	2011년	2012년	2013년	2014년
1위	美/153	美/165	美/182	美/162	美/150	美/144	美/164	美/184	美/193	美/175
2위	韓/61	韓/54	韓/41	韓/55	佛/25	韓/38	韓/34	韓/43	韓/46	韓/63
3위	佛/32	佛/31	佛/25	佛/26	韓/23	佛/32	佛/27	佛/38	英/30	英/40
4위	香港/12	香港/19	英/17	英/15	英/17	英/10	英/20	英/33	佛/28	佛/22
5위	英/11	英/12	中/12	태국/9	中/6	韓日/7	中/12	香港/9	伊/13	印/10
전수입작품수	375	404	403	388	314	328	384	473	513	524
韓/전작품수	16.3	13.4	10.2	14.2	7.3	11.6	8.6	9.1	9	12

24) 사단법인외국영화수입배급협회 홈페이지에서 필자 작성, 외국영화 개황 나라별 일람표(2005

이와 같이 영화 랭킹에 6작품의 한국영화가 등장한 2005년에는 61개의 한국 영화가 일본에서 개봉됐지만 2008년의 예외를 제외하고는 점점 그 개봉 수가 감소하여 2009년에는 일본에서의 외국 영화 개봉 수에서 프랑스에게 2위의 자리를 내줬다. 단순히 수만 비교해도 2005년의 61개에서 2009년의 23개로 약 3분의 1까지 감소했다. 그러나 그 후에는 증가 경향으로 전환하며 최신 데이터인 2014년은 10년 중 최다가 됐다.

이상을 정리하고 한일공동선언 이후의 문화·인적 분야에서의 교류의 진전이라는 시각에서 생각해보면 역시 "쉬리"나 "JSA"의 존재감은 특필할 만하다. 양 작품은 "겨울연가"보다 전에 일본에서 화제가 된 작품이며 이 한일공동선언 이후의 문화·인적 분야에서의 교류에서 한국 대중문화로서 처음으로 큰 임팩트를 줬다. 또한 한일공동선언에 있는"양국 국민의 깊은 상호이해와 다양한 교류"라는 관점에서 봤을 때 이 2작품이 남북 분단을 전제로 한 작품이기에 일본에서 한국을 향하는 시선에 있어서 그 이해에 기여했다고 할 수 있을 것이다. 그 후 일본에서의 한류와 같이 일본에서 히트하는 한국 영화 수는 늘어났지만 2007년 이후 한국 영화 총수가 증가한 해에도 히트 영화는 등장하지 않고 있다. 그러나 <영화·자료 4>에 있는 것처럼 한국 본국에서 한국 영화가 쇠퇴하고 있는 것은 아니며 오히려 히트 영화가 다수 등장하고 있다.

■ 영화·자료 4 **한국에서의 한국 영화 관객 동원 수**[25)]

제목	관객동원수	개봉연도
명량	17,611,849명	2014年
국제시장	14,257,163명	2014년
괴물	13,019,740명	2006년
도둑들	12,983,330명	2012년
7번방의 선물	12,811,206명	2013년
광해-왕이된 남자	12,319,542명	2012년
왕의 남자	12,302,831명	2005년
태극기 휘날리며	11,746,135명	2004년
해운대	11,453,338명	2009년
변호인	11,375,944명	2013년
실미도	11,081,000명	2003년

년~2014년), http://www.gaihai.jp/index.html (최종 접속: 2015년 8월 10일)

<영화·자료 4>에 있는 것처럼 2007년 이후에도 다수의 히트작이 탄생했다. 이 점에 대해 한국 영화의 대부분을 취급하고 있는 배급회사 "SPO"는 "일본에서 한류의 인기를 지탱하고 있는 것은 중·고년 여성의 고정 팬층이 중심이며 이 층의 취향과 맞지 않는 작품은 일본에서 흥행하기 어렵다[26)]"고 지적한다. 이와 같은 인기의 쇠퇴는 다음 절 이후 보는 드라마나 K팝과는 대조적이다. 따라서 한국 영화는 한일공동선언 이후의 문화·인적 분야에서의 교류에 있어서 초기에는 크게 기여했다고 평가할 수 있을 것이다.

(2) 드라마

일본에서의 한류는 2004년에 NHK에서 방송된 "겨울연가" 이후에 시작됐으며, 드라마는 바로 한류의 중심이었다. 이 "겨울연가" 방송 전에는 2002년 10월부터 12월까지 간판 앵커의 자리를 두고 싸우는 두 명의 여성 아나운서와 그 인간관계를 그린 "이브의 모든 것"이 TV아사히에서 방송되었다. 수도권 지상파 방송에서의 첫 한국 연속 드라마 방송이었지만 시청률이 좋지 않아 후속 한국 연속드라마는 당분간 방영되지 않았다. 또한 본 논문에서 취급하는 범위에서는 일탈 되지만 2001년 1월에는 NHK드라마 "다시 한 번 키스"에서 한국인 윤손하가 데뷔하였고, 2001년 4월에는 SMAP의 쿠사나기 츠요시가 한국의 유명인과 대담 등을 하는 예능프로그램 "초난강"이 방송을 시작했다.[27)] 2002년 2월에는 일본의 TBS와 한국의 MBC의 합작 드라마로 후카다 쿄코와 원빈이 출연한 "프렌즈"가 방송되었다.

이와 같은 상황 속, 2003년 4월부터 9월까지 NHK·KBS2에서 "겨울연가"가 방송되기 시작됐다. "겨울연가"는 주인공인 정유진(최지우)이 학창시절에 교통사고로 죽었던 연인과 닮은 이민형(배용준)을 만나게 되면서 이민형과 약혼자인 김상혁(박용하) 사이에서 흔들리는 러브스토리이다. NHK 프로듀서의 인터뷰에 의하면[28)] "겨울연가"가 방영된 계기는 미국·영국의 드라마 중에서 대히트 시리즈를 찾을 수 없던 중 NHK 해외 드라마 홈페이지로 보내온 한국 드라마의 소개 이메일 때

---

25) KOFIC · 영화진흥위원회 홈페이지 역대 박스오피스(공식통계 기준) http://www.kobis.or.kr/ (최종 접속: 2015년 8월 24일) 한국 인구의 거의 5분의 1에 해당하는 1000만명 이상 동원한 것에 대해 기술. 제목은 일본 공개시의 것(번역판 제목은 원제목). 데이터는 2014년 개봉까지.
26) 매일신문 2010년 10월 18일 조간
27) 2010년 3월 방송종료.
28) 『키네마준보』 2004년 6월 상순호

문이라고 한다. 프로그램은 입소문을 타고 확산 되어 방송 종료 시점에는 NHK에 다수의 문의가 오게 되었고, 2003년 12월에는 BS2에서 재방송되기도 하였다. 2004년 4월에는 주연인 배용준이 일본을 방문하여 5000명에 달하는 사람이 공항에 몰리기도 하면서 그 이후 붐으로 인지되기 시작하였다.[29] 2004년 4월에 시작된 NHK 종합 텔레비전 방송에서는 토요일 23:10－24:10을 기본으로 하는 시간대에 방송 되었음에도 불구하고 최종회 시청률이 20.6%를 기록했다. 소설판 "겨울연가"(김은희, 윤은경, NHK 출판)는 상·하권 합쳐서 122만부의 대히트[30]를 기록했고, NHK의 관련 회사가 취급한 비디오나 DVD, 서적의 2003, 2004년도 매상은 90억 엔에 이르러[31] SMBC 컨설팅이 발표한 2004년의 "히트상품 랭킹" 1위에 "겨울연가"가 선정되었다.[32] 또한 2004년의 유캔 신조어 유행어 대상에는 "후유소나(후유노소나타를 줄인 말)"가 탑텐에 들어갔다.

"겨울연가" 인기 이후 민영방송 각 사에서도 한국 드라마를 방송하기 시작하였다. 특히 한국 드라마를 전문으로 하는 시간대가 마련된 것이 특징이다. "겨울연가" 방송 종료 전후의 한국 드라마 전문 시간대는 다음의 <드라마·자료 1>과 같다.

■ 드라마·자료 1 **한류 초기의 한국 드라마 전용 시간대**

NHK 종합 한국 드라마 시간대[33]—기본 방송시간: 토요일 23:10－24:10[34]

제목	방송기간
겨울연가	2004.4~2004.8
아름다운 날들	2004.10~2005.4
올인	2005.4~2005.10
대장금	2005.10~2006.11

29) 모리 요시타카편 『일식 한류－『겨울 연가』와 한일 대중문화의 현재』 세리카 서방, 2004년
30) 아사히신문 2004년 12월 26일 조간
31) 아사히신문 2008년 6월 23일 석간
32) 아사히신문 2004년 12월 4일 조간. 또한 닛케이유통신문의 히트상품 랭킹에서는 「한류」가 탑이었다. (닛케이유통신문 2004년 12월 8일)
33) 아사히신문 텔레비전 편성표에서 필자 작성
34) 스포트라이트는 금요일 22:00~22:43, 이산, 동이, 해를 품은 달은 일요일 23:00~24:00, 시크릿가든은 수요일 24:25~25:25 방송을 기본으로 했었다.

다모	2006.12~2007.3
봄의 왈츠	2007.4~2007.9
태왕사신기	2008.4~2008.9
황진희	2008.10~2009.3
스포트라이트	2009.6~2010.3
이산	2011.4~2013.1
동이	2013.1~2014.5
시크릿 가든	2013.2~2013.7
해를 품은 달	2014.7~2014.11

니혼TV 드라마틱 한류[35]—기본 방송시간: 월요일~목요일 10:25~11:20

제목	방송기간
레디고	2004.9
호텔리아	2004.9~2004.10
진실	2004.11
파파	2004.11~2004.12
별은 내가슴에	2005.1~2005.2
상두야 학교가자	2005.2~2005.3
파리의 연인	2005.3~2005.4
가을동화	2005.4~2005.5
옥탑방 고양이	2005.5~2005.6
비밀	2005.6~2005.7
진실(재)	2005.7~2005.8
아름다운 그녀	2005.9

35) 니혼TV 홈페이지 드라마틱에서 필자 작성. 한류에서 필자 작성, http://www.ntv.co.jp/dra-han/ (최종 접속: 2015년 8월 24일)

후지TV 토요와이드 한류 아워[36]—기본 방송시간: 토요일 16:00－17:13

제목	방송기간
천국의 계단	2004.10–2005.4
슬픈연가	2005.4–2005.9

3개의 방송 시간대 중 특히 니혼TV의 드라마틱 한류에 주목할 수 있다. 니혼TV는 월요일부터 목요일까지 오전 중 1시간을 한국 드라마를 위해 할애하였다. 그러나 니혼TV의 드라마틱 한류와 후지TV의 토요와이드 한류 아워는 2005년 9월을 기점으로 방송을 종료했다. 이에 의해 한국 드라마의 방송 시간은 줄었지만 이후에도 한국 드라마는 계속해서 방송됐다. 다음 <드라마·자료 2>는 2004년 2월 이후 지상파 방송 한국 드라마 방영 추이이다.

■ 드라마·자료 2 **일본·지상파 방송에서의 한국 드라마의 추이**[37]

시기	작품 수	방송시간	구체적 프로그램
2004.8	1	1	"겨울연가"(NHK–7(토) 23:40–24:40)
2005.8	3	6	"진실"(니혼TV–1(월)–4(목) 10:25–11:25), "슬픈연가"(후지TV–6(토) 16:00–17:13), "올인"(NHK–6(토) 23:10–24:10)
2006.8	3	3	"태양속으로"(TV도쿄–1(화)–3(목),7(월) 12:30–13:30), "러브스토리 인 하버드"(TV도쿄–3(목) 26:30–28:15), "대장금"(NHK–5(토) 23:10–24:10)
2007.8	3	3	"눈의 여왕"(TV도쿄–2(목) 12:30–13:25), "봄의 왈츠"(NHK–4(토) 23:10–24:05), "넌 어느별에서 왔니"(니혼TV–5(월) 15:55–16:53)
2008.8	2	5	"태왕사신기"(NHK–2(토) 23:10–24:05),"가을동화"(TV도쿄–4(월)–7(목) 11:35–12:30)
2009.8	4	13	"일지매"(TV도쿄–3(월)–4(화) 12:05–13:00), "대장금"(TBS–3(월)–7(금) 14:53–15:48), "꽃보다 남자"(TBS–3(월)–7(금) 15:48–16:53), "에덴의 동쪽"(TBS–3(월) 26:03–27:26)
2010.8	6	19	"온에어→히어로"(TBS– 2(월)–6(금)10:05–11:00), "궁"(후지TV–2(월)–6(금) 14:07:15:25), "미남이시네요"(후지TV–2(월)–6(금) 15:25–16:53), "꽃보다 남자"(TBS–2(월) 25:55–27:08), "아이리스"(TBS–4(수) 21:00–21:54), "주몽"(TV도쿄–5(목)–6(금) 12:35–13:30)

36) 후지TV 홈페이지 드라마에서 필자 작성, http://www.fujitv.co.jp/drama/index.html (최종 접속: 2010년 11월 21일)

2011.8	6	19	"드림하이"(TBS-1(월)-5(금) 10:05-11:00), "제빵왕 김탁구"(후지TV-1(월)-5(금) 14:07-15:00), "아직도 결혼하고 싶은 여자"(후지TV-1(월)-5(금) 15:00-15:57), "추노"(TV도쿄-3(수)-4(목) 12:35-13:30), "주몽"(TV도쿄-7(일) 11:55-12:49), "이산"(NHK-7(일) 23:00-24:00)
2012.8	3	14	"겨울연가"(TV도쿄-1(수)-3(금), 6(월), 7(화) 8:25-9:21),"사랑비"(후지TV-1(수)-3(금), 6(월), 7(화) 15:52-16:50),"보스를 지켜라"(TBS-2(목)-3(금), 6(월), 7(화) 10:05-11:00)
2013.8	2	10	"무신"(TV도쿄-1(목)-2(금), 5(월)-7(수) 8:25-9:21),"다섯 손가락"(TBS-1(목)-2(금), 5(월)-7(수) 10:05-11:00)
2014.8	3	9	"야왕"(TV도쿄-1(금), 4(월)-7(목) 8:25-9:21), "백년의 신부"(TBS-1(금), 4(월), 6(수) 03:19-04:19), "해를 품은 달"(NHK-3(일) 23:00-14:00)
2015.8	1	5	"마마"(TV도쿄-3(월)-7(금) 8:15-9:21)

한국 드라마 전문 시간대가 종료한 2005년 9월 이후, TV도쿄에서 점심시간 전후에 한국 드라마를 방송하게 되어[38] 2006년 8월 이후에도 작품 수를 유지했다. 그러나 "겨울연가" 이래 한국 드라마를 방영해온 NHK 종합의 한국 드라마 시간대가 2007년 9월에 일시 방송을 취소하였으며 동일하게 2008년 9월에는 TV도쿄의 점심시간의 한국 드라마 방송이 중지됐다. 이 시기는 "포스트 한류의 미디어 사회학"(2007년 10월)이 출판되는 등 "한류는 끝났다."고 하던 시기와 일치한다. 그러나 그 이후 작품 수는 증가하면서 2010년과 2011년에는 6개 작품이라는 높은 수준을 유지했다. 이는 특히 2010년에는 새로 한국 드라마 전용 시간대가 만들어진 것에 의한다. 2010년 이후의 한국 드라마 시간대는 <드라마·자료 3>과 같다.

37) 아사히신문 텔레비전 편성표에서 필자 작성. 프로그램 개편의 영향을 잘 안받는 8월의 1-7일을 샘플로 했다. 작품 수는 동일 시간대에 방송되는 드라마로 최종회를 맞이하여 새 드라마로 전환 되는 것은 중복을 피하기 위해 1작품으로 집계하였다. 방송시간은 1회분 방송될 때마다 1카운트로 하여주 5회 방송이 있는 경우는 5라고 집계하였다.

38) TV도쿄의 점심시간 방송은 한국 드라마를 전문으로 방송 할 것을 명확하게 한 시간대는 아니기에 <드라마 · 자료 1> 및 <드라마 · 자료 3>에서 제외했다. 또한 TV도쿄 · 런치채널 내의 한국드라마는 기본 방송시간이 평일 12:35-13:30이었다.

■ 드라마·자료 3　2010년 이후의 한국 드라마 전용 시간대

TBS 한류 셀렉트[39]—기본 방송시간: 월요일~금요일 10:05－11:00

제목	방송기간
아름다운 날들	2010.2–2010.3
올인	2010.3–2010.4
봄의 왈츠	2010.5–2010.6
천국의 계단	2010.6–2010.7
온에어	2010.7–2010.8
히어로	2010.8
못된 사랑	2010.8–2010.9
스타의 연인	2010.9–2010.10
신데렐라맨	2010.10–2010.11
눈의 여왕	2010.11–2010.12
공부의 신	2010.12–2011.1
천사의 유혹	2011.1–2011.2
파스타	2011.2–2011.3
내 여자친구는 구미호	2011.3–2011.4
내조의 여왕	2011.4–2011.5
매리는 외박중	2011.5–2011.6
나는 전설이다	2011.6–2011.7
아가씨를 부탁해	2011.7
드림하이	2011.7–2011.8
꽃보다 남자	2011.8–2011.9
달콤한 나의 도시	2011.9–2011.10
로열패밀리	2011.10–2011.12
가시나무새	2011.12–2012.1
로맨스가 필요해	2012.1–2012.2

39) TBS 홈페이지 한류 셀렉트. http://www.tbs.co.jp/hanryu－select/ (최종 접속: 2015년 8월 25일) 아사히신문 텔레비전 편성표에서 필자 작성. 정식으로 한류 셀렉트라는 명칭이 생기는 이전 방송작품에 관해서도 게재.

개인의 취향	2012.2-2012.3
내게 거짓말을 해봐	2012.3-2012.4
로맨스타운	2012.4-2012.5
여인의 향기	2012.5-2012.6
꽃미남 라면가게	2012.6-2012.7
보스를 지켜라	2012.7-2012.8
드림하이 2	2012.8-2012.9
나도, 꽃!	2012.9
총각네 야채가게	2012.9-2012.10
풀하우스 테이크 2	2012.10-2012.11
빅	2012.11-2012.12
더킹 투하츠	2012.12-2013.1
지고는 못살아	2013.1-2013.2
아이두 아이두	2013.3-2013.4
로맨스가 필요해 2012	2013.4-2013.5
난폭한 로맨스	2013.5
옥탑방 왕세자	2013.6
이웃집 꽃미남	2013.7
다섯 손가락	2013.7-2013.8
그 겨울, 바람이 분다	2013.8-2013.9
우리가 결혼할 수 있을까	2013.9-2013.11
네일샵 파리스	2013.11
남자가 사랑할 때	2013.11-2014.1
성균관 스캔들	2014.1-2014.2
시크릿 가든	2014.2-2014.3

후지TV 한류α[40)]—기본 방송시간: 월요일~금요일 14:07 – 15:57

제목	방송기간
내 이름은 김삼순	2010.1
태양의 여자	2010.2–2010.3
찬란한 유산	2010.3
뉴하트	2010.4
내생애 마지막 스캔들	2010.5
환상의 커플	2010.5–2010.6
달자의 봄	2010.6–2010.7
내이름은 김삼순(재)	2010.7
궁	2010.7–2010.8
미남이시네요	2010.7–2010.8
커피프린스 1호점	2010.8–2010.9
부활	2010.8–2010.9
그저 바라보다가	2010.9–2010.10
어느 멋진 날	2010.1
신데렐라 언니	2010.10–2010.11
1%의 어떤 것	2010.10–2010.11
찬란한 유산(재)	2010.11–2010.12
내생애 마지막 스캔들(재)	2010.11–2010.12
부자의 탄생	2010.12
미남이시네요(재)	2011.1
베토벤바이러스	2011.2
떼루아	2011.2–2011.3
아직도 결혼하고 싶은 여자	2011.2–2011.3
달자의 봄(재)	2011.3–2011.4
오! 마이 레이디	2011.4
미남이시네요(재)	2011.4–2011.5
장난스런 KISS	2011.5

40) 후지TV 홈페이지 한류*α* http://www.fujitv.co.jp/b_hp/hanryu/index.html (최종 접속: 2010년 12월 23일) 아사히신문 텔레비전 편성표에서 필자 작성

역전의 여왕	2011.5–2011.7
커피프린스 1호점(재)	2011.5–2011.6
검사 프린세스	2011.6
궁	2011.6–2011.7
제빵왕 김탁구	2011.7–2011.8
아직도 결혼하고 싶은 여자(재)	2011.7–2011.8
그저 바라보다가(재)	2011.8
마이 프린세스	2011.8–2011.9
대물	2011.9–2011.10
천국의 계단(재)	2011.9–2011.10
열여덟 스물아홉	2011.9–2011.11
49일	2011.10–2011.11
파라다이스 목장	2011.11–2011.12
베토벤 바이러스(재)	2012.1
시티헌터	2012.2–2012.3
최고의 사랑	2012.5–2012.6
사랑비	2012.7–2012.8

두 시간대 모두 원칙적으로 월요일부터 금요일까지 매일 방송하며 작품 수뿐만 아니라 방송 시간 수도 증가했다. 또한 이 시기 특히 주목할 수 있는 것은 통상 일본의 최신 드라마가 방영되는 21시 시간대에 처음으로 한국 드라마가 방영 되었다는 것이다. TBS는 2010년 4월부터 9월까지의 수요일 21시에 "아이리스"를 방영했다. 그러나 첫 회는 10.1%로 적당한 시청률을 기록했으나, 그 후 시청률은 내려갔으며 한때는 6.0%까지 내려가는 등 성공했다고 보기 어렵다.

이와 같이 한국 드라마의 전용 시간대가 생기고, 한국 드라마의 방송 시간은 증가했지만 동시에 2011년 이후 한류에 반대하는 데모가 일부 시민단체로부터 단속적으로 행해지기도 했으나 한국 드라마 전용 시간대는 그대로 유지됐다. 그러나 2012년 8월에 후지TV의 한류α가 종료했으며 2014년 3월에는 TBS의 한류 셀렉트가 종료했다. 2015년 8월 현재에는 TV도쿄에서 시작된 한국 드라마 전용 시간대인 한류 프리미엄에서 방영되는 드라마뿐이며 한국 드라마를 접할 기회는 2010년·2011년의 전성기에 비해 많이 감소했다.

더구나 케이블방송 등 유료채널을 보면 시청할 수 있는 한국 드라마는 늘어난다. 특히 24시간 한국 관련 프로그램을 방송하고 있는 전문 채널에 주목할 수 있다. 1996년 10월에 당초 일본에 사는 한국인 대상의 방송을 주로 반영한 KNTV가 개국했으며 2000년 6월에는 Mnet이 방송을 시작했다. Mnet은 2002년 1월에는 일시적으로 방송을 중지했으며 2006년 3월에는 다시 새롭게 방송을 재개했다. 2006년 3월에는 KBS World가 개국 하였다.

이상 한일공동선언 이후의 문화·인적 분야에서의 교류의 진전이라는 시점에서 생각해보면 역시 "겨울연가"의 임팩트가 크다. 2004년의 NHK 종합TV에서의 방송에서 11년이 지난 2015년 조사에서도 "한국 사람이라고 하면 먼저 누구를 떠올립니까"라는 물음에 대하여 19%의 사람이 배용준을 들었으며 2위에 랭킹했다.[41] 또한 2% 사람들이 최지우를 언급하며 5위에 랭킹했다. 또한 "겨울연가"이후 작품 수나 방송 시간의 차이는 있지만 지상파에서 한국 드라마는 일관되게 방송되고 있다. 지상파 방송은 영화의 매체와 비교하여 시청자는 압도적으로 많기에[42] 문화·인적 분야에서의 교류에 기여하고 있는 점은 틀림없을 것이다. 이 사실을 한국에 관한 정보원, 한국 관련하여 본 적이 있는 방송 상위의 조사를 봐도 알 수 있다.[43] 또한 한류 발생의 한 인자로 1990년대 이후의 동아시아에서의 다채널화가 있었다는 점을 생각하면 한국 드라마는 이제 일본에서 드라마의 한 장르로써 확립됐다고 할 수 있을 것이다.

---

41) 아사히신문 2015년 6월 22일 조간. 아사히신문과 동아일보의 공동여론조사의 결과에 의한다. 1위는 박근혜대통령(21%), 3위 이하 김연아(7%), 김대중(5%), 최지우였다. 또한 2010년의 동조사 30에서는 1위의 배용준 이하, 2위 김연아(11%), 3위 김대중(10%), 4위 최지우(5%), 이병헌(5%), 6위 이명박(2%)가 뒤를 이었다(아사히신문 2010년 6월 10일 조간). 2010년에 NHK와 KBS가 공동으로 실시한 여론조사에서도 거의 동일한 결과가 나와, 1위 배용준(21%), 2위 김대중(8%), 3위 이명박(7%), 4위 최지우(4%), 5위 이병헌(4%), 6위 김연아(3%), 7위 동방신기(3%), 8위 박지성(2%)였다. 한편 한국인이 일본인하면 생각나는 사람은 1위 이토히로부미(21%), 2위 고이즈미 준이치로(10%), 3위 아사다 마오(8%), 4위 이치로(6%), 5위 도요토미히데요시(6%)였다. (고노 케이 · 하라 미와코「한일을 둘러싼 현재 · 과거 · 미래－한일시민의식조사에서」NHK방송문화연구소『방송연구와 조사』2010년 11월)

42) 관동지구의 경우, 통상 발표되는 세대시청률 1%=17만 6천세대이다. 비디오리서치 홈페이지 시청률 조사에 대해서 http://www.videor.co.jp/rating/wh/13.htm (최종 접속: 2010년 11월 22일)

43) 고노 · 하라, 2010년. 상기 논문. 한국에 대한 정보원은 텔레비전(지상파)가 84%로 1위. 이하 신문 35%, 가족 · 친구 · 지인의 이야기 12%, 인터넷 11%, 잡지나 주간지(만화를 제외) 10%였다. 또한, 한국 관련하여 본 적이 있는 텔레비전 방송 상위 5위는 성별 · 세대를 상관없이 드라마와 뉴스방송이 상위를 차지하여 드라마는 남자 60대 이상(뉴스방송 44%, 드라마 37%)를 제외하고 1위였다. (남 20 · 30대 (드라마 48%, 뉴스 방송 40%), 남 40 · 50대 (순서대로 47%, 45%), 여 20 · 30대 (65%, 35%), 여 40 · 50대 (70%, 35%), 여 60대 이상 (52%, 38%)

(3) K팝

음악 분야는 일본에서의 한국 대중문화 중에서도 198년의 한일공동선언 전부터 일정한 성과를 거두고 있는 분야였다. 대표적인 가수로는 "가슴 아프게" 등의 대표 곡이 있는 트로트 가수이자 1977년에 레코드 대상에서 기획상을 수상한[44] 이성애, "돌아와요 부산항에" 등의 대표곡을 갖고 1987년~1990년까지 4년 연속으로 NHK 홍백가합전에 출장한 조용필, "유메온나"에서 1988년 일본 유선대상 그랑프리, "요이도레테"에서 1989년 일본 레코드 대상 금상을 획득하여 1988년~1994년까지 7년 연속으로 홍백가합전에 출장한 계은숙, "사랑☆고마워"(일본크라운주식회사)에서 2001년 일본 레코드 대상 기획상을 수상하여 1989년, 1995년, 2001년에 각각 홍백가합전에 출장한 김영자를 들 수 있다.

이와 같은 트로트 가수를 제외하면 일본에서 처음으로 주목을 받은 한국인 가수는 S.E.S일 것이다. S.E.S.는 바다·유진·슈의 3명으로 구성된 여성 그룹이며, 특히 멤버 슈는 가나가와현 출신의 재일 한국인이라는 점이 특징적이었다. 1997년 11월에 S.M. Entertainment에서 "I'm your Girl"로 한국에서 데뷔하고 그 후 1998년 10월에 "메구리아우 세카이(우연히 만난 세계)"로 일본 데뷔를 했다. 일본 텔레비전의 음악 방송 "더 요루모 힙파레" 등에 출현을 했지만 음악적으로는 데뷔곡인 "메구리아우 세카이"의 오리콘차트 37위가 최고 기록이었으며 상업적으로 성공적이라 할 수 없었다.

일본에서 처음으로 성공한 K팝 가수는 BoA이다. BoA는 2000년 8월에 S.E.S.와 같은 S.M. Entertainment에서 "ID; Peace B"로 한국 데뷔를 하고 2001년 5월에 avex에서 "ID; Peace B"의 일본어판으로 일본 데뷔를 이뤘다. 2002년에는 일본 레코드 대상 금상을 수상하고(2003년, 2004년, 2006년, 2007년에도 금상 수상), 홍백가합전에도 출장했다(그 후 2007년까지 6년 연속 출장). BoA의 싱글곡과 오리콘차트의 상황은 다음의 <K팝·자료 1>과 같다.

44) 이성애 개인의 수상은 아니며 도시바EMI㈜「엥카의 원류를 더듬다(이성애)」로써 수상

■ K팝 · 자료 1 BoA의 싱글 CD 발매곡45)

제목	최고위	등장회수	발매일
ID; Peace B	20	6	2001.5.30
Amazing Kiss	23	8	2001.7.25
마음은 전해진다(気持ちはつたわる)	15	10	2001.12.5
LISTEN TO MY HEART	5	9	2002.1.17
Every Heart	10	10	2002.3.13
Don't start now	17	3	2002.5.29
VALENTI	2	26	2002.8.28
기적/No.1	3	17	2002.9.19
JEWEL SONG/ BESIDE YOU	3	13	2002.12.11
Shine We Are!/ Earthsong	2	14	2003.5.14
DOUBLE	2	13	2003.10.22
Rock With You	5	10	2003.12.3
Be the one	15	6	2004.2.11
QUINCY/고노요노시루시(コノヨノシルシ)	4	13	2004.9.1
메리크리	5	12	2004.12.1
DO THE MOTION	1	12	2005.3.30
make a secret	5	8	2005.8.31
다키시메루(抱きしめる)	9	11	2005.11.23
Everlasting	4	9	2006.1.18
나나이로노 아시타(七色の明日)~brand new beat/Your Color	3	15	2006.4.5
KEY OF HEART/ DOTCH	7	6	2006.8.9
Winter Love	2	14	2006.11.1
Sweet Impact	5	7	2007.4.25
LOVE LETTER	3	8	2007.9.26
LOSE YOUR MIND	6	6	2007.12.12
be with you.	13	5	2008.2.20
Vivid –Kissing you, Sparking, Joyful Smile	5	6	2008.6.4

45) ORICON STYLE 홈페이지 · 오리콘 연예인 사전에서 필자 작성, http://www.oricon.co.jp/ (최종 접속: 2015년 8월 30일)

에이엔(永遠)/UNIVERSE/ Believe in LOVE	8	5	2009.2.18
BUMP BUMP!	8	4	2009.10.28
마모리타이(まもりたい)~White Wishes	3	12	2009.12.9
WOO WEEKEND	10	6	2010.7.21
Only One	10	4	2013.2.27
Tail of Hope	12	3	2013.6.26
Message/Call my name	13	3	2013.10.23
Shout It Out	12	3	2014.3.5
MASAYUME CHASING	15	4	2014.7.23
FLY	22	3	2014.12.3

이 차트를 보면 2002년 이후 안정적으로 10위 이내에 들어가 있다는 것을 알 수 있다. 그리고 2005년에 "DO THE MOTION"으로 1위를 획득했다. 그러나 최근에는 저미한 상황이며 2013년 이후에는 10위권 이내에 들어가지 못하고 있다.

BoA의 등장 후 2002년에는 한일공동개최의 월드컵 축구가 있었다. 일본 측에서는 CHEMISTRY, Sowelu, 한국 측에서는 박정현, Brown eyes가 참가한 기획유닛 Voices of KOREA/JAPAN이 탄생하여 부른 공식 테마송인 "Let's Get Together Now"는 오리콘 주간 랭킹 3위를 획득했다. 그리고 2004년에는 "겨울연가"가 NHK종합에서 방송되어 일본에서도 한류 현상이 발생했다. 한류 이후 음악의 분야에서도 한국인 가수가 다수 히트곡을 내기 시작했다. 데이터가 있는 1988년 이후 일본에서 가장 일반적으로 참조되고 있는 오리콘 주간차트의 10위권 이내에 랭크인한 한국인 가수와 곡은 하기의 <K팝·자료 2>와 같다.

■ K팝·자료 2 **오리콘 주간차트에 랭크인한 한국인 가수와 연별 최고의 획득 수**[46)]

최고위	가수명	최고위획득곡	발매일
1	BoA	"DO THE MOTION"	2005.3.30
1	동방신기	"Purple Line" 등 전 11곡	2008.1.16 등
1	KARA	"제트코스터 러브"	2011.4.6

46) ORICON STYLE 홈페이지·오리콘 연예인 사전에서 필자 작성, http://www.oricon.co.jp/ (최종 접속: 2015년 8월 30일). 해당 가수의 최고위 곡에 대해 게재하여 동순위에 복수의 곡

1	장근석	"Let me cry"	2011.4.27
1	T-ARA	"Bo Peep Bo Peep"	2011.9.28
1	CN BLUE	"Where you are"	2012.2.1
1	김형준	"HEAT"	2012.7.4
1	소녀시대	"Oh!"	2012.9.26
1	2PM	"Winter Game" 등 전 2곡	2013.10.16
1	SUPER JUNIOR	"MAMACITA~AYAYA"	2014.12.29
1	방탄소년단	"FOR YOU"	2015.6.17
2	류시원	"사쿠라(桜)"등 전 3곡	2005.4.13 등
2	이병헌	"이츠카(いつか)"	2008.10.15
2	BEAST	"SHOCK"	2011.3.16
2	FTISLAND	"SATISFACTION"	2011.4.20
2	MBLAQ	"Your Luv"	2011.5.4
2	초신성	"그리운 날에"	2011.6.15
2	SHINee	"누난 너무 예뻐(Replay)"등 전 6곡	2011.6.22 등
2	SUPER JUNIOR DONGHAE & EUNHYUK	"Oppa,Oppa"	2012.4.4
2	Infinite	"Be Mine" 등 전 2곡	2012.4.18 등
2	SUPER JUNIOR-K.R.Y.	"Promise You"	2013.1.23
2	B.A.P	"NO MERCY" 등 전 2곡	2014.4.2 등
2	U-KISS	"Sweetie"	2014.12.17
2	JYJ	"WAKE ME TONIGHT"	2015.1.21
2	Apink	"Mr.Chu(On Stage)" 등 전 2곡	2015.2.18 등
3	BIG BANG	"MY HEAVEN"	2009.6.24
3	RAINBOW	"A"	2011.9.14
3	2AM	"Never let you go"	2012.9.12
3	BOYFRIEND	"키미토(君と)Dance Dance Dance/MY LADY"	2012.11.28

이 랭크인 했을 경우에는 처음에 해당 순위를 획득한 곡을 기술.

3	B1A4	"이게 무슨일이야" 등 전 3곡	2013.8.28 등
3	GOT7	"AROUND THE WORLD"	2014.10.22
3	MYNAME	"HELLO AGAIN"	2015.7.28
4	SE7EN	"スタ" [トライン/ Forever"	2005.10.19
4	SS501	"LUCKY DAYS"	2008.6.18
4	김정훈	"키미오 마모리타이(君を守りたい)"	2008.7.16
4	AOA	"Like a Cat"	2015.2.25
4	BTOB	"나츠이로 MY GIRL"	2015.8.19
5	K	"over…" 등 전 2곡	2005.3.2 등
5	대국남아	"Jumping"	2012.3.28
5	2PM+2AM 'One day'	"One day"	2012.7.4
5	IU	"You & I"	2012.7.18
5	2NE1	"I LOVE YOU"	2012.9.19
5	대성(from BIGBANG) feat. 하카세 타로	"I LOVE YOU"	2013.7.31
5	CODE-V	"지금, 전하고 싶은 것"	2013.11.13
5	BEE SHUFFLE	"Welcome to the Shuffle!!" 등 전 2곡	2014.2.5 등
5	CROSS GENE	"Future"	2015.1.14
5	Block B	"Very Good"	2015.1.21
5	우영(From 2PM)	"R.O.S.E"	2015.3.4
6	박용하	"네가 최고(君が最高!)" 등 전 2곡	2006.9.20 등
6	SHU-I	"HITORIJIME"	2012.4.11
6	AFTER SCHOOL	"Lady Luck/Dilly Dally"	2012.6.13
6	INFINITE F	"코이노 사인(恋のサイン)"	2014.11.19
6	VIXX	"Error"	2014.12.10
7	신혜성 X 키요키바 슌스케	"I Believe"	2011.10.05

7	윤학 from 초신성	"WAITING 4 U"	2012.10.29
7	TRITOPS*	"아나타니"	2014.10.29
7	F.CUZ	"다시 한 번만~Remind~ (もう一度だけ~Remind~)"	2014.12.17
7	Nu'est	"NA.NA.NA. 눈물(NA.NA.NA.涙)"	2015.5.20
8	니콜	"Something Special"	2015.6.24
9	계은숙	"유메온나(夢おんな)"	1988.7.27
9	ZE:A	"러브☆레터"	2010.12.22
9	Secret	"Madonna"	2011.8.3
9	SM☆SH	"STEP"	2011.11.2
9	이승기	"연애시대"	2012.3.6
10	김무영	"believe" 등 전 2곡	2011.12.21 등
10	Orange Caramel	"상냥한 악마"	2012.9.5

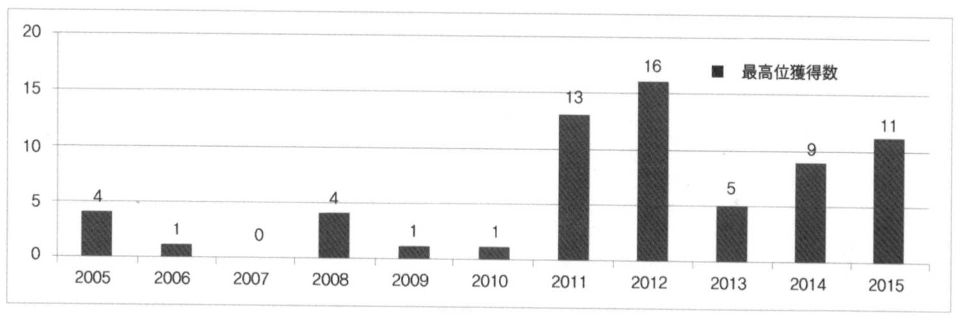

이 <K팝·자료 2>를 보면 랭크인한 한국인 가수는 세 가지 카테고리로 나눌 수 있다는 사실을 알 수 있다. 즉, 한국에서는 배우를 주 활동으로 하고 일본에서 화제가 된 드라마에 출연한 배우가 노래를 낸 한류 드라마형. 한국에서 가수를 주 활동으로 하여 일본에서도 처음부터 가수로 진출해 한일 거의 동시기에 가수로 활동하고 있는 한일동시활동형. 그리고 계은숙과 같이 한류 이전부터 트로트를 중심으로 활동하고 있는 가수나 K, CODE-V, BEE SHUFFLE, SHU·I, JUNO와 같이 주로 일본에서만 활동하고 있는 가수로 한류 드라마형으로도 한일활동형으로도 분류할 수 없는 기타의 3가지이다. 베스트 10까지 랭크인한 66인의 가수에 대해 정리를 해보면 아래 그림과 같이 된다.

■ K팝·그림 **한국인 가수의 세 가지 유형**

한류 드라마형	한일동시활동형	기타
장근석 류시원 이병헌 김정훈 박용하	BoA 東方神起 KARA T-ARA CN BLUE 김형준 소녀시대 2PM SUPER JUNIOR 방탄소년단 BEAST FTISLAND MBLAQ 초신성 SHINee SUPER JUNIOR DONGHAE & EUNHYUK Infinite SUPER JUNIOR-K.R.Y. B.A.P U-KISS A.pink BIG BANG RAINBOW 2AM BOYFRIEND B1A4 GOT7 MYNAME SE7EN SS501 AOA BTOB 대국남아 2PM+2AM 'One day' IU 2NE1 대성(from BIGBANG)feat.하카세 타로 CROSS GENE Block B 우영(From 2PM) AFTER SCHOOL INFINITE FVIXX 신혜성 X 키요키바 슌스케 윤학 from 초신성 TRITOPS* F.CUZ Nu'est 니콜 ZE:A Secret SM☆SH 이승기 Orange Caramel	JYJ K CODE-V BEE SHUFFLE SHU·I 계은숙 김무영

각각 일본에서 히트된 시기를 보면 한류 드라마형은 2011년에 1위를 기록한 장근석을 예외로 2005~2008년 즈음에 전성기였던 점에 비해, 한일동시활동형은 주로 2008년 이후에 전성기를 맞이하여 최근에도 기록을 갱신하고 있다는 점을 알 수 있다. 특히 이 한일동시활동형에서 눈에 띄는 것이 1위를 11곡 내고 있는 동방신기이다. 동방신기는 창민·윤호·재준·유천·준수의 남성 5인으로 구성되어 2004년 2월에 S.M. Entertainment에서 "HUG"로 한국 데뷔를 했다. 그리고 2004년 11월에 내일 기념 싱글을 발매한 후 2005년 4월에 정식으로 일본 데뷔를 했다. 2008년의 레코드 대상에서는 "어째서 너를 좋아하게 되어버린걸까?(どうして君を好きになってしまったんだろう?)"에서 우수작품상을 수상하여(2009년에도 우수작품상 수상), 홍백가합전에도 출장했다(2009년에도 출장). 그러나 유천·재준·준수의 세 명이 소속기획사인 S.M. Entertainment와의 불공정계약(13년이나 되는 장기 전속계약, 수익배분 문제 등)을 이유로 2009년 7월 31일 서울중앙지방법원에 전속계약효력정지 가처분신청을 했다.47) 그 후 일본에서의 레코드대상 시상식, 홍백가합전 출장,

47) 중앙일보 일본어판 2009년 8월 1일 배포 http://japanese.joins.com/article/article.php?aid=118673&servcode=700§code=750 (최종 접속: 2010년 11월 21일)

CD의 발매 등 약간의 활동은 했으나 "Why? (Keep Your Head Down)" 이후 5명의 활동을 정지했다. 동방신기의 싱글곡과 오리콘차트의 상황은 다음의 <K팝·자료 3>과 같다.

■ K팝·자료 3 **동방신기의 싱글CD 발매곡**48)

제목	최고위	등장회수	발매일
HUG	77	5	2004.11.25
Stay With Me Tonight	37	5	2005.4.27
Somebody to Love	14	3	2005.7.13
My Destiny	16	15	2005.11.2
아스와쿠루카라(明日は来るから)	22	7	2006.3.8
Rising Sun/Heart, Mind and Soul	22	6	2006.4.19
Begin	15	5	2006.6.21
Sky	6	3	2006.8.16
miss you/"O" 정·반·합("O"－正 · 反 · 合)	3	4	2006.11.8
Step by Step	7	5	2007.1.24
Choosey Lover	9	6	2007.3.7
Lovin' You	2	12	2007.6.13
SUMMER～Summer Dream/Song for you/Love in the Ice	2	7	2007.8.1
SHINE/Ride on	2	6	2007.9.19
Forever Love	4	6	2007.11.14
Together	3	5	2007.12.19
Purple Line	1	9	2008.1.16
Two Hearts/WILD SOUL	13	18	2008.2.6
Runaway/My Girlfriend	8	26	2008.2.13
If...!?/Rainy Night	12	29	2008.2.27
Close to you/Crazy Life	9	7	2008.3.5
Keyword/Maze	7	16	2008.3.12
Beautiful you/천년연가(千年恋歌)	1	43	2008.4.23
어째서 너를 좋아하게 되어버린걸까? (どうして君を好きになってしまったんだろう?)	1	34	2008.7.16
주문～MIROTIC	1	20	2008.10.15

Bolero/Kiss The Baby Sky/와스레나이데(忘れないで)	1	13	2009.1.21
Survivor	3	35	2009.3.11
Share The World/We are!	1	45	2009.4.22
Stand by U	2	34	2009.7.1
BREAK OUT!	1	12	2010.1.27
도키오토메테(時ヲ止メテ)	1	20	2010.3.24
Why?(Keep Your Head Down)	1	20	2011.1.16
Superstar	2	15	2011.7.20
Winter~Winter Rose/Duet-winter ver.-~	2	14	2011.11.30
STILL	1	10	2012.3.14
ANDROID	1	9	2012.7.11
Catch Me-If you wanna-	1	9	2013.1.16
OCEAN	2	10	2013.6.12
SCREAM	2	9	2013.9.4
Very Merry Xmas	2	9	2013.11.27
Hide & Seek/Something	2	6	2014.2.5
Sweat/Answer	2	8	2014.6.11
Time Works Wonders	2	7	2014.11.5
사쿠라미치(サクラミチ)	2	11	2015.2.25

K팝이 일본에서 받아들여진 이유는 먼저 한류의 발생 원인으로 든 표현의 자유의 확대, 한국대중문화에 대한 한국 정부의 장려책 등 몇 가지를 생각할 수 있다. 특히 최근 한일동시활동형에 관해 말하자면 푸시(push)요인으로 한국 국내 시장이 작다는 사실, 특히 불법 다운로드는 일본 이상으로 많으며 CD가 팔리지 않는다는 사실[49], 풀(pull)요인으로 한류 이후 한국의 대중문화를 받아들일 기반이 생긴 것, 특히 한 신인으로 토대를 굳히고[50] 성공한 동방신기의 인기와 같이 다른 K팝 아티스트에게도 관심이 확산하여 You Tube 등에 의해 뮤직비디오나 음악 방송을

48) ORICON STYLE 홈페이지·오리콘 연예인 사전에서 필자 작성, http://www.oricon.co.jp/ (최종 접속: 2015년 8월 29일)

49) 한국의 2004년의 음악 매출 총액은 일본의 연간 CD 매출(약 4000억엔)의 20분의 1에도 미치지 못한다. (黄盛彬, 2007년. 상기 논문)

50) 닛케이 엔터테인먼트! K·POP★GIRLS』 닛케이BP사, 2010년

시간 차 없이 음악을 즐기는 팬이 존재한 사실, 또한 1990년대까지와 같이 외모나 댄스만을 중시한 아이돌이 아닌 본격적인 노래로 승부할 수 있는 사람이 많아졌다는 사실을 들 수 있다[51].

2010년에는 유캔 신조어·유행어 대상에 K팝이 후보로 들어가 오리콘의 신인 아티스트별 매상 금액 랭킹[52] 1위에 KARA(13.0억엔 · 총 매출 45.3만장), 2위에 소녀시대(8.8억엔 · 총 매출 38만장)가 랭크인 하는 등 일본에서 인기와 주목을 받았다. 4장에서 상세히 보겠지만 2012년 이후 일본 사람에 대한 친근감은 급격히 악화했지만 <K팝·자료 2>에 있듯이 K팝의 인기는 2012년 이후에도 지속되었으며 큰 영향을 받는 일은 없었다.

마지막에 한일공동선언의 문화·인적 교류라는 관점에서 보면 그때까지의 겨울연가를 시작으로 한 한류는 중·고년 여성이 팬의 중심이었지만[53] K팝 특히 한일동시활동형은 팬의 중심층이 10~20대다.[54] "한류"의 첫 번째를 배용준이라고 한다면 두 번째는 "동방신기", 그리고 세 번째는 "소녀시대[55]"라고 평가하는 기사가 있듯이, K팝에서는 동방신기와 소녀시대의 두 그룹 이 팬층의 변화에 크게 기여했으며 특히 평가를 받아야 될 것이다. 이상을 보면 K팝은 일본 내의 한국 대중문화의 수용층을 확대하는 것에 공헌했다고 평가할 수 있을 것이다.

Ⅳ. 한일 파트너십은 구축됐는가?

1. 문화·인적 분야에서의 교류의 전진상황

여태까지 Ⅲ장에서는 문화·인적 분야에서의 교류 중에서도 문화교류를 중심으로 봐왔다. 때문에 총 정리를 하는 장이 되는 본 장에서는 먼저 한일간의 인적 왕래의 추이부터 보고자 한다. 다음의 <진전상황·자료 1>은 방한 일본인 수와 방일 한국인 수의 추이이다.

---

51) 닛케이 TRENDY, 2010년 8월호. 『닛케이 엔터테인먼트! K·POP★GIRLS』 닛케이BP사, 2010년.
52) ORICON STYLE 홈페이지 「[연간 랭킹] 신인 세일즈 1, 2위는 KARA&소녀시대 K·POP세가 석권」, http://www.oricon.co.jp/news/confidence/83093/full/ (최종 접속: 2011년 1월 1일)
53) 이지민 「신문에서 보문 「욘사마」 침투현상—호칭의 정착과 「아줌마 팬」이라는 존재」 모리 요시타카편 『일식 한류—『겨울연가』와 한일 대중문화의 현재』 세리카 서방, 2004년
54) 닛케이 TRENDY, 2010년 8월호. 2010년 12월호.
55) J · CAST 뉴스 2010년 9월 17일 배포 http://www.j－cast.com/2010/09/17076254.html?p＝all (최종접속: 2010년 11월 21일)

■ 진전상황 · 자료 1 한일간의 인적 왕래 추이[56)]

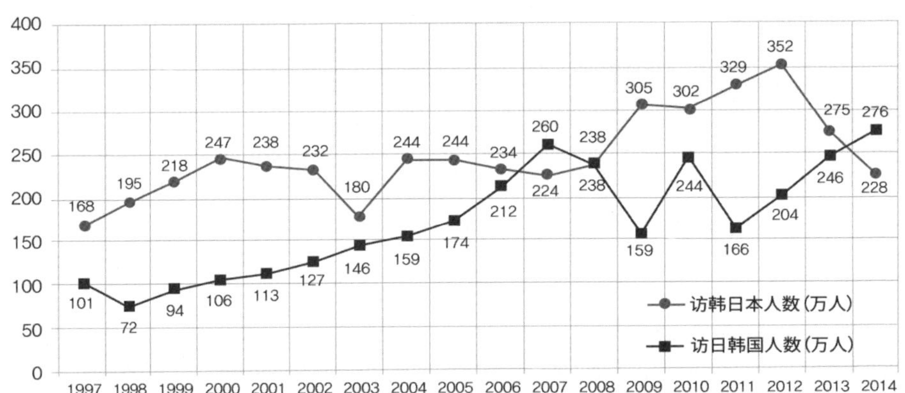

관광객 수는 그때의 환율에도 크게 영향을 받기에[57)] 합쳐서 한국 원화와 일본의 엔화의 환율도 본다.

■ 진전상황 · 자료 2 KRW/JPY 환율 추이[58)]

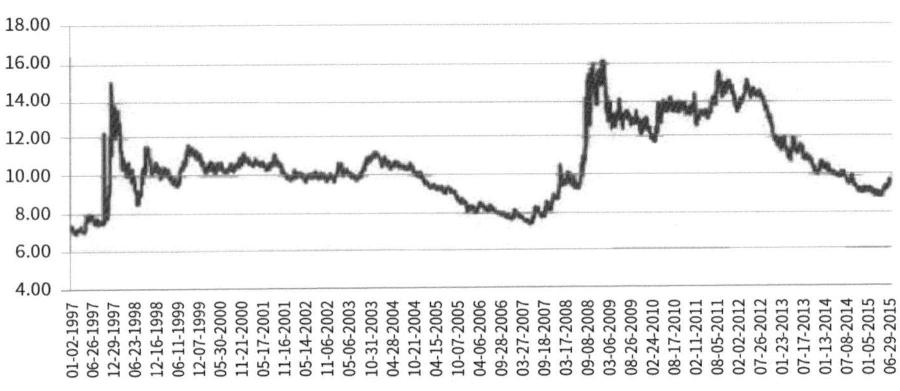

56) 방일 한국인 수는 JNTO, 방한 일본인 수는 한국관광공사의 데이터를 각각 참조했다.

57) 일본경제신문 2009년 3월 30일 조간

58) 1997년 1월부터 2008년 12월까지는 Foreign Exchange Rates Historical Search 12 Noon Buying Rates (Federal Reserve Bank of New York 홈페이지)에서 필자 작성. http://www.newyorkfed.org/markets/fxrates/historical/home.cfm (최종 접속: 2015년 8월 30일) 그래프는 1엔이 몇 원인지를 나타내며 숫자가 클수록 엔고원저.

방한 일본인 수에 주목을 하면서 두 가지 그래프에서 축구 월드컵이 있었던 2002년 전후를 보면 이 시기에는 엔화·원화의 환율은 크게 변동하지 않았으며 한일 공동주최로 월드컵이라는 큰 이벤트가 행해졌음에도 불구하고 2002년은 2001년보다 약 6만 명으로 방한 일본인 수가 감소했다. 또한 다음 해인 2003년은 중국을 중심으로 SARS(중증급성호흡기증후군)가 유행한 것도 있어 추가적으로 52만 명이나 감소했다. "겨울연가"를 시작으로 한류가 일어난 2004년 이후에는 드라마의 촬영 장소를 도는 투어도 많이 발매되면서 방한 일본인 수도 급속히 회복했다. 특히 2004년 이후 2007년 말까지 엔저/원고가 진행되어 한국을 방문하는 일본인에게는 불리한 환율이 됐음에도 불구하고 방한 일본인 수가 크게 감소하지 않았던 것은 이 한류의 영향이 있다고 추측할 수 있을 것이다. 한편, 방일 한국인은 2005년 3월에 실시된 아이치(愛知) 국제박람회 시에는 일본에서의 체재가 90일 이내인 한국인 관광객의 비자를 면제하는 조치를 취해 그 후 상시화 되었다. 그리고 엔저/원고의 재원을 받아 2007년에는 방한 일본인 수를 웃돌았다. 그러나 2008년 이후 엔고/원저로 전하여, 그에 수반해 방한 일본인 수는 2012년에는 과거 최고인 352만 명에 달했다. 2013년 이후 다시 엔저/원고로 전하여 2014년에는 2007년의 수준까지 감소하게 됐다.

이상으로부터 문화교류 중에서도 축구 월드컵과 같은 국가 사업적인 성질이 있는 스포츠 이벤트는 그것만으로는 인적 교류의 촉진으로 이어지지 않는다는 사실을 알 수 있을 것이다. 물론 한일 공동주최 축구 월드컵이 일본인의 한국에 대한 친근감을 높이고 그것이 그 후 일어난 한류의 밑바탕이 된 사실을 부정할 수 없다. 그러나 월드컵이라는 일과성의 행사가 있었기에 일본 측의 시점으로 봤을 때 그 이후의 인적 교류의 촉진으로는 이어지지 않았다. 때문에 그 후 일반 시민의 레벨에서 일어난 한류가 더욱 일본에서 한국이라는 방향성의 인적 분야에서의 교류에 공헌했다고 평가할 수 있을 것이다.

다음으로 한국에 대한 친근감의 추이에서 문화·인적 분야에서의 교류의 진전상황에 대해 정리해보고자 한다.

■ 진전상황·자료 3 **한국에 대한 친근감의 추이**[59)]

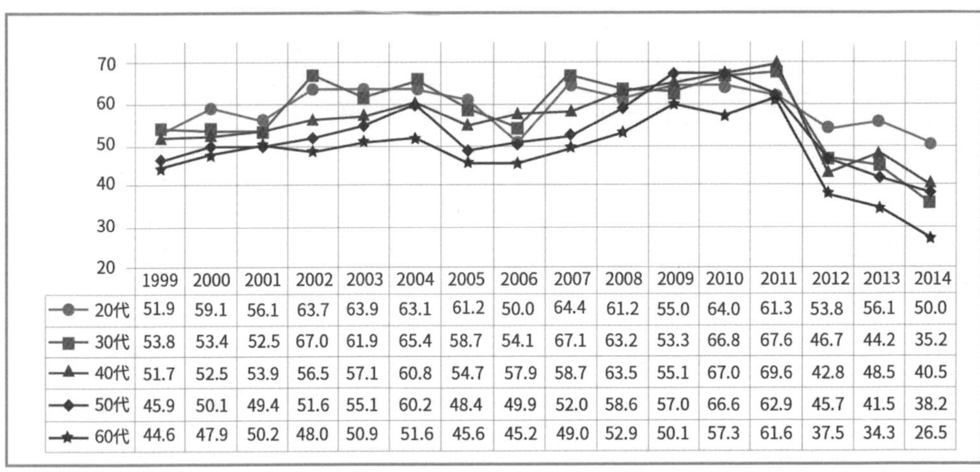

	1999	2000	2001	2002	2003	2004	2005	2006	2007	2008	2009	2010	2011	2012	2013	2014
20代	51.9	59.1	56.1	63.7	63.9	63.1	61.2	50.0	64.4	61.2	55.0	64.0	61.3	53.8	56.1	50.0
30代	53.8	53.4	52.5	67.0	61.9	65.4	58.7	54.1	67.1	63.2	53.3	66.8	67.6	46.7	44.2	35.2
40代	51.7	52.5	53.9	56.5	57.1	60.8	54.7	57.9	58.7	63.5	55.1	67.0	69.6	42.8	48.5	40.5
50代	45.9	50.1	49.4	51.6	55.1	60.2	48.4	49.9	52.0	58.6	57.0	66.6	62.9	45.7	41.5	38.2
60代	44.6	47.9	50.2	48.0	50.9	51.6	45.6	45.2	49.0	52.9	50.1	57.3	61.6	37.5	34.3	26.5

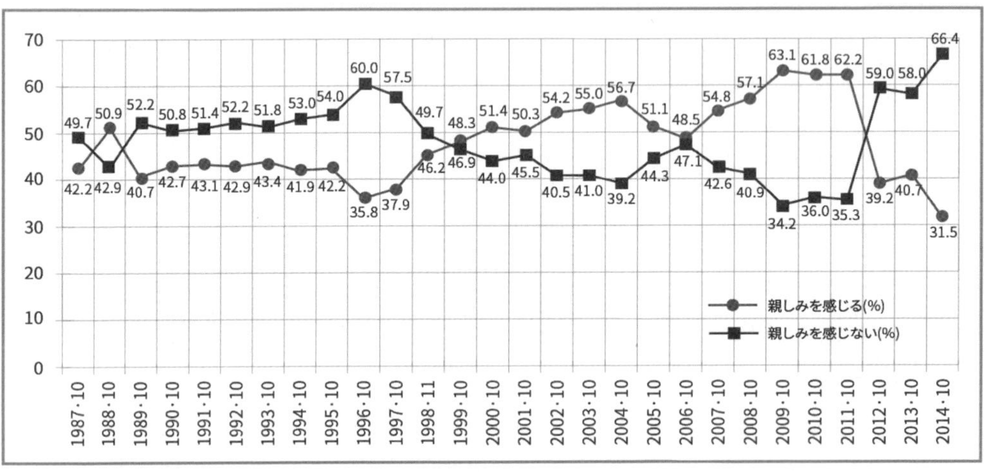

<진전상황·자료 3>를 보면 한국이 민주화된 1987년 이후 1990년대 전반은 친근함을 느끼는 비율이 40% 전반에서 추이했던 사실을 알 수 있다. 그러나 1990년대 중반은 이 비율이 감소하고 있다는 사실을 알 수 있다. 한일공동선언이 서명된 직후

59) 일본 국내각부 홈페이지 외교에 관한 여론조사(내각부대신 관방정부 공보실 2009년 10월 · 2010년 10월 · 2013년 10월 · 2014년 10월)에서 필자 작성 http://survey.gov-online.go.jp/h26/h26-gaiko/index.html (최종 접속: 2015년 8월 26일). 2014년 · 2010년의 조사가 없었던 나라는 각각 2013년 · 2009년의 데이터를 이용했다. 또한 구체적인 나라 명이 없는 대상에 대해서는 유럽제국(영국, 프랑스, 폴란드 등), 대양주 제국(호주, 뉴질랜드 등), 동남아시아제국(태국, 인도네시아 등), 중남미 · 카리브 제국(멕시코, 브라질, 자메이카 등), 아프리카 제국(남아프리카, 케냐, 나이지리아 등)과 같이 구체적인 나라의 예가 제시돼있다.

인 1998년의 조사와 4년 전인 2011년의 조사를 비교하면 일본인이 한국에 친근감을 느끼는 비율이 16% 증가한 사실을 알 수 있다. 그러나 자세히 보면 2002년의 축구 월드컵, 2004년의 "겨울연가"로 인해 시작된 한류의 시점에서 과거 최고의 친근감을 느끼는 비율을 기록했음에도 불구하고 2005년, 2006년에는 그 비율이 감소하고 있다는 것을 알 수 있다. 이 요인으로 생각할 수 있는 것은 시마네(島根)현이 2005년 3월에 제정한 다케시마의 날(竹島の日)문제이다. 이 문제에 의해 자매도시교류 정지 등의 영향이 발생하는 등 한일간에 독도문제가 큰 정치문제가 되었다. 또한 2012년 조사에서는 친근감이 전년 대비 23% 감소하면서 현저히 감소했다. 이는 일본 측의 시점에서 봤을 때에는 2012년 8월에 이명박 대통령이 독도 상륙한 것으로부터 상징되는 영토 문제나 역사 문제가 고조된 것을 원인으로 들 수 있다.

이상과 같이 일본인의 한국에 대한 친근감을 정치적 요인으로부터 적잖이 영향을 받고 있다고 할 수 있을 것이다. 그러나 2011년부터 2012년으로의 변화를 세대별로 보면 친근감은 전 세대에서 감소하고 있지만 20대에서는 7.5%만 감소하고 있어 다른 세대와 비교했을 때 특징적이다. 앞서 본 것처럼 K팝의 인기가 2012년 이후에도 감소하지 않았으며 특히 한일동시활동형은 팬의 중심층이 10~20대인 것을 생각하면 K팝이라는 문화 관계가 일본에서 한국을 향한 친근감 저하 억제에 기여했다고 할 수 있을 것이다.

일본 측의 시점에서 봤을 때 3장에서 본 것과 같은 문화 교류의 진전 및 앞서 본 인적 교류의 진전이 한일 관계에 있어서 기존의 정치적 관계뿐만 아니라 문화·인적 관계라는 새로운 요소를 더했다고 평가할 수 있다. 그리고 그것이야말로 한일공동선언 10에 있는 "양국 간의 문화·인적 교류를 확충"에 기대되는 "정부 간 교류에 머물지 않는 양국 국민의 깊은 상호이해와 다양한 교류"의 결과 초래된 "각종 분야에서의 양국 간의 협력을 효과적으로 이끌어나가기 위한 기초"라고 할 수 있을 것이다.

2. 맺는 말

이상, 봐온 것처럼 한일공동선언이 서명된 이래, 일본측이 한국 문화를 즐길 기회는 확실히 증가했다. 2012년까지는 일본인에 대한 친근감 비율도 "친근감을 느낀다"가 "친근감을 느끼지 않는다"를 밑도는 일은 없었다. 그러나 2012년 이후 급격히 대한 친근감이 악화한 이유는 앞서 본 바와 같다. 이 같은 상황에 비추어 한국뿐만 아니라 다른 외국에 대한 친근감과 비교를 하면 2010년 시점에는 일본인에게 있어서 한국은 미국 다음으로 친근감을 느끼는 나라였지만 최근인 2014년에는 유럽 각국, 대양주 국가뿐만 아니라 인도나 중남미·카리브 국가보다도 친근감이 낮아진 사실을 알 수 있다.

■ 맺는 말·자료 1 **각국에 대한 친근감**[60)]

• 2014년

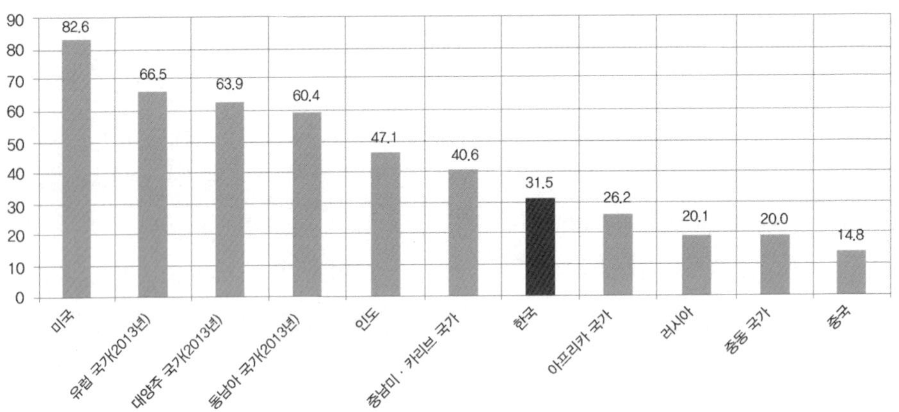

• 2010년

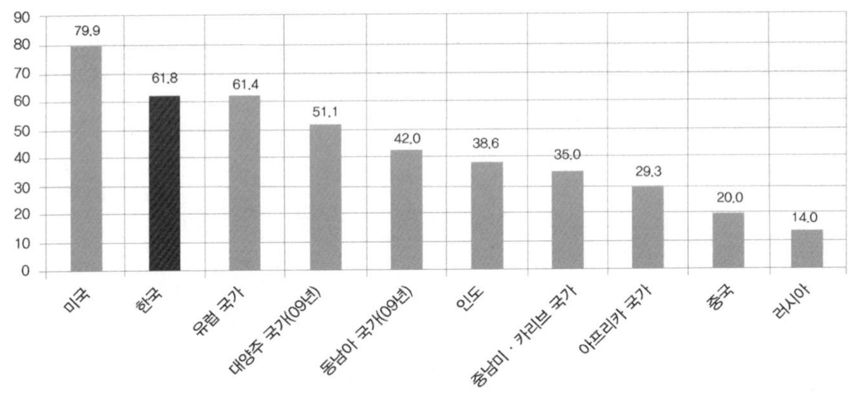

60) 일본국내각부 홈페이지 외교에 관한 여론조사(내각부대신 관방정부 공보실 2009년 10월, 2010년10월, 2013년 10월 · 2014년 10월)에서 필자 작성 http://survey.gov-online.go.jp/h26/h26-gaiko/index.html (최종 접속: 2015년 8월 26일). 2014년, 2010년의 조사가 없었던 나라는 각각 2013년, 2009년의 데이터를 이용했다. 또한 국체적인 나라 명이 없는 대상에 대해서는 유럽제국(영국, 프랑스, 폴란드 등), 대양주 제국(호주, 뉴질랜드 등), 동남아시아제국(태국, 인도네시아 등), 중남미 · 카리브 제국(멕시코, 브라질, 자메이카 등), 아프리카 제국(남아프리카, 케냐, 나이지리아 등)과 같이 구체적인 나라의 예가 제시돼있다.

2010년부터 2014년까지의 변화를 볼 때 대한 친근감과 한일의 정치적 관계의 악화는 중요한 상관관계가 있다. 이 점이야말로 한일공동선언 이후의 문화·인적 분야에서의 교류에도 큰 과제로 남아있는 점이다. 한일공동선언은 "각 분야에서 양국 간의 협력을 효과적으로 이끌어가기 위한 기초"로 "양국 간의 문화·인적 교류"를 확충하려고 의도했지만 이 "각 분야"에 당연히 포함되는 정치적 이 고조를 보여 그 분야에서 한일공동선언 관계 및 대한 친근감은 서명부터 현재까지의 기간에도 영토문제나 역사문제 등 반드시 양호하게 추이하고 있지 않다. 가장 적절한 예가 2012년의 대한 친근감의 저하일 것이다. 한일 양국만도 한일관계의 과제나 한일관계의 발전을 방해하는 것으로 영토문제나 역사문제를 들고 있다.

■ 맺는 말·자료 2 **2010년 NHK 여론조사에서의 한일관계의 과제**[61)]

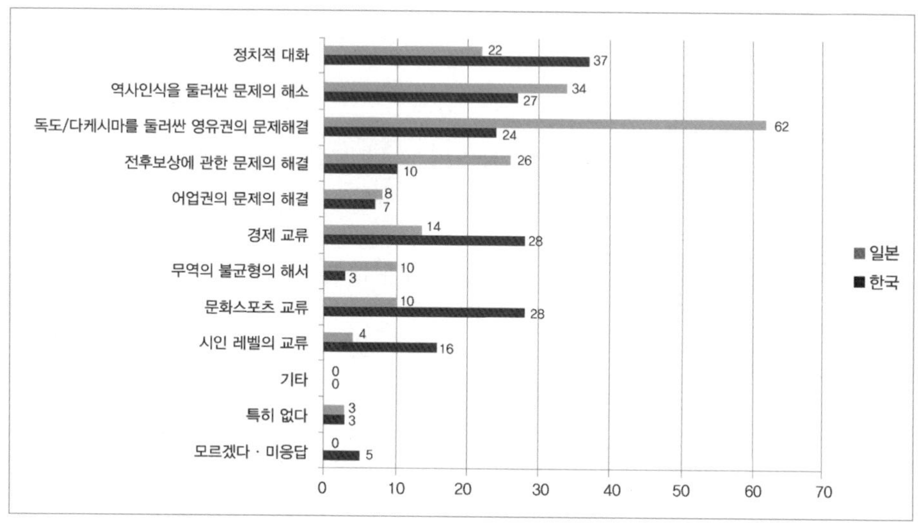

61) 고노 · 하라, 2010년. 상기 논문 2개식 회답

■ 맺는 말 · 자료 3 2015년 언론 NPO 한일 공동여론조사에서의 한일관계의 발전을 방해하는 것[62]

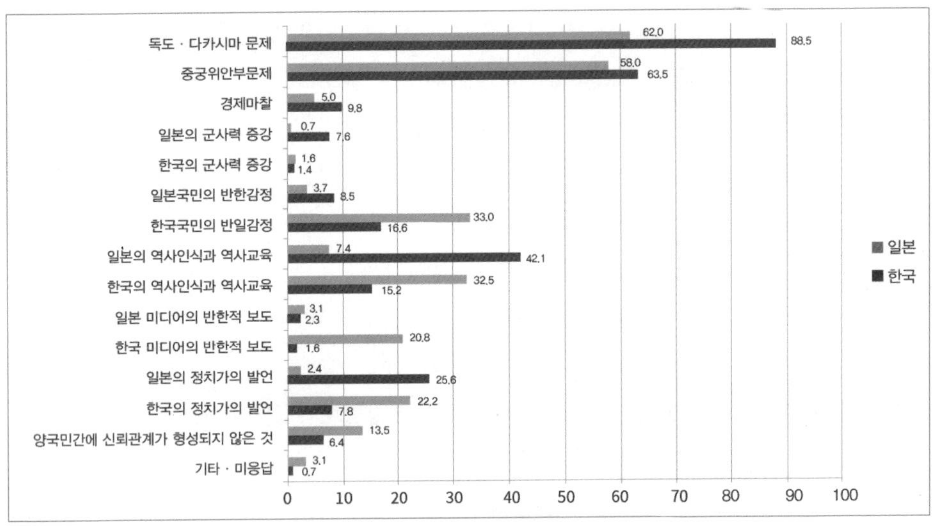

그러나 다음 점에서 문화 · 인적 분야의 교류의 진전은 일정한 성과를 거두고 있으며 반드시 한일관계의 장래에 대해 비관적일 필요는 없다고 생각할 수 있다.

■ 맺는 말 · 자료 4 현재의 한국과 일본의 관계에 대한 인식의 추이[63]

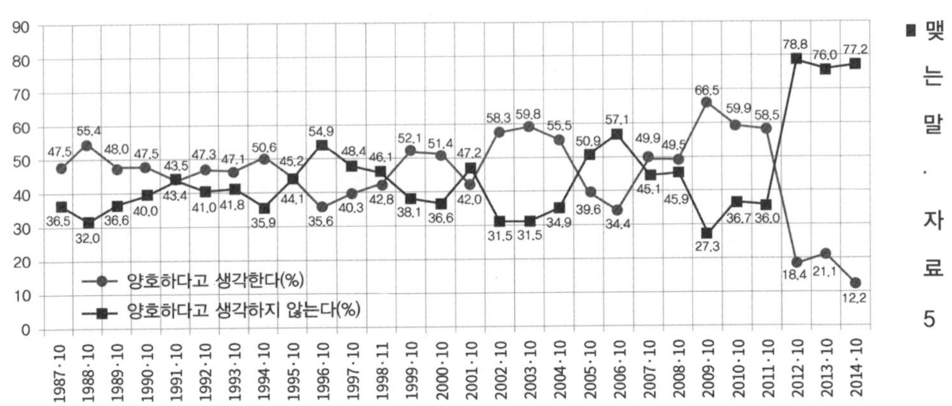

■ 맺는 말 · 자료 5

62) 특정비영리활동법인언론NPO 홈페이지 제3회 한일공동여론조사 결과 http://www.genronnpo.net/world/archives/5646.html (최종 접속: 2015년 8월 30일)

63) 일본국내각부 홈페이지 외교에 관한 여론조사 · 현재의 일본과 한국과의 관계(내각부대신 관방정부 공보실 2014년 10월) http://survey.gov-online.go.jp/h26/h26-gaiko/2-1.html (최종접속: 2015년 8월 26일)

한국에 대한 친근감과 한일관계에 대한 인식의 추이

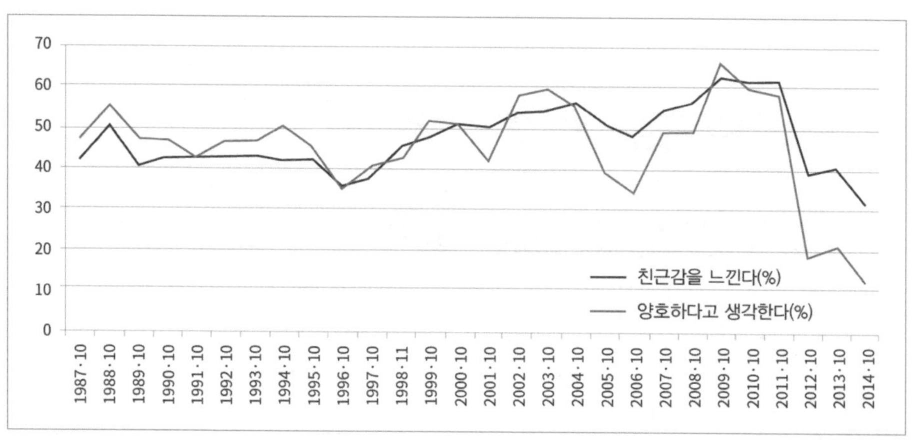

첫 번째 점은 현재의 일본과 한국과의 관계가 양호하다고 생각하는 비율의 감소에 비해 한국에 친근감을 느끼는 비율의 감소가 완만하다는 점이다. <전정상황·자료 3>과 <맺는 말·자료 4>를 같이 나란히 보면(<맺는 말 · 자료 5>), 1990년대 전반까지는 일본과 한국의 관계가 양호하다고 생각하는 사람의 비율보다도 한국에게 친근감을 느끼는 비율이 밑돌았다. 그러나 한일공동선언이 서명될 즈음에는 친근감을 느끼는 비율과 관계가 양호하다고 생각하는 비율이 거의 같게 변화하게 됐다. 그러나 2001년의 후소샤(扶桑社) 발행의 교과서 문제 및 고이즈미수상의 야스쿠니신사 참배 문제가 한일간에 정치문제화 되던 시기와 이 다케시마의 날 문제가 일어난 2005년 이후의 시기는 1990년대 중반과 비교해보면 현재의 일본과 한국과의 관계가 양호하다고 생각하는 비율의 감소에 비해 한국에 친근감을 느끼는 비율의 감소가 완만해지고 있다는 것을 알 수 있다. 이는 2012년 이후의 대한 친근감의 대폭 저하를 보이고 있는 시점에서도 동일하다.

두 번째 점은 앞서 본 것처럼 K팝이라는 문화 관계가 일본에서 한국을 향한 친근감의 저하 억제에 기여했다고 할 수 있으며 K팝 특히 한일동시활동형은 팬의 중심층을 이루는 20대에서 친근감의 감소가 소폭에 억제됐다는 것이다.

세 번째 점은 한·일 양 국민이 관계 개선을 바라고 있다는 점이다.

■ 맺는 말·자료 6 **앞으로의 한일 관계**[64)]

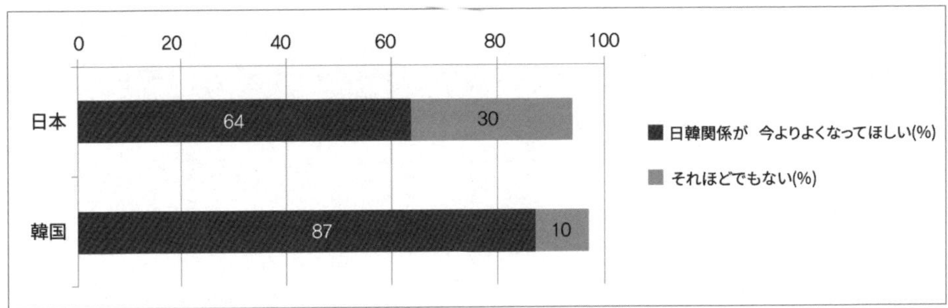

이와 같이 한일 양국민의 반수 이상이 좋은 한일관계를 바라고 있다. 이상으로부터 일본 측에서 본 한일공동선언 이후의 문화·인적분야에서의 교류는 일본에서 한국의 영화·드라마·K팝의 순으로 수용되면서 확실하게 진전해왔다고 할 수 있다. 그리고 이는 정치적 관계에서 구조적 어려움을 안고 있는 한일관계에서 일본인에 대한 친근감의 악화를 저하시키는 것에 기여했다고 평가할 수 있다.

64) 아사히신문 2015년 6월 22일 조간

참 고 문 헌

∽

書籍

ヴィクター·D. チャ『米日韓 反目を超えた提携』有斐閣、2003年

クォン．ヨンソク『「韓流」と「日流」~文化から読み解く日韓新時代』日本放送出版協会、2010年

鄭大均『韓国のイメージ——戦後日本人の隣国観　増補版』中央公論新社、2010年

『日経エンタテインメント！　K-POP★GIRLS』日経BP社、2010年

論文等

石田佐恵子「韓流ブームのさまざまな語り手たち——他者表象と越境する文化」石田佐恵子·木村幹·山中千恵編『ポスト韓流のメディア社会学』ミネルヴァ書房、2007年

李智旻「新聞に見る「ヨン様」浸透現象——呼称の定着と「オバファン」という存在」毛利嘉孝編『日式韓流——『冬のソナタ』と日韓大衆文化の現在』せりか書房、2004年

岩渕功一「韓流が「在日韓国人」と出会ったとき——トランスナショナル·メディア交通とローカル多文化政治の交錯」毛利嘉孝編『日式韓流——『冬のソナタ』と日韓大衆文化の現在』せりか書房、2004年

小此木政夫「一〇〇年目に訪れた機会——日韓の「成熟したパートナーシップ」」『外交フォーラム』2009年9月号、2009年

木宮正史「外国研究としての韓国研究」『現代韓国朝鮮研究』第4号、2004年

キム·ヒョンミ「韓国における日本大衆文化の受容と「ファン意識」の形成」毛利嘉孝編『日式韓流——『冬のソナタ』と日韓大衆文化の現在』せりか書房、2004年

倉田秀也「日本における韓国研究　　政治·国際関係」『現代韓国朝鮮研究』創刊号、2001年

倉持和雄「戦後日韓関係の変遷とその特徴」『横浜市立大学論叢人文科学系列』Vol.59 No.3、2008年

河野啓·原美和子「日韓をめぐる現在·過去·未来——日韓市民意識調査から」NHK放送文化研究所『放送研究と調査』2010年11月

酒井亨「台湾における韓流——韓流の発祥地·台湾」石田佐恵子·木村幹·山中千恵編

『ポスト韓流のメディア社会学』ミネルヴァ書房、2007年
黄盛彬「韓流の底力、その言説」石田佐恵子・木村幹・山中千恵編『ポスト韓流のメディア社会学』ミネルヴァ書房、2007年
毛利嘉孝「『冬のソナタ』と能動的ファンの文化実践」毛利嘉孝編『日式韓流――『冬のソナタ』と日韓大衆文化の現在』せりか書房、2004年
リー・ドンフー「リメイクの文化的戦略――『やまとなでしこ』と『窈窕淑女』の翻案の事例」毛利嘉孝編『日式韓流――『冬のソナタ』と日韓大衆文化の現在』せりか書房、2004年
梁仁實「もう一つの韓流――韓国映画のなかの「在日」像」石田佐恵子・木村幹・山中千恵編『ポスト韓流のメディア社会学』ミネルヴァ書房、2007年
梁旭明「アジアの方程式？　日韓テレビドラマ比較」毛利嘉孝編『日式韓流――『冬のソナタ』と日韓大衆文化の現在』せりか書房、2004年

新聞·雑誌等

朝日新聞、読売新聞、毎日新聞、日本経済新聞、日経流通新聞、キネマ旬報、日経TRENDY

제2회 학봉상

연구자부문 우수상

노동시장의 이중구조화와 청년실업

이경은[*] · 홍윤표[**]

국문 초록

본 연구에서는 청년실업의 주요 원인이 노동시장의 이중구조에 있다고 보고, 이를 검증하기 위하여 한국고용정보원의 1차~8차년도의 청년패널조사(Youth Panel) 자료를 활용하여 범주미정 교체회귀모형(switching regression model with en-dogenous switching)분석을 수행하였다. 분석 과정에서 특히 학력을 구분하여 분석함으로써 고학력화의 흐름 속에서 각각의 집단이 이중구조화된 노동시장에 직면하고 있는지에 대해 주목하였다. 또한 사후 분석을 통해 어떠한 청년들이 1차 시장 혹은 2차 시장에 진입하는지에 대해서 분석함으로써 만성적 실업을 경험할 수 있는 청년들의 조건에 대해 알아보았다.

범주미정 교체회귀모형 분석 결과, 고졸 이하의 청년들에게는 단일노동시장 모형이, 전문대학 및 4년제 대학 졸업자들에게는 이중노동시장모형이 더 높은 현실 설명력을 지니고 있는 것으로 나타났다. 분석 자료가 최초 만들어진 시기인 2007년 한국의 대학진학률이 80% 이상이었음을 상기할 때, 대학 졸업자들이 직면하고 있는 노동시장이 이중구조화되어 있다는 점은 청년실업의 주요한 원인으로 노동시장 이중구조에 주목해야 한다는 점을 시사한다. 향후 청년실업에 대한 정책을 수립함에 있어서는 미시적인 접근과 더불어 노동시장 구조에 대한 거시적 접근이 반드시 필요하다. 노동시장 이중구조에 대한 정부차원의 조치가 취해지지 않는 이상 현재 주요 청년실업 정책이라고 할 수 있는 직업교육 및 훈련뿐 아니라 청년수당제공 등 현금성 급여 또한 청년들의 문제를 해결하는 데 큰 기여를 하지 못할 것으로 보인다.

또한 범주미정 교체회귀 모형의 사후분석 결과를 살펴보면, 인적자본 요인 외에도 인구사회학적 요인, 조직규모, 직무 및 업종특성 등이 노동시장의 이중구조

* 한국지방행정연구원 부연구위원
** 수원대학교 행정학과 객원교수

를 더욱 강화시키는 것으로 나타났다. 이러한 분석결과가 시사하는 바는 인적자본의 강화만으로 노동시장의 이중구조가 통합되지는 않을 것이라는 점이다. 따라서 노동시장의 이중구조를 해소하기 위해서는 개인의 인적자본을 향상시키는 노력 외에 사회적 차별을 제재할 수 있는 공식적·비공식적 방안의 마련, 열악한 업종과 직종의 고용조건에 대한 개선방안 마련 등의 정책적 노력이 필요하다.

I. 서 론

1997년 외환위기 이전 6% 미만에 머물렀던 청년실업률은 외환위기 직후인 1998년 12.2%까지 치솟았다. 2002년까지 그 수치는 점차 개선되는 듯 보였으나, 2003년부터 상황은 다시 악화되었고, 2016년 6월 기준 청년실업률은 10.3%로 외환위기 이후 최고치를 기록하였다.[1] 1998년 7%에 달했던 전체 실업률이 2016년 6월 기준 3.6%까지 개선된 것에 비교했을 때, 그 문제의 심각성의 정도를 가늠해 볼 수 있다.

청년실업의 심각성이 크게 부각되면서, 청년실업은 주요한 정책이슈로 떠오르게 되었다. 이에 따라 중앙정부 및 지방정부는 청년실업률을 낮추기 위한 다양한 정책적 시도들을 시행하였다. 김대중 정부 이래 그 동안 청년실업 해소를 목적으로 수행되어온 정책들은 주로 미취업 청년층에 대한 노동 기회의 제공 및 교육·훈련에 그 초점을 맞추고 있다(김영재 · 정상완, 2013). 이러한 정책의 저변에는 청년실업을 개인적·미시적 차원의 문제로 보는 시각이 깔려있다. 이는 취업경험이나 교육수준이 취업 및 임금격차의 근본적인 원인이라고 보는 신고전학파의 인적자본론(Becker, 1964)의 논지와 일맥상통한다. 인적자본론에 의하면 노동시장에서의 일시적인 공급·수요 불일치로 인해 실업이 발생할 수 있으나, 이는 임금조정 등을 통해 해소될 수 있는 현상으로, 장기적인 비자발적 실업은 존재하지 않는다(금재호, 2005). 그러나 지난 20년 동안 인적자본론에 근거한 정부의 정책들이 지속적으로 시행되었음에도 불구하고 청년실업률은 점차 높아져가고 있음을 볼 때, 지금까지의 정책적 노력이 과연 실질적으로 효과를 내었는가에 대해서는 회의적인 입장을 가질 수밖에 없다.[2]

1) 통계청(2016).「경제활동인구조사」

장기적인 실업이 고착화되고, 노동시장에서의 고임금 직종의 임금 수준도 낮아지지 않고 있는 현실은 인적자본론으로 노동시장을 설명하는 데 있어 한계가 있음을 보여준다. Doeringer와 Piore(1971)의 노동시장 이중구조론(dual labor market theory)은 바로 이러한 한계를 지적하면서 나온 이론이다. 이중구조론은 인적자본론과는 달리 실업에 대해 구조적이고 거시적인 차원에서 바라보는 이론이다. 이 이론에 따르면 노동시장이 상대적으로 양호한 근무조건을 가진 1차 직종과 열악한 근무조건을 가진 2차 직종으로 분리되어 있는 경우 실업은 장기화되는 경향을 보인다. 노동시장이 이중구조화되어 있는 경우, 일단 2차 노동시장에 진입하게 되면 1차 노동시장으로 이동할 수 있는 기회가 제약된다. 이로 인해 노동시장에 진입하고자 하는 사람들에게는 1차 노동시장에 진입하고자 하는 유인이 커지게 된다. 그러나 1차 노동시장의 진입은 할당(ration) 메커니즘에 의해 이루어지기 때문에 이들이 1차 노동시장에 진입하기 위해 벌이는 구직기간이 길어지게 되며, 결국 실업은 장기화되는 경향을 보이게 된다. 여기서 또 한 가지 주목해야 할 점은 이중구조화된 노동시장에서는 인적자본의 축적이 오히려 실업, 특히 청년실업의 원인이 될 수 있다는 점이다. 1차 노동시장에 취업 가능한 높은 인적자본을 가진 청년들이 1차 노동시장에 진입하지 못한 채, 비자발적인 실업상태에 빠질 수 있기 때문이다. 이들이 2차 노동시장에 진입한 경우에도, 그에 만족하지 못하고 1차 노동시장에 진입하고자 할 경우, 또 다시 실업자가 양산될 가능성도 높다.

본 연구는 현재 우리나라의 청년실업이 노동시장의 수요·공급의 문제일 뿐만 아니라, 노동시장의 구조적이고 체계적인 문제라고 보고 이를 실증연구를 통해 살펴보고자 한다. 먼저 청년실업의 현황을 통계청의 자료를 통해 살펴본 후 노동시장의 분절구조에 대한 이론적 논의와 선행연구들을 살펴본다. 다음으로, 실제 청년들에게 있어 노동시장이 이중구조를 보이고 있는지에 대하여 범주미정 교체회귀모형(switching regression model with endogenous switching)의 방법론을 사용하여

2) 정부 스스로도 그간 정부에서 시행한 청년실업정책의 실패를 자인하고, 미시적 차원이 아닌 거시적 차원에서의 정부 대책을 마련하고자 고심하고 있다. 최근 이기권 고용노동부 장관은 한 간담회에서 "'15년 기준 전 부처의 청년 고용 관련 사업 예산이 1조 4천억 원에 달하고, 지난 10여 년 간 스무 번도 넘는 청년고용대책을 발표했지만, 성과도 불명확하고, 청년의 체감도도 낮은 실정"이라고 그간의 청년실업정책을 평가하였으며, "노동시장 구조개선은 청년에게 일자리 희망을 주기 위해 기성세대가 꼭 해결해야할 책무"라고 역설한 바 있다(고용노동부, 2015). 그러나 그 구체적인 정책 및 MOU 내용을 살펴보면, 여전히 청년실업의 문제를 미시적으로 접근하고 있음을 확인할 수 있다.

탐색하고자 한다. 특히 전체적으로 고학력화의 흐름 속에서 고졸, 전문대졸, 그리고 4년제 대학 이상 졸업자를 구분하여 각각의 집단이 이중구조화된 노동시장에 직면하고 있는지를 실증적으로 분석한다. 이를 위해 본 연구에서는 한국고용정보원이 제공하는 청년패널조사(Youth Panel)의 1차년도~8차년도 자료를 활용하였다. 또한, 범주미정 교체회귀모형을 통해 도출된 교체방정식의 분석을 통해 어떤 조건의 청년들이 1차 노동시장과 2차 노동시장에 포함되는지를 살펴본다. 분절적인 노동시장이 경직적이라면, 상대적으로 열악한 2차 노동시장에 있는 청년들은 조건이 좋은 1차 노동시장에 있는 청년들에 비해 청년실업에 빠질 수 있는 바, 2차 노동시장에 포함되는 청년들의 특징을 사후적인 분석을 통해서 추가로 살펴보도록 한다. 마지막으로, 연구결과를 정리하고, 분절적인 노동시장의 구조 하에서 청년실업을 줄이기 위한 정책적인 제안을 하고자 한다.

Ⅱ. 청년실업 현황

1. 청년의 경제활동 참여 현황

통계청의 자료에 따르면, 청년층(15-29세)의 총인구 규모는 2000년부터 2015년까지 지속적으로 줄어들어 2015년 기준으로 약 9,486천명으로 집계되었다. 이는 2000년과 비교해 1,757천명(약 16.6% 감소)이 감소한 수치이다(<표 1> 참조). 같은 기간 청년층의 경제활동인구 규모는 2000년 대비 81.7%, 비경제활동인구는 86.8%로 축소되었다. 청년층의 총인구 규모의 감소가 급속한 고령화 현상의 단면을 보여준다는 점에서 문제가 될 수 있다. 이와 더불어 청년층의 비경제활동인구 규모에 비해 경제활동인구 규모가 더 크게 감소해 왔다는 사실은 경제활동에 참여하는 것 자체를 포기하는 청년의 비율이 더 높아지고 있는 현상을 나타낸다는 점에서 또 하나의 국가적 문제라고 볼 수 있다. 또한 경제활동인구 중에서도 실업자는 33천명이 줄어든 반면, 취업자는 940천명이 줄어들어 그 감소 규모에 있어 약 28배의 차이를 보이고 있다. 이러한 변동은 청년층의 경제활동참여율, 실업률, 고용률을 통해서도 확인 가능하다. 먼저 2000년 대비 2015년 청년층의 경제활동 참여율은 6.2%p 감소한 51.6%를 기록하였으며, 고용률은 5.9%p 감소한 46.2%, 실업률은 0.6%p 증가한 10.5%로 나타났다.

이러한 통계수치의 변화는 15세 이상 전체 노동시장에서의 변화와 대조적이다. 전체 노동시장에서의 경제활동참여율은 2000년 대비 1.4%p, 고용률은 1.8%p 증가하였으며, 실업률은 0.8%p 감소한 것을 확인할 수 있기 때문이다. 이는 그 사이 30세 이상에서 노동시장에 크게 진출한 반면, 30세 미만의 청년층의 노동시장 진출은 지속적으로 좌절되어왔음을 보여준다. 청년의 실업률이 2000년 대비 0.6%p 증가했다는 사실 그 자체보다, 청년의 경제활동참여율이 6.2%p 감소한 상태에서 실업률이 0.6% 증가하고, 고용률은 5.9% 감소했다는 사실이 청년실업 문제의 심각성을 한층 더 잘 보여준다.

15－29세 청년층을 연령대별로 나누어 보면, 15－19세, 20－24세의 경제활동참가율은 2000년 대비 각각 3.2%p, 6.1%p 감소한 반면, 25－29세의 경제활동참가율은 4.8%p 증가하였다. 또한 15－19세, 20－24세의 고용률은 각각 2.4%p, 5.9%p 감소한 반면, 25－29세의 고용률은 2.9%p 증가하였다. 한편, 20－24세, 25－29세의 실업률은 증가하였으나, 15－19세의 실업률은 하락하였다. 일견 15－19세의 실업률이 하락하고 고용률이 상승한 것에 대해 해당 연령대의 청년들의 취업난이 해소되고 있는 것처럼 보이나, 이 연령대의 경제활동참가율 자체가 3.2% 감소하였고, 경제활동인구 규모 자체가 2000년 대비 60.4%에 불과하다는 점을 고려했을 때, 섣부른 판단을 내릴 수 없는 상황이다. 이러한 수치의 변동을 보았을 때, 우리나라 청년층 중 25－29세의 경제활동이 상대적으로 활발해지고, 24세 이하의 청년들의 경제활동은 크게 위축되어가고 있는 것처럼 볼 수 있는데, 이는 25세 이상의 청년들의 경제참여가 활발해진다고 해석하기보다는 청년의 노동시장진입 연령이 전반적으로 높아지고 있는 현상을 나타내는 것으로 해석하는 것이 타당하다.

표 1 청년층(15–29세)의 경제활동참여 현황(2000–2015년)

연령 구분	년도	총인구 (천명)	경제활동인구(천명)			비경제 활동인구 (천명)	경제활동 참가율 (%)	실업률 (%)	고용률 (%)
				취업자	실업자				
15세 이상 전체	2000	36,186	22,134	21,156	979	14,052	61.2	4.4	58.5
	2005	38,300	23,743	22,856	887	14,557	62.0	3.7	59.7

	2010	40,590	24,748	23,829	920	15,841	61.0	3.7	58.7
	2015	43,017	26,913	25,936	976	16,105	62.6	3.6	60.3
	증감분1)	△6,831	△4,779	△4,780	▼3	△2,053	△1.4	▼0.8	△1.8
15-29세	2000	11,243	5,308	4,879	430	5,934	57.7	9.9	52.0
	2005	9,921	4,837	4,450	387	5,083	57.2	9.9	51.6
	2010	9,706	4,254	3,914	340	5,452	48.9	9.4	44.3
	2015	9,486	4,336	3,939	397	5,152	51.6	10.5	46.2
	증감분1)	▼1,757	▼972	▼940	▼33	▼782	▼6.2	△0.6	▼5.9
15-19세	2000	3,769	454	389	66	3,314	12.0	14.5	10.3
	2005	3,046	278	243	35	2,768	9.1	12.5	8.0
	2010	3,337	232	204	28	3,105	6.9	11.9	6.1
	2015	3,112	274	245	29	2,839	8.8	10.6	7.9
	증감분1)	▼657	▼180	▼144	▼37	▼475	▼3.2	▼3.9	▼2.4
20-24세	2000	3,192	1,843	1,660	183	1,348	57.7	9.9	52.0
	2005	3,068	1,756	1,583	173	1,311	57.2	9.9	51.6
	2010	2,644	1,293	1,171	122	1,351	48.9	9.5	44.3
	2015	3,081	1,589	1,422	167	1,492	51.6	10.5	46.1
	증감분1)	▼111	▼254	▼238	▼16	△144	▼6.1	△0.6	▼5.9
25-29세	2000	4,282	3,011	2,830	181	1,272	70.3	6.0	66.1
	2005	3,807	2,803	2,624	179	1,004	73.6	6.4	68.9
	2010	3,725	2,729	2,539	190	996	73.3	7.0	68.2
	2015	3,293	2,473	2,272	201	821	75.1	8.1	69.0
	증감분1)	▼989	▼538	▼558	△20	▼451	△4.8	△2.1	△2.9

자료: 통계청. 경제활동인구조사. 각 년도.

주: 1) 2000년 대비 2015년 수치의 변동 량

2. 전체 고용현황 대비 청년 고용현황 비교

<표 2>는 2014년 3분기를 기준으로 하여 OECD 주요 국가들의 15세 이상 전체 인구의 고용률 및 실업률과 청년층(15－24세)의 고용률 및 실업률을 나타낸 것이다. 표에서 알 수 있듯이 OECD 국가들의 평균적인 청년고용율은 39.64%이며 전체고용률의 60%의 수치를 보이고 있음에 비해 한국의 청년고용율은 26.17%로 전체고용률의 40%에 지나지 않는 반면, OECD 국가들의 평균적인 청년실업률은 13.88%로 한국의 청년실업률(10.52%)보다 높으나, 전체실업률과 청년실업률을 비교했을 때, OECD 평균은 1.89배에 지나지 않으나, 한국의 경우에는 3배 이상 차이가 난다는 사실을 확인할 수 있다.[3] 한편, OECD 자료의 경우 15－24세의 인구를 청년층으로 정의하고 있어, 한국의 징병제도 및 교육제도로 인해 이러한 차이가 발생했다는 주장이 제기될 수 있다. 그러나 여성과 남성 모두에 대해 징병제를 실시하는 이스라엘의 경우, 청년고용률이 전체고용률의 66%, 청년실업률이 전체실업률의 1.49배이며, 한국과 제도적·문화적으로 유사성이 높아 흔히 비교되는 일본의 경우에도 청년고용률이 전체고용률의 56%, 청년실업률이 전체실업률의 1.56배라는 점에서 한국의 청년고용 및 실업의 심각성을 확인할 수 있다.

표 2 OECD 주요 국가 청년층(15-24세)의 고용률 및 실업률(2014년 3분기 기준)

국가	전체고용률 (A)	청년고용률 (B)	비율 (B/A)	전체실업률 (C)	청년실업률 (D)	비율 (D/C)
호주	71.56%	57.52%	0.80	6.17%	13.13%	2.13
캐나다	72.20%	55.63%	0.77	7.00%	13.18%	1.88
덴마크	73.19%	54.59%	0.75	6.42%	10.85%	1.69
프랑스	63.60%	27.81%	0.44	10.39%	24.68%	2.38
독일	73.97%	46.38%	0.63	5.04%	7.25%	1.44
일본	72.78%	40.53%	0.56	3.57%	5.58%	1.56
한국	65.46%	26.17%	0.40	3.47%	10.52%	3.03

3) 청년층은 다른 연령대에 비해 적극적인 구직활동을 하며, 이로 인해 청년층의 실업률이 상대적으로 높아지는 현상은 자연스러운 것이라는 주장도 제시된 바 있으나(남재량, 2006), <표 2>에서 확인할 수 있는 바, 우리나라의 청년실업은 다른 국가들에 비해서도 그 정도가 심각하다.

네덜란드	73.14%	58.73%	0.80	7.31%	11.25%	1.54
노르웨이	75.09%	49.57%	0.66	3.65%	9.88%	2.71
스웨덴	75.17%	43.36%	0.58	7.94%	20.33%	2.56
이스라엘	67.80%	44.61%	0.66	6.19%	9.24%	1.49
미국	68.21%	47.46%	0.70	6.13%	11.60%	1.89
OECD 평균	65.69%	39.64%	0.60	7.33%	13.88%	1.89

자료: OECD(2015). Labour market statistics.

3. 청년층(대졸자)의 졸업평균소요기간, 첫취업평균소요기간 및 평균근속기간

통계청 자료에 따르면(<표 3> 참조), 전문대학 및 4년제 대학을 졸업한 청년층이 대학에 입학하여 졸업하는 데까지 걸리는 평균소요기간은 증가하고 있음을 확인할 수 있다. 첫취업평균소요기간이 크게 변화가 없다는 점을 감안하면, 청년층이 대학에 입학한 후 처음으로 취업을 할 때까지의 기간은 2007년 57개월에서 2016년 62개월로 약 5개월이 증가한 것이다. 또한 2016년 첫일자리평균근속기간은 2007년 대비 2개월이 감소한 19개월로 나타났으며, 첫일자리를 그만둔 경우, 주된 이직사유는 '근로여건 불만족'(48.6%)으로 조사되었다(통계청, 2016). 이러한 자료들을 종합했을 때, 한국의 대졸자들은 노동시장에 진출하기까지 더 긴 시간을 투입하고 있으나, 그 시간적 투자가 첫일자리를 얻는데까지 걸리는 시간 단축 또는 만족스러운 일자리 획득 등 긍정적인 결과로 이어지고 있지 않음을 알 수 있다.

표 3 청년층(대졸자)의 졸업평균소요기간, 첫취업평균소요기간 및 평균근속기간 (2007-2016년)

년도	졸업평균소요기간 (개월)	첫취업평균소요기간 (개월)	첫일자리평균근속기간 (개월)
2007. 05	46	11	21
2008. 05	48	11	20
2009. 05	48	11	20

2010. 05	48	10	19
2011. 05	49	11	20
2012. 05	49	11	19
2013. 05	49	11	19
2014. 05	49	12	19
2015. 05	50	11	18
2016. 05	51	11	19

자료: 통계청. 경제활동인구조사-청년층 부가조사. 각 년도.

주: 대졸자는 전문대학 및 4년제 대학을 졸업한 사람을 의미함.

4. 청년층의 비정규직 규모 및 비중

<표 4>는 연령대별로 비정규직 규모 및 취업자 대비 비정규직 비율을 나타낸 것이다. 표에서 확인할 수 있는 바와 같이 30-49세의 비정규직 비율은 2005년 대비 지속적으로 감소하여 2015년에는 취업자 대비 18.6%에 그친 반면, 15-29세의 청년층 및 50세 이상의 고령층의 비정규직 비율은 2005년 대비 각각 1.6%p, 5.2%p 상승했으며, 취업자 대비 각각 33.2%, 27.6%가 비정규직이라는 것을 확인할 수 있다. 취업자 규모의 증감 효과와 비정규직 증감 효과를 비교했을 때, 30-49세의 취업자 규모는 0.7% 감소함에 비해 비정규직은 16% 감소한 반면, 15-29세의 취업자 규모는 11.5%감소함에 비해 비정규직은 6.9% 감소하였다. 한편 50세 이상의 취업자 규모는 61.5% 증가하였으며, 비정규직 규모는 98.5% 증가하였다. 이러한 수치를 통해 확인할 수 있는 바는 고용형태에 의한 고용불안정성이 중연령층에 비해 저연령층과 고연령층에서 확대되고 있다는 점이다.[4)]

4) 비록 비정규직의 불안정성이 사회경제적 맥락에 따라 달라질 수 있다는 점을 고려해야 한다고 하더라도(Hausermann and Schwander, 2009), 한국 사회에서 비정규직이 고용불안정성을 증가시키는 주요 요인이라는 점에 대해서는 큰 이견이 있다고 보기 어렵다.

▮표 4 연령대별 비정규직 규모 및 비중(2005-2015년)

연령대	2005			2010			2015		
	총 취업자(천명)		비정규직 비율	총 취업자(천명)		비정규직 비율	총 취업자(천명)		비정규직 비율
		비정규직			비정규직			비정규직	
15 - 29세	4,450	1,406	31.6%	3,914	1,217	31.1%	3,938	1,309	33.2%
30 - 49세	12,427	2,735	22.0%	12,386	2,462	19.9%	12,344	2,297	18.6%
50세 이상	5,980	1,343	22.5%	7,529	2,006	26.6%	9,655	2,666	27.6%

자료: 통계청. 경제활동인구조사. 각 년도.

5. 학력별 졸업자 취업 현황

<표 5>은 학력별 졸업자의 취업 현황을 나타낸 것이다. 이 자료에서는 학력별 졸업자 수의 변화, 그리고 학력별 졸업자 대비 취업자의 구성비에 주목할 필요가 있다.

학력별 졸업자의 수를 살펴보면, 전문계고(특성화고) 및 전문대학 졸업자 수는 지속적으로 줄어듦에 비해 대학교 및 대학원 졸업자 수는 지속적으로 증하하고 있음을 알 수 있다. 이는 우리나라 청년층이 점점 더 고학력화 되고 있는 현상을 보여준다. 한편 학력별 졸업자 대비 취업자 구성비를 살펴보면, 2015년을 기준으로 전문계고(특성화고) 졸업자 중 46.3%, 전문대학 졸업자 53.4%, 대학교 졸업자 중 45.6%, 대학원 졸업자 중 59.3%가 취업을 하였음을 알 수 있다. 2010년을 기준으로 했을 때, 이러한 수치는 전문계고(특성화고) 및 전문대학의 졸업자의 취업률은 개선되었으나, 대학교와 대학원 졸업자의 취업률은 악화되었음을 나타낸다. 이는 청년층의 인적자본에 대한 투자가 노동시장 진출로 이어지고 있지 않고 있음을 보여준다.

▮표 5 학력별 졸업자 취업 현황(2000-2015년)

연도	2000		2005		2010		2015	
	인원(명)	비중(%)	인원(명)	비중(%)	인원(명)	비중(%)	인원(명)	비중(%)
전문계고(특성화고)								
졸업자	291,047	100.0	170,259	100.0	156,069	100.0	100,941	100.0
취업자	149,543	51.4	47,227	27.7	29,916	19.2	46,760	46.3
전문대학								
졸업자	223,489	100.0	228,763	100.0	190,033	100.0	182,424	100.0
취업자	159,960	71.6	177,919	77.8	97,717	51.4	97,468	53.4
대학교								
졸업자	214,498	100.0	268,833	100.0	279,603	100.0	322,413	100.0
취업자	104,371	48.7	154,542	57.5	129,009	46.1	147,059	45.6
대학원								
졸업자	53,379	100.0	77,041	100.0	87,870	100.0	94,741	100.0
취업자	39,108	73.3	60,280	78.2	63,130	71.8	56,157	59.3

자료: 교육부·한국교육개발원. 교육통계연보. 각 년도.

주: 본 자료에서 취업자는 순수 취업자(진학자, 입대자 제외)를 의미함.

Ⅲ. 이론적 논의

Doeringer와 Piore(1971)가 노동시장의 이중구조에 주목하게 된 것은 기업 외부 노동시장(external labor market)과 독립적으로 운영되는 기업 내부노동시장(internal labor market)의 존재를 인식하면서부터이다(황수경, 2003). 근로자에게 상대적으로 고임금을 지급하고, 근로자들을 자기개발의 기회를 제공하는 기업에게는 기존의 근로자들을 유지하고자 하는 유인이 크다. 이미 근로자의 채용과 훈련에 투자한 비용 및 신규 근로자를 채용했을 때 새롭게 지출해야 하는 비용, 기업 내 빈 일자리(vacancy)가 발생함으로 인해 지출해야 하는 비용 등이 기업의 큰 손실로 이어지기 때문이다(Salop, 1979; Weitzman, 1989). 이로 인해 기업은 외부 노동시장에서 해당 기업으로 진입하고자 하는 인력이 초과 공급된다고 할지라도, 임금 수준을 낮추는 등의 조치를 통해 더 많은 근로자를 채용하기보다는 기존의 근로자들을 유지하려 데 노력을 기울이게 된다. 더 나아가 고임금을 지급하는 것은 업무규율(discipline)에 의한 통제 효과를 높여 근무 태만을 방지함과 동시에 근로자의 충성심을 높이므로(Calvo, 1979; Bulow and Summers, 1996), 결과적으로 근로자의 생산성을 높이게 된다(Solow, 1979). 이는 기업이 고임금 수준을 유지하게 되는 또 다른 유인으로 작용한다.

이러한 내부노동시장의 존재는 이중화된 노동시장을 암시한다(Osterman, 1975). 상대적으로 높은 임금과 양호한 고용환경을 가진 내부노동시장이 외부노동시장과는 독립적인 논리에 의해 운영됨으로 인해 외부노동시장의 노동자는 동일한 인적자본을 보유하고 있다고 하더라도, 내부노동시장의 논리가 적용되는 1차 노동시장으로 진입하는 데 제약을 받게 된다. 결국 1차 노동시장에 진입하는데 실패한 외부노동시장의 근로자들은 상대적으로 낮은 임금과 불량한 고용환경으로 특징지어지는 2차 노동시장으로 진입하거나 노동시장으로의 진입을 유예 혹은 포기하게 되는 것이다.

위에서 설명한 내부노동시장의 논리가 기업의 입장에서는 합리적이라고 할지라도, 거시적 관점에서 이러한 논리는 비자발적 실업의 가장 주요한 원인으로 지적되어 왔다(Shapiro and Stiglitz, 1984; McDonald and Solow, 1985). 또한 외부노동시장에 속해 있는 생산가능 인력이 내부노동시장의 논리에 의해 1차 노동시장으로의 진입에 실패하고, 2차 노동시장의 열악한 고용 조건으로 인해 2차 노동시장으로의 진입을 포기하게 된다면, 내부노동시장의 존재를 비자발적 실업과 더불어 자발적 실업을 설명하는 원인이라고 볼 수 있을 것이다. 1차 노동시장에서 기업과 내부자의 지위에 있는 근로자들의 이해가 중시됨에 따라 외부자의 이해는 반영될 여지가 없어지고, 결과적으로 이들 중 일부는 실업 상태에 남게 된다.

한편, 이러한 내부-외부노동시장 이론과 이중구조화된 노동시장 이론은 성, 연령, 인종 등 다양한 요인에 의한 차별이론과 함께 논해진다(Bergmann, 1974; Rumberger and Canoy, 1980). 1차 노동시장의 노동자와 비교하여, 성, 연령, 인종 등에서 소수자의 지위에 있는 노동자들이 (그들과 동일한 정도의 인적자본을 보유하고 있다고 하더라도) 2차 노동시장으로 진입하거나 노동시장으로의 진입 자체를 포기하는 현상이 목격되어 왔기 때문이다(Bergmann, 1974; Rumberger and Canoy, 1980). 성별 또는 인종에 대한 사회적 차별이 노동시장의 이중구조와 결합하여 작동하는 경우, 소수 인종 또는 여성들이 백인 남성 중심의 1차 노동시장으로 진입하기가 어려워지고, 소수자들의 2차 노동시장으로 과도하게 몰리는 초과공급현상으로 인해 2차 노동시장 내 임금 수준이 (이중구조가 없는 경우보다) 더 하락하게 된다는 Bergmann(1974)의 연구가 차별과 노동시장의 이중구조를 결합하여 설명한 대표적인 예라고 할 수 있다.

이 논문에서 주목하고자 하는 것은 청년들이 직면하고 있는 노동시장의 이중구조이다. 외환위기 이후 경기부양책은 일정정도 성공을 거두었으며, 청년층의 취업률을 높이기 위한 정부의 정책도 지속적으로 수행되어 왔다. 이와 더불어 청년들은 끊임없이 개별적인 인적자본을 증대하기 위한 노력을 기울여왔다. 그럼에도 불구하고 이러한 일련의 노력들이 실효를 거두지 못한 원인에 대해 본 연구는 그 동안 청년실업을 논함에 있어 노동시장의 이중구조, 그리고 이에 대응한 청년들의 행태를 고려하지 못했기 때문이라고 본다.

숙련된 기술과 직장 경험이 부족하다는 것은 청년층의 보편적 특징이라고 할 수 있다. 그러나 이러한 결함을 보완한다고 하더라도, 이들이 바로 1차 노동시장으로 진입할 수 있다고 보는 데는 무리가 있다. 앞서 지적하였듯이 1차 노동시장 내 기업의 입장에서는 내부노동시장 논리에 따라 기존 근로자들을 유지하고자 하는 합리적인 이유를 가지고 있기 때문이다. 그렇다면 1차 노동시장에 진입하는 데 실패한 청년들에게는 크게 세 가지 선택이 가능하다.

첫째, 실업상태에 머무르며, 1차 노동시장에 진입하기 위한 구직활동을 지속하는 것이다. 그러나 노동시장의 이중구조가 존재하는 상황에서 첫 번째 선택지는 해당 청년의 실업상태를 고착화할 가능성이 높다. 왜냐하면 연령이 높아질수록 신규 취업에 성공할 확률이 더 낮아지는 현상이 중첩적으로 작용하기 때문이다.

둘째, 2차 노동시장에 진입하는 것이다. 2차 노동시장에 진입한 청년들은 전체적인 청년실업률을 낮추는 데 일조하게 될 것이다. 다만, 2차 노동시장에 진입한 청년들이 1차 노동시장에 진입한 청년들과 인적자본에 있어 크게 차이가 없다고 느끼는 경우, 이들은 2차 노동시장의 열악한 근로조건에 만족하지 못하고 1차 노동시장에 진입하기 위해 현재의 일자리를 포기할 가능성이 높다. 그러나 일단 2차 노동시장에 진입한 청년들은 일종의 사회적 낙인 효과로 1차 노동시장으로 진입할 가능성이 낮으므로(송호근, 2002), 이들은 또 다른 형태의 실업을 경험할 수 있다.

셋째, 경제활동에 참가하기를 유예하거나 포기하는 것이다. 1차 노동시장에의 진입이 장기간 좌절되고, 2차 노동시장으로의 진입에 대한 기회비용이 크다고 판단되는 경우, 청년들은 경제활동에 참여하는 시기를 유예하거나 경제활동 자체를 포기하게 된다. 이 중 경제활동 참가시기를 유예하는 청년들이 취하는 주요 전략 중 하나는 학력을 높이는 등 인적자본에 대한 추가적인 투자를 하는 것이다. 그러나 앞서 지적한 바와 같이 노동시장의 이중구조가 존재하는 한 이러한 투자가 1차 노동시장 진입이라는 결과로 이어질 지는 미지수이다. 이들이 인적자본 투자에 추가적인 시간을 투입하게 되는 경우, 인적자본 축적에 의한 취업성공가능성과 연령효과로 인한 실패가능성이 동시에 높아지게 되기 때문이다. 청년들이 노동시장 구조로 인해 취업을 유예하거나 포기하게 되는 경우, 청년실업률 자체는 낮아질 수 있으나, 중장기적으로 사회적인 비용은 크게 증가하게 될 것이라고 예상된다.

노동시장의 이중구조에 통상적인 사회적 불평등 구조까지 더해지는 경우에 청년실업의 문제는 더욱 심각해진다. 노동시장 이중구조 이론에 따르면, 내부노동시장의 존재와 노동시장의 이중구조화는 사회 내에 빈곤과 불평등을 고착화시키는 주요 원인이다(이정우, 2011). 이미 사회적으로 불평등한 지위에 있는 청년들은 그렇지 않은 청년들에 비해 2차 노동시장에 진입하거나 취업을 포기할 위험에 더 많이 노출되며, 그러한 지위를 가진 청년들이 일단 2차 노동시장에 진입하게 되면, 이로부터 벗어날 수 있는 기회가 제약되어 사회적 불평등 구조가 강화되기 때문이다. 이 경우 사회적으로 취약계층이라고 할 수 있는 청년들이 불평등의 굴레에서 벗어나기란 불가능에 가깝다.

이러한 이론적 논의 하에 본 연구는 현재 우리나라의 청년실업의 주요 원인이 우리나라 노동시장의 이중구조에 의해 발생하고 있다고 보고 이를 실증적으로 분석한다. 이 과정에서 사회적 불평등을 초래하는 주요 원인들이 이중구조와 관련하여 청년실업에 어떠한 영향을 미치고 있는지에 대해서도 분석하게 될 것이다. 노동시장의 이중구조 하에서 실업으로 고통 받는 청년들이 증가하게 되면, 일차적으로 이들의 부모 세대의 노후 대비에 지장을 주어 결과적으로 사회적인 비용이 급증하게 될 것이다. 더 나아가 현재의 청년세대가 장년 및 노년층으로 편입되는 경우, 이러한 상황을 더욱 악화될 것이며, 극심한 양극화로 인해 사회적 불안이 가중될 것이다. 따라서 본 연구를 통해 청년들에게 있어 노동시장의 이중구조가 나타나는 경우, 향후 정부의 청년실업 정책 수립에 있어 중요한 시사점을 제공할 수 있을 것으로 기대된다.

Ⅳ. 연구문제 및 연구설계

1. 연구문제와 연구가설

본 연구는 청년실업의 주요 원인이 우리나라 노동시장의 이중구조에 있으며, 청년들이 이러한 노동시장의 이중구조에서 열악한 시장에 포함됨으로써 양극화와 분절화 등 사회적 불평등이 심화될 수 있음을 실증적으로 분석해보고자 한다.

이를 위해 첫째로 노동시장에 취업자로 나서는 청년들이 실제로 부딪히게 되는 시장이 이중구조, 즉 양질의 노동시장과 열악한 노동시장으로 나뉘어져있는지, 혹은 그렇지 않은지에 대하여 범주미정 교체회귀모형(switching regression model with endogenous switching)을 통한 실증 분석을 시도한다. 결론적으로 노동시장이 이중구조를 띄고 있는지에 대한 실증적인 검증은 '노동시장을 어떻게 구분할 것인가?'의 문제이며(금재호, 2005) 기존의 다양한 연구들은 임금수준을 바탕으로 노동시장의 질을 구분하는 방법을 취하고 있다. 본 연구에서는 노동시장에 참가하는 청년들이 정규직에 속하는지, 혹은 비정규직에 속하는지에 따라 임금을 결정하는 임금결정방정식이 다르게 추정될 것이라는 가설을 통해 청년들이 다른 노동시장에 직면하고 있음을 보이고자 한다. 특히 학력별로 이러한 현상이 다르게 나타날 수 있음을 고려하여 1) 고졸 이하의 학력, 2) 전문대졸의 학력, 3) 4년제 대학 졸업 이상의 학력을 가지고 있는 청년을 구분하여 분석하도록 한다.

다음으로, 청년들이 양질의 노동시장(1차 노동시장)에 포함되는지 혹은 2차, 즉 열악한 노동시장에 포함되는지를 구분하는 요인들을 탐색하고자 한다. 노동시장의 임금을 결정하는 요인을 크게 성별이나 혼인상태, 연령 등의 개인적인 요인, 교육정도나 근속한 기간 등의 인적자본요인, 근무하고 있는 직종이나 산업분야 등 기업의 특성 요인을 복합적으로 고려하여 어떤 조건의 청년이 상대적으로 열악한 노동시장에 포함되는지를 살펴보도록 한다.

2. 데이터와 변수

본 연구는 한국고용정보원이 제공하는 청년패널조사(Youth Panel)을 활용하여 청년이 직면하고 있는 노동시장의 이중구조의 존재여부와 어떠한 청년들이 각각의 노동시장에 포함되는지 분석하고자 한다. 청년패널조사는 청년층의 학교생활,

사회·경제활동, 가계배경 등을 반영하는 기초 자료를 수집하여 청년실업 해소를 위한 고용정책의 수립 및 관련 연구 발전에 기여를 목적으로 하고 있어, 연구의 의도와 부합하고 있다. 본 연구에서는 청년패널조사의 1－8차 조사 자료(2007~2014년) 중 학생이 아닌 취업자들로 분석대상을 한정하였다. 그 이유는 청년들이 직면하고 있는 노동시장이 이중구조를 나타내고 있음을 보이기 위해서는 취업을 한 청년들의 임금을 결정하는 방정식이 다르게 나타나야 하며, 이를 실증적으로 분석하기 위해서는 취업을 하여 일을 하고 있는 청년들에 한해 분석이 가능하기 때문이다. 따라서 연구 대상은 조사기간 동안 취업을 한 상태이며, 특히 정규근로와 비정규근로를 구분하기 위하여 자영업자·고용주·무급가족종사자를 제외한 상용직·임시직·일용직[5]근로자(임금근로자)를 중심으로 한다.

한편, 청년들이 직면하는 노동시장의 이중구조를 구분하기 위한 종속변수는 시간당 임금의 자연로그값이다. 청년패널조사의 경우 임금을 1) 연봉, 2) 월 평균, 3) 주급, 4) 일당, 5) 시간 당 임금 중 하나로 응답하였으며, 분석을 위해서 시간 당 임금으로 변수를 통일하였다[6]. 그리고 시간 당 임금 변수의 경우 변수가 왼쪽으로 치우쳐져있는(skewed to the right) 형태를 나타내고 있어, 로그변환을 통해 정

---

5) 이 때, 각 용어에 해당하는 근로자의 조건은 다음과 같다.(고용정보원 청년패널조사 유저가이드에서 인용)

(1) 상용직 근로자

□ 고용계약기간을 정하지 않았거나 고용계약기간이 1년 이상인 정규직원으로 회사의 소정 채용절차에 의하여 입사하여 인사관리 규정을 적용받는 직원을 뜻한다. 단, 회사의 소정 채용절차에 의하여 입사한 사람이라도 일정한 사업 완료의 필요기간 동안 또는 1년 미만의 계약기간을 정한 자는 제외한다.

□ 근속기간이 1년 이상인 자로 퇴직금 및 상여금 등 각종 수당 수혜를 받는다. 단, 몇 년을 동일사업체서 계속 근무하였다 할지라도 계약이 임시 또는 일용인 경우에는 여기에 분류해서는 안 된다.

(2) 임시직 근로자

□ 고용계약기간이 1년 미만으로 고용된 자로서 상여금 등 제 수당을 받지 못한다.

□ 근속기간이 1년 이상이라도 퇴직금 비수혜자인 경우가 포함된다.

(3) 일용직 근로자

□ 고용계약기간이 1개월 미만으로 고용된 자로서 매일매일 고용되어 근로의 대가로 일급 또는 일당제 급여를 받고 일하는 근로자이다.

6) 연봉의 경우 12로 나누어 월 평균임금으로 바꾸었으며, 월 평균임금의 경우 (월 총 근로시간 (주 평균 근로시간 + 주 평균 초과근로시간) × 4.3)으로 나누어 시간 당 임금을 계산하였다. 주급의 경우에는 일주일의 총 근로시간(주 평균 근로시간 + 주 평균 초과근로시간)으로 나누어 계산하였으며, 일당의 경우 일주일의 총 근로시간을 다시 주 평균 근로일수로 나누어 시간 당 임금을 계산하였다.

규분포화하였다. 다음으로, 임금을 결정하는 독립변수로서 첫째 인구통계학적 요인으로 성별, 결혼여부, 연령, 연령의 제곱값을, 둘째 인적자본의 축적과 임금의 관련성을 확인하기 위해 근속년수와 근속년수의 제곱값을, 셋째 청년들이 근로하는 기업의 특성으로서 사업체의 규모와 산업, 직종을 더미변수로 바꾸어 투입하였다. 추가적으로 범주미정 교체회귀모형은 정규직·비정규직의 임금결정방정식을 추정할 뿐만 아니라 교체방정식을 추정하게 되는데, 이 방정식의 종속변수는 '정규직 부문에 속할 확률'을 나타내므로 사전적으로 관찰되지 않는 잠재변수(latent variable)이다(황선자, 2006). 본 연구에서는 이를 추정하기 위해 임금결정방정식을 추정하기 위해 투입한 독립변수를 모두 교체방정식의 설명변수로 투입하였다.

표 6 각 변수의 조작적 정의, 측정방법, 출처

<table>
<tr><th>구 분</th><th colspan="2">변 수 명</th><th>측 정 방 법</th><th>출처</th></tr>
<tr><td>종속변수</td><td colspan="2">시간 당 임금의 자연로그값</td><td>시간 당 임금(만원)의 자연로그값</td><td rowspan="10">청년패널조사 1차년도 ~ 8차년도</td></tr>
<tr><td rowspan="9">독립변수</td><td rowspan="3">인구 통계학적 요인</td><td>성별</td><td>0 - 남자, 1 - 여자</td></tr>
<tr><td>결혼 여부</td><td>0 - 미혼, 1 - 기혼</td></tr>
<tr><td>연령, 연령제곱</td><td>만 나이</td></tr>
<tr><td>인적 자본 요인</td><td>근속년수, 근속년수의 제곱</td><td>조사년도 - 입직 시점</td></tr>
<tr><td rowspan="5">기업 특성 요인</td><td>사업체의 규모</td><td>1 - 5인 미만
2 - 5인 ~ 99인
3 - 100인 ~ 499인
4 - 500인 이상</td></tr>
<tr><td>산업분류</td><td>1 - 관리직 및 전문가
2 - 사무직
3 - 판매 및 서비스직
4 - 기능직 및 기계조작, 조립직
5 - 기타</td></tr>
<tr><td>직종</td><td>1 - 제조업
2 - 건설업
3 - 도소매 및 음식숙박업
4 - 전기가스, 운수통신, 금융보험업
5 - 부동산, 사업서비스, 공공행정
6 - 교육서비스 등 서비스
7 - 기타</td></tr>
</table>

3. 실증분석 방법

청년들이 직면하고 있는 노동시장이 이중구조를 보이고 있는지, 혹은 단일시장으로 볼 수 있는지를 확인하기 위한 실증적인 방법으로 일반적으로는 노동시장의 특성을 사전적으로 두 부문으로 나누어 1차 노동시장과 2차 노동시장의 임금함수를 각각 추정하고, 결정방식을 비교하는 방법이 사용되었다(황선자, 2006). 하지만 이러한 방법의 경우 첫째로는 사전적인 분류로 인하여 자기 선택 편의(self-selection bias)가 발생한 상태에서의 분석이 될 수 있다는 측면을 지적할 수 있으며, 둘째로 선택 편의를 제거하기 위한 수단을 활용하였음에도 불구하고 사전적인 분류의 기준을 산업이나 직종 등으로 잡는 경우에는 하나의 집단이 전체가 한쪽의 노동시장에 편입된다는 결론을 도출하게 되어 분류의 오류가 발생할 수 있다.

이러한 접근방식은 자의적이든, 혹은 통계적인 기법을 사용하든 사전적으로 1차 노동시장과 2차 노동시장을 구분하여야 한다는 점에서 더욱 커다란 문제가 될 수 있으며(금재호, 2005), 이를 해결하기 위하여 본 연구에서는 통계적인 기법으로서 범주미정 교체회귀모형(switching regression model with endogenous switching)을 통한 분석을 하고자 한다. 기존의 선행연구들에서는 1차 노동시장과 2차 노동시장을 구분하기 위하여 군집 분석(cluster analysis)을 사용하거나(Anderson et al, 1987 ; Boston, 1990 ; 금재호, 2005에서 재인용) 몇 가지 시장을 구분하는데 있어 중요한 변수를 기준으로 요인분석(factor analysis)을 사용하기도 하였다(남춘호, 1995). 노동시장을 사전적으로 구분하지 않고 개개의 청년들의 특성에 의하여 1차 노동시장과 2차 노동시장 중 어디에 속할지 내생적으로 결정되어진다는 장점을 고려하여, 본 연구에서는 범주미정 교체회귀모형을 통하여 1차 노동시장과 2차 노동시장의 임금결정방정식을 추정한 다음 하나의 임금결정방정식과의 통계적 비교를 통해 이중구조가 존재하는지를 파악하고자 한다.

Dickens & Lang (1985)의 연구는 구체적으로 노동시장이 1차 노동시장과 2차 노동시장으로 나뉘어져 있을 때 각 부문의 임금결정방정식은 다음과 같이 표시할 수 있음을 언급하고 있다.

$$\text{Regime 1}: \ln W_{1i} = X_{1i}\beta_i + \epsilon_i \quad (\text{if } I_i = 1): \text{1차 노동시장의 임금결정방정식}$$

$$\text{Regime 2}: \ln W_{2i} = X_{2i}\beta_i + \epsilon_i \quad (\text{if } I_i = 0): \text{2차 노동시장의 임금결정방정식}$$

$$I_i = 1 \ \text{ if } \ \gamma Z_i + u_i > 0$$

$$I_i = 0 \ \text{ if } \ \gamma Z_i + u_i \leq 0 \ : \text{교체방정식}$$

W는 개인의 관찰되는 임금이며, X와 Z는 임금을 결정하는 설명변수들의 벡터를 의미한다. 이 때 개인이 regime 1과 regime 2 중 어느 부분에 속해있을지에 대해서는 사전적으로 알 수 없으며, 관찰 불가능한 변수인 I에 의하여 각 부문에 속할 확률만을 교체방정식을 통해 구할 수 있다. 이 때 $\gamma Z_i + u_i > 0$인 경우 1차 노동시장에 포함되고, $\gamma Z_i + u_i \leq 0$인 경우 2차 노동시장에 속한다. 이 때 각 설명변수의 계수를 추정하기 위해서는 최우추정법을 사용한다(금재호, 2005).

본 연구에서는 교체방정식의 추정을 위해 종속변수로서 종사상 지위에 의한 고용형태에 따른 정규직과 비정규직을 사용하였다. 이와 같은 기준은 통계청의 '경제활동인구조사'에서의 통계적 정의에 해당한다. 임금근로자 중에서 근로계약기간이 1년 이상인 근로자를 '상용직 근로자', 근로계약기간이 1개월에서 1년 미만인 근로자를 '임시직 근로자', 근로계약기간이 1개월 미만인 근로자를 '일용직 근로자'라 구분하고, 임금근로자의 종사상지위를 상용직과 임시직 및 일용직으로 분류하고 상용직을 정규근로, 임시직 및 일용직을 비정규근로로 구분하는 정의이다(황선자, 2006).

학력별로 나타나는 노동시장의 구조가 상이한지 살펴보기 위하여 먼저 취업한 청년들을 고졸 이하의 학력, 전문대졸, 4년제 대학 졸업 이상의 학력을 가진 집단을 구분하여 최소자승회귀분석(OLS)과 범주미정 교체회귀모형을 비교하도록 한다. 다음으로정규직 노동시장과 비정규직 노동시장을 구별하는 교체방정식에 영향을 미치는 요인들을 파악하여 2차 노동시장에 속한 청년들이 1차 노동시장으로 이전하기 위해서 어떠한 요인들이 영향을 미치는지 확인하고자 한다.

Ⅴ. 실증분석결과

1. 기술통계량 분석

본 연구의 향후 결과는 청년패널조사 1차년도 ~ 8차년도의 데이터를 바탕으로 응답자의 직장이 정규직인지, 혹은 비정규직인지 여부에 따라 노동시장의 이중구조가 나타나는지를 분석하고자 한다. 다음의 <표 7>은 청년패널조사를 통해 응답한 취업자들의 기본적인 특성을 나타내고 있다. 분석에 사용된 총 관측치는 15,612명이며, 이는 청년패널조사 응답자 중 상용직과 임시직, 일용직의 근로형태를 가지고 있는 취업자에 해당한다.

▮표 7 사용된 데이터의 기술통계량

	Total		비정규직		정규직	
	평균	표준편차	평균	표준편차	평균	표준편차
종속변수						
시간당 임금(만원)	1.049	0.548	0.816	0.681	1.097	0.503
독립변수						
성별(남성 0, 여성 1)	0.528	-	0.607	-	0.512	-
혼인상태(미혼 0, 기혼 1)	0.199	-	0.142	-	0.211	-
연령(세)	27.657	3.922	26.270	3.952	27.951	3.853
근속년수(년)	1.824	2.422	0.689	1.334	2.064	2.530
교육년수(년)	14.515	1.735	14.062	1.899	14.611	1.683
5인 미만	0.119	-	0.255	-	0.090	-
5인 ~ 99인	0.579	-	0.561	-	0.583	-
100인 ~ 499인	0.181	-	0.121	-	0.194	-
500인 이상	0.121	-	0.063	-	0.133	-
관리직 및 전문가	0.257	-	0.280	-	0.253	-
사무직	0.292	-	0.230	-	0.305	-
판매 및 서비스직	0.195	-	0.332	-	0.166	-
기능직 및 기계조작, 조립직	0.224	-	0.129	-	0.244	-

단순노무직	0.032	–	0.027	–	0.032	–
제조업	0.208	–	0.069	–	0.237	–
건설업	0.037	–	0.029	–	0.038	–
도소매 및 음식숙박업	0.173	–	0.266	–	0.153	–
전기가스, 운수통신, 금융보험	0.075	–	0.052	–	0.080	–
부동산, 사업서비스, 공공행정	0.096	–	0.100	–	0.095	–
교육서비스 등 서비스업	0.408	–	0.482	–	0.393	–
기타	0.003	–	0.003	–	0.003	–
표본 수	15612		2728(17.47%)		12884(82.53%)	

분석표본의 특성을 살펴보면, 먼저 시간 당 임금은 10,490원으로 나타나고 있으며, 정규직은 10,970원, 비정규직의 경우 8,160원의 평균 시간 당 임금을 보이고 있어, 정규직의 시간 당 임금이 비정규직에 높게 나타나고 있다. 노동시장에서의 임금을 결정하는 요인으로서 인구통계학적인 요인을 살펴보면, 응답자의 52.8%는 여성으로 나타나고 있으며, 상대적으로 비정규직이라고 응답한 비율(60.7%)이 정규직 비중(50.3%)에 비해 10%p 이상 높아, 비정규직 응답에 여성들이 편포되어 있음을 확인할 수 있다. 응답자들의 19.9%는 결혼을 하고 배우자가 있는 상태이며, 정규직에서의 기혼비중이 비정규직에 비해 상대적으로 높게 나타나는 것으로 나타나고 있다. 표본의 연령 평균은 27.657세로 취업하여 일하고 있는 청년들을 대표하고 있다.

다음으로 인적자본이론에 근거한 변수들에 대한 기술통계량을 살펴보면, 근속년수는 1.824년으로 1차년도를 기준으로 15~29세의 청년을 대상으로 한 패널조사의 특성 상 짧게 나타나고 있다. 교육년수는 14.515년으로 나타나 대체적으로 전문대졸을 약간 상회하는 학력을 평균적으로 가지고 있는 것으로 나타났다.

취업자들의 사업체 규모와, 직종, 그리고 업종을 중심으로 표본의 특징을 살펴보면, 기업규모의 경우 5인 ~ 99인의 사업체가 57.9%로 가장 큰 비중을 차지하고 있는데 비정규직의 경우 상대적으로 5인 미만의 사업체에 근무하고 있는 취업자의 비중이 많은 반면(25.5%), 정규직의 경우 100인 이상의 기업에서 근무하고 있는 인원이 32.7%로 비정규직에 비해 상대적으로 높은 비중을 차지하고 있었다. 직종에 있어서는, 전체 표본을 기준으로 사무직, 관리직 및 전문가, 기능 및 기계조작·조립직 순으로 비중이 높은 반면 비정규직은 "판매 및 서비스직", 정규직은

"사무직"의 비중이 가장 높아 직종에 있어서 체계적인 차이가 있는 것으로 보인다. 업종 측면에서는 전체적으로 교육서비스 등 서비스업의 비중이 가장 높게 나타나며, 정규직은 상대적으로 "제조업(23.7%)"에, 비정규직은 "도소매 및 음식숙박업(26.6%)"의 비중이 높게 나타나고 있음을 확인할 수 있다.

2. 노동시장의 이중구조에 대한 실증분석

다음으로, 청년들이 직면하고 있는 노동시장이 이중구조를 보이고 있는지, 혹은 단일시장으로 볼 수 있는지를 확인하기 위한 실증분석을 실시한다. 이를 위해 노동시장에서 임금이 결정되는 임금방정식을 단일하게 추정하는 OLS의 분석방법과, 각 취업자가 1차 노동시장(정규직)과 2차 노동시장(비정규직) 중 어디에 속할지 내생적으로 결정되어진다는 관점에서의 범주미정 교체회귀모형을 비교하여 이중구조의 존재 여부를 실증적으로 살펴보고자 한다. 특히 청년들의 학력에 따라서 직면하고 있는 노동시장의 양태가 다를 것으로 예상되는 바, 고졸과 전문대졸, 그리고 4년제 대학 졸업 이상의 학력을 구분하여 임금방정식을 추정하고 모형의 비교를 하고자 한다. 추가적으로 여러 해의 관측치를 포함시켜 분석하는 과정에서, 연도 더미 변수를 넣음과 동시에 within-cluster 분산을 고려하여 추정을 실시하였다. 다음의 <표 8>은 먼저 고졸 이하의 학력을 가진 취업자들의 임금방정식을 추정 결과이다.

▌표 8 고졸 이하 학력 대상자들의 OLS와 범주미정교체회귀모형의 추정

	OLS		범주미정 교체회귀모형					
			정규직		비정규직		교체방정식	
	β	S.E.	β	S.E.	β	S.E.	β	S.E.
성별(기준 : 남성)	−0.125***	0.020	−0.109***	0.022	−0.099***	0.034	0.007	0.082
혼인상태(기준 : 미혼)	0.086***	0.023	0.083***	0.027	0.008	0.050	−0.109	0.108
연령	0.067***	0.019	0.048**	0.024	0.136***	0.034	0.144*	0.080
연령 제곱	−0.001**	0.000	−0.001	0.000	−0.002***	0.001	−0.002	0.002
근속	0.045***	0.007	0.031**	0.016	0.055**	0.028	0.247***	0.033
근속 제곱	−0.002***	0.001	−0.001	0.001	−0.004	0.004	−0.011***	0.003
5인 ~ 99인[7]	0.019	0.021	0.105**	0.043	0.043	0.038	0.388***	0.079
100인 ~ 499인	0.092***	0.028	0.165***	0.053	0.159***	0.061	0.478***	0.118

500인 이상	0.262***	0.037	0.350***	0.075	0.208**	0.086	0.864***	0.149
관리직 및 전문가[8]	0.234***	0.053	0.176***	0.054	0.423***	0.156	0.362*	0.207
사무직	0.181***	0.047	0.168***	0.043	0.227***	0.133	0.137	0.186
판매 및 서비스직	0.157***	0.047	0.143***	0.051	0.246*	0.135	−0.299	0.183
기능직 및 기계조작, 조립직	0.137***	0.042	0.121***	0.041	0.216*	0.112	0.118	0.175
건설업[9]	0.071*	0.037	0.033	0.054	0.034	0.084	−0.585***	0.174
도소매 및 음식숙박업	−0.126***	0.027	−0.132***	0.038	−0.170**	0.077	−0.460***	0.110
전기가스, 운수통신, 금융보험	0.055	0.035	0.079*	0.043	0.122	0.084	−0.334**	0.148
부동산, 사업서비스, 공공행정	0.001	0.033	−0.001	0.042	−0.088	0.074	−0.498***	0.129
교육서비스 등 서비스업	−0.130***	0.030	−0.098*	0.051	−0.213**	0.085	−0.654***	0.115
기타	−0.283	0.197	0.022	0.097	0.131	0.167	−0.904**	0.387
2차년도[10]	0.135***	0.036	0.099**	0.040	0.185**	0.080	0.256**	0.130
3차년도	0.055*	0.028	0.067**	0.033	0.000	0.050	0.104	0.118
4차년도	0.219***	0.025	0.232***	0.028	0.162	0.045	0.191*	0.111
5차년도	0.237***	0.026	0.265***	0.029	0.174	0.048	0.092	0.107
6차년도	0.274***	0.021	0.302***	0.025	0.198	0.046	0.186*	0.098
7차년도	0.322***	0.020	0.341***	0.025	0.252	0.041	0.241**	0.096
8차년도	0.358***	0.021	0.380***	0.026	0.329	0.042	0.225**	0.096
상수	−1.795***	0.257	−1.594***	0.411	−2.701	0.439	−2.045**	1.041
오차항의 표준편차			0.316***	0.015	0.365***	0.019		
교체방정식 오차항과의 공분산			0.220	0.492	0.249	0.187		
Log-Likelihood			−2790.4719					
단일시장 vs 이중구조	(p>chi2 = 0.3240)							
관측치	3613 (1386개 그룹)							

주: 1) *는 10%유의수준, **는 5%유의수준, ***는 1%유의수준에서 유의함

7) 이하 사업체 규모 기준은 “1~4인”
8) 이하 직종 기준은 “단순노무직”
9) 이하 업종 기준은 “제조업”
10) 이하 연도 기준은 “1차년도”

노동시장 이중구조의 검증은 단일시장 모형과 이중구조 모형의 우도비검정(likelihood ratio test - LR test)를 통해 판단할 수 있으며, 이는 범주미정 교체회귀모형(=이중구조 모형)이 단일노동시장 가설보다 고졸 이하 학력 취업자들이 직면하는 노동시장에 대한 설명력이 높은지를 실증적으로 판단하는 것이다(황선자, 2006). 우도비검정의 결과 고졸 이하 학력의 취업자들이 직면하는 시장에서는 귀무가설을 기각하지 못해 단일시장구조가 나타나는 것으로 보인다.

임금을 결정하는 요인들을 단일시장(OLS) 위주로 결과를 살펴보면 남성에 비해서는 여성의 임금이 12.5% 낮게 나타나고 있으며, 기혼 유배우자인 집단이 미혼집단에 비해서는 8.6% 더 높은 임금을 받고 있는 것으로 나타난다. 연령과 근속년수의 경우 제곱항이 모두 음(−)의 통계적으로 유의미한 결과가 도출되어 "역 U"자 형태의 모습을 보이고 있지만, 그 절대값이 작아 대체적으로 연령이나 근속년수가 증가하는 경우 임금이 높아지는 것으로 볼 수 있다.

사업체의 규모에 따라서는 1~4인의 소규모 기업에 비해 5~99인 사업체의 경우 임금의 차이가 통계적으로 나타나지는 않는 것으로 보이며, 100인~499인, 500인 이상의 기업은 1~4인 기업에 비해 각각 9.2%, 26.2% 더 높은 임금을 받는 것으로 나타났다. 직종에 따라서는 단순노무직에 비해 13.8%(기능직 및 기계조작 · 조립직)~23.4%(관리직 및 전문가)까지 각 직종이 더 높은 임금을 받고 있다. 업종별로는 제조업에 비해 건설업이 7.1%의 임금을 더 받는 반면, 도소매 및 음식숙박업(12.6%), 교육서비스 등 서비스업(13%)은 덜 받고 있음을 확인할 수 있다.

다음의 <표 9>는 전문대졸의 학력을 가지고 있는 사람들이 직면하고 있는 노동시장이 이중구조를 나타내고 있는지 단일 시장으로 설명할 수 있는지에 대한 분석의 결과이다.

우도비 검정의 결과 전문대졸 학력을 가지고 있는 사람들의 경우 범주미정 교체회귀모형에 의한 이중구조 노동시장모형의 설명이 적절함을 보이고 있다(p>chi2=0.0000으로 귀무가설 기각). 이러한 결과를 볼 때 전문대졸 학력을 가지고 있는 사람들의 노동시장은 1차 노동시장(정규직)과 2차 노동시장(비정규직)으로 분리되어 있다고 판단할 수 있다.

임금을 결정하는 주요 변수들을 살펴보면 먼저 인구통계학적 요소들은 대체적으로 정규직의 임금의 결정에는 영향을 미치는 반면, 비정규직의 경우 영향을 미치지 않는 것으로 나타나고 있다. 정규직의 경우 여성이 남성에 비해 10.7% 임금을 덜 받으며, 기혼 집단이 미혼 집단에 비해 5% 임금을 더 받고 있지만($p<0.01$), 비정규직의 경우 통계적으로 유의미한 관계가 나타나고 있지 않다. 고졸 학력을 가진 취업자들과의 다른 점은 연령의 효과가 임금을 결정하는데 영향을 미치지 않는다는 점이다. 환언하면, 나이가 들어감에 따라 임금의 증가효과는 전문대졸 학력 대상자들이 직면하는 노동시장에서 나타나지 않는 것으로 보인다. 반대로 근속년수의 경우 정규직과 비정규직의 임금결정에 모두 영향을 미치는 것으로 나타났으며, 비정규직의 경우 근속년수가 증가할수록 오히려 음(−)의 영향을 미치고 있다. 이는 정규직 노동시장(1차 노동시장)의 경우 취업자의 연차가 쌓일수록 인적자본이 축적되는 것에 대한 보상이 나타나지만, 비정규직 노동시장의 경우 근속년수가 길어진다는 것이 인적자본의 축적과는 관련이 적게 나타나는 노동시장의 특성이 나타난 것으로 해석할 수 있다.

표 9 전문대졸 학력 대상자들의 OLS와 범주미정교체회귀모형의 추정[11)]

	OLS		범주미정 교체회귀모형					
			정규직		비정규직		교체방정식	
	β	S.E.	β	S.E.	β	S.E.	β	S.E.
성별(기준 : 남성)	−0.109***	0.020	−0.107***	0.020	−0.098	0.067	0.085	0.082
혼인상태(기준 : 미혼)	0.034	0.023	0.050**	0.020	−0.133	0.104	−0.067	0.101
연령	0.032	0.024	0.033	0.022	0.013	0.106	0.057	0.109
연령 제곱	0.000	0.000	0.000	0.000	0.001	0.002	−0.001	0.002
근속	0.047***	0.007	0.039***	0.007	−0.111***	0.034	0.245***	0.033
근속 제곱	−0.002***	0.001	−0.002**	0.001	0.004	0.004	−0.010***	0.003
5인 ~ 99인	0.103***	0.022	0.169***	0.022	−0.118*	0.067	0.445***	0.081
100인 ~ 499인	0.221***	0.027	0.301***	0.026	−0.025	0.088	0.437***	0.112
500인 이상	0.298***	0.031	0.384***	0.031	0.133	0.103	0.246*	0.130
관리직 및 전문가	0.196***	0.053	0.143**	0.060	0.140	0.152	0.208	0.220
사무직	0.119**	0.051	0.109*	0.059	−0.104	0.140	0.248	0.212
판매 및 서비스직	0.093*	0.053	0.083	0.061	0.171	0.141	−0.184	0.213
기능직 및 기계조작, 조립직	0.104**	0.050	0.083	0.058	−0.104	0.145	0.362*	0.218

11) 각 더미변수의 기준은 <표 8>와 상동

건설업	0.003	0.040	−0.017	0.038	0.364***	0.139	−0.413**	0.177
도소매 및 음식숙박업	−0.044*	0.026	−0.028	0.025	0.124	0.102	−0.414***	0.116
전기가스, 운수통신, 금융보험	0.063	0.039	0.066	0.042	0.235*	0.136	−0.419**	0.189
부동산, 사업서비스, 공공행정	−0.069**	0.030	−0.057*	0.033	0.315***	0.114	−0.637***	0.143
교육서비스 등 서비스업	−0.009	0.021	0.009	0.021	0.133	0.100	−0.456***	0.108
기타	0.206	0.216	0.434*	0.244	0.089	0.294	−0.524	0.456
2차년도	0.107***	0.031	0.097***	0.029	−0.151	0.111	0.290	0.129
3차년도	0.032	0.027	0.052**	0.027	−0.083	0.082	0.103	0.112
4차년도	0.138***	0.026	0.143***	0.027	−0.023	0.079	0.203*	0.107
5차년도	0.224***	0.028	0.214***	0.028	0.039	0.083	0.263**	0.112
6차년도	0.259***	0.020	0.248***	0.019	−0.081	0.073	0.421***	0.090
7차년도	0.286***	0.019	0.283***	0.019	−0.059	0.078	0.447***	0.092
8차년도	0.309***	0.020	0.313***	0.019	−0.043	0.080	0.464***	0.095
상수	−1.390***	0.330	−1.361***	0.314	−1.958	1.434	−0.260	1.493
오차항의 표준편차			0.303***	0.008	0.731***	0.070		
교체방정식 오차항과의 공분산			−0.047	0.092	−0.891***	0.037		
Log-Likelihood			−3010.7743					
단일시장 vs 이중구조	(p>chi2 = 0.0000)							
관측치	4593 (1523개 그룹)							

주: 1) *는 10%유의수준, **는 5%유의수준, ***는 1%유의수준에서 유의함

근로하는 사업체의 특성과 관련하여 사업체의 규모가 클수록 정규직의 임금에는 정(+)의 영향을 미치는 반면, 비정규직의 경우에는 사업체 규모에 따른 임금의 차이가 나타나지 않는다. 반대로 제조업에 대비한 사업체의 업종의 경우 고졸시장에서는 제조업의 임금이 다른 업종에 비해 높게 나타났지만, 전문대졸 학력집단을 기준으로 살펴보면 오히려 제조업보다는 건설업(36.4%)이나 전기가스·운수통신,·금융보험업(23.5%), 부동산·사업서비스·공공행정(31.5%)의 임금이 더 높게 나타나고 있다.

▮표 10 대졸 이상 학력 대상자들의 OLS와 범주미정교체회귀모형의 추정[12)]

	OLS		범주미정 교체회귀모형					
			정규직		비정규직		교체방정식	
	β	S.E.	β	S.E.	β	S.E.	β	S.E.
성별(기준 : 남성)	−0.101***	0.015	−0.123***	0.014	−0.068	0.054	−0.318***	0.068
혼인상태(기준 : 미혼)	0.071***	0.016	0.060***	0.015	0.159**	0.069	0.144	0.088
연령	0.120***	0.027	0.090***	0.027	0.175*	0.103	0.314**	0.131
연령 제곱	−0.002***	0.000	−0.001***	0.000	−0.003	0.002	−0.006***	0.002
근속	0.037***	0.007	0.029***	0.007	0.167***	0.050	0.318***	0.037
근속 제곱	−0.001	0.001	−0.001	0.001	−0.003	0.006	−0.013***	0.004
5인 ~ 99인	0.089***	0.029	0.212***	0.030	0.306**	0.118	0.546***	0.097
100인 ~ 499인	0.182***	0.032	0.308***	0.032	0.406***	0.133	0.632***	0.113
500인 이상	0.314***	0.032	0.445***	0.033	0.405***	0.135	0.692***	0.123
관리직 및 전문가	0.143***	0.037	0.101***	0.034	0.397	0.247	−0.059	0.221
사무직	0.044	0.035	0.065**	0.032	0.118	0.242	0.067	0.216
판매 및 서비스직	0.074*	0.039	0.084**	0.036	0.227	0.255	−0.287	0.226
기능직 및 기계조작, 조립직	0.099***	0.036	0.099***	0.033	0.347	0.246	0.307	0.230
건설업	−0.034	0.035	−0.037	0.035	0.184	0.249	−0.176	0.205
도소매 및 음식숙박업	−0.127***	0.024	−0.085***	0.023	−0.532***	0.131	−0.462***	0.119
전기가스, 운수통신, 금융보험	0.071***	0.025	0.096***	0.025	−0.227*	0.125	−0.371***	0.132
부동산, 사업서비스, 공공행정	−0.163***	0.019	−0.138***	0.019	−0.404***	0.125	−0.653***	0.114
교육서비스 등 서비스업	−0.062***	0.017	−0.041**	0.017	−0.380***	0.136	−0.921***	0.096
기타	0.030	0.068	0.002	0.073			5.777***	0.147
2차년도	0.027	0.033	0.011	0.033	0.147	0.105	0.242**	0.120
3차년도	0.015	0.029	0.060**	0.027	−0.104	0.084	−0.203*	0.108
4차년도	0.137***	0.026	0.137***	0.025	0.211**	0.086	0.136	0.106
5차년도	0.217***	0.025	0.225***	0.024	0.266***	0.086	0.144	0.108
6차년도	0.233***	0.020	0.247***	0.019	0.280***	0.081	0.331***	0.090
7차년도	0.276***	0.020	0.284***	0.019	0.350***	0.083	0.418***	0.092

12) 각 더미변수의 기준은 <표 8>와 상동

8차년도	0.307***	0.021	0.317***	0.019	0.396***	0.087	0.377***	0.093
상수	−2.245***	0.385	−1.899***	0.380	−2.593*	1.394	−3.025	1.857
오차항의 표준편차			0.303***	0.005	0.646***	0.083		
교체방정식 오차항과의 공분산			0.070	0.043	0.746***	0.097		
Log-Likelihood			−4349.3811					
단일시장 vs 이중구조	(p>chi2 = 0.0000)							
관측치	7069 (2383개 그룹)							

주: 1) *는 10%유의수준, **는 5%유의수준, ***는 1%유의수준에서 유의함

4년제 대학 졸업 이상의 학력을 가지고 있는 집단에 대한 임금결정이 이중구조를 보이고 있는지, 혹은 그렇지 않은지에 대한 실증적인 분석을 다음 <표 10>에서 실시하였다. 4년제 대졸 집단이 직면하는 노동시장의 이중구조를 가지고 있는지에 대한 우도비검정에서 범주미정 교체회귀모형에 의한 이중구조 노동시장모형의 설명이 적절함을 보이고 있다(p>chi2=0.0000으로 귀무가설 기각). 4년제 대졸 학력 집단이 직면하고 있는 노동시장의 경우 고졸 집단과 유사하기보다는 전문대졸 학력을 지닌 집단의 노동시장과 유사한 형태를 보이고 있다. 고등학교를 졸업하는 청년들 중 많은 비율이 전문대학이나 4년제 대학에 진입하고 있으며[13], 고등교육 이후 직면하게 되는 취업시장의 경우 1차 노동시장과 2차 노동시장이 분리되어있는 이중시장구조이다, 1차 노동시장(정규직)의 경우 상대적으로 높은 임금과 안정적인 직장임에 반해 2차 노동시장(비정규직)의 경우 상대적으로 낮은 임금과 불안정한 직장에 해당한다. (청년 실업과 연결?)

정규직과 비정규직 노동시장의 임금결정과 관련해서, 먼저 인구사회학적인 요인 중 성별은 남성일수록 1차 노동시장에서는 여성에 비해 12.3%의 임금을 더 받는 것으로 나타나지만, 비정규직의 경우 성별에 따른 임금의 차이가 나타나지 않고 있다. 기혼의 경우 미혼에 비해 양 시장에서 모두 더 높은 임금을 받지만 정규직 시장에서는 6%, 비정규직 시장에서는 15.9%의 임금의 차이를 보여 다른 양태를 보인다. 연령의 경우 정규직은 역 U자의 형태를 보이는 반면(이차항이 통계적으로 유의미한 음(−)의 방향의 계수 추정[14]), 비정규직의 경우 연령의 증가에 따라 임금

13) 본 연구의 표본의 경우 총 15,612명의 표본 중 76.3%(11657명)이 전문대졸 이상의 학력을 보이고 있다.

이 상승하는 것으로 나타난다. 인적 자본 측면에서의 근속년수는 정규직의 경우 1년 증가함에 따라 한계수익률이 2.9%이나, 비정규직 부문의 경우 16.7%로 나타나 커다란 격차를 보이고 있다. 이는 근속년수의 경우 비정규직이 상대적으로 정규직에 비해 낮으며[15], 따라서 1년 단위로 근속년수를 측정하였을 경우 비정규직의 임금이 더 가파르게 상승하는 것으로 추정되었기 때문이다.

사업체 규모는 1차와 2차 노동시장 모두 사업체의 규모가 커질수록 임금이 상승하는 경향이 있으며, 업종을 기준으로 살펴보면 정규직 시장의 경우 금융보험업의 포함으로 인하여 제조업에 비해 "전기가스, 운수통신, 금융보험" 업종의 임금이 가장 높게 나타나고 있다. 반면 비정규직에서는 제조업과 건설업이 임금이 가장 높은 업종으로 나타나, 분리된 시장에 따라 업종의 임금 순위 차이가 보인다. 마지막으로, 직종의 경우 정규직 시장에서는 단순노무직 대비 모든 직종이 높은 임금을 보이는 것으로 나타나나, 이 관계가 비정규직 시장의 경우에는 통계적으로 유의미하지 않음을 볼 수 있다.

3. 1차 시장에 속할 확률에 영향을 미치는 청년의 특성

앞서 청년들이 직면하고 있는 노동시장이 이중구조를 보이고 있는지에 대하여 범주미정 교체회귀분석을 통해 실증적으로 살펴보았으며, 그 결과 고졸 학력을 가진 집단의 경우 단일노동시장 가설을 지지하는 반면, 전문대졸 이상의 학력을 가진 집단들에 대해서는 상대적으로 이중노동시장가설이 더 적합하였다.

표 11 각 학력집단별 교체방정식[16]

	전문대졸 집단		대졸 집단	
	β	S.E.	β	S.E.
성별(기준 : 남성)	0.085	0.082	−0.318***	0.068
혼인상태(기준 : 미혼)	−0.067	0.101	0.144	0.088

14) 하지만, 연령 제곱의 계수가 -0.001로 나타나고 있어, 대부분의 연령 구간에서는 연령이 상승할수록 임금이 증가하는 것으로 나타난다.

15) 4년제 대학 졸업 이상 학력의 취업자의 경우 비정규직의 근속년수 평균은 0.174년에 불과하며, 정규직의 근속년수는 2.076년에 달한다.

16) 각 더미변수의 기준은 <표 8>와 상동

연령	0.057	0.109	0.314**	0.131
연령 제곱	−0.001	0.002	−0.006***	0.002
근속	0.245***	0.033	0.318***	0.037
근속 제곱	−0.010***	0.003	−0.013***	0.004
5인 ~ 99인	0.445***	0.081	0.546***	0.097
100인 ~ 499인	0.437***	0.112	0.632***	0.113
500인 이상	0.246*	0.13	0.692***	0.123
관리직 및 전문가	0.208	0.22	−0.059	0.221
사무직	0.248	0.212	0.067	0.216
판매 및 서비스직	−0.184	0.213	−0.287	0.226
기능직 및 기계조작, 조립직	0.362*	0.218	0.307	0.23
건설업	−0.413**	0.177	−0.176	0.205
도소매 및 음식숙박업	−0.414***	0.116	−0.462***	0.119
전기가스, 운수통신, 금융보험	−0.419**	0.189	−0.371***	0.132
부동산, 사업서비스, 공공행정	−0.637***	0.143	−0.653***	0.114
교육서비스 등 서비스	−0.456***	0.108	−0.921***	0.096
기타	−0.524	0.456	5.777***	0.147
2차년도	0.29	0.129	0.242**	0.12
3차년도	0.103	0.112	−0.203*	0.108
4차년도	0.203*	0.107	0.136	0.106
5차년도	0.263**	0.112	0.144	0.108
6차년도	0.421***	0.09	0.331***	0.09
7차년도	0.447***	0.092	0.418***	0.092
8차년도	0.464***	0.095	0.377***	0.093
상수	−0.26	1.493	−3.025	1.857
교체방정식 오차항에 대한 P>chi2	0.0000		0.0000	

주: 1) *는 10%유의수준, **는 5%유의수준, ***는 1%유의수준에서 유의함을 나타냄.

본 절에서는 범주미정 교체회귀분석에서 도출된 교체방정식의 분석을 통해 어떤 요인이 상대적으로 1차 시장에 속할 확률에 영향을 미치는지를 검증한다. 따라서 단일시장가설이 적합한 고졸 집단을 제외하고, 전문대졸의 학력을 가진 집단과 4년제 대학 졸업 이상의 학력을 가진 집단의 교체방정식을 분석한다. 개인의 속성을 나타내는 각 항목이 개인의 정규직 부문에 속하게 될 확률을 높여주는 지는 교체방정식에서의 각 항목의 추정계수가 통계적으로 유의한 값을 가지느냐로 판단할 수 있다(황선자, 2006).

첫째로, 인구통계학적인 요인을 기준으로 살펴보면 성별의 경우 4년제 대학 졸업 이상의 집단에서는 남성이 여성에 비해 정규직 노동시장으로 진입하기가 상대적으로 쉬운 것으로 볼 수 있다. 반면 기혼은 미혼에 비해 어느 집단에 대해서도 정규직 노동시장에 속할 확률에 영향을 주지 않는 것으로 나타난다. 연령과 연령제곱 변수의 경우 전문대졸 집단에 있어서는 정규직으로의 진입에 영향을 미치지 않지만, 대졸 집단에 있어서는 연령이 높을수록 상대적으로 제곱항의 계수의 크기가 작으므로 정규직에 속할 가능성이 커진다.

둘째로 인적자본 요인인 근속년수와 근속년수의 제곱 변수를 살펴보면 근속년수가 증가할수록 일정수준까지는 정규직이 될 가능성이 커지다가 감소하는 역 U자 모습이 전문대졸 집단과 대졸 집단 모두에게서 나타나고 있다. 이를 조금 더 구체적으로 살펴보면, 1차미분 도함수의 값이 0이 되는 근속년수의 값이 가장 큰 값을 갖게 되므로, 전문대졸 집단에 대해서는 12.25년, 대졸 집단에서는 12.23년이 상대적으로 정규직 노동시장에 진입하기 쉬우며, 근속년수가 그 이상인 경우에도 양(+)의 값을 가지므로 근속년수의 1단위 증가가 1차 시장에 속할 확률을 증가시키지만 그 강도(intensity)는 줄어드는 것으로 볼 수 있다.

셋째로 기업특성요인의 경우 근무하고 있는 기업의 규모에 따라서 대체적으로 정규직 시장에 포함될 확률이 높아지지만, 전문대졸 집단의 경우 사업체 규모가 500인 이상인 경우 오히려 그 이하의 규모일 때에 비해 상대적으로 영향력이 작아짐을 볼 수 있다($\beta=0.246$, $\rho<0.1$). 직종의 경우에는 전문대졸 집단의 기능직·기계조작·조립직만이 단순노무직에 비해 정규직 노동시장에 포함될 가능성을 높여줄 뿐, 나머지 직종들의 경우 정규직 시장에 포함될 확률에 영향을 미치지 않는 것으로 나타났다. 업종의 경우 대졸 집단의 건설업을 제외하고, 모든 업종에서의 더미 추정계수가 통계적으로 유의미한 음(−)의 값을 나타내고 있다. 이는 제조업이 아닌 다른 산업의 종사자들이 제조업에 비해 정규직 노동시장에 속하게 될 가능성을 낮추는 것으로 해석할 수 있다.

여기서 중요한 것은 인구통계학적인 요인, 인적자본요인, 기업특성요인이 1차 노동시장과 2차 노동시장을 분리하는 요인들로 역할을 하고 있으며, 특히 학력에 따라 그 양상이 다르게 나타난다는 점이다. 성별이나 연령과 같은 변수는 대졸 집단에 대해서만 1차 노동시장에 포함될 가능성에 영향을 미치며, 사업체의 규모나 업종의 경우에도 1차 노동시장에 포함될 가능성에 미치는 영향의 정도가 다르게 나타남을 확인할 수 있다.

▮표 12 **범주미정 교체회귀 모형의 사후분석**[17)18)]

	2차시장		1차시장		P-value	차이
	N	평균	N	평균		
시간당 임금(만원)	2951	0.786	12326	1.112	0.000	0.326***
성별(남성 0, 여성 1)	3029	0.646	12583	0.500	0.000	−0.146***
혼인상태(미혼 0, 기혼 1)	3029	0.132	12583	0.215	0.000	0.083***
연령(세)	3029	25.643	12583	28.142	0.000	2.500***
근속년수(년)	3029	0.251	12583	2.202	0.000	1.951***
교육년수(년)	3027	13.745	12579	14.701	0.000	0.955***
5인 미만	3029	0.381	12583	0.055	0.000	−0.326***
5인 ~ 99인	3029	0.511	12583	0.595	0.000	0.084***
100인 ~ 499인	3029	0.076	12583	0.207	0.000	0.131***
500인 이상	3029	0.032	12583	0.142	0.000	0.110***
관리직 및 전문가	3029	0.270	12583	0.254	0.071	−0.016*
사무직	3029	0.175	12583	0.320	0.000	0.145***
판매 및 서비스직	3029	0.446	12583	0.135	0.000	−0.311***
기능직 및 기계조작, 조립직	3029	0.087	12583	0.257	0.000	0.169***
단순노무직	3029	0.021	12583	0.034	0.000	0.013***
제조업	3029	0.005	12583	0.257	0.000	0.251***
건설업	3029	0.028	12583	0.039	0.006	0.010***
도소매 및 음식숙박업	3029	0.332	12583	0.135	0.000	−0.198***

17) 각 더미변수의 기준은 <표 8>와 상동

18) 이 때 1차 노동시장(정규직)을 1, 2차 노동시장(비정규직)을 0으로 코딩한 상태에서, 1이 될 확률을 교체방정식을 통해 추정하고, 이 때의 예측값을 기준으로 0.7 이하의 값을 갖는 관측치들을 2차 노동시장에 포함되는 사람들로, 0.7~1의 값을 갖는 청년들을 1차 시장에 포함되는 사람들로 보았다. 2차시장에 포함되는 인원이 3029명, 1차시장에 포함되는 인원이 12583명으로 2차 노동시장에 포함되는 인원의 비중은 19.4%로 나타난다.

전기가스, 운수통신, 금융보험	3029	0.038	12583	0.084	0.000	0.045***
부동산, 사업서비스, 공공행정	3029	0.091	12583	0.097	0.376	0.005
교육서비스 등 서비스업	3029	0.500	12583	0.386	0.000	−0.114***
기타	3029	0.004	12583	0.003	0.695	−0.000

주: 1) *는 10%유의수준, **는 5%유의수준, ***는 1%유의수준에서 유의함을 나타냄.

범주미정 교체회귀 모형을 통하여 청년들이 직면하고 있는 노동시장이 이중적인 구조를 보이고 있음을 확인하였다. 다음의 <표 12>는 모형에 의해 내생적으로 결정되는 2차시장 진입자와 1차시장 진입자의 성격을 파악하기 위하여 평균비교를 실시한 결과다. 상대적으로 불리한 2차시장, 즉 비정규직 노동시장에 포함되는 인원의 비중을 살펴보면, 첫째로 임금의 경우 1차시장의 평균은 11,120원, 2차시장의 시간당 임금은 7,860원으로 나타나 3260원의 차이가 나타나고 있다. 이를 주당 40시간, 4.3주의 일을 한다고 가정하고 계산한다면 월 소득을 기준으로 약 56만원의 차이를 보이고 있으며, 2차시장의 열악함을 보여주는 하나의 지표다.

둘째로 인구통계학적인 요소로서 여성의 비중이 2차시장에서 1차시장에 비해 14.6%p 더 높으며, 기혼 유배우자의 비율이 8.3%p, 연령이 2.5세 낮게 나타나고 있다. 결혼 여부와 연령의 경우 서로의 효과가 혼재되어 있다고 말할 수 있지만 여성의 경우 체계적으로 남성에 비해 열악한 노동시장에 편입되는 비율이 높게 나타나고 있다. 이는 교육년수에서도 마찬가지로 나타나는데, 2차시장에 편입되는 청년들의 교육년수는 1차시장에 있는 청년들에 비해 0.955년 낮다. 여성일수록, 그리고 교육수준이 낮은 등 객관적인 조건이 열악한 청년들일수록 일자리에 대한 단기적인 필요성이 상대적으로 절실하며, 2차 노동시장에 진입하여 더 낮은 소득을 얻음으로써 계층이 고착화되며 빈곤의 악순환이 계속되는 현상이 벌어질 수 있다. 송호근(2002)에 따르면, 열악한 노동시장은 구속력(constraint)을 가지고 있으며, 사회적 낙인, 극단적 불신, 그리고 취업경험의 결여에 대한 선입견 등이 작용할 수 있다고 언급한다. 어느 정도 1차시장으로 이전하기 위한 경쟁력을 배양했다고 해도 좋은 조건의 노동시장으로 복귀하는 것은(이주희, 1998; 송호근, 2002에서 재인용) 어려울 수 있으며, 노동시장의 이중구조 자체가 청년들의 일자리 질을 하락시키는 요인으로 작용할 수 있는 측면에서 부작용을 완화할 방안이 요구된다.

셋째로, 2차시장은 1차시장에 비해 사업체의 규모가 작으며(5인 미만 직장의 비중이 38.1%로 나타나며, 1차시장 대비 7배), 판매 및 서비스직에 편중되어 있으며(44.6%), 1차 시장에 비해 특정 업종의 비중이 큰[19] 특징을 가지고 있다.'분절노동시장'은 근로빈민들의 빈곤상태로부터의 탈출을 억제하는 인식적, 제도적 기제로 작동(송호근, 2002)하고 있다는 측면에서, 2차시장의 진입을 통해 얻을 수 있는 인적자본의 축적 부족이나 네트워크의 확보 부족이 향후 2차시장 진입자들을 청년 실업자로 바꿀 수 있는 가능성을 지적한다. 특히나 1차시장과 2차시장간 이전에 있어서의 경직성이 나타나는 경우 2차 노동시장에서의 탈락은 곧바로 실업으로 이어지며, 분절노동시장 구조 하에서 자리를 잡은 청년들이 장년, 노년층으로 편입되었을 때, 양극화 현상은 걷잡을 수 없이 확대될 것이다. 따라서, 근본적으로는 청년들의 실업에 대하여 교육훈련의 관점에서 접근과 더불어 노동시장의 분절을 완화하기 위한 정책적인 대안이 요구된다.

Ⅵ. 결 론

본 연구는 최근 주요 사회문제로 대두되고 있는 청년실업의 문제를 신고전학파의 인적자본론(Becker, 1964)이 제시하듯 인적자본의 향상을 통해 해결하는 것에는 근본적인 한계가 있음을 지적하면서, 청년들이 직면하고 있는 노동시장의 구조를 규명하고자 하였다.

먼저 전체노동시장의 임금방정식과 1차(정규직) 및 2차(비정규직) 노동시장 분류를 통한 교체회귀방정식을 동시에 추정하여 분석하는 범주미정 교체회귀모형을 적용한 결과, 고졸 이하의 학력을 가진 청년들이 직면하는 시장에서는 단일노동시장 모형이, 전문대학 및 4년제 대학 졸업자들이 직면하는 시장에서는 이중노동시장모형이 현실을 더 잘 설명하고 있는 것으로 나타났다. 2005년 처음으로 80%를 넘어선 우리나라의 대학진학률이 2008년에는 83.8%까지 치솟았으며, 2015년 현재에도 70% 이상을 유지하고 있다는 점을 볼 때, 대학 졸업자들의 노동시장이 이중구조화되어 있다는 사실은 청년실업의 주요 원인으로 분절화된 노동시장에 주목해야 한다는 것을 시사한다. 또한 범주미정 교체회귀 모형의 사후분석 결과 고졸 이하의 학력자들은 1차 시장보다는 2차 시장에 속해 있을 가능성이 높다는 점

19) 교육서비스업 등 서비스업 50%, 도소매 및 음식숙박업 33.2%

을 볼 때, 고졸 이하의 학력자들이 직면하는 시장을 설명함에 있어 단일노동시장 모형이 더 적합하다고 할지라도, 이는 2차 시장의 특성이 과도하게 시장을 결정하고 있다고 보는 것이 타당할 것이다.

본 연구를 통해 발견된 노동시장의 이중구조는 인적자본에의 투자를 청년실업에 대한 정책대안의 골자로 보는 기존의 정책 관점의 한계를 보여준다. 미국에서 1960-70년대에 이루어진 인적자본에의 투자가 청년을 비롯하여 노동시장에서 경쟁력이 상대적으로 취약한 계층의 사회적 지위를 향상시키는 데 실패하였으며, 소득불평등 또한 완화하지 못했다는 것이 노동시장 이중구조론자들의 연구를 통해 입증된 바 있다(송호근, 2002). 노동시장이 정상적인 기능을 수행할 수 없어 고전적 경제학자들이 전망하듯 시장에 의한 실업의 해소가 보장되지 않는 상황에서는 정부의 적극적 역할이 필요하다는 견해는 주목할 만하다(Rodrik, 1997). 단, 이러한 정부의 적극적 역할을 현재의 노동시장구조에 대한 깊은 이해가 선행되어야만 그 효과를 거둘 수 있다. 노동시장 이중구조에 대한 정부차원의 조치가 취해지지 않는 이상 청년수당제공 등 현금성 급여 또한 청년들의 문제를 해결하는 데 큰 기여를 하지 못할 것으로 보인다.

범주미정 교체회귀 모형의 사후분석 결과를 살펴보면, 근속년수 및 교육년수 등 인적자본 요인 외에도 성별, 혼인상태 등 인구사회학적 요인, 사업체의 규모, 직무 및 업종특성 등이 노동시장의 이중구조를 더욱 강화시키는 것으로 나타났다. 이러한 분석결과가 시사하는 바는 인적자본의 강화만으로 노동시장의 이중구조가 통합되지는 않을 것이라는 점이다. 따라서 노동시장의 이중구조를 해소하기 위해서는 개인의 인적자본을 향상시키는 노력 외에 다른 차원의 정책적 노력이 필요하다는 결론에 이르게 된다.

먼저 이중구조가 성별 등 인구사회학적 요인에 대한 사회적 차별에 의해 강화되고 있음이 확인되었으므로, 이러한 차별에 대해 공식적으로나 비공식적으로 제재할 수 있는 방안이 필요하다. 이미 기업관행 속에 깊이 내재된 차별 관행을 없애기 위해서는 실제 차별이 발생한 경우에는 엄격한 처벌을, 일정기간 차별이 발생하지 않은 경우에는 적절한 보상을 수행하여야 할 것이다. 또한 고용에 있어 사회적 차별을 유발하는 속성을 분석하여 이에 대한 집단별 정책을 구사해야 할 것이다.

또한 현재의 업종특성이 노동시장 이중구조를 강화시킨다는 사실은 정책적으로 중요한 시사점을 제공한다. 일부 특정 업종이 2차 시장을 대표하게 되는 경우, 이 업종에서의 노동수요에 비해 공급은 과소하게 일어나게 되며, 반대로 일부 특정 업종이 1차 시장을 대표하게 되는 경우, 여기서의 노동수요에 비해 공급은 언제나 과도하게 일어날 것이다. 이는 노동시장에서의 수요−공급 관계를 체계적으로 왜곡시키는 결과를 도출시킬 것이다. 이는 직종특성이 노동시장 이중구조를 강화시킨다는 점에서도 동일하게 적용될 수 있다. 이 경우, 이미 분절된 노동시장이 자연스럽게 통합된 형태로 회복될 가능성이 적으므로, 정부의 정책을 통해 특정 업종, 특정 직종에서의 열악한 고용조건을 개선시킬 수 있어야 할 것이다.

참 고 문 헌

ഗ

고용노동부. (2015). 청년고용 촉진 및 능력중심 사회 구현을 위한 고용노동부-한국 대학교육협의회간 MOU 체결. 고용노동부 보도자료.

교육부, & 한국교육개발원. (2000~2015). 교육통계연보.

금재호. (2005). 노동시장 이중구조의 실증적 검증. 「제6회 노동패널학술대회자료집」, 2005(단일호).

김영재, & 정상완. (2013). 한국 역대 정부의 청년실업정책 비교 연구. 「취업진로연구」, 3(2), 1-20.

남춘호. (1995). 제조업 노동시장의 이중구조에 대한 실증적 분석. 「한국사회학」, 29(WIN), 789-824.

송호근. (2002). 빈곤노동계층의 노동시장구조와 정책. 「한국사회학」, 36(1), 23-50.

안상훈. (2015). 「한국 사회의 이중구조와 생애주기적 불평등」. 서울: 집문당.

이정우. (2011). 「불평등의 경제학」. 서울: 후마니타스.

통계청. (2000~2015). 경제활동인구조사.

통계청. (2007~2016). 경제활동인구조사 - 청년층 부가조사.

황선자. (2006). 한국 노동시장 이중구조에 관한 실증분석, 「노동정세연구」. 2006-09, 57-73.

황수경. (2003). 내부자 (Insiders) 노동시장과 외부자 (Outsiders) 노동시장의 구조 분석을 위한 탐색적 연구. 「노동정책연구」, 3(3), 49-86.

Becker, G. (1964). *Human capital : a theoretical and empirical analysis, with special reference to education.* New York: National Bureau of Economic Research.

Bergmann, B. R. (1974). Occupational segregation, wages and profits when employers discriminate by race or sex. *Eastern Economic Journal*, 1(2), 103-110.

Bulow, J. I. and Summers, L. H. (1986). A Theory of Dual Labor Markets with Application to Industrial Policy, Discrimination, and Keynesian Unemployment. *Journal of Labor Economics*, 4, 376-414.

Calvo, Guillermo. (1979). Quasi-Walrasian theories of unemployment. *American Economics Review*, 69(2), 102-107.

Dickens, William T. and Lang, Kevin(1985), “A Test of Dual Labor Market Theory”, American Economic Review 75(4): 792-805

Doeringer, P. B., & Piore, M. J. (1971). *Internal labor markets and manpower analysis.* Lexington: Lexington Books.

McDonald, Ian M., Robert M. Solow. Wages and Employment in a Segmented Labor Market. *The Quarterly Journal of Economics,* 100(4), 1115-1141.

OECD. (2015). Labour market statistics.

Osterman, P. (1975). An empirical study of labor market segmentation, *Industrial and Labor Relations Review,* 28, 508-523.

Rumberger, R. W., & Carnoy, M. (1980). Segmentation in the US labour market: its effects on the mobility and earnings of whites and blacks. *Cambridge Journal of Economics,* 4(2), 117-132.

Salop, S. C. (1979). A model of the natural rate of unemployment. *The American Economic Review,* 69(1), 117-125.

Shapiro, C., & Stiglitz, J. E. (1984). Equilibrium unemployment as a worker discipline device. *The American Economic Review,* 74(3), 433-444.

Solow, R. M. (1979). Another possible source of wage stickiness. *Journal of macroeconomics,* 1(1), 79-82.

Weitzman, M. L. (1989). A theory of wage dispersion and job market segmentation. *The Quarterly Journal of Economics,* 104, 121-137.

제2회 학봉상

/

일반부문 우수상

청년층의 노동시장 이행 유형과 그 결정요인[요 약][*]

박미희 · 홍백의

본 연구는 우리사회 청년층의 노동시장 이행과정을 전체적인 시각에서 조망해 보고, 청년의 상이한 이행과정을 설명하는 요인을 이론에 기초하여 검증하려는 목적을 갖고 있다.

우리 사회 청년들의 '취업난'이 얼마나 심각한지 설명하는 것이 진부하게 느껴질 만큼, 청년들의 취업난은 상당히 오랫동안 지속되었고 그 정도도 상상을 초월한다. 이러한 오늘날을 일컬어 '청백전(청년백수 전성시대)'이라 할 만큼 청년들의 취업난은 이미 만연해있지만, 그 대책은 미흡하다. 최근 '헬조선 탈출(지옥같은 한국을 떠나는 것)'이 청년들에게는 현실적인 대안으로 여겨질 정도이니 말이다. 청년들의 '취업난', '구직난'으로 일컬어지는 현재의 상황은 청년들이 학교교육을 마치고 노동시장으로 진입하는 과정이 순조롭지 않다는 것을 보여주는 것이다. 그러나 청년들의 노동시장으로의 이행이 복잡해지고 지연되었을 뿐만 아니라 파편화되었다는 것을 서구학계에서는 오래전부터 지적해왔다(Furlong and Cartmel, 2006; Walther, 2006). 교육기간의 연장, 생활양식의 다양화, 여성고용증대, 노동시장 유연화, 그리고 개인화에 의해 과거와 같은 단선적이고 일률적인 이행은 사라졌다는 것이다(Walther, 2006). 비슷한 연령대에 있는 청년들이 제조업 공장으로 쉽게 취업을 하고, 안정적 일자리를 통해 생애계획을 꾸려나갈 수 있었던 과거의 모습을 현재에는 찾아보기 어렵다. 이를 이행의 '탈표준화'라고 부르던, '요요이행(yo-yo transition)'이라고 부르던, 청년들의 노동시장으로의 이행이 쉽지 않은 것은 분명한 사실로 보인다.

이에 국내에서도 청년층의 노동시장 진입과 이행에 관한 많은 연구가 수행되었다. 그 동안의 선행연구는 노동시장 진입이라는 단일사건의 발생에 초점을 둔 연구와 노동시장 진입 '과정'에 초점을 맞춘 연구로 대별된다. 이 중 단일사건에 초

* 본 논문은 2014년 12월 사회복지정책 41권 4호에 게재된 논문임을 밝힙니다.

점을 맞춘 연구는 대부분 첫 일자리의 획득을 중심으로 진행되었는데, 하나의 사건이 청년층의 이행과정을 정확히 보여주었는지에 대해서는 의문이다. 실제로 청년층은 만족할 만한 일자리를 얻기까지 빈번히 이동하기도 하고, 처음부터 괜찮은 일자리를 잡기 위해 장기간 준비하기도 하며, 몇 번의 구직시도 끝에 구직을 단념해버리고 비경제활동인구가 되어버리기도 하는 등 매우 다양한 모습을 보여주고 있기 때문이다. 이런 문제로 인해 최근에는 이행의 '과정'에 초점을 맞추어 그 과정을 구체적으로 기술하려는 시도가 있었다. 이 연구들은 청년의 노동시장 이행과정이 매우 상이하다는 것을 보여주었다는 점에서 의의가 있지만, 구체적 과정의 탐색에 초점을 맞추다보니 '왜'에 대한 질문에는 답하지 못한 한계가 있다. 즉 왜 청년들간에 상이한 이행형태가 나타나는가? 왜 어떤 청년은 학교 졸업 후 바로 취업을 하는데 다른 청년들은 비경활상태나 실업상태에 있다가 취업하는가? 왜 어떤 청년은 취업을 지속하는데 다른 청년은 취업과 실업을 반복하는가? 등. 청년층의 노동시장 이행과정이 다르고, 이행과정에서 대표적인 유형을 찾아낼 수 있다면, 이행유형을 결정하는 요인이 무엇인지 이론에 기초하여 검증하는 것이 필요한데, 이에 대해서는 대답을 하지 못했던 것이다.

본 연구는 이러한 선행연구의 한계를 극복하려는 시도에서 시작되었다. 즉 청년층의 노동시장 이행'과정'에 초점을 맞추어 이행의 궤적을 추정하고 대표적인 유형을 찾아내어 현재 우리나라 청년들이 경험하는 노동시장 이행과정을 구체적으로 살펴보고자 하였다. 이를 위해 청년패널2차 웨이브 1차~6차 자료를 결합하여 졸업 후 48개월 동안의 노동시장 이행궤적을 추정하고 유형화하였다. 또한 이행유형에 영향을 미치는 요인들을 인적자본론, 지위획득이론, 신호이론, 사회자본론에 기초하여 살펴보았다.

주요 분석결과는 다음과 같다. 첫째 집단중심추세분석을 활용하여 이행궤적을 추정하고 유형화한 결과, 청년층의 노동시장 이행 유형은 ①노동시장미진입형(8.6%) ②상급학교진학형(16.1%) ③장기준비형(6.3%) ④단기준비형(16.2%) ⑤불안정노동형(20.2%) ⑥상용이탈형(5.7%) ⑦상용지속형(27.0%)의 7가지 유형으로 나타났다. 이 중 가장 많은 청년이 속한 유형은 상용지속형이었고, 그 다음으로 불안정노동형과 단기준비형, 상급학교진학형이 모두 15%이상으로 많았다. 둘째, 청년층의 상이한 이행유형의 결정요인을 파악하기 위해, 7개 유형에 기초해 취업－미취업, 취업－미진입, 준비후취업－불안정노동－상용취업, 상용지속－상용이탈,

단기준비–장기준비의 다양한 모형을 설계하여 로짓분석을 수행하였다. 그 결과 노동시장진입자체(미취업, 미진입, 준비후취업)는 지위획득이론(가구배경)에 의해 주로 설명되고, 진입의 질적 측면을 나타내는 상용취업여부, 상용지속여부 등은 사회자본론(개인적 인맥)과 신호이론(대학위세도)에 의해 주로 설명되는 것으로 나타났다. 한편 인적자본론은 청년층의 이행 유형을 제한적으로만 설명하는 것으로 나타났다. 이러한 결과는 부모의 '뒷바라지'가 가능한 경우 청년이 노동시장에서 상대적으로 '다양한 선택', 즉 노동시장 진입을 하지 않거나, 임시일용직보다는 취업준비를 하거나, 심지어 장기간의 취업준비도 가능한 상황임을 함축한다.

이는 다음과 같은 정책적 시사점을 제기한다. 첫째, 현재 청년고용관련 정부의 정책은 직업지도, 취업알선 및 훈련 강화, 직업체험으로 요약될 수 있다. 그러나 분석결과 직업훈련이나 자격증은 노동시장진입이나 노동시장의 질적 측면 어느 곳에도 영향을 미치지 않는 것으로 나타났다. 이는 청년고용관련 정책들이 효과를 제대로 발휘하기가 어렵다는 것을 함축한다. 둘째, 미미한 수준이었지만 직업교육을 중심으로 하는 전문대졸업자의 경우 오히려 대학졸업자보다 긍정적인 노동시장 이행유형을 보여주는 것으로 나타났다. 이는 청년의 원활한 학교–직장 이행을 위해서는 교육체계도 함께 바뀌어야 한다는 것을 의미한다. 더불어 취업을 목표로 하는 청년이 4년제 대학에 무리하게 진학하는 것은 취업자체에 그다지 효과적이지 않을 수 있으므로 고등학교 재학시절에 진학 및 진로지도가 더불어 확대되어야 할 필요가 있다.

본 연구의 의의는 다음과 같다. 첫째, 이행과정에 초점을 둔 선행연구에서 비어 있었던 '왜?'에 대한 답을 이론에 기초하여 통계적으로 검증한 것이다. 청년 노동시장이행에 관한 국내연구는 일관되게 배열분석을 활용하였는데, 본 연구에서는 배열분석의 한계인 자의성과 통계적 검증력의 한계를 극복할 수 있는 방법인 집단중심추세분석을 활용하여 이행궤적을 추정하고 이에 영향을 미치는 요인을 이론에 근거하여 확인했다는 점에서 의의가 있다. 둘째, 이론 검증시 청년의 노동시장이행을 설명하는 이론을 종합적으로 검토했다는 점에서도 의의가 있다. 기존의 연구에서는 연구자의 주된 관심 이론이 선별적으로 분석되었는데, 본 연구에서는 데이터가 허락한 모든 이론을 포괄적으로 분석에 포함하여 보다 정확한 분석결과를 얻고자 했다. 이를 통해 기존의 연구에서는 제대로 밝혀지지 않았던 지위획득이론, 신호이론, 사회자본론의 영향력을 확인할 수 있었고, 인적자본론의 영향력이 예상과 달리 작다는 것도 확인할 수 있었다. 이러한 분석결과는 현재의 우리나라 청년이 처한 현실을 보다 잘 설명하는 것으로 보인다. 자료가 확보되어 추후에 세부적인 연구가 진행이 된다면 청년층의 원활한 이행을 지원하는 구체적인 노동시장정책수립에 기여할 수 있을 것으로 기대한다.

청년층의 노동시장 이행 유형과 그 결정요인

Ⅰ. 서 론

이태백(20대 태반이 백수)'현상에 대한 우려의 목소리가 들리기 시작한 지 어느덧 십여년이 지났다. 그 동안 청년고용촉진특별법이 제정되고 청년실업종합대책(2003년), 청년고용촉진대책(2005년), 청년실업보완대책(2007년), 청년 내 일 만들기 프로젝트(2010,2011) 등 다양한 정책이 시행되었지만, '이태백'은 어느덧 '이구백(20대의 90%가 백수)'이 되었다. 실제로 통계청에서 발표한 15~29세 청년실업률은 1998년 외환위기 전에 4~5%대였으나 외환위기 당시 12.2%(1998년)까지 치솟은 이후, 2000년대에 7~8%대를 유지하고 있다. 이는 전체 실업률의 2.5배가 넘는 수치이다. 또한 생산가능인구 중 실제 취업하고 있는 청년비율인 청년고용률은 2004년 45.1%에서 2013년 39.7%까지 지속적으로 하락하고 있는 상황이다.[1] 청년들이 최종학교 졸업이후 첫 취업에 이르는 기간이 대략 11개월이고(이태희, 2012:116), 토익·자격증·어학연수 등의 취업스펙비용이 대략 4,000만원[2]에 이른다고 하니 청년층의 취업난은 이미 상상을 초월한 듯하다.

청년들의 '취업난', '구직난'으로 일컬어지는 이 현상은 교육에서 고용으로의 이행이 순조롭지 않다는 것을 보여주는 것이다. 이것은 노동공급의 문제, 인적자본 손실 문제라는 사회적 차원의 문제와 더불어 청년 개인에게는 이후의 고용과 임금수준, 그리고 결혼과 출산이라는 청년기의 다른 중요한 과업에까지 장기적으로 영향을 미친다는 점[3]에서 그 중요성이 더욱 부각되고 있다. 이에 청년층의 노동시장 진입과 그 이행에 관한 많은 연구가 수행되었는데, 노동시장 진입이라는 단일사건의 발생에 초점을 둔 연구와 노동시장 진입 '과정'에 초점을 맞춘 연구로 대별된다. 전자의 연구들은 취업여부, 이행시기, 일자리 질(정규직여부, 대기업여부, 임금 등)과 같은 이행의 결과에 영향을 미치는 요인을 다양한 이론에 기초하여 분

1) 통계청 e－나라지표, 부문별지표, 청년 고용동향을 참고하였음. http://www.index.go.kr
2) 청년유니온이 2012년 조사한 것으로, 대학진학목적이 대부분 취업이기 때문에 대학등록금을 이 비용에 포함시켰다고 한다(경향신문 2012년 5월 30일자)
3) 청년들의 팍팍한 삶으로 인해 연애·결혼·출산을 포기하는 '3포 세대', 인간관계까지 포기한다는 '4포 세대', 주택구입도 포기하는 '5포 세대'라는 신조어도 등장했다.

석했다(김안국·강순희, 2004; 박성재·반정호, 2006; 장기영, 2008; 황여정·백병부, 2008; 김정숙, 2009; 성지미·안주엽, 2012 등). 이 연구들은 대부분 첫 일자리에 초점을 맞춰 청년의 이행을 살펴보았는데, 과연 첫 일자리의 획득이라는 단일사건이 청년층의 노동시장 이행을 정확하게 보여주고 있는지에 대해서는 의문이다. 실제로 청년층은 만족할 만한 일자리를 얻기까지 빈번히 이동하기도 하고, 처음부터 괜찮은 일자리를 잡기 위해 장기간 준비하기도 하며, 몇 번의 구직시도 끝에 구직을 단념해버리고 비경제활동인구가 되어버리기도 하는 등 매우 다양한 모습을 보여주고 있기 때문이다. 이런 문제로 인해 최근에는 이행의 '과정'에 초점을 맞추어 그 과정을 구체적으로 기술하려는 시도가 있었다(박진희·김용현, 2010; 권혁진·유호선, 2011; 김성남·최수정, 2012; 문혜진, 2013). 이 연구들은 청년의 노동시장 이행과정이 매우 상이하다는 것을 보여주었다는 점에서 의의가 있지만, 구체적 과정의 탐색에 초점을 맞추다보니 '왜'에 대한 질문에는 답하지 못한 한계가 있다. 즉 왜 청년들간에 상이한 이행형태가 나타나는가? 왜 어떤 청년은 학교 졸업 후 바로 취업을 하는데 다른 청년들은 비경활상태나 실업상태에 있다가 취업하는가? 왜 어떤 청년은 취업을 지속하는데 다른 청년은 취업과 실업을 반복하는가? 등. 청년층의 노동시장 이행과정이 다르고, 이행과정에서 대표적인 유형을 찾아낼 수 있다면, 이행유형을 결정하는 요인이 무엇인지 이론에 기초하여 검증하는 것이 필요한데, 이에 대해서는 대답을 하지 못했던 것이다.

본 연구는 이러한 선행연구의 한계를 극복하려는 시도에서 시작되었다. 즉 청년층의 노동시장 이행'과정'에 초점을 맞추어 이행의 궤적을 추정하고 대표적인 유형을 찾아내어 현재 우리나라 청년들이 경험하는 노동시장 이행과정을 구체적으로 살펴보려고 한다. 뿐만 아니라 유형간의 차이와 그 결정요인을 청년층의 노동시장 성과에 관한 미시이론에 기초하여 통계적으로 확인해보고자 한다. 이에 본 연구는 집단중심추세분석을 활용하여 이행의 궤적함수를 통계적으로 추정하여 이행유형을 파악하고, 상이한 이행유형을 설명하는 요인들을 로짓분석을 통해 찾아보고자 한다. 이를 통해 선행연구에서 공백으로 남아 있었던 부분을 채울 수 있을 것으로 기대한다.

Ⅱ. 이론적 배경

1. 청년층의 노동시장 진입에 관한 연구: 단일 사건(event)으로서의 이행

노동시장 진입 즉 입직에 관한 국내연구는 노동시장 진입여부(취업여부), 노동시장에 진입하기까지 걸린 시간(미취업탈출기간), 첫 일자리의 질(임금수준, 고용형태, 사업체규모 대기업취업여부)등을 통해 파악되었으며, 입직에 영향을 미치는 요인을 다양한 이론에 기초하여 설명하고 있다. 대표적인 이론[4]은 인적자본론, 지위획득이론, 신호이론, 사회자본론, 직업탐색론이다(김종성·이병훈, 2012:238－240). <표 1>은 이러한 이론에 기초하여 국내에서 진행된 실증연구의 주요 결과를 정리한 것이다.

인적자본론에 따르면, 청년층의 성공적인 노동시장 이행은 개인이 소유한 인적자본에 의해 좌우되며, 인적자본의 축적정도는 학력, 자격증, 직업훈련 등으로 파악될 수 있다고 본다(김안국·강순희, 2004; 박성재·반정호, 2006 등). 그러나 인적자본이 청년층의 노동시장 진입과 그 성과에 미치는 효과는 일관되지 않다. 교육수준만 해도 대기업정규직 취업확률이나 임금과 같은 첫 일자리의 질에는 일관되게 정적 영향을 미치지만, 취업확률이나 미취업탈출기간에는 성별에 따라 다른 결과를 보여준다(안주엽·홍서연, 2002; 이규용·김용현, 2003; 우해봉·윤인진, 2008; 남기곤, 2009). 직업훈련이나 자격증은 미취업탈출기간과 취업확률에 대부분 정적 영향을 미치지만, 첫 일자리의 질에는 상이한 결과를 보여준다. 결과적으로 인적자본이 높을수록 '좋은 일자리'를 가질 가능성은 커지지만, 취업확률이나 미취업탈출기간은 단순히 인적자본과 정적 관계가 있다고 말하기가 어렵다. 이는 연구대상[5]과 노동시장 이행 성과의 지표가 상이하기 때문이기도 하지만(이자형·이기혜, 2011:33), 최근 '좋은 일자리'를 취득하기 위해 청년들이 취업을 유예하며 취업준비를 하는 경향의 영향으로 이해된다.

---

4) 청년층의 학교에서 노동시장으로의 이행을 설명하는 이론은 크게 미시이론과 거시이론으로 대별된다. 거시이론은 노동수요와 공급의 측면, 채용패턴의 변화 등으로 청년의 노동시장 이행을 설명하는 이론이고, 미시이론은 청년 구직자 개인이 갖는 다양한 특성과 그의 가족배경, 사회적 연결망을 중심으로 청년층의 노동시장 이행을 설명하는 이론이다. 청년층의 입직과정을 설명하고자 하는 선행연구에서는 분석단위가 청년개인이기 때문에 미시이론을 주로 다루고 있다.

5) 대졸자나 고졸자로 한정짓거나, 대졸자도 전문대졸업자와 4년제대학 졸업자를 구분하여 분석하였기 때문에 분석결과가 일관되게 나오지 않는 것으로 보인다.

▮표 1 국내 선행연구 결과 요약

구분	설명변수	결과	종속변수		
			취업여부	미취업 탈출기간	일자리 질
인적자본 이론	교육수준	(+)	남기곤(2009): 여자는 고졸<전대졸, 대졸	우해봉·윤인진(2008)	이규용·김용현(2003) 우해봉·윤인진(2008)
		(−)	남기곤(2009): 남자는 고졸>대졸	안주엽·홍서연(2002): 고졸>대졸	
	직업훈련 경험여부	(+)	장기영(2008):4년제대졸만		이규용·김용현(2003) 장기영(2008): 4년제대졸만
		(−)			성지미·안주엽(2012)
		(x)	남기곤(2009)	이규용·김용현(2003)	
	자격증 (여부/개수)	(+)	채구묵(2007)[1] 남기곤(2009) 성지미·안주엽(2012)	강순희·박성재(2002) 이규용·김용현(2003) 우해봉·윤인진(2008)	
		(−)	장기영(2008): 4년제대졸만		
		(x)	채창균·김태기(2009)	박성재·반정호(2006)	박성재·반정호(2006)
	학점	(+)	채구묵(2007) 황여정·백병부(2008) 채창균·김태기(2009) 성지미·안주엽(2012)		정태영·이기엽(2005) 박성재·반정호(2006): 황여정·백병부(2008) 김정숙(2009)
		(−)		박성재·반정호(2006)	
		(x)	정태영·이기엽(2005)		채구묵(2007)
	영어점수	(+)			박성재·반정호(2006) 성지미·안주엽(2012)
		(−)	성지미·안주엽(2012)		
		(x)		박성재·반정호(2006)	
	어학연수 여부	(+)	성지미·안주엽(2012) 장기영(2008): 4년제졸 만		김정숙(2009) 이자형·이기혜(2011) 성지미·안주엽(2012) 장기영(2008): 4년제졸 만
		(−)	채창균·김태기(2009): 전문대여자만		
		(x)	채창균·김태기(2009)		
	연수비용	(+)	황여정·백병부(2008)		황여정·백병부(2008)
지위획득 이론	부의 학력	(+)			김정숙(2009): 전대졸이상만
		(−)	장기영(2008)		
		(x)	남기곤(2009)	이현성(2010)	
	모의 학력	(−)	장기영(2008)		
		(x)	채창균·김태기(2009)		

	가구소득	(+)	황여정·백병부(2008): 고소득 만 장기영(2008): 4년제 졸의경우. 하<중상이상	이현성(2010)	김정숙(2009) 이현성(2010)
	부 직종	(–)	장기영(2008)		
신호이론	대학 위세도	(+)	채구묵(2007): 비수도권사립대<수도권사립대	이규용·김용현(2003)[2]	이규용·김용현(2003) 성지미·안주엽(2012)[3]
직업탐색론	구직횟수	(+)	안관영·조영환(2012)		
	구직시기	(–)			김정숙(2009)
사회자본론	구직경로	(+)	장기영(2008): 비공식경로	김종성·이병훈(2009): 개인적 연결망	

주 1) 채구묵(2007)의 연구에서는 취득자격증의 전공 및 취업관련 정도를 나타나는 변수를 활용하였음

2) 이규용·김용현(2003)의 연구에서는 2000년도 수능입학성적을 기준으로 4년제 대학을 3그룹으로 구분하여 분석함

3) 성지미·안주엽(2012)의 연구에서 대학위세도는 중앙일보 교육개발연구소의 대학서열을 적용하였음

다음으로 지위획득이론은 부모의 사회경제적 지위가 자녀의 노동시장 성과에 영향을 미친다는 것이다. 던컨(Duncan, 1961)은 부친의 직업지위가 자녀의 학력에 영향을 미쳐 이후 자녀에게 부친의 직업지위가 세습된다는 지위획득이론을 주장하였는데(김종성, 2013:24), 국내에서도 청년의 노동시장 성과에 직·간접적으로 영향을 미치는 주요 요인으로 부모의 학력과 가구소득, 부의 종사상지위, 부의 직업 등이 분석되고 있다. 그러나 분석결과 부모의 학력은 예상과는 달리 자녀의 취업확률에 부적영향을 미치거나(장기영, 2008), 통계적으로 영향을 미치지 않는 것으로 나타났다(남기곤, 2009; 이현성, 2010). 이러한 결과를 부모학력이 높은 자녀의 취업확률이 낮다고 해석하기보다는 부모의 학력이 높은 자녀는 졸업 후 바로 취업하기보다는 상급학교진학이나 유학 등으로 취업을 유예하는 것으로 해석되고 있다(장기영, 2008). 한편 가구소득은 취업확률, 미취업탈출기간, 첫 일자리의 질에 대부분 정적 영향을 미치는 것으로 나타났다(황여정·백병부, 2008; 김정숙, 2009). 그러나 가구소득의 경우 취업한 자녀의 근로소득이 가구소득에 이미 포함되어서 나타난 결과일 수 있으므로 이를 고려한 조치가 필요한 것으로 보인다.

신호이론에 따르면, 시장에서는 개인의 생산성에 대한 정보가 부족하기 때문에 대학서열이나 인종, 성별 등의 다른 신호에 따라 기업이 개인을 선별한다는 것이다. 국내에서는 특히 대학위세도(대학지명도나 대학서열)가 신호이론의 대표적 변인

으로 분석되었다. 이를 위해 수능입학성적(이규용·김용현, 2003)이나 대학평가순위(성지미 · 안주엽, 2012)를 사용하거나, 수도권 국공립대/수도권 사립대/비수도권 국공립대/ 비수도권 사립대(채구묵, 2007)를 대리변수로 사용하였다. 분석결과 대학위세도(대학서열)는 취업확률, 미취업탈출기간, 첫 일자리 질 모두에 정적인 영향을 미치는 것으로 나타났다.

사회자본론은 '나'를 둘러싼 여러 타자와의 관계에서 형성된 사회자본이 청년층의 노동시장 이행성과를 결정한다고 본다(김종성·이병훈, 2012). 특히 공식적인 직업탐색보다는 본인의 개인적 친분을 통해 더 쉽게 취업한다는 그라노베터(Granovetter, 1974)의 연구이후, 국내에서도 청년층의 노동시장성과에 사회자본의 영향력을 확인하는 연구가 수행되었다. 장기영(2008)의 연구에서는 구직경로가 공식경로(직업알선기간등록, 신문잡지, 사업체 방문, 취업박람회 등)인 경우에 비해 비공식경로(교수님 추천, 친구·친지의 소개, 가족사업 등)인 경우 취업확률이 높은 것을 확인하였다.

마지막으로 직업탐색론은 불완전한 일자리정보 때문에 청년층이 노동시장으로의 원활한 이행에 실패한다고 보는 입장이다. 이는 일자리 정보는 구직자의 노력에 따라 획득할 수 있다고 전제하는 것으로, 열심히 구직활동을 하면 취업가능성이 높아진다고 보는 입장이다(김종성, 2013:9). 직업탐색론은 소수이나 국내연구에서도 확인되고 있다. 폴리텍대학 졸업생의 직업탐색행동의 성과를 분석한 안관영·조영환(2012)의 분석결과에 따르면, 이력서작성과 같은 예비적 탐색행동이나 취업관련기관 방문, 취업박람회 참석 등과 같은 적극적 탐색행동이 취업에 정적 영향을 미치는 것으로 확인되었다. 구직활동시기를 분석한 김정숙(2009)의 연구에서는 구직활동시기가 빠를수록 대기업 정규직 취업확률을 높이는 것으로 나타났다.

이상은 청년층의 '첫 일자리'라는 단일 사건에 초점을 맞추어 노동시장 이행을 살펴본 연구들이다. 이 연구들은 청년층의 노동시장 이행에 영향을 미치는 요인들을 이론에 기초하여 확인했다는 점에서 의의가 있지만, 과연 '첫 일자리'가 청년층의 이행과정을 제대로 잘 설명하고 있는지에 대해서는 의문이다. 이에 대해서는 아래에서 구체적으로 살펴보도록 한다.

2. 청년층의 노동시장 이행과정에 관한 연구: 과정으로서의 이행

청년층의 노동시장 이행 '과정'에 초점을 둔 연구는 노동생애에서 발생하는 구체적인 변화양상을 포착할 뿐만 아니라 청년의 노동생애를 총체적인 시각(holistic view)으로 분석할 필요가 있다는 문제의식에서 시작되었다(권혁진·유호선, 2011; 문혜진, 2012; Brzinsky-Fay, 2013). 즉 총체적 시각의 필요성은 청년층의 노동시장 이행 특성과 이행의 현상을 보다 잘 이해하기 위한 것이라고 할 수 있다. 특히 청년층은 최근의 경력자 우대 경향속에서 만족할 만한 일자리를 찾기 위해 빈번하게 직장이동을 하거나(Brzinsky-Fay, 2007),[6] 괜찮은 일자리가 아니면 애초에 진입을 유예하고 취업준비를 하거나, 취업을 포기하고 비경활인구가 되는 등의 다양한 이행의 형태를 보여주고 있는데, 이러한 다양한 이행 형태를 특정시점에서 포착하기는 무리가 있다는 것이다. 또한 학교에서 직장으로의 첫 번째 이행('첫 일자리')에 초점을 둔 연구들은 한 번의 이동으로 청년의 학교-직장 이행과정이 끝났다고 단정짓는 것과 마찬가지이며 이는 미래에 미칠 영향력이나 본질을 고려하면 매우 자의적인 방법이라고 비판한다(Brzinsky-Fay, 2013:218-220).

이러한 문제의식 속에서 국내에서도 청년층의 이행 과정을 구체적으로 확인하기 위해 몇몇의 연구가 수행되었다(박진희·김용현, 2010; 권혁진·유호선, 2011; 김성남·최수정, 2012; 문혜진, 2013). 청년의 노동시장 이행 유형을 분석한 선행연구를 보면(표 2), 배열분석으로 이행과정을 분석하고, 배열간 거리에 기초하여 이행을 유형화했다. 노동시장 이행상태를 파악하기 위해 노동시장에 포섭되어 있는 정도(예. 경제활동상태, 종사상지위)와 일자리의 질(예. 직업, 고용형태, 사업장규모 등)이 분석되었다. 대표적으로 박진희·김용현(2010)은 노동패널을 활용하여 15-29세 청년의 10년간 경제활동상태, 종사상지위, 직업의 이행과정을 살펴보았다. 이 연구는 청년의 노동시장 이행과정에 초점을 둔 첫 연구라는 점에서 의의가 있다. 그러나 성별과 학력에 따른 이행유형의 차이만 확인했을 뿐, 그러한 차이가 통계적으로 유의한지, 차이를 나타내는 요인은 무엇인지는 분석하지는 않았다. 유형별 차이를 통계적으로 확인한 연구는 문혜진(2013)이 유일한데, 이 연구에서는 노동지위(직장수, 사업장 규모, 고용형태)에 초점을 맞추어 외환위기 전후의 청년코호트의 노동경력을 비교하고 코호트간 차이를 통계적으로 확인하였다. 분석결과 외환위기 이후

---

6) Topel and Ward(1992)의 연구에 따르면, 청년층은 노동시장 진입후 10년 동안 평균 7개의 직업을 경험하는데, 이는 전체 노동생애 일자리의 2/3에 해당하는 것이다(문혜진, 2013:204).

청년층코호트에서 이동형·실직형·미취업형의 불안정노동경력이 증가하는 것을 확인하였다. 그러나 외환위기 전후의 청년코호트간의 차이가 있음을 확인했을 뿐, 그 차이의 원인이 무엇인지, 어떤 요인으로 그런 차이를 설명할 수 있는지에 대해서는 분석하지 못한 한계가 있다(문혜진, 2013:222-223).

이상의 선행연구들은 청년의 노동시장 이행을 하나의 '사건'이 아닌 '과정'으로 인식하고 전체적인 시각에서 이행의 구체적 과정을 파악하려고 시도했다는 점, 청년의 노동시장이행이 매우 다양한 방식으로 이뤄지고 있음을 보여줬다는 점에서 의의가 있다. 그러나 다양한 이행과정에서 대표적인 유형이 무엇인지, 그러한 이행유형을 결정하는 요인이 무엇인지를 이론에 기초하여 검증하고 해석하려는 시도는 부족했다. 따라서 본 연구는 우리나라 청년층의 최종학교 졸업이후 48개월 동안의 이행과정을 유형화하고, 노동시장 진입을 설명하는 미시이론에 기초하여 이행유형의 결정요인을 찾아보고자 한다.

표 2 청년층 노동시장 이행 유형에 관한 선행연구 결과

연구자	분석자료	분석대상	분석방법	이행상태 변수	유형의 수	유형설명
박진희 김용현 (2010)	노동패널 (1998~2008)	1998년 15~29세인 사람의 10년간 경력개발경로 분석 *총 1,001명 분석	배열분석/ 군집분석	경제활동 상태	7집단	취업형/ 노동시장 유지형/ 노동시장 진입형/ 비경제활동형/ 노동시장 퇴장형/노동시장 재진입형/ 노동시장 진입 퇴장 반복형
				종사상 지위	7집단	종사상지위유지형/상향이동형/하향이동형/고용주전환형/근로자전환형/고용불안형/종사상지위복귀형
				직업	4집단	전문가형/경력전환형/전이형/직업복귀형
권혁진 유호선 (2011)	청년패널2001 (2001~2006)	고졸자 및 대학이상 졸업자의 졸업 후 48개월의 이행과정 분석 *총 2,034명 분석	배열분석	니트, 직업훈련, 비임금근로, 비정규임금, 정규임금	상위5개만 제시. 유형화 안함	이행경로1) 니트-정규 이행경로2) 니트 이행경로3) 정규 이행경로4) 니트-정규-니트 이행경로5) 정규-니트
김성남 최수정 (2012)	한국교육고용패널 (2004~2009)	2004년 당시 특성화고 2,000명과 일반고 2,000명 분석 (19~25세까지 7년간 분석) *총 4,000명 분석	배열분석/ 군집분석	일반고 졸업자의 경력개발	5집단	고졸후 지속적 미상형/ 대졸후 취업형/ 병역후 대학복귀형/ 전문대 진학후 지속적 미상형/ 전문대 졸업후 취업형
				특성화고 졸업자의 경력개발	4집단	대학재학형/ 고졸후 지속적 미상형/ 고졸후 취업형/ 전문대 및 미상 혼합형

문혜진 (2013)	노동패널 (1998~2008) + 청년층 부가자료	1) 90년대 코호트: 90-91년 졸업후 72개월 이상의 노동경력자 2) 200년대 코호트: 00~01년 졸업후 72개월 이상의 노동경력자 *총 848명 분석	배열분석/ 군집분석/ 로짓분석	직장수	3집단	이동형/ 미취업형/ 실직형
				사업장규모	4집단	영세사업장 및 실직형/미취업형/ 무응답군/ 중소기업형
				고용형태	5집단	비정규직형/ 미취업형/ 미취업과 정규직형/ 실직형/자영 및 가족종사자형
				직장수-사업장규모 -고용형태의 통합배열	12 집단	사무준전문직 대기업 지속형/ 전문직 비대기업 지속형/ 기술직 중소기업 지속형/ 사무직 무응답군 지속형/ 직종 혼합 영세사업장형/ 직종혼합(전문,사무) 이동형/ 직종혼합(사무, 준전문) 이동형/ 서비스준전문 무응답군 이동형/ 미취업경과 취업형/ 미취업형/실직형/군복무형

주) 김혜연(2010a:146)을 참고하여 구성함

Ⅲ. 연구방법

1. 자료와 처리

(1) 분석자료 및 대상

본 연구는 청년층의 노동시장 이행과정을 분석하는데 목적이 있으므로, 청년층을 대표하는 자료인 청년패널 2차 웨이브(YP2007) 자료를 사용한다.[7] 청년패널 2차 웨이브(2007~2012)는 2007년 당시 만 15~29세 청년 10,206명을 대상으로 조사하기 시작해 6차 조사(2012년) 현재 7,843명이 조사에 참여하고 있으며, 청년층의 학교생활과 직장생활에 관한 풍부한 정보가 담겨져 있다는 점에서 본 연구에 적합하다.

본 연구의 분석대상자는 2007년 최종학교 졸업자와 2008년 최종학교 졸업자이다. 노동시장에서의 이행과정을 보다 정확하게 파악하기 위해서는 장기 관측이 필요하다. 관측기간에 따라 이행의 과정과 그 유형이 달라질 수 있기 때문이다. 그

7) 노동시장상태에 대한 구체적인 정보를 담고 있는 노동패널도 고려하였으나, 노동패널의 경우 청년층을 대표하는 자료가 아니므로 청년층을 선택하는 과정에서 선택편의가 발생할 수 있다는 점, 학력의 변화과정을 추적하는 것이 어렵다는 점(문혜진, 2012:36-37)에서 청년패널을 사용한다.

러나 관측기간이 길어질수록 분석대상자수는 적어지게 된다. 현재 청년패널이 6차까지 조사되었으므로 관측기간과 분석대상자수를 고려하여 2007년 최종학교 신규졸업자와 2008년 최종학교 신규졸업자중, 졸업 후 바로 상급학교로 진학하지 않은 청년의 이행과정을 추적한다.[8] 최종적으로 2007년 최종학교 졸업자 중 YP2007 1~5차에 모두 응답한 사람과 2008년 최종학교 졸업자 중 2~6차에 모두 응답한 사람, 총 793명의 졸업이후 48개월 동안의 이행상태를 분석한다.

(2) 이행상태의 월별 자료 구축 과정

이행과정의 변화를 추적하는 것은 시간에 따라 변하는 과정을 정해진 분석기간 동안 총체적이고 포괄적으로 파악하는 것을 의미한다(김혜연, 2010: 148). 청년패널 직업력자료에는 청년이 경험한 모든 일자리의 시작시점과 종료시점이 월단위로 조사되어 있다. 또한 교육력자료에도 교육의 시작시점과 종료시점이 월단위로 조사되어 있다. 이를 연단위로 분석할 경우 청년의 빈번한 노동시장 이동 상태를 간과하는 것이므로 이 정보를 제대로 활용하기 위해 월별단위로 데이터셋을 구축하였다.

먼저 본 연구의 종속변수인 노동시장 이행상태를 포착하기 위해 본 연구는 노동시장에 어느 정도 통합되어 있는가에 따라 다음과 같이 서열화하였다. 노동시장 진입여부(경제활동여부)와 종사상지위를 두 축으로 순수비경활(0점)에서 상용직 임금근로자(5점)까지 부여하였다. 순수비경활은 노동시장에서 완전히 벗어나 있다는 의미에서 0점을 부여하였고, 비경활-학생은 산업예비인력으로써 졸업 후 노동시장에 진입할 가능성이 순수비경활보다는 크기 때문에 1점을 부여하였다. 또한 비경활사유의 취업준비생을 포함하여 지난 1개월동안 구직활동이나 취업준비, 취업을 위한 통학에 응답한 경우는 실업자 및 준실업자(2점)로 구분하였다.[9] 또한 18

---

8) 관측기간과 분석대상자수를 확보하기 위해 회고자료를 이용할 수도 있으나, 청년패널 2차 웨이브의 경우 첫 일자리 외의 일자리에 대한 회고자료가 존재하지 않는 문제가 있어 회고자료는 분석에서 제외하였다. 또한 학교에서 노동시장으로의 이행과정을 파악하기 위한 것이므로 학교 졸업 후 바로 상급학교로 진학한 경우에도 제외하였다.

9) 청년의 경우 취업준비생과 같은 비경제활동인구와 실업자의 구분이 애매하기 때문에 '미취업'으로 구분하거나, NEET로 구분하여 분석하기도 한다(권혁진·유호선, 2012). 그러나 육아·가사 등으로 노동시장에서 벗어나 있는 비경활인구와 더 나은 취업을 위해 잠시 일자리를 보류하고 있는 취업준비생을 같은 노동시장의 이행과정에 있다고 보기는 무리가 있다고 판단하여 실업자 및 준실업자 범주로 포함했다.

시간미만 무급가족종사자는 현재 일을 하고는 있지만 일반적으로 취업자로 분류되지 않으므로 실업자 및 준실업자 범주에 포함했다. 다음으로 현 일자리의 종사상지위를 반영하여 비임금근로(18시간이상 무급가족종사자 포함)와 임시일용직 임금근로, 상용직 임금근로를 순서대로 구분하였다.

표 3 노동시장 이행상태

구분	순수 비경활	비경활-학생	실업자 및 준실업자	비임금근로	임시일용직 임금	상용직임금
점수	0	1	2	3	4	5

위의 이행상태를 월별자료로 구축하기 위한 구체적 과정은 다음과 같다.

첫째 취업자의 경우, 각 일자리의 시작시점과 종료시점을 활용하여 그 기간 동안 해당 일자리의 종사상지위 정보를 활용하였다. 이때 현재 일자리의 종사상지위가 무응답인 경우, 해당 일자리 시작 시 종사상지위로 대체하였다. 다음으로 일자리 기간 정보가 무응답인 경우, 새로 시작된 일자리의 시작시점이 무응답이면 시작시점을 조사시점으로 일치시켰다. 일자리 번호가 같은데 기간정보가 없는 경우, 해당 일자리의 이전조사자료를 활용하여 일자리 시작시점을 확인하였다. 마지막으로 현재 취업자 중, 졸업 후 일정 기간 경과 후에 첫 직장을 가진 사람은 해당 기간 동안을 실업으로 코딩하였다. 또한 일자리와 일자리 사이의 공백 기간, 실업과 취업사이의 공백 기간은 실업(2점)으로 구분하였다. 그 외 취업자임에도 취업기간이나 종사상지위가 모두 무응답인 경우는 분석에서 제외하였다.

둘째 미취업자의 경우, 교육력데이터를 활용하여 분석대상자 중 졸업이후 일정기간이 지난 후 새로운 학교에 입학한 경우 입학시점과 졸업시점을 확인하여 해당기간의 이행상태를 비경활-학생(1점)으로 구분하였다. 그 외의 기간은 최종학교 졸업시점과 조사시점 정보를 활용하여 조사시점 이전의 기간은 순수비경활(0점) 또는 준실업자(2점)값을 부여하였다. 실업자 및 준실업자를 추출하기 위해 지난 1개월의 주요 활동상태를 활용하였다.[10] 그 외 비경활 상태 이후의 무응답은 비경활이 지속된다고 판단하여 순수비경활(0)을 부여하였다.[11]

---

10) 1차와 2차 조사에는 지난 1개월간 주요 활동상태에 대해 조사되지 않아, 지난 1주간 주요 활동상태 문항을 활용하였다.

11) 예를 들어 SAMPID 49번인 사람의 경우, 2008년 2월에 최종학교를 졸업하고(t=0) 2010년 9

2. 분석방법

본 연구는 청년의 노동시장 이행과정을 유형화하고 결정요인을 파악하기 위해 2단계 분석을 수행한다. 1단계에서는 청년의 노동시장 이행 궤적을 파악하고 유형화하기 위해 집단중심추세분석을 사용한다. 집단중심추세분석(Group-based Trajectory Analysis, 이하 GBT)은 배열분석(Sequence Analysis)과 같이 개인의 노동생애와 그 '과정'을 총체적으로 분석하기 위해 개발된 방법이다(김혜연, 2010a: 239). GBT는 관찰기간동안의 동태적인 상태변화과정을 총체적으로 분석하여 시간의 흐름에 따른 변화유형을 찾는다는 점에서 배열분석과 비슷하지만, 배열분석과 달리 각 그룹의 궤적형태(함수)를 직접 추정할 수 있으며 데이터에 적합한 궤적형태와 그 수에 대한 가설검증을 할 수 있다(Hynes and Clarkberg, 2005:226). 즉 GBT는 배열분석의 한계인 자의성의 문제와 통계적 검증문제[12]를 해결할 수 있으며 방법론적으로 유연하고 쉽게 적용이 가능하다(Jones B. and Nagin D., 2013:609)는 점에서 강점이 있다.

GBT에서 최적의 궤적함수를 추정하고 집단수를 결정하는 방법은 다음과 같다. 먼저 시간에 따른 궤적형태를 추정하기 위해 종속변수의 속성에 따라, 기간내 발생한 횟수인 경우는 포아송분포(poisson dist.), 심리척도인 경우 절단정규분포(censored normal dist.), 이분형일때는 이분형로짓분포(binary logit dist.)를 이용하여 궤적함수를 추정한다(Nagin, 1999:144-145). 본 연구의 종속변수인 청년의 노동시

월까지 취업상태에 있다가(t=31) 2011년 3월에 대학에 입학하여(t=37) 2012년 2월에 졸업하였다(t=48). 그 이후 2012년 10월(6차 조사시점, t=56)의 상태는 미취업이었다. 이 경우 t1~t31까지는 해당 일자리의 종사상지위값 부여, t37~t48은 학생(1)의 값을 먼저 부여하였다. 다음으로 미취업기간동안 구직과 관련한 활동을 했다면 준실업자(2)의 값을 부여하고, 그렇지 않으면 비경활(0)의 값을 부여하였다. 그러나 t49이상은 분석기간에 해당하지 않기 때문에 분석에는 사용하지 않았다.

12) 배열분석이 노동시장 이행과정을 매우 구체적으로 기술할 수 있다는 장점이 있으나 사전에 연구자에 의해 정의된 전환비용에 기초하여 배열간 거리가 계산되기 때문에 자의적이고 주관적이며(Levine 2000; Wu 2000), 기술적(descriptive) 분석과 설명에 치중하여 한 경로가 다른 경로와 질적으로 유의하게 다른 것인지에 대한 통계적 판단이 어렵다는 비판을 받아왔다(민현주, 2012:70). 또한 수많은 배열에서 대표적 유형을 찾아내기 위해 배열분석은 군집분석을 활용하지만, 군집분석으로는 궤적의 수나 함수형태가 타당한지에 대한 통계적 검증을 할 수가 없다(Hynes and Clarkberg, 2005:226). 최근에는 이러한 문제를 해결하기 위해 전환비용 산출시 표준배열이나 대체비용행렬을 구해서 반복계산을 하거나, 가설검증이 가능한 다른 방법론과 결합적으로 사용할 것이 제안되고 있다(Brzinsky-Fay, 2013:224). 그러나 이러한 방법은 비판에 대한 방어는 될 수 있으나 궤적추정시 통계적 확인이 어렵다는 것은 여전히 한계로 남는다.

장 이행상태는 엄격한 의미에서 범주형이지만, 노동시장에의 통합정도를 나타내도록 구성하였으므로 서열변수로 가정하여 절단정규분포로 추정하였다(Jones and Nagin, 2007; 김혜연, 2010a, 2010b). 또한 청년층은 노동시장에서의 이동이 빈번하다는 점을 고려하여 <식 1>과 같이 시간에 대한 3차함수식으로 궤적을 추정하였다.[13)]

$$y_{it}^{*j} = \beta_0^j + \beta_1^j T + \beta_2^j T^2 + \beta_3^j T^3 + \epsilon \qquad < 식 1 >$$

GBT는 모집단이 시간의 흐름에 따라 상이한 발전경로를 갖는 몇 개의 집단으로 구성되어 있다고 가정한다(Nagin, 1999:140). 따라서 최적의 모형을 선택하는 과정은 앞서 결정된 궤적 함수식에 기초하여 데이터에 가장 잘 맞는 최적의 집단수를 찾는 과정이라 할 수 있다. 이를 위해 GBT는 최대우도법(maximum likelihood method)을 사용한다. 최적의 집단수를 발견하는 과정은 1집단 모형부터 시작하여 집단수를 단계적으로 늘려가며 <식 2>와 같은 방법으로 계산된 각 모형의 BIC(Bayesian information criterion)를 기초로 결정한다.

$$BIC = \log(L) - 0.5^* \log(n)^* (k) \qquad < 식 2 >$$
$$(\text{여기서}, \log(L) = \log\prod^{N} P(Y_i))$$

일반적으로 최적모형은 BIC값이 가장 큰 것으로 선택하는데, 종종 집단수를 지속적으로 늘려도 BIC가 계속해서 커지는 경우가 있다. 이 경우에는 집단수의 변화에 따라 변화하는 BIC값의 차이를 토대로 하거나(Johnes, Nagin and Roeder, 2001; 김혜연, 2010a; 김혜연, 2010b; 홍백의·김혜연, 2010), Bayes Factor를 이용하여 판단하는 방법이 있다(Nagin, 1999:146-149). 본 연구에서는 복잡모형과 단순모형의 BIC차이의 자연로그값을 기준으로 하여, 그 값이 6이상인 경우를 최적모형으로 선택하였다<표 4>.

---

13) 청년층의 노동시장 이동의 빈번함에도 불구하고 본 연구의 분석기간이 48개월에 불과하기 때문에 3차 함수로 궤적을 추정하였다. 부가적으로 3차 궤적함수가 데이터에 가장 적합한지 확인하기 위해, 2차와 4차 궤적함수식을 활용하여 분석한 후 세 모형을 비교하였다. 그 결과 3차의 궤적함수식이 본 데이터에 가장 적합한 것을 BIC값을 토대로 확인하였다.

▮표 4 모형적합도 판단기준

ln△BIC	원 모형(H0) 기각 정도	ln△BIC	원 모형(H0) 기각 정도
0–2	기각 못함	6-10	강한 긍정
2–6	긍정적	10 초과	매우 강한 긍정

집단중심추세모형으로 데이터에 가장 잘 맞는 궤적함수식과 집단수를 결정하면, 개별 관찰치가 각 집단에 속할 사후확률이 계산된다. 사후확률이 가장 높은 집단으로 개인이 할당되면, 이행의 궤적이 상이한 집단들의 평균적 특성을 파악할 수 있다.(Nagin, 1999:149–151). 이에 기초하여 본 연구의 2단계 분석에서는 어떤 요인들이 청년들의 노동시장 이행과정을 상이하게 만드는지 (다항)로짓분석(multinomial logit analysis)으로 확인한다. 로짓분석에 투입된 설명변수는 청년의 노동시장이행에 관한 미시이론에 기초하여 선정하였다<표 5>.[14] 인적자본론을 대표하는 변인으로는 학력, 직업훈련경험여부, 자격증보유여부를, 지위획득이론을 확인하는 변인으로는 부모의 학력과 1인당 가구소득,[15] 아버지 종사상지위를 분석에 포함하였다. 신호이론을 대표하는 대학위세도는 선행연구에 따라 수능백분위성적과 대학소재지를 조합하여 구성하였다. 대학소재지만을 대학위세도의 대리변수로 사용하는 경우도 있으나, 이 경우 수도권 혹은 서울에 소재하고 있는 모든 대학이 지방 소재의 대학보다 위세도가 반드시 높다고 할 수 없으므로 수능입학성적(백분위비율)을 추가로 고려하여 구분하였다.[16] 마지막으로 사회자본론을 확인하는 변인으로는 구직정보의 취득경로를 포함하였다. 모든 설명변수는 최종학교를 졸업한 해의 값으로 고정하였으며, 기타 청년의 노동시장 성과에 영향을 미치

---

14) 청년층 노동시장을 설명하는 미시이론 중 인적자본론의 구직노력과 관련된 변수(학점, 영어성적, 어학연수 경험 등), 지위획득이론의 아버지 직업(중분류로만 조사되어 정확한 직업지위를 확인할 수 없음), 직업탐색론과 관련된 변수(구직횟수, 구직활동시작시기)는 조사되지 않아 모형에 포함시키지 못하였다.

15) 청년취업자의 경우 청년의 근로소득이 가구소득에 포함되어 내생성 문제가 발생하므로, 청년의 근로소득을 제외한 가구1인당 근로소득을 산출하여 투입하였다.

16) 동일대학이라도 학과에 따라 위세도가 다르게 나타나는 것을 감안하면 전공까지 고려한 구분이 추가되어야 할 필요가 있다. 그러나 청년패널자료에서는 대학명 변수가 공개변수가 아니라서 구체적으로 구분할 수가 없었다. 다만 중앙일보 대학평가결과(2007~2008년)를 보면 서울 소재여부와 수능성적을 조합한 것으로도 대학위세도를 대략적으로 파악할 수 있을 것으로 판단하였다. 그러나 위세도 변수의 범주구분이 반드시 서열적인지에 대해서는 논란의 여지가 있으므로 분석결과 해석시 서열적 해석을 가능하면 배제하였다.

는 요인들은 통제하였다.

▌표 5 변수의 정의

구분		변수명	조작적 정의
종속변수		이행궤적에 기반한 집단	집단중심추세분석 결과
설명변수 (미시이론)	인적자본론	학력	고졸이하(ref.) /전대졸 /대졸이상
		직업훈련경험여부	없음(ref.) / 있음
		자격증보유 여부	
	지위획득 이론	아버지 학력	중졸이하(ref.) / 고졸이하/ 전대졸 이상
		어머니 학력	
		1인당 가구소득	전년도 가구소득 자연대수 값(log)
		아버지 종사상지위	무직·사망 (ref.) / 비임금근로자 / 임금근로자
	신호이론	대학위세도	기타 (ref). / 지방소재 4년제 중상위권 대학 / 서울소재 4년제 중상위권 대학
	사회자본론	구직정보 취득경로	공식적 경로(ref.) / 비공식적 경로 / 무응답[1]
통제변수		성별	남성(ref)./여성
		연령	만나이
		졸업년도	2007년(ref.)/ 2008년
		지역	수도권(ref.) /시지역/도지역
		혼인상태	미혼(ref.) / 유배우자

주 1) 공식경로(직업알선기관등록, 신문잡지, 사업체 방문, 취업박람회 등), 비공식경로(교수님 추천, 친구·친지의 소개, 가족사업 등). 미취업자 중 구직활동을 하지 않는 자는 무응답범주로 처리

Ⅳ. 연구결과

1. 분석대상자의 일반적 특성

<표 6>은 분석대상자의 일반적 특성이다. 2007년 졸업자는 약 40%(316명)이고, 2008년 졸업자는 60%(476명)로 2008년 졸업자가 분석에 다소 많이 포함되었다.

▌표 6 분석대상자의 일반적 특성

변수명		빈도(명)	비율(%)	변수명		빈도(명)	비율(%)
졸업연도	2007	316	39.9	훈련경험	없음	764	96.46
	2008	476	60.1		있음	28	3.54
	N	792	100		N	792	100
성별	남성	332	41.92	자격증유무	없음	539	68.06
	여성	460	58.08		있음	253	31.94
	N	792	100		N	792	100
거주지역	수도권	372	46.97	교육수준	고졸이하	140	17.68
	광역시	295	37.25		전대졸	226	28.54
	도지역	125	15.78		대졸이상	426	53.79
	N	792	100		N	792	100
혼인상태	미혼	769	97.1	부 종사상지위	사망/무직	103	13.05
	유배우자	23	2.9		임금근로자	362	45.88
	N	792	100		비임금근로자	324	41.06
					N	789	100
부학력	중졸이하	136	17.17	대학위세도	기타	551	72.4
	고졸	417	52.65		지방중상위권대학	146	19.19
	대졸이상	239	30.18		서울중상위권 대학	64	8.41
	N	792	100		N	761	100

모학력	중졸이하	187	23.61	구직경로	공식경로	270	34.09
	고졸	498	62.88		비공식경로	214	27.02
	대졸이상	107	13.51		무응답	308	38.89
	N	792	100		N	792	100

	사례수	평균	표준편차	최소값	최대값
연령	792	23.46	3.0192	16	30
1인당 가구소득	747	2162.14	1380.9360	0.4472136	150001.5

분석대상자는 최소 16세부터 30세까지 분포하고 있었으며 평균연령은 23.5세로 나타났다. 남성보다는 여성이 다소 많고, 약 85%정도가 수도권 및 광역시에 거주하고 있었으며, 약 97%가 미혼인 것으로 나타났다. 분석대상자의 인적자본특성은 다음과 같다. 최근의 높은 대학진학률을 반영하듯 53.8%가 대졸 이상이었고, 전문대졸까지 고려하면 80%이상이 대학 졸업자로 나타났다. 그러나 자격증을 갖고 있는 경우는 32%정도에 불과했고, 직업훈련경험은 절대 다수가 없었다. 다음으로 가구배경을 살펴보면, 아버지의 학력은 고졸이 가장 많았고, 그 다음으로 대졸이상(30.2%), 중졸이하(17.2%)로 분포하고 있었다. 어머니도 고졸이 62.9%로 가장 많았으나, 아버지에 비해 대졸이상은 적고(13.5%), 중졸이하가(23.6%) 더 많았다. 아버지의 종사상지위는 임금근로자(45.9%)와 비임금근로자(41.1%)가 비슷하게 분포하고 있었고, 사망이나 무직인 경우도 13.1%였다. 가구원1인당 연평균 가구소득은 2,162만원이었다. 대상자의 대학위세도를 살펴보면, 지방소재 4년제 중상위권 대학을 졸업한 경우가 약 19.2%였고, 서울소재 4년제 중상위권 대학을 졸업한 경우는 8.4%로 나타났다. 취업자나 구직자의 구직경로는 공식경로가 34%, 비공식경로가 27%, 무응답/해당없음이 39%였다.

2. 청년층의 노동시장 이행 유형화 과정

청년층의 노동시장 이행과정을 유형화하기 위해 집단중심추세분석을 한 결과는 <표 7>과 같다. 이행궤적은 졸업이후의 시점(t)에 관한 3차함수로 추정하였으며 1집단모형부터 9집단모형까지 각 모형별 BIC값의 차이를 기초로 판단한 결과, 7

집단 모형을 최종모형으로 선택하였다. 전 단계 모형과 비교한 ln(△BIC)가 6이상이면 개선된 모형이라고 할 수 있으므로, 본 분석의 최적모형은 8집단모형이라고 할 수 있다(ln△BIC=6.3996). 그러나 이 모형의 7집단 비중이 4.1%에 불과한 문제가 있다. 집단비중이 5%미만인 집단이 존재할 때 해당 모형을 채택하는데 유의할 필요가 있는데(김혜연, 2010a:152), 특히 본 연구에서는 해당 집단의 사례수가 32명에 불과하여 7집단 모형을 최종모형으로 선택하였다. <표 8>은 7집단모형에서 각 집단에 속할 사후확률을 보여준다. 사후확률은 개인 i가 집단 j에 속할 때 i의 실제 궤적의 추정 확률값을 의미하는 것이다(Nagin, 1999:149-151). 분석결과 개인이 각 집단에 속할 확률이 모든 집단에서 98%이상의 정확성을 갖는 것으로 나타났다.

표 7 모형별 BIC값 및 집단비중

모형	BIC	ln (△BIC)	집단비중								
			1집단	2집단	3집단	4집단	5집단	6집단	7집단	8집단	9집단
1집단모형	-59694.89										
2집단모형	-48311.08	9.3399	53.7	46.3							
3집단모형	-44654.07	8.2044	28.9	33.2	37.9						
4집단모형	-42926.96	7.4542	27.9	17.2	24.6	30.3					
5집단모형	-41764.03	7.0587	22.1	10.9	17.1	21.5	28.4				
6집단모형	-40873.74	6.7915	10.9	17.9	5.9	20.5	16.4	28.3			
7집단모형	-39993.29	6.7804	8.6	16.1	6.3	16.2	20.2	5.7	27.0		
8집단모형	-39391.68	**6.3996**	15.9	6.2	6.4	17.9	17.6	7.0	**4.1**	24.8	
9집단모형	-39263.99	4.8496	9.0	17.5	6.4	11.1	5.8	17.8	8.8	4.3	19.2

표 8 각 집단에 속할 사후확률

할당된 집단 (사례수)		지정된 집단에 속할 사후확률						
		1집단	2집단	3집단	4집단	5집단	6집단	7집단
1집단	(68)	0.993	0.006	0.000	0.000	0.001	0.000	0.000
2집단	(127)	0.001	0.996	0.000	0.000	0.002	0.000	0.000
3집단	(50)	0.000	0.000	0.989	0.001	0.010	0.000	0.000
4집단	(129)	0.000	0.000	0.001	0.987	0.001	0.007	0.005
5집단	(160)	0.000	0.003	0.001	0.003	0.989	0.003	0.000
6집단	(44)	0.000	0.000	0.000	0.002	0.012	0.987	0.000
7집단	(214)	0.000	0.000	0.000	0.002	0.000	0.002	0.996

3. 청년층의 노동시장 이행 유형

<그림 1>은 7집단모형에 따른 청년층 노동시장의 이행궤적을 보여준다.[17] 전체 분석대상자의 8.6%(68명)가 속하는 1집단은 졸업이후 48개월 동안 대부분 순수 비경활상태를 지속하는 것으로 나타나, '노동시장미진입형'이라고 명명하였다. 2집단(16.1%, 127명)은 최종학교 졸업이후 1년 동안 비경활상태를 지속하다 그 이후 시점부터 학교에 재학하는 비중이 급격히 증가하고 있다. 이들은 재수 후 대학에 진학하는 청년들의 상태를 보여주는 것으로 판단되어 '상급학교진학형'이라고 부른다. 3집단(6.3%, 50명)은 졸업 후 24개월까지 비경활·실업/준실업 상태를 유지하다 24개월 이후부터 상용직 임금근로의 상태로 전환되는 것으로 나타났다. 따라서 이 집단을 '장기준비형'이라고 부른다. 반면 분석대상자의 16.2%(129명)가 속하는 4집단은 졸업 후 12개월이 지난 시점부터 상용직 임금근로의 비중이 급격히 증가하는 것으로 나타나 '단기준비형'이라고 명명하였다. 5집단은 최종학교 졸업이후 전 기간동안 임시일용직과 실업/준실업의 비중이 상당히 높은 특징을 보인다. 분석대상자의 20.2%(160명)를 차지하는 이 집단을 '불안정노동형'으로 부를 수 있겠다. 가장 적은 집단비중(5.7%, 44명)을 보이는 6집단은 졸업이후 6개월 내에 대부분 상용직으로 입직했으나, 20개월이 지난 시점부터 상용직에서 이탈하여 실업/준

17) 각 집단의 구체적인 월별 노동시장 상태 분포는 <부록>에서 살펴볼 수 있다.

실업과 순수 비경활 상태로 이동하는 것을 확인할 수 있다. 따라서 이들을 '상용이탈형'이라고 명명하였다. 반면 7집단은 최종학교 졸업이후 6개월 내에 상용근로자로 대부분 입직을 하고 관찰기간동안 상용근로를 지속하고 있는 집단으로 '상용지속형'(27%, 214명)이라고 명명하였다. 7개의 노동시장 이행유형 중 가장 규모가 큰 유형은 상용지속형(27%)이고, 그 다음이 불안전 노동형(20.2%)과 단기준비형(16.2%)으로 나타났다. 또한 노동시장에 진입조차 하지 않는 미진입형이 8.6%로 상당히 많은 비중을 차지하고 있었다.

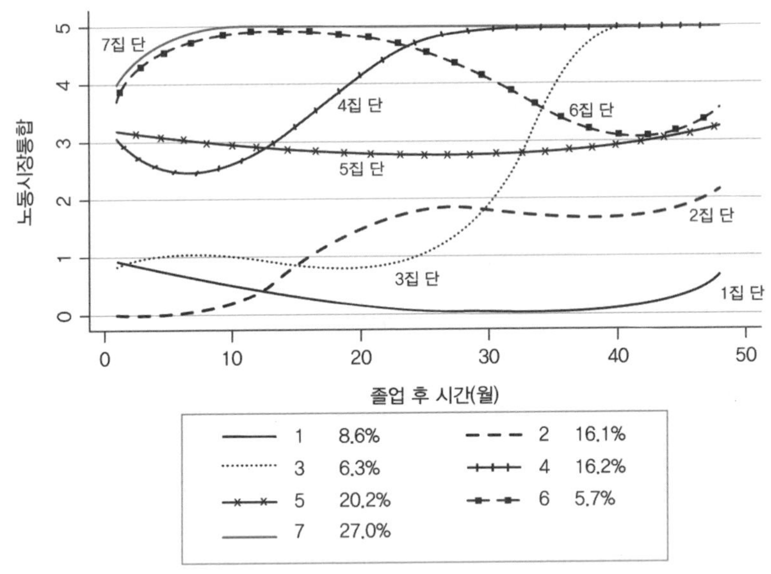

▣ 그림1 **청년층 노동시장 이행궤적(7집단 모형)**

4. 청년층의 노동시장 이행 유형별 특성

GBT 분석결과, 청년층의 노동시장 이행유형은 ①노동시장미진입형 ②상급학교진학형 ③장기준비형 ④단기준비형 ⑤불안정노동형 ⑥상용이탈형 ⑦상용지속형으로 나타났다. 본 연구에서는 이행유형에 관한 보다 입체적인 해석을 위해 다음과 같이 유형을 재분류하고 각 유형별 특성을 살펴보았다(표 9). 먼저 취업과 미취업으로 구분하였는데, 미취업에는 노동시장미진입형과 상급학교진학형이, 취업에는 나머지 유형을 분류하였다. 다음으로 취업을 준비후취업(단기준비형, 장기준비형)과 불안정노동형, 상용취업(상용이탈형, 상용지속형)으로 구분하였다. 이렇게 재분류한 유형별 인구사회학적 특성은 <표 9>와 같다.

먼저 인적자본특성은 다음과 같다. 전체 분석대상자는 대졸이상(53.8%), 전문대졸(28.5%), 고졸이하(17.7%)로 나타났는데, 미취업의 경우 고졸이하(42.1%)가 상당히 많고 대졸이상(42.6%)도 예상보다 많았다. 고졸이하의 미취업자는 상급학교진학형(55.1%)에 의한 것이고, 대졸이상의 미취업자는 노동시장미진입형(64.7%)에 의한 것이라는 점이 특징이다. 그러나 대졸이상의 고학력자들이 취업하는 경우에는 불안정노동형이나 상용이탈형보다는 상용유지형(61.7%)이 많고, 준비후 취업하는 경우에는 단기준비형보다는 장기준비형(72.0%)이 많은 것으로 나타났다. 한편 전문대 졸업자는 미취업보다는 취업(32.8%), 장기준비후 취업보다는 단기준비후 취업이나 즉시 취업(상용이탈, 상용지속, 불안정노동형)하는 경우가 많은 것을 알 수 있다. 다음으로 졸업당시 훈련경험 여부를 살펴보면, 취업의 경우 미취업에 비해 훈련경험이 있는 비중이 컸는데 특히 상용지속형의 4.7%, 단기준비형의 7.0%가 훈련경험이 있는 것으로 나타났다. 졸업시 자격증여부는 준비후취업의 경우에 평균보다 다소 높은 비중(38.6%)을 보이는 것으로 나타났다.

다음으로 지위획득이론을 대표하는 특성을 살펴보겠다. 유형에 따라 어머니의 학력분포를 확인한 결과, 노동시장미진입형의 29.4%와 상용이탈형의 34.1%가 저학력 어머니를 둔 것으로 나타났다. 한편 불안정노동형(66.3%)에서는 어머니가 고졸인 비중이 높았고, 상급학교진학형(21.3%)에서는 어머니가 대졸이상의 고학력을 갖고 있는 것을 확인할 수 있었다. 유형에 따른 아버지의 학력분포도 비슷한 경향을 보였다. 청년의 노동시장이행유형에 따라 아버지의 종사상지위에도 차이가 보였다. 아버지가 임금근로자인 경우 자녀의 미취업비중(51.3%)이 높았는데, 노동시장미진입형의 52.2%, 상급학교진학형의 50.8%가 아버지가 임금근로자인 것으로 나타났다. 한편 불안정노동형(16.9%), 단기준비형(17.8%)에서 아버지가 사망이나 무직인 비중이 평균보다 높았다. 이행유형간 가구소득도 차이가 있었다. 미취업보다는 취업의 경우 가구소득이 높았고, 특히 상용지속형(2,449만원)과 상용이탈형(2,299만원), 장기준비형(2,322만원)에서 가구소득이 높게 나타나고 있었다.

신호이론을 대표하는 대학위세도를 살펴본 결과, 서울소재 4년제 중상위권대학을 졸업한 경우 미취업보다는 취업비중이 높았고, 취업중에서도 특히 상용지속형(13.9%)의 비중이 높았다. 불안정노동형과 노동시장미진입형에서는 서울소재 4년

제 중상위권 대학을 졸업한 경우가 매우 낮은 것으로 나타났다. 한편, 지방소재 4년제 중상위권 대학을 졸업한 경우는 노동시장상태의 두 극단인 노동시장미진입형(32.8%)과 상용지속형(26.7%)이 많은 것으로 나타났다. 기타의 경우 불안정노동형(80.0%)과 상용이탈형(80.0%)의 비중이 높았다.

마지막으로 사회자본론을 대표하는 구직경로를 살펴본 결과, 평균적으로 비공식적 경로를 활용한 비중이 낮았지만(27%), 상용취업의 경우 비공식경로를 활용한 비중(42.3%)이 상당히 높았다. 특히 상용이탈형의 52.3%가 비공식경로를 통해 구직정보를 취득한 것으로 나타나, 이행유형간 구직경로에서도 차이가 있는 것을 확인하였다.

이상에서 인적자본론, 지위획득이론, 신호이론, 사회자본론에 기초한 이행유형별 차이를 살펴보았다. 그 결과 청년의 노동시장 이행이 각 이론에서 말하듯 일방향적인 것만은 아닌 것으로 보인다. 예를 들어 인적자본론에 따라 교육수준이 높고 훈련경험과 자격증이 있는 청년의 경우 미취업보다는 취업가능성이 높고, 취업에서도 불안정노동형보다는 상용지속형에 속할 가능성이 높은지는 미지수로 보인다. 성공적인 노동시장 이행을 나타내는 상용지속형에 대졸이상의 고학력자 비중이 큰 반면, 노동시장에 진입하지 못하는 노동시장미진입형과 2년 이상의 장기준비형에도 대졸이상의 고학력자 비중이 높게 나타났다. 따라서 청년층의 이행유형에 영향을 미치는 요인을 구체적으로 확인할 필요가 있다.

표 9 이행유형별 인구사회학적 특성

(단위: %)

구분		미취업		계	취업								전체 평균
					준비후 취업		계	상용취업		계	불안정노동형	계	
		미진입형	학교진학		단기준비	장기준비		상용지속	상용이탈				
사례수(명)		68	127	195	129	50	179	214	44	258	160	597	792
성별	남성	35.3	33.9	34.4	45.7	42.0	44.7	50.9	50.0	50.8	33.8	44.4	41.9
	여성	64.7	66.1	65.6	54.3	58.0	55.3	49.1	50.0	49.2	66.3	55.6	58.1
졸업연도	2007	41.2	48.0	45.6	44.2	42.0	43.6	30.8	31.8	31.0	43.1	38.0	39.9
	2008	58.8	52.0	54.4	55.8	58.0	56.4	69.2	68.2	69.0	56.9	62.0	60.1
거주지역	수도권	39.7	58.3	51.8	43.4	50.0	45.3	44.9	54.6	46.5	43.8	45.4	47.0
	광역시	42.7	33.9	36.9	38.8	30.0	36.3	36.9	31.8	36.1	40.6	37.4	37.3

	도지역	17.7	7.9	11.3	17.8	20.0	18.4	18.2	13.6	17.4	15.6	17.3	15.8
혼인 상태	미혼	91.2	97.6	95.4	99.2	98.0	98.9	96.7	95.5	96.5	98.1	97.7	97.1
	유배우자	8.8	2.4	4.6	0.8	2.0	1.1	3.3	4.6	3.5	1.9	2.4	2.9
교육 수준	고졸이하	17.7	55.1	42.1	8.5	16.0	10.6	3.3	11.4	4.7	16.9	9.7	17.7
	전대졸	17.7	14.2	15.4	31.8	12.0	26.3	35.1	36.4	35.3	36.3	32.8	28.5
	대졸이상	64.7	30.7	42.6	59.7	72.0	63.1	61.7	52.3	60.1	46.9	57.5	53.8
훈련 경험	없음	100.0	98.4	99.0	93.0	98.0	94.4	95.3	97.7	95.7	96.9	95.6	96.5
	있음	0.0	1.6	1.0	7.0	2.0	5.6	4.7	2.3	4.3	3.1	4.4	3.5
자격증	없음	66.2	73.2	70.8	61.2	62.0	61.5	71.0	75.0	71.7	66.3	67.2	68.1
	있음	33.8	26.8	29.2	38.8	38.0	38.6	29.0	25.0	28.3	33.8	32.8	31.9
모 학력	중졸이하	29.4	21.3	24.1	21.7	24.0	22.4	22.0	34.1	24.0	23.8	23.5	23.6
	고졸	63.2	57.5	59.5	65.1	64.0	64.8	62.6	59.1	62.0	66.3	64.0	62.9
	대졸이상	7.4	21.3	16.4	13.2	12.0	12.9	15.4	6.8	14.0	10.0	12.6	13.5
부 학력	중졸이하	19.1	15.0	16.4	16.3	14.0	15.6	14.0	31.8	17.1	20.0	17.4	17.2
	고졸	54.4	44.1	47.7	58.9	44.0	54.8	57.5	47.7	55.8	51.3	54.3	52.7
	대졸이상	26.5	40.9	35.9	24.8	42.0	29.6	28.5	20.5	27.1	28.8	28.3	30.2
부 종사상 지위	사망/무직	17.9	5.6	9.8	17.8	12.0	16.2	11.2	9.3	10.9	16.9	14.1	13.1
	임금근로자	52.2	50.8	51.3	41.9	52.0	44.7	46.3	55.8	47.9	37.5	44.1	45.9
	비임금근로자	29.9	43.7	38.9	40.3	36.0	39.1	42.5	34.9	41.3	45.6	41.8	41.1
	N	67	126	193	129	50	179	214	43	257	160	596	789
대학 위세도	기타	62.7	86.9	78.3	75.6	64.6	72.6	59.4	80.0	62.8	80.0	70.5	72.4
	지방중상위권	32.8	8.2	16.9	17.3	20.8	18.3	26.7	15.0	24.8	14.2	19.9	19.2
	서울중상위권	4.5	4.9	4.8	7.1	14.6	9.1	13.9	5.0	12.4	5.8	9.6	8.4
	N	67	122	189	127	48	175	202	40	242	155	572	761
구직 경로	공식경로	11.8	0.8	4.6	38.8	26.0	35.2	47.7	43.2	46.9	48.1	43.7	34.1
	비공식경로	10.3	0.0	3.6	27.9	10.0	22.9	40.2	52.3	42.3	35.6	34.7	27.0
	무응답	77.9	99.2	91.8	33.3	64.0	41.9	12.2	4.6	10.9	16.3	21.6	38.9
연령(세)		23.2	21.6	22.2	24.0	23.8	23.9	24.4	23.8	24.3	23.2	23.9	23.5
1인당 가구소득 (만원)		2022.4	2049.9	2040.1	1846.3	2322.8	1973.7	2449.9	2299.0	2424.6	2111.6	2201.5	2162.1

5. 청년층의 노동시장 이행 유형 결정 요인

<표 10>은 청년층의 상이한 노동시장 이행유형을 설명하기 위해 인적자본론, 지위획득이론, 신호이론, 사회자본론[18]에 기초하여 (다항)로짓분석을 수행한 결과이다. 먼저 모형1은 미취업유형(노동시장미진입형, 상급학교진학형) 대비 취업유형(장단기준비형, 불안정노동형, 상용지속·이탈형)에 속할 가능성에 대한 영향요인을 파악한 결과이다. 분석결과 인적자본론과 지위획득이론(가구소득)이 취업유형에 속할 가능성을 가장 잘 설명하는 것으로 나타났다. 구체적으로 고졸 이하에 비해 전문대졸과 대졸이상이, 졸업당시 훈련경험이 없는 경우보다 있는 경우 취업유형에 속할 가능성이 높았다. 통계적으로 미미하나 서울소재 4년제 중상위권대학출신이 기타에 비해 취업유형에 속할 가능성이 높아, 신호이론의 타당성도 제한적으로 확인할 수 있었다. 그러나 졸업당시의 가구소득은 취업유형에 속할 확률을 낮추는 것으로 나타났다. 즉 가구소득이 높을수록 취업형보다는 미취업형에 속할 가능성이 높은 것으로 나타났는데, 이는 청년에게 미취업이라는 것이 '실패'의 의미가 아니라 '생계형 취업에서 벗어남'을 의미하는 것으로 해석할 수도 있겠다.

그러나 위에서 확인된 학력, 훈련경험, 가구소득, 대학위세도의 영향력이 청년들의 취업에 영향을 미치는 요인인지 확언하기는 어렵다. 왜냐하면 앞서 이행유형별 인구사회학적 특성(표9)에서 볼 수 있듯이 미취업에 포함되어 있는 상급학교진학형은 대부분 고졸자이고 따라서 대학위세도도 기타에 속하며, 직업훈련경험도 상대적으로 적기 때문이다. 따라서 학력, 훈련경험, 가구소득, 대학위세도의 순수한 영향력을 확인하기 위해 모형2와 같이 미진입형대비 취업유형에 속할 가능성에 영향을 미치는 요인을 분석하였다. 분석결과 예상대로 인적자본론과 신호이론의 영향력은 사라지고 지위획득이론의 가구소득만이 통계적으로 미미한 수준에서 취업형에 속할 가능성에 영향을 미치는 것으로 나타났다. 구체적으로 졸업당시 가구소득이 높을수록 노동시장미진입형 가능성이 높고, 어머니의 학력이 대졸이상의 고학력인 경우 취업형에 속할 가능성이 높은 것으로 나타났다. 졸업당시의 가구소득이 높을수록 미진입형이 많다는 것은 부모의 소득에 의존해 살아가는 '캥거루족'의 존재를 암시하는 것이다.[19] 한편 미진입형과 취업형의 인적자본특성에 차

---

18) 사회자본론을 대표하는 변인인 구직경로에서 '무응답'의 해석은 하지 않도록 한다. 구직활동을 하지 않은 비경제활동인구가 대부분 무응답이라고 대답했기 때문이다.

19) 그러나 캥거루족이 부모의 돈으로 '일은 하지 않고 놀고 먹는 청년'을 의미하지는 않을 것이다. 우리사회에서 청년 비경제활동인구의 증가는 교육체계, 노동시장체계, 일자리 구조와 같

이가 없다는 것은 청년취업문제를 해소하기 위해 인적자본 향상에 집중하는 정책의 실효성에 의문이 제기될 수 있는 부분이다.

▮표 10 청년층 노동시장 이행 유형 결정 요인

		모형1 (ref.미취업)	모형2 (ref.미진입형)	모형3 (ref.준비후진입)		모형4 (ref.불안정노동형)	모형5 (ref.상용이탈)	모형6 (ref.장기준비)
종속변수		취업	취업	불안정 노동형	상용 취업	상용 취업	상용지속형	단기준비형
인적자본론	교육수준(ref.고졸이하)							
	전대졸	1.820***	0.349	0.006	0.973⁺	0.853⁺	1.708⁺	1.811⁺
	대졸이상	1.475*	−0.577	−0.491	0.165	0.477	1.158	0.751
	훈련경험(ref.없음)							
	있음	1.656⁺	0.000	−0.557	−0.127	0.480	0.211	1.105
	자격증(ref.없음)							
	있음	0.207	0.187	−0.251	−0.149	0.078	0.058	−0.373
지위획득이론	부학력(ref.중졸이하)							
	고졸	0.149	0.279	−0.415	−0.136	0.256	1.142⁺	−0.279
	대졸이상	0.192	0.215	0.031	−0.188	−0.349	1.086	−1.357
	모학력(ref.중졸이하)							
	고졸	0.278	0.199	0.004	−0.156	−0.126	−0.061	0.571
	대졸이상	0.405	1.356⁺	−0.053	0.187	0.320	0.084	1.871*
	ln(가구소득)	−0.155**	−0.143⁺	0.039	0.093⁺	0.058	−0.238	−0.127
	부 지위(ref.사망/무직)							
	임금근로자	−0.446	0.353	−0.637⁺	0.187	0.927**	−0.713	−1.509*
	비임금근로자	−0.523	0.498	−0.335	0.088	0.464	−0.073	−1.383⁺
신호이론	대학위세도(ref.기타)							
	지방소재중상위권	−0.200	−0.466	0.123	0.926**	0.824*	1.116⁺	−0.105
	서울소재중상위권	1.007⁺	1.574	−0.303	0.744⁺	1.123**	1.565⁺	−0.954
사회자본론	구직경로(ref.공식경로)							
	비공식경로	0.100	−0.010	0.010	0.528*	0.594*	−0.524	1.181⁺
	무응답	−3.519***	−2.392***	−1.375***	−1.585	−0.211	1.626	−1.109*
통제	성별(ref:남성)							
	여성	−0.103	0.090	0.475	−0.234	−0.681*	0.281	0.537

은 우리사회가 갖고 있는 구조적 문제에서 야기된 측면이 크기 때문이다.

연령	−0.024	0.181+	−0.053	−0.049	0.034	0.065	0.079
졸업연도(ref..2007)							
2008년졸업	0.705*	0.355	0.065	0.629*	0.586*	−0.228	−0.818
거주지역(ref.수도권)							
광역시	0.188	0.059	0.059	−0.062	−0.091	0.473	0.206
도지역	0.779*	0.449	−0.331	−0.382	0.025	1.268+	−0.099
혼인상태(ref.미혼)							
유배우자	−1.147+	−2.234**	1.611	2.189*	0.477	−0.529	−1.910
절편	3.127*	−0.793	1.963	0.288	−2.395	−0.431	1.105
−2LL	−232.149	−151.509	−537.508		−231.152	−86.326	−77.037
chi-square	347.17***	103.69***	132.12***		57.11***	34.96*	43.03**
Pseudo R2	0.428	0.255	0.109		0.110	0.168	0.2183
사례수(N)	735	597	558		387	234	171

주 1) *** $p<0.001$ ** $p<0.01$ * $p<0.05$ + $p<0.10$

2) 표에 제시된 수치는 B값을 의미함

3) 모든 설명변수는 졸업시점의 값을 투입함

모형3은 취업유형을 보다 세분화하여 분석한 결과이다. 이는 노동시장에 진입한 청년 중, 어떤 사람은 일정기간의 준비기간을 갖고 취업하고, 어떤 사람은 상용직으로 바로 취업하며, 또 어떤 사람은 임시일용직의 불안정노동형으로 취업을 하는가에 대한 답을 찾기 위함이다. 분석결과, 준비후진입형과 불안정노동형 간의 차이를 설명하는 유일한 변인은 아버지의 종사상지위로 나타났다. 아버지가 임금근로자인 경우 아버지가 사망/무직인 경우에 비해 준비후취업형에 속할 가능성이 높은 것으로 나타났다. 이는 아버지가 사망/무직인 경우, 청년들이 생계유지를 위해 임시일용직의 불안정노동형이라도 바로 취업을 해야 하기 때문으로 이해할 수 있다. 졸업 후 바로 취업을 하지 않고 준비기간을 가질 수 있다는 것은 가정에서 '뒷바라지'를 해줄 수 있어야 가능하기 때문이다.[20] 그 외 다른 이론은 준비후취업형과 불안정노동형의 차이를 설명하지 못했다. 즉 두 유형간에 인적자본특성이나 사회자본 등이 거의 비슷함을 유추할 수 있다. 한편 준비형과 상용취업형의 차이를 설명하는 이론은 신호이론과 사회자본론인 것으로 나타났다. 출신대학의 위세도가 높으면 준비형보다는 상용취업형에 속할 가능성이 높았는데, 특히 지방소재 4년제 중상위권대학의 경우 기타의 경우보다 상용취업형에 속할 가능성이 통계적으로 유의한 수준에서 높은 것으로 나타났다. 사회자본론을 대표하는 변인인

20) 그러나 1%수준에서 통계적으로 유의했기 때문에 해석에 주의를 요한다.

구직경로의 형태를 보면, 공식경로에 비해 비공식경로를 활용하면 준비기간 없이 바로 상용직에 취업할 가능성이 높아지는 것으로 나타났다. 이는 직업알선기관등록, 취업박람회 등과 같은 공식경로보다는 개인이 갖는 사회자본을 의미하는 교수추천·지인의 소개와 같은 비공식경로가 청년들의 상용취업에 더 효과적임을 말해주는 것이다.

모형4는 상용취업형에 속할 확률을 불안정노동형을 기준으로 살펴본 결과이다. 분석결과 모형3과 같이 상용취업형에 속할 확률은 신호이론과 사회자본론이 가장 잘 설명하는 것으로 나타났다. 더욱이 모형3에 비해 신호이론의 통계적 유의성이 명확해졌는데, 위세도가 높은 중상위권대학 출신인 경우 불안정노동형보다는 상용취업형에 속할 가능성이 큰 것으로 나타났다. 또한 공식경로에 비해 비공식경로로 구직정보를 얻을 경우 상용취업형에 속할 가능성이 높았다. 이외 인적자본론의 교육수준, 지위획득이론의 가구소득도 1% 유의수준에서 불안정노동형보다는 상용취업형에 속할 가능성을 높이는 것으로 나타났다.

다음은 상용직형에서도 누가 계속 상용직으로 일하고, 누가 상용직에서 이탈하는가에 관한 것이다. 모형5가 이에 대한 실마리를 제공해준다. 분석결과 인적자본론의 교육수준, 지위획득이론의 아버지 교육수준, 신호이론의 대학위세도가 1% 유의수준에서 설명하고 있는 것으로 나타났다. 즉, 고졸이하에 비해 전문대졸인 경우, 위세도가 높은 대학 출신일수록, 아버지가 중졸이하보다는 고졸인 경우에 상용직을 지속할 가능성이 높았다. 전문대졸업자, 그리고 대졸자 중에서 소위 '좋은 대학' 출신이 상용지속형에 속할 가능성이 높은 것은 대학 졸업장 자체보다는 '어떤 대학'이냐가 더 중요함을 의미하는 것이다. 즉 안정적인 직장을 지속하기 위해서는 직업훈련에 초점을 맞춘 전문대학이나 대학위세도가 높은 중상위권대학을 졸업하는 것이 영향력이 있다는 것이다. 이는 취업을 위해 4년제 대학에 무조건 진학하는 것이 대학진학률 80%대를 넘긴 현 시점에서는 현명한 선택이 아닐 수 있음을 함축한다.

마지막으로 모형6은 준비후 취업하는 청년들 중 1년 이상의 장기준비하는 경우와 1년 미만 단기준비하는 경우의 결정요인을 살펴본 것이다. 분석결과 지위획득이론이 가장 잘 설명하고 있었고, 인적자본론의 교육수준과 사회자본론이 1%수준에서 통계적으로 유의한 것으로 나타났다. 아버지의 종사상지위가 임금근로자와 비임금근로자인 경우, 사망/무직에 비해 장기준비형에 속할 가능성이 높은 것으로 나타났다. 이는 아버지가 사망/무직인 경우 그 자녀가 장기적으로 취업준비만을 할 수가 없기 때문으로 이해된다. 한편 어머니가 대졸이상의 고학력인 경우 단기준비형에 속할 가능성이 높은 것으로 나타나, 고학력의 어머니는 취업준비기간을 줄이는데 긍정적인 역할을 하는 것을 알 수 있다.[21] 본인의 학력이 전문대졸업인 경우, 그리고 비공식구직경로를 활용하는 경우 장기준비형보다는 단기준비형 확률이 높은 것으로 나타났다.

Ⅴ. 결론

지금까지 우리나라 청년층의 졸업 후 48개월 동안의 노동시장 이행궤적을 추정하고 유형화한 후, 이행 유형에 영향을 미치는 요인들을 다양한 이론에 기초하여 살펴보았다. 분석결과를 요약하면 다음과 같다.

첫째 집단중심추세분석을 활용하여 이행궤적을 추정하고 유형화한 결과, 청년층의 노동시장 이행 유형은 ①노동시장미진입형(8.6%) ②상급학교진학형(16.1%) ③장기준비형(6.3%) ④단기준비형(16.2%) ⑤불안정노동형(20.2%) ⑥상용이탈형(5.7%) ⑦상용지속형(27.0%)의 7가지 유형으로 나타났다. 이중 가장 많은 청년이 속한 유형은 상용지속형이었고, 그 다음으로 불안정노동형과 단기준비형, 상급학교진학형이 모두 15%이상으로 많았다. 이것은 청년층의 학교－직장 이행에 관한 최근의 현상을 그대로 반영한 것으로 보인다. 즉 임시일용직, 비정규직과 같이 상대적으로 불안정한 청년의 노동시장 지위, 좋은 일자리를 얻기 위해 취업을 유예하면서 취업준비에 몰두하고 있는 청년들, 그리고 높은 대학진학률 현상을 그대로 보여주는 것으로 이해된다.

둘째, 노동시장 이행 궤적을 보다 입체적으로 이해하기 위해 7개 유형을 재분류하여, 이에 영향을 미치는 요인을 이론에 기초하여 살펴보았다. 그 결과 취업형(3유형~7유형)과 미취업형(1유형,2유형)의 상이한 이행궤적은 거의 대부분 인적자본론으로 설명되었고, 지위획득이론에서는 가구소득만이 영향을 미쳤다. 즉 인적자본이 높을수록 취업형에 속할 가능성이 높았고, 가구소득이 높을수록 미취업형에 속

---

21) 부모의 학력이 자녀의 학력을 통해 자녀의 노동시장성과에 영향을 미친다는 이론에 따라, 매개 및 조절효과를 분석하였으나, 통계적으로 유의하지 않았다. 어머니의 학력이 준비유형에 미치는 구체적인 경로는 이 분석결과로는 알 수 없어 해석이 제한적일 수밖에 없음을 밝힌다.

할 가능성이 높았다. 그러나 미취업형에는 상급학교진학형도 포함되기 때문에 이를 제외하고 노동시장미진입형과 취업형의 차이를 살펴본 결과, 인적자본론의 영향력이 사라지고 지위획득이론만이 취업형에 속할 확률에 영향을 미쳤다. 또한 지위획득이론은 준비후취업과 불안정노동형을 결정짓는 요인이기도 했다. 아버지가 무직/사망인 경우에 비해 아버지가 일을 하는 경우 준비형에 속할 가능성이 더 높았다. 더구나 준비기간의 차이, 즉 장기준비형과 단기준비형의 차이도 지위획득이론에 의해 주로 설명이 되었다. 이러한 결과는 부모의 '뒷바라지'가 가능한 경우 청년층이 노동시장에서 상대적으로 '다양한 선택', 즉 노동시장 진입을 하지 않거나, 임시일용직보다는 취업준비를 하거나, 심지어 장기간의 취업준비도 가능한 상황임을 함축한다. 한편, 불안정노동형대비 상용직형, 그리고 준비형대비 상용직형의 결정요인을 살펴본 결과, 상용직 유형에 속할 확률은 신호이론과 사회자본론에 의해 설명이 되었다. 즉 소위 '좋은 대학'을 졸업하고 친인척·선배·교수 등의 지인을 통해 구직정보를 얻을 경우 상용직 유형에 속할 확률이 높았다.

이상의 분석은 청년들의 노동시장진입은 지위획득이론에 의해 주로 설명되고, 진입의 질적 측면은 신호이론과 사회자본론에 의해 주로 설명됨을 의미한다. 한편 청년층의 노동시장이행에서 매우 중요하게 다루어지고 있는 인적자본론은 매우 제한적으로만 설명하는 것으로 나타났다. 이는 다음과 같은 정책적 시사점을 제기한다. 첫째, 현재 청년고용관련 정부의 정책은 직업지도, 취업알선 및 훈련 강화, 직업체험으로 요약될 수 있다.22) 그러나 분석결과 청년의 취업은 취업알선기관 등의 공식적 통로보다는 비공식적 사회자본에 더 크게 의존하였으며, 직업훈련이나 자격증은 노동시장진입이나 노동시장의 질적 측면 어느 곳에도 영향을 미치지 않는 것으로 나타났다. 이는 청년고용관련 정책들이 효과를 제대로 발휘하기가 어렵다는 것을 함축한다. 그러나 이것이 인적자본향상에 초점을 두고 공식적 구직경로들을 발전시키려는 정책방향을 수정해야 한다는 것을 의미하지는 않는다. 다만 이런 정책들이 영향을 미치지 않는 이유를 보다 구체적으로 탐색하고 실효성을 담보하기 위한 대책들을 추가로 마련해야 할 것으로 보인다. 둘째, 미미한 수준이었지만 직업교육을 중심으로 하는 전문대졸업자의 경우 오히려 대학졸업자보다 긍정적인 노동시장 이행유형을 보여주는 것으로 나타났다. 이는 청년의 원활한 학교-직장 이행을 위해서는 교육체계도 함께 바뀌어야 한다는 것을 의미한다. 더불

22) 고용노동부 청년고용관련 정책(고용노동부 홈페이지http://www.moel.go.kr)

어 취업을 목표로 하는 청년이 4년제 대학에 무리하게 진학하는 것은 취업자체에 그다지 효과적이지 않을 수 있으므로 고등학교 재학시절에 진학 및 진로지도가 더불어 확대되어야 할 필요가 있다.

그러나 이러한 연구결과를 성급히 일반화하기는 어려운 것으로 보인다. 본 연구가 갖는 한계가 분명하기 때문이다. 첫째, 사례수와 관측기간을 고려하여 분석대상자를 2007년, 2008년 신규졸업자로 제한하였고 졸업 후 48개월 동안의 정보가 있는 경우에만 분석에 포함시켰다. 이로 인해 전체 사례수가 793명, 가장 적은 이행유형의 사례수는 44명에 불과하였다. 따라서 분석결과를 일반화하는데 조심스러우며, 이는 데이터의 추가 이용이 가능한 시점에서 후속연구를 통해 보완될 수 있을 것으로 보인다. 둘째, 이론 검증시 가능하면 모든 이론을 분석에 포함시키고자 했지만 직업탐색론과 인적자본론의 학점, 어학연수변인 등 소위 '스펙'에 관한 변인은 자료의 한계상 제외되었다. 이런 변인이 추가되었을 때 분석결과가 달라질 수도 있으므로 이 또한 후속연구를 통해 추가적으로 확인해볼 필요가 있다.

그럼에도 불구하고 본 연구의 의의는 다음과 같다. 첫째, 이행과정에 초점을 둔 선행연구에서 비어있었던 '왜?'에 대한 답을 이론에 기초하여 통계적으로 검증해 보고자 했다는 점이다. 그 동안 청년층의 이행과정을 분석한 국내연구는 일관되게 배열분석을 활용하였는데, 배열분석이 갖는 통계적 검증의 한계를 극복하지 못한 상태에서 다른 방법론을 보완적으로 활용하는 연구전략을 취하였다. 그러나 본 연구에서는 배열분석의 한계인 자의성과 통계적 검증력의 한계를 극복할 수 있는 방법인 집단중심추세분석을 활용하여 이행궤적을 추정하고 이에 영향을 미치는 요인을 이론에 근거하여 확인했다는 점에서 의의가 있다. 둘째, 이론 검증시 청년의 노동시장이행을 설명하는 이론을 종합적으로 검토했다는 점에서도 의의가 있다. 기존의 연구에서는 연구자의 주된 관심 이론이 선별적으로 분석되었는데, 본 연구에서는 데이터가 허락한 모든 이론을 포괄적으로 분석에 포함하여 보다 정확한 분석결과를 얻고자 했다. 이를 통해 기존의 연구에서는 제대로 밝혀지지 않았던 지위획득이론, 신호이론, 사회자본론의 영향력을 확인할 수 있었고, 인적자본론의 영향력이 예상과 달리 작다는 것도 확인할 수 있었다. 이러한 분석결과는 현재의 우리나라 청년이 처한 현실을 보다 잘 설명하는 것으로 보인다. 자료가 확보되어 추후에 세부적인 연구가 진행이 된다면 청년층의 원활한 이행을 지원하는 구체적인 노동시장정책수립에 기여할 수 있을 것으로 기대한다.

참 고 문 헌

∽

경향신문. 2002. "취업스펙 비용 4269만원 든다." 5월 30일자.

고용노동부. 2014. "대상자별 정책-청년" http://www.moel.go.kr.

권혁진·유호선. 2011. "청년층의 학교에서 고용으로의 이행 특성: 성·학력별 이행과정의 차이를 중심으로." 『사회복지정책』 38(1): 1-31.

김성남·최수정. 2012. "청년기의 교육 및 노동시장 이행 경로 유형화: 고교계열에 따른 차이를 중심으로." 『직업교육연구』 31(3): 277-299.

김안국·강순희. 2004. "자격취득의 결정요인 및 취업·임금효과." 『노동경제논집』 27(1): 1-25.

김정숙. 2009. "대졸자들의 취업준비 활동의 차이 및 직업이행 효과." 『교육과학연구』 40(1): 141-165.

김종성. 2013. "청년층 노동시장 이행의 계층화에 관한 연구-사회계층별 부모의 개입 전략을 중심으로." 중앙대학교 대학원 박사학위논문.

김종성·이병훈. 2012. "대졸청년층의 비경활상태 결정요인에 관한 종단연구." 2012 고용동향조사 심포지엄자료집. pp.235-253.

김종성. 이병훈·신재열. 2012. "청년층 구직활동과 하향취업." 『노동정책연구』 12(2): 51-73.

김혜연. 2010a. "우리나라 중·고령 여성의 생애 노동과정 유형에 영향을 미치는 요인에 관한 연구: 출산코호트별 변화를 중심으로." 『사회복지정책』 37(3): 141-169.

______. 2010b. "중·장년 여성의 노동시장 참여경로 유형화에 관한 연구." 『사회보장연구』 26(1): 233-259.

남기곤. 2009. "노동시장 : 청년층 미취업자 특성에 관한 분석 -미취업 결정요인 및 낙인효과를 중심으로." 『산업노동연구』 15(2): 99-125.

문혜진. 2012. "노동경력의 변화와 노동성과." 서울대학교 대학원 박사학위논문.

______. 2013. "외환위기 전후 청년 코호트의 노동경력 비교." 『한국사회복지학』 65(1): 201-226.

민현주. 2012. "자녀출산과 양육시기동안의 여성취업 유형화." 『한국사회학』 46(2): 61-87.

박성재·반정호. 2006. "대졸 청년층 취업준비노력의 실태와 성과." 『한국인구학』 29(3): 29-50.

박진희·김용현. 2010.『경제활동 및 직업이력 유형별 경력개발경로 분석-경력초기를 중심으로』. 한국고용정보원.

성지미·안주엽. 2012. “취업사교육과 첫 일자리.”『한국경제연구』30(3): 5-46.

안관영·조영환. 2012. “직업탐색행동이 직업탐색성과에 미치는 효과 및 자기효능감의 조절효과.”『대한경영학회지』25(1): 111-130.

안주엽·홍서연. 2002. “청년층의 첫 일자리 진입.”『노동경제논집』25(1): 47-74.

우해봉·윤인진. 2008. “경쟁리스크 생존모형을 통한 청년층의 첫 일자리 획득 분석.”『한국청소년연구』19(2): 225-250.

이규용·김용현. 2003. “대졸 청년층의 노동시장 성과 결정요인.”『노동정책연구』3(2): 69-93.

이자형·이기혜. 2011. “대졸자 노동시장 성과 결정요인의 구조적 관계: 비인지적 능력의 효과를 중심으로.”『직업능력개발연구』14(2): 27-54.

이태희. 2012. “청년고용정책 현황 및 향후 추진 방향.”『HRD review』2012년 9월호: 116-125.

이현성. 2010. “가계 소득이 젊은이의 실업기간에 미치는 영향.”『경제연구』31(2): 47-84.

장기영. 2008. “대학 졸업자의 첫 노동시장 이행 성과 결정요인.” 한양대학교 대학원 박사학위논문.

장상수. 2008. “청년층의 학교-직장 이행.”『한국사회학』42(6): 106-139.

정태영·이기엽. 2005. “대졸자 취업결정요인에 관한 연구.”『경영교육연구』8(2): 159-184.

채구묵. 2007. “신규대졸자의 취업 및 임금수준 결정요인 분석.”『한국사회복지학』59(4): 35-61.

채창균·김태기. 2009. “대졸 청년층의 취업 성과 결정 요인 분석.”『직업교육연구』28(2): 89-107.

통계청. 2014. “e-나라지표-부문별지표-청년고용동향” http://www.index.go.kr.

홍백의·김혜연. 2010. “중.고령자의 고용형태별 퇴직과정 유형과 그 결정요인에 관한 연구.”『한국사회정책』17(1): 291-319.

황영정·백병부. 2008. “대졸청년층의 노동시장 성과 결정요인.”『직업능력개발연구』11(2): 1-23.

Brzinsky-Fay, C..2007. “Lost in transition? Labour market entry sequences of school leavers in Europe.” *European Sociological Review* 23(4): 409-422.

______. 2013. “The Measurement of School-to-work Transitions as Processes.” *European Societies* 16(2): 213-232.

Granovetter, M. 1974. *Getting a Job: A study of contacts and career*. Cambridge: Harvard University Press.

Hynes, K. and M. Clarkberg. 2005. “Women's employment patterns during early parenthood: A group-based trajectory analysis.” *Journal of Marriage and Family* 67(1): 222-239.

Jones, B. L., D. S. Nagin and K. Roeder. 2001. “A SAS procedure based on mixture models for estimating developmental trajectories.” *Sociological Methods & Research* 29(3): 374-393.

Jones, B. L. and D. S. Nagin. 2007. “Advances in Group-based Trajectory Modeling and an SAS Procedure for Estimating Them.” *Sociological Methods & Research* 35: 542-71.

Jones, B. L. and D. S. Nagin. 2013. “A Note on a Stata Plugin for Estimating Group-based Trajectory Models.” *Sociological Methods & Research* 42(4): 608-613.

Levine, J. H., 2000, “But what have you done for us lately?” *Sociological Methods & Research* 29(1): 34-40.

Nagin D.. 1999. “Analyzing Development Trajectories: A Semiparametic, Group-Based Approach.” *Psychological Methods* 4(2): 139-157

Topel, R. H., and Ward, M. P., 1992, “Job mobility and the careers of young men.” *The Quarterly Journal of Economics* 107(2): 439-479.

Wu, L. L., 2000, “Some comments on ‘sequence analysis and optimal matching methods in sociology: Review and prospect.’” *Sociological Methods & Research* 29(1):41-64.

[부 록] 청년층 노동시장 이행유형별 졸업이후 월별 노동시장상태분포

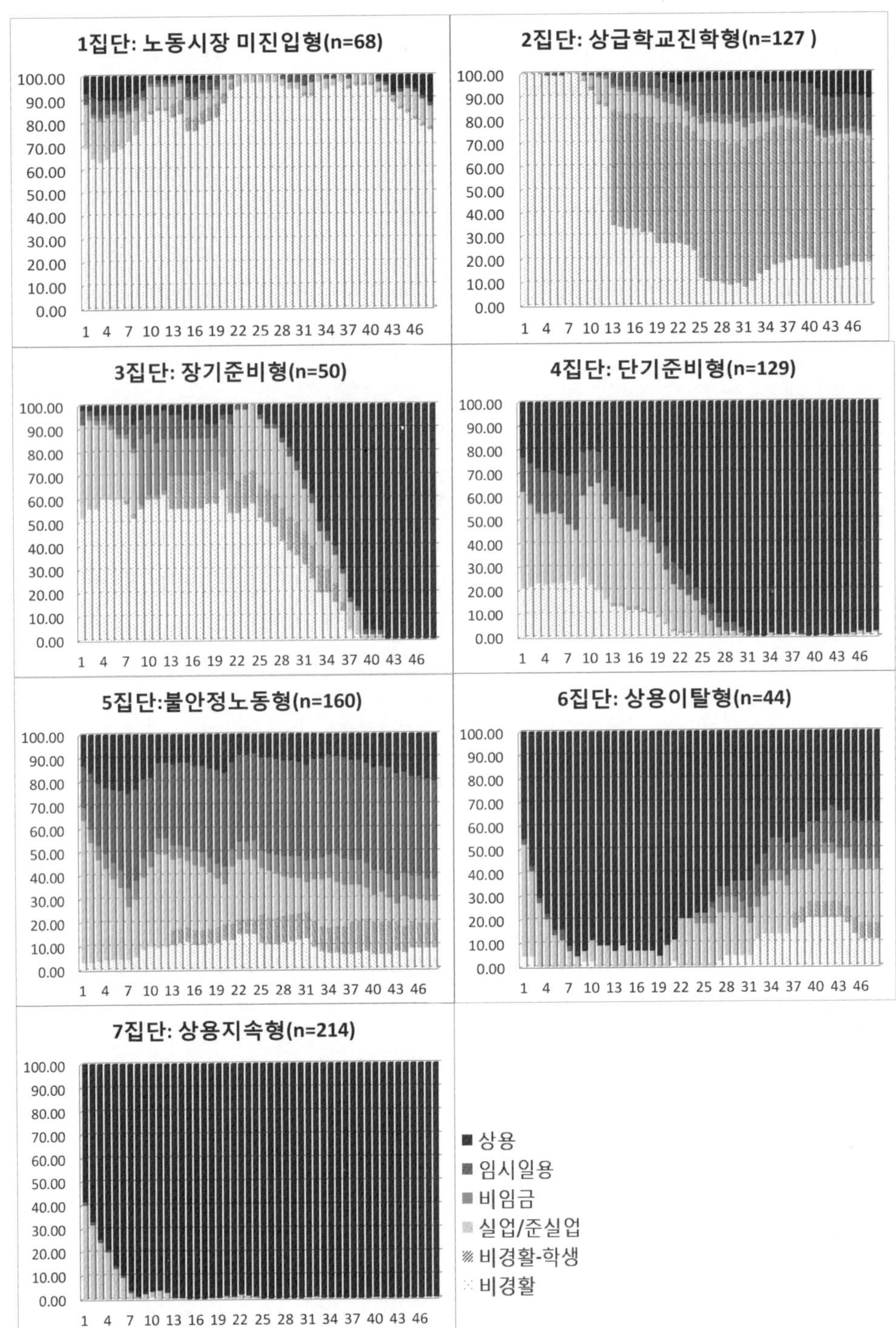

Abstract

A Study on the Type of School-to-Work Transition and its Determinants

Park, Mi Hee (Seoul National University)
Hong, Baeg Eui (Seoul National University)

The purpose of this study is to identify the representative type of school-to-work transition trajectory of youth in Korea and to find out factors affecting on the trajectory type. This study used the second wave(2007~2012) of Youth Panel data for Graduates in 2007 and 2008. Using the group-based trajectory method, we examine youth's transition trajectories for 48 months after graduating. As a result, we identified seven trajectory types: ① not-entered ② entering school ③ long-term preparation ④ short-term preparation ⑤ precarious working ⑥ keep-permanent working and ⑦ exit-permanent working. Using various logit and multinomial logit model, we identified the determinants of the different types of trajectory based Human Capital Theory, Status Attainment Theory, Signaling Theory, Social Capital Theory. The results show that the Status Attainment Theory explained very well whether to enter the labor market. The Signaling Theory and the Social Capital Theory explained well the quality of the labor market entry. But the Human Capital Theory explained the trajectory types only a limits.

key words: school-to-work transition, typology, group-based-trajectory method

제2회 학봉상

/

일반부문 장려상

한국사회의 세대갈등의 기원과 전망

세대균열과 세대주의를 넘어서

송은호[*] · 이가현[**]

국문초록

이번 연구는 최근 서울특별시와 보건복지부 사이에 있었던 '청년수당'과 관련된 논의에 주목하였다. 청년수당은 서울특별시가 장기미취업 청년에게 취업준비과정에서 필요한 금전적 비용을 지원해주는 일종의 세대정책이다. 하지만 세대정책에 대한 논의는 세대정책을 제안하는 것을 넘어서, 세대갈등을 부추기는 정치구도로 변질되었다. 이와 같이, 세대정책에 대한 고민이 세대갈등으로 비화하는 양상에 대해서 두 가지 의문을 제기하게 되었다. (1) 한국사회에서 세대갈등이 등장한 원인이 무엇인지, (2) 한국사회에서 세대갈등이 심화되는 원인이 무엇인지에 대한 의문이다.

전자에 관한 연구는 한국사회의 세대균열 등장 시점과 국내 선거 국면에서의 세대균열의 작용에 관해 중점적으로 관찰하였다. 관찰을 바탕으로, 선거 국면에서 지역균열로부터 세대균열로의 사회적 균열의 쟁점 이동의 원인을 유추하는 한편, 세대갈등의 핵심은 세대균열의 존재 자체의 문제가 아니라 선거 국면에서 세대균열이 단일균열이 되는 구조의 문제임을 밝혀냈다. 이런 이유로 단일균열 구조의 문제점을 살펴보는 한편, 단일균열 구조를 극복하기 위한 사회적인 노력을 확인하였다. 후자를 해결하기 위해 정치권, 언론과 학계에 의해 세대주의가 강화되는 양상을 관찰하였다. 이런 관찰을 바탕으로, 본 연구에서는 세대주의가 민주적이지 않다는 점과 그 존재가 허구적이라는 두 가지 비판점을 제시하였다. 또, 세대주의를 심화시키려는 움직임이 있음에도 불구하고 다양한 사회적 현상을 통해, 세대 사이의 연대의 가능성을 확인할 수 있었다.

현대 한국사회의 세대갈등에 대한 기존 연구를 바탕으로, 현재 한국사회는 세대

* 서울대학교 물리천문학부 물리학전공 박사과정

** 북경대학교 국제관계학과 석사과정

갈등이 시작될 조짐은 보이지만 본격화되지는 않았다는 결론을 얻었다. 즉, 현대 한국사회에서 현 시점은 세대갈등의 양상을 진단하고 예방할 수 있는 '골든타임'이라는 것이다. 이 골든타임에서는 단일균열 구조에서 세대갈등을 미연에 방지하기 위한 선거제도 개선과 세대정책 조율을 위한 정책기구의 필요성을 제시하였다. 세대주의 양상을 극복하기 위해서 각 세대가 현실을 정확하게 직시하는 것을 통해 비판 대상과 연대 대상을 적절하게 구분하고, 자신이 속한 세대와 다른 세대가 직면한 상황을 정확하게 이해할 필요가 있다고 보았다.

Ⅰ. 들어가며 – '청년수당'을 둘러싼 정치논쟁

2016년 8월 한국사회는 청년지원정책에 대한 중앙정부와 지방정부 사이의 논쟁으로 시작되었다. 논쟁은 서울특별시가 추진하는 '청년수당'[1]에 대해서 보건복지부가 제동을 걸면서 시작되었다. 서울특별시는 관내 20대 청년 144만 명 중에서 50만 명이 장기미취업, 불완전고용 등의 문제에 처해있는 상황을 해결하기 위해서 청년수당을 내놓았지만, 보건복지부는 정책 추진 과정에서 절차적 문제점[2]과 무분별한 현금지급으로 인한 도덕적 해이를 지적하면서 이 정책에 반대하였다. [**최윤정**(2016.08.03.)]

청년지원정책에 대한 논쟁은 정치권이 청년정책에 대한 관심을 환기한다는 긍정적인 측면이 있다. 이러한 청년정책에 대한 관심은 경기도 성남시의 '청년배당'[3], 서울특별시의 '청년수당[4]', 고용노동부의 '취업성공패키지[5]' 등으로 나타났

1) 공식명칭은 '청년활동 지원 사업'. 신청자격을 충족하는 '장기 미취업 청년들'에게 6개월 범위에서 50만원의 활동지원금을 지원함으로써, 청년들의 사회진출을 돕는 제도 **(서울시 청년수당 홈페이지)**

2) 보건복지부는 청년수당을 실업 상태에 있는 청년들에게 구직 활동 지원금을 준다는 점에서 사회보장사업이라고 보고, 지방자치단체의 복지사업 신설 절차에 따라 보건복지부와 사회보장위원회와 협의해야 한다는 입장이다. 반면, 서울특별시는 평가를 통해 선발된 사람들에게 지원금을 준다는 점에서 복지사업이 아니라 '공모전'이라고 보고 협의대상이 아니라는 입장이다. **[이세형(2015.11.13.)]**

3) 성남시에서 2016년 1월부터 3년 이상 주민등록을 두고 거주하는 만 19~24세 남녀에게 1인당 분기별 25만원 이내의 배당금을 지원하는 내용 **[김향미(2016.01.12.)]**

4) 성남시의 청년배당은 기본소득 개념이 강한 반면에, 서울특별시의 청년수당은 고용정책이 강하다는 점에서 차이가 있다. 특히, 전자의 경우에는 그 성격이 보편적 복지의 성격이 있지만, 후자의 경우에는 자격이 있는 사람에만 적용된다.

다. 또, 절차적으로 보장된 민주적 의사결정을 적절히 활용하는 것은 문제 상황에 대한 다양한 해결방안을 제시하고, 정책의 실효성을 높이는 데에 도움이 된다. 청년문제를 성남시는 기본소득 개념으로, 서울특별시는 고용정책으로 접근한 것은 정책의 다양성을, 어느 수준의 사람에게 어느 정도 지원하는지에 대한 고민은 정책의 안정성과 지속가능성을 담보해주는 효과가 있다.

동일한 정책 목적에 대해서 정책 당사자에 따라 다양한 문제해결 접근이 가능하면, 그 과정에서 기존과 다른 새로운 문제해결 방법이 나타날 수 있다. 기존의 청년지원정책에 대해서 **양선희**(2016.08.09.)는 한 해 청년정책예산 규모가 2조원에 육박하지만, 청년직접지원 형태보다 고용촉진지원금, 청년취업인턴제 등 사업주에 지급되는 형태가 주를 이룬다는 점을 지적하고 있다. 이런 형태의 지원은 고용 통계에 대한 도움을 주지만, 청년 개인의 취업에 반드시 도움이 되는 것은 아니라고 보고 있다. 다양한 문제해결 접근의 가능성은 이런 기존 정책의 한계를 푸는 실마리가 될 수 있다.

청년지원정책에 대한 논쟁의 순기능에도 불구하고, 관계기관에서 보여준 몇몇 사회적 현상을 살펴보면 또 다른 양상을 살펴볼 수 있다. 정책에 대한 명명(命名, naming), 정책에 대한 일부 정치인의 발언과 현수막 경쟁, 송사를 동반하는 관계기관 사이의 경쟁은 청년지원정책에 대한 고민으로 설명되기 어려운 부분이다. 오히려, 이러한 현상들은 최근 정치권에서 나타나는 세대균열의 양상으로 볼 수 있다. **부르디외**(Bourdieu, 1985)는 명칭이 '공식적인 지칭 및 그것과 결부된 물질적, 상징적 이익을 둘러싼 투쟁과 협상의 상태를 기록한다.'고 파악하면서, 명명이 주술적인 권력을 발휘한다고 주장한다. 이런 점에서 각 관계기관이 정책에 대한 명명을 어떻게 하였는지를 통해서 청년수당을 어떻게 바라보는지를 알 수 있다.

모든 명명의 차이가 세대균열을 나타내는 것은 아니다. 성남시의 청년배당과 서울특별시의 청년수당의 경우에는 전자는 기본소득 보장의 성격이 강하고, 후자는 취업지원의 성격이 강하기 때문에 서로 다른 이름이 지어지는 것은 당연하다. 하지만 동일한 목적을 가졌음에도 다른 정책 명칭을 가진 것은 정책 당사자의 서로 다른 정치적 함의를 나타내기도 한다. 가령, 청년수당과 취업성공패키지의 경우, 전자는 청년정책이라는 점에, 후자는 고용정책이라는 점에 방점을 찍었다고 볼 수

---

5) 고용노동부에서 추진하는 사업으로, 취업성공패키지는 '취업상담－직업훈련－취업알선'이라는 3단계로 구성된다. 서울특별시의 청년수당에 대응되는 부분은 3단계인 취업알선 부분으로, 월 20만원씩 3개월간 숙박비나 교통비를 지원한다. **[안승섭, 최윤정(2016.08.12.)]**

있다. 일부에서는 서울특별시가 중앙정부와 달리 '청년'이라는 점에 방점을 찍은 것에 대해, **이승종**(2001)의 복지정향론[6]이나 **김태일**(2001)과 **신정관**(2013)의 정치적 선택[7]과 같은 관점을 바탕으로, 자신에 대한 적극적인 지지를 보인 청년층으로부터의 정치적 지지를 얻기 위해[8] 청년층을 겨냥한 복지정책을 증가시킨 것이라는 해석도 있다.

이런 명명의 차이의 정치적 함의는 유력 정치인의 일부 언행과 서울특별시와 보건복지부의 현수막 경쟁에서 구체적으로 나타난다. 최경환 전 경제부총리 겸 기획재정부 장관이 청년 수당에 대해서 대중영합주의적인 복지사업이라고 규정한다든가, 김무성 전 새누리당 대표가 '악마의 속삭임'이라는 표현까지 쓰며 비난한 것이 이에 대표적인 예이다. [**최윤정**(2016.08.03.)] 이런 언행들은 청년지원정책으로 청년을 어떻게 지원할 것인가에 대한 논의를 정책의 대중연합주의 여부에 대한 논의로 와전시키게 된다.

서울특별시와 보건복지부의 일부 현수막 역시 이런 갈등국면을 형성하였다. [**김병규**(2016.08.14.)] 서울특별시는 직권취소에 대한 반박으로 내건 '청년의 삶까지 직권취소 할 수 없습니다.'라는 구호와 보건복지부가 정책 홍보차원에서 내건 '일자리, 청년의 내일을 위한 가장 큰 복지입니다.'라는 구호가 대표적인 사례인데, 전자는 청년수당의 문제를 '청년 vs 비(非)[9]청년' 패러다임을 이끌었다는 점, 후자는 청년 문제를 일자리 문제로 종속시킨다는 점에서 문제가 있다.

정책에 대한 명명의 문제, 유력 정치인의 언행이나 관계기관의 현수막 경쟁은 서울특별시가 청년층과 긴 시간 동안[10]의 소통의 결과물로서 나온 '청년수당'을

---

6) **복지정향론**이란 지방의 정책결정자의 일차적 목표는 재선에 있기 때문에, 조직의 존속발전과 그 구성원의 현직유지 및 승진 등을 위한 정치적 지지를 중요시한다.

7) **정치적 선택(정치적 관점)**이란 경제적 합리성에 의해서는 사회복지정책의 축소가 타당하더라도 주민의 지지 확보라는 정치적 측면에서 복지정책을 확대할 수 있다는 점이다.

8) 박원순 서울특별시장은 제6대 전국동시지방선거 여론조사에서 청년층에 19~29세에 61.4%, 30대에 60.6%의 지지를 받으며 당시 상대였던 정몽준 후보가 각각 17.1%, 17.7%의 지지를 받은 것을 크게 압도했다. (이 여론조사는 MBC/SBS가 의뢰하고, ㈜리서치앤리서치가 유선/무선전화면접으로 2014년 05월 26일부터 28일까지 조사한 경우이다. 오차한계는 95% 신뢰수준에 ±3.5%p다.)

9) '반(反)청년'이 아니라 '비(非)청년'이라는 명명에는 한국사회에서 아직은 세대 사이의 적대적 정서가 없다고 보기 때문이다. 청년수당을 반대하는 입장도 기본적으로 청년실업의 문제에 대해서 공감하고, 청년취업의 필요성에 기본적으로 공감한다. 즉, 청년수당을 반대하는 입장은 청년수당이 다른 세대 구성원으로서 청년층을 견제하는 맥락이 아니라, 청년수당이 청년의 취업을 방해한다(도덕적 해이)고 보기 때문이다.

10) 2013년부터 3년 동안 서울청년의회를 포함한 총 23회의 컨퍼런스, 포럼, 토론회에서 청년층과

청년층에 대한 정치적 지지를 얻어내는 수단으로 와전시킨 측면이 있다. 중앙정부가 청년수당을 '포퓰리즘'이라고 주장하고, 그에 대해서 서울특별시가 '청년 직권취소' 구호로 맞선 것은 결과적으로 세대정책을 세대문제로 만들었다고 볼 수 있다.

세대정책이 세대문제로 비화되는 부분은 2016년 8월 3일부터 시작된 일련의 과정에서 잘 나타난다. 당시 상황을 요약하면 다음과 같다.

서울특별시는 **3일** 2,831명의 청년에게 50만원(8월분)의 청년수당을 지급하였다[11]. **4일**에는 보건복지부가 청년수당에 대한 직권취소 처분을 내렸고, 서울특별시는 이에 대해서 대법원에 '보건복지부의 직권취소에 대한 취소처분 및 가처분을 구하는 소송'을 진행하겠다고[12] 밝혔다[13]. 정부는 **11일**에 '범정부 청년수당 대응 TF'[14]을 구축하고, **12일**에는 고용노동부와 청년희망재단은 '취업성공패키지 참여자 취업 지원 방안'을 발표하면서 '취업성공패키지 참여자 취업지원협력 강화방안'을 제안했다. 이 강화방안의 골자는 기존 3단계로 구성된 취업성공패키지의 세 번째 단계에 서울특별시의 청년수당과 같은 수당을 제공하는 것이었다. 한편, 보건복지부 사회보장위원회 국장은 청년수당의 직권 취소처분을 취소할 생각이 없다고 발표했다. [**최희진**(2016.06.19.)], [**정용인**(2016.08.13.)]

언론은 이와 같은 관계기관의 경쟁과정에 대해서 청년정책 개선보다는 정책에 대한 주도권 경쟁으로 비치고 있다고 보고 있다. 고용노동부가 12일 발표한 취업성공패키지 강화방안이 기본적으로 서울특별시 청년수당과 유사하다는 데에서, 고용노동부가 취업성공패키지 참여자가 청년수당으로 유출되는 것을 우려해서 수당 부분을 추가했다는 분석[**장규석**(2016.08.12.)]이 이에 대한 예이다. 또, 청년에게 서울특별시 정책과 중앙정부의 정책이 양자택일(兩者擇一)[15]을 하도록 한 상황은

의 소통 과정에서 만들어진 정책이다.

11) 전날 국무회의에서도 청년수당과의 논의가 있었다. 당시 서울특별시 시장자격으로 국무회의에 참석한 박원순 시장은 청년수당이 유럽의 유스개런티(청년보장, youth guarantee)와 유사하다고 주장하였다. 다른 주무부처 장관은 두 정책 사이를 언급하면서 반대했다고 한다.

12) 지방자치법상 직권취소 처분에 이의가 있는 경우, 통보일로부터 15일 이내에 소송을 제기할 수 있다.

13) 이 날, 서울특별시는 앞서 언급하였던 "청년의 삶까지 직권취소 할 수 없습니다."라는 현수막을 게시하였다.

14) 이 팀은 국무총리실 사회조정실장을 팀장으로 하고, 각 부처 국장들로 구성된다.

15) 서울특별시는 중앙정부의 청년활동지원사업과 중복된다는 지적에 대해, 취업성공 패키지 신청자의 경우 청년수당을 지급하지 않겠다고 밝혔다. [**홍수민(2016.08.08.)**]

청년층에게 지방정부의 수당을 받으면 중앙정부의 고용정책에서 배제되는 효과를 낳는다는 주장이 있다. [**홍수민**(2016.08.08.)]

세대정책이 세대문제로 비화할 경우에는 세대 사이[世代間]의 갈등과 세대 안[世代內]의 갈등이 일어나게 된다. 청년수당의 경우에는 실재하는 청년빈곤[16]과 청년실업[17]의 문제를 해결하기 위한 정책이다. 하지만 이런 정책에 대한 정치권의 발언이나 언론의 보도는 세대문제를 야기하기도 한다.

구성열(2016.08.08.)은 청년수당을 '일할 의사와 능력이 있는 청년에게 공짜에 가까운 돈[18]'이라는 주장은 그에 대한 대표적인 예라고 할 수 있다. 이런 발언은 장년층이나 노년층에게 청년지원정책을 '무상 수당'을 제공한다는 이미지를 만들고, 청년층이 취업 과정에서 금전적 어려움[19]을 이해하지 못하게 된다. 한편, 현수막 경쟁에서 나타난 '청년의 삶까지 직권취소 할 수 없습니다.'와 같은 구호[**김병규**(2016.08.14.)]는 청년층으로 하여금 장년층이나 노년층을 '수당을 빼앗는 존재'라는 이미지를 만들고, 통계적으로 검증된 청년빈곤의 현실을 자극한다. 이런 보도는 궁극적으로는 세대문제를 세대균열로 이어지게 한다.

한편, 이런 세대 사이의 갈등은 결국에는 세대 안의 갈등으로 이어지게 된다. 서울특별시의 청년수당 강행의지와 중앙정부의 직권취소가 대치하던 시점에서 이루어진 청년수당에 대한 인식에 대한 조사[**김윤종**(2016.07.21.)]를 살펴보면, 찬성(53.0%)이 반대(22.1%)에 비해서 많았다. 하지만 반대한 이유에는 '한국 사회의 구조적 문제 해결 불가(56.6%)'나 '공짜로 받으면 그 이상을 바랄 것(16.3%)'이 나타난 점을 주목하면 청년 세대 안에서조차도 청년지원정책에 대한 왜곡된 시각[20]이

---

16) 한국보건사회연구원 보고서에 의하면 35세 미만 가구 빈곤율은 2014년 12.2%로 8년 전 2006년에 비해서 1.5% 증가했다. 35~50세의 경우는 9.7%에서 6.3%로, 50~65세 15.2%에서 12.4%로 낮아졌다.

17) 통계청이 2016년 7월에 발표한 '6월 고용동향'에 따르면 청년 실업률은 10.3%이다. 이 수치는 전체 실업률 3.6%보다 큰 수치이다. [**곽래건(2016.07.14.)**]

18) 청년수당의 경우에는 매월 활동보고서를 본인이 계획한 구직활동에 지원금을 잘 쓰이는지에 대한 점검이 이루어지기 때문에 '공짜에 가까운 돈'이라고 보기 어렵다. 현금영수증이나 신용카드 영수증을 통해서 지출내역이 확인되고, 이런 절차를 따르지 않으면 수당을 받을 수 없다.

19) 한 온라인 취업포털의 조사에 따르면, 구직자 중 46%가 "빚이 있다"고 답했고, 그 규모는 3,449만원이다. 학비가 대부분(48.2%, 복수응답)이지만, 구직 과정에서 필요한 생활비(28.9%)와 학원 등 취업 준비비용(16.7%) 등도 많이 차지했다. [**김보미(2106.04.06.)**]

20) 반대의견의 비판은 두 가지 측면에서 생산적이지 않다. 구조적인 문제로 인한 빈곤은 금전적 지원이 가능하다는 측면과 애초에 청년수당이 상과를 보고한다는 점에 '무상지원'이 아니라는 측면에서이다.

나타난다. 이러한 세대 안의 갈등은 세대 사이의 갈등으로 인해서 세대 안에서의 논의조차 왜곡이 된 결과라고 볼 수 있다.

여기서 우리는 두 가지 지점에 대해서 의문을 가질 수 있다. 청년지원사업과 같은 세대정책에 대해서 정치권은 왜 쟁점화하느냐는 점이다. 다른 한 가지 의문은 청년지원사업과 같은 세대정책을 둘러싼 논쟁을 살펴보면 꾸준히 그 정도가 심화하는 경향이 있다는 점이다. 청년수당만 하더라도 청년을 어떻게 지원하는지의 문제가 어느 순간 청년들의 정치적 지지를 받기 위한 정책이 아니냐는 점이 쟁점화되었다. 청년수당에서 나타난 쟁점의 변질은 정책에 대한 오해로 그치는 것이 아니라, 세대균열의 정도를 심화한다는 점에서 심각하다.

이번 연구는 전자의 문제를 해결하기 위해서 한국사회에서 세대균열이 언제부터 나타났는지, 다양한 선거 국면에서 나타났는지 관찰한다. 이를 통해서 정치권이 세대균열을 활용하는 이유에 대해서 살펴볼 것이다. 후자의 문제를 해결하기 위해서 일상에서 정치권, 언론, 학계가 세대주의를 나타내는 양상을 관찰한다. 이를 바탕으로 세대주의의 문제점, 그리고 사회 구성원이 세대주의에 어떻게 대응하는지 살펴볼 것이다.

Ⅱ. 세대개념에 대한 검토

'세대'라는 용어가 가지는 다의성 때문에 세대에 대한 과학적인 연구가 어려운 경우가 많으며, 이 때문에 연구에서 이용하는 개념어를 검토할 필요가 있다. 먼저, (1) 사회적 균열과 사회적 세대의 개념을 알아볼 것이다. 특히, 사회적 세대를 이해하는 과정에서 (2) 세대의식의 실재성이 중요하기 때문에, 세대의식에 대한 개념도 알아볼 것이다.

사회학이나 정치학에서 사회적 균열(social cleavage)이란 사회구성원 사이의 이해관계의 차이로 인해 나타나는 갈등과 대립이 집단의 정체성과 결합되어 조직적으로 표출되는 현상을 말한다. 어떤 사회에 사회적 균열이 나타나면 그 사회의 구성원은 특정한 기준에 따라 몇 개의 집단으로 나누어지게 된다. **[전용주**(2009)] 사회적 균열은 이념, 지역, 세대 등의 다양한 요인에 따라서 나타날 수 있다. 가령, 이념균열은 '이념'이라는 기준에 따라서 사회 구성원이 몇 개의 집단으로 나누어진다는 것이다. 이념적 다양성을 가로축 방향으로 표현한다면(편의상 왼쪽 방향은 진보성향, 오른쪽 방향은 보수성향이라고 하자), 이념적 균열은 세로축 방향의 수직선으로 나타날 것이다. 이런 이념적 균열은 선거 상황에서 수직선으로 표현되는 이념적 균열은 왼쪽에 있는 유권자는 진보정당에, 오른쪽에 있는 유권자는 보수정당에 투표하게 될 것이다. 사회적 균열은 시기에 따라서 그 기준은 변화하게 된다. 이른바 선거의 구도에 따라서 지역주의가 강할 경우에는 지역균열(regional cleavage)이 강하게 드러나며, 이념대립이 강할 경우에는 이념균열(ideological cleavage)이 나타날 것이다. 이번 연구에서 다루는 **세대균열**(世代龜裂, generational cleavage) 역시 시간에 따라서 한국선거에 미치는 영향의 부침(浮沈)이 계속되어 왔다.

전상진(2002)은 한국사회에서 세대에 대한 관심이 상승했음에도 불구하고, 개념 자체의 모호성과 다의성으로 인해서 과학적 탐구가 저발전 상태에서 벗어나지 못했다고 비판하고 있다. 세대라는 개념이 가지는 다의성에 대해서, **박재흥**(2009)은 세대 이름을 생산하는 3대 주체인 대중매체, 기업과 광고기획사, 정치권으로 한국사회는 1990년대 이래 세대명칭의 홍수 속에 살고 있다고 보고 있다. 이들 3대 주체가 세대명칭과 관련된 신조어 생산에 관심을 가지는 이유는 각각 시대풍속과 사람들을 이해하는 방편으로 이용하기 위해(문화비평), 마케팅 대상의 층화와 차별화를 통한 판매 확대와 이윤 증식을 위해(기업, 광고기획사), 유권자 분할 포섭을 위한 선거 공학적 계산을 위해(정치권)서이다.

이번 연구는 정치권이 선거 공학적 계산에 의해 이용하는 사회적 세대(social generation)[21] 개념을 기반으로 한다. 이 개념은 1928년 칼 만하임(Karl Mannheim)의 『세대 문제(des Problem der Generation)』에서 나타난 사회적 세대에 대한 내용[**전상진**(2002)]이다. 칼 만하임은 제1차 세계대전의 참화를 경험한 유럽대륙에서 나타난 세대갈등[22]에 주목하였다. 이 세대갈등 양상은 사회 참상의 책임이 기성세대에 있다는 신세대와 그런 신세대의 주장이 부당하다고 보는 기성세대의 갈등이었다. 칼 만하임은 이런 세대갈등 양상은 단순히 세대 사이의 차이의 수준을 넘어

21) 정치적 세대(political generation)이라는 용례도 존재한다. **Rintala(1968)**에 의하면, 형성기(formative perod, 주로 청년기)에 동일한 역사적 경험을 가지고, 그러한 역사적 경험에 기초하여 뚜렷이 구별될 수 있는 정치관을 갖는 연령집단(age cohort)을 말한다. **[정진민(1992) 재인용] Liebau(1997)**와 같이 사회적 세대와 정치적 세대를 동일하게 보기도 하고**[전상진(2002) 재인용]**, 사회적 세대의 하위개념으로 보기도 한다. 이번 연구에서도 두 용어를 동일한 용어로 간주할 것이다.

22) 원서에는 세대전쟁(Generationenkampf)으로 표기됨

서 사회의 지배적인 가치와 규범 그리고 세계관의 정립을 둘러싼 논쟁의 수준으로 보았다.

이와 같이, 출신배경에 상관없이 시대의식(Zeitbewusstsein)을 공유하면서 정치행위를 하는 것은 만하임 이전 시대와는 크게 다른 부분이다. 만하임 이전에는 부르주아와 프롤레타리아의 젊은이 사이에 공유하는 시대의식이 없었기 때문이다. 이런 사회적 변화로부터 만하임은 **사회적 세대**(社會的 世代, Social Generation)[23]를 청소년기(17~25세)에 중요한 역사적 사건의 영향을 받아 특정한 의식, 문화, 지식을 갖게 되는 동일한(유사한) 출생 코호트(birth cohort)로 정의한다. 세대에 대한 만하임의 정의는 생물학적 조건(출생 코호트)뿐만 아니라 역사적 사건에 의해서 부여되는 동질적인 집단의식에도 주목했다는 점[**Mannheim**(1964)/**전상진**(2002) **재인용**]에서 의의가 있다. 이로부터 만하임[**Weymann**(1955)/**전상진**(2002) **재인용**]은 사회적 세대가 (1) 거시적 관점에서만 사용된다는 점과 (2) 특정 시기의 역사적 산물, 즉 근대사회의 도래를 통해 생성되었다는 점에서 다른 세대개념과 구분된다고 보았다. 두 번째 조건에 의해서 계급사회가 존재하던 전(前)근대사회는 이번 논의에서 제외되고, 다음과 같은 '세대'의 용례 역시 이번 연구에서 제외된다.

가족적 세대(family generation)로 쓰인 용례인데, 이 용례는 혈통계보의 고리, 즉 출생서열(자식, 부모, 조부모 등)에 대한 것을 의미한다. [**Liebau**(1997)/**전상진**(2002) **재인용**] 이런 가족적 세대는 미시적 영역에 국한된다는 점[**전상진**(2002)]에서 사회적 세대와 구분된다. 이런 점은 한국현대사를 배경으로 하는 다양한 문학작품과 그에 대한 비평에 잘 드러난다. 박완서의 소설 「엄마의 말뚝」 연작은 전후에 나타난 모계적 가족구도[24]라는 상황에서 나타나는 '억척모성'이라는 이미지가 나타난다[**박혜경**(2003)]. 표면적으로 '억척모성'이란 전후에 나타난 특정 여성 세대를 나타내는 이미지를 나타냈지만, 특정 상황의 가족('어머니')이라는 미시적 관점에서 이용되었다. 이 부분은 **박재흥**(2009)이 문화비평에서 세대를 '사람들을 이해하는 방편'으로 이용한 용례에 가깝다. 또, 박민규의 「삼미 슈퍼스타즈의 마지막 팬클럽」은 기성세대에 의해서 만들어진 '일류(一流), 프로, 대기업'으로 대표되는 성공한 삶을 좇던 주인공이 실직을 하는 과정에서 '아마추어적 삶'의 소중함을 깨닫는 이야기

---

23) 유럽의 사회학자의 경우에는 '역사적 세대(historical generation)'[**Bengtson(1993)**]라는 용어를 쓴다고 한다. [**박재흥(2003)**]

24) 아버지가 부재한 상태에서 가족부양의 역할을 맡은 어머니를 중심으로 구성된 가족형태 [**박혜경(2003)**]

이다. 1980년대에 학창시절을 보낸 주인공과 그 이전의 부모세대 사이의 세대갈등이 나타나지만, 이 소설을 한 가족의 이야기로 본다면[25] 이것 역시 미시 영역에 속하게 된다.

'사람들을 이해하는 방편'의 용례는 일반적인 문화비평에서 자주 나타난다. 1970년대 청년문화가 정의주체에 따라 달라지는 것을 연구한 **주창윤**(2006)의 사례를 보면, 1970년대 청년문화는 정의주체에 따라, 반(反)문화, 도깨비문화, 부분문화, 퇴폐문화 등으로 달라진다고 한다. 이와 같이, 세대의 문화에 대해서 다양한 주체가 자신의 주관에 의해서 세대를 명명되는 사례에서, 세대 명명 중에는 객관적인 기술(記述)이라기보다, 주관적인 시각(視覺)이 있음을 주지해야 한다. 특히, 이런 경우에는 명명 주체가 해당 세대에 대한 주관을 씌우는 측면도 있다. 이런 '주관의 덧씌움'은 어떤 세대 명명이 거시적 영역에 속하더라도, 역사적 사건에 의해 부여되는 동질의식이 실재하는지 살펴봐야 한다는 것을 시사한다. **김우성**(2007)[26]의 경우와 같이, 신세대를 지칭하는 X세대 담론에 있어서는 연구자에 의해서 동질의식이 인위적으로 구성된 경우도 있기 때문이다.

X세대 담론에 대해서 위의 경우와 같이 코호트 개념으로 보는 시각도 있지만, **이동후**(2004)와 같이, 신세대, X세대, N세대 담론 등이 1990년대 중후반에 나타났는데, 여기에는 상업적 의도가 담겨있다고 주장하는 경우도 있다. [**주창윤**(2006)] 이런 시각의 배경에는 **이동연**(2004)의 경우와 같이, X세대, N세대, P세대에 이르기까지 세대의 정체성을 명명하는 기표들이 세대의 복잡한 지형을 손쉽게 규정하려는 시도로 보는 시각이 있기 때문이다. 이들은 80년대 이후 미디어나 광고회사, 보험회사, 통신업계들이 고안했던 신세대 기표에 존재하는 의미화 과정에 대해서, 프랑스 철학자 롤랑 바르트의 말을 빌려 일종의 '신화'라고 비판한다. 즉, 애초에 하나의 기표로 환원될 수 없는 것들이 만드는 의미를 자명한 메시지로 받아들인

---

25) 문학적인 해석 차이에 의해서, 독자에 따라서 해당 소설의 주인공이 당시 세대의 일반적인 인물이고, 주인공이 소중하게 여기는 '아마추어 삶'이 당대 세대가 공유하는 집단의식이라고 볼 수도 있다. 이런 해석을 한다면, 이 소설의 주인공의 경험을 사회적 세대라고 볼 수 있는 가능성이 존재한다.

26) **김우성(2007)**은 베이비붐세대, X세대, Y세대 소비자들의 소비관련 가치관과 생활약식을 비교하는 연구를 진행하였다. 베이비붐세대는 미국에서 2차 세계대전이 끝난 이후 출산률이 급격히 증가한 세대를 말하고, X세대와 Y세대는 그 이후의 세대를 지칭하는 말로 등장하였다. 한국사회의 세대연구에서도 이와 비슷하게 한국전쟁 직후 신생아 출생률이 급격히 증가한 시기의 집단을 베이비붐세대로 규정하고, 그 이후의 세대를 X세대와 Y세대로 규정하고, 이들 세대에는 세대 안에서 공유하는 코호트의 존재한다고 보고 있다.

다는 것이다. 이런 비판은 X세대[27]라는 명명의 유래를 알아보면 더 잘 이해할 수 있다.

X세대가 기업의 관심을 받은 가장 큰 이유는 기성세대가 무엇인지 모호한 새로운 세대를 묘사하는 데에 최적의 단어라는 점에서 찾을 수 있다. 'X'라는 문자가 기성세대인 베이비붐세대와의 이질성과 이해하기 어려운 속성을 잘 표현하기 때문이다. **정성호**(2006)는 소비욕구를 불러일으키는 '상품화 미학'의 핵심적인 예로, 'X세대라는 무정형의 실체가 중요한 것이 아니라, 누구도 자기를 X세대라고 규정하지 않고, X세대라고 자처하는 사람이 없음에도, 많은 사람들이 X세대에 대해 이야기하는 현상'을 들었다.

X세대나 Y세대에 나타난 코호트는 실체가 존재하는 X세대의 동질적 의식을 바탕으로 했다기보다, 상업이나 학계에서 이식된 동질적 의식이라고 보는 것이 적절할 것이다. 이번 연구에서 지칭하는 사회적 세대에는 이런 '이식된 동질적 의식'을 바탕으로 한 세대를 배제할 것이다. 반면, 역사적 사건에 의해 실제로 만들어진 동질적 의식에 대해서는 **세대의식**(世代意識, generational consciousness)이라 지칭할 것이다.

Ⅲ. 세대균열 구도에 대한 비판

1. 선거에 나타난 세대균열 관찰

이번 절에서는 세대갈등의 존재를 과학적으로 검증하기 위해서 선거 국면에서 세대균열이 어떻게 나타났는지 알아볼 것이다. 앞선 절에서 살펴본 바와 같이, 세대균열이란 선거 국면에서 '세대'라는 기준에 따라 사회 구성원이 나누어지는 현상이기 때문이다. 이런 점에서 (1) 한국사회에서 세대균열을 언제부터 관심을 가지기 시작했는지부터 시작해서, (2) 대통령 선거와 (3) 국회의원 선거/지방선거에서 선거균열이 어떻게 나타났는지 관찰할 것이다.

---

27) **정성호(2006)**에 의하면 X세대는 캐나다 작가 더글러스 커플랜드가 1991년에 발표한 「X세대(Generation X)」에서 유래한다. 출판 당시에 큰 주목을 끌지 못했지만, 대기업 마케팅 담당자나 광고 제작자, 매스컴 종사자의 이목을 끌기에 충분했다. 그 이유는 당시 소비시장 전면에 새롭게 등장한 신세대에 대한 기표가 없던 상황에서 'X세대'라는 이름이 매력적이었기 때문이다.

(1) 한국 세대균열 연구의 여명기

사회적 세대를 바탕으로 한 세대균열이 한국사회에서 어떻게 일어나기 시작했는지 알아보자. 한국사회에서 세대균열에 대한 초창기 연구에는 **한완상**(1991)과 **정진민**(1992)의 연구가 있다. **한완상**(1991)은 13대 대선(1987), 13대 총선(1988), 91년 지방선거(1991)[28]의 결과로부터 한국정치에서 지역균열의 영향력을 예상하면서도, 이념균열의 부차적인 변수로서 세대균열을 예상했다. 그 다음 해, **정진민**(1992)은 여당지지에 대한 세대요인의 영향이 당시 전통적으로 중요시되던 도시화의 영향을 능가한다는 점에서, 세대요인이 한국유권자의 투표행태에 중요한 요인이 된다고 보았다.

한국사회에서 세대균열에 대한 연구가 1991~1992년에 시작된 것은 결코 우연이 아니다. 제1공화국(1~3대 대선)은 해방정국과 한국전쟁에 의해서 이념균열이 강한 변수일 수밖에 없었으며, 제2공화국(4대 대선)은 4.19 혁명에 의해서 당시 민주당에 대한 지지가 압도적이었다. 5대 대선은 5.16 군사정변에 대한 심판 성격으로 나타난 지역균열[29]이 나타났고, 이후 7대 대선까지는 박정희 정권에서의 산업화에 따른 도시화 정도에 영향을 많이 받았다. [**정진민**(1992)]

이후 권위주의 정권 아래에서 선거의 비중이 제한되었다가, 13대 대선이 되어서야 비로소 절차적 민주주의가 보장된 선거가 치러졌다. 이런 점에서 대선, 총선, 지선이 한 번씩 치러지면서 자료가 축적된 1991년 이후부터 세대균열의 효과에 대한 연구가 이루어진 것은 자연스러운 현상이라고 볼 수 있다.

세대균열에 대한 연구가 시작되었다고 해서, 선거 국면에서 세대균열이 결정적인 역할을 했다고 보기는 어렵다. 초창기 연구자들도 지배균열이 견고한 와중에 세대균열이 부수적으로 나타났다고 보았다. 세대균열이 본격적으로 관심을 받은 것은 연구가 시작된 후부터 20년이 지난 시점인데, 이 때가 되면 (1) 이른바 YS와 DJ의 '양김시대'가 끝나면서 지역균열이 약화되기 시작했고, (2) 민주화 이후 세대와 관련된 여론조사가 축적되고, (3) 정보화 과정에서 동일 세대로 구성된 커뮤니티가 생성되었기 때문이다.

---

28) 당시 31년만에 부활된 지방선거로 여기서는 광역의원선거를 지칭한다.

29) 영남/호남은 박정희 후보를, 서울/경기/강원은 윤보선 후보를 지지하는 남북형태의 특이한 지역균열이었다.

(2) 대통령 선거 분석

2002년 이후에 있었던 3차례의 대통령 선거에서 세대균열이 어떻게 나타났는지 알아보자. 2002년에 있었던 제16대 대통령 선거이다. [**정진민**(2012)] **강원택**(2002)은 16대 대선에서 여론조사 추이를 살펴보면 영남과 호남이라는 지역주의구도 뿐만 아니라[30], 2030세대와 5060세대 사이의 정치적 의사 차이가 비교적 크게 나타나는 것을 확인했다. 당시 선거운동이 진행되는 과정에서 두 후보에 대한 연령대별 지지율을 살펴보면 20~30대 유권자의 지지가 노무현 후보에 집중되고, 50대 유권자는 전혀 다른 방향으로 나타난다. 또, 40대 유권자는 지지운동의 명확한 균열이 나타나지 않은 것으로 나타난다.[**윤상철**(2009)][31][32]

윤상철(2009)은 세대에 따른 이념성향의 차이가 지지후보 차이로 나타난 이유에 대해서, 세대균열과 이념균열이 당시까지 견고했던 지역균열과 충돌은 하지 않은 데에서 찾고 있다. 세대균열이 이념균열과 조응을 이루었고, 이념균열의 영호남 구도의 지역균열과 함께했다는 것이다. 또, 20~30대에서 노무현 후보의 지지가 높은 점에 대해서, 노무현 후보지지 모임인 '노무현을 사랑하는 사람들의 모임(노사모)' 구성원은 연령대로는 30대 이하가 많고[33] 직업군으로는 직장인이 많은 점[34][**강원택**(2002)], 새천년민주당 당 안의 경선과정에서 노선, 운영, 당 지도체제의 혁신문제가 거론되면서 젊은 유권자의 관심을 끈 점[35]을 들고 있다.

2007년에 있던 제17대 대통령 선거는 이명박 후보가 2위 정동영 후보를 531만 표(22.6%)로 따돌리면서 압승하였다. 참여정부에 대한 반감으로 인해 압도적인 승리하자 통계적으로는 사회적 균열이 약화된 것으로 보인다. 보수정당인 한나라당 대선 후보인 이명박 후보가 과반에 육박하는 48.7%를 획득했음에도, 같은 계열의 정당에서 총재와 대선후보를 했던 이회창 후보가 15.1%를 득표해서 이념균열로

---

30) 지역균열의 정도를 강하게 보는 연구자(**박명호(2009)**)는 16대 대선을 호남과 충청의 지역연합의 승리로 보는 시각도 존재한다.

31) 40대 유권자의 이러한 움직임에 대해서, **윤상철(2009)**은 당시 40대가 정치적, 정책적 쟁점에 민감했기 때문에 세대균열의 틈바구니에서 양쪽으로 분산되었다고 추측한다.

32) 이런 이유로, **송호근(2003)**은 16대 대선에서 지역균열이 이전에 비해 약해지고, 세대균열의 영향력이 상대적으로 강조되는 과정에서 386세대가 주목을 받았다고 본다. [**박명호(2009)**]

33) 20대(28.47%), 30대(48.35%)로 합계 76.82%

34) 노사모의 등장과 같이 사회운동정치와 선거정치가 연계될 수 있었던 것에 대해서, **윤상철(2009)**은 노무현 후보가 당시 새천년민주당에서 비주류였기 때문에, 사회운동정치가 유용한 자원으로 인식되었다고 본다.

35) 이런 이유로 전체 선거인단 중에서 20대와 30대의 비율이 71.4%였다고 한다. [**이정진(2007)**]

해석하기 어려웠기 때문이다.

황아란(2008)은 후보선택과 정당태도에 있어서도, 이명박 후보의 경우에는 한나라당 선호도와 연관성이 유지되지만 정동영 후보는 대통합민주신당 선호도와 연관성이 유지되지 않았다는 분석[36]을 내놓았다. 이 부분은 당시 참여정부 말기의 열린우리당 해체 과정에서 지지층 분산 등의 다양한 요인이 개입한 것으로 보인다. **이남영**(2008)은 지역균열이 영남과 호남에서 강하게 나타났지만, 지역균열의 효과를 제외하더라도 연령층이 높을수록 이명박 후보를 연령층이 낮을수록 이회창 후보를 지지하는 경향이 나타났다.

선거 과정에서 세대별 득표율은 집계하지 못하기 때문에 선거 전후에 나타난 여론조사 등을 통해서 분석하는 경우가 많다. **황아란**(2008)과 **이남영**(2008)도 중앙선거관리위원회나 한국사회과학데이터센터(KSD)가 조사한 유권자의식 조사결과를 토대로 했기 때문에 결과 분석에 있어서 비판적으로 볼 필요가 있다. 또, 이명박 후보와 이회창 후보가 63.8%를 획득한 상황에 실제로 사회적 균열이 없어지지 않았음에도 표면상 다양한 사회적 균열이 상대적으로 약화된 것으로 보일 수 있기 때문이다.

이남영(2008)은 이명박 후보와 이회창 후보의 경우에는 연령과 후보 선호도 사이의 상관관계가 있다고 보았다. 이런 분석에 대해서, 당시 이명박 후보의 도덕성 검증이 크게 부각된 점으로 미루어, 연령에 따른 도덕성에 대한 민감도의 차이가 있었다는 추측이 가능하다. 다만, 이런 분석을 뒷받침하는 근거를 찾을 수 없고, 이 분석이 정당하다고 해도 동일한 세대의식을 공유하는 것은 아니기 때문에 세대균열로 간주하기는 어렵다.

성경륭(2015)은 2014년에 있었던 제18대 대통령 선거에서는 지역균열과 세대균열이 동시에 일어난 선거[37]라고 보고 있다. 두 가지 중요한 특성이 있는데, 한 가지는 18대 대선 시기의 지역균열은 영남과 호남과 같은 충성지역(loyal region)과 나머지 유동지역(swing region)으로 분화되어서 나타났다는 점[38]이다. 다른 한 가지는 수도권, 충청권, 강원권의 유동지역에서는 세대 사이의 투표선택의 양극화가

---

36) **김진하(2008)**도 비슷한 분석을 하였고, 그 이유는 선거 자체의 경합성이 낮아서 당시 열린우리당이나 민주노동당 유권자의 투표 참여가 낮아진 측면이 있다고 본다.

37) 후술하겠지만, 이와 같이 한 선거에서 두 가지의 사회적 균열이 작용하는 경우에 **이중균열구조**라고 말한다.

38) 충성지역은 지역균열이 견고하게 지속되는 지역을 말하고, 유동지역은 지역균열에서 자유로운 지역을 말한다.

크게 나타난 점이다. **이내영**(2012a, 2012b), **강원택**(2013), **노환희**(2013) 등은 '세대전쟁', '5060의 반란'이라는 평가를 내렸다. [**성경륭**(2015), **재인용**]

다만, 여기서 유의해야 하는 것은 세대에 따라서 다른 투표성향이 나타났다고 해서 세대균열이라고 단정 지을 수 없기 때문이다. 세대균열은 기본적으로 **세대효과**(世代效果, generation effect)에 의해 나타나지만[39][40], 연령효과에 의해서도 유사한 효과가 나타나기 때문이다. Goerres(2009)에 의하면 **연령효과**(aging effect)란 나이가 들어감에 따라 가치관, 의식, 태도, 행동이 점차 보수화되어가는 현상[41]이다. [**성경륭**(2015), **재인용**] 세대와 연령 모두 시간에 따른 인간의 변화를 나타내는 요인이기 때문에, 세대효과와 연령효과가 중첩되는 부분이 많다. 이 두 개념은 다음과 같이 비유할 수 있다. 어떤 선착장에서 한 시간마다 배가 출발하는 경우를 생각해 보자. 배가 있는 강의 흐름을 시간의 흐름에 대응할 수 있다면, 세대효과는 자신의 의사 결정을 어느 배에 탔는지(공유하는 세대의식)에 따라 내리는 경우이고, 연령효과는 강의 어느 지점에 있는지(연령)에 따라 내리는 경우로 비유할 수 있다.

성경륭(2015)는 여러 선행연구에 의해서 18대 대선에서는 세대효과와 연령효과가 모두 나타난 것으로 보고 있다. **노환희**(2013)의 경우에는 시간의 흐름에 따라 안정적인 정치성향을 보이는 세대는 386세대뿐이고, 그 이하의 세대는 진보적이면서도 일정한 등락을 보이고 있으며, 이상의 세대는 시간의 흐름에 따라 보수화되고 있다고 본다. **이내영**(2013)도 이와 유사한 결론을 내리고 있다. 이런 점에서 18대 대선에서 세대균열이 나타나고 있다고 보는 다양한 연구가 보고되고 있지만, 386세대를 제외한 세대에서는 등락이 있거나 연령에 따른 보수화가 일어나고 있다는 것을 볼 수 있다.

다만, 당시 대선을 앞둔 시점의 언론보도를 보면 소위 산업화 세대와 민주화 세대 사이의 대결로 비춰진 측면이 있다. **손병호**(2012.11.25.)의 보도를 살펴보면 박근혜 후보가 대응되는 박정희 전 대통령과 문재인 후보가 대응되는 노무현 전 대

39) 본고의 경우는 세대효과에 의한 것만 세대균열로 정의하였다. 다만, **성경륭(2015)**와 같이 세대효과든 연령효과든 세대에 따른 투표 성향 차이를 세대효과로 본다.

40) 본고가 세대효과를 협의(俠義)적으로 정의한 것은, 본고가 관심을 가지는 것은 사회적 세대에 의한 사회적 균열이기 때문이다. 이런 이유로 세대의식의 효과가 배제된 연령효과는 세대효과에서 제외하는 것이다.

41) **Goerres(2009)**는 연령효과가 나타나는 이유를 새로운 지식과 정보 획득의 감소에 따른 인지적 보수화, 소득과 재산의 증가에 따른 경제적 보수화, 사회 안정과 질서를 유지하는 사회적 보수화, 현상유지와 기득권의 옹호르 추구하는 정치적 보수화 등으로 든다.

통령 사이의 대결이라는 언급이 있다. 과학적인 검증은 어렵지만, 당시 대선을 산업화 세대와 민주화 세대 사이의 대결로 보는 시각이 있었던 것은 분명해 보인다.

(3) 국회의원 선거와 지방선거 분석

총선과 지방선거는 대선에 비해서 두 가지 관점에서 분석하기 어렵다. 한 번에 많은 선거구에서 많은 인원을 선발하기 때문에 각 선거별로 다양한 구도가 형성될 수 있다. 또, 지역구와 비례대표가 1인 2표로 나누어진 점, 지방선거에서 광역단체와 기초단체가 동시에 선발된다는 점에서 교차투표나 전략투표 양상이 나타나기 때문에 더 복잡하게 나타난다.

이런 점에서 네 차례의 총선(17대~20대)과 네 차례의 지방선거(3회~6회)에 대한 분석은 (1) 대통령 선거로의 종속성, (2) 진보정당 지지의 이념균열, (3) 소(小)지역주의로 나타나는 다양한 양상의 지역균열, (4) 선거제도와 선거구도 등의 요인을 먼저 살펴보면서 이들 선거의 특성을 이해할 것이다. 그 이후에 이런 다양한 요인에도 불구하고, 정치권에서 세대균열을 이용한 양상을 살펴보자.

대통령의 권한이 강한 대통령 중심제를 채택하고 있는 상황에서, 총선과 지방선거는 대선에 종속되는 양상이 나타난다. 대통령 임기 중반은 '중간 평가' 등의 성격이, 정권 교체기에는 '대선 전초전' 등의 성격을 띠게 된다. 세 차례의 지방선거는 각 정부의 평가의 성격이 많이 반영되었다. 정권 출범 직후에 있던 17대 총선과 18대 총선은 각각 정부에 힘을 실어주는 방향으로, 대선 직전에 있었던 19대 총선은 대선 전초전의 성격을 띠었다. 총선과 지방선거가 대선에 종속되면 일종의 정치균열 양상이 띤다.

대개 양자대결의 성격이 강한 대선과 달리 총선이나 지방선거는 다양한 정당, 정파가 경쟁하게 된다. 이 과정에서 민주노동당에서 정의당과 노동당 등에 이르는 진보정당을 지지하는 동기는 이념균열이 영향을 주는 경우가 많다[42]. 또, 후보단일화를 통해서 다자구도에서 양자구도로 만들려는 정치적 동기도 이념균열에서 찾을 수 있을 것이다. 특히, 이런 진보정당의 지지율의 부침은 이런 이념균열의 적용 정도를 반영한다고 볼 수 있다.

대선에서 지역균열의 영향력이 작아지는 추세임에도 여전히 영향력을 가지듯,

42) 17대 총선을 분석한 **김형준(2004)**에 따르면, 당시 민주노동당을 지지하는 지지자는 이념균열에 의해서 지지한 경우가 많았다고 분석한다.

총선인 지방선거에서도 지역균열은 여전히 강한 영향력을 가지고 있다. 다만, 당선자 결과를 분석하면 지역균열이 약해졌음에도 강화된 것으로 보이는 경우[43]도 있고, 반대인 경우[44]도 존재한다. 또, 전국단위 선거인 대선과 달리 총선이나 지방선거는 각 지역 내에 있는 소지역주의가 작동하는 등 지역균열이 더 복잡하게 나타난다.

선거제도와 선거구도에 영향이 있을 수 있다. 17대 총선에 도입된 지역구 선거와 비례대표 선거의 1인 2표제는 비례대표 선거에서는 지지정당을, 지역구 선거에서는 자신과 가까운 정당의 후보를 선출하는 전략투표 현상이 나타난다. [**조진만**(2006)], [**한상익**(2013)] 이런 전략적 투표는 20대 총선의 서울특별시 결과를 보면 잘 나타나는데, 지역별 선거에서는 더불어민주당이 압승[45]하였지만 정당별 비례대표 선거에서는 3위[46]에 그쳤다. 이 결과는 당시 야권 성향 지지자의 전략적 투표의 결과가 잘 나타난다.

위와 같이 다양한 요인에도 불구하고 선거 국면에서 세대균열이 나타나는 경우가 많다. 다만, 이 경우는 정당이나 정치적 엘리트가 직접적으로 특정 세대의 지지를 이끌어내는 직접적 방식과 세대에 따라서 정치적 사건이나 정책에 대한 민감도나 반응의 차이로 나타나는 간접적 방식으로 나타난다.

정당이나 정치적 엘리트가 직접적으로 특정 세대의 지지를 이끌어내는 대표적인 사례는 17대 총선에서 당시 여당이었던 열린우리당 의장인 17대 총선 과정에서 당시 정동영 열린우리당 의장의 이른바 노년층 투표 관련 발언[47][**윤상철**(2009)] 이었다. 언론에서는 이 발언의 노년층에 대한 언급에 방점이 찍혔지만, 사실상 16

43) 최다득표자가 승리하는 선거에서는 2위 후보의 지지율이 오르더라도 결과에 나타나지 않을 수 있다. 즉, 특정 지역을 특정 정당이 석권하더라도 지지율 차이에 따른 지역균열은 시간에 따라 약화되어 보일 수 있다.

44) 공천 과정 등의 다양한 이유로 동일한 정파의 여러 정치인이 출마하는 경우가 있다. 이로 인해서, 무소속 후보가 선전하면 지역균열이 약해져 보이지만 후보의 정치 성향을 면밀히 검토하면 강해지기도 한다.

45) 서울특별시 전체 49개 의석 중 더불어민주당이 35석(71.4%) 차지하였다. 반면, 새누리당은 12석, 국민의당은 2석을 차지하는 데에 그쳤다.

46) 서울특별시 정당별 비례대표 선거 정당별 득표율은 다음과 같다. (득표율 순서)
△ 새누리당(30.8%), △ 국민의당(28.8%), △ 더불어민주당(25.93), △ 정의당(8.5%) 순서였다.

47) 이 발언은 17대 총선을 앞둔 2014년 03월 26일에 있었던 대구지경 언론사와의 오찬 간담회 이후에 국민일보 총선기자단과의 단독이터뷰 과정에서 있었던 발언이다. 발언 원문은 다음과 같다.: "어르신들은 투표를 안 하고 집에서 쉬셔도 괜찮아요. 왜냐하면 그분들은 앞으로의 미래를 결정할 분들이 아니니까요. 하지만 젊은이들은 앞으로의 미래가 걸려있기 때문에 투표를 꼭 해야 합니다." [**이용훈**(2014.04.01.)]

대 대선부터 당시 여당에 대한 지지층인 청년층에 대한 지지를 호소한 측면이 있었다. 당시 열린우리당의 전국정당화를 추구했다는 점에서 볼 때, 당시 정당이나 정치 엘리트는 세대균열의 잠재성을 인지했음[48]을 알 수 있다. 이후에는 세대에 따라서 정치적 사건이나 정책에 대한 민감도가 세대 차이에 나타난 것으로 보인다. 제6회 지방선거(2006)에서 반값등록금 공약이나, 제5회 지방선거(2010)에서 무상급식 공약을 도입한 것은 청년층이 비교적 중요하게 생각하는 공약을 제시함으로써 간접적 방식을 취한 것이라고 볼 수 있다.

2. 단일균열 구조 관점에서의 비판

앞선 절을 통해서 한국사회에서 세대균열은 부수적 효과로 나타났다가 그 영향력이 점차 강해지는 것을 확인할 수 있었다. 이와 더불어, 세대균열의 영향력이 커짐에 따라, 지역균열이 지역갈등을 야기했던 것처럼 세대균열이 세대갈등을 야기하는 양상을 확인할 수 있었다. 이번 장에서는 (1) 지역갈등이 왜 생기는지 알아보고, 이를 바탕으로 (2) 세대갈등 발생을 유추할 것이다. 마지막으로 여기서 나타나는 (3) 단일균열 구조와 그 극복 양상을 알아볼 것이다.

(1) 지역갈등의 원인

지역구 국회의원이 자신의 지역구의 권익을 대변하는 것은 자연스러운 현상이다. 지역구 국회의원은 해당 지역구의 대표성을 띠면서 의정활동을 하므로, 지역현안을 중앙정치권에 반영하고 지역현안 해결을 위해서 중앙정부의 적절한 조치를 이끌어내는 것은 당연한 부분이다. 특히, 지방자치가 활성화된 일본의 경우에는 가나가와 네트워크와 같은 지역정당을 통한 지역자치 운동이 이루어지고 있다.[49]

---

48) 이런 주장에 대한 분석은 **최준영(2005)**에 나와있다. **최준영(2005)**는 16대, 17대 총선에서 동일한 지역 내에서 발견되는 세대균열과 이념균열을 검증함으로써, 기존의 지역균열이 약화될 가능성이 있다고 주장하였다.

49) **가나가오 네트워크**는 '생활협동조합 가나가와'라는 생활협동조합의 형태로 출발하였다가, 의정활동에 시민들의 생각을 반영하는 '대리인'의 필요성에 따라서 지역정당의 형태로 변모하였다. 현재는 지역문제를 연구하는 개인과 단체에 예산을 지원하는 '시민사회 챌린지 기금' 등을 운영하는 등 활발한 지역자치 운동을 벌이고 있다. **[정남구(2010.06.20.)]**

이런 점에서, 지역균열 양상은 유권자가 자신의 지역을 잘 대변해주는 정당이나 정치인에 투표하는 투표 전략의 결과라고 볼 수 있다. 이와 궤를 같이 하는 이론으로 **합리적 선택론**이 있는데, 이 이론은 지역균열의 원인을 유권자의 합리성에서 찾는다. 즉, 합리적 선택론에서는 유권자는 주어진 대안으로부터 자신의 이익을 충분히 고려한 후 가장 유리한 선택을 한다고 본다. [**최영진**(1999)] **조기숙**(1997)은 이런 유권자 선택의 배경에는 '자신의 지역출신 대통령을 뽑아야 재화의 분배나 인사에서 이득을 볼 것이라는 유권자의 계산'이 있다고 보고 있다. [**최영진**(1999), **재인용**]

이런 합리적 선택론은 두 가지 측면에서 한계를 가진다. 한 가지는 합리적 선택론으로는 충분히 설명하지 못하는 사회현상이 존재한다는 점이고, 다른 한 가지는 그런 합리성의 이면에 있는 '유권자의 계산'이 비합리적이라는 점이다. 합리적 선택론이 설명력의 한계를 가지는 것에 대한 대표적인 예는 호남 지역주의의 차별성에 대한 문제이다. 합리적 선택론을 옹호하는 **이갑윤**(1998)도 이 사회현상을 설명하기 위해서는 '광주민주화운동'이라는 사회심리적인 요인의 필요성을 인정했다. [**최영진**(1999), **재인용**]

영남권 유권자가 영남권 출신의 박정희 대통령의 정치권력을 유지하게 함으로써, 주요 국가시설을 영남권에 집중하는 후견주의(clientelism)적 전략을 채택[**성경륭**(2015)]하게 한 것은 일견 타당한 전략으로 보인다. 하지만 이 전략으로 인해 야기된 동서에 깊게 패인 지역균열[50]은 어떤 다른 쟁점도 거부하는 배타적 특성을 드러내며 한국정치의 파행을 심화시킨다는 점[**최영진**(1999)]에서 볼 때 합리적이지 않다.

일부 지역의 경우에는 당내경선이 본선보다 치열한 경우가 많다. 이런 경우는 대개 지역균열이 적정 수준을 넘어서서[51], 지역균열이 후보의 공약이나 능력과 같은 다른 쟁점을 거부하는 배타적 특성이 나타난 경우이다. 이런 상황이 지속되면 해당 지역의 후보자는 지역현안보다는 정당의 공천을 받는 데에 관심을 가지게 된다. 한동안 일부 국회의원이 해당 지역의 기초의원이나 기초단체장의 공천권을 사적으로 행사하는 과정에서의 폐해[**황수영**(2015.09.14.)]가 지적된 것은 이런 이유에서이다. 합리적 선택론에 나타난 잘못된 '유권자 계산'은 투표하는 과정에서

---

50) 박정희 정권의 후견주의가 '현대적 의미의 지역주의'의 원인으로 보는 시각이 많다. 이 결과 한국사회의 지역주의는 지역 사이의 관계를 '중심－주변부 차원'에서 정의하고, '지역패권주의'나 '내부 식민주의'의 양상이 나타난다. [**김만흠**(**1994**), **최장집**(**1996**)] **최장집**(**1993**)은 이런 지역주의 문제의 심각성에 대해서, 언어, 인종, 종교가 동일한 조건에서 정치적 배제와 소외감이 자아내는 지역대립의 깊이가 매우 깊다고 지적한다.

51) 엄밀히 말하면, 지역균열과 정당균열이 결합해서 해당 지역의 지역정당이 존재하는 경우이다.

'지역'이 주된 투표 변인임에도 불구하고, 지역현안을 해결하는 데 큰 도움을 주지 못하는 역설이 나타난다.

합리적 선택론의 한계를 살펴보다 보면, 지역균열이 과열되는 이면에는 자신의 지역에서 강한 지역대표가 나온다면, 그 지역대표를 통해서 자신의 지역이 특혜를 볼 수 있을 것이라는 기대심리가 있음을 알 수 있다. 정당이나 정치적 엘리트는 자신의 정치적 목적을 실현하기 위해 지역균열과 같은 사회적 균열을 정치적 자원으로 이용하며, 이 과정에서 이런 기대심리를 만드는 경우가 있다. 이른바 '정치실세'가 자신의 지역구와 관련된 선심성 사업을 국가 예산에 끼워 넣는 '쪽지예산 관행'[**이동현**(2015.12.05.)]이 이에 대한 대표적인 예라고 볼 수 있다. 이런 정치 관행은 유권자의 지역이기주의를 자극한다는 점에서 지역균열을 지역갈등으로 왜곡한다고 볼 수 있다.

정당이나 정치적 엘리트는 지역균열이 없는 상황에서도 지역감정을 조장함으로써 지역갈등을 야기하기도 한다. **김진하**(2010)는 박정희 정권의 후견주의 사례와 같이 지역감정이 지역균열을 토대로 하는 경우도 있지만, 그렇지 않은 경우도 있음을 지적한다. 예컨대, 지역감정을 정치적 자원으로 이용하는 정치인은 선거 국면에 개입[**손호철**(1993)], [**이갑윤**(1998)]해서 지역감정을 적대적 갈등관계로 조장할 수 있다. 이런 지역감정은 대개 '정서적 지역감정'이라고 하며, 이 경우에도 지역갈등이 야기될 수 있다.

(2) 세대갈등의 원인

지역균열이 지역갈등으로 변질되는 과정은 세대균열에도 동일하게 나타나고 있다. 지역균열 자체가 지역현안을 의제로 제시하듯, 세대균열이 청년층의 취업문제나 노년층의 빈곤문제와 같은 각 세대의 주요 현안을 의제로 제시하는 순기능이 존재한다. 하지만 이런 세대정책이 각 정당의 당리당략에 종속됨에 따라 세대갈등으로 변질되면, 지역균열의 경우와 마찬가지로 '세대'가 주된 변인으로 작용했음에도 불구하고 각 세대의 주요 현안이 해결되지 않는 역설이 나타날 수 있다.

가장 대표적인 사례는 제18대 대선에서 당시 새누리당의 박근혜 후보가 제시하였던 '기초노령연금' 공약이었다. 새누리당은 당시 자신의 정당의 주요 지지기반인 노년층을 겨냥해서, '65세 이상 모든 노인에게 월 20만원씩 기초연금을 지급한다.'라는 공약을 내세웠다. 하지만 이후 재정 문제 등으로 보건복지부에서 발표한 정부안은 '기초연금 지급 대상을 소득 하위 70%로 한정하고 지급액도 소득과 국민연금 수령액에 따라 차등지급한다.'는 내용[**이용욱**(2013.09.22.)]으로 수정되었다. 이후 야권에서는 공약에서 제시되었던 20만원조차도 최저생계비(64만원)에 한참 미치지 못한다는 점과, 각종 명목으로 연금액이 삭감됨에 따라 20만원 전액을 수령하는 경우는 10명 중 4명도 안 된다[**이정현**(2016.03.09.)]고 비판하였다.

기초노령연금의 사례는 노년층의 빈곤문제와 같은 각 세대의 주요 현안을 의제로 제시하는 순기능이 존재한다. 하지만 이런 세대정책은 각 정당의 당리당략에 종속됨에 따라 '세대'가 투표의 중요한 요인이었음에도 불구하고, 노인빈곤이라는 노년층 세대의 주요 문제를 충분히 해결하지 못하는 한계를 보여준다.

지역갈등의 경우와 마찬가지로, 정당이나 정치 엘리트는 뚜렷한 세대균열이 없는 경우에도 각 세대의 이기주의를 자극하는 것을 통해서 세대갈등을 야기하기도 한다. 가장 대표적인 예는 국민연금의 수급액을 높이는 문제를 두고 나타난 정부와 정치권 사이의 갈등이다. 정치권에서 국민연금의 수급액을 높이려고 하자, 정부에서는 '세금폭탄'이라는 자극적인 표현까지 쓰면서 강한 거부감을 드러냈다. 이후에도 정부는 '보험료 두 배 인상'과 '미래세대 부담'과 같은 표현으로 이 문제를 세대갈등으로 비화하였다. [**최성진**(2015.05.10.)]

여기서 유의해야 할 것은 연금문제가 세대갈등의 문제가 아니라는 것이다. 국민연금을 미래세대의 노인부양 부담으로 보고, 국민연금을 폐지한다면 오히려 그 부담이 커질 수 있다. 국민연금의 민영화로 노인빈곤이 가중된 칠레의 경우가 대표적인 예이다. 칠레정부는 노인빈곤이 심화되자 결국 2008년에 연금혜택을 받지 못하는 노년 빈곤층에게 기초노령연금을 지급하기로 결정한다. 이 과정에서 간접세인 부가가치세[52]와 국채를 발행하게 되는데, 이는 고스란히 국민의 부담으로 돌아갔다. [**박종훈**(2013)]

국민연금 문제는 과거세대와 미래세대 사이의 제로 섬 게임이라는 인식을 심어준다. **제로 섬**(zero sum) **게임**이란 이득의 총합이 항상 0인 게임으로 한 사람이 이득을 얻으면 필연적으로 누군가는 손해를 보는 구조이다. 국민연금 문제를 세대갈등 구도로 만들려는 정치 집단은 사회 구성원에게 다른 세대가 이득을 취하는 것

52) **박종훈(2013)**은 부가가치세는 고소득층보다 저소득층에게 더 높은 세율이 적용되는 '역진세'라는 점에서 더 큰 문제라고 지적한다. 특히, 소비활동이 왕성한 젊은 세대에게 상대적으로 더 큰 보담이 되기 때문이다.

을 견제하거나, 선제적으로 이득을 취해야 한다고 주장한다.

하지만 국민연금 문제는 제로 섬 게임보다는 죄수의 딜레마에 가깝다. **죄수의 딜레마**(prisoner's dilemma)는 대표적인 비(非)제로 섬(non zero sum) 게임으로, 협력하면 가장 이익이 됨에도 불구하고, 각 자의 욕심으로 서로에게 불리한 상황을 잘 보여준다. 죄수의 딜레마에 빗대어서, 국민연금 문제를 이해해보면 (1) 두 세대가 협력하는 경우, (2) 미래세대에게만 유리한 경우, (3) 과거세대에게만 유리한 경우, (4) 두 세대가 협력하지 못하는 경우라는 4가지 가능성이 존재할 수 있다.

두 세대가 협력하지 못하는 (4)의 경우에는 국민연금은 민영화나 폐지의 수순을 밟을 수 있다. 이 경우에는 사회가 모든 국민의 노후를 포괄적으로 보호하지 못하게 되고, 이로 인해서 칠레의 경우처럼 장기적으로는 다른 세대가 노년빈곤 해결을 위한 부담을 지게 될 것이다. 두 세대가 협력하는 (1)의 경우에는 각 세대가 국민연금을 부담하는 정도를 적절하게 합의하는 경우로 스웨덴이 대표적인 예이다. 스웨덴의 경우 고령화가 가속화되자 기성세대에서부터 연금체계 개혁을 주장했고 [**박종훈**(2013)], 10년에 가까운 국민연금개혁 논의 끝에 1998년 '명목 확정기여'형 연금제도[53]가 나타났다. 스웨덴 사례를 한국에 바로 적용할 수 없지만[54], 국민연금개혁을 위해 10년이라는 긴 시간동안 사회구성원이 논의한 점[**박종훈**(2013)]은 눈여겨 볼만하다.

어느 세대가 유리한 (2)와 (3)의 경우는 단기적으로는 일반적인 죄수의 딜레마와 동일한 양상을 띠지만, 장기적으로는 순망치한(脣亡齒寒)으로 다른 양상을 띠게 된다. 미래세대만 유리하면, 과거세대의 빈곤문제가 미래세대의 부담이 되고, 과거세대만 유리하면 미래세대가 국민연금으로 인해서 이탈하거나 과거세대의 생산성 저하로 국민연금이 유지되기 어렵게 된다. 어떤 의미에서 두 세대가 협력하는 (1)을 선택하느냐, 그 외를 선택하느냐에 따라 전체 파이(pie)의 크기가 달라지는 죄수의 딜레마 양상이 나타난다.

---

53) Notional Defined Contribution(NDC). 개인 생애소득의 18.5%를 연금 보험료로 내되, 그중 16%p는 각자의 소득에 따라 연금액이 결정되는 비례연금에 들어가고, 2.5%p는 각 개인이 800개의 펀드 중에서 선택하는 방식이다. 비례연금의 경우 한국의 경우와 비슷하지만, 기금으로 적립되는 한국과 달리 현재 노령자에게 바로 지급되고 자신의 연금계좌에는 가상의 적립금이 쌓이게 된다. 경제성장률과 인구전망의 변화를 바탕으로 이후 노후연금 급여 수준이 결정된다. **[박종훈(2013)]**

54) 한국의 경우와 달리 소득 재분배 효과가 거의 없다는 단점이 있고, 그런 이유로 스웨덴의 경우에는 최저보장 연금액이 보장되어 있다. **[박종훈(2013)]** **박종훈(2013)**은 소득 재분배 효과가 없다는 점에서 스웨덴의 사례를 한국에 바로 적용하는 데에는 어려움이 있다고 지적했다.

(3) 단일균열 구조 양상과 극복 가능성

A나라의 소비자는 컴퓨터를 사는 과정에서 가격만 본다. 그래서 기업은 성능이나 디자인을 생각하지 않고 가능한 저렴한 제품을 만드는 데 주력한다. 결국 지역별로 가장 저렴한 제품을 생산하는 기업만 살아남게 되었고, 그 살아남은 기업은 독점이라는 위치를 이용해서 제품 가격을 크게 올렸다. 그러자 소비자들은 더 이상 가격을 보지 않고 성능만 보고 컴퓨터를 구매했다. 그러자 기업은 가격이나 디자인은 쓰지 않고 가능한 성능만 좋은 컴퓨터를 만들게 된다. 결국 소비자는 성능만 좋고 디자인은 볼품없고 높은 가격의 제품만 살 수 있게 되었다.

이 이야기를 들으면 그 A나라 사람들의 컴퓨터 소비패턴에 문제가 있다는 생각이 들 것이다. 하지만 A나라 사람이 컴퓨터를 사는 이야기는 우리나라 사람의 정치적 의사결정을 비유적으로 표현한 사례이다. A나라 사람들이 컴퓨터를 살 때, 가격만 보거나 성능만 보는 것과 같이, 사회 구성원이 투표를 하는 과정에서 지역만 고려하거나 세대만 고려하는 사회를 단일균열구조라고 부른다.

단일균열 구조라는 개념을 이용하면 한국사회에서 세대균열이나 지역균열 자체가 문제가 아니라, 다른 사회적 균열의 논의를 배제할 정도로 특정 균열 양상이 두드러지는 것이 문제이다. 즉, 가격이나 성능을 기준으로 컴퓨터를 구매하는 것 자체가 문제가 아니라, 가격만 보거나 성능만 보면서 다른 기준을 고려하지 않는 것이 문제이다. 어느 정도의 지역균열은 지역에 따른 현실적 차이가 정책에 반영될 수 있고, 다양한 세대가 공존하는 한국사회[55)]에서는 각 세대의 주요 정책이 반영될 수 있다.

정진민(2002)에 의하면, 민주화 이후에 13대 대선(1987)과 13대 총선(1988)을 통해 지역주의 정당체계로 정착하면서, 정당 사이의 경쟁구도가 지역균열이라는 단일균열 구조의 틀 속에 포획되었다고 본다. 그래서 이후에는 정당들이 지역균열 이외의 쟁점에 대한 정책대안을 개발할 유인이 감소했다고 보고 있다. 이와 같이, 어떤 사회의 사회적 균열이 지역균열이나 세대균열 하나로 정해지게 되면, 정치인은 해당 균열에 관심을 집중함으로써 그 이외의 쟁점에 대한 관심이 비교적 덜해지는 양상이 나타난다.

---

55) 통계청에서 운영하는 국가통계포털에 의하면 2010년 기준으로 각 연령층의 구성은 다음과 같다. (단, 15세 이상 인구에 대해서만 적용한 것이다)
△10대(15세 이상, 8.6%), △20대(16.40%), △30대(19.39%),
△40대(20.41%), △50대(16.33%), △60대(9.94%), △70대(6.59%)

하지만 과거에 일시적으로 나타났던 단일균열 구조가 희석되는 사례를 통해서, 단일균열 구조를 극복할 수 있는 가능성을 살펴볼 수 있다. 한국사회는 다양한 국면에서 이른바 '북풍(北風)'에 의한 영향을 받은 적이 있다. 북풍이란 남북분단 상황에서 나타난 이념균열의 또 다른 이름으로, 선거 국면에서 정권이나 언론이 북한관련 사항을 정치적으로 이용하는 것을 말한다. 대개 보수 진영이 사회구성원에게 안보불안을 조성하는 형식으로 나타나는데, 15대 총선(1996년)의 '판문점 북풍 사건'[**김종대**(2012)]이나 18대 총선(2008년)을 사흘 앞두고 북한이 로켓 '광명성 3호'를 공개한 사건 등이 대표적인 예이다. 진보 진영의 경우에도 16대 총선(2000년)을 사흘 앞둔 시점에서 남북정상회담 개최를 이용해서 자신에게 유리한 방식으로 북풍을 이용했다. [**김상수**(2016.02.11.)]

하지만 이런 북풍은 제5회 지방선거(2010년)에서 새로운 국면을 맞이한다. **강원택**(2010)은 제5회 지방선거에서 천안함 사건이 북한 소행이라는 발표가 과거의 북풍과는 전혀 다른 결과를 낳았다고 분석한다. 오히려 정부와 여당이 천안함 처리 과정에서 정치적 의도가 비춰지면서 순수성을 의심 받았기 때문이다. 이런 이유로 안보 이슈가 부각되지 못하자, 당시 유권자가 원하는 실생활과 관련된 양극화 해소, 경제성장, 국민통합 이슈에서 정부와 여당이 상대적으로 밀리게 된다.

북풍이란 유권자의 바람과 상관없이, 정당이나 정치 엘리트에 의해서 일시적으로 만들어지는 이념균열 형태의 사회적 균열이다. 그런 의미에서 제5회 지방선거에서 북풍이 오히려 역풍을 불러일으킨 것은 아무리 정당이나 정치 엘리트에 의해 균열이 만들어지더라도 유권자 인식에 의해서 충분히 극복될 수 있다는 것을 보여준다.

Ⅳ. 세대균열 구도에 대한 비판

1. 일상 속의 세대주의 관찰

이번 절에서는 세대균열이 심화되어 나타나는 세대주의가 한국사회의 일상 속에서 어떻게 나타나는지 알아볼 것이다. **세대주의**(世代主義, Generationalistic Tendency)는 영국의 정치학자 화이트의 정의를 바탕으로 하면 이해하기 좋다. 세대주의란 정치인, 언론인, 대중적 지식인들이 세대범주의 중심성(centrality)을 주장하는 다양한 방법을 통해, 사회적인 문제나 정치적인 문제를 다른 개념을 제쳐두고, 세대의 개념으로 풀어 나가는 현상을 말한다. [**김선기**(2014)] 가령, 한국사회의 빈곤문제는 세대뿐만 아니라 계급, 지역 등 다양한 관점에서 바라볼 수 있지만, 세대주의의 관점에서는 한국사회의 빈곤문제를 사실상 세대의 문제로 한정한다.

한국사회에서도 정치권, 언론, 학계에 의해서 일반 대중으로 세대주의를 유도하는 일련의 과정이 존재한다. 해당 과정은 일종의 양성 피드백(positive feedback) 과정의 양상을 띤다. 정치권에서 세대균열을 조장하는 정책을 내놓으면, 언론은 그런 정책의 정당성을 부여하고, 이런 사회적 흐름이 계속되면 학계에서 정당화하는 이론적 근거를 만드는 양상이다. 이번 절에서는 이러한 세대주의가 (1) 정치권에서 어떻게 만들어지고, (2) 언론사에 의해 증폭이 된 후에, (3) 학계에 의해 정교화되는지 알아볼 것이다.

(1) 정치권에 의해 제작된 세대주의

정치권에서는 '세대'를 다양한 방식으로 이용한다. 3장에서 알아보았지만, 세대균열이 생기는 근본적인 원인은 세대균열을 이용하는 것이 선거 국면에서 유리하게 작용하기 때문이다. 정치권이 만드는 세대주의도 1) 정당 안에서 나타나는 세대주의의 양상, 2) 정당이나 정치 엘리트가 유권자에게 세대균열을 유도하는 양상이 있다.

먼저, 정당 안에서의 세대주의의 양상을 살펴보자. 신진 정치인이나 젊은 정치인이 기성 정치인과의 선명성을 내세우기 위해 이른바 '세대교체론'을 내세우는 경우가 있다. 이 중 대표적인 경우가 1971년 제7대 대통령선거[**성유보**(2014.02.18.)]에서 신민당의 후보지명전에서 나타난 '40대 기수론'과 1997년 제15대 대통령선거[**김경환**(1997)]에서 신한국당 당내경선에서 나타난 '젊은 이인제 열풍' 대표적인 경우이다.

7대 대선 신민당 후보지명전에서 김영삼 의원(당시 41세)은 과거 야당이 나이 많은 후보를 지명한 점을 비판하면서, 국민에게 활기 있는 이미지를 심어주기 위해서는 '40대 기수'에게 리더십을 넘겨줘야 한다고 주장했다. 이어 김대중 의원(당시 45세)과 이철승 의원(당시 48세)이 출마를 선언하면서 40대 기수들의 3파전으로 치러지게 된다.

15대 대선 신한국당 후보지명전은 대세론에 힘입은 이회창 신한국당 총재의 낙승이 예상되었다. 하지만 그 해 3월 24일 대선출마 선언을 한 이인제 후보(당시 49세)는 TV토론 이후에는 이회창 총재의 대세론에 위협이 되는 후보로 주목을 받았다. 이인제 후보는 1차 투표를 통과해서 결선투표에서 40.0%라는 득표를 보이는 저력을 보였다.

이들 사건은 두 가지 공통점이 있다. '40대 기수론'이나 '젊은 이인제 열풍'이 처음 시작될 때, 기성 정치인은 구상유취(口尙乳臭)로 일축하였지만, 이들의 세대교체론은 상당 부분효과를 보았다. 7대 대선의 경우에는 최종적으로 신민당 후보로 선출된 김대중 후보는 45.2%라는 상당한 지지를 받았고[56], 제15대 대선의 경우에는 이인제 후보가 경선을 불복하고 나온 대선 본선에서 19.2%의 지지를 받았다.[57]

정치권의 정당 내부에서 나타나는 세대교체론은 새로운 정치 세력의 선명성과 참신성을 보여주는 역할을 해왔고, 언론에서는 이런 세대교체론은 현재에도 이어지고 있다고 보고 있다[58]. 세대교체론은 기존 세력과 세력 사이에서 나타나는 적절한 견제가 정치 발전의 원동력이 될 수 있다. 하지만 세대교체론 과정에서 나타나는 세대주의에 대해서 비판적인 시각을 가질 필요가 있다.

신진 정치인이나 젊은 정치인이 반드시 선명성을 가진다고 볼 수 없기 때문이다. 20대 국회는 초선비율이 44.0%(132명)으로 16대 이후 최소라는 평가를 받았다.[59] **[임형섭**(2016.04.14.)] 이 평가는 다른 의미에서 국회의원의 40~60%를 꾸준히 교체해왔다는 것을 의미한다. 어떤 의미에서 한국정치에서 세대교체론은 비교적 일상적이기 때문에 선명하다고 보기는 어려울 수 있다. 선명성이란 단순히 정치를 새로 입문하는 것의 의미보다는 다른 정치인이 보지 못하는 현실인식을 가지고 그에 대한 해결책을 가지고 있을 때 나타나는 것이다.

이런 정당 안의 세대주의는 정당 밖으로 나타나고 있다. 소극적으로는 단순히 특정 세대를 대표자로 내세워서(청년 비례대표제도), 해당 세대의 지지를 얻어내는 세대균열을 유도하는 양상으로 나타나며, 적극적으로는 특정 정책(청년 고용할당제,

---

56) 박정희 후보의 지지율은 53.2%로, 불과 8.0% 차이였다.

57) 선거 중반의 여론조사를 살펴보면 이인제 후보가 21.9%로, 이회창 후보(10.6%)를 두 배 넘게 앞서는 저력을 보이기도 했다. **[윤석인(1997.10.27.)]**

58) 대표적인 예로, 젊은 대권주자 행보에 대해서 언론의 시각이다. **[허남설(2016.07.17.)]**

59) 국회의원 초선 비율은 다음과 같다. **[임형섭(2016.04.14.)]**

△ 16대(40.7%) △ 17대(62.5%) △18대(44.8%) △ 19대(49.3%) △ 20대(44.0%)

임금 피크제 등)에 있어서 세대 사이의 갈등을 야기하는 양상으로 나타난다.

최근 젊은 정치인이 청년 문제에 대한 이해가 높다는 근거로, 비례대표 공천 과정에서 청년 정치인을 공천하는 '청년 비례대표제도'가 있었다. 하지만 애초의 취지에서 멀어지고, 검증 부족으로 여러 부작용이 나타나고 있다. 일각에서는 정당이 '깜짝 효과'를 노리고 준비가 안 된 청년을 끌어들였다는 비판[60]이 있다. 이에 대해, 청년 당원이 활동하는 정치토양이 부족한 상황에서 최소한의 제도로 필요하다는 주장과 검증 부족으로 인해 나타난 개인 자질 문제를 제도 자체의 문제로 연결 짓는 것은 문제라는 주장[61]이 부딪히고 있다. [**임형섭**(2016.06.15.)]

젊은 정치인이 청년 문제를 잘 이해한다는 옹호론이나 젊은 정치인이 경험이 부족해서 공천하기 부적합하다는 비판론이나 세대주의 관점에서 비판받을 여지가 있다. 청년이 직면한 현실 상황은 다양하기 때문에, 단순히 '젊다'는 이유로 일반화하는 것은 부적절하기 때문이다. 어떤 의미에서는 단순히 '지역 출신자'라는 이유만으로 지역 현안을 잘 이해한다고 보는 지역주의와 같은 맥락으로 이해할 수 있다. 또, 젊다는 이유만으로 정치적 식견이 부족하다는 점도 세대주의의로 볼 수 있는데, 연령과 피선거와 관련된 부분은 법률 제정[62]을 통해서 사회적 합의가 이미 이루어졌기 때문이다.

여기서 특정 세대의 정책을 그 세대의 정치인만이 잘 해결할 수 있는가라는 의문을 제기할 수 있다. 그렇다면 애초에 피선거권이 없는 아동의 인권이나 학생 인권[63]은 정책 우선순위에서 상대적으로 밀려날 수밖에 없다는 결론에 이른다. 지역 노인문제를 단순히 지역출신 정치인에 맡기자는 논리보다는 노인문제에 대한 이해가 깊은 정치인에게 맡기자는 논리가 적절하듯, 청년문제를 청년에 맡기자는 논리보다는 청년문제에 대한 이해가 깊은 정치인에게 맡기자는 논리가 적잘해 보인다.

조현연(2016)은 박근혜 정부가 '두 국민[64] 전략(Two nations strategy)[65]'을 이용

60) **임형섭(2016.06.15.)**의 취재에서 신율 교수(명지대학교)는 "세대별로 대표를 할당해 뽑는 것 자체가 세계적으로 유례가 없는 일이자 정치적 쇼"라며 "청년 비례대표를 둔다고 청년 문제가 해결될 것이라는 생각은 오산"이라고 주장하였다.

61) 전자는 신보라 의원(20대, 새누리당)의 주장이고, 후자는 김광진 전 의원(19대, 더불어민주당)의 주장이다.

62) 선출직 공직자의 연령과 관련된 사항은 1994년 3월 4일에 제정된 '공직선거 및 선거부정방지법(일명 통합선거법)'에 명시되어 있다.

△ 대통령(40세) △ 국회의원(25세) △ 지방의회 의원, 지방자치단체장(25세)

63) 피선거권이 없는 초등교육과 중등교육의 경우로 한정한다.

한다고 주장하였다. 두 국민 전략은 상대방 열성 지지자의 분노를 자극해 극단적인 행동을 유발시킴으로써 그런 세력을 '시끄러운 소수'로 낙인찍음으로써 보수우위의 헤게모니를 재편하는 데[66]에 이용되어 왔다. 박근혜 정부의 '두 국민 전략'은 다른 나라의 경우에 비해 다면적이고 다층적인 측면이 있다. 보육정책에서는 외벌이 가정과 맞벌이 가정 사이의 대결로 만든 점, 노동개혁에서는 연금개혁이나 임금 피크제를 청년실업과 연계해서 '세대 사이 일자리 갈등'으로 만든 점이 이에 대한 대표적인 예이다.

연금과 관련해서는 주무부처 장관이 '세대 사이 도적질'이라는 선동으로 노년층을 도적으로 몰아가고, 일자리 문제와 관련해서도 '청년실업은 기성세대 책임'이라는 논리를 내세우면서 의도적으로 세대 사이 갈등을 조장하였다. 특히, 일자리 문제 해결을 위해 도입한 임금 피크제(salary peak)에 대해[67] 반대하는 세력을 청년실업을 외면하는 세력으로 몰아갔다. **[조현연(2016)]** **조현연**(2016)은 이런 세대 사이의 갈등을 조장하는 정치권의 행위는 '갈등의 사유화(privatization of conflict)'[68] 이자 일종의 '갈등의 전치(displacement)' 전략으로 심각한 문제를 발생시킨다고 보고 있다. 이상의 경우와 같이, 정치권에서는 적극적으로 세대 사이의 갈등을 유발하는 정책을 내놓음으로써 유권자 사이에 지나친 세대균열을 야기하기도 한다.

(2) 언론에 의해 증폭되는 세대주의

정치권에서 만들어진 세대주의는 언론사를 통해서 그 양상이 더 강화된다. 굳이 세대갈등을 살펴보려고 하지 않아도 언론사는 은연중에 각 세대에 대한 이미지를

64) 영국 국민이 '두 국민'으로 분열되어 있는 데에서 유래하였다. 시작은 벤자민 디즈레일리(Benjamin Disraeli)가 영국 총리 재임 시(1874~1880)였고, 이후 신자유주의 정책을 펼친 1980년대 대처 행정부가 나타났을 때 다시 부상했다. **[조현연(2016)]**

65) 제솝(Bob Jessop)이 국민을 두 부류로 나누어, 정권에 우호적인 국민에게 당근을, 그렇지 않은 국민에게 채찍을 사용해서 분열을 조장함으로써 통치에 적극 이용하는 분할 통치 방법이다. **[조현연(2016)]**

66) 영국의 대처리즘과 미국의 레이거노믹스 당시 각각 미국 민주당과 영국 노동당을 '시끄러운 소수'로 낙인 찍었다. **[조현연(2016)]**

67) **이정원(2015)**에 의하면, 임금 피크제가 신규 고용을 늘리기보다 퇴직 노동자의 인원에 비례하여 채용하는 것에 불과하고, 임금 피크제가 결과적으로 기존 노동자의 임금을 삭감하는 방안으로만 활용되고 있음을 현장 사례로 입증하였다. **[조현연(2016)]**

68) **샤츠슈나이더(2008)**가 정당과 정치 엘리트는 한 사회의 지배적 사회갈등을 배제하고 선거 국면에서 자신들에게 유리한 갈등만을 선택적으로 동원하는 것을 관찰하고 명명한 것이다.

꾸준히 생산하고 배포해왔다. 가령, 보도에서 익명성을 담보하기 위해 'ㅇㅇ대 ㅇ성'와 같이 연령과 성별로 보도하는 모습은 특정 연령과 성별에 대한 편견을 생산하는 경향이 있다. 그리고 통념에 맞지 않는 경우에는 화제성이라는 미명 아래 오히려 언론에게 도움을 주기도 한다.

홍영란(2015)은 정치부분과 경제부분의 언론보도 내용을 분석하였는데, 정치부분을 언급하는 과정에서, 세대별로 장년층은 보수 성향을, 청년층은 진보 성향을 지지한다는 보도가 주류를 이루었다고 지적했다. 경제부분에서는 베이비부머 세대의 은퇴시기가 도래함에 따라 정년연장, 임금 피크제도, 청년고용 의무할당제 등 일자리를 둘러싼 세대 사이의 갈등이 격화되는 보도가 많은 점을 지적했다.

연령효과 등에 의해서 세대에 따른 정치적 견해의 개연성을 확인할 수 있으며, 연령에 따른 경제적 수준에도 상관성이 존재할 수 있다. 하지만 그런 개연성으로 인해서 특정 세대가 특정 정치 성향을 갖는다고 단정하는 것은 일종의 세대주의라고 볼 수 있다. 또, 자신이 직면한 상황에 따라서 특정 정책에 대한 바람은 존재할 수 있지만, 그런 바람이 다른 세대에 대한 경쟁 심리로 반드시 작용하지는 않는다.

언론은 세대별 투표율에 따른 해석을 꾸준히 제시하는 것도 문제시 될 수 있다. 20대 총선에서 20대 투표율의 증가에 대해서 보수언론은 선거 결과에 결정적이었다[**신진우**(2016.07.06.)]이었다고 보는 반면에, 진보언론은 그럼에도 투표자가 많은 노년층이 결정했다[**김남일**(2016.07.04.)]고 보았다. 이런 분석은 연령효과에 따라 노년층이 청년층에 비해서 보수적이라는 시각을 전제하는데, 이런 시각이 항상 설득력 있는 것은 아니다.

2016년 7월 10일에 있었던 제24회 일본 참의원 통상선거에서 세대에 따른 지지율[69]을 살펴보면 세대에 따른 큰 차이는 없지만, 보수 성향의 연립여당에 대한 지지율은 청년층이 오히려 높게 나타나고, 진보 성향 야당에 대한 지지율은 노년층이 오히려 높게 나왔다. [**아사히신문 출구조사팀**(2016.07.11.)] 한국의 경우에도 비슷한 결과가 17대 대선에서 나타났는데[70], 당시 보수 성향 후보가 모든 세대에서 고르

69) 보수 성향의 연립여당(자민당+공명당)의 지지율과 진보 성향의 야당(민진당+공산당)의 세대별 지지율은 다음과 같다. [**아사히신문 출구조사팀(2016.07.11.)**]
△ 18, 19세(50% : 25%) △ 20대(52% : 23%) △ 30대(49% : 24%) △ 40대(47% : 28%) △ 50대(46% : 31%) △ 60대(43% : 35%) △ 70대 이상(44% : 32%) (△세대(여당지지 : 야당지지))

70) 보수 성향 후보(이명박 후보+이회창 후보)의 지지율과 진보 성향 후보(정동영 후보+권영길

게 지지를 받았으며, 진보 성향 후보는 20대에서 가장 적은 지지를 받았다[71]. 당시 **이남영**(2007.12.12.)은 젊은 세대가 진보 세력을 더 이상 전폭적으로 지지하지 않는다는 데에서, 젊은 세대의 탈(脫)이념화를 방증하는 결과로 분석하기도 했다.

이 두 가지 사례는 동일한 시점의 다른 지역의 선거, 동일한 지역의 다른 시점의 선거를 통해서 세대와 이념성향의 상관관계를 섣부르게 판단하기 어렵다는 것을 말해준다. 설령 세대와 이념성향 사이에 상관관계가 있다고 하더라도, 보수성향의 20대와 진보성향의 20대가 투표할 확률이 동일하지 않다면 크게 의미가 없다는 점에서도 비과학적인 분석이라고 할 수 있다.

이런 일련의 언론 보도는 ① 세대와 이념성향 사이의 상관관계가 고정적이라는 주장, ② 특정 세대가 선거 결과를 결정 지었다고 보는 주장을 내포하고 있다. 이 두 지점은 세대주의 관점에서 비판될 여지가 있다. 전자는 세대에 따른 이념성향이 상황에 따라 가변적임에도 불구하고, 그 값이 고정적이라는 인식을 준다. 반면, 후자는 각 유권자의 개별 선택에 대해서 '세대를 위한' 선택으로 곡해(曲解)하고 있다[72]. 나아가, 각 세대의 투표율이 각 세대의 권력으로 보는 분위기를 조성하고 있다. 즉, 언론 보도는 애초에 존재하지도 않은 세대 안의 연대와 세대 사이의 갈등을 존재하는 양 보도하고 있는 것이다.

(3) 학계에 의해 정교화 되는 세대주의

생물학자는 분화능력(potency)을 갖는 줄기세포(stem cell)를 어떻게 분화시킬지에 관심을 가지지, 이미 분화가 끝난 세포를 어떻게 분화를 시킬지 고민하지 않는다. 이와 마찬가지로, 정당이나 정치엘리트는 아직 미분화 단계에 있는 청년층[73]

후보)의 세대별 지지율은 다음과 같다. **[조홍민(2007.12.20.)]**
△ 20대(58.2% : 24.2%) △ 30대(54.4% : 34.4%) △ 40대(63.9% : 30.4%)
△ 50대(71.9% : 25.2%) △ 60대(71.9% : 25.9%) (△세대(보수 성향 후보 지지 : 진보 성향 후보 지지))

71) 아울러 당시 보수 성향인 이회창 후보는 20대(15.7%)에서 가장 높은 지지를 받았다. 당시 이회창 후보의 세대별 지지율은 다음과 같다. **[조홍민(2007.12.20.)]**
△ 20대(15.7%) △ 30대(14.0%) △ 40대(13.3%) △ 50대(13.4%) △ 60대(13.1%)

72) 거시적 현상만 가지고, 미시적 수준의 현상을 곡해하는 오류 논증이다. 비슷한 사례로, 많은 사회 구성원이 근검절약 정신으로 저축을 많이 해서 경기침체가 나타났는데, 그 결과만 보고 각 사회 구성원이 경기침체를 유발하기 위해 저축을 했다고 주장하는 경우가 있다.

73) 본고에서는 기본적으로 공유하는 세대의식이 없다면 '세대'로 규정하지 않기 때문에, 여기서는 편의상 청년층이라는 표현을 한다. 2016년을 기준으로 20대나 30대를 말한다.

을 자신을 지지하는 세대로 만드는 동기를 가지게 된다. 여기서는 이런 정치권의 동기가 학계에 의해서 어떻게 정교화 되는지 알아보자.

한국사회에서는 사회의 저명인사에 의해서 자기계발 담론과 힐링 담론이 유행한 적이 있다. 자기계발 담론은 성공을 위해서 개인의 희생을 끊임없는 희생을 강요하는 양상이 나타난다. 한국사회가 저성장 상태가 되자, 국가 발전을 위해 개인의 희생을 강조[74]하는 저개발 상태의 담론이 부활한 것이다. 자기계발 담론과 힐링 담론은 '독설'과 '힐링'이라는 두 가지 얼굴로 청년층에게 다가갔다. 특히, 자기계발 담론 중에서 김미경 강사의 '독설'에 대해서 이택광 경희대학교 교수는 성공을 강조하는 산업화 초기의 자기계발 담론을 닮았다고 비판하였다. [**정원식**(2013.03.30.)]

사회구성원이 직면한 문제를 각 개인의 노력으로 해결하려는 자기계발 담론에 대해서 88만원 세대 담론은 사회적 연대의 필요성이라는 또 다른 해결방법을 제시한다. **우석훈**(2007)은 한국사회의 88만원 세대[75]에게 가장 필요한 것은 사회적 연대 수준의 저항운동[76]이지 각자의 자기계발이 아니라고 주장한다. 자신들이 직면한 구조적 문제를 자기들 사이의 경쟁을 통해 해결하는 것은 적절하지 않다는 것이다. 88만원 세대 담론 역시 **신광영**(2009)에 의해 비판을 받고 있다. 한국의 불평등 문제는 특정 세대의 문제라기보다 계급과 전체 세대의 문제로 볼 필요가 있다는 것이다. 타일지수(Theil Index)를 바탕으로 세대 사이의 불평등은 오히려 약화되고, 세대 안의 불평등은 심화[77]되어서 전체적인 불평등이 증가했다고 보고 있다.[78]

자기계발 담론과 88만원 세대 담론이 단순히 '청년층을 어떤 세대로 만들 것인

---

74) **김민섭(2016.06.19.)**은 초등학생을 대상으로 하는 국민체조를 예로 들면서, 자기계발 담론의 원형을 '국가가 원한다면 언제든 동원할 수 있는 시체를 계발하는 개인의 모습'에서 찾았다.

75) 당시 20대는 상위 5%만이 안정적인 직장을 가지고 나머지는 비정규직으로 살게 될 것이기 때문에 지어진 이름이다. 비정규직 평균 임금 119만원에 20대 급여의 평균비율 74%를 곱하면 88만 원정도 나온다는 계산이다. [**우석훈(2007)**]

76) 원문은 '그들만의 바리케이드와, 그들이 한 발이라도 자신의 삶을 개선시키기 위해 필요한 짱돌'이다.

77) **신광영(2009)**은 이 이유를 계급에 따른 소득격차가 연령 증가와 함께 커지기 때문이라고 보고 있다.

78) **오찬호(2010)**는 또 다른 구조적 문제를 들면서 비판을 했다. 사회적 연대 수준의 저항운동이 가능하려면 각 사회 구성원이 문제 상황을 문제 상황으로 인식해야 하는데 현실적으로 그렇지 못하다는 것이다. 이에 대한 사례는 같은 저자의 **오찬호(2013)**에서 다양한 사례가 소개되어 있다.

가'의 문제로 끝나지 않는다. **전상진**(2010)은 88만원 세대 담론의 경우에 청년층으로 하여금 자신이 직면한 문제를 세대 사이의 불균등한 분배 때문인 것으로 보고, 나아가 다른 세대와의 경쟁의 필요성으로 이어질 수 있다고 본다. 이런 다른 세대에 대한 반감은 정치권에서 일어나는 '두 국민 전략'과 같은 세대 갈등으로 이어질 가능성이 있다.

2. 세대주의 관점 비판

앞선 절에서 정치권, 언론, 학계에 의해서 세대주의가 어떻게 만들어지는지 알아보았다. 이번 절에서는 이런 1) 세대주의가 왜 비민주적인지 알아보고, 2) 세대주의에 대한 주장의 허구성도 알아볼 것이다. 마지막으로 최근 나타난 일련의 사례를 통해서 3) 한국사회 구성원은 세대주의를 넘어서는 다양한 사례가 있음을 확인할 것이다.

(1) 세대주의의 비민주성

세대주의가 문제인 것은 세대주의가 민주주의의 보편적 개념들과 어긋나거나 부정하는 결과를 가져오기 때문이다. [**김선기**(2014)] 가령, 특정한 출생 코호트를 세대로 명명하고 그 세대 안의 공통성을 지나치게 강조하게 되면, 세대 안의 다양성을 충분히 이해하지 못하게 된다. 즉, 세대를 분석하는 데에 있어서 세대주의가 강화되면, 그 분석은 민주사회에서 가장 중요한 다양성의 가치를 충분히 담아내지 못하는 결과를 초래한다는 것이다. **화이트**(White, 2013)는 세대 안의 공통성에 대한 강조는 그 공통성에서 이탈한 자들의 경험들을 주변화하고, 나아가 그런 구성원을 잠재적으로 억압하는 효과를 지닌다고 본다. [**김선기**(2014)]

한국사회에서도 이런 세대주의에 의한 억압은 강석경의 소설 「숲 속의 방」에 잘 형상화되어 있다. 1980년대의 대학생 '소양'을 주인공으로 하는 이 소설은, 당시 대학생들이 운동권이나 사회적 이슈에 무관심한 부류가 되거나 둘 중 하나를 선택해야 하는 상황[**최명민**(2010)]을 보여준다. 작가는 작가노트[**강석경**(1987)]를 통해, 이런 상황으로부터 정신적 유산은 없이 물질적 안락에만 만족하는 가정(기성층), 극렬한 정치구호가 난무하는 학교(청년층), 어디서도 동질감을 찾지 못하고 힘겹게 진실 찾기를 하는 소양을 통해 당시 시대상을 재검토해보고 싶었다고 밝히고 싶었다고 한다. 힘겨운 진실 찾기는 '방황은 청춘의 특권이 아니라 형벌인 것이다.'라는 문장 하나로 그 어려움이 여실히 들어나며, 이 어려움을 넓게 해석하면 세대 안의 공통성에서 이탈한 자가 주변화 되고 억압받을 때의 고통을 단적으로 보여준다고 할 수 있다.

한국사회의 경우는 세대주의가 이분법적 요소와 결합함으로써, 그 고통이 배가 되는 양상이 나타난다. 즉, 세대 안의 공통성에 동조하지 않으면 그와 대립각에 있는 세대로 강제로 편입되는 양상이다. 이런 양상은 한국사회가 해방 이후 극심한 이념갈등에서 나타난 이념양상에서의 이분법의 잔상이 세대주의와 결합하면서, 세대주의의 비민주성 정도가 강화되었다고 볼 수 있다.

(2) 세대주의의 허구성

정치권에서 만들어지는 세대에 대한 '두 국민 전략'은 세대 안의 공통성을 바탕으로 복지지출에 대한 세대 사이의 경쟁을 유발한다. 하지만 일반적으로 복지지출은 세대 사이의 경쟁이 아니라, 각 세대를 얼마나 지원하느냐의 문제이다. **신현준**(2008)은 노인복지에 대한 상대적 선호가 아동복지의 상대적 박탈로 이루어지는지에 대한 연구를 진행하였다. 노인복지와 아동복지는 어느 하나가 선택되면서 나머지 항목이 결정되는 것이 아니기 때문에 동시성 선택[79][80]이라고 볼 수 있다. 통계적 검증으로 노인복지와 아동복지 사이의 상쇄현상과 아동빈곤은 상관관계는 없다는 것을 보였다. 즉, 특정 세대의 빈곤은 다른 세대에 대한 복지수준과 무관하다.

언론보도를 살펴보면 우리가 흔히 세대 사이 갈등이라고 생각하는 문제는 특정 세대의 문제가 아니라 전체 세대의 문제인 경우가 많다. [**신광영**(2009)] 예컨대, 저소득 청년이 월세로 사는 비율이 부유한 고소득 청년에 비해 3배라는[**황보연**(2016.

79) **Berry(1990)**는 예산 결정과정은 대개 배정된 항목이 정해져있고, 할당될 재원이 무한정 확보된 것은 아니기 때문에, 액수가 예산결정과정 초기에 정해진다고 보았다. 이 예산 결정과정에는 연속성 선택과 동시성 선택이 있는데, **연속성 선택**은 특정 예산항목의 총액이 정해지면 나머지 예산액이 다른 항목에 배정되는 것을 말하고, **동시성 선택**은 총 예산액이 정해진 상태에서 각 하부 항목의 예산액이 동시에 결정되는 것을 말한다. **[신현준(2008)]**

80) **연속성 선택**은 특정 예산항목의 총액이 정해지면 나머지 예산액이 다른 항목에 배정되는 것을 말하고, **동시성 선택**은 총 예산액이 정해진 상태에서 각 하부 항목의 예산액이 동시에 결정되는 것을 말한다. **[신현준(2008)]**

03.24.)] 사실, 장년층에게 퇴직 후 재취업 준비가 필수라는[**김희리**(2016.08.03.)] 사실, 노년층 중에서 4가구 중 1가구가 빈곤하며[**최찬홍**(2016.08.07.)], 10명 중 6명은 취업을 희망하고 있다는[**최경환**(2016.07.21.)] 사실, 그리고 은퇴 후의 재취업은 사실상 일상화 되고 있는[**매일경제 디지털뉴스국**(2016.08.06.)] 사실이 대표적인 사례이다.

박명호(2009)는 대표적인 정치적 세대인 386세대 역시 분화하고 있다는 실증적 사례를 제시한다. 386세대는 18대 총선에서 수도권 거주 여부에 따라서 분화되는데, 수도권에 거주하면 다른 지역에 거주하는 경우와 달리 대미 동맹 강화론 등에 동의하는 경우가 많고, 한나라당에 대한 지지로 이어진 경우가 많다. 세대 안의 공통성이 가장 견고해 보이던 386세대 안의 공통성도 가변적인 측면이 있다.

학계에 의해서 만들어진 자기계발 담론이나 88만원 세대 담론은 문제 상황에 직면한 청년층에게 개인적 차원으로 극복하는 세대가 될 것인지, 사회적 연대 차원으로 극복하는 세대가 될 것인지에 대한 질문을 던지고 있다. 하지만 청년층은 제3의 길을 모색하는 것으로 이 질문에 답하고 있다. 굳이 세대 안의 연대에만 연연하지 않으며, 그렇다고 굳이 개인적 차원의 해결만 고집하지 않는다. 자신[81)]과 동일한 문제에 직면하거나 고민한다면 세대를 불문하고 연대[82)]하는 새로운 답[83)]으로서 '질문'에 답하고 있다.

(3) 세대주의에 대한 반대흐름

세대 담론을 어떻게 극복할 것인지의 질문에 대한 청년층[84)]의 답은 다양한 사회적 현상으로 나타난다. ① '안녕들 하십니까?' 대자보, ② 이화여자대학교 미래

81) 이런 정체성을 가진 개인에 대해서, **전상진(2010)**은 P세대라는 개념을 소개한다. P세대는 프랑스의 불안정한 세대(génération précaire)에서 유래한 불안정 고용의 의미와 대졸자 인턴제(Praktikum)의 의미에서 유래했다. 자신이 직면한 문제를 세대 사이의 갈등으로 보지 않고, 노동사회 위기, 불안정한 고용관행 등의 문제로 본다.

82) **Busch(2010)**은 P세대는 자신들만이 불안정성의 피해자가 아님을 인식하고, 진정한 가해자는 윗세대나 기존 제도가 아니라 불안정성을 악용하는 기업에 있다고 본다. 세대 사이 협업과 연대를 통해서 해결하려고 하며, 저항 방식에 있어서도 비폭력적이며 창의적 수단을 이용한다.

83) **Kasper Maase(2005)**는 최근 청년층의 세대형성 기제를 탈영웅적 세대(postheroische Generation)라고 표현한다. 여기서 탈(脫)영웅적이라는 말은 탈(脫)정치화되었다는 것을 넘어서, 정치적 상황을 통해서 자신의 문제를 이해하기 어려워졌다고 보는 것을 의미한다.

84) 반드시 청년층의 '답'을 볼 필요는 없다. 하지만 결론적으로 세대 안 연대보다 세대 사이 연대로 나타날 것이라는 결론에 다다르기 때문에 어느 연령층으로 해도 무관하다. 그런 의미에서 여기서는 일반성을 잃지 않고, 청년층의 '답'을 볼 것이다.

라이프 유치 반대 활동, ③ 홍익대학교 청소노동자 연대, ④ 지하철 구의역 사고 추모 운동 등의 사회활동을 살펴볼 것이다.

'안녕들 하십니까?' 대자보는 2013년 12월 10일에 당시 고려대학교 경영학과에 재학 중이던 주현우 학생이 쓴 대자보에서 시작되었다. 철도 민영화, 밀양 주민 자살 등의 사회문제와 사회문제에 무관심한 청년에 대해 질문을 던지는 대자보였다. 이런 현상에 대해서 386세대에게 종속되어 있다는 시각[**박훈상**(2014.02.12.)]이 있었지만, 대자보에 대해 공감하고 다양한 답변[**김여란**(2013.12.12.)] 형식의 대자보가 붙기도 하고, 비판적인 시각[**김민석**(2013.12.13.)]의 답변이 나타나는 등 다양한 반응이 나타났다. '안녕들 하십니까?' 대자보는 당시 장기화된 철도 민영화 파업과 연동되어 사회참여운동의 뇌관이 된다는 우려[**정혁수**(2013.12.15.)]도 있었지만, 청년층의 사회 참여에 대한 다양한 생각이 온라인과 오프라인에서 모두 나타나는 결과로 이어졌다. '안녕들 하십니까?'는 청년층의 답이 있다는 점, 하지만 그게 단일한 답이 아니라 다양한 답으로 구성됨을 보여 준다.

2016년 7월 28일에 이화여자대학교에서 시작된 미래라이프대학 신설 반대 시위(이하 '이대 시위')[85]는 청년층의 대한 하나의 답이 될 것이다. 이대 시위의 성공 요인을 '달팽이 민주주의'에서 찾는데, 이대 시위에는 이전의 시위와 달리 몇 가지 특성이 있기 때문이다. 먼저, '무(無)대표성'으로 온라인과 오프라인의 익명의 개인이 모였다는 정체성을 유지하는 데에 노력한다. 익명성이지만 각 개인의 의견은 존중되며 공식 입장은 각 개인의 끊임없는 토론으로 결론이 얻어 진다.[86] 또, 폭력을 이용하거나 외부세력의 도움을 받기보다[87] '일상 같은 시위'[88]로 학교 본부

---

85) 이대 시위를 요약하면 다음과 같다. 시작은 7월 28일 미래라이프대학 설립을 심의하기 위한 대학평의회 회의가 열리는 날에 시작되었다. 이 날, 재학생과 졸업생 400명이 대학 본관에 모여서 최경희 이화여자대학교 총장과의 면담을 요구했다. **[신동진 · 강해령(2016.08.01.)]** 그로부터 사흘째인 30일, 경찰 1,600명이 학내에 투입이 되는 과정에서 졸업생이 대거 가세하게 된다. 결국 8월 3일 학교본부는 학생들의 요구를 받아들이면서 일단락 된다. **[천관율(2016.08.13.)]**

86) 이런 이유로 언론과의 개별 인터뷰는 자제되었다. 개인의 의견이 전체 의견으로 확대되거나 외부에 이용되는 것을 방지하기 위해서이다. **[신한슬(2016.08.13.)]**

87) 여기에는 학교 학생회, 정당뿐만 아니라 특정 성 지향 커뮤니티도 포함되었다. 시위를 하는 과정에서 시위와 직접적인 관련이 없는 부분의 참여가 자제되었다.

88) 독특한 시위 방식은 '농성장의 아지트화'이자, '일상 같은 시위'였다. 점거 농성 장소인 본관에는 생활용품, 학용품이나 보드게임 등 일상에 필요한 물건이 준비되었다. 밤샘 시위를 위해서 수면실도 만들어지고, 시위 도중에 독서, 졸업생의 재능기부로 이루어지는 심리상담, 진로상담 등이 이루어졌다고 한다. **[신한슬(2016.08.13.)]**

를 긴 시간동안 압박하였다. **[신한슬**(2016.08.13.)] 이대 시위는 과거 시위와 형태는 다르지만[89], 청년층이 자신에 주어진 문제를 능동적으로 해결하는 능력이 있다는 것을 보여준다.

2011년 새해 첫날, 홍익대학교 청소노동자는 집단해고를 당한다. 집단해고는 청년 노동자뿐만 아니라 노년 노동자도 고용 불안을 피할 수 없다는 것을 보여준다. **[윤지연**(2011.01.05.)] 고용 불안정이 모든 세대로 퍼진 가운데, 청소노동자를 지지하는 학생 행동 모임 '데굴데굴'은 퍼포먼스, 길거리 행진, 떡국 끓이기, 지도 그리기 등 다양한 행동이 이루어졌다. **[오현경**(2011.02.11.)] '데굴데굴'의 모습은 타자(他者)화 될 수 있는 다른 세대의 빈곤에 공감하고, 세대 사이의 연대가 가능하다는 것[90]을 보여준다.

2016년 5월 28일 서울지하철 구의역에서 스크린도어를 고치던 김 군이 사고로 숨지는 사건이 있었다. 사고의 주된 원인은 운영 책임자인 서울메트로가 스크린도어 유지 보수 업무를 은성PSD로 외주화 과정에서, 안전 대책이 미흡해진 것으로 지적**[전종휘**(2016.06.01.)]된다. 간접고용으로 요약되는 이런 고용관행은 이 사건으로 희생된 '김 군'뿐만 아니라 모든 세대로 일반화된다. 이런 일반화는 세대를 불문하고 사고 장소에 모인 추모인파라는 현상으로 나타났으며, 위령제에 나타난 '너의 잘못이 아니야, 너는 나다'라는 문구로 집중된다. **[박광연**(2016.08.26.)]

이런 일련의 사회 현상을 살펴보면, 청년층을 넘어 한국사회는 사회문제를 해결하는 방법에 대한 질문에 대해서, 다음과 같은 답을 가지고 있는 것으로 보인다. 많은 사회 문제는 특정 세대의 문제가 아니라 모든 세대의 문제가 아니고, 그렇기에 세대 사이의 경쟁보다는 세대 사이의 연대가 필요하다는 것이다. 그렇다고 과거와 같은 사회 전체의 연대보다는 사안, 사안에 따라서 그 상황에 맞는 민주적 절차와 세대 간의 연대를 한다는 것이 잘 드러난다.

---

89) 국가를 비판할 자유, 정부를 합법적으로 교체하는 데 적용되는 상세한 법규 등이 있는 상황에서는, 마지막 수단으로서의 폭력을 행사하기에 앞서 이들 방법이 모두 사용되었고 다른 방법이 전혀 남지 않았음을 입증해야만 폭력행사에 대한 대중의 승인을 받을 수 있다. **[해롤드(1983)/유시민(2011) 재인용]** 이런 점에서, 현실적 상황이 변한 상황에서 청년층이 과거와 다른 방식의 시위를 하는 것은 당연하다고 볼 수 있다.

90) 다만, 청년층이 다양하다는 것은 다른 의미에서 모든 청년층이 '데굴데굴'의 활동에 동의하지 않는다는 것을 의미하기도 한다. 당시 홍익대학교 안에서도 청소노동자의 시위에 대해 비판적인 시각을 가진 학생도 있었다.

V. 나오며 - 세대균열과 세대주의를 넘어서

많은 사회학 연구가 익숙한 일상에 물음표를 찍으면서 시작하듯, 이번 연구도 '청년수당'에 대한 두 관계기관의 논란의 결에 대해서 물음표를 찍으면서(1장) 시작하였다. 이 물음표에 대한 해답을 얻기 위해 세대연구에 필요한 개념을 구체화하고(2장), 이를 기반으로 정치권이 만드는 세대균열이 만들어진 연유(緣由)가 무엇인지 알아보기 위해서 선거에 나타난 세대균열의 양상(3장)을 관찰하였고, 그런 세대균열이 심화되는 이유를 알아보기 위해서 정치권, 언론, 학계가 만드는 세대주의 양상(4장)을 관찰하였다.

3장과 4장에서 한국사회에 나타난 단일균열 구조와 세대주의 양상을 관찰하면서, 세대주의를 극복하기 위한 사회적인 노력이 존재한다는 점을 알 수 있다. 3장에서 지역균열로부터 세대균열로의 이행과정은 단일균열 구조가 또 다른 단일균열 구조가 될 수도 있지만, 다중균열 구조로 개선될 가능성도 확인하였다. 또, 북풍의 사례는 정당이나 정치엘리트에 의해서 사회적 균열이 만들어지는 상황에서 유권자가 결코 수동적인 존재로만 머무르지 않는다는 것을 보여준다. 4장에서 살펴본 다양한 사회적 현상은 세대주의를 유도하는 흐름에도 불구하고 사회 구성원은 그와 무관하게 세대 사이의 연대가 이루어질 수 있다는 것을 볼 수 있었다.

세대주의를 극복하기 위한 사회적인 노력에도 불구하고, 세대 사이 갈등에 대한 여러 징조가 존재하는 현실적 상황을 외면해서는 안 된다. 출생 코호트의 차이는 현대사를 어떻게 바라보느냐에 있어서 큰 차이가 나타난다. 그 차이는 한국현대사를 다루는 영화 <국제시장>, 영화 <변호인>, 영화 <연평해전>, 영화 <인천상륙작전> 등이 개봉할 때마다 세대에 따른 다른 해석으로 나타나는 갈등 양상으로부터, 한국사회의 '동시대(同時代)인의 비동시대성(非同時代性)'[91]이 나타난다고 볼 수 있다. 즉, 서로 다른 출생 코호트로 인해서, 같은 시대에 살고 있음에도 세계를 전혀 다르게 이해한다는 것이다.

---

91) Ungleichzeitigkeit der Gleichzeitigen. Sackman(1992)에 의하면 세대들의 현재적 상호작용에서 '시간에 따라 분화된 사회의 존재'를 만들어 낸다고 보았다. 인용한 원문에서는 한 세대가 정체성을 결정짓는 데에 있어서 그 세대 혼자서 만들어내는 것이 아니라 그 시대의 다른 세대와의 관계(현재적 상호작용)에 의해서 다양한 세대가 만들어진다는 맥락으로 적혀있었다. 다만, 본고에서는 이런 세대가 분화하는 과정에서 동일한 시대에 사는 사람이 다른 시대의 삶을 사는 것 같아 보이는 현상에 주안점을 맞추었다. **[전상진(2004)]**

고령화 사회에 접어들면서 다양한 세대가 공존하는 현실적 상황에서 다양한 출생 코호트가 공존하는 것은 자연스러운 현상이다. 출생 코호트가 다른 다양한 세대가 공존하는 것은 각 세대 사이의 적절한 긴장 관계를 유도한다는 점[**홍기현** (2002.12.16.)]과 서로 다른 세대가 만드는 다양성을 통해서 사회발전에 도움을 주기도 한다. 2015년에 개봉한 낸시 마이어스(Nancy Meyers)의 영화 <인턴>은 젊은 CEO와 노년 인턴 사이의 관계는 다양한 세대[92]의 공존 가능성을 보여준다. 물론, 영화에서 표현된 상황의 특수성[93]으로 인해 그 자체가 세대 사이 갈등에 대한 해답은 될 수 없다. 다만, 다양한 세대의 공존을 어떻게 실현할 수 있을지에 대한 고민을 더 미룰 수 없다는 점은 확실한 사실로 보인다.

3장에 나타난 단일균열 구조와 4장에 나타난 세대주의를 어떻게 극복하는지에 대해 주목할 필요가 있다. 단일균열 구조를 극복하기 위해서는 정치권이 선거 국면에서 선거 승리를 위해 단일균열 구조를 이용하는 양상이 지속적으로 나타났기 때문에 정치제도의 개선이 필요하다. 한편, 세대 안의 공통성을 의도적으로 강화하려는 세대주의의 움직임에 대해서, 사회 구성원의 세대주의 극복을 위한 자발적인 노력이 필요하다. 그렇다면 정치적인 개선과 사회 구성원의 세대주의 극복 노력은 어떻게 이루어져야 하는지 알아보자.

단일균열 구조와 관련해서 가장 중요한 것은 지역균열이나 세대균열 그 자체가 문제가 아니라는 점이다. 그 자체는 가치중립적일 뿐만 아니라, 어느 정도 수준의 지역균열이나 세대균열은 지역문제나 세대문제에 대한 관심을 환기한다. 실로 문제가 되는 것은 단 한 종류의 사회적 균열이 다른 균열을 배제할 정도로 과열되는 단일 균열의 출현이다. 이를 극복하기 위해서는 일반 사회 구성원들의 정치 참여 범위를 늘려야 한다.

총선은 대선에 비해서 다양한 균열이 나타나는 경향이 있다. 17대 총선에서 민주노동당에 대한 지지는 이념균열이, 20대 총선에서 야권 지지자의 전략투표는 지역구 선거와 비례대표 선거구를 전혀 다른 양상으로 나타났다. 이와 같이, 17대 총선 이후부터 도입된 의회 선거에서의 1인 2표제는 정치에서 유권자의 다양성을

---

92) 영화라는 장르의 특성상 동일한 세대의식을 가졌는지에 대한 해석의 차이가 존재할 수 있다. 다만, 여기서는 영화의 '일터'로 나오는 공간적 배경이 과거에는 노년인턴이 활약했던 전화번호부 인쇄소였다가, 현재는 젊은CEO의 일터로 변하는 과정을 일종의 '코호트'가 변하는 과정을 형상화했다고 해석했다.

93) 영화가 형상화하는 상황은 어디까지나 '어떤' 모습이지, '모든' 모습이 아니기 때문이다. 즉, 노년 인턴이 영화에 묘사되는 것과 같이 능력이 우수하고, 온화한 성격을 가진 것은 아니다.

표현하는 데에 도움이 되었다. 유권자의 다양성이 반영되면서 정치권은 더 이상 특정한 균열 양상에만 기대기가 어려워졌다[94]. 선거 제도의 차이가 사회적 균열의 양상을 바꾸어 놓는다.

이런 점에서 결선투표제나 석패율제[95] 등 선거제도 개선이 단일균열 구조를 개선하는 데 도움이 될 것으로 보인다. 결선투표제의 경우에는 예비투표가 특정 사회적 균열이 선거 구도를 독점하는 것을 사전에 방지할 수 있고, 석패율제는 지역균열이나, 세대균열로 단일균열 구조가 형성된 선거구도에 새로운 균열구조를 만드는 시도를 할 수 있게 만들 것이기 때문이다. 선거제도를 통해서 다양한 사회적 균열이 공존하고, 기존 정치인이 기존의 단일균열 구조를 극복할 수 있는 가능성을 열어줄 필요가 있다는 것이다. 지역주의가 일부 소신 있는 정치인에 의해서 일정부분 해소된 측면도 있지만, 장기적으로는 단일균열 구조가 유리한 선거구도가 되는 '결선투표 없는 소선거구제'를 개선할 필요가 있기 때문이다.

제도뿐만 아니라 유권자 의식도 중요하다. 3장에서 정치권이 북풍이라 불리는 이념균열 사용을 안 하게 된 가장 결정적인 이유는 유권자가 그런 북풍에 동요하지 않게 되었기 때문이다. 지역주의의 완화의 결정적인 역할은 더 이상 유권자의 투표 형태가 지역균열로 설명되지 않기 때문이다. 이런 유권자에 의해 정계개편이 이루어진 대표적인 사례는 1945년에 있었던 영국 총선이다. 1945년 7월 5일 총선으로 영국의 정당 구조는 자유당의 몰락과 함께 보수당과 노동당의 양당 구도[96]로 가게 된다. 이 결과는 두 가지 관점에서 의미가 있는데, 한 가지는 당시 2차 세계대전 기간 동안 전시 내각을 성공적으로 이끈 보수당이 선거에서 패배한 점과, 다른 한 가지는 총선의 결과가 경제학자 베버리지(William H. Beveridge)에 의해 제안된 베버리지 보고서에 대한 이행 의지 정도에 의해 결정되었다는 점이다. 선거 결과에 결정적인 영향을 미친 베버리지 보고서(Beveridge Report)는 이른바 '요람에서 무덤까지(from the cradle to the grave)'라는 말로 유명한데, 국민의 최저 생활수준을 보장하는 복지국가 실현을 주된 내용으로 한다. **[정원오**(2010)] 베버리지 보고서는 유권자에게 복지국가의 모델을 제시하고, 그에 대한 유권자의 호응은 정치권

---

94) 가령, 지역구 선거만 있는 경우에는 군소 정당에 대한 지지자가 정단 균열보다는 이념 균열에 의해서 가까운 정당에 지지하게 될 것이다. 하지만 1인 2표제가 있는 비례대표가 있는 경우에는 군수 정당 지지자의 의견이 반영될 수 있는 여지가 생긴다.

95) 일본에서 시행되는 제도로, 후보자가 지역구와 비례대표에 동시에 출마하는 것이 허용된다. 만약 지역구에서 당선자와 적은 득표차이로 낙선한 경우 비례대표 제도로 구제하는 제도이다.

96) 당시 노동당이 393석, 보수당이 197석을 확보한 반면에, 자유당은 22석에 그쳤다.

에게 복지국가 실현에 대한 강한 동기로 작용하였다. 이런 점에서 세대정책에 대한 문제가 세대문제로 비화되는 상황에서, 세대 사이 갈등을 방지하는 것을 골자로 하는 모델이 절실하다. 베버리지 보고서가 국가가 개인의 일생을 책임지는 모델을 넘어서, 국가가 '모든 세대를 아울러서' 개인의 일생을 책임지는 모델을 제안해야 할 것이다.

이를 위해서는 세대 사이의 복지 문제가 제로섬 게임이 아니라, 죄수의 딜레마 형식이라는 점에서 착안하여, 세대 사이의 복지 문제에 대한 세대 사이의 협력을 이끌어내는 상시적인 논의기구인 가칭 '세대정책조정위원회'를 제안해 본다. 세대정책조정위원회를 통해 정치적 이해관계에 따라서 '파이가 작아지는' 선택을 지양하고, 각 세대 사이의 협력을 통해 '파이가 커지는' 선택을 지향하는 정책 논의를 유도하는 것[97]이다. 이런 기구를 통한 제도적 보완보다 더 중요한 것은 국민적인 의식이다. 세대정책조정위원회와 같은 기구를 통해서 올바른 선택의 필요성을 인지해야 할 뿐만 아니라, 선거 국면에서는 이런 올바른 선택을 저해하는 정치 세력을 견제하는 것도 필요하기 때문이다. 세대정책조정위원회와 같은 제도적 장치는 선거 국면에서 세대정책이 논의 대상으로 만들되, 정치권에 의해서 세대균열이 자신의 정치적 이해관계를 위해 이용되는 가능성을 미연에 방지할 수 있다. 이런 견제 기능은 세대균열이 세대정책을 의제로 만드는 순기능을 살리되, 세대균열이 과열되는 것을 막을 것이다. 어떤 의미에서 이런 기구는 사회적 균열의 정도를 조정하는 기능을 한다고 볼 수 있다.

4장에서 나타난 세대주의는 이미 다양한 사회적 현상에서 일정 부분 허구적인 측면이 드러났다. 하지만 정치권, 언론이나 학계에 의해 나타나는 세대주의가 심화되는 양상에 의해서, 각 세대에 세대의식이 '이식'될 가능성을 배제할 수는 없다. 특히, 한국현대사를 둘러싼 논쟁은 한국사 교과서 국정교과서 문제나 정치인의 언행 등을 통해서 세대갈등으로 비화되는 움직임이 보인다. 또, 이런 이식된 세대의식은 영화와 같은 문화 콘텐츠를 바라보는 세대 사이의 차이로 어느 정도 나타나는 부분이 있다. 이런 의미에서 세대 사이의 연대에 대한 희망을 볼 수 있는 사례에도 불구하고, 세대주의가 만들어지고 있는 흐름을 어떻게 할 것인지에 대한 고민도 필요해 보인다.

최근 청년층 사이에서 유행하는 '헬조선, 수저론, 노오력'과 같은 용어는 모든

---

97) 이 부분의 실현을 위해서는 기구의 정치적 독립성은 전제되어야 한다. 제도를 잘 활용하는 문제에 대해서도 깊은 고민이 필요해 보인다.

청년층이 동일한 경제 상황에 있지 않다는 점(수저론)에서 세대주의에 대한 저항의 의미와 현대 한국사회의 현실을 만든 기성층에 반감이 들어난다는 점(헬조선, 노오력)에서 잠재적인 세대갈등을 예고하는 의미를 볼 수 있다. 이런 유행어가 대통령 광복절 기념사에서 '우리나라를 살기 힘든 곳으로 비하하는 신조어'[98]로 언급된 점은 유행어에 대한 기성층의 인식을 보여주는 단면이기도 하다.

청년층 사이에 유행하는 유행어는 한국사회가 세대 사이의 갈등이 심화될 것인지, 세대 사이의 조화를 이룰 것인지에 대한 기로에 서있음을 의미한다. 유행어는 세대의식에 대한 거부감이 사회 표면에 드러난 것으로 이해할 수 있기 때문이다. 이런 거부감이 본격적인 세대갈등으로 이어지지 않도록 유도하기 위해서는, 청년층은 자신이 거부하는 대상이 기성층이 아니라 세대주의라는 점을 인지해야 하고, 기성층은 청년층의 현실을 잘 이해해야 할 것이다. 청년층 사이의 유행어의 거부대상이 기성층가 아니라 세대주의인 이유는, 모든 기성층이 청년층에게 자기계발담론을 권유하지 않았으며, '불안정한 현실'을 만든 것은 일부 기득권이지 대다수의 기성층이 아니기 때문이다. 어쩌면 대다수의 기성층은 그런 '불안정한 현실'에서 대다수 청년층과 함께 내던져진[被投] 상태일지도 모른다. 어떤 의미에서 이런 구도를 만든 기득권에 대항한다는 점에서는 많은 기성층이 연대의 대상일 수 있다. 또, 기성층은 청년층의 자조(自嘲)가 단순히 현대사에 대한 부정적인 인식에 기인한 것이 아니라, 청년층에 주어진 불안정한 현실로 부터의 불안에 기인했다는 것을 알아야 할 것이다.

현대 한국사회에서 세대갈등은 존재하면서도 존재하지 않는 양상이다. 언론이나 항간의 유행어를 살펴보면 한국사회의 세대갈등이 일상적인 것 같지만, 진작 선거 국면에서는 선거균열의 정도가 강하게 드러나지 않기 때문이다. 하지만 이런 세대갈등 존재의 이중성은 한국사회의 세대갈등이 시작될 조짐이지만, 아직 본격화되지 않았다는 것을 의미한다. 어떤 의미에서 세대갈등의 양상을 진단하고, 사전에 예방할 수 있는 '골든타임'임을 의미하기도 한다. 이번 연구에서는 그런 골든타임에서 할 수 있는 두 가지 방안을 제안했다. 한 가지 방법은 세대균열에 의한 단일균열 구조를 방지하기 위한 선거제도개선과 세대정책조정위원회와 같은 기구를 통한 해결이고, 다른 한 가지 방법은 또, 각 세대에 세대의식이 이식되는

---

98) 2016년 박근혜 대통령의 광복절 기념사의 일부이다. 원문은 '우리의 위대한 현대사를 부정하고 세계가 부러워하는 우리나라를 살기 힘든 곳으로 비하하는 신조어들이 확산되고 있다.'이다. **[김민섭(2016.08.29.)]**

양상에 대해서, 각 세대가 현실에 대한 정확한 직시와 이해를 통한 해결이다. 현대 한국사회의 세대갈등은 사회구성원이 이런 노력을 어느 정도 하느냐에 따라서 그 향배가 크게 달라질 것이라고 예상해 본다.

외국어(영문) 초록

The aim of this study is to determine how to diagnose and overcome the generation gap in Korean society. We investigated the academic definition of 'generation' by reviewing prior studies dealing with social generation, which engages in political activities while sharing a sense of the times. We tested the hypothesis that the generation gap has been closely related to domestic politics as a generational cleavage by investigating case studies of presidential elections (16th, 17th, and 18th), parliament elections (from 17th to 20th) and local elections (from 3rd to 6th). These results showed that a certain level of generational cleavage helps solve the generation gap by emphasizing generational issues as a political issue. Generational cleavage, on the other hand, can be an obstacle to resolve the generation gap because politicians perceive it as a single-cleavage and expand generational issues to political controversy to gain an advantage in elections. This cleavage makes society a single-cleavage structure, where generational cleavage acts strongly as the main and only variable in the election, only to hinder resolution of the problems concerning the generation gap. The researchers viewed the single-cleavage-structured generational cleavage as a kind of generationalistic tendency problem, a concept appearing when politicians, journalists, and intellectuals insist that generational issues should be the most important variable. It refers to the phenomenon of interpreting social problems with only the concept of generations, putting other perspectives aside. Furthermore, it was confirmed that this generationalistic tendency appears not only in elections but also in society as a whole. In order to solve this generationalistic tendency problem and to reflect the various social cleavages in elections, we suggested that society make an effort in discovering the truth. Moreover, a revision of the electoral system is also required by introducing a two round system along with expansion of the proportional representation system.

외국어(일문) 초록

此の研究は韓国社会の世代問題を診断と解決することを目的としている。先に社会的世代と家族的世代に関した先行研究を検討する事にして、学問的な正義と為ての世代の意味を整理した。此の概念を基にして、世代差が韓国国内政治に世代亀裂として関与してきたとする仮説を確認する事にした。その為韓国の大統領選挙(16代~18代)、国会議員総選挙(17代と20代)と地方選挙(3代~6代)を分析した結果、どの程度の世代亀裂が世代問題を政治的問題と為ることにして世代問題を解決するのに役に立ったことが、確認された。更に、世代亀裂は政治家がそれらを単一亀裂と認識し、選挙で優位に立つために世代間の問題を政治的論争に拡大為る事にして、世代差の問題の解決を遙遠に為ることもある。単一構造は世代亀裂を選挙で重要且つ唯一な要素と為ることによって、世代差の問題の解決を難しくする。私達は世代亀裂を単一構造を一つの世代主義として見立てることにした。世代主義は政治家、ジャーナリスト、知識人が世代問題を最も重要な事と為て主張する現象に対する概念で、社会の現象を世代の問題のみで見ることに因って他の要素を周辺的な要素として見ることを意味する。此の世代主義は選挙だけでなく社会全体にも見られることを確認した。世代主義と選挙に出る色々な社会的亀裂を解くためには、社会は此の問題の底にある真実を探すための努力と。更に韓国選挙に決選投票の導入と比例代表制の拡大等の改選も必要だ。

참 고 문 헌

∽

논문, 정기간행물

1. 강원택(2002).『세대, 이념과 노무현 현상』, 사상
2. 강원택(2010).『천안함 사건은 지방선거의 변수였나』, EAI OPINION Review Series
3. 김경환(1997).『젊은 이인제의 '절반의 실패'에 담긴 의미』, 월간 '말'
4. 김선기(2014).『세대연구를 다시 생각한다 : 세대주의적 경향에 대한 비판적 검토』, 문화와 사회
5. 김선기(2016).『'청년세대' 구성의 문화정치학』, 언론과 사회
6. 김우성·허은정(2007).『베이비붐세대, X 세대, Y 세대 소비자들의 소비관련 가치관과 라이프스타일의 비교』, 소비문화연구
7. 김종대(2012).『연이은 북풍 패키지 기획 결국은 선거용인가?』, 민족21
8. 김진하(2010).『한국 지역주의의 변화』, 현대정치연구
9. 김진하(2008).『17대 대선 투표 참여율과 기권』, 현대정치연구
10. 김만흠(1994).『정치균열, 정당정치, 그리고 지역주의』, 한국정치학회보
11. 김태일(2001).『지방의회 구성과 단체장 선출이 자치단체 사회복지지출 규모에 미친 영향』, 한국행정학보
12. 김형준(2004).『17대 총선과 세대-정당 지지 분석을 중심으로』, 사회연구
13. 노환희·송정민(2013).『세대균열에 대한 고찰: 세대효과인가, 연령효과인가?』, 박찬욱(2013) 수록
14. 박명호(2009).『2008 총선에서 나타난 세대 효과와 연령 효과에 관한 분석』, 한국정당학회보
15. 박재흥(2009).『세대명칭과 세대갈등 담론에 대한 비판적 검토』, 경제와 사회
16. 성경륭(2015).『이중균열구조의 등장과 투표기제의 변화』, 한국사회학
17. 송호근(2003).『한국 무슨 일이 일어나고 있나: 세대, 그 갈등과 조화의 미학』, 삼성경제연구소
18. 신광영(2009).『세대, 계급과 불평등』, 경제와 사회
19. 신정관·임준형(2013).『지방정부의 복지재정 영향 요인』, 한국사회와 행정연구
20. 신현중(2008).『OECD국가의 아동 및 노인복지 지출규모의 상쇄현상 추세와 아동빈곤율과의 관계』, 정책분석평가학회보
21. 오찬호(2010).『88만원세대를 읽어내는 딜레마』, 문화과학

22. 온만금(2004). 『2002 대통령선거에서 지역과 세대』, 사회연구
23. 윤상철(2009). 『세대정치와 정치균열』, 경제와 사회
24. 이남영(2008). 『지역주의와 세대갈등 : 제17대 대통령선거를 중심으로』, 평화학연구
25. 이내영 · 신재혁(2003). 『세대정치의 등장과 지역주의』, 아세아연구
26. 이내영 · 정한울(2013a). 『세대균열의 구성 요소: 코호트 효과와 연령 효과』, 의정연구
27. 이내영 · 정한울(2013b). 『세대요인이 18대 대선 결과에 미친 영향: 세대별 투표행태 및 구성효과를 중심으로.』, EAI.
28. 이동연(2004). 『[특집 : 위기의 청년] 세대문화의 구별짓기와 주체형성-세대담론에 대한 비판과 재구성』, 문화과학
29. 이동후 · 김영찬 · 이기형(2004). 『IT 와 '신세대'문화의 형성, 확산과정』, 정보통신정책연구원 연구보고서
30. 이승종(2001). 『지방자치와 지방정부의 복지정책정향』, 한국행정학보
31. 이정진(2007). 『한국의 선거와 세대갈등: 제16대 대통령 선거과정 분석』, 비교민주주의연구
32. 이정원(2015). 『노동시간 피크제가 임금피크제의 대안이 될 수 있는가』, 노동자 연대
33. 전상진(2002). 『세대사회학의 가능성과 한계』, 한국인구학
34. 전상진(2004). 『세대 개념의 과잉, 세대연구의 빈곤』, 한국사회학
35. 전상진(2010). 『세대경쟁과 정치적 세대』, 한 · 독사회과학논총
36. 정진민(1992). 『한국선거에서의 세대요인』, 한국정치학회보
37. 정진민(2002). 『정책정당 실현을 위한 내부조건』, 한국정당학회보
38. 정진민(2012). 『한국 유권자들의 투표행태와 세대: 2010년 지방선거를 중심으로』, 한국정치연구
39. 조기숙(1997). 『지역주의 논쟁: 비판이론적 시각에 대한 비판』, 한국정치학보
40. 조진만 · 최준영(2006). 『1인 2표 병립제의 도입과 유권자의 투표행태』, 한국정치학회보
41. 조현연 · 김정석(2016). 『박근혜 정부의 '다원적 두 국민 전략'과 세대갈등 - 공무원 연금과 임금피크제 문제를 중심으로』, 경제와 사회
42. 주창윤(2006). 『1970년대 청년문화 세대담론의 정치학』, 언론과 사회
43. 최영진(1999). 『한국지역주의 논의의 재검토』, 한국정치학회보
44. 최영진(2016). 『한국지역주의 논의의 재검토 : 정치적 정체성 개념과 동기부여구조를 중심으로』, 경제와 사회
45. 최명민(2010). 『문학에 투영된 자살의 심리사회적 이해: <광장>과 <숲속의 방>을 중심으로』, 상황과 복지
46. 최준영 · 조진만(2005). 『지역균열의 변화 가능성에 대한 경험적 고찰: 제17대 국회의원선거에서 나타나는 이념과 세대균열의 효과를 중심으로.』, 한국정치학회보

47. 한상익(2013). 『2표병립제에서 군소정당 지지자들의 전략투표』, 한국정치학회보
48. 한완상(1991). 『한국사회에서 세대갈등에 대한 한 연구』, 사상
49. 황아란(2008). 『제17대 대통령 선거의 투표선택과 정당태도의 복합 지표모형』, 현대정치연구
50. 홍영란 외(2015). 『언론에 나타난 세대갈등의 실태 및 시사점』, 한국교육개발원
51. Bengtson, Vern L(1993). 『Is the 'Contract Across Generations' Changing? Effects of Population Aging on Obligations and Expectations Across Age Groups』, The Changing Contract across Generations
52. Berry, William D · David Lowery(1990). 『An alternative Approach to Understanding Budgetary Trads-offs』, American Jounal of Political Science
53. Bourdieu, Pierre(1985). 『The Social Space and the Genesis of Groups.』, Theory and society
54. Goerres, A(2009). 『The Political Participation of Older People in Europe: The Greying of Our Democracies. Basingstoke』, Palgrave Macmillan
55. Liebau, Eckart(1997). 『Generation』, Handbuch Historische Anthropologie
56. Mannheim, Karl(1964[1928]). 『Das Problem der Generation(The problem of Generation)』, Wissenssoziologie. Soziologische Texte 28
57. Michael Busch · Jan Jeskow · Rüdiger Stutz(2010). "Einleitung.", Zwischen Prekarisierung und Protest
58. Rintala, Marvin(1968). 『Political generations』, International encyclopedia of the social sciences
59. Sackmann, R(1992). 『Das Deutungsmuster <Generation>.』 Analyse Sozialer Deutungsmuster
60. Weymann, Anger(1995). 『Modernisierung, Generationenverhältnisse und die Ökonomie der Lebenseit. Gesellschaftsformen und Generation in 'Polish Peasant'』, Soziale Welt
61. White, Jonathan(2013). 『Thinking generations』, The British Journal of Sociology

단행본

1. 강원택(2013). 《사회계층과 투표선택-2012년 대통령선거 분석》, 나남
2. 강석경(1987). 《강석경》(우리시대 우리작가 21권), 동아출판사
3. 박찬욱 · 강원택(2013). 《2012년 대통령선거 분석》, 나남.
4. 박민규(2003). 《삼미 슈퍼스타즈의 마지막 팬클럽》, 한겨레신문사

5. 박완서(2005). 《엄마의 말뚝》, 맑은소리
6. 박재홍(2005). 《한국의 세대문제-차이와 갈등을 넘어서》, 나남
7. 박종훈(2013). 《지상 최대의 경제 사기극, 세대전쟁》, 21세기북스
8. 박혜경(2003). 《박완서의 「엄마의 말뚝」을 읽는다》, 열림원
9. 샤츠슈나이더(2008). 《절반의 인민주권》, 후마니타스
10. 손호철(1993), 《전환기의 한국정치》, 창작과 비평사
11. 우석훈(2007). 《88만원세대-절망의 시대에 쓰는 희망의 경제학》, 레디앙
12. 유시민(2011). 《국가란 무엇인가》, 돌베개
13. 오찬호(2013). 《우리는 차별에 찬성합니다》, 개마고원
14. 이갑윤(1998). 《한국의 선거와 지역주의》, 오름
15. 전영수(2013). 《세대전쟁》, 이인시각
16. 전용주 외(2009). 《투표행태의 이해》, 한울
17. 정성호(2006). 《20대의 정체성》, 살림출판사
18. 정원오(2010). 《복지국가》, 책세상
19. 최장집(1996). 《한국민주주의의 조건과 전망》, 나남출판
20. 해롤드 J. 라스키(1983). 《국가란 무엇인가(두레신서 6)》, 두레

일간지

1. 곽래건(2016.07.14.). “6월 청년실업률 10.3%… 17년 만에 최악”, 조선일보
2. 구성열(2016.08.08.). “靑年에게 되레 毒 될 서울시 청년수당”, 문화일보
3. 김남일(2016.07.04.). “2030 투표율 늘었지만…6070이 미래 결정했다”, 한겨레
4. 김민석(2013.12.13.), “모두 안녕들 하십니까!” 고대 대자보 ‘술렁’… “속이 다 시원” vs “비약 심한 선동”, 국민일보
5. 김민섭(2016.06.19.). “개인의 ‘노오력’만 강요한 결과는 혐오와 분노의 괴물”, 한국일보
6. 김민섭(2016.08.29.). “헬조선 모르쇠, ‘노오력’만 하라는 정치인、지식인”, 한국일보
7. 김병규(2016.08.14.). “정부-서울시, 이번엔 청년수당 대형 ‘현수막’ 여론전”, 연합뉴스
8. 김보미(2106.04.06.). “구직자 평균 빚 3449만원”, 경향신문
9. 김상수(2016.02.11.). “북풍 혹은 역풍, 선거판 뒤흔든 20년”, 헤럴드경제
10. 김여란(2013.12.12.). “하 수상한 시절에 안녕들 하십니까 대자보 대학가 술렁”, 경향신문
11. 김윤종(2016.07.21.). “청년 1000명에 ‘청년수당’ 물어보니… 찬성 53%, 반대-유보 47%”, 동아일보
12. 김희리(2016.08.03.). “퇴직 공포… 40대부터 줄서는 재취업 컨설팅 4060 중장년 필수

가 된 재취업", 서울신문
13. 매일경제 디지털뉴스국(2016.08.06.). "은퇴해도 다시 돈 벌러 나가는 5060세대", 매일경제
14. 박광연(2016.08.26.). "'너의 잘못이 아니다'…구의역 사고 희생자 김군 위령표 제막식 열려", 경향신문
15. 박훈상, 조동주(2014.02.12.). "자기계발 벽 앞의 20대 '나' 아닌 '우리' 문제에 입 열다", 동아일보
16. 성유보(2014.02.18.). "[길을 찾아서] 박정희 3선 연임 맞서 DJ · YS '40대 기수론'", 한겨레
17. 손병호(2012.11.25.). "박정희 · 노무현 구도로 勢대결 양상… 朴 친노실정 부각 · 文 정권심판 기치", 국민일보
18. 손정협(2016.03.10.). "청년층 빈곤화, 미래가 무너진다", 뉴스토마토,
19. 신동진 · 강해령(2016.08.01.). "梨大에 경찰 1000명 투입, 무슨 일이…", 동아일보
20. 신진우(2016.07.05.). "새누리 참패한 4 · 13총선, 투표율 보니… 11.9%P 늘어난 20대가 승패 갈라", 동아일보
21. 신한슬(2016.08.13.). "'달팽이 민주주의'에 총장은 무릎을 꿇었다", 시사IN
22. 아사히신문 출구조사팀(2016.07.11.). "18, 19歳の半数､比例区で自公に投票", 朝日新聞
23. 안승섭 · 최윤정(2016.08.12.). "정부, 취업 준비 청년에 '최대 60만원 수당' 준다… 2만 4천명", 연합뉴스
24. 양선희(2016.08.09.). "[양선희의 시시각각] 청년과 청년수당은 죄가 없다", 중앙일보
25. 오현경(2011.02.11.). "청소노동자들을 지지하는 홍대생들의 모임 '데굴데굴'", 경향신문
26. 윤석인 · 원성연(1997.10.27.). "97대선 여론조사 이회창 지지율 급락", 한겨레
27. 윤지연(2011.01.05.). "홍익대 청소노동자, 88만원 '노년'세대를 보다", 참세상
28. 이남영(2007.12.12.). "세대 · 이념 변수 쇠퇴", 서울신문
29. 이동현(2015.12.05.). "또 도진 쪽지예산… 53건 763억 찔러넣었다", 한국일보
30. 이세형(2015.11.13.). "복지부, 서울시 '청년수당제도' 도입 제동", 동아일보
31. 이용욱 · 유정인(2013.09.22.). "박근혜 대표 공약 '기초노령연금' 결국 대폭 후퇴", 경향신문
32. 이용훈 · 이지은(2014.04.01.). ""60~70대 투표 안해도 된다" 鄭의장, 본보 총선기자단 인터뷰 발언 파문", 국민일보
33. 이정현(2016.03.09.). "더민주, 기초연금 소득하위 70% 노인에 30만원 균등지급", 연합뉴스
34. 이현정(2016.08.13.). "적극 구직 청년 60만원 지원… '청년수당'에 맞불 놓은 정부", 서울신문

35. 임형섭·홍지인(2016.04.14.). "20대 국회 초선 132명…16대 총선 이후 비율 최저", 연합뉴스
36. 임형섭·류미나(2016.06.15.). "청년 비례대표제, '김수민 파동'으로 도마위…빛과 그림자", 연합뉴스
37. 전종휘(2016.06.01.). "하청노동자 죽음 내몬 '4각 카르텔' 깨야 산다", 한겨레
38. 장규석(2016.08.12.). ""취업수당 줄게. 서울시 청년수당 받지마"…고용부의 안간힘", 노컷뉴스
39. 정남구(2010.06.20.). "가나가와네트워크운동은?", 한겨레
40. 정용인(2016.08.13.). "청년수당 서울시·정부 '진실게임' 누가 거짓말하나", 경향신문
41. 정원식(2013.03.30.). "'김미경식 힐링'은 끝났다", 경향신문
42. 정혁수, 김지산(2013.12.15.). "철도파업, '안녕세대' 뇌관될까···고심하는 정부", 머니투데이
43. 조홍민(2007.12.20.). "20·30代도 40% 넘게 李 지지…昌은 20대서 최다 득표", 경향신문
44. 천관율(2016.08.13.). "어느날 상아탑에 관료가 나타났다", 시사IN
45. 최경환(2016.07.21.). "고령층 10명 중 6명은 취업 희망 "생활비 보태기 위해"", 뉴스1
46. 최성진·박수지(2015.05.10.). "젊은층 '정부가 '세대간 도적질'이라는데 연금 개편 반기겠나'", 한겨레
47. 최윤정(2016.08.03.). "'취업 디딤돌' vs '도덕적 해이'…청년수당 결국 법정으로", 연합뉴스
48. 최찬흥(2016.08.07.). "베이비부머 4가구 중 1가구 노후 '절대 빈곤'<경기硏>", 연합뉴스
49. 최희진(2016.06.19.). "[정리뉴스] 서울시 청년수당 '6시간 미스터리'", 경향신문
50. 허남설·김한솔(2016.07.17.). "남경필·안희정 심상찮은 행보…여야 '세대교체론' 물꼬트나", 경향신문
51. 홍기현(2002.12.16.). "세대갈등의 정치경제학", 한국일보
52. 홍수민(2016.08.08.). "이기권 장관 "청년 수당, 청년일자리 정책 근간 흔들 수 있다"", 중앙일보
53. 황수영(2015.09.14.). "[지방자치 20년] <7>기초의원·단체장 정당공천제", 매일신문
54. 황보연(2016.03.24.). "흙수저 저소득 청년 월세비율, 금수저 고소득 청년의 '3배'", 한겨레

인터넷 자료

1. 통계청 국가통계포털(2010). "연령 및 성, 혼인상태별 인구(15세 이상) - 시군구", http://kosis.kr/
2. 서울특별시. "서울시 청년수당", http://youthhope.seoul.go.kr

제3회 학봉상

/

연구자부문 장려상

기혼의 취업여성이 인식하는 일-가정 상호작용과 영향요인의 차별성 : 일-가정 균형을 위한 정책적 함의를 찾아서*

원숙연**

초록

실질적인 일-가정 균형(work-family balance)을 달성하기 위해서는 일-가정 간 관계의 구조와 영향요인에 대한 이해가 선행되어야 한다. 이러한 문제의식에서 출발한 본 연구는 다음과 같은 차원에서 일-가정 균형에 대한 기존 연구와는 차별성을 갖는다. 첫째, 일-가정 갈등에 집중해 온 기존 연구와 달리 일-가정'갈등'으로 표상되는 부정적 관계와 일-가정 '촉진'(enhancement)으로 표현되는 긍정적 관계를 동시에 고려한다. 둘째, 본 연구는 일-가정 간 긍정적, 부정적 관계를 구성하는 하위요소를 세분하여 각 하위요소 별 구조와 영향요인을 세부적으로 확인한다. 이를 통해 일-가정 균형에 대한 분석적 이해는 물론 일-가정 균형을 지원하는 실질적인 정책대안 마련에 기여할 것으로 기대된다. 이러한 차별성 하에서 본 연구는 기혼의 취업여성이 갖는 인식과 일상적 경험에 기초하여 일-가정 간 상호작용의 구조와 그 영향요인을 실증적으로 규명한다. 먼저 일-가정 간 긍정적 관계는 두 영역의 역할기대에 부응함에 따라 획득하는 정서적 자원(만족과 활력)과 사회적 자원(인정과 책임감)으로 구성하였다. 부정적 관계는 일과 가정에서의 역할갈등으로 인해 발생하는 시간압박(노동시간의 길이와 불규칙성)과 중압감(육아와 가사부담)으로 구성하였다. 이처럼 세분화된 구성요소에 기반을 두고, 기혼의 취업여성을 대상으로 일-가족 상호작용의 내부구조와 그 영향요인을 <여성가족패널>자료를 적용하여 실증적으로 분석하였다. 실증분석결과는 다음과 같다. 첫째, 전반적인 구조를 보면 1) 일-가정 간 긍정적 관계 중 정서적 자원이 사회적 자원 보다 일관되게 높게 나타났다. 2) 일-

* 본 논문은 2015년 6월 25일 발간된 한국정책학회보(24/2)에 게재된 논문을 일부 수정한 것임을 밝힌다.

** 이화여자대학교 행정학과 교수

가정 간 부정적 관계에서 중압감이 시간압박보다 더 크게 나타났다. 특히 양육부담이 가장 높았다. 장시간 노동관행에도 불구하고 시간압박보다 양육부담이 높게 나타난 것은 기혼여성의 노동시장 참여에 가장 큰 장애가 육아라는 현실을 재확인한다.

둘째, 개인특성에 따른 차이를 보면 1) 기혼여성이 나이가 어릴수록 일-가정 간 부정적 관계가 높았다. 특히 30대가 가장 강하게 나타났다. 2) 학력이 높을수록 긍정적 관계가 높아지는데 반해 학력이 아주 높거나 아주 낮을 경우에는 긍정적 관계가 약화되는 이중성을 보였다. 3) 고용지위는 정규직이 긍정적 상호작용과 부정적 상호작용이 모두 높은 역설적 결과가 나타났다. 4) 공공영역이 민간영역에 비해 일-가정 간 긍정적 상호작용은 높고 부정적 상호작용은 낮게 나타났으나 긍정적 상호작용 중 부양책임은 통계적으로 유의미한 차이가 발견되지 않았다.

셋째, 일-가족 간 긍정적 관계와 부정적 관계를 구성하는 하위차원별 영향요인을 보면, 먼저 일-가정 간 긍정적 관계 중 1) 정서적 자원은 남편지지(높을수록), 육아기 근로단축(제공), 조직유형(공직)이 작용하였다. 2) 사회적 자원은 남편지지(높을수록), 학력(높을수록), 급여(높을수록)가 영향을 미쳤다. 한편, 일-가정 간 부정적 상호작용 중 1) 시간압박은 남편지지(낮을수록), 연령(낮을수록), 급여(높을수록), 조직유형(민간), 학력(낮을수록), 육아휴직(미제공)이 작용하였다. 2) 중압감은 연령(낮을수록), 조직유형(민간), 급여(높을수록), 남편지지(낮을수록), 육아휴직(미제공)이 영향을 미쳤다.

이상의 결과는 다음과 같은 정책적 함의(시사점)를 갖는다. 첫째, 정규직여성이 이 비정규직여성에 비하여 일-가정 간 긍정적·부정적 상호작용 모두 높은 역설적 결과가 나타났다. 이는 여성의 일-가족 균형을 위해 여성 정규직의 수적 확대만이 정책대안이 아닐 수 있음을 확인한다. 다시 말해 기혼취업여성의 일-가정 균형을 위해서는 정규직-비정규직의 단순이분법을 넘어선 노동관행과 조건에 대한 보다 심도있는 정책적 고민의 필요성을 제기한다. 둘째, 육아휴직이 일-가족 간 부정적 상호작용을 완화하지만 그 정도는 만족스럽지 못하다. 육아휴직 활용을 방해하는 문화적·관행적 압력을 완화할 정책적 대안의 필요성을 재확인한다. 특히 휴가대체인력 수급을 위한 보다 전향적인 정책개입이 요구된다. 셋째, 육아기 근로시간 단축제도의 활성화가 일-가족 균형을 위한 실질적 정책대안이 될 가능성이 발견되었다. 육아기 근로시간 단축제가 일-가정 간 긍정적 관계 중 정서적 자원(만족, 활력)을 강화하는 것으로 나타났다. 육아기 근로시간

단축제도의 사용가능기간 연장 및 단축 시 지급되는 지원금의 현실화 등 정책효과를 극대화할 수 있는 정책설계가 요구된다. 넷째, 일-가정 상호작용에 미치는 영향력이 발견되지 않은 직장보육시설 제공에 대한 근본적인 재고가 필요하다. 직장보육 시설 제공의 대체재에 대한 전향적 검토가 필요한데 집과 직장의 거리, 개인의 선호, 노동조건 및 일정, 아이의 연령 등에 따른 다양한 선택지가 제공되는 유연한 형태의 대안(예: 보육바우처 등)을 고려해야 한다. 마지막으로, 정책을 통해 '남성을 아버지로 만드는 일'에 적극적이어야 한다. 본 연구결과에 따르면, 아이가 있는 기혼여성의 일-가족 간 긍정적 관계에 남편의 지지가 강력하고도 일관된 영향을 미친다. 남편의 지지를 남성개인의 선택이나 사적문제로 규정하는 것은 비현실적이다. 남성이 아무리 의지가 있어도 장시간노동관행, 경직적인 시간운영, 남성과 가정을 분리하려는 조직문화 등이 건재 하는 한 남성이 아버지가 되는 일은 쉽지 않다. 남녀모두가 활용 가능함에도 불구하고 육아휴직이 여성에게 집중되고 남성의 경우에도 공직에만 일부 가능한 것이 현실이다. 사기업에 근무하는 남성도 이를 활용할 수 있도록 하기 위한 여건 및 분위기 마련 그리고 인센티브를 통한 적극적 유인이 필요하다.

<주제어> 일-가정 균형, 일-가정 상호작용, 일-가정 갈등, 일-가정 촉진, 일-가정 양립 지원정책, 기혼의 취업여성

기혼의 취업여성이 인식하는 일-가정 상호작용과 영향요인의 차별성 : 일-가정 균형을 위한 정책적 함의를 찾아서

Ⅰ. 서론

여성의 노동시장 참여 확대에 따라 일－가정 균형(양립)에 대한 학문적·이론적 관심과 함께 정책적 관심이 증가하고 있다. 이러한 관심의 증가는 과거처럼 일의 영역과 가정의 영역이 별개라는 분리주의적 전제가 더 이상 현실적이지 않음을 인정한다는 뜻이다. 분리주의를 넘어선 일－가정 간 침윤가능성을 인정하는 것은 진일보한 흐름임에는 분명하다. 이러한 상황에서 본 연구는 다음과 같은 문제의식 및 차별성을 가지고 출발한다.

첫째, 본 연구는 일－가정 간 상호작용의 부정적인 측면과 긍정적인 측면 모두에 주목한다. 최근 일－가정 간 분리주의를 넘어선 상호작용에 대한 연구가 증가하고 있지만 연구의 대부분이 일－가정 간 부정적 관계(일－가정 갈등)에 집중하는 경향이 있다(장재윤·김혜숙, 2003; 정영금, 2005; 박기남, 2009; 장수정 외, 2009; 황혜원·신정이, 2009; 송다영 외, 2010; 김선희, 2010). 반면 일－가정 간 긍정적인 관계에 대한 관심은 상대적으로 드물다(김옥선·김효선, 2010; 유계숙, 2008; 원숙연, 2012). 일－가정 간 갈등이 기혼의 취업여성과 우리사회에 미치는 영향이 물론 크다. 그러나 일－가정은 부정적 관계와 긍정적 관계로 이루어져 있으므로 어느 한 방향만을 논하는 것은 현실의 일부분만을 보여준다는 점에서 그 의미가 제한적이다. 따라서 본 연구는 일－가정 간 부정적 관계와 긍정적 관계 모두를 고려하는 통합적 접근을 한다.

둘째, 본 연구는 일－가정 간 긍정적·부정적 관계를 포괄함과 동시에 두 관계의 하위구성요소를 세분하여 분석한다. 모든 사회현상이 그렇듯, 일－가정 상호작용 역시 다면적인 현상으로 각각 복수의 구성요소를 갖는다. 이들 구성요소는 관련되어 있으면서 동시에 자율성을 갖기 때문에 영향요인의 작용이 다를 수 있다(Bollen and Grandjean, 1981). 만일 일－가정 상호작용이 다면적 현상임에도 불구하고, 단일차원으로 통합하여 논의할 경우, 현상의 일부분만을 보여주는 불완전대표성의 문제가 발생한다(Law & Chi-Sum, Wong, 1999). 따라서 일-가정 상호작용에 대한 명확한 이해와 영향요인을 규명하기 위해서는 일-가정 간 긍정적 관계와 부저정적 관계를 구성하는 하위요소를 나누는 것이 필요하다. 이러한 구분을 바탕으로 각각의 하위요소가 어떻게 구조화되어 있으며 각각의 영향요인은 어떻게 다른지에 대한 실증적 분석이 가능해진다.

이상의 문제의식을 기반으로 하고 기혼 취업여성의 현실에 주목한다. 일-가정 상호작용은 남녀 모두에게 존재하지만, 그 정도나 영향력은 여성에게 더 크다. 과거에 비하여 성-역할고정관념이나 엄마역할이데올로기가 변화하고 있지만, 일-가정 상호작용을 둘러싼 기혼여성의 현실은 미혼여성이나 남성과는 본질적으로 다르다. 따라서 본 연구는 노동시장에 참여한 기혼여성이 인식하는 일-가정 상호작용에 초점을 맞춘다. 이를 위해 제4차 <여성가정패널조사>자료 중 기혼의 취업여성을 대상으로 실증분석을 진행한다. 구체적으로 일-가정 상호작용을 긍정적 관계와 부정적 관계로 구분한다. 그 다음 각각의 관계를 구성하는 하위요소를 다양한 기준에 따라 차이분석을 하고 이를 통해 일-가정 상호작용의 구조를 밝힌다. 다음으로, 각각의 하위구성요소에 따라 영향요인이 어떻게 다른지를 실증적으로 분석한다. 이러한 분석결과가 갖는 의미와 일-가정 간 긍정적인 관계는 촉진하고 부정적인 관계는 최소화하여 실질적인 일-가정 균형을 가능하게 할 정책대안을 제시한다.

Ⅱ. 이론적 배경

1. 일-가정 상호작용을 둘러싼 개념적 혼란

일-가정 상호작용은 일과 가정의 이분법을 넘어 상호침윤을 인정하는 것에서 시작된다. 일-가정 이분법은 첫째, 노동시장과 가정은 상호 별개의 영역으로 각각은 양립할 수 없는 원리가 존재하며, 둘째, 노동시장은 남성의 영역으로, 가정은 여성의 영역으로, 남성과 여성은 각 영역에서의 역할수행에 적합하다고 전제한다(Halford et al., 1997). 이러한 논리는 몇 가지 문제를 내포한다. 먼저, 일-가정 이분법을 정당화하는 남성부양자이데올로기의 설명력이 약화되었다는 점에서 비현실적이다. 둘째, 일-가정 이분법은 젠더불평등을 강화한다는 점에서 경계해야 한다. 가정에서 남녀공동책임을 인정하지 않는 일-가정 이분법은 노동시장에 참여한 여성, 특히 기혼여성의 이중부담을 정당화하기 때문이다. 더욱이 일-가정 이분법은 사적영역이 공적영역에 영향을 미치는 것을 부정적으로 평가하게 함으로써 사적영역에서의 부담이 많은 여성보다 그 부담이 적은 남성을 '이상적 노동자'로 규정하기 때문이다.

이러한 문제의식에 따라 일-가정은 분리가 아닌 연결된 영역임을 인정하는 일-가정 상호작용(Work-Family Interface/Interaction: WFI)개념이 부상하였다. 포괄적인 의미의 일-가정 상호작용은 일(또는 가정)에의 참여가 가정(또는 일)에의 참여에 영향을 미치는 정도이다(Pleck, 1995; 원숙연, 2012; 270에서 재인용). 일-가정 상호작용에 대한 초기논의는 양자 간의 부정적 관계에 초점을 두었다. 이는 역할갈등 관점에서 복수의 역할압력이 동시에 발생함으로써, 한 역할에 대한 순응이 다른 역할에 대한 순응을 어렵게 하는 현상을 의미한다(Greenhaus & Beutell, 1985; 76). 부정적인 관계는 일-가정 갈등(Work-Family Conflict: WFC)으로 포괄된다. 일-가정 갈등은 개인이 특정 역할을 수행하는데 활용가능한 시간적, 물질적 그리고 정신적자원이 제한적이기 때문에 발생하는 자원고갈에서 기인한다(Edwards & Rothbard, 2000; 원숙연, 2012).

흥미로운 것은 일-가정 간 부정적 관계는 '갈등'개념으로 포괄되는데 반해 긍정적 관계는 다양한 개념과 용어가 혼재한다는 점이다. 일-가정 향상(enhancement) (Ruderman et al., 2002; Carlson et al, 2006), 촉진(facilitation)(Frone, 2003; Wayne et al., 2004), 긍정적 전이(positive spillover)(Carlson et al, 2006; Edwards & Rothbards, 2000; Hanson et al., 2006; Grzywacz & Marks, 2000; Sumer & Knight, 2001) 등이 그 예이다. 각각의 개념이 갖는 미묘한 의미 차이를 담아내기는 어렵지만 개략적인 차이는 다음과 같다.

첫째, 일-가정 향상(W-F Enhancement)은 두 영역에 참여함으로써 획득하는 자원과 경험에 초점을 맞추는데 특히, 획득하는 '편익'에 집중한다. 반면, 일-가정 강화(W-F Enrichment)는 한 영역으로부터 획득한 자원이 다른 영역에서의 역할수행을 도와주는 '기능'에 초점을 맞춘다. 한편, 일-가정 촉진(W-F Facilitation)은 일-가정 강화와 유사한데, 일-가정 강화는 그 단위가 '개별적 기능'인데 반해 촉진은 '체제적 기능'(system functioning)이라는 점에서 다르다(Carlson et al., 2006: 133). 예를 들어, 가정생활을 통해 습득된 경험과 기술이 직장에서의 업무수행(기능)에 도움이 되는 것은 일-가정 강화이고, 그러한 기술과 경험이 개인 차원을 넘어서 직장에서의 동료나 상사와의 관계로 확장되면 일-가정 촉진이 된다. 또 하나 일-가정 전이(W-F Spillover)는 한 영역에서의 활동을 통해 발생하는 감정, 기술, 행태, 가치 등이 다른 영역에까지 연결되어 나타나는 긍정적인 효과이다 (Carlson et al, 2006; Edwards & Rothbards, 2000; Hanson et al, 2006).

이처럼 일-가정 상호작용 중 긍정적 관계는 다양한 용어가 공존한다. 본 연구가 일-가정 상호작용에 대한 개념적 혼란의 해소나 관계 설정이 목적이 아니기 때문에 구체적인 개념논의는 연구의 범위를 벗어난다. 또한 일-가정 간 긍정적 관계를 규정하는 복수의 개념 중 하나를 선택하는 것도 연구목적에 비추어 적절하지 않다. 따라서 본 연구에서는 이 모든 개념을 포괄하는 가장 일반적인 '일-가정 상호작용'이라는 개념을 적용한다. 이에 따라 일-가정 갈등은 '부정적 상호작용'으로, 일-가정 촉진(향상, 강화, 긍정적전이)은 '긍정적 상호작용'으로 통칭한다.

2. 일-가정 상호작용의 구성요소

(1) 긍정적 상호작용

일-가정 관계에 대한 연구의 대부분이 부정적 상호작용에 무게를 두었지만 최근에는 긍정적 관계로 관심이 확장되고 있다. 일-가정 간 긍정적 관계는 역할축적(role accumulation) 또는 역할 확장(role expansion)관점에 기반을 둔다. 역할확장(축적)관점에 따르면(Sieber, 1974; Marks, 1977; Voydanoff, 2001; Klerk, 2012), 다양한 역할을 수행하게 되면 더 많은 에너지가 창출된다. 즉 역할수요가 발생하면 자연스럽게 역할공급이 가능하도록 에너지공급이 증가한다는 논리이다. 이렇게 창출된 에너지는 다른 역할수행에 필요한 자원이나 에너지로 재사용되는 선순환을 가져온다. 따라서 인간은 다양한 역할을 수행할수록 그것이 용이해질 수 있도록 만드는 능력과 에너지가 확충된다.

이러한 관점에서 볼 때 일과 가정에서의 역할을 함께 수행함으로써 얻어지는 긍정적 자원(이득)은 다음과 같다(Edwards & Rothbard, 2000; Hanson et al., 2006; Greenhaus & Powell, 2006; Wayne et al., 2007). 첫째, 발전적 자원(developmental gains)이다. 이는 다양한 역할 수행을 통해 얻어지는 기술, 지식, 및 관점(인식)의 확장을 의미한다. 두 번째는 감정적 자원(affective gains)으로, 다양한 역할수행을 통해 경험하는 자아-존중감, 자신감, 열정 및 만족 등 심리적 자산이다. 셋째, 자본이득(capital gains)이다. 복수의 역할수행을 통해 얻을 수 있는 경제적 또는 사회적 자산이다. 경제적인 자산은 임금을 포함한 물질적 자산이고, 사회적 자산은 인간관계, 네트워킹을 통한 영향력의 행사 및 사회적 인정이다(Greenhaus & Powell, 2006).

이처럼 일과 가정영역에의 참여를 통한 시너지는 다음의 두 방향에서 만들어진다(Voydanoff & Donnelly, 1999; Greenhaus & Powell, 2006). 첫 번째는 누적작용(additive)이다. 한 영역에서의 긍정적인 경험과 자산이 다른 영역으로 더해지는 것이다. 예를 들어 업무(또는 가정생활)를 통해 얻는 다양한 경험과 만족이 가정생활(또는 업무)의 만족, 행복, 삶의 질을 상승시키는 것이다. 일 또는 가정 중 하나의 역할만을 할 경우, 획득되는 자원은 특정 영역에만 한정된다. 그러나 일 영역과 가정영역 모두에 참여하는 경우, 일 영역에서의 긍정적인 경험이 가정영역으로, 가정영역에서의 긍정적인 경험이 일 영역으로 합쳐진다. 이러한 누적작용을 통해 두 영역 모두에서 성공적인 역할수행이 가능해진다.

두 번째는 완충작용(buffering)이다. 일이든 가정이든 긍정적인 경험만 있는 것은 아니어서 갈등이나 스트레스 등 부정적인 경험은 불가피하다. 이러한 부정적인 경험이 복수의 역할을 동시에 수행함으로써 완화될 기회를 갖는다. A 영역에서의 부정적 경험의 완충지로 B영역이 기능하기 때문이다. 예를 들어 가정에서의 갈등이나 어려움이 일을 통해 완화되기도 하고 일 영역에서의 어려움이나 스트레스가 가정에서의 정서적인 관계를 통해 위로받기도 한다.

(2) 부정적 상호작용

일-가정의 부정적 상호작용은 결핍관점에 근거한다(Kahn et al., 1964; Greenhaus & Beutell, 1985; 77; Klerk et al, 2012). 복수영역에서의 역할수행으로 인해 물리적인 시간, 심리적 에너지, 관심 및 열정 등 희소자원이 고갈되는 것이다. 한 영역으로부터의 요구에 부응하는데 특정 자원을 사용하면 다른 영역에 필요한 자원이 그만큼 감소된다. 특히 일과 가정처럼 영역 간 유사성이 낮은 경우, 자원고갈이 심화된다. 이러한 관점에서 일-가정 간 부정적 상호작용은 시간차원

(time-based), 중압감 차원(strain-based), 행동차원(behavior- based) 등 세차원으로 구성된다(Greenhaus & Beutell, 1985; Edwards & Rothbard, 2000).

첫째, 시간차원은 한 영역에 대한 시간투여가 다른 영역의 역할수행을 방해하는 것이다. 가장 일반적이고 통상적인 결핍의 원천은 시간투여의 정도(길이)이다. 시간은 대표적인 제로섬의 자원이다. 한 영역에서 요구되는 시간이 길면 다른 영역에 투자할 시간이 줄어든다. 따라서 시간투여의 길이가 어떤가에 따라 일-가정 간 상호작용이 달라진다. 또 하나 시간운용의 경직성이다. 시간은 제로섬적 자원이지만 유연한 조정이 가능하다면 갈등을 완화할 수 있다. 예를 들어 아이의 연령에 따라, 또는 가정에서의 사정에 따라 유연하게 사용할 수 있다면, 노동시간이 길어도 일정한 균형을 만들 수 있다. 반대로 구성원의 개인사정이나 특수성이 반영되지 않고 일률적이고 경직적으로 시간이 운영된다면 갈등은 심화될 수밖에 없다.

둘째, 중압감 차원은 복수의 역할수행에 따른 부담과 압박이 다른 역할 수행을 어렵게 하는 것이다. 중압감을 구성하는 요소는 광범위한데, 역할갈등이나 역할모호성, 과도한 업무량 및 성과압력 그리고 좌절 , 피로 등 이다. 가정영역으로부터의 중압감의 경우, 과도한 책임, 가정 내 갈등, 배려 및 심리적 지원부족 등이다(Greenhaus & Beutell, 1985; Edwards & Rothbard, 2000; Byron, 2005; Russell et al., 2009). 일과 가정에서의 중압감이 상호 더해지고 심화되면서 일-가정 간 부정적 상호작용이 발생하게 된다.

셋째, 행동차원은 전술한 시간이나 중압감에 비해 적용범위가 제한적이다. 이는 한 영역에서의 행동방식에 대한 기대가 다른 영역에서의 기대와 일치하지 않아 발생하는 갈등이다(Greenhaus & Beutell, 1985). 기혼의 취업여성이 가정에서는 '전업주부'처럼, 직장에서는 '미혼여성 또는 남성'처럼 헌신할 것을 기대하는 경우 발생하는 갈등을 예로 들 수 있다. 기혼남성도 역할기대의 상충이 없지는 않지만, 기혼 남성에게 기대되는 아버지 역할은 생계부양자로서 '일'에 집중하는 것이기 때문에 기혼여성이 경험하는 갈등보다는 약하다. 다시 말해 아버지 역할과 노동자로서의 역할이 상호 수렴하는 기혼남성은 어머니 역할과 노동자로서의 역할이 상호 갈등하는 기혼여성과 비교할 때 행동차원에서의 일-가정 간 부정적 상호작용이 약화될 수 있다.

(3) 종합

지금까지 논의한 일－가정 간 긍정적 상호작용과 부정적 상호작용에 대한 이론적 논의를 종합하면 다음과 같은 개념틀이 도출된다.

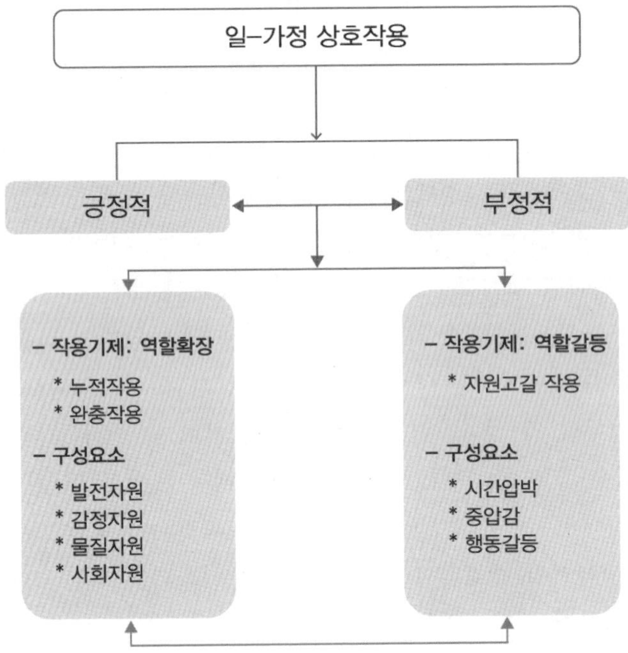

▣ 그림1 일–가정 상호작용의 개념틀

Ⅲ. 연구설계

1. 자료의 수집 및 참여자의 특성

이상의 이론적 논의에 기초하여 본 연구는 두 방향에서 실증연구를 진행한다. 첫째, 기존 연구에서 거의 논의되지 않은 일－가정 상호작용의 내부구조를 밝힌다. 기존 연구가 일－가정 상호작용을 부정적 관계 또는 긍정적 관계로만 단순 범주화한 것에서 한 발 더 나아가 일-가정 간 긍정적 관계와 부정적 관계를 구성하는 하위요소를 분해하여 그 구조를 밝힌다. 둘째, 이들 하위 구성요소에 작용하는 영향요인이 어떻게 다른지 그 차별성을 실증적으로 규명한다.

이를 위해 본 연구는 2013년 실시된 <제4차 한국여성가정패널자료>를 활용하였다. 한국여성가정 패널조사는 2007년부터 시작되어 2013년 4차 조사가 진행되었다. 이 조사는 노동, 가정, 복지, 건강 등 여성의 다양한 현실을 파악하고 실효성있는 정책의 기초자료 제공을 목적으로 한다(http://klowf.kwdi.re.kr/intro.do?method=goIntro). 전국 일반가구 중 만19세부터 만64세에 이르는 여성을 대상으로 조사가 이루어짐으로써 대표성이 확보된 자료로 평가된다. 이 중 본 연구가 이루어진 시점에서 일-가정 상호작용에 대한 최신의 조사인 제4차 자료를 활용하였다. 연구목적에 따라 취업한 50대 이하 기혼여성으로 한정하였다. 미혼여성도 일-생활 간 균형이 중요하지만 기혼여성이 만나는 일-가정 상호작용은 본질적으로 다른 양상을 띤다. 따라서 결혼여부를 고려하지 않고 여성모두를 대상으로 할 경우, 현실이 왜곡될 가능성을 배제할 수 없다. 이에 따라 조사대상 중 맞벌이 가구의 기혼여성(별거, 사별, 이혼 제외) 총 1,810명을 대상으로 실증분석을 수행하였다.

본 연구에서 사용된 표본의 구성은 <표1>과 같다.

표1 표본의 구성

변수		빈도(%)	변수	변수	빈도(%)
연령	20대 30대 40대 50대	34 (1.9) 423 (23.4) 761 (42.0) 593(32.7)	노동 지위	비정규직 정규직	1144(63.2) 667(36.8)
학력	고졸이하 전문대졸 대졸 대졸 대학원이상	1196 (66.1) 251 (13.9) 306 (16.9) 57 (3.1)	조직유형	민간 공공	1310(74.1) 458(25.9)
임금	100만원미만 100만원-200만원 200만원-300만원 300 만원 이상	612(33.8) 890(49.2) 179(9.9) 128(7.1)	조직규모	30 미만 30-100 100-300 300 이상	1262(69.8) 361(20) 99(5.5) 86(4.8)

표본의 특성과 관련하여, 연령은 기혼여성만을 대상으로 함으로써 20대의 비율이 다른 연령대에 비해 낮고 40대의 비중이 약간 높지만, 전반적으로 고른 분포를 보인다. 학력은 상대적으로 고졸이하에 집중된 경향이 있어 학력과 관련한 결과의 조심스러운 해석이 요구된다. 흥미로운 것은 본 연구에서 사용된 표본의 특성이 여성, 특히 기혼여성의 노동시장 참여 현실을 축소판처럼 반영한다는 점이다. 노동지위는 비정규직이 63%로 나타나 우리나라 여성(기혼여성)고용의 불안정성과 노동조건의 문제를 가늠하게 한다. 같은 맥락에서 임금수준은 200만 원 이하가 주를 이룸으로써, 기혼의 취업여성이 낮은 임금 군에 포진된 현실을 재확인한다. 직장의 규모도 30인 미만에 고용된 비율이 약 70%를 차지함으로써 기혼여성의 노동현실을 그대로 보여준다.

2. 측정도구의 구성

제4차 여성가정패널조사에서는 <직장생활과 가정생활>이라는 항목으로 일-가정 상호작용에 대한 조사가 이루어졌다. 대부분의 기존조사와 마찬가지로 여성가족패널조사도 일-가정 상호작용의 하위구성요소를 분해하지 않고 큰 범주로만 구성하고 있다. 그러나 본 연구는 그 목적상 일-가정 간 상호작용의 하위구성요소를 구분해야 하므로, 이론적 논의를 기초로 측정도구를 분해하였다. 먼저, 일-가정 간 긍정적 상호작용과 부정적 상호작용을 구분하여 문항을 재배치하였다. 전자는 이론적 논의를 바탕으로(Greenhaus & Powell, 2006), 일과 가정 두 영역에 참여함으로써 축적되는 심리적 자산인 감정적 자원(활력, 만족감)과 사회적 자원(인정 및 책임감)으로 구성하였다. 사회적 자원 중 인정은 가정으로부터의 인정과 일로부터의 인정 두 방향으로 설정하였다.

한편, 일-가정 간 부정적 상호작용은 기존 이론에 기초하여(Greenhaus & Beutell, 1985; Edwards & Rothbard, 2000), 시간압박과 중압감으로 구분하였다. 시간압박은 지나치게 긴 노동시간에 따른 시간결핍과 불규칙한 노동시간으로 인한 어려움으로 구성하였다. 중압감은 양육부담과 가사노동부담으로 인해 발생하는 심리적·현실적 압력으로 구성하였다. 당초 여성가정패널조사에는 <식구 중 환자가 생겨서 일을 그만 둘 생각을 해 본 적이 있다>는 문항이 있었으나, 이는 일상적 상황이 아니기 때문에 과대포괄의 문제가 발생할 수 있어서 제외하였다.

이상의 과정을 거쳐 구성된 측정도구는 <표2>와 같다.

표2 측정도구

<table>
<tr><th colspan="4">구성요소</th><th>문항</th></tr>
<tr><td rowspan="5">긍정적 상호작용</td><td rowspan="2">정서적 자원</td><td colspan="2">활력</td><td>일을 하는 것은 내게 삶의 보람과 활력을 준다</td></tr>
<tr><td colspan="2">만족감</td><td>일을 함으로써 가정생활도 더욱 만족스러워진다</td></tr>
<tr><td rowspan="3">사회적 자원</td><td rowspan="2">인정</td><td>일 → 가정</td><td>일을 함으로써 식구들한테 더 인정받을 수 있다고 생각 한다</td></tr>
<tr><td>가정 → 일</td><td>식구들이 내가 하는 일을 인정해주어 일을 더 열심히 하게 된다</td></tr>
<tr><td colspan="2">책임감</td><td>가정부양에 대한 책임감 때문에 더 열심히 일을 하게 된다</td></tr>
<tr><td rowspan="4">부정적 상호작용</td><td rowspan="2">시간 압력</td><td colspan="2">노동시간 압박</td><td>일하는 시간이 너무 길어서 가정생활에 지장을 준다</td></tr>
<tr><td colspan="2">노동시간 불규칙성</td><td>일하는 시간이 불규칙해서 가정생활에 지장을 준다</td></tr>
<tr><td rowspan="2">중압감</td><td colspan="2">양육부담</td><td>자녀양육 부담으로 인해 일을 병행하는 것이 힘들 때가 많다</td></tr>
<tr><td colspan="2">가사노동 부담</td><td>집안일이 많아서 직장 일을 할 때도 힘들 때가 많다</td></tr>
</table>

측정문항은 매우 그렇다(1)에서 전혀 그렇지 않다(4)의 Likert 4점 척도로 구성되어 있다. 이러한 구성은 점수가 낮을수록 일-가정 간 긍정적인 관계가 높아지거나 일-가정 간 부정적 관계가 높아지도록 된 것이다. 이렇게 되면, 결과해석에서 혼란을 야기할 수 있기 때문에 점수가 높을수록 일-가정 간 긍정적· 부정적 상호작용 모두가 높게 되도록 역코딩 하였다.

Ⅳ. 결과 및 논의

1. 일-가정 상호작용의 구조: 집단차이를 중심으로

(1) 전반적 구조

기혼의 취업여성이 인지하는 일-가정 상호작용의 전반적인 구조는 <그림2>와 같다.

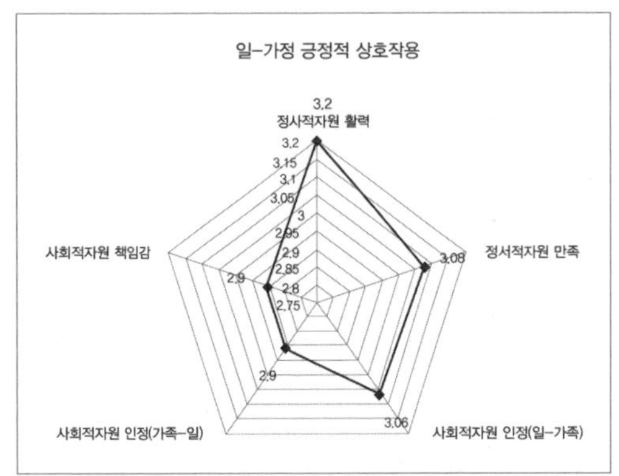

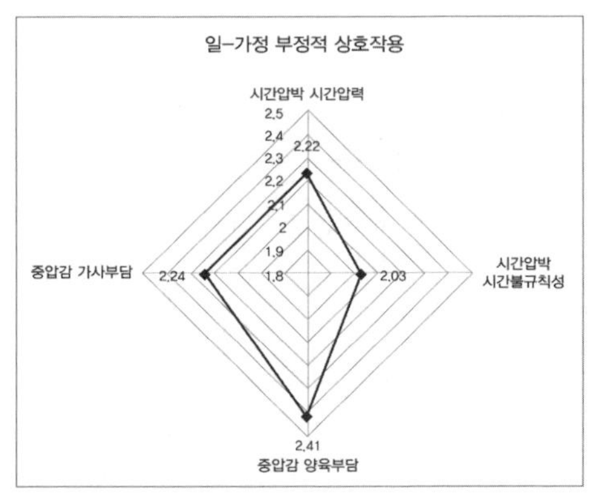

▣ 그림2 **일–가정 상호작용의 구조**

먼저, 일–가정 간 부정적 상호작용보다는 긍정적 상호작용이 높게 나타났다. 이는 우리나라에서 일–가정 갈등으로 통칭되는 부정적 관계가 높다는 기존 논의와 차이가 있는 결과이다(정영금, 2005; 박기남, 2009; 손영빈 · 최은영, 2009; 황혜원·신정이, 2009; 송다영 외, 2010; 김선희, 2010; 원숙연, 2012). 이러한 차이는 몇 가지 방향에서 해석할 수 있다. 첫째, 실제 일–가정 간 긍정적 상호작용이 높을 가능성이다. 이러한 가능성을 고려하지 않고 기존논의가 부정적 상호작용에만 집중함으로써 긍정적 관계를 간과했을 수 있다. 유사하게 긍정적 상호작용과 부정적 상호작용을 비교하지 않음으로써 부정적 상호작용이 높은 것으로 예단했을 수도 있다. 또 다른 해석은 사회적 관대화의 가능성이다. 기혼여성의 노동시장 진출이나 잔류(retention)가 어려운 현실에서 취업을 유지하고 있다는 것에 만족하여 일–가정 간 긍정적 상호작용을 부각하려는 심리가 작동했을 수도 있다.

구체적으로 보면, 긍정적 상호작용 중 정서적 자원이 사회적 자원보다 일관되게 높다. 활력과 만족 등 정서적 자원은 여성의 심리적인 상태인데 반해 사회적 자원은 가정으로부터의 인정 및 가정에 대한 책임감 등 '관계'에 기반하고 있다. 심리상태는 여성개인의 통제범위 안에 있지만 관계는 그 통제권이 여성개인에게만 있지 않기 때문에 그 판단이 유보적일 수 있다. 또 하나 인정과 같은 사회적 자원은 기혼여성의 경제활동에 대한 사회적 인식과 관련이 있다. 기혼여성의 노동시장 참여의 필요성을 인정함과 동시에 '좋은 엄마역할'이 전통적인 엄마역할과 연결되는 양가적(ambivalent)태도가 여전하다(이숙현 외, 2010; 노성숙 외, 2012). 특히 아이들의 교육 및 교육적 성취에 있어서 엄마역할과 책임에 대한 기대는 취업을 한 엄마와 전업주부엄마 사이에 차이가 없는 것이 한국의 현실이다. 이처럼 기혼여성의 노동시장 참여 및 엄마역할에 대한 사회적 인식이 불안정하고 양가적이기 때문에 인정과 같은 사회적 자원은 정서적 자원에 비해 낮을 가능성이 있다.

한편, 일-가정 간 부정적 상호작용 중 시간문제보다 육아 및 가사부담에 따른 중압감이 더 높게 나타났다. 특히 양육부담이 가장 높았다. 장시간 노동관행에 따른 시간결핍보다 양육부담이 높게 나타난 것은 기혼여성의 노동시장 참여에 가장 큰 장애가 육아라는 조사결과를 재확인한다. 흥미로운 것은 1999년에 비해 2014년 여성의 노동시장 참여에 양육부담이 미치는 부정적 영향력이 더 높게 인식되고 있다는 점이다(통계청, 1999; 여성정책연구원 GSIS, 2014). 결국, 일-가정 간 부정적 상호작용의 가장 중요한 구성요소는 중압감 그 중에서도 양육부담이라는 본 연구의 결과는 이러한 현실을 그대로 반영한다고 할 수 있다.

(2) 개인특성에 따른 일-가정 상호작용의 차이

이상의 전반적인 구조를 기반으로 보다 세부적인 분석을 위하여 몇 가지 변수를 기준으로 차이분석(ANOVA)을 하였다. 또한 집단 간 차이의 세부구조를 확인하기 위하여 Turkey를 적용한 사후분석(post hoc)을 실시하였다. 그 결과는 <표 3>과 같다.

첫째, 일-가정 간 부정적 상호작용은 연령에 따른 유의미한 집단차이가 나타났다. 나이가 어릴수록 부정적 상호작용이 높았다. 특히, 30대가 노동시간압박이나 양육 및 가사노동부담의 부정적 관계가 가장 강하게 나타났다. 이 연령대는 가정으로부터의 보살핌의 요구가 집중되는 시기라는 점에서 이해 가능한 결과이다. 우리나라 여성의 생애주기별 노동시장 참여가 심각한 불연속성을 특징으로 하는 M자형이라는 점을 그대로 반영하는 결과이다. 본 연구의 결과는 30대에 출산 및 양육과 맞물려 노동시장을 떠나거나(M자형 곡선), 만일 떠나지 않은 경우, 높은 시간압박과 중압감 속에서 일-가정을 양립하고 있음을 보여준다. 또한, 이 연령대는 직장경력도 짧아 시간적 여유가 없고 업무에 대한 요구도 집중되는 시기이다(장수정 외, 2009; 노성숙 외, 2012). 이러한 결과는 가정에서의 압력과 직장에서의 압력이 함께 집중되는 이중적 압박의 작용인 것이다.

▮ 표3 일-가정 상호작용의 집단차이 Ⅰ : 개인특성을 중심으로

	긍정적 상호작용					부정적 상호작용			
	정서적 자원		사회적 자원			시간압력		중압감	
	활력	만족	인정 (일→가정)	인정 (가정→일)	부양 책임	노동 시간 압박	노동 시간 불규칙성	자녀 양육 부담	가사 노동 부담
연령									
20대	3.32	3.12	3.20	3.20	3.08	2.44 c)	2.00	2.60 c)	2.44 c)
30대	3.19	3.09	3.11	2.96	2.92	2.42 c)	2.12	2.74 d)	2.50 d)
40대	3.19	3.10	3.07	2.95	2.95	2.27 b)	2.06	2.39 b)	2.35 b)
50대	3.15	3.13	3.07	2.98	2.95	2.10 a)	2.02	2.13 a)	2.10 a)
F 값	.924	.448	.744	1.610	.463	12.366 ***	1.356	38.854 ***	18.745 ***
학력									
고졸이하	3.14 a)	3.11	3.06a)	2.94	2.98b)	2.26	2.09 b)	2.33 a)	2.28 a)
전문대졸	3.18 a)	3.06	3.06a)	2.96	2.92b)	2.30	2.06 a)	2.61 b)	2.43 b)
4년대졸	3.26 b)	3.14	3.14a)	3.04	2.91b)	2.31	2.02 a)	2.54 b)	2.39 b)
대학원 졸	3.45 c)	3.22	3.31b)	2.94	2.65a)	2.08	1.82 a)	2.49 a)	2.20 a)
F 값	7.951 ***	1.563	4.164 **	2.056	3.984 **	1.565	2.696*	10.158 ***	3.592 *
임금									
100 만원 미만	3.15 a)	3.11a)	3.03 a)	2.88a)	2.88 a)	2.08 a)	1.96 a)	2.24 a)	2.18 a)
100~200	3.14 a)	3.06a)	3.05 a)	2.97a)	2.99 b)	2.35 b)	2.10 a)	2.46 b)	2.38 b)
200~300	3.30 b)	3.16a)	3.22 b)	3.03b)	2.97 b)	2.52 b)	2.24 b)	2.72 c)	2.48 c)
300 만원 이상	3.45 b)	3.33b)	3.35 b)	3.17b)	2.89 a)	2.24 a)	2.00 a)	2.52 b)	2.33 b)
F 값	14.451 ***	8.740 ***	14.313 ***	8.508 ***	2.618*	18.697 ***	7.094 ***	15.926 ***	9.355 ***

+ p<.1, *p<.05, **p<.01, ***p<.001, post hoc(turkey) a<b<c

다음으로 학력과 임금은 연령에 비해 복잡한 양상이다. 활력이나 인정 등 긍정적 상호작용은 학력이 높을수록 일관되게 높은데 반해 부정적 상호작용은 양극화 현상을 보인다. 학력이 아주 높거나 아주 낮을수록 부정적 상호작용이 약화되기 때문이다. 한편, 정도차이는 있지만, 일-가정 상호작용의 구성요소 모두에서 임금에 따른 유의미한 집단차이가 확인된다. 특히 일-가정 간 긍정적 상호작용의 경우, 임금이 높은 집단에서 활력 및 만족의 정서적 자원 모두 높게 나타났다. 유사하게 임금이 높을수록 시간 및 중압감의 부정적 상호작용이 낮게 나타났다. 그러나 긍정적 상호작용과 다른 점은 임금이 매우 높거나 매우 낮은 집단에서 부정적 상호작용이 약화되는 양극화경향을 보인다는 점이다. 긍정적 상호작용은 임금과 비례관계에 있지만, 부정적 상호작용은 '거꾸로 된 U자'의 관계를 보인다. 임금이 낮은 집단에서 부정적 상호작용이 약한 것은 연령과 관련된 것으로 보인다. 노동시장 구조 상 50대 이상 그룹의 임금이 낮을 가능성이 높은데 이들은 육아 및 가사부담으로부터 자유롭다. 이러한 상황이 작용하여 임금이 낮은 집단에서 일-가정 간 부정적 상호작용이 낮게 나타난 것으로 해석된다.

(3) 고용지위 및 조직특성에 따른 일-가정 상호작용의 차이

다음은 노동지위(정규직 대 비정규직), 조직유형(민간 대 공공영역), 및 조직규모를 기준으로 차이분석을 실시하였다(표4).

표4 일-가정 상호작용의 집단차이III: 고용지위 및 조직특성을 중심으로

	긍정적 상호작용					부정적 상호작용			
	정서적 자원		사회적 자원			시간압력		중압감	
	활력	만족	인정 (일→가정)	인정 (가정→일)	부양 책임	노동 시간 압박	노동 시간 불규칙성	자녀 양육 부담	가사 노동 부담
노동지위									
정규직	3.23	3.14	3.14	3.04	2.96	2.40	2.08	2.58	2.44
비정규직	3.15	3.09	3.05	2.91	2.94	2.19	2.05	2.31	2.25
t 값	2.650**	1.687+	3.185**	4.313***	.505	5.192***	.894	6.422***	4.793***

조직유형									
공공	3.28	3.19	3.19	3.02	2.94	2.15	1.94	2.32	2.21
민간	3.14	3.08	3.05	2.95	2.95	2.32	2.11	2.45	2.36
t 값	4.068 ***	3.340 **	4.222 ***	2.108*	-.340	-3.739 ***	-3.931 ***	-2.581*	-3.507 ***
규모									
30 미만	3.14 a)	3.09 a)	3.04 a)	2.95	2.95	2.26	2.07 a)	2.39 a)	2.31 a)
30~100	3.27 b)	3.16 b)	3.19 b)	2.98	2.92	2.25	1.97 a)	2.42 a)	2.29 a)
100~300	3.24 b)	3.08 a)	3.14 b)	2.99	2.98	2.36	2.23 b)	2.64 b)	2.53 b)
300 이상	3.32 b)	3.26 b)	3.21 b)	3.07	2.95	2.45	2.21 b)	2.49 a)	2.33 a)
F	6.510 ***	3.258*	7.023 ***	1.090	.253	1.977	4.118 **	2.737*	2.310+

+ p<.1, *p<.05, **p<.01, ***p<.001, post hoc(turkey) a<b<c

첫째, 긍정적인 상호작용 중 책임감을 제외하고 모든 구성요소에서 정규직이 비정규직에 비해 높게 나타났다. 정규직은 고용안정성은 물론 노동조건이 비정규직에 비해 좋다는 점에서 기존의 논의와 맥을 같이하는 결과이다. 여기서 주목을 끄는 것은 일-가정 부정적 상호작용 역시 정규직에서 더 높게 나타났다는 점이다. 이는 고용의 안정성이 일-가정 긍정적인 상호작용에 기여하지만 역설적이게도 시간압력이나 중압감을 오히려 심화시킬 가능성이 있다는 뜻이 된다. 정규직은 고용 안정성은 확보되지만 노동시간의 경직성으로 인해 시간 압박이 가중될 가능성이 있다. 또한 장시간 노동이 당연시되는 노동시간 관행상(Won, 2012; 성인지통계, 2014), 정규직이 느끼는 시간압박은 강할 가능성이 있다. 이에 반해, 비정규직은 고용형태가 시간제 노동이나 한시적 고용 등 노동시간이 상대적으로 짧다. 이와 함께 조직헌신의 요구도 정규직에 비해 약할 수 있다. 이러한 가능성은 파견근로자나 비전형근로자 및 기간제 근로 집단에서 일-가정 갈등이 적게 나타난다는 기존연구에서도 확인되고 있다(송다영 외, 2010).

다음으로, 공공영역이 민간영역에 비해 일-가정 간 긍정적 상호작용은 높고 부정적 상호작용은 낮게 나타났다. 다만 긍정적 상호작용 중 부양책임은 통계적으로 유의미한 차이가 발견되지 않았다. 이러한 결과는 공공영역이 민간영역에 비해 일-가정 양립에 유리하고 여성친화적 생태계라는 평가를 재확인한다(원숙연, 2015). 그간 정부는 공공영역을 여성친화적 조직문화 조성을 위한 '모범사례'로 활용함으로써 다양한 인프라를 구축해 왔으며 이러한 현상은 서구의 경우에도 비슷하다는 점에서(Leira, 1992; Gornick & Meyers, 2003; Todd & Binns, 2013). 고용영역에 따른 차이는 충분히 설명가능하다.

조직규모에 따른 차이도 현실의 반영으로 보인다. 활력, 만족감 등 정서적 자원과 인정 모두 30인 미만이 다른 규모의 조직에 비해 낮게 나타났다. 이는 여성고용이 주로 100인 미만의 소규모 영세사업장에 집중된 현실을 감안할 때(성인지통계, 2014), 기혼의 취업여성이 경험하는 일-가정 긍정적 상호작용의 구조를 가늠하게 한다. 결국 공공부문과 대규모 사업장에 고용되지 않은 여성은 일-가정 간 긍정적 상호작용의 경험이 상대적으로 적을 가능성을 보여준다. 여기서 특히 주목할 것은 다소 복잡한 양상을 띠는 부정적 상호작용이다. 시간의 불규칙성에서 오는 갈등은 100인 미만에서 높게 나타난데 반해 중압감은 100-300미만의 규모에서 차이가 났다. 다만 장시간 노동에 따른 문제는 규모에 따른 차이가 발견되지 않았다. 이는 우리나라 노동시장의 장시간 노동관행이 뿌리 깊게 자리하고 있어서 조직의 규모에 따른 유의미한 차이가 없기 때문으로 보인다.

2. 일-가정 상호작용에 작용하는 영향요인

이상의 전반적인 구조를 바탕으로 각 구성요소에 따라 영향요인이 어떻게 작용하는지를 확인하기 위하여 회귀분석을 실시하였다. 먼저, 이론적으로 구성한 일-가족 상호작용의 하위요소가 실증적으로 타당한지를 확인하기 위하여 요인분석 및 신뢰도를 측정하였다. 그 결과(표5), 이론에 따라 구분된 구성요소의 실증적 타당성이 확인되었다. 다만 이론논의에서 사회적 자원으로 분류했던 인정(일-가정)이 정서적 자원으로 적재되었다. 요인적재량도 높게 나타나 이를 정서적 자원으로 재구성하고, 사회적 자원은 인정(가정-일)과 부양책임의 두 문항으로 구성하였다. 문항 간 내적일관성 모두 기준치(cronbach's α. 6)를 상회하는 것으로 나타나 신뢰성도 확보되었다.

▌ 표5 요인분석 및 요인별 내적일관성

	정서적 자원	사회적 자원	시간압력	중압감	cronbach's α
활력	.862	.075	−.082	−.041	.827(3.10)
만족	.847	.167	−.078	−.067	
인정 (일−가정)	.837	.254	−.071	.002	
노동시간압력	−.121	.010	.899	.197	.838(2.14)
노동시간 불규칙성	−.070	−.026	.865	.288	
자녀양육부담	.002	.093	.176	.914	.754(2.31)
가사노동부담	−.103	−.020	.428	.765	
부양책임	.111	.916	.053	.057	.693(2.91)
인정 (가정−일)	.431	.749	−.091	.024	
Eigen value	2.390	1.552	1.800	1.508	

▌ 표6 일−가정 상호작용의 구성요소별 영향요인

	긍정적 상호작용						부정적 상호작용					
	정서적 자원			사회적 자원			시간압력			중압감		
	B	β	t				B	β	t	B	β	t
(상수)	2.508		23.655***	2.293		17.632***	2.825		17.846***	3.149		19.051***
연령	−.009	−.015	−.538	.019	.025	.869	−.104	−.117	−3.995***	−.210	−.223	−7.742***
학력	.008	.015	.451	.035	.056	1.679+	−.063	−.081	−2.446*	.009	.010	.320
노동지위1)	−.002	−.002	−.049	.002	.002	.060	.032	.023	.676	.088	.058	1.772+
조직유형2)	.056	.052	1.689+	.043	.033	1.054	−.134	−.085	−2.710**	−.136	−.082	−2.634**
월급	.022	.040	1.062	.037	.056	1.651+	.122	.153	3.978***	.081	.095	2.524*
조직규모	.024	.040	1.358	−.006	−.008	−.274	.042	.048	1.597	.043	.046	1.540
남편지지	.135	.218	8.036***	.138	.186	6.690***	−.108	−.119	−4.297 ***	−.053	−.056	−2.039*
출산휴가3)	−.051	−.042	−.787	−.003	−.002	−.039	.014	.008	.146	−.056	−.030	−.558

육아휴직3)	−.027	−.020	−.383	−.096	−.061	−1.116	−.180	−.094	−1.731+	−.203	−.100	−1.867+
육아기근로 단축 3)	.175	.115	2.710**	.119	.065	1.497	.050	.023	.524	.158	.067	1.567
직장보육시설3)	.073	.051	1.305	.085	.050	1.239	−.008	−.004	−.091	.059	.027	.679
adj. R^2		.100			.052			.054			.086	
F		13.241***			6.515***			6.712***			11.182***	

+ $p<.1$, *$p<.05$, **$p<.01$, ***$p<.001$

1)노동지위 – 정규(1), 비정규(0)

2)조직유형 – 공공(1), 민간(0)

3)제도제공 – 제공됨(1), 제공안됨(0)

이상의 요인분석 결과를 바탕으로 일–가정 상호작용의 하위구성요소를 종속변수로 하고, 개인적 특성(연령, 학력, 임금), 조직특성(노동지위, 조직유형, 규모), 일–가정 양립지원정책제공여부(출산휴가, 육아휴직, 육아기근로시간단축, 직장보육시설)를 독립변수로 하는 회귀분석을 실시하였다(표6).[1] 그 결과 몇 가지 흥미로운 논제가

1) 일–가정 양립 지원정책 중 휴가는 노동지위를 유지하면서 일정기간 보살핌에 집중하는 것이기 때문에 일–가정 상호작용과 일정한 거리가 있는 것으로 인식될 수 있다. 일견 그러한 가능성을 인정하면서도 휴가정책과 일–가족 상호작용의 관계를 논의해야 하는 이유는 다음과 같다. 첫째, 휴가는 일–가족 양립지원을 위한 대표적인 정책수단 중 하나이다. 따라서 출산휴가가 일정기간 직장을 떠나는 형식을 취한다고 해도 일–가족 상호작용과의 관계를 부인할 수 없다. 휴가를 포함한 일–가정 양립지원정책은 존재 그 자체로 일–가족 간 상호작용에 작용할 수 있기 때문이다. 이러한 가능성은 '인지된 조직지원'(perceived organizational supportiveness: POS)측면에서 논의된다. 인지된 조직지원이란 조직이 구성원들의 안녕과 복지 그리고 현실적 요구에 얼마나 반응하고 관심을 갖는가를 의미한다(Maunoa et al., 2012; Semykina & Linz, 2013). 인지된 조직지원이 높을수록 직무만족이 높아지고 이는 일–가정 간 긍정적 상호작용에 기여한다. 이처럼 인지된 조직지원차원에서 볼 때, 출산휴가나 육아휴직과 같이 일정기간 노동공백이 있다고 해도 여전히 일–가족 양립의 틀 안에 있는 것이기 때문에 일–가족 상호작용과 연계하여 논의할 필요성이 있다. 둘째, 육아기 근로시간 단축과 육아휴직은 총 1년을 초과하지 않는 범위 내에서 필요에 따라 혼합사용이 가능하다(고용노동부, 2014). 따라서 일–가정 상호작용에 대한 현실적인 이해를 위해서는 둘 중 하나가 아닌 육아휴직과 육아기근로시간단축을 함께 고려할 필요가 있다. 또 하나 현실적인 문제로 육아기근로시간단축제도는 아직 그 시행이 활성화되어 있지 않아 본 연구에서 활용된 제 4차 여성가족패널조사가 실시된 2013년 현재 전체표본 1810명 중 167명만이 제도가 제공되는 것으로 보고하고 있다. 이에 따라 육아휴직을 제외하고 육아기근로시간단축제도만을 대상으로 일–가족양립지원정책의 영향력을 논의하는 것은 그 포괄범위가 제한적이다. 이러한 맥락에서 출산휴가, 육아휴직 및 육아기 근로시간 단축 모두를 고려하였다.

제기된다.

첫째, 일-가정 상호작용의 하위구성요소에 따라 영향요인의 작용에 차이가 있음이 확인되었다. 먼저 긍정적 상호작용 중 정서적 자원은 그 영향력이 남편지지(높을수록), 육아기 근로단축(제공), 조직유형(공직)이, 사회적 자원은 남편지지(높을수록), 학력(높을수록), 급여(높을수록)가 긍정적인 영향을 미쳤다. 반면, 일-가정 부정적 상호작용 중 시간압박은 남편지지(낮을수록), 연령(낮을수록), 급여(높을수록), 조직유형(민간), 학력(낮을수록), 육아휴직(미제공)이, 중압감은 연령(낮을수록), 조직유형(민간), 급여(높을수록), 남편지지(낮을수록), 육아휴직(미제공)순으로 높아졌다. 이러한 결과는 단순히 갈등 또는 촉진으로만 구분할 경우, 일-가정 상호작용의 다차원성을 간과할 가능성을 그대로 보여준다. 사회현상은 그 자체로서 다면적이고 다차원적인 속성을 갖는다. 다차원적 현상을 구성하는 각각의 차원은 불완전 대표성을 가지기 때문에 구성요소를 다양하게 고려할 때 현실에 보다 가깝게 갈 수 있다(Bollen & Grandjean, 1981; Law & Chi-Sum, Wong, 1999). 이러한 맥락에서 볼 때, 일-가정 상호작용의 구성요소에 따라 영향요인이 다르게 나타난 본 연구의 결과는 일-가정 상호작용에 대한 세분화된 접근의 필요성을 확인한다는 점에서 상당한 의미가 있다.

둘째, 연령은 일-가정 긍정적 상호작용에는 그 영향력이 발견되지 않은데 반해 부정적 상호작용에는 가장 강력한 영향요인으로 나타났다. 연령이 낮을수록 일-가정 간 부정적 상호작용이 심화됨을 재확인하는 결과이다. 이는 일-가정 갈등은 미취학아동이 있는 경우가 미취학아동이 없는 경우에 비해 유의미하게 높다는 기존의 연구와도 맥을 같이 한다(박기남, 2009; 송다영 외, 2010). 더욱이 낮은 연령대의 기혼여성은 노동시장에서 지위가 공고하지 않고 하위직에 포진되어 있기 때문에 업무압력도 높고 업무일정을 개인 필요에 따라 유연하게 조정할 수 없다. 이러한 이중의 압력이 가중되는 시기라는 점에서 연령이 일-가정 부정적 상호작용에 미치는 영향력은 설명 가능하다.

다음은 임금의 영향력이다. 일-가정 간 긍정적 상호작용 중 사회적 자원에 대해서는 제한적인 수준에서 작용한데 반해, 임금이 높을수록 시간압박과 중압감에 따른 일-가정 간 부정적 상호작용이 상당히 높아지는 것으로 나타났다. 이는 임금이 높은 경우, 일-가정 간 시간압박을 상쇄할만한 대체재를 (시장에서)구매할 여력이 있고, 이를 통해 시간 압박이나 중압감이 감소한다는 서구의 논의와는 거리가 있다(Grzywacz & Marks, 2000). 이처럼 우리나라가 서구와 다른 결과를 보인 것은 몇 가지 이유를 생각할 수 있다. 임금은 노동시간에 비례하고, 우리나라는 유연근무제가 현실적으로 잘 활용되지 않아 시간운용의 경직성도 매우 높다(양동훈, 2012). 이런 상황에서 임금수준이 높다는 것은 그만큼 길고 경직적인 노동시간을 전제하기 때문에 시간압박이 증가할 수밖에 없다. 또한 임금이 높은 경우, 직장에서의 업무강도도 함께 높아진다. 이처럼 높은 시간압박과 업무강도를 가진 고임금의 기혼여성이 어린 아이가 있을 경우는 어린이가 어릴 경우 아무리 높은 임금으로 육아나 가사부담을 덜어줄 대체재 구입이 가능하다고 해서 중압감으로부터 저절로 벗어날 수 있는 것은 아니다.

이와 관련하여 고려해야 하는 우리나라의 독특한 상황은 기혼여성에게 부과된 자녀교육 부담이다. 임금은 지위와 연동하기 때문에 임금이 높은 여성은 경력사다리에서 관리직 이상일 가능성이 높다. 남녀를 불문하고 관리직은 일반직에 비하여 더 높은 조직헌신을 기대한다(Won, 2012). 높은 조직헌신의 기대에 따른 중압감을 상쇄할 대체재를 찾는 일은 간단하지 않다. 더욱이 이 시기의 여성에게는 자녀보육을 넘어선 '교육부담'에 따른 중압감이 추가될 개연성이 높다. 주지하는 바와 같이 우리나라에서 교육의 사회적 효용이 높고, 자녀의 교육성과가 여전히 어머니의 책임으로 귀인되는 현실 속에서 고임금의 기혼 여성(관리직)이 느끼는 중압감은 오히려 강화될 수 있다. 사회계층이 높을수록 자녀의 교육적 성과에 대한 부담이 더 크다는 연구 역시(박혜경, 2009; 이재경 외, 2006; 노성숙 외, 2012), 이러한 추정을 뒷받침한다. 결국 임금은 제한적인 수준에서나마 일-가정 간 긍정적 상호작용을 강화하지만 동시에 부정적 상호작용도 심화하는 역설적인 작용을 한다는 점에서 흥미로운 결과이다.

셋째, 일-가정 상호작용에 대해 남편의 지지가 갖는 영향력 역시 주목할 만하다. 남편의 지지는 일-가정 상호작용의 모든 차원에서 상당한 영향을 미치는 것으로 나타났다. 정서적 자원(만족, 활력)과 사회적 자원(인정, 책임감) 모두에서 매우 강한 영향력이 확인되었다. 뿐만 아니라, 시간압력을 완화하는데도 상당한 기여를 하는 것으로 나타났다. 이러한 결과는 남편의 지지가 단순히 추상적이고 심리적인 지원으로 그치는 것이 아니라 일-가정 양립과정에서 발생하는 현실적 어려움을 완화하고 실질적인 도움을 줄 수 있다는 점에서 시사하는 바가 크다. 아내의 노동시장 참여에 대해 지지적인 남편과 남녀평등 인식을 가진 남편을 가진 여성은 일

-가정 갈등이 적고 긍정적인 상호작용을 많이 경험한다는 것은 서구에서도 확인된다(Greenhaus & Beutell, 1985; Grzywacz & Marks, 2000).

여기서 특히 주목할 것은 남편의 지지가 시간 압박과 양육 및 가사부담에서 오는 실질적인 중압감을 낮춘다는 점이다. 다시 말해 남편의 지지가 단순히 관계적이고 추상적인 차원의'심리적 지지'에 그치지 않고,'실질적인 분담'으로 이어질 가능성을 보여주기 때문이다. 이러한 결과는 남편의 지지가 심리적 차원에서 그쳐 일-가정 갈등 완화에 크게 작용하지 않는다는 과거의 결과를 감안하면(최윤정 · 김계현, 2010), 진일보한 현실을 보여준다. 향후 남편의 지지가 일-가족 상호작용에 갖는 영향력에 대한 심층적이고 다양한 연구의 축적을 통해 그 영향력 관계를 보다 명확히 할 필요성이 제기된다.

또 하나 주목을 끄는 중요한 결과는 일-가정 양립 지원정책의 영향력이다. 출산휴가와 직장보육시설의 제공은 일-가정 간 긍정적· 부정적 상호작용 모두에서 유의미한 영향력이 확인되지 않았다. 이에 반해 육아휴직과 육아기근로시간 단축은 일-가족 상호작용에 유의한 영향요인임이 확인되었다. 육아휴직은 시간압박과 중압감으로 구성된 부정적 상호작용을 완화하고, 육아기근로시간단축은 긍정적 상호작용 중 활력 및 만족으로 구성된 정서적 자원을 강화하는 것으로 나타났다. 육아휴직은 일정기간 직접적인 보살핌을 제공함으로써 일-가정 양립에 따른 시간 및 중압감 완화에 기여한다는 점은 정책목표와 궤를 같이한다. 또 하나 출산휴가의 영향력이 발견되지 않았다고 해서 출산휴가의 무용론으로 이어지는 것은 아니다. 출산휴가는 3개월로 그 기간이 비교적 짧아 일-가정 상호작용에 미치는 영향력이 제한적일 수 있기 때문이다. 또한 출산휴가는 다른 일-가족 양립지원정책과 비교할 때 대부분의 직장에서 보편적으로 제공하기 때문에, 제공여부에 따른 변이가 발생할 여지가 비교적 적은 것도 작용했을 수 있다.

반면, 직장보육시설 제공이 갖는 영향력이 확인되지 않은 것은 조금 다른 차원에서 논의할 필요가 있다. 먼저, 직장보육시설 제공의 현실적 어려움이다. 직장보육시설을 제공할 수 있는 여력은 주로 대기업이나 공공부문이다. 직장보육시설은 상시근로자 500명 이상 또는 상시 여성근로자 300명 이상인 사업장을 대상으로 하기 때문이다(영유아보육법; http://www.law.go.kr). 여성근로자의 60%가 300인 미만의 중소기업에 고용되어 있는 현실을 고려할 때(성인지통계, 2014), 그 영향력은 제한적일 수밖에 없다. 이와 함께, 직장보육시설이 제공되는 경우에도 그 운영방식이 기혼여성의 노동시간이나 노동조건(관행)과 연동하지 않는 경우, 직장보육시설을 이용하는 것이 오히려 불편한 것이 될 수도 있다. 일-가정 양립정책의 영향력이 갖는 의미와 정책적 함의는 다음 장에서 심층적으로 논의한다.

V. 정책적 함의 및 결론

일-가정 균형과 관련한 기존 연구에서 일-가정 간 갈등으로 표상되는 부정적 상호작용에 무게중심을 둔 것과는 달리 본 연구는 일-가정 간 부정적 상호작용과 긍정적 상호작용 모두에 관심을 갖고 논의를 진행하였다. 더욱이 불완전대표성의 관점에서 일-가정 간 긍정적·부정적 상호작용을 구성하는 하위요소를 세분하여 각각의 영향요인의 차별성도 확인하였다. 이를 통해 일-가정 간 긍정적 상호작용과 부정적 상호작용은 연속선상의 양극단이 아닌 서로 다른 차원일 가능성이 확인되었다. 이는 후속 연구의 축적을 통해 만족과 불만족을 동기요인과 위생요인으로 구분하였던 Herzberg의 두요인(two factors)이론처럼(Herzberg, 1964), 일-가정 간 상호작용도 두 요인으로 규정될 수 있는 계기를 만들었다는 점에서 이론적 의의가 있다.

이와 함께 본 연구결과는 정책 차원에서도 중요한 함의가 있다. 일과 가정의 관계에 대한 분리주의는 더이상 현실적이지도 않고 바람직하지도 않다. 같은 맥락에서 일의 영역만을 정책개입의 영역으로 보는 것 역시 시대착오적이다. 이에 따라 대부분의 국가는 일-가정 영역의 상호관련성을 인정하고, 이 두 영역의 성공적인 양립(균형)을 통한 시너지를 목적으로 다양한 정책적 개입을 하고 있다. 우리나라도 예외는 아니다. 본 연구에서 나타난 결과가 향후 일-가정 균형을 위한 정책에 주는 시사점은 다음과 같다.

첫째, 정규직이 비정규직에 비해 일-가정 간 긍정적· 부정적 상호작용 모두가 높은 역설적 결과가 갖는 함의에 주목할 필요가 있다. 정규직이 비정규직에 비해 긍정적 상호작용이 높은 것은 이해된다. 문제는 정규직이 시간압박이나 중압감 등 부정적 상호작용도 높다는 점이다. 이는 우리나라에서 노동의 안정성이 노동관행의 압력을 상쇄하지 못한다는 의미가 된다. 이러한 결과는 정규직의 장시간 노동관행, 시간몰입이 곧 조직몰입이라는 잘못된 등식과 무관하지 않다. 이러한 노동관행과 조직문화의 변화를 위한 적극적인 정책개입의 필요성이 재확인된 것이다. 무엇보다 이러한 결과는 정책적 개입에 있어서 단순히 정규직의 확대만이 아니라 정규직내의 노동관행에 대한 보다 심도있는 고민이 필요한 이유를 보여준다.

또 하나 본 연구에서 정규직이 비정규직에 비해 시간압박이나 중압감 등 부정적 상호작용이 높게 나타났다고 해서 비정규직이 기혼여성의 일-가정 균형을 위한 대안이라는 뜻은 결코 아니다. 이러한 논리는 오히려 여성의 노동조건을 악화시키는 함정이 될 수 있기 때문에 경계해야 한다. 최근 시간선택형 일자리 정책이 논의되고 있다. 물론 노동시장 활성화 및 여성인력의 효과적인 활용이라는 점에서 고려해볼만한 대안임은 분명하다. 그러나 북유럽처럼 시간선택형 일자리가 노동시간만 차이가 있을 뿐 노동지위와 조건에 있어서는 정규직과 차이가 없이 운영되지 않는다면, 또 하나의 비정규직 양산의 창구로 전락하는 의도하지 않은 결과를 야기할 수 있다는 점에서 신중한 접근이 필요하다.

둘째, 육아휴직과 육아기근로시간 단축과 관련하여 몇 가지 정책적 고민이 필요하다. 본 연구결과, 육아휴직이 일-가족 간 부정적 상호작용을 완화하지만 그 정도는 만족스럽지 못하다. 본 연구에서 활용한 자료조사가 이루어진 2013년을 기준으로 할 때 사기업에 비해 육아휴직 활용이 용이한 공직의 경우에도 대상여성의 25.9%가 육아휴직을 사용하였고, 남성은 1%에 그치고 있다(안행부, 2013). 무엇보다 육아휴직 활용이 갖는 부정적인 영향력에 대한 인식은 여전히 높다. 공직을 대상으로 한 연구에서도 육아휴직이 승진(63.6%: 매우 부정적 18.4%, 부정적 45.2%), 보직배치(49.2%: 매우 부정적 8.9%, 부정적, 40.3%,), 및 고과평가 (62.5%; 매우 부정적 영향 11.7%, 부정적 50.8%)에 부정적이라는 인식이 지배적이다(문미경 외, 2014). 이와 함께, 일정기간 노동시장을 떠나있음으로 해서 발생하는 업무공백은 경력유지측면에서 고민스러운 부분이기도 하다.

물론 이러한 문제가 육아휴직의 무용론으로 이어지는 것은 아니다. 그러나 보다 유연한 정책대안에 대한 고민의 필요성을 제기하는 것은 분명하다. 이와 관련하여, 육아기 근로시간 단축제도의 활성화가 대안이 될 수 있다. 본 연구 결과, 육아기 근로시간 단축제도가 일-가족 상호작용 중 만족과 활력 등 정서적 자원을 강화하는 것이 확인되었다. 현재 육아휴직과 혼합사용이 가능하지만(고용노동부, 2014), 육아기에 일주일 15-30시간 내에서 근로시간을 단축할 수 있는 육아기 근로시간단축제도는 보다 현실적인 대안이 될 수 있음을 보여주는 결과이다. 휴직에 따른 수입 감소 및 비교적 긴 업무공백을 최소화하면서 일-가족 양립을 위한 시간적 유연성을 확보할 수 있기 때문이다.

이러한 이점에도 불구하고, 육아기 근로시간 단축제도의 도입이 활발하다고 보기는 어렵다. 본 연구가 활용한 2013년 여성가족패널조사에 따르면, 이를 제공하는 조직이 전체표본 1810 명 중 167명에 불과하였다. 육아기 근로시간 단축제도가 2008년 6월부터 시작되어 그 시행시기가 비교적 짧다는 점, 그리고 사용자가 점차 증가하고 있는 추세이기는 하나(고용노동부, 2014), 활성화를 위한 보다 적극적 노력이 필요하다. 특히 노동시간 단축근로자의 대체인력이 확보되지 않을 경우, 단축신청을 받아들이지 않아도 무방한 부분이나 처벌범위가 비교적 제한적이라는 점은 개선되어야 할 부분이다(노동부, 일과가정의 행복한 균형 만들기). 이와 함께 단축제도 사용기간을 2배 연장(최대 2년)하는 '남녀고용평등법 개정안'의 국회제출이나 육아기 근로시간 단축 시 지급되는 지원금의 상향조정 등은 활성화를 위한 적실성있는 정책방향으로 평가된다(http://www.moel.go.kr/search/search.jsp). 이러한 노력을 통해, 일-가정 간 긍정적 상호작용만이 아니라 일-가정 간 부정적 상호작용을 약화시키는 정책대안으로서의 기능을 하게 될 것으로 기대된다.

일-가정 상호작용에 미치는 영향력이 발견되지 않은 직장보육시설 제공 역시 실질적인 고민이 필요하다. 2013년 현재 전체보육시설에서 직장보육시실이 차지하는 비율은 1.3%에 불과하다(보건복지부, 2013). 이처럼 낮은 비율은 직장보육시설 설치가 상시근로자 500명 이상 또는 상시 여성근로자 300명 이상인 사업장을 대상으로 하기 때문이기도 하다. 여성근로자의 약 60%가 300인 미만의 기업에 고용되어 있다는 점에서, 이러한 규정은 현실과 괴리가 있다. 직장어린이집 설치 활성화를 위한 규제완화와 인센티브를 확대하는 정책적 노력과 함께, 여성노동자가 주로 고용되어 있는 중소기업에 집중적인 지원이 요구되는 이유이기도 하다.

여기에 더하여 직장보육 시설 제공의 대체재에 대한 전향적인 검토도 병행되어야 한다. 직장보육시설 제공이 갖는 의미를 폄하하려는 것은 아니지만, 개인적 상황(지리적 거리, 개인의 선호, 노동조건 및 일정, 아이의 연령 등)에 따라 다양한 선택지가 필요하기 때문이다. 직장보육시설은 영유아기에 아이를 엄마와 가까운 곳에 믿고 맡김으로써 심리적 안정과 업무집중의 긍정적인 효과가 있지만(이혜원, 2013; 송행란 · 박정희, 2014), 거주지역이 직장과 떨어져있는 경우는 오히려 거주지역 근처의 보육시설 이용이 현실적인 대안이다. 또한, 노동조건이나 일정에 따라 직장보육시설운영이 연동하지 않으면 그 효용성은 제한적일 수밖에 없다.

이러한 상황은 보다 큰 틀에서 보육의 사회화(탈가족화)에 정책의 방점을 두어야 하는 또 하나의 근거가 된다. 1990년대 후반 이후 정부는 보육서비스 제공 및 보육료 지원을 중심으로 정책적 개입을 확대해오고 있다. 이에 따라 법정저소득층으로 제한되었던 보육료 지원을 연령별로 차이는 있으나 2012년에는 소득과 무관하게 전 계층을 대상으로 한 보편적 지원을 하고 있다(육아정책연구소, 2011; 보건복지부, 2012). 큰 틀에서 이러한 방향성은 적절하다. 다만 최근 불거지고 있는 누리과정을 둘러싼 재정적 실현가능성에 대한 회의 및 중앙과 지방정부간 갈등 해결을 위한 적극적 노력이 요구된다(http://www.kinds.or.kr/). 또한 보육서비스 및 보육료 지원이 취업모에게 친화적이지 않다는 비판이나(허남재 · 석재은, 2011; 이동선 · 원숙연, 2013), 보육료 지원을 통한 보육서비스의 시장공급을 넘어 국공립 시설확충 등 실질적인 개입이 이루어져야 할 것이다.

마지막으로 남편의 지지가 갖는 정책적 함의 역시 가볍지 않다. 연구결과 남편의 지지가 일-가정 긍정적 상호작용의 구성요소 모두에 강력하고 일관된 영향을 미치는 것으로 나타났다. 일견 남편의 지지는 남성 개인의 선택이고 가정의 사적 문제이기 때문에 정책적 개입의 대상이 아닌 것으로 보일 수도 있다. 그러나 실제 남성의 선택은 진공상태에서 이루어지지 않는다. 그 선택은 노동관행, 직장문화 더 나아가 사회적 인식으로부터 영향을 받는다. 최근 아버지의 책임범위가 생계부양만이 아니라 아이들의 건강, 교육, 돌봄, 자녀의 사회적 관계로 확장되고 있다(조윤경, 2012; 유지영, 2014). 문제는 이러한 책임성의 확장을 구현하기 위해서는 아버지 개인 또는 가정단위의 노력만으로는 부족하다. 장시간노동관행, 경직적인 시간운영방식, 여전히 사적영역과 공적영역 사이에 명확한 경계를 당연시하는 조직문화가 건재한 상황에서 아무리 남편(아버지)이 의지가 있어도 그 의지를 현실화하는 것은 한계가 있다. 현재 부성휴가(배우자 출산제도)나 남성을 대상으로 한 육아휴직 등이 있지만 현실적인 운용은 만족스럽지 못하다. 사기업은 더욱 더 지지부진하다. 결국, 남편의 지지와 참여를 통해 일-가정 간 긍정적 상호작용을 극대화하고 부정적 상호작용을 최소화하기 위해 노동관행과 문화, 그리고 인식을 바꾸는데 정책이 적극적으로 나서야 한다. 이러한 정책적 개입을 통해 '남성을 아버지로'만들어야 한다. 가정친화정책이 활발할수록 아버지의 양육에 대한 인식과 참여가 적극적이라는 기존의 논의(Thomas & Ganster, 1995; Thompson et al., 1999;

Voydanoff, 2004; 이숙현 · 권영인, 2010)를 상기할 때, 남성을 아버지로 만들기 위한 정책적 개입은 아무리 강조해도 지나치지 않다.

일－가정 상호작용의 다면성에 주목한 몇 안 되는 연구라는 점이 본 연구의 의의임과 동시에 탐색적 한계를 더하는 요소이다. 본 연구가 갖는 탐색적 한계는 일－가족 상호작용의 다면성에 대한 후속연구를 통해 보완되어야 하며 연구결과에 대한 신중한 해석이 요구된다. 둘째, 측정도구가 갖는 내생적 한계가 있다. 본 연구는 조사가 완료된 여성가족패널조사자료를 활용하였다. 이에 따라 연구 설계 및 측정도구의 선택 및 정련과정에 연구자의 의도나 판단이 개입될 수 없는 태생적 한계가 있다. 예를 들어 본 연구가 활용한 <여성가족패널조사>의 경우, 측정문항이 단일문항으로 구성되어 있다. 주지하는 바와 같이, 사회현상은 다차원적이어서 복수의 문항을 통해 현실의 다차원성을 최대한 담아내는 것이 타당성 확보를 위해 중요하다. 이러한 중요성에도 불구하고, 단일문항으로 구성된 자료를 사용하였다는 점은, 현실적 불가피성에도 불구하고, 연구의 한계임은 분명하다. 또한, 명목적 정의와 조작적 정의가 모호하고 측정문항 간 배타성 확보도 제한적이다. 측정도구의 배타성과 관련하여 요인분석 및 신뢰도 평가를 통해 통계적인 확인을 하였으나, 연구결과에 대한 조심스러운 해석의 필요성은 여전히 남는다. 이러한 한계에도 불구하고 여성만을 대상으로 전국적으로 비교적 큰 규모의 표본(1810)을 확보할 수 있는 대표성있는 조사자료라는 점에서 <여성가족패널조사>자료를 활용하였다. 본 연구가 갖는 한계와 문제는 향후 측정도구의 타당성과 표본의 대표성이 모두 확보된 자료를 활용한 후속연구를 통해 교정되길 기대한다. 무엇보다 본 연구가 일－가족 상호작용의 다차원성과 영향요인의 차별성에 대한 관심을 환기하고 일－가정 균형을 위한 실질적인 정책대안을 제시하는 의미 있는 시도로 평가되길 바란다.

참 고 문 헌

∽

김선희(2010). "공공조직에서 여성의 일-가정 갈등(WFC) 결정요인 분석", 행 정논총, 48(1): 171-196.

김옥선 · 김효선(2010). "다중역할의 상호향상 효과: 일-가정 영역 간 자원의 긍정적 전이에 관한 분석", 경영학연구, 39(2): 375-407.

노성숙 · 한영주 · 유성경(2012). "한국에서 워킹맘으로 살아가기: 직장인 엄마의 다중역할 경험에 대한 현상학적 연구", 한국심리학회지, 24(2): 365-395.

문미경 · 김복태 · 허태욱(2014). 『공직 내 육아휴직자 및 유연근무자 인사상 차별실태 및 개선방안』, 서울: 한국여성정책연구원.

박기남(2009). "기혼 취업 여성의 일 · 가정 양립을 위한 시간갈등 연구: 연령계층 별, 성역할 태도별 차이를 중심으로", 한국여성학, 25(2): 37-70.

박혜경(2009), "한국 중산층의 자녀교육 경쟁과 '전업어머니' 정체성", 한국여성학, 25: 5-33.

손영빈 · 최은영(2009). "맞벌이 부부의 가정과 직장 간 역할갈등이 결혼만족도와 직무몰입에 미치는 영향: 개인특성 및 가족과 직장지원의 조절효과 중심", 한국가족관계학회지, 14(3): 29-60.

송다영 · 장수정 · 김은지(2010). "일가정양립 갈등에 영향을 미치는 요인 분석: 직장 내 지원과 가정지원의 영향력을 중심으로", 사회복지정책, 37(3): 27-52.

송행란 · 박정희(2014). "직장어린이집 운영실태와 원장의 직무만족도", 생태유아교육연구, 13(2): 241-264.

양동훈(2012). "유연근무제 도입 실태와 이슈에 관한 검토", 임금연구, 20(2): 54-62.

영유아보육법, http://www.law.go.kr

원숙연(2012). "취업여성의 일-가정 상호작용을 둘러싼 개인-조직-정책의 역학", 정부학연구, 18(3): 267-295.

원숙연(2015). "기혼 취업여성이 인식하는 일-가정 상호작용과 영향요인의 차별성-정책적 함의를 중심으로", 한국정책학회보, 24(2): 309-334.

유계숙(2008). "가족친화적 조직문화가 근로자의 일-가족 조화와 삶의 질에 미치는 영향", 한국가정관리학회지, 26(5): 27-37.

유지영(2014). "아버지 자녀양육의 책임성(responsibility)에 관한 연구: 개념, 특성, 항목 구성", 사회복지정책, 41(4): 1-19.

육아정책연구소(2011), 『우리나라의 보육실태와 외국 사례: 공립보육시설, 보육비용지원, 양육수당을 중심으로』.

이동선 · 원숙연(2013). “노동시장 내 남녀 임금격차의 영향요인: 일-가족 양립지원정책을 중심으로”, 행정논총, 51(2): 229-255.

이숙현 · 권영인(2009). “기업의 가정친화적 문화와 아버지의 자녀양육 참여: 일-가정 갈등의 매개효과를 중심으로”, 가정과 문화, 21(1): 1-28.

이숙현 · 이세인 · 김인지(2010). ” 기혼여성의 어려운 선택, 일, 직업적 성취 그리고 모성”, 한국가정관계학회지, 15: 107-132.

이재경 · 이은아 · 조주은(2006). “기혼 취업 여성의 일, 가족생활 변화와 한계: 계층 간 차이를 중심으로”, 한국여성학, 22(2): 41-79.

이혜원(2013). “보육료 지원정책이 부모의 보육비용 부담 완화에 미치는 영향”, 재정포럼, 한국조세재정연구원, 204: 8-26.

장수정 · 송다영 · 김은지(2009). “일-가정양립 정도에 대한 인식: 집단 간 비교 분석을 중심으로”, 한국사회복지학, 61(20): 340-370.

장재윤 · 김혜숙(2003). “직장-가정 간 갈등이 삶의 만족 및 직무 태도에 미치는 효과에 있어서 성차: 우리나라 관리직 공무원을 대상으로”, 한국심리학회지: 사회문제, 9(1): 23-42.

정영금(2005). “기혼취업여성의 일-가정갈등과 여파에 관한 연구”, 한국가정관리학회지, 24(4): 113-122.

조윤경(2012), “아버지 자녀양육에 내재한 젠더질서: 아버지됨과 근대적 남성성의 관계를 중심으로”, 여성학연구, 22(1): 35-72.

최윤정 · 김계현(2010). “대졸 기혼 직장여성의 개인특성, 환경적 지지 및 일-가족 다중역할 갈등 완화 간의 관계”, 한국심리학회지: 상담 및 심리치료, 22(4): 1049-1073.

허남재 · 석재은(2011). “한국의 보육료지원제도는 취업모 친화적인가?”, 사회복지정책, 38(2): 139-163.

황혜원 · 신정이(2009). “자녀를 둔 맞벌이부부의 역할갈등과 삶의 질에 관한 연구”, 한국가족복지학, 14(1): 45-71.

Bollen K., & Grandjean, B.(1981). “The Dimension(s) of Democracy: Further Issues in the Measurement and Effects of Political Democracy”, *American Sociological Review*, 46: 651-659.

Byron, K.(2005). “A Meta-analytic Review of Work. Family Conflict and Its Antecedents”, *Journal of Vocational Behavior*, 67: 169-198.

Carlson, D. S., Kacmar, K. M., Wayne, J. H., & Grzywacz, J. G.(2006). “Measuring the positive side of the work-family interface: Development and validation of work-family enrichment scale", *Journal of Vocational Behavior*, 68: 131-164.

Edwards, J. R., & Rothbard, N. P.(2000). "Mechanisms linking work and family: Clarifying the relationship between work and family constructs", *Academy of Management Review*, 25(1): 178-199.

Frone, M. R.(2003). "Work-Family Balance", In J. C. Quick, & L. E. Tetrick(Eds.), *Handbook of Occupational Health Psychology*(pp. 143-162). Washington, DC: American Psychological Association.

Gornick, J. C., & Meyers, M. K.(2003). *Families that work: Policies for reconciling parenthood and employment*. Russell Sage Foundation.

Greenhaus, J. H., & Beutell, N, J.(1985). "Sources of Conflict between Work and Family Roles", *The Academy of Management Review*, 10(1): 76-88.

Greenhaus, J. H., & Powell, G. N.(2006). "When work and families are allies: A theory of work-family enrichment", *Academy of Management Review*, 31(1): 72–92.

Grzywacz, J., & Marks, N.(2000). "Family, work, work-family spillover, and problem during midlife", *Journal of Marriage and the Family*, 62: 336-348.

Halford, S., Savage, M., & Witz, A.(1997). *Gender, Career, and Organizations*. London: Macmillan.

Hanson, G., Hammer, L., & Colton, C.(2006). "Development and validation of a multidimensional scale of perceived work–family positive spillover", *Journal of Occupational Health Psychology*, 11: 249–265.

Herzberg, Frederick(January–February 1964). "The Motivation-Hygiene Concept and Problems of Manpower", *Personnel Administrator*, 27: 3–7.

Kahn, R. L., Wolfe, D. M., Quinn, R., Snoek, J. D., & Rosenthal. R. A.(1964). *Organizational stress*. New York: Wiley.

Law K., & Chi-Sum Wong.(1999). "Multidimensional Constructs in Structural Equation Analysis: An Illustration Using the Job Perception and Job Satisfaction Constructs", *Journal of Management*, 25(2): 143-160.

Leira, A.(1992). *Welfare State and Working Mothers: The Scandinavian Experiences*. Cambridge University Press.

Marks, S.(1977). "Multiple roles and role strain: Some notes on human energy,vtime and commitment", *American Sociological Review*, 42: 921-936.

Maunoa, S., Kinnunenb, U., & Feldta, T.(2012). "Work-family culture and jobvsatisfaction: does gender and parenting status alter the relationship?", *Community, Work & Family*, 15(1): 101-129.

Pleck, J. H.(1995). "Work Roles, Family Roles and Well-Being: Current Conceptual Perspectives," in G. L. Bowen and J. F. Pittman(eds.), *The Work and Family Interface: Toward a Contextual Effects Perspective*, Minneapolis, MN: National Council on Family Relations.

Ruderman, M. N., Ohlott, P. J., Panzer, K., & King, S. N.(2002). "Benefits of Multiple Roles for Managerial Women", *Academy of Management Journal*, 45: 369-386.

Russell, H, O'Connell, P., & McGinnity, F.(2009). "The Impact of Flexible Working Arrangements on Work-life Conflict and Work Pressure in Ireland", *Gender Work and Organizations*, 16(1): 73-97.

Semykina A., & Linz, S.(2013). "Job Satisfaction and Perceived Gender Equality in Advanced Promotion Opportunities: An Empirical Investigation", *KYKLOS*, 4: 591-619.

Sieber, S.(1974). "Toward a theory of role accumulation", *American Sociological Review*, 39: 567-578.

Sumer, H. C., & Knight, P. A.(2001). "How Do People with Different Attachment Styles Balance Work and Family? A Personality Perspective on Work-Family Linkage", *Journal of Applied Psychology*, 86(4): 653-663.

Thomas, L. T., & Ganster, D. C.(1995). "Impact of family-supportive work variable on work-family conflict and strain: A control perspective", *Journal of Applied Psychology*, 80: 6-15.

Thompson, C. A., Beauvais, L. L., & Lyness, K. S.(1999). "When work-family benefits are not enough: The influence of work-family culture on benefit utilization, organizational attachment, and work-family conflict", *Journal of Vocational behavior*, 54(3): 392-415.

Todd, P., & Binns, J.(2013). "Work-life Balance: Is it Now a Problem for Management?", *Gender, Work, and Organization*, 20(3): 219-231.

Voydanoff, P.(2001). "Incorporating community into work and family research: A review of basic relationships", *Human Relations*, 54: 1609-1637.

Voydanoff, P.(2004). "The Effects of Work Demands and Resources on Work-to-Family Conflict and Facilitation", *Journal of Marriage and Family*, 66: 398-412.

Voydanoff, P., & Donnelly, B.(1999). "Multiple roles and psychological distress: The intersection of the paid worker, spouse, and parent roles with the role of the adult child", *Journal of Marriage and the Family*, 61: 739-751.

Wayne, J. H., Grzywacz, J. G., Carlson, D. S., & Kacmar, K. M.(2007). "Work-family facilitation: A theoretical explanation and model of primary antecedents and consequences", *Human resource management review,* 17(1): 63-76.

Wayne, J. H., Musisca, N., & Fleeson, W.(2004). "Considering the Role of Personality in the Work-Family Experience: Relationships of the Big Five to Work-Family Conflict and Facilitation", *Journal of Vocational Behavior*, 64: 108-130.

Won, S, Y.(2012). "Gendered Working-Time Arrangements and their Policy Implications: Korean Experiences", *Time & Society*, 21(3): 285-307.

제3회 학봉상

/

일반부문 장려상

한국 사회의 비혼·저출산 가치관은 어떻게 성별과 시기에 따라 상이한가? - 조정 LASSO 회귀분석을 활용한 KGSS 2006, 2016년도 데이터 분석

강태영*

초록

본 논문에서 연구자는 다음의 세 가지 목표를 제안한다. 첫 번째, 저출산 문제의 명확한 진단이다. 2000년대 초중반의 저출산 담론과 2010년대의 저출산 담론은 서로 다른 문제 인식으로부터 출발해야 한다. 이를 위해 연구자가 분석에 사용할 데이터는 2006년과 2016년의 전국 단위 설문 자료인 한국종합사회조사(KGSS)이다. 특히 2016년 자료의 경우 이번 해 상반기에 공개됐기에 현재 혼인·출산·가족관에 대해서는 가장 최근의 정보를 담고 있다고 볼 수 있다. 두 번째, 단순히 기술적으로만 상황을 서술하려는 작업은 아니다. 본 논문은 **10년의 시간** 동안 어떻게 결혼·출산관이 변화했는지, 또 **성별**에 따라 어떻게 상이한 양상을 띠는지 그 차이에 구체적으로 주목한다. 이를 위해 교차효과(interaction effect) 분석 역시 실시할 것이다. 마지막으로 세 번째, 현실의 명확한 진단을 위해서 보다 개선된 계량적 방법론을 활용하고자 하였다. 이를 위해 연구자는 p－value 기반의 단순 최소자승추정법이 아닌 정규화 기법 LASSO를 적용해 변수 선택 방법에 기존의 사회과학 경험연구들과 차이를 두었다.

연구 대상은 한국의 미혼 남녀로, 일반적으로 연간 KGSS 조사에서 약 25% 정도를 차지한다. 본 연구에서는 지나친 저연령/고연령대 응답자를 제외시키기 위해 평균±2×표준편차로 연령 범위를 제한하였으며 그 결과 18세에서 44세 사이의 523명이 표본으로 선정되었다. 연구의 종속 변수는 '비혼/비출산/탈가족주의 가치관'이다. KGSS 2006/2016년도 데이터는 이와 관련해 총 여섯 개의 문항을 포함한

* 언더스코어 대표

다. 이들 전체가 혼인 여부 및 자녀 출산 여부를 직접적으로 묻지는 않지만 탈가족주의적 가치관이라는 잠재 변수(latent variable)로 통합될 수 있다고 판단했기에 문항들을 대상으로 회전된 주성분 분석(varimax rotated principal component analysis)을 실시, 단일 종속변수로 변경하여 활용하였다.

방법론적으로는 조정 LASSO(adaptive Least Absolute Shrinkage and Selection Operator) 회귀분석을 활용했다. 기존 사회과학 연구에서 주로 사용되어 온 OLS 회귀분석 대신 LASSO를 활용한 이유는 다음과 같다. 첫 번째, 예측의 분산값을 낮추는 정규화(regularization) 기법을 활용하기에 표본에의 과적합(overfitting)을 방지할 수 있다. 다시 말해 선택된 변수 및 모델이 연구자가 분석에 활용한 자료를 넘어서 일반적인 예측에 더 효과적이다. 두 번째, 최근 사회과학계에서 논란이 되고 있는 p-value 중심의 변수 선택방식에서 상대적으로 자유롭다. p-value는 ①자신의 연구 가설 그 자체를 검정하는 것이 아닌 빈도주의적 방식이기에 연구의 결과를 직관적으로 이해하기 어렵고 ②표본의 크기에 많은 영향을 받기에 표본 수가 클수록 '유의미한 연구결과'를 도출하기에 유리하고, 반대로 작다면 불리하다는 문제점이 있다. 세 번째, LASSO를 통해 도출한 회귀계수값은 고전적인 빈도주의(frequentist) 뿐만 아니라 베이즈주의의 관점에서도 해석 가능하다. OLS를 통해 도출한 회귀계수를 사전확률(prior)로, LASSO를 통해 도출한 회귀계수는 이중 지수분포를 경유한 사후확률(posterior)로 볼 수 있기 때문이다. 네 번째, 변수들 간의 다중공선성 문제를 해소할 수 있으며, 독립 변수의 정규성 가정으로부터 다소 자유롭기에 범용성이 크다.

분석 결과 및 결론은 다음과 같다. 첫 번째, 탈가부장적 가치관, 탈권위주의적 정치 성향이 비혼·저출산과 유의미한 관계를 맺는다는 직관적인 사실을 최신의 데이터를 바탕으로 재확인 할 수 있었다. 또한 이를 통해 구조적으로 저출산 가치관이 향후에도 계속 확산될 것이라는 다소 부정적인 예측 역시 가능했다.

두 번째, 교차효과를 활용한 조절 모형들은 시기와 성별에 따라 어떻게 혼인·출산관이 상이하게 나타나는지를 보여주었다. 특히 OLS와 달리 LASSO 정규화 기법을 활용함으로서 노동 시장에 참여한 여성들과 그렇지 않은 여성들 간의 차이를 유의미하게 확인할 수 있었다. 기존의 국내 연구자들 중 상당수는 한국에서 여전히 일과 가정이 양립 불가능하고, 또 노동시장에의 참여는 혼인과 출산을 저해하는 요인으로 기능한다고 주장해왔다. 그러나 2006년과 2016년 양자 간 데이터를 비교해본 결과, 2006년에는 해당 주장들에 부합하는 결과를 관찰할 수 있었지만 2016년에 들어서는 취업한 여성들이 취업한 남성과 마찬가지로 미취업자들에 비해 더 높은 결혼·출산 경향을 보이는 것으로 나타났다. 물론 이를 긍정적인 신호로만 해석할 수는 없다. 가령 미국과 일본에서는 노동 시장의 유연성 확대에 따른 중년 여성들의 재진입을 통해 긍정적이지 않은 방향으로 일과 가정의 양립이 실현되었기 때문이다. 이는 실질적인 일과 가족의 양립을 위해 제도적 지원을 확대한 결과로 해당 정책적 목적을 달성한 북유럽 사민주의 국가들과는 다른 양상이라고 할 수 있다. (신경아, 2010) 따라서 본 연구에서 확인된 '여성 노동시장의 임계점'을 지난 한국 사회가 어떻게 일과 가정의 양립을 지원해야 긍정적인 방식으로 혼인·출산의 확대를 추구할 수 있을지에 대해 향후 정책적인 논의가 필요할 것이다.

한국 사회의 비혼·저출산 가치관은 어떻게 성별과 연도에 따라 상이한가?

- 조정 LASSO 회귀분석을 통한 KGSS 2006, 2016년도 데이터 분석 -

Ⅰ. 연구의 배경 및 목적

결혼과 출산, 취직과 연애 등 삶의 모든 것들을 포기했다는 자조적인 의미에서 활용된 단어인 'N포 세대'는 2010년대 청년들의 현실을 핵심적으로 관통한다. 그리고 사실 2000년대 중반부터 언급되어온 쟁점인 비혼과 저출산이라는 문제는 이러한 N포 청년들의 자연스러운 귀결이라고도 볼 수 있다. 다시 말해 담론으로서의 저출산은 오래되었지만 이는 근 몇 십년간 악화되어 온 청년들의 삶, 즉 경제적 생존을 위해 자신의 인적 자본에 투자하는 동시에 연애를 병행하고, 더 나아가 혼인과 출산에 필요한 비용까지 부담하는 역할을 동시에 수행할 수는 없는 사회초년생들의 단면을 압축적으로 녹여내고 암울한 전망을 제시하기에 상당히 현재적인 개념이기도 하다.

한국의 평균 합계출산율이 인구 구조 유지를 위한 최소값인 2명에 미치지 못한 지는 꽤나 오래되었다. 1980년대 후반에 이미 출산율이 평균 1.6명도 되지 않았기 때문이다. 이후 2000년대 초반 평균 1.1명이라는 유례 없이 낮은, 전세계적으로 최하위 수치를 기록하며 정부와 언론은 저출산을 주요한 사회 문제로서 호출하기 시작했다. 물론 10여년의 시간이 흐른 현재까지 상황은 전혀 개선되지 않았다. 그렇다면 과연 2000년대 초반 저출산 담론이 최초로 대두되고, 또 10년이 지난 현재 인구 절벽 문제와 함께 다시 등장할 동안 저출산 문제에 대한 우리의 인식과 대응은 어떻게 변해왔는가? 그리고 또 어떻게 변화해야 할까?

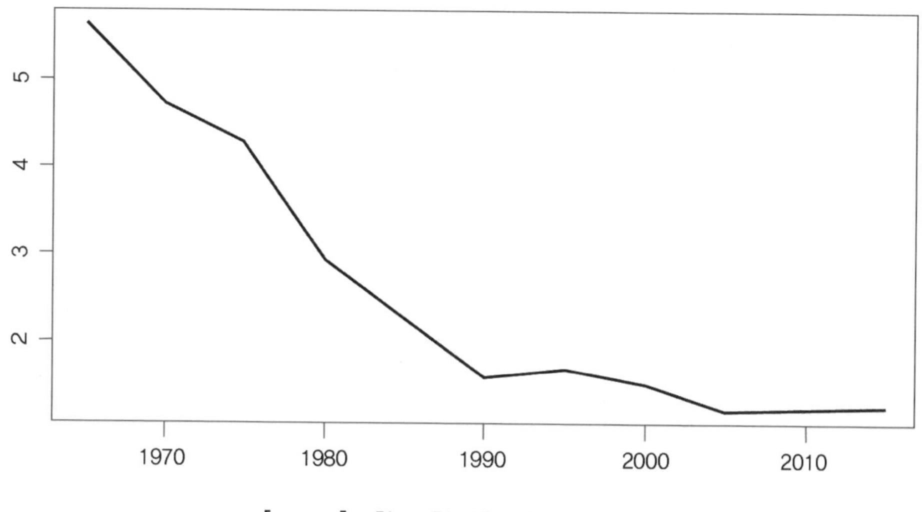

[도표 1] 한국 합계출산율 기술통계표

이러한 문제에 답하기 위해 연구자는 다음의 세 가지 목표를 제안한다. 첫 번째, 문제의 명확한 진단이다. 2000년대 초중반의 저출산 담론과 2010년대의 저출산 담론은 서로 다른 문제 인식으로부터 출발해야 한다. 이를 위해 연구자가 분석에 사용할 데이터는 2006년과 2016년의 전국 단위 설문 지료인 한국종합사회조사이다. 특히 2016년 자료의 경우 이번 해 상반기에 공개됐기에 현재 혼인·출산·가족관에 대해서는 가장 최근의 정보를 담고 있다고 볼 수 있다. 두 번째, 단순히 기술적으로만 상황을 서술하려는 작업은 아니다. 본 논문은 **10년의 시간** 동안 어떻게 결혼·출산관이 변화했는지, 또 **성별**에 따라 어떻게 상이한 양상을 띠는지 그 차이에 구체적으로 주목한다. 이를 위해 교차효과(interaction effect) 분석 역시 실시할 것이다. 마지막으로 세 번째, 현실의 명확한 진단을 위해서 보다 개선된 계량적 방법론을 활용하고자 하였다. 이를 위해 연구자는 p−value 기반의 단순 최소자승추정법이 아닌 정규화 기법 LASSO를 적용해 변수 선택 방법에 기존의 사회과학 경험연구들과 차이를 두었다. 그럼 이제부터 한국 사회의 비혼·저출산 문제에 관해 어떠한 논의가 진행되어왔는지 알아보도록 하자.

Ⅱ. 선행 연구 검토

혼인 및 출산에 관한 기존의 연구들은 크게 경제 성장과의 인과관계를 다루는 경제학적 접근과 20세기 후반 이후 주요 선진국들에서 대두된 저출산 현상에 대한 대응으로서의 인구학·사회학·사회복지학적 접근의 두 가지로 분류할 수 있다. 계량적 방법론 및 간학문적 연구들을 통해 개별 분과학문들이 통합되기에 양자를 이분법적으로 재단하기에는 어려운 것이 사실이다. 다만 편의상, 그리고 본 논문의 특성 상 연구자는 후자에 집중하였다. 우선 원론적인 수준에서 한국 내 비혼과 저출산의 원인으로 거론된 요인들은 정성호에 따르면 첫 번째, 전통적 가족관의 해체, 두 번째, 노동 시장의 악화, 세 번째, 여성의 노동 시장 참여에 따른 가사노동 및 출산 참여에의 유인 저하, 네 번째, 자녀 양육비/교육비 증대의 네 가지이다. (정성호, 2009)

첫 번째 요인으로 언급된 전통적 가족관은 단순히 "가족을 만들어야 한다는 의무의식의 상실" 정도로만 해석되기 쉽지만, 이는 혼인·출산 문제에서 복합적으로 작용해왔다. 가령 인구학자 Mindel Sheps에 의하면 한 가정에서 확률적으로 두 명의 아들을 얻기 위해서는 평균적으로 3.88명의 자녀를 낳아야 한다. (Sheps, 1963) 그러나 90년대 이후로 한국 사회는 남아선호사상이 여전히 강하게 남아있음에도 불구하고 그보다 훨씬 낮은 초저출산 상태에 진입하게 되었다. Park과 Cho의 95년도 논문은 이러한 현상에 대해 중요한 의견을 제공한다. 그들에 의하면 아들을 낳기 위한 한국의 '선택적 낙태'는 보수적으로 계산했을 때에도 개별 가정들이 평균적으로 2.3~2.6명의 자녀를 갖게끔 만들었다. 그리고 이는 당연히 몇 십년 후의 결혼/출산 가능한 여성의 절대적 수의 감소에 상당한 영향을 끼쳤다. 다만 이들에 의하면 이러한 '신부 부족 현상'이 여성의 삶에 부정적인 것만은 아닌데, 상대적으로 연령이 높은 여성이 젊은 남성과 혼인할 기회가 증가하고, 또 그 희소성으로 인해 사회적 가치가 상대적으로 증가하기 때문이다. 그리고 이러한 여성의 가치 상승은 향후 세대에서 선택적 낙태 없는 평등한 출산의 신호로 작동할 수도 있다.(Park & Cho, 1995) 한편 이러한 남아선호사상은 기혼 여성의 출산관에게도 본질적인 영향을 끼친다. 가령 1991년도에 시행된 전국 가족 건강 조사에 기반한 다변량 분석에 의하면 첫째 아이로 아들을 낳은 여성은 굳이 둘째 자녀를 가지지 않으려 하는 경향이 관찰되었으며, 저자들에 의하면 이러한 유교적 영향력은 산모 개개인의 종교관을 초월해서 나타난다. (Larsen et al, 1998) 이렇듯 전통적 가족관은 통념과 달리 해체 이전에도, 그리고 해체 이후에도 각기 다른 방식으로 절대적인 출생 자녀 수에 영향을 주는 것으로 나타난다.

두 번째와 세 번째 요인과 관련된 노동시장 상황에 대해서는 다음과 같은 설명들이 존재한다. Peter Mcdonald는 1960－1970년대를 거쳐 향상된 동아시아의 교육 수준이 여성의 사회 진출 기회를 확대시켰고, 1990년대 중후반의 동아시아 경제 위기로 인한 노동 시장 상황 악화가 청년들의 위험 회피 성향을 높였기에, 이들 두 요인이 저출산의 원인이 되었다고 주장한다. 그렇기에 그의 정책적 제언은 정부가 미혼 남녀들에게 기혼 부부에 대한 사회 보장 정책 확대 신호를 보내는 것이다. (Mcdonald, 2009) 이 때 여성의 노동 시장 참여 증가는 한국의 문화적 특수성과 결부되어 있는 중요한 쟁점으로 여겨진다. 자녀의 사회적 성공을 위한 노력과 결혼 후 가사노동에의 투신이 기혼 여성의 '자질'로 요구되는 한국의 유교적 특성 상 여성들이 일과 가정 모두에 충실하는 것은 현실적으로 어렵기 때문이다. (Suzuki, 2008) 다층분석(multilevel analysis)을 통한 성평등주의와 여성의 출산에 관한 김영미의 분석은 그 연장선 상에서 매우 흥미로운 논의를 제공한다. 그에 의하면 일반적으로 여성의 취업과 성평등주의적 가치관은 출산과는 부정적인 관계를 맺는다. 그러나 전자의 경우 가족 대상 공적 서비스가 발전된 국가일수록, 후자의 경우 남녀 간 젠더 인식 차이가 적은 국가일수록 그러한 경향이 감소하며, 따라서 이는 한국이 여전히 일과 가정이 양립 불가능하다고 여겨지는 사회적 분위기에 대한 이론적 근거 역시 제공한다. (김영미, 2017) 또한 높은 사회 계층의 여성들은 결혼 이전에는 노동시장에 적극적으로 참여하나 결혼 이후에는 자녀 양육을 위해 노동 시장으로부터 이탈하는 것으로 나타난다. (김영미, 2014)

국가 간 데이터를 바탕으로 한 전반적인 추세 연구에서는 한국의 특수성과는 다른 양상이 관찰된다. 가령 22개 주요 선진국들을 대상으로 패널 분석을 실시한 결과 1980년대 이전까지 여성의 노동 시장 진출과 출산율은 음의 관계를 보였지만 1980년대를 거치며 관계가 역전되기 시작하고 1990년대부터는 오히려 여성이 적극적으로 노동에 참여할수록 출산율 역시 높게 나타나는 현상이 관찰된다. 여성의 어머니 역할과 노동자로서의 역할의 양립 불가능했던 과거의 상황이 개선되었기 때문이다. (Rindfuss et al, 2003) OECD 국가를 대상으로 한 분석 역시 1990년대

중반에 잠시 주춤하기는 했으나 1980년대 이후로 여성의 노동 시장 진출과 출산율은 계속적인 정(正)의 관계에 있는 것으로 나타난다. 그렇기에 논문의 저자인 Morgan은 선진국들의 입장에서 저출산이라는 문제는 자국의 자원으로 충분히 대응 가능하다는 낙관적인 의견을 제시한다. (Morgan, 2003) 김영미와 계봉오 또한 주요 국가들을 대상으로 분석 시 여성의 경제활동 참여율이 60% 이상인 국가에서는 양자가 정의 관계를 맺는다고 설명한다. 이를 바탕으로 저자들은 노동시장의 성 차별 개선과 양육 부담 감소의 두 가지 모두가 출산율 확대를 위한 필요조건이라고 주장한다. (김영미 & 계봉오, 2015)

마지막으로 네 번째, 자녀 양육의 경제적 부담 또한 젊은 부부들이 출산에 소극적이게끔 만드는 원인이다. 인터뷰를 바탕으로 한 질적 연구에 의하면 중산층 부모들은 여럿을 낳기 보다는 한 명에게 모든 자원을 투자해 입시 시장에서 자신의 자녀가 출세하기를 희망하는 것으로 나타났다. (김경근 & 최윤진, 2017) 그리고 이와 같은 자녀 교육 시장의 과열은 부모들로 하여금 자녀 출산에서 “양 보다는 질(quality over quantity)” 전략을 취하게 하는 유인이 된다. (Anderson & Kohler, 2013) 실제로 평균 양육비·교육비를 바탕으로 가구 당 자녀가 한 명 추가될 경우를 시뮬레이션 한 결과, 적자 가구의 비중이 약 1.7배에서 2배까지 증가하는 것으로 나타난다. (이상은 & 김희찬, 2017)

물론 저출산을 단기적으로 발생한 사회 문제라기 보다는 경제 성장 및 근대화에 의한 자연스러운 결과로 파악하는 연구 흐름도 있다. 장기 시계열 분석 하에서 비농업 가구와 화이트칼라 직업군의 증가 및 교육 수준의 향상, 여성 문맹률의 감소는 출산율을 저하시키는 것으로 나타나기 때문이다. (Poston et al, 2009) 유사하게 대만과 한국, 일본 등 동아시아 저출산 국가들에서도 여성의 교육 수준 상승이 결혼 시장에서의 불리함을 낳았다고 분석된다. 이에 해당 저자는 증가하는 동거 문화의 확산과 비혼·동거 상태에서의 출산 확대의 두 가지를 혼인·저출산 문제의 현실적 대안으로 제시한다. (Jones & Gubhaju, 2009)

그렇다면 한국의 현재 상황은 어떠할까? 과연 저출산 대책은 적절하게 실행되고 있을까? 상황은 그리 긍정적이지 않다. Jones, Straughan과 Chan은 한국은 출산율이 지나치게 낮아져 인구 구조에 심각한 영향을 끼치는 시점이 되어서야 저출산 대책을 도입했기에 불안정하다고 지적했으며, 맞벌이가 증가하는 추세임에도 남성의 가사노동 참여율이 낮고 가족주의적인 저출산 대책의 수가 여전히 많은 점이 장애물로 기능한다고 주장했다.(Jones, et al, 2008) 엄동욱은 Lutz의 저출산 함정(LFT, low fertility trap) 가설 (Lutz, et al, 2006)에 입각해 한국에서 ①출산율과 고령화 간에 음의 관계가 나타나고 ②실제 자녀 수가 이상 자녀 수를 하회하며 ③ 세대 간 상대소득 격차 역시 크게 나타나기에 저출산함정에 빠져 있으며 현실적으로 회복이 어렵다는 부정적인 진단을 내린다. (엄동욱, 2009) 연장선 상에서 서동희는 지난 10여년간의 저출산 대책의 실효성이 사실상 없었음을 인정하고 이제는 현실적으로 외국인 노동자 유입과 여성·고령층 노동력의 확보 등의 '저출산 적응 정책'으로 정책적 방향 전환을 해야 한다고 주장한다. (서동희, 2015) 반면 일본의 경우 여성의 취업시장 진출 확대를 혼인·출산과 대립되는 개념으로 파악하지 않고 오히려 가정과 일의 양립이라는 구조적 문제에 초점을 두어서 정책을 진행하는, 한국과는 다른 모습을 보여주었다. 그렇기에 이는 형식적인 육아휴직제도 및 보육지원액 확대만을 추구하는 한국의 저출산 정책과는 대비된다고 평가 받기도 한다. (Kang & Song, 2017)

Ⅲ. 연구의 설계 및 연구 방법

본 연구에 활용할 데이터는 가족관, 성 역할 가치관, 가부장제 에 관해 풍부한 문항을 포함하고 있는 2006년부터 2016년까지의 누적 한국종합사회조사(KGSS, Korean General Social Survey)이다. 한국종합사회조사는 2003년부터 시행되어 오고 있는 연간 사회조사로, 한국노동패널과 함께 국내에서 가장 양질의 결과를 도출해 온 설문 데이터로 평가 받고 있다. 현재 KGSS는 성균관대학교 서베이 리처시 센터를 중심으로 시행되고 있으며 랜덤 샘플링 및 반복 조사의 원칙에 충실하다는 장점을 지닌다.

연구 대상은 한국의 미혼 남녀로, 일반적으로 연간 KGSS 조사에서 약 25% 정도를 차지한다. 본 연구에서는 지나친 저연령/고연령대 응답자를 제외시키기 위해 평균±2×표준편차로 연령 범위를 제한하였으며 그 결과 18세에서 44세 사이의 523명이 표본으로 선정되었다. 연구의 종속 변수는 '비혼/비출산/탈가족주의 가치관'이다. KGSS 2006/2016년도 데이터는 이와 관련해 총 여섯 개의 문항을 포함한다. 이들 전체가 혼인 여부 및 자녀 출산 여부를 직접적으로 묻지는 않지만 탈가족주의적 가치관이라는 잠재 변수(latent variable)로 통합될 수 있다고 판단했기에 문항들을 대상으로 회전된 주성분 분석(varimax rotated principal component analysis)을 실시, 단일 변수로 변경하여 활용하였다. 6개 종속변수들의 내용은 다음과 같다.

종속변수명	사용 설문 문항
비혼/비출산/탈 가족주의 가치관	남편은 부인보다 나이가 많지 않아도 된다
	결혼하더라도 아이를 가질 필요가 없다
	결혼하지 않은 사람은 결혼한 사람보다 행복하다
	결혼할 의사가 없이 함께 사는 것도 괜찮다
	이혼하고 싶다면 자녀가 장성할 때까지 기다릴 필요는 없다
	결혼 생활이 원만하지 못하면 이혼이 최선책이다

[도표 2] 종속변수 활용 문항

통제 변수는 ①성별, ②지역, ③연령, ④종교, ⑤가족교육수준, ⑥취직 여부, ⑦월간가계소득, ⑧설문시행연도이다. 성별과 지역, 종교 신자 여부와 취직 여부는 더미 변수로 처리하였다. 가족교육수준의 경우, 학제 구분을 바탕으로 한 학력 응답을 교육년수로 환산해 연속변수로 변경하였으며 월간가계소득의 경우 초고소득자로 인한 분석 편향을 예방하고자 평균±2×표준편차로 범위를 제한, 월소득 최대 1139만원인 응답자들만 분석 대상으로 포함시켰다. 독립 변수로는 ①계급상향인식, ②가부장적 가치관, ③우파권위주의성향(RWA), ④정치적 효용감, ⑤경제적 만족도의 총 다섯 가지를 활용했으며 이 중 계급상향인식을 제외한 모든 독립 변수들은 리커트 척도로 측정되었다. 또한 변수 간 교차효과(interaction effect)를 파악하기 위해 연도와 성별을 중심으로 주요 독립변수들과의 교차항을 추가적으로 사용하였다. 주요 통제/독립변수들의 설문 문항 내용은 다음과 같다.

독립변수명	사용 설문 문항
계급 상향 인식	한국사회의 최하층을 1로 하고 최상층을 10으로 한다면 귀하는 어디에 속한다고 생각하십니까?
	귀댁의 월평균 총소득은 대략 어느 정도 됩니까?
가부장적 가치관	아내는 남편을 내조하는 것이 더 중요하다
	아내의 역할은 가정과 가족을 돌보는 것이다
	불경기에는 여자를 우선적으로 해고해도 된다
	아버지의 권위는 어떤 경우에도 존중되어야 한다
	자식은 부모에게 명예가 되는 일을 해야 한다
	가계 계승을 위한 아들이 있어야 된다
	자신보다 가족의 안녕과 이해를 우선시해야 한다
우파 권위주의 성향(RWA)	극단적인 집회는 허용되어서는 안 된다
	극단적인 서적 출판은 허용되어서는 안 된다
	정부에 항의하는 집회는 허용되어서는 안 된다
	항의 시위와 데모는 허용되어서는 안 된다
가족교육수준	귀하의 최종학력은 어떻게 됩니까?
	귀하의 어머님의 최종학력은 어떻게 됩니까?
	귀하의 아버님의 최종학력은 어떻게 됩니까?

[도표 3] 독립변수 활용 문항

이 중 '계급 상향 인식'은 응답자들의 월간 가계소득을 10분위로 분할한 후, 주관적으로 체감하는 10분위수와의 차이, 즉 "특정 행위자가 얼마나 스스로의 경제적·계급적 위치를 실제보다 상향 혹은 하향평가 하는지"를 계산하여 만든 변수이다. 따라서 그 값은 '주관 10분위 − 객관 10분위'의 정수 꼴로 나타난다. '우파 권위주의 성향(Right Wing Authoritarianism, RWA)'은 심리학자 알트마이어에 의해 제안된 개념으로, 그에 의하면 사회적 학습의 결과물과 성격, 삶에서의 경험 등을 복합적으로 측정할 수 있다. (Altemeyer, 1981) 예시 문항은 다음과 같다.

우파 권위주의 성향(RWA) 측정 예시 문항
1. 현재 설립된 권위는 일반적으로 올바르다고 볼 수 있으며, 반면에 급진주의자들과 저항론자들은 그저 "목소리만 크게(loud mouths)" 낼 뿐이다. 2. 우리나라가 위기를 극복할 수 있는 방법은 전통적인 가치로 돌아가고, 강한 지도자를 내세워 불평분자들을 제거하는 것이다. 3. 삶에서 한 가지 방식만 존재하는 것은 아니다. 모두가 각자의 길을 걸어가야 한다.

[도표 4] 우파권위주의성향 측정 예시 문항

우파 권위주의 성향(RWA)은 정치적, 사회적 가치관과 밀접한 관계를 맺고 있다. 가령 아동에 대한 육체적 훈육을 선호하는 부모일수록 보수적인 대통령을 선호했으며 (Hetherington, 2009) 전반적으로 높은 RWA 수치를 갖는 행위자들은 사회적 순응성이 높은 동시에 생활 세계를 위험한 공간으로서 인식하고 있었다. (Duckitt, 2006) KGSS 설문지가 RWA 관련 문항들을 직접적으로 측정하지는 않지만 시위 및 집회에 관한 의견들을 바탕으로 해당 변수를 변형·재구성하였다.

연구의 모델은 총 세 가지이며 각 모델마다 위계적으로 변수들을 추가시켰다. 첫 번째 모델에는 통제변수 및 주요 독립변수들을 그대로 투입했으며 두 번째 모델에는 성별(남성)과 취업여부/가부장적가치관/종교신자여부 간의 교차항들을, 세 번째 모델에는 연도(2016년)과의 교차항들을 더하였다. 또한 효과 크기(effect size)를 보다 수월하게 이해할 수 있도록 모든 독립변수들은 이항변수의 경우 더미변수로 변환하고 연속변수들은 Z-표준화시켰으며, 종속변수 값은 0에서 100사이의 값으로 재척도화했다.

방법론적으로는 조정 LASSO(adaptive Least Absolute Shrinkage and Selection Operator) 회귀분석을 활용했다. 기존 사회과학 연구에서 주로 사용되어 온 OLS 회귀분석 대신 LASSO를 활용한 이유는 다음과 같다. 첫 번째, 예측의 분산값을 낮추는 정규화(regularization) 기법을 활용하기에 표본에의 과적합(overfitting)을 방지할 수 있다. 다시 말해 선택된 변수 및 모델이 연구자가 분석에 활용한 자료를 넘어서 일반적인 예측에 더 효과적이다. 두 번째, 최근 사회과학계에서 논란이 되고 있는 p-value 중심의 변수 선택방식에서 상대적으로 자유롭다. 우선 원론적인 이야기부터 해보자면, p-value는 ①자신의 연구 가설 그 자체를 검정하는 것이 아닌 빈도주의적 방식이기에 연구의 결과를 직관적으로 이해하기 어렵고 ②표본의 크기에 많은 영향을 받기에 표본 수가 클수록 '유의미한 연구결과'를 도출하기에 유리하고, 반대로 작다면 불리하다는 문제점이 있다. 물론 근 몇 년간 p−value/영가설검정을 둘러싼 논쟁들은 연구의 재현성에 초점을 둔다. 가령 버지니아 대학의 브라이언 노섹이 100개의 영가설검정 기반 심리학 실험을 재현한 결과 이들 중 재현 가능한 경우는 약 3분의 1 밖에 되지 않았다. (Open Science Collaboration, 2015) 이에 사회심리학 저널인 ＜Basic and Applied Social Psychology＞는 p−value를 포함한 논문은 더 이상 출간하지 않을 것이라고 선언하기도 했다. (Trafimow & Marks, 2015) 또한 지난 2016년 3월에는 전미통계학회(ASA) 역시 "분석 결과의 유효성을 p−value 0.05라는 관례적 수치만으로 판단하는 것은 옳지 않다"는 내용의 성명을 발표했다. (Wasserstein & Lazar, 2016) 이렇듯 p−value에 기초한 기계적인 유의미성 판단 방식은 최근 많은 논란을 야기했으며 그 해결책으로 ①신뢰구간의 병기, ②계수 추정치의 크기를 중심으로 실질적 유의미성 표기, ③베이지안(Bayesian) 통계 기법의 사용 등이 논의되고 있다. 물론 연구자가 활용한 LASSO 역시 이와 함께 거론되는 대안이다. (박종희, 2015) 세 번째, LASSO를 통해 도출한 회귀계수값은 고전적인 빈도주의(frequentist) 뿐만 아니라 베이즈주의의 관점에서도 해석 가능하다. OLS를 통해 도출한 회귀계수를 사전확률(prior)로, LASSO를 통해 도출한 회귀계수는 이중 지수분포를 경유한 사후확률(posterior)로 볼 수 있기 때문이다. 네 번째, 변수들 간의 다중공선성 문제를 해소할 수 있으며, 독립 변수의 정규성 가정으로부터 다소 자유롭기에 범용성이 크다. 그렇다면 이제부터 LASSO가 어떻게 변수를 선택하는지, 그 과정에 대해 간략하게 알아보자.

최소자승추정법(OLS, Ordinary Least Square)의 경우 잔차제곱합(RSS)을 최소화하는 방식으로 회귀 계수를 추정한다. 반면 LASSO회귀 분석은 이 RSS에 L1 페널티(penalty, 모델의 정확성을 위해서는 이 값을 줄여야 한다)를 추가해서 회귀 모델을 정규화(regularize)한다. 이를 수학적으로 표현하면 다음과 같다. (Tibshirani, 1996)

$$OLS \ : \ \sum_{i=1}^{n}(y_i - \beta_0 - \sum_{j=1}^{p}\beta_j x_{ij})^2$$

$$LASSO\ :\ \sum_{i=1}^{n}(y_i-\beta_0-\sum_{j=1}^{p}\beta_j x_{ij})^2+\lambda\sum_{j=1}^{p}|\beta_j|$$

L1 penalty의 λ는 조율 모수(tuning parameter)라고 부르며 변수들 간의 상호작용을 제한하고 그 값이 커질수록 회귀계수추정치의 분산을 감소시킨다.[1] 물론 L1 penalty 자체의 값은 작아져야 하기에 λ가 무한하게 증가하지는 않으며 분산과 편향(bias)이 절충되는 지점에서 그 값이 결정된다. 바로 [도표 3]의 편향－분산 트레이드오프 그래프에서 점선으로 표현된 '모형 복잡도가 최적화되는 지점(optimum model complexity point)'에서 말이다.[2]

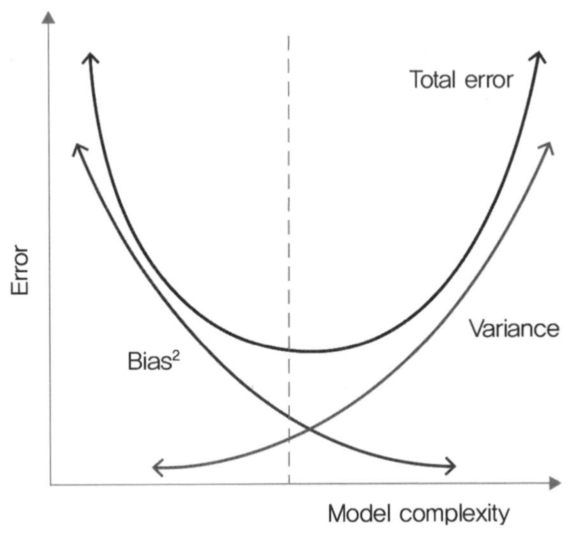

[도표 5] 편향과 분산의 상충관계

L1 penalty가 작아지기 위해서는 β1부터 βp까지의 계수들을 0에 가깝도록 만들어야 하며 이 수축 (shrinkage) 과정은 다음의 제한 영역(constraint area, 아래 식에서는 t로 표현됨)에 관한 식으로 표현할 수 있다.

---

1) 일반적인 OLS 회귀 모델은 편향(bias)은 작지만 분산(variance)이 큰 편이며, 데이터의 노이즈까지 패턴으로 해석해버리는 경향이 있다. ([도표 5]의 오른쪽) 이 때 LASSO 정규화를 실시할 경우 편향은 미세하게 증가하지만 분산은 획기적으로 감소하게 되어 모델의 정확성이 높아진다. ([도표 5]의 중앙)

2) http://scott.fortmann－roe.com/docs/BiasVariance.html의 그래프를 편집 및 수정하였다.

arg

제한 영역의 개념을 수식으로만 이해하기 어렵다면 아래의 그림을 통해 보다 직관적으로 이해해보자. 다음은 계수가 두 개만 있는 상황($\beta 1$과 $\beta 2$)을 가정했을 때, LASSO의 계수 축소 방식을 시각화한 것이다. 제한 영역은 두 개의 β계수에 절댓값을 씌운 형태, 즉 |β1|+|β2|이기에 그림에서 볼 수 있듯 초록색 마름모꼴로 나타난다. OLS 추정치인 $\hat{\beta}$을 둘러싼 타원의 등고선은 잔차제곱합(RSS) 영역을 좌표평면에 표현한 것이다.3)

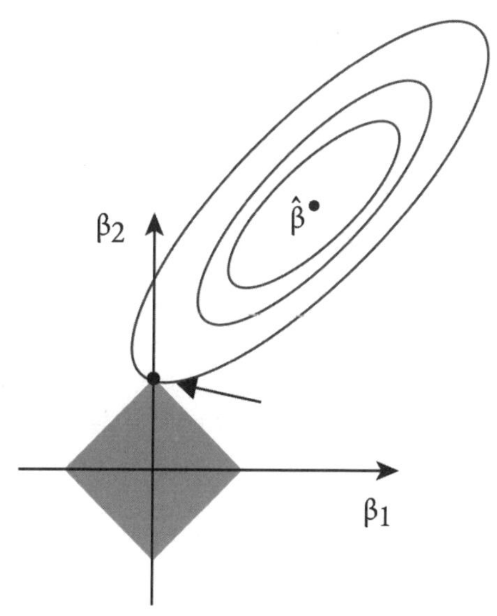

[도표 6] 2차원 LASSO 시각화

[도표 6]에서 화살표로 표시한 노란 점은 등고선이 제한 영역의 첨점에서 만나는 곳으로, 이 지점에서 설명력이 덜한 변수의 계수 추정치($\beta 1$)는 완전히 0이 되고 β2만 최종 모델에 포함된다. (∵ 노란 점의 $\beta 1$축 좌표는 0이다.) 정리하자면, LASSO의 계수 추정치를 축소하는 과정에서 계수의 크기가 아주 작은 경우 그 값이 아예 0으로 수렴하며 최종 모델에서는 이들을 제외한 변수들이 선택(variable selection)된다.

3) RSS는 회전된 형태의 타원 방정식과 같다

다만 LASSO의 변수 선택 방식이 일관적이지 않은 경우도 종종 존재하며, 이에 조정 가중 벡터(adaptive weights vector)를 포함하는 조정 LASSO(adaptive LASSO)가 그 대안으로 제시되었다. (Zou, 2006) 가중 조정 벡터인 $\hat{\omega_j}$를 기존 LASSO에 추가한 식은 다음과 같다.

$$adaptive\ LASSO\ :\ \sum_{i=1}^{n}(y_i-\beta_0-\sum_{j=1}^{p}\beta_j x_{ij})^2+\lambda\sum_{j=1}^{p}\hat{\omega_j}|\beta_j|$$

가중 조정 벡터란 일종의 추가적 페널티로, 최초 회귀 계수 추정치(initial estimate of coefficient)인 $\hat{\beta_j}^{\in i}$에 양의 상수 γ[4]을 제곱하여 역수를 취한 값이다. 수식으로는 아래와 같이 표현할 수 있다.

$$\hat{\omega_j}\ =\ \frac{1}{(|\hat{\beta_j}^{\in i}|)^{\gamma}}$$

관례적으로 최초 회귀 계수 추정치 $\hat{\beta_j}^{\in i}$로는 능형회귀(ridge regression)[5]를 통해 구한 값을 활용하며 연구자 역시 이와 같은 방법을 사용했다.

정리하자면, LASSO 회귀분석은 ①회귀 계수 축소를 통해서 영가설검정과는 다른 방식으로 변수 선택이 가능하고 ②그 과정에서 영향력이 적은 변수들은 자동으로 계수값이 0으로 축소되며 ③분산을 줄이기에 과적합을 방지해 모델의 예측성을 향상시킬 수 있다는 특징을 지닌다. 뿐만 아니라 본 연구가 활용하는 데이터의 수는 500여명이기에 OLS를 사용할 경우 p-value가 과대 측정되는 문제가 발생하기 쉽다. 위와 같은 이유들로 인해 본 연구는 조정 LASSO 회귀분석을 시행하게 되었다. 물론 변수 선택 방식의 비교를 위해 OLS 회귀분석 역시 함께 제시하였다.

---

4) 논문의 저자인 Zou는 0.5나 1, 2를 사용할 것을 제안한다. 연구자의 경우 1을 사용했다.
5) 능형 회귀란 LASSO와 매우 유사한 개념으로, LASSO의 L1 penalty 대신 L2 penalty를 사용하며 제한 영역은 절댓값이 아닌 제곱 형태, 즉 2차원 좌표평면 상에서는 마름모꼴이 아닌 원의 형태로 나타난다. 그 이외의 자세한 사항은 다음의 논문을 참고. (Hoerl and Kennard, 1970)

Ⅳ. 경험적 분석 결과

표본 응답자들의 기초적인 인구통계적 정보는 다음과 같이 나타났다. 성별과 종교 신자 여부, 취직여부는 절반에 가깝게 나뉘어있었으며 44세 미만의 미혼 남녀 집단의 특성 상, 청년 거주자가 적은 강원도와 제주도 출신 응답자는 적게 포함되어 있었다.

변수	응답범주	빈도(%)	변수	응답범주	빈도(%)
성별	남성	57.17%	종교신자여부	종교있음	46.85%
	여성	42.83%		종교없음	53.15%
거주지역	서울	23.33%	취직여부	취직	49.52%
	경기도	19.89%		미취직	50.48%
	강원도	3.82%	응답년도	2006년	63.29%
	충청도	9.56%		2016년	36.71%
	경상도	35.18%			
	전라도	7.07%			
	제주도	1.15%			

[도표 7] 인구학적 통제 변수 기술통계

'계급 상향 인식' 변수의 근간이 되는 월간 가계소득 10분위 (좌측) 및 주관적 체감 소득 10분위 (우측)의 기술 통계적 정보는 아래의 표와 같다. 가계소득 10분위의 경우 동일한 구간 길이를 설정하고자 하였으나 응답 금액이 불균등하게 분포되어 있기에 일부 중위 구간(5, 6, 8분위)에서는 불가피하게 범위 차이가 존재한다. 분석 결과, 변수 가공 이전 단계의 '주관적 체감 소득 10분위'와 연구자가 가공한 '계급상향인식' 변수는 모두 정규분포에 가까운 모습을 보였다.

구간	객관소득분위	빈도(%)
~65만원	1	10.10%
66~140만원	2	9.97%
141~199만원	3	9.85%
200~225만원	4	10.42%
226~275만원	5	9.59%
276~300만원	6	11.39%
301~390만원	7	7.27%
391~475만원	8	11.45%
476~585만원	9	8.69%
586만원~	10	11.26%

주관적 체감 소득 분위	빈도(%)
1	3.40%
2	4.48%
3	11.60%
4	21.06%
5	26.92%
6	17.78%
7	11.54%
8	2.52%
9	0.50%
10	0.19%

[도표 8] 2006년도 월간 가계소득 및 주관적 체감 소득 10분위

구간	객관소득분위	빈도(%)
~50만원	1	10.48%
51~128만원	2	9.13%
129~200만원	3	12.66%
201~295만원	4	7.47%
296~325만원	5	7.88%
326~400만원	6	11.83%
401~500만원	7	13.28%
501~695만원	8	8.40%
696~983만원	9	9.44%
984만원~	10	9.44%

주관적 체감 소득 분위	빈도(%)
1	4.21%
2	4.21%
3	12.33%
4	16.06%
5	27.53%
6	19.12%
7	12.43%
8	3.06%
9	0.29%
10	0.76%

[도표 9] 2016년도 월간 가계소득 및 주관적 체감 소득 10분위

계급상향/하향인식 정도	빈도(%)
[−9, −8]	0%
[−7, −4]	16.83%
[−3, −1]	38.24%
0	13.58%
[+1, +3]	23.9%
[+4, +7]	7.26%
[+8, +9]	0.19%

[도표 10] '계급상향인식' 변수 기술통계표

주요 독립변수 및 종속변수에 대한 주성분 분석(PCA, Principal Component Analysis)을 실시한 결과, 다음과 같은 값을 얻을 수 있었다. 주성분 추출에는 베리맥스 회전(varimax rotation)을 활용했으며 이후 표준화 적재값을 각 변수에 곱하여 단일 요인으로 변환 후 분석에 사용했다.

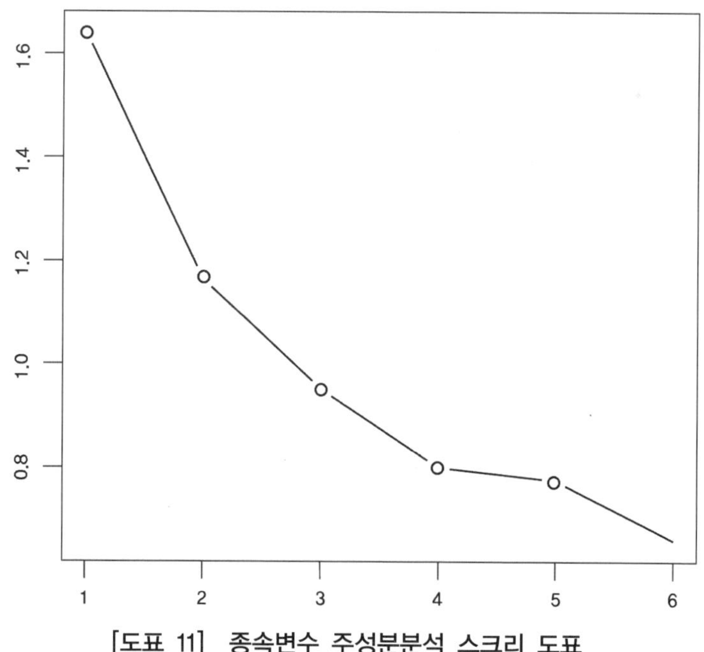

[도표 11] 종속변수 주성분분석 스크리 도표

변수명	표준화된 적재값
남편은 부인보다 나이가 많지 않아도 된다	0.470
결혼하더라도 아이를 가질 필요가 없다	0.614
결혼하지 않은 사람은 결혼한 사람보다 행복하다	0.553
결혼할 의사가 없이 함께 사는 것도 괜찮다	0.469
이혼하고 싶다면 자녀가 장성할 때까지 기다릴 필요는 없다	0.540
결혼 생활이 원만하지 못하면 이혼이 최선책이다	0.476

[도표 12] 종속변수 주성분분석 결과

종속변수인 '비혼/저출산/탈가족주의 가치관'의 경우, 주성분분석에 따른 잔차 제곱근합(RMSR)은 0.1596으로, 한 개 주성분의 활용의 χ2값에 대한 가설 검정 결과는 유의확률(p-value)은 4.694×10-88으로 나타났다.

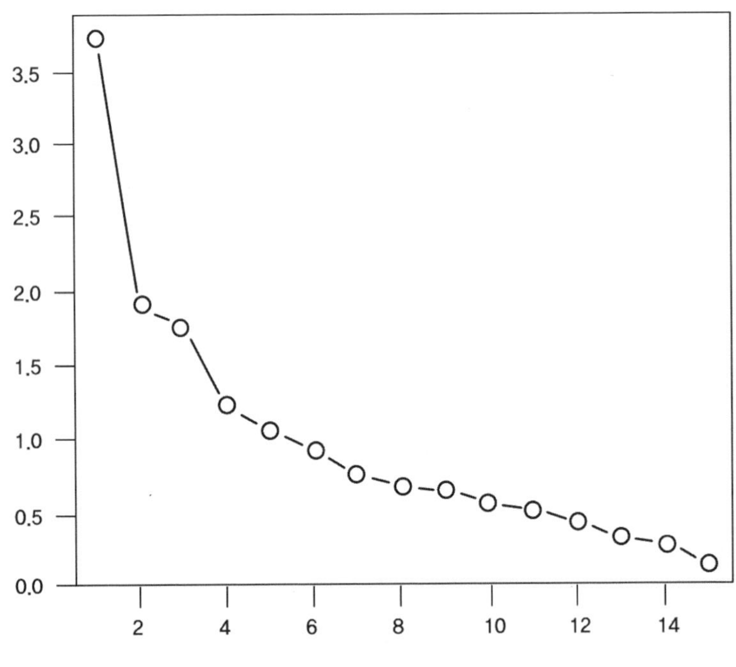

[도표 13] 연속형 독립변수 주성분분석 스크리 도표

요인	변수명	표준화된 적재값		
가부장적 가치관	아내는 남편을 내조하는 것이 더 중요하다	0.762		-0.197
	아내의 역할은 가정과 가족을 돌보는 것이다	0.709	0.141	-0.205
	불경기에는 여자를 우선적으로 해고해도 된다	0.617		
	아버지의 권위는 어떤 경우에도 존중되어야 한다	0.580	0.119	
	자식은 부모에게 명예가 되는 일을 해야 한다	0.602		
	가계 계승을 위한 아들이 있어야 된다	0.731	0.106	
	자신보다 가족의 안녕과 이해를 우선시해야 한다	0.538	0.186	
우파 권위주의 성향	극단적인 집회는 허용되어서는 안 된다		0.836	
	극단적인 서적 출판은 허용되어서는 안 된다		0.821	
	정부에 항의하는 집회는 허용되어서는 안 된다	0.212	0.612	
	항의 시위와 데모는 허용되어서는 안 된다	0.161	0.571	-0.104
가족 교육수준	귀하의 최종학력은 어떻게 됩니까?	-0.105		0.919
	귀하의 어머님의 최종학력은 어떻게 됩니까?			0.885
	귀하의 아버님의 최종학력은 어떻게 됩니까?			0.617
-	계급상향인식	0.176		

[도표 14] 주요 독립변수 주성분분석 결과

인구 통제 변수들을 제외한 독립 변수들을 대상으로 실시한 주성분분석에서는 잔차제곱근합(RMSR)이 0.0829로, 세 개 주성분의 활용의 $\chi 2$값에 대한 가설 검정 결과는 유의확률(p-value) 1.17×10-13으로 나타났다. 계급상향인식은 어떠한 주성분에도 포함되지 못해 단일 변수 그대로 사용하였다.

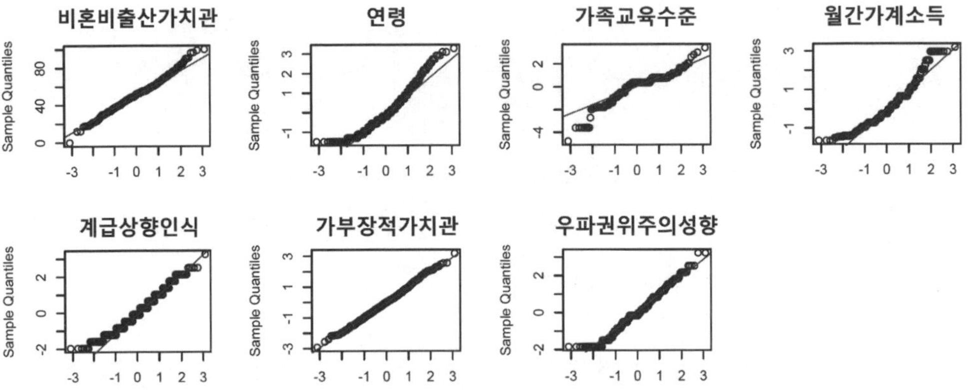

[도표 15] 정규성 검정을 위한 연속형 변수들의 분위수-분위수 도표(Q-Q plot)

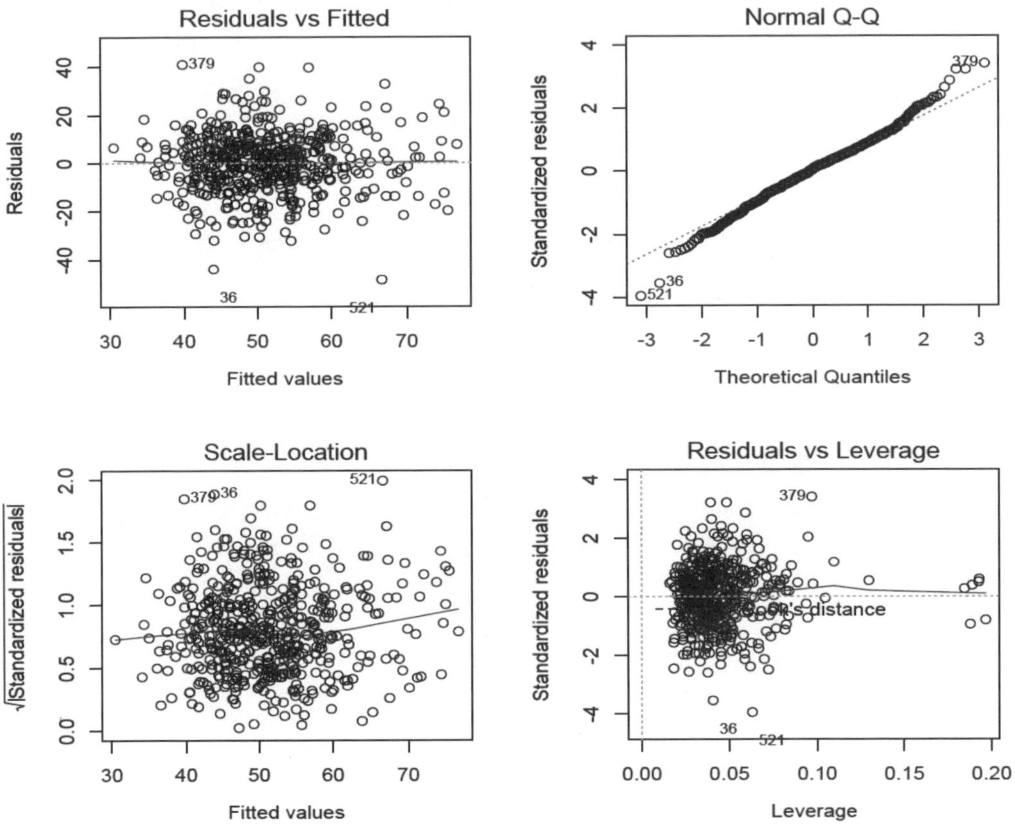

[도표 16] 회귀분석모형 잔차 진단

[도표 15]와 [도표 16][6]은 연속형 독립변수들 및 회귀모형 잔차의 정규성 진단 결과이다. 연속형 변수들은 모두 정규분포에 가까웠으며 회귀모형의 잔차 역시 이상치(outlier)로부터 특별히 영향 받지 않았으며 정규성을 충족하는 것으로 관찰된다. 이분산성(heteroskedas-ticity) 진단을 위한 Studentized Breusch-Pagan 검정을 실시한 결과, 95% 유의 수준에서 영가설은 기각되지 못했으며 이를 통해 우리는 회귀모델의 잔차들이 동분산(homoske-dasticity) 가정을 유지한다고 추정할 수 있다. 종합하자면 본 연구의 회귀모델은 변수들의 분포 및 모델 잔차들이 정규성을 충족하며, 동분산을 갖기에 다중회귀분석을 실시하기에 적합하다고 볼 수 있다.

Regression Model	χ2	degree of freedom	p-value
Model #1	12.133	16	0.7348
Model #2	13.248	19	0.8256
Model #3	23.581	22	0.3696

[도표 17] 회귀모델에 대한 Studentized Breusch-Pagan 이분산 검정 결과

OLS regression	Model #1	Model #2	Model #3
Intercept	56.411*** (0.000)	55.504*** (0.000)	52.921*** (0.000)
연령	2.212** (0.002)	2.335** (0.001)	2.321** (0.001)
경기도 거주	−0.499 (0.777)	−0.784 (0.656)	−1.109 (0.528)
강원도 거주	−4.397 (0.163)	−3.991 (0.204)	−3.645 (0.243)
충청도 거주	−2.487 (0.266)	−2.34 (0.298)	−1.937 (0.392)
경상도 거주	0.458 (0.763)	0.313 (0.836)	0.662 (0.667)
전라도 거주	−2.911 (0.233)	−2.654 (0.274)	−1.828 (0.45)
제주도 거주	3.809 (0.484)	3.85 (0.479)	3.969 (0.461)

6) 도표 18의 Model 3 기준

성별(남성=1)	−4.743*** (0.000)	−3.442 † (0.087)	−3.547 † (0.075)
교육년수	0.366 (0.552)	0.322 (0.599)	0.295 (0.625)
종교여부(신자=1)	−3.277** (0.005)	−4.303* (0.014)	−1.686 (0.379)
취업여부(취업=1)	−2.991* (0.029)	−1.145 (0.539)	1.001 (0.621)
월간가계소득	−3.39*** (0.001)	−3.186** (0.001)	−3.129** (0.001)
계급상향인식	−3.542*** (0.000)	−3.402*** (0.000)	−3.348*** (0.000)
가부장적가치관	−4.714*** (0.000)	−6.523*** (0.000)	−6.153*** (0.000)
우파권위주의성향	−1.804** (0.002)	−1.844** (0.002)	−1.945** (0.001)
연도더미(2016년)	2.629 † (0.053)	2.598 † (0.054)	8.323*** (0.000)
남성×취업자		−3.72 (0.107)	−3.641 (0.111)
남성×가부장적가치관		3.058* (0.012)	2.758* (0.023)
남성×종교신자		1.649 (0.478)	1.712 (0.460)
2016년×취업자			−5.399* (0.026)
2016년×가부장적가치관			−0.179 (0.881)
2016년×종교신자			−7.039** (0.003)
adjusted R2	0.2312	0.2415	0.2576
predictive MSE	203.6696	200.0259	201.0661

[도표 18] 최소자승추정(OLS) 회귀분석표

adaptive LASSO	Model #1	Model #2	Model #3
Intercept	56.140028	54.321055	52.7511689
연령	1.984011	2.033640	2.2457418
경기도 거주	×	×	−0.3611691
강원도 거주	−4.197926	−3.429962	−3.3558530
충청도 거주	−2.505070	−1.921567	−1.6683311
경상도 거주	×	×	0.2413379
전라도 거주	−2.509314	−1.873148	−1.2224402
제주도 거주	2.919783	3.295763	3.4658308
성별(남성=1)	−4.507567	−1.973757	−2.8768741
교육년수	×	×	×
종교여부(신자=1)	−3.047376	−3.150077	−0.3111174
취업여부(취업=1)	−2.593279	×	×
월간가계소득	−2.734920	−2.293278	−2.4946935
계급상향인식	−2.909791	−2.538913	−2.7990988
가부장적가치관	−4.779172	−6.157883	−6.0116792
우파권위주의성향	−1.692458	−1.730276	−1.7854434
연도더미(2016년)	2.273953	2.079063	7.5536992
남성×취업자		−4.482833	−2.9606839
남성×가부장적가치관		2.355960	2.2383044
남성×종교신자		×	×
2016년×취업자			−4.2417965
2016년×가부장적가치관			×
2016년×종교신자			−7.1726592
minimum λ	0.1911794	0.2703325	0.1925423
predictive MSE	200.8783	199.52345	200.2056

[도표 19] 조정(adaptive) LASSO 회귀분석표

위의 [도표 18]과 [도표 19]는 각각 OLS와 조정 LASSO 회귀분석을 실시한 결과표이다. [도표 18]에서 관례적 유의미성은 회귀 계수의 위첨자에 표시했다. LASSO의 경우 p−value 대신 계수 축소(shrinkage)를 통해 변수를 선택하며 설명력이 약한 변수는 계수 크기가 0으로 축소된다. 계수가 0으로 축소되어 사실 상 제거된 변수는 표에서 × 표시로 처리하였다. 회귀계수에 관한 이하의 모든 설명은 최종 모델인 Model 3을 기준으로 한다.

분석 결과 OLS에서는 연령과 성별, 월간가계소득, 계급상향인식, 가부장적가치관, 우파권위주의성향, 연도더미가 유의미한 변수로 선택되었으며 교차 항에서는 남성×가부장적가치관과 2016년×취업여부, 2016년×종교신자여부가 선택되었다. (p-value 0.1 이하 기준) 반면 조정 LASSO 회귀분석의 경우 지역더미와 종교신자여부, 남성×취업여부의 세 개 변수가 추가적으로 선택되었다.

모델 및 기법 성능을 비교하기 위해 cross validation을 통해 전체 데이터의 55%를 training set으로 활용, 나머지 45%의 test set에 대해 예측을 실시한 결과, 조정 LASSO 모델을 사용 시 예측평균제곱오차(prediction mean squared error)가 201.0661에서

200.2056으로 감소했다. 최종 LASSO 회귀모델 기준으로 독립변수가 한 단위(1SD) 증가할 때마다의 비혼·비출산·탈가족주의 가치관의 변화를 설명해보자면, 나이가 많을수록 2.17%pt, 여성일수록 2.8%pt, 종교를 믿지 않을수록 0.11%pt, 소득이 적을수록 2.28%pt, 자신이 실제보다 잘 산다고 착각할수록 2.58%pt, 가부장적 가치관과 우파 권위주의 성향이 덜할수록 각각 5.88%pt와 1.7%pt 비혼·비출산 경향이 증가하는 것으로 나타났다. 이하는 교차효과항들의 분석 내용이다. 도표에 표시된 에러 바는 95% 신뢰구간(confidence interval)을 의미한다.

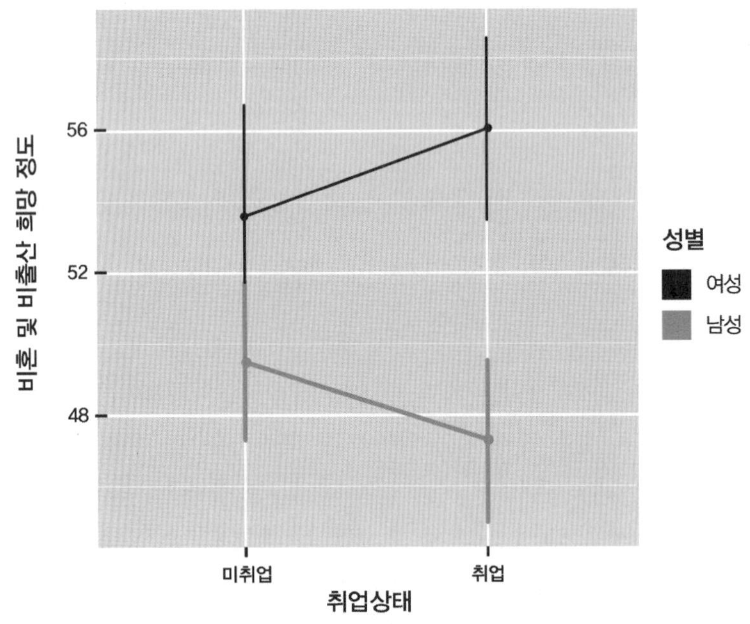

[도표 20] 취업상태와 성별의 교차효과표

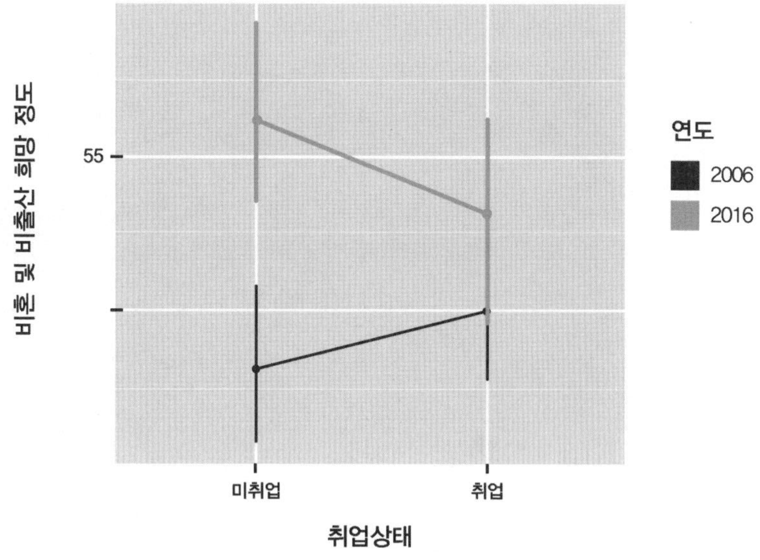

[도표 21] 취업상태와 연도의 교차효과표

[도표 20]과 [도표 21]을 통해 알 수 있듯 전반적으로 여성은 남성에 비해 비혼·비출산 경향이 강하며, 이러한 차이는 취업 이후에 확대된다. 비혼·비출산 경향이 감소하는 남성과 달리 여성은 오히려 강화되기 때문이다. 연도를 기준으로 살펴보자면, 2006년에는 취업자의 경우 미취업자에 비해 비혼·비출산 희망 정도가 더 높았으나 2016년에는 경향이 역전되었다.

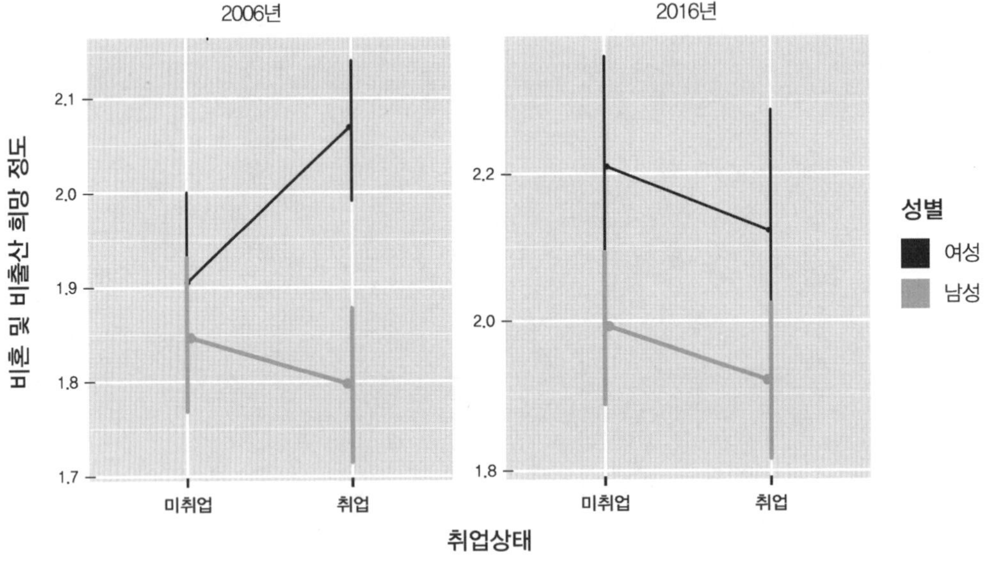

[도표 22] **취업상태와 성별의 교차효과표 연도 간 비교**

취업상태와 성별 간 교차효과표를 연도에 따라 나누어보면 좀 더 명확한 정보를 얻을 수 있다. 2006년의 여성을 제외하고는 모두 우하향하는, 즉 취업자가 비혼·비출산 경향이 더 감소하는 양상을 보이고 있기 때문이다. 이는 다시 말해 지난 10년간의 사회구조적 변화가 남성이 아닌 여성의 혼인·출산관에 더 많은 영향을 끼쳤음을 시사한다. 그리고 바로 이 지점에서 선행연구에서 언급한 여성의 사회진출과 혼인·출산의 문제로 돌아가 보자면, 위의 [도표 22]는 한국 사회가 여성의 노동시장 참여 임계점을 넘겼고 이제는 직업적 생활과 가정 생활이 양립 가능함을 암시하기도 한다. 다만 이를 무조건적으로 긍정적으로만 볼 수 없는 것은, 이러한 인식의 전환이 여성의 노동 시장에서의 자녀 양육 및 결혼 생활의 병행 여건 개선의 결과인지, 아니면 경제적 상황의 절대적인 악화에 따라 가계 이익 극대화를 위해 여성들이 택한 전략적 선택인지 그 인과적 관계를 확인할 수 없기 때문이다.

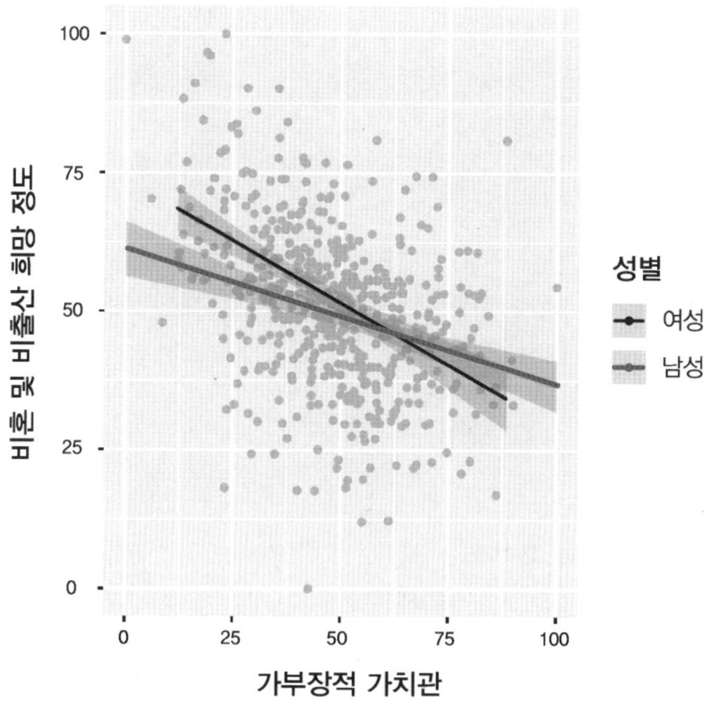

[도표 23] 가부장적 가치관과 성별의 교차효과표

[도표 23]은 가부장적 가치관의 성별에 따른 조절효과를 보여준다. 가부장적 경향이 약할 경우 여성이 남성에 비해 비혼·저출산 희망 정도가 더 높지만 가부장적 가치관 점수가 약 60점(전체 100점 만점)을 넘어설 경우 그 양상이 역전되는 것을 볼 수 있다. 층위가 다르기에 본 연구의 미시적인 분석을 거시적 상황에 그대로 적용할 수는 없겠지만, 만약 가부장적 가치관이 해체되어가는 현 추세가 계속되고, 또 개별 행위자들이 이러한 추세에 직접적인 영향을 받는다는 느슨한 가정을 전제할 경우 우리는 남아 선택을 통해 1970−1990년대에 희소해진 여성이 결혼 시장의 참여에 더욱 더 소극적으로 변화함에 따라 비혼·저출산 현상이 더욱 심화될 것이라고 예상해 볼 수 있다.

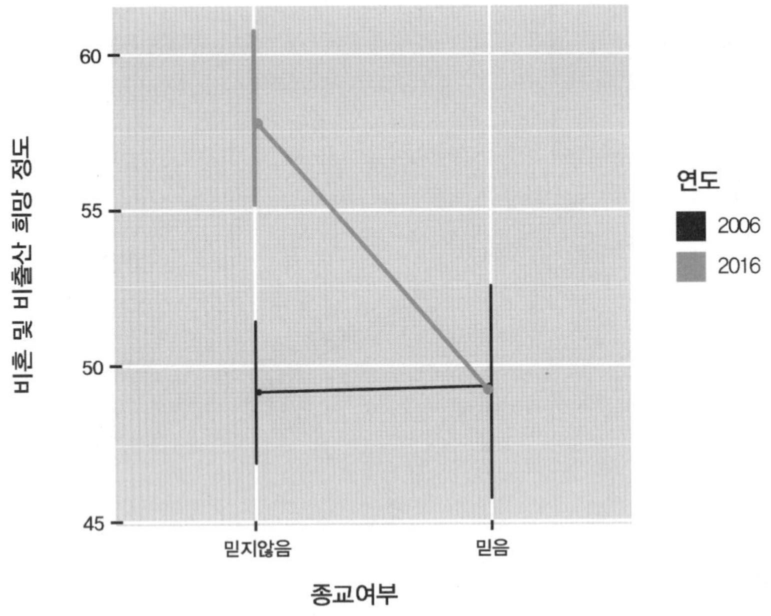

[도표 24] 종교 여부와 연도 간의 교차효과표

마지막으로 [도표 24]는 종교 신자 여부와 연도 간의 교차 효과를 보여준다. 종교 신자들은 10년의 기간 동안 가족관이 크게 변화하지 않았지만, 비신자들의 경우 약 10%pt 가량 급격히 탈가족주의 성향이 높아졌음을 알 수 있다. 최근 계속되고 있는 탈세속화, 즉 비(非)종교 신자 인구의 증가 추세를 감안할 때, 상대적으로 전통적 가족관을 고수해 결혼과 출산에 적극적인 집단은 향후에도 감소할 것이라고 판단할 수 있다.

V. 결론 및 함의

연구자는 한국종합사회조사(KGSS)의 2006년도와 2016년도 데이터를 바탕으로 한국 사회의 비혼·저출산·탈가족주의 가치관이 인구통계적·사회심리적 요인에 어떠한 영향을 받는지, 그리고 성별과 시기의 교차 효과에 따라서 어떻게 상이하게 나타나는지를 조정 LASSO 회귀분석을 통해 알아보는 것을 목표로 하였다. 본 연구는 크게 두 가지 점에서 의미를 지닌다.

첫 번째, 미시적인 행위자들의 심리적·경제적·성차(性差)적 요인이 결혼·출산·가족관과 어떠한 관계를 맺는지를 10년의 시차를 둔 데이터를 통해 다루고 있다. 그 결과 탈가부장적 가치관, 탈권위주의적 정치 성향이 비혼·저출산과 유의미한 관계를 맺는다는 직관적인 사실을 최신의 데이터를 바탕으로 재확인 할 수 있었다. 또한 이를 통해 구조적으로 저출산 가치관이 향후에도 계속 확산될 것이라는 다소 부정적인 예측 역시 가능했다.

두 번째, 교차효과를 활용한 조절 모형들은 시기와 성별에 따라 어떻게 혼인·출산관이 상이하게 나타나는지를 보여준다. 특히 OLS와 달리 LASSO 정규화 기법을 활용함으로서 노동 시장에 참여한 여성들과 그렇지 않은 여성들 간의 차이를 유의미하게 확인할 수 있었다. 기존의 국내 연구자들 중 상당수는 한국에서 여전히 일과 가정이 양립 불가능하고, 또 노동시장에의 참여는 혼인과 출산을 저해하는 요인으로 기능한다고 주장해왔다. 그러나 2006년과 2016년 양자 간 데이터를 비교해본 결과, 2006년에는 해당 주장들에 부합하는 결과를 관찰할 수 있었지만 2016년에 들어서는 취업한 여성들이 취업한 남성과 마찬가지로 미취업자들에 비해 더 높은 결혼·출산 경향을 보이는 것으로 나타났다. 물론 앞서 언급한 바와 같이, 이를 긍정적인 신호로만 해석할 수는 없다. 가령 미국과 일본에서는 노동 시장의 유연성 확대에 따른 중년 여성들의 재진입을 통해 긍정적이지 않은 방향으로 일과 가정의 양립이 실현되었기 때문이다. 이는 실질적인 일과 가족의 양립을 위해 제도적 지원을 확대한 결과로 해당 정책적 목적을 달성한 북유럽 사민주의 국가들과는 다른 양상이라고 할 수 있다. (신경아, 2010) 따라서 본 연구에서 확인된 '여성 노동시장의 임계점'을 지난 한국 사회가 어떻게 일과 가정의 양립을 지원해야 긍정적인 방식으로 혼인·출산의 확대를 추구할 수 있을지에 대해 향후 정책적인 논의가 필요할 것이다.

참 고 문 헌

∽

자료출처 : 김상욱. "한국종합사회조사". 자료산출기관: 성균관대학교 동아시아학술원 서베이 리서치센터. 자료제공기관: 한국사회과학자료원.

김경근. 최윤진. "교육열 현상으로서의 저출산." 교육사회학연구 27.2 (2017): 1-34.

김영미, and 계봉오. "이행의 계곡에서 무슨 일이 벌어지나." 한국여성학 31.3 (2015): 1-30.

김영미. "출산과 성평등주의 다층분석." 경제와사회 112 (2017): 41-74.

계봉오, and 김영미. "한국여성의 결혼, 출산 및 경제활동 참가 형태에 대한 연구." 사회연구 (2014): 79-113.

서동희. "저출산 극복의 새로운 길, 저출산 적응정책." 공공사회연구 5.1 (2015): 69-102.

신경아. "저출산대책의 쟁점과 딜레마." 페미니즘 연구 10.1 (2010): 89-122.

엄동욱. "우리나라는 저출산함정에 빠진 것인가?*-저출산함정 가설의 검증과 함의." 한국인구학 32.2 (2009): 141-159.

이상은, and 김희찬. "한국의 낮은 아동빈곤과 저출산의 역설, 그리고 정부 가족지출." 한국사회복지정책학회 춘계학술대회자료집 2017 (2017): 261-278.

정성호. "저출산의 사회경제적 요인과 향후과제." 사회과학연구 48.2 (2009): 1-22.

Poston Jr, Dudley L., Heather Terrell Kincannon, and Jungwon Yoon. "Socioeconomic development and fertility in the People's Republic of China and the Republic of Korea." Ultra-low Fertility in Pacific Asia, Trends, Causes, and Policy Issues (2009).

Larsen, Ulla, Woojin Chung, and Monica Das Gupta. "Fertility and son preference in Korea." Population Studies 52.3 (1998): 317-325.

Suzuki, Toru. "Korea's Strong Familism and Lowest-Low Fertility." International Journal of Japanese Sociology 17.1 (2008): 30-41.

Park, Chai Bin, and Nam-Hoon Cho. "Consequences of son preference in a low-fertility society: imbalance of the sex ratio at birth in Korea." Population and development review (1995): 59-84.

Sheps, Mindel C. "Effects on family size and sex ratio of preferences regarding the sex of children." Population Studies 17.1 (1963): 66-72.

Jones, Gavin W., and Bina Gubhaju. "Factors influencing changes in mean age at first marriage and proportions never marrying in the low-fertility countries of East and Southeast Asia." Asian Population Studies 5.3 (2009): 237-265.

McDonald, Peter. "Explanations of low fertility in East Asia: A comparative perspective." Ultra-low fertility in Pacific Asia: Trends, causes and policy issues. Routledge, Taylor & Francis Group, 2009.

Anderson, Thomas, and Hans-Peter Kohler. "Education fever and the East Asian fertility puzzle: A case study of low fertility in South Korea." Asian population studies 9.2 (2013): 196-215.

Jones, Gavin W., Paulin Tay Straughan, and Angelique Chan. "Very low fertility in Pacific Asian countries." Ultra-low fertility in Pacific Asia: Trends, causes and policy issues (2008): 1-22.

Kang, Hye Jung, and Hyo Jin Song. "Recognition and Response to Low Fertility-Policy Response to Low Fertility in Japan." 한국위기관리논집 13.2 (2017): 1-16.

Lutz, Wolfgang, Vegard Skirbekk, and Maria Rita Testa. "The low-fertility trap hypothesis: Forces that may lead to further postponement and fewer births in Europe." Vienna yearbook of population research (2006): 167-192.

Rindfuss, Ronald R., Karen Benjamin Guzzo, and S. Philip Morgan. "The changing institutional context of low fertility." Population Research and Policy Review 22.5 (2003): 411-438.

Morgan, S. Philip. "Is low fertility a twenty-first-century demographic crisis?." Demography 40.4 (2003): 589-603.

Wasserstein, Ronald L., and Nicole A. Lazar. "The ASA's statement on p-values: context, process, and purpose." The American Statistician (2016).

Trafimow, D. and Marks, M. Basic Appl. Soc. Psych. 37, 1–2 (2015).

Open Science Collaboration. "Estimating the reproducibility of psychological science." Science 349.6251 (2015): aac4716.

Tibshirani, Robert. "Regression shrinkage and selection via the lasso." Journal of the Royal Statistical Society. Series B (Methodological) (1996): 267-288.

Zou, Hui. "The adaptive lasso and its oracle properties." Journal of the American statistical association 101.476 (2006): 1418-1429.

Hoerl, Arthur E., and Robert W. Kennard. "Ridge regression: Biased estimation for nonorthogonal problems." Technometrics 12.1 (1970): 55-67.

제4회 학봉상

/

대상

남한-북한-미국간 전략적 삼각관계의 변화

박천우 · 오현정

초록

대한민국은 한반도를 벗어나 존재할 수 없다. 이처럼 자명한 지정학적 운명을 고려할 때 남북관계는 한국 대외정책의 최우선적 과제일 수밖에 없다. 나아가 한국은 정부수립을 전후한 시점으로부터 오늘에 이르기까지 미국 중심 세계질서에 가장 긴밀히 편입된 국가다. 한미관계가 또 하나의 중심축일 수밖에 없는 이유다. 한편 북미관계의 향방 또한 남북관계와 한미관계 못지않게 한국의 미래를 좌우할 핵심적 변수라 할것이다. 때문에 본 논문은 남한, 북한, 미국 세 나라간 개별적 양국관계들의 총체인 '남북미 전략적 삼각관계'를 분석대상으로 삼았다. 지난 20년간의 남북미삼각관계의 변동을 면밀히 분석하여 한국 대북정책의 지혜로운 방향성을 모색하는 것이 본 논문의 최대 목표다.

이를 위해 본 논문은 디트머(Dittmer)의 전략적 삼각관계(strategic triangle) 분석틀과 하이더(Heider)의 인지적 균형이론(cognitive consistency theory)을 종합한 전략적 삼각관계 분석틀을 제시하고 이를 통해 '국민의 정부', '참여 정부', '이명박 정부', '박근혜 정부'를 거쳐 2018년 현재의 '문재인 정부' 시기를 아우르는 20여년간의 남한-북한-미국 간 전략적 삼각관계를 분석함으로써 첨예한 남-북-미 삼각관계 속에서 한국이 취해야 할 외교 정책적 함의를 도출해내고자 한다.

본 논문에서 말하는 '삼각관계'의 의미는 다음과 같다. 합리적으로 행위하는 세 행위자가 존재하고 이 때 한 행위자가 다른 두 행위자들의 관계에 영향을 미칠 수 있는 동시에, 역으로 두 행위자의 관계가 나머지 한 행위자에게 영향을 미칠 수 있을 때, 그리고 이러한 관계가 세 행위자들 간의 서로 다른 조합에서 이루어질 때, 이를 '삼각관계'가 존재한다고 한다. 한편, '전략적'이란 말의 의미는 "삼각관계가 세 행위자의 생존과 이익에 영향을 미치는 사안을 둘러싸고 형성되어 있을 때, 세 행위자가 삼각관계 내의 역학관계를 고려한 합리적 행동을 취한다는 것"이다.

본 논문은 세 국가가 형성하는 삼각관계를 분석 대상으로 삼는다. 우선 삼각관계에 대한 분석은 양자관계에 대한 분석을 통해 달성할 수 있는 분석 수준에 비해 보다 심층적인 분석을 가능하게 해준다는 점에 그 의의가 있다. 또한 여러 삼각관계들 중 한국의 외교 정책적 함의를 도출해내기 위해선 남한-북한-미국 간 삼각관계를 집중적으로 분석하는 것이 적실하다고 보았기에 본 논문은 남-북-미 전략적 삼각관계를 우선적으로 검토하였다.

본 논문은 1998년부터 2018년에 이르는 20여년간의 남-북-미 전략적 삼각관계를 분석 시기로 삼았는데 이는 국민의 정부, 참여 정부, 이명박 정부, 박근혜 정부, 그리고 문재인 정부에 해당하는 시기이다. 이것은 한국의 외교 정책적 함의를 도출하고자 하는 본 논문의 문제의식상 한국 행정부의 변화를 중심으로 최근까지의 남-북-미 삼각관계를 분석하는 것이 적실하다고 보았기 때문이다.

한편 본 논문은 1998년부터 2012년에 이르는 20여년 간의 시기를 1기부터 8기에 이르는 여덟 시기로 구분하여 남-북-미 전략적 삼각관계의 변화를 분석했다. 시기 구분을 위한 첫 번째 기준은 한국 행정부의 교체였으며, 두 번째 기준으로는 남-북-미 삼각관계의 성격이 결정적으로 전환되었던 시점을 고려했다. 미국에서 부시 행정부가 집권함에 따라 그 이전의 북미관계와는 전혀 다른 북미관계가 형성된 것은 물론 남-북-미 삼각관계의 성격 또한 전면적으로 전환되었던 것이 대표적인 사례다. 방향성은 정반대이지만 최근 트럼프 행정부의 집권 이후의 사례 또한 남-북-미 삼각관계의 성격이 전향적으로 전환된 교과서적 사례라 할 것이다. 한편, 2007년 2.13 합의 체제의 성립이나 2010년 5.24 조치 또한 그 이후 남-북-미 삼각관계가 전면적으로 전환되었던 점을 고려하여 본 논문의 분석 시기 구분을 위한 핵심 기준으로 고려되었다.

본 논문은 디트머의 전략적 삼각관계 분석틀을 하이더의 인지적 균형이론 및 여타 이론들에 대한 검토를 통해 보완한 삼각관계 분석틀을 제시하였다. 특히 디트머의 분석틀이 결여하고 있는 부분들을 보완하거나 한계점을 이론적으로 극복하고자 시도했다. 이를 위해 양자관계의 우호성내지 적대성의 정도를 섬세하게 고찰하기 위한 표기법을 고안했으며 나아가 디트머의 전략적 삼각관계 분석틀을 과연 각국 간의 힘의 균형이 결여된 남-북-미 삼각관계에도 적용할 수 있는지 그 가능성을 검토해보았다.

분석 작업은 우선 삼각관계를 구성하는 세 쌍의 양자관계들 각각이 우호적인지 적대적인지 여부를 판별한 후 그 정도를 +, - 부호를 이용해 표기했다. 그 후 세 쌍의 양자관계들이 형성하고 있는 삼각관계의 성격을 ①삼자공존(the me-nage a trois), ②로맨틱 삼각관계(romantic triangle), ③안정적 결혼(stable mar-riage) 의 세 가지 상태 중 하나로 규정했다. 이어서 모두 여섯 시기에 이르는 삼각관계가 어떤 메커니즘에 의해 어떤 과정을 거쳐 변화해왔는지에 대한 분석을 수행했다.

삼각관계에 대한 검토 결과, 1기와 4기, 그리고 8기의 경우는 '삼자공존' 상태였으며 2기와 3기의 경우가 '로맨틱 삼각관계' 상태, 그리고 5기와 6기 및 7기가 '안정적인 결혼' 상태였다. 또한 인지적으로 안정적인 삼각관계는 1기, 4기, 5기, 6기, 7기, 8기였으며, 인지적으로 불안정적인 삼각관계는 2기와 3기에서 찾아볼 수 있었다.

여덟 시기 동안의 삼각관계의 변화를 분석한 결과는 다음과 같다. 첫째, 남-북-미 삼각관계에 가장 큰 규정력을 행사하고 있는 것은 여전히 북미관계다. 그러나 남-북-미 삼각관계가 북미관계에 종속된 것은 아니며 여타 양자관계의 변화에 따라 달라질 수 있는 여지가 존재하고 있다. 둘째, 한미관계는 세 쌍의 양자관계 중 가장 변화의 폭이 적으나 여전히 상수가 아닌 변수이며 그 때문에 남-북-미 삼각관계는 '전략적 삼각관계'로써 실존한다. 셋째, 특정한 일국의 입장에만 치우치지 않았을 때, 가장 이상적인 남-북-미 삼각관계는 '삼자공존' 상태이다. 넷째, 한국의 입장에서 북한과 미국 어느 한 쪽만을 선택할 수 없는 구조적 한계를 직시할 때 가장 전략적인 선택은, 한국의 규정력이 실재하는 남북관계를 우호적 관계로 유지하면서 북-미 관계가 우호적 관계로 전환되도록 힘을 기울여 결과적으로 남-북-미 삼각관계가 '삼자공존' 상태로 유지될 수 있게 하는 것이다. 이를 정확히 보여주는 사례가 3기로부터 4기로 남-북-미 삼각관계가 변화하는 과정과 7기에서 8기로 남-북-미 삼각관계가 전환되는 과정이며, 반대로 4기에서 5기에 이르는 과정은 이의 반례라고 볼 수 있다. 다섯째, 한국은 한미관계와 북미관계에 미칠 수 있는 영향력이 크지 않다. 따라서 2018년 현재와 같이 남북관계에 있어 분명한 이니셔티브를 유지하는 것이 실리적이며 이는 당위적 판단이기 이전에 전략적 판단에 근거한다.

주요어: 디트머, 전략적 삼각관계 분석틀, 하이더, 인지균형이론, 남한-북한-미국 간 전략적 삼각관계, 대북 정책, 국민의 정부, 참여 정부, 이명박 정부, 박근혜 정부, 문재인 정부

Ⅰ. 서론

본 논문은 디트머(Dittmer)의 전략적 삼각관계(strategic triangle) 분석틀과 하이더(Heider)의 인지적 균형이론(cognitive consistency theory)을 종합한 전략적 삼각관계 분석틀을 제시하고 이를 통해 '국민의 정부', '참여 정부', '이명박 정부', '박근혜 정부', 그리고 2018년 6월 현재까지의 '문재인 정부' 시기를 아우르는 20여년간의 남한-북한-미국 간 전략적 삼각관계를 분석함으로써 첨예한 남한-북한-미국 간 삼각관계 속에서 한국이 취해야 할 외교 정책적 함의를 도출해내고자 한다. 이를 통해 이른바 '햇볕정책'을 필두로 한 한국의 대북정책의 방향성에 대한 그간의 논의들의 적실성을 이론적으로 검토해보고자 한다. 이를 위해 먼저 분석 대상과 분석 시기, 그리고 분석틀을 선정하게 된 이유를 차례로 소개한 후 본론으로 들어가고자 한다.

본 논문은 세 국가가 형성하는 삼각관계를 분석대상으로 한다. 삼각관계를 분석대상으로 삼고자 하는 것은 무엇보다도 삼각관계가 양자관계를 통한 설명만으로 달성할 수 있는 분석 수준에 비해 좀 더 심층적인 분석을 가능케 해주기 때문이다. 예컨대, 어떠한 계기에 의하여 특정한 양국 간의 관계가 개선될 수 있는 경우라 하여도 때로 그것이 삼국 간 관계의 불안정으로 귀결될 수도 있다는 점을 양자관계에 대한 분석만으로는 충분히 포착해내기 힘들다.

또한, 국제정치의 현실이 수많은 국가들 간의 무수한 상호관계로 얽혀 있을지라도 대개 많은 경우 3자 간의 관계가 그 제 관계들의 중핵으로 작용하는 경우가 많다는 점 역시 삼각관계 연구의 중요성을 역설한다. 그 뿐만 아니라, 오늘날 한반도를 둘러싼 국제정세를 결정지을 핵심요인 중 하나인 6자회담의 원형 또한 3자회담에 그 뿌리를 두고 있다는 점, 이른바 G-2로 불리는 미국과 중국을 사이에 둔 한국의 미래 전략을 고민할 때 자연스레 삼각관계를 전제한 분석을 수행하게 된다는 점 등을 고려해 보면 삼각관계 연구는 분명 그 나름의 의의가 있다고 볼 수 있다.

본 논문은 한국-북한-미국 간 삼각관계를 분석대상으로 삼는다. 가능하다면 한반도를 둘러싸고 있는 6자회담의 당사국인 미국, 중국, 러시아, 일본, 북한, 그리고 한국, 이 여섯 나라의 관계를 모두 함께 분석할 수 있는 총체적 연구가 가장 이상적일 것이다. 그러나 이는 한편의 논문을 통해 해결하기엔 지나치게 육중한 과제가 아닐 수 없다. 때문에 1차적으로 6자회담의 당사국인 여섯 국가 중 상대적으로 그 비중이 떨어지는 러시아와 일본을 제외한 4개 당사국인 미국, 중국, 한국, 북한을 추려낼 수 있었다.

이 네 국가를 분석 대상으로 상정할 때 떠올릴 수 있는 전략적 삼각관계의 쌍은 모두 네 가지이다. '북한－중국－미국', '남한－중국－미국', '남한－북한－중국', 그리고 '남한－북한－미국'이 그것이다. 이 중 앞의 두 삼각관계는 근래 가장 중요한 이슈로 떠오른 미중관계를 핵심 축으로 놓은 후 미국과 중국 양국에 비하여 상대적으로 분명한 약소국이라 할 수 있는 한국과 북한의 운신의 폭을 가늠해 볼 수 있다는 의의가 있다. 한편 뒤의 두 삼각관계는 한국의 입장에서 가장 중요한 양자관계인 남북관계를 준거점으로 두고 그에 가장 큰 영향을 미치고 있는 두 나라인 미국과 중국 양국의 규정력을 분석해봄으로써 한국과 북한의 입장에서 향후 나아갈 길에 대한 지혜를 모색해 볼 수 있다는 데 그 의의가 있다.

이 중 본 논문이 선정한 분석대상은 '남한－북한－미국 간 삼각관계'이다. 이는 사실상 분단체제 형성에 가장 큰 영향을 미쳤으며 여전히 한반도에 가장 큰 영향력을 행사하고 있는 패권국 미국과 남한－북한이 형성하고 있는 삼각관계를 살펴보는 것이 오늘날의 한반도 국제정세를 고려할 때 가장 시급한 과제라고 생각했기 때문이다. 특히 북핵 문제가 여전히 해결되지 않은 난제로 한반도의 운명에 큰 암운을 드리우고 있는 시점이라는 점을 고려할 때 더더욱 남한－북한－미국 간 삼각관계를 살펴보는 것이 핵심적인 연구 과제라 판단했다.

남한－북한－미국 간 삼각관계를 분석대상으로 하는 본 논문은 국민의 정부와 참여 정부, 이명박 정부, 박근혜 정부, 그리고 현재(2018. 8.) '문재인 정부'의 집권기를 아우르는 지난 20여년간(1998~2018)의 시기를 분석 시기로 한다. 우선 남한－북한－미국 간 삼각관계의 경우 이명박 정부 이전 시기까지의 분석이 수행된 바 있다. 때문에 본 연구에서는 아직 남한－북한－미국 간 삼각관계에 대한 분석이 이루어지지 않은 이명박 정부 집권기를 추가적으로 살펴볼 필요가 있다고 보았다.

본 연구는 국민의 정부, 참여 정부, 이명박 정부, 박근혜 정부, 문재인 정부로 이어지는 지난 20년간의 각 시기별 남한－북한－미국 간 삼각관계의 지속과 변화를 비교 분석하는 작업을 수행할 것이다. 이러한 작업을 통해 본 연구는 궁극적으로 향후 한국의 외교 정책적 함의를 도출해 내고자 한다. 2018년 오늘의 현실이 한국, 북한, 미국 모두 신정부가 출범하여 한반도 질서의 새 틀을 짜 가고 있는 패러다임의 전환기라는 사실을 고려할 때 최근까지의 남한－북한－미국 간 삼각관계의 변화를 살펴보는 것은 대단히 중요한 과제라 하지 않을 수 없을 것이다.

이 작업을 위해 본 논문은 먼저 지난 20년간의 시기를 모두 총 여섯 시기로 구분할 것이다. 시기 구분의 1차적 기준은 국민의 정부, 참여 정부, 이명박 정부, 박근혜 정부, 문재인 정부로 이어지는 한국의 정권 교체이다. 이는 한국의 외교 정책적 함의를 도출해내고자 하는 본 논문의 문제의식을 고려할 때 한국의 대외정책이 전환되는 핵심적 요인인 한국 행정부의 교체를 시기 구분의 기준으로써 우선적으로 검토할 필요가 있다고 보았기 때문이다.

또한 본 논문은 분석 시기 구분의 2차적 기준으로 남한－북한－미국 간 삼각관계의 성격이 전면적으로 변화하는 시점들을 중점적으로 검토하였다. 본 연구가 남한－북한－미국 간 삼각관계의 변화를 분석대상으로 삼고 있음을 고려할 때 삼각관계가 전환되는 핵심적 분기점에 주목해야 하는 것은 필연적 과제라 할 수 있기 때문이다. 이러한 기준들을 고려하여 본 논문은 지난 20년간의 시기를 모두 여섯 시기로 구분한 후 각 시기별 남한－북한－미국 간 삼각관계의 지속과 변화를 검토할 것이다.

끝으로, 본 논문은 디트머의 전략적 삼각관계 분석틀과 하이더의 인지적 균형이론을 검토하고 이를 종합한 전략적 삼각관계 분석틀을 제시한 후 이를 통해 지난 20년간의 남한－북한－미국 간 삼각관계의 변화를 고찰할 것이다. 우선 하이더의 인지적 균형이론은 기본적으로 개인을 행위자로 설정한 후 세 명의 개인 간의 상호 관계를 고찰하는 이론이다. 한편 디트머의 논의는 국가를 행위자로 놓은 후 세 국가 간 역학관계를 분석하기 위한 이론적 모색이다.

분석 수준에 있어서 두 이론은 개인과 국가라는 현격한 차이를 보이고 있으며 실제 이론이 발전해 온 맥락 또한 상이한 면이 크다. 그러나 두 이론 모두 세 주체들이 서로 간에 주고받는 관계성의 동학을 설득력 있게 밝혀내고 있다는 공통점이 있다. 따라서 본 연구는 이러한 공통점에 착안하여 디트머의 전략적 삼각관계 분석틀을 하이더의 인지적 균형이론을 통해 보완한 삼각관계 분석틀을 제시한 후 이를 통해 남한－북한－미국 간 삼각관계의 변화를 분석하고자 한다.

Ⅱ. 선행연구 검토를 통한 분석틀 제시 및 분석 대상

본 논문은 남한－북한－미국 간 삼각관계의 변화를 분석하고자 한다. 세 국가가 이루는 삼각관계를 분석하는 분석틀을 고안하고자 했던 연구로는 디트머의 이론이 대표적이다. 따라서 본 논문은 디트머의 논의를 먼저 검토한 후 디트머 이론의 한계들을 검토한 후 이를 보완하는 작업을 수행하고자 한다.

그런데 디트머의 전략적 삼각관계 분석틀은 여타 인지심리학 이론들과 유사한 기반을 공유하는 측면이 있다. 예컨대 다자관계에서 각 행위자들의 서로에 대한 인식과 태도가 행동에 영향을 미친다는 점과 각 행위자들이 인지적 불일치를 경험하게 되는 경우 그 상태를 견디지 못하고 인지적 일치 상태, 즉 안정 상태로 나아가려는 경향을 보인다는 가정을 디트머의 이론과 인지심리학 이론들이 공유하고 있기 때문이다.

특히 디트머의 전략적 삼각관계 분석틀은 하이더의 인지적 균형이론과 많은 부분을 공유하고 있다. 물론 서론에서 지적한 것처럼 디트머의 분석틀은 '국가'를 분석단위로 하며 하이더의 이론은 '개인'을 분석단위로 설정하고 있다는 데서 결정적인 차이가 존재한다. 그러나 전략적으로 행위하는 세 행위자 상호 간의 역학관계에 대한 분석을 통해 세 행위자들 간의 전략적 선택과 행동들을 설득력있게 설명해내는 데 성공했다는 점에서 두 이론은 공통기반을 가지고 있다.

따라서 본 논문은 디트머의 전략적 삼각관계 분석틀과 하이더의 인지적 균형이론을 종합적으로 검토하여 분석에 원용할 것이다. 이를 위해 우선 2장 1절에서는 디트머의 전략적 삼각관계 분석틀을 먼저 검토할 것이며 이어지는 2절에서는 하이더의 인지적 균형이론을 살펴보도록 하겠다.

이 과정을 통해 디트머 분석틀의 부족한 부분들을 하이더의 이론을 통해 보완하는 작업을 수행할 것이다. 이어서 3절에서 기존의 이론들을 본 논문의 분석대상인 남한－북한－미국 간 삼각관계에 적용하는 것이 타당한지 여부를 검토한 후 4절을 통해 최종적으로 본 논문의 분석틀을 구성하도록 하겠다. 끝으로 5절에서는 분석 대상과 분석 시기에 대해 자세히 논할 것이다. 특히 모두 여섯 개의 시기로 분석 시기를 구분하게 된 이유에 대해 상술할 것이다.

1. 디트머의 전략적 삼각관계 분석틀

디트머는 미국-소련-중국 간의 삼각관계에 대한 분석 과정에서 '전략적 삼각관계 분석틀'을 제시한 바 있다. 디트머의 논의를 살펴보기 위해서 먼저 '삼각관계'란 무엇인지에 대해서부터 정의할 필요가 있다. 일단, 세 명의 행위자가 존재하고 이 때 한 행위자가 다른 두 행위자들의 관계에 영향을 미칠 수 있고, 역으로 두 행위자의 관계가 나머지 한 행위자에게 영향을 미칠 수 있을 때, 그리고 이러한 관계가 세 나라 사이의 서로 다른 조합에서 이루어질 때, 우리는 삼각관계가 존재한다고 할 수 있다.

다음으로 디트머가 제시한 전략적 삼각관계 분석틀에서 '전략적'이란 말의 의미를 검토할 필요가 있다. 디트머 논의의 맥락에서 '전략적'이란 삼각관계가 세 행위자의 생존과 이익에 영향을 미치는 사안을 둘러싸고 형성되어 있을 때, 세 행위자가 삼각관계 내의 역학관계를 고려한 합리적 행동을 취한다는 의미이다.

이상의 논의를 종합할 때, 디트머에 따르면 '전략적 삼각관계'란 세 행위자 사이의 '교차 게임의 일종'으로 각 행위자가 합리적 선택을 한다는 시각이다. 디트머는 삼각관계의 유형이 세 행위자의 관계에 따라 다음 세 가지 유형으로 구분된다고 한다. ①삼각경영관계(the menage a trois, 삼자 동거 관계라고는 함), ②로맨틱 삼각관계(romantic triangle), ③안정적 결혼(stable marriage)의 세 가지 유형이 바로 그것이다.

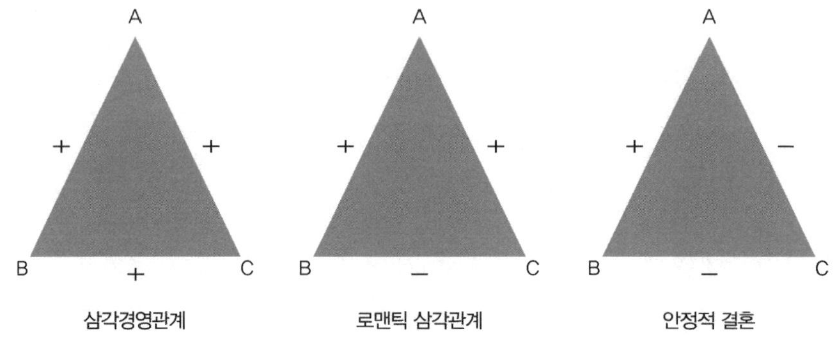

▣ 그림 1 삼각관계의 유형{이상숙(2009)}

<그림 1>[1)]은 이 세 유형의 전형적인 경우를 도식화한 것으로 이를 참조하면

1) 이상숙, 2009. "북-미-중 전략적 삼각관계와 제2차 북핵위기: 북한의 위기조성 전략을 중심

이해에 도움이 될 것이다. <그림 1>에서 + 부호는 양자 간의 관계가 우호적임을 의미하고, − 부호는 양자 간의 관계가 적대적임을 뜻한다. 이를 염두에 두고 세 가지 유형의 삼각관계를 설명해보자면 다음과 같다.

예를 들어 , A와 C가 모두 B와 서로 우호적 관계를 맺고 있으며 B와 C 또한 서로 간에 우호적 관계를 유지하고 있다면 이는 안정적이고 지속가능한 '삼각경영관계'다. 그러나 A와 C는 서로 우호적인 관계지만, A와 우호적인 B는 C와 적대적인 관계인 경우라면, 이는 C와 B가 A를 사이에 두고 A의 호감을 얻기 위해 일종의 사랑싸움을 벌이는 '로맨틱 삼각관계'가 되는 것이다. 끝으로, 만약 A가 C와의 우호적 관계를 청산하고 적대적 관계로 전환한 후 B와 우호적 관계를 맺게 된다면, 그것이야말로 A와 B의 '안정적 결혼'상태가 되는 것이다. <그림 2>를 참조하면 조금 더 이해가 쉬울 것이다.

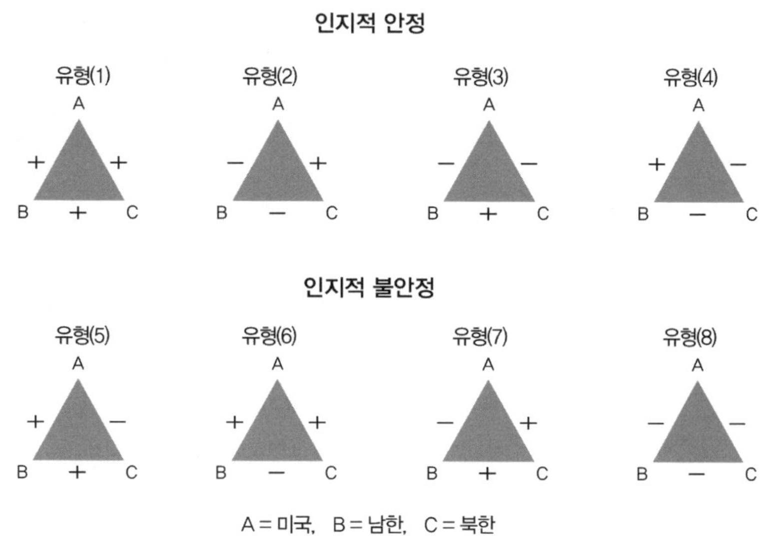

▣ 그림 2 삼각관계의 유형들{서보혁(2008)}

<그림 2>[2]에서 확인할 수 있는 것처럼, 행위자 셋을 상정하고 양자 간의 관계가 우호적(+)이거나 비우호적(−)인 두 경우만 가능하다고 전제할 경우 삼국 간

으로", 『국제정치논총』, 제49집 5호. p.133

2) 서보혁, 2008. "탈냉전기 한반도 안보질서 변화에 관한 연구: 남·북·미 전략적 삼각관계를 중심으로", 『국가전략』, 제14권 2호. pp.67

에 형성되는 삼각관계는 모두 여덟 가지 경우의 수 중에서 결정될 수밖에 없다. <그림 2>는 이 여덟 가지 경우의 수를 인지적으로 안정인 경우와 인지적으로 불안정한 경우로 크게 나누고 있는데 이는 2절에서 살펴 볼 하이더의 인지적 균형 이론을 참조하면 더욱 이해가 쉬운 부분이다.

우선 간략히 설명하자면 삼각관계가 인지적으로 안정적인지 불안정적인지 여부를 판별하는 것은 각 양국 간에 형성되는 관계에 해당하는 삼각형 각 변의 부호를 곱했을 때 나오는 부호로 판단할 수 있다. 즉 어떠한 삼각관계건 간에 그 속에서 양국이 형성하고 있는 양자관계는 모두 세 쌍일 수밖에 없는데, 이 때 각 쌍마다 우호적인지 비우호적인지에 따라 부호를 결정한 후 각 쌍의 부호를 모두 곱했을 때 그 결과가 양이 나오면 '인지적 안정 상태'로 음이 나오면 '인지적 불안정 상태'로 개념화 할 수 있는 것이다.

여기서 인지적으로 안정적이라는 것은 현재의 상태를 지속하려는 경향을 보인다는 것이며, 반대로 인지적으로 불안정하다는 것은 현재의 인지적 불안정 상태를 벗어나 인지적 안정 상태로 나아가려는 경향을 갖게 된다는 의미이다. 이 또한 2절에서 좀 더 자세히 논의할 것이다.

앞서 언급한 것처럼 디트머는 삼각관계를 ①삼자 동거 관계, ②로맨틱 삼각관계, ③안정적 결혼이라는 세 가지 유형으로 분류했다. 이를 위 <그림 2>에 제시된 8가지 유형에 적용해 보면 먼저 유형(1)의 경우가 전형적인 '삼각경영관계'라 할 수 있다. 한편 '로맨틱 삼각관계'에 해당하는 것은 유형(5), 유형(6), 유형(7)에 해당하며 '안정적 결혼' 상태라 볼 수 있는 것은 유형(2), 유형(3), 유형(4)의 경우라고 할 수 있다.

다양한 유형 중 가장 중요하게 분석해야 할 유형은 역시 '로맨틱 삼각관계'라 할 수 있다. 우선 '삼자 동거 관계'와 '안정적 결혼 상태'의 경우 기본적으로 인지적 안정 상태이기 때문에 변화를 추동하는 원심력보다는 현상유지를 강제하는 관성 내지 구심력이 강한 유형이라고 할 수 있다. 때문에 전략적 삼각관계의 '변화'에 초점을 맞추는 본 논문에 있어 관심의 초점은 '로맨틱 삼각관계'에 맞추어질 수밖에 없다.

그러나 디트머의 논의는 인지적 안정 내지는 불안정에 대한 분석이 생략되어 있다. 디트머가 논의한 전략적 삼각관계의 유형을 원형 그대로 검토하기 위해서는 다음 <그림 3>[3)]을 참조할 필요가 있다.

디트머는 국가를 전략적으로 행위하는 주체로 보았으며 이러한 국가들이 구성하는 삼각관계를 분석하고자 했다. 디트머는 각국의 선호와 국력이 변하게 되면 자연스레 삼각관계라는 구조적 틀 속에서 각국은 전략적 판단을 내리게 될 것이며 이는 삼각관계의 상황 변화로 이어지게 된다고 보았다.

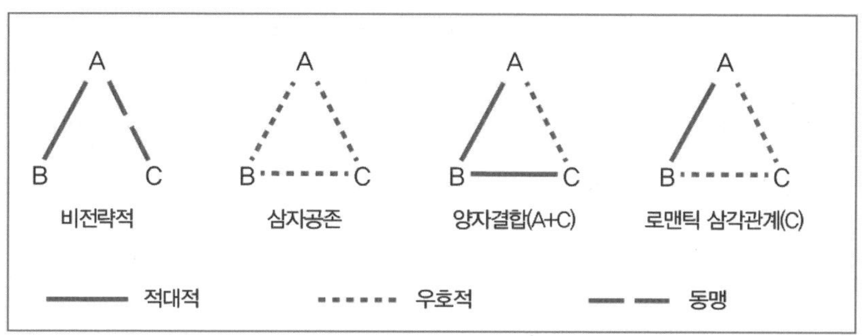

▣ 그림 3 **전략적 삼각관계의 유형{백창재(2011)}**

디트머는 서로 상호작용하는 국가 간 메커니즘에 영향을 줄 수 있는 요인으로 다음 세 가지를 제시한 바 있다. ① 우호적이거나 적대적인 두 경우의 수를 내포한 가치(Value), ② 관계의 대칭성 내지는 비대칭성, 그리고 ③ 첫 번째와 두 번째 요인에 의해 변하게 되는 제 3국과의 관계가 바로 그것이었다.

그런데 이 지점에서 디트머가 특히 주목했던 것은 '국력의 차이(power)'와 '상호성의 비대칭성(asymmetry of reciprocity)'였다. 국력의 차이는 실질적으로 자신의 의지를 관철시킬 수 있는 힘으로 이어지므로 어떠한 삼각관계 유형 하에서건 국력이 강한 국가가 그렇지 않은 국가에 비해 더욱 큰 영향력을 발휘할 수 있는 것이다.

또한 상호성의 경우는 삼각관계를 이루는 세 쌍의 양자관계에 있어 각각 대칭적으로 배분되거나 비대칭적으로 분배되게 된다. 이는 상호 간 거래에 있어 한쪽에게만 더욱 유리한 상황으로 이어지게 되므로 이러한 비대칭적 상황이 계속되는 경우 이는 각 당사국들의 선호가 바뀌는 결과로 이어질 수 있다는 것이 디트머의 분석이었다.

그런데 지금까지 살펴 본 디트머의 논의는 다음과 같은 한계점들을 갖고 있다.

3) 백창재, 미중관계의 장래와 한국외교, 한국과 국제정치, 27권 4호(2011), p.80

우선, 디트머의 전략적 삼각관계 분석틀은 삼각관계를 구성하는 세 쌍의 양자관계의 성격을 우호적이거나 비우호적인 경우만으로 판별함으로써 양자관계에 있어 우호적 관계와 적대적 관계가 동시에 발현될 수 있음을 포착하지 못했다는 점에서 한계가 있다.

또한 양자 간의 우호성 내지는 적대성의 정도가 항상 같지 않다는 점으로 미루어 볼 때 이러한 정도의 차이를 디트머의 전략적 삼각관계 분석틀만으로는 적실하게 표현해 낼 수 없다는 문제점 또한 노정하고 있다. 이는 각국 간의 적대성/우호성의 정도가 상황에 따라 변화하고 있으며 그 변화의 정도가 매 국면마다 상이한 현실을 분석하는 데 있어 디트머의 분석틀이 충분한 적실성을 담보할 수 없음을 의미한다.

끝으로, 무엇보다도 디트머의 분석틀은 미국－중국－소련 간의 삼각관계를 분석한 것으로 세 국가 간의 국력차이가 그렇게 크지 않은 경우를 전제한 것이었다. 때문에 본 논문이 분석하고자 하는 남한－북한－미국 간 삼각관계의 경우처럼 세 국가 간 힘의 차이가 너무도 분명한 경우에도 디트머의 분석틀을 적용하는 것이 타당한지에 대한 문제제기가 가능하다.

따라서 필자는 이어지는 2절과 3절을 통해 이러한 디트머 분석틀의 한계를 보완하고자 한다. 먼저 2절에서는 하이더의 인지적 균형이론을 살펴봄으로써 양자 간의 우호적 관계와 적대적 관계를 종합적으로 검토하는 동시에 우호성 내지는 적대성의 정도를 세분화할 수 있는 방안을 모색할 것이다. 나아가 3절에서는 과연 힘의 균형이 이루어진 강대국들 간의 삼각관계를 분석한 디트머의 논의를 본 논문의 분석 대상인 남한－북한－미국 간 삼각관계와 같이 그러한 힘의 균형이 존재하지 않는 경우에 적용하는 것이 타당한지에 대해 검토하도록 하겠다. 이러한 고찰의 종합을 통해 4절에서 본 논문의 분석틀을 최종적으로 제시하고자 한다.

2. 하이더의 인지적 균형이론

하이더는 사람들이 어떤 대상에 대해 지닌 태도와 다른 사람과의 관계들 사이에 조화와 균형을 유지하려는 동기가 있다고 보았다. 하이더의 인지적 균형이론에 대한 이해를 돕기 위해 먼저 <그림 4>를 살펴보도록 하겠다.

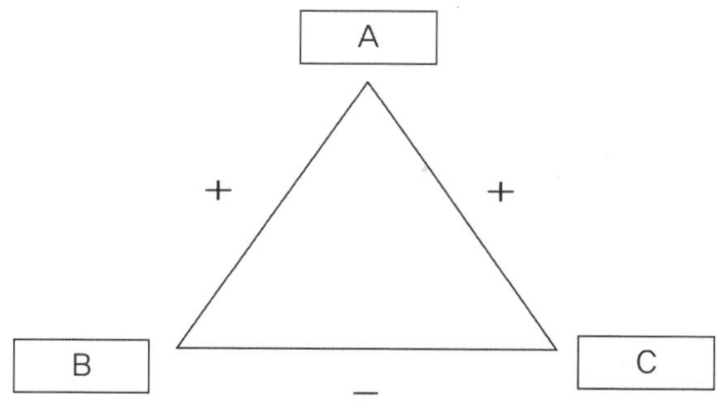

▣ 그림 4 **하이더의 인지적 균형이론**

가정을 해보자. 예컨대 정치학과 학부생 A는 C를 좋아한다.(+) 그런데 A의 절친한 친구(+)인 외교학과 학부생 B는 C와 앙숙 사이(−)다. 어느 날 학기가 종강을 한 기념으로 A와 B가 술자리를 가졌다. 어둠이 깊어가고 달빛이 차오르는 가운데 얼큰히 취기가 오른 둘 사이에 자연스레 C에 대한 얘기가 나왔다. 이 경우 A는 절친인 B를 좋아하고 있지만 그럼에도 불구하고 B가 자신이 좋아하는 C를 싫어한다는 사실만큼은 도저히 좋아할 수 없다.

하이더에 따르면 이는 인지적 불일치 상태인데, 이 경우 사람들은 다시금 안정적인 인지적 일치(균형) 상태를 추구하게 된다. 인지적 불균형 상태가 초래하는 불편함을 지속적으로 감당하는 것이 힘들기 때문이다. 하이더는 "균형상태란 지각된 단위와 경험된 감각이 스트레스 없이 공존하는 상태를 가리킨다"고 정의한 바 있다(Heider, 1958, p 176.).

이때 균형 상태를 추구하려 하는 A가 취할 수 있는 방법은 모두 세 가지다. ① B를 설득해 C에 대해 긍정적인 입장으로 돌아서게 하는 것, ② B와 C 중 B를 택하는 것, 즉 자신이 C에 대한 긍정적 입장으로부터 부정적 입장으로 돌아서는 것, ③ B와 C 중 C를 선택하는 것, 즉 C를 반대하는 B와의 교류를 끊고 기존의 C 에 대한 찬성 입장을 강화하는 것이 그것이다. 하이더는 이 중 최소한의 노력으로 균형이 회복되는 쪽으로 변화의 방향이 결정된다고 보았다.

그런데 하이더의 이론에는 양자 간 관계의 '정도'를 섬세하게 구분할 수 있는 이론적 틀이 존재하지 않는다. 그저 긍정적이거나 부정적이거나 둘 중의 한 가지 경우만을 상정할 수 있을 뿐이다. 하이더의 이론은 각각의 양자관계들이 + 혹은 -

로 규정한 후 이 세 쌍의 양자관계의 부호들을 각각 곱했을 때 그것이 양의 부호가 나오는지 음의 부호가 나오는지에 따라 인지적 균형상태인지 그렇지 아닌지를 판별하는 데 그치고 있을 뿐이다.

이상의 검토를 통해 디트머의 전략적 삼각관계 분석틀이 결여했던 양자관계의 우호성/적대성의 정도를 섬세하게 포착할 수 있는 이론적 자원은 하이더의 이론에서 또한 결여되어있음을 확인할 수 있다. 따라서 필자는 본 연구를 통해 양자관계의 우호성/적대성의 정도를 표현하기 위해 총 7 단계의 척도를 고안하여 적용하고자 한다.

이러한 시도는 양자관계가 단순히 우호적(+)인지 적대적(−)인지를 판별하는 데 그치는 것이 아니라, 그 정도를 각각 세 단계씩(−, −−, −−−, +, ++, +++)으로 세분화하여 양자관계의 성격을 규정함으로써 인지적 균형 내지는 불균형의 정도가 다양할 수 있음을 표현하여 분석틀의 설명력을 제고하고자 하는 노력의 일환인 것이다. 이는 인지적 균형 상태의 정도가 큰 경우 현 상태를 유지하려는 관성이 더욱 강할 것이며, 인지적 불균형 상태가 크면 클수록 그 불균형 상태를 벗어나고자 하는 동력이 강하게 작용할 수 있을 것이란 판단과 그 맥락을 같이하는 것이다.

3. 남-북-미 삼각관계와 전략적 삼각관계 분석틀

합리적 행위 주체인 국가를 분석단위로 한 디트머의 전략적 삼각관계 분석틀에 대해 살펴보았다. 그런데, 디트머의 이론은 국가간 관계를, 구체적으로는 미국−중국−소련 간 삼각관계를 분석한 것으로, 두 명의 행위자와 하나의 대상을 상정한 위의 사례와 완전히 같다고 볼 순 없다. 나아가 디트머의 경우는 사실상 결정적인 능력의 차이가 없는 행위자(=국가)들을 전제로 이론을 전개해 나갔다는 점에 유념할 필요가 있다. 즉 핵을 보유한 초강대국들 간의 삼각관계를 고찰했던 분석틀이 디트머의 논의였던 것이다.

그런데 동아시아 지역 내에선 미국의 힘이 압도적이며 최근 중국의 영향력이 급부상했다고 해도 사실상 여전히 미국의 패권적 영향력이 상존하고 있는 것이 현실이다. 이를 생각할 때, 남한−북한−미국 간의 삼각관계의 경우는 디트머가 전제했던 세 국가 간의 '힘의 대등성'이 성립하지 않는 상황인 셈이다. 바로 그 때문에, 디트머를 위시한 여타 전략적 삼각관계 분석틀을 남한－북한－미국 간 삼각관계에 적용하기 위해선 바로 이 지점의 이론적 난제를 돌파해야만 한다.

그렇다면 이처럼 '힘의 대등성'이 확보되지 않았으며 앞으로도 당분간 그럴 가능성이 극히 희박한 동북아의 국제정세에 디트머의 전략적 삼각관계이론을 적용하는 것은 불가능한 것인가? 기존에 삼각관계를 분석했던 연구들 또한 바로 이 지점을 이론적으로 돌파하기 위한 노력을 기울여왔다. 따라서 관련된 선행 연구들에 대한 이론적 고찰을 통해 과연 이 지점이 극복 가능한 것인지 살펴보기로 하자.

우선, 미국－중국－일본 간 삼각관계를 분석한 최운도(2003)의 경우는 기본적으로 디트머의 전제와 핵심 논지를 그대로 수용한다. 즉 '힘의 대등성'이 전제되지 않은 행위자들간의 관계에는 전략적 삼각관계의 분석틀을 적용대상할 수 없다는 것이다. 부연하자면 두 강대국들과 약소국이 형성하는 관계는 디트머가 규정했던 개념상의 '삼각관계'를 이룰 수는 있으나 그들 간의 상호작용은 세 나라 사이의 일반적 관계를 구성하지도 못하고 지속적이지도 못하며, 때문에 국제 체제내의 이익분배에 영향을 줄 정도로 일반적이지도 못하다고 한다.

결과적으로 이 연구는 디트머 연구의 전제에 어긋나는 경우에는 디트머의 분석틀을 적용할 수 없다고 보고 있다. 때문에 이 연구 결과를 수용한다면 본 논문에서 분석하고자 하는 남한－북한－미국 간 삼각관계는 아예 전략적 삼각관계로 분석하는 것 자체가 불가능해진다.

남한－북한－미국 간 삼각관계를 분석한 서보혁(2008)은 이러한 문제점을 남한－북한－미국 간 삼각관계의 특수성에 대한 강조를 통해 극복하려는 시도다. 정공법이라기보다는 지역적 특수성을 강조하면서 전제의 상황적 '분리'를 통해 이론 적용 범위의 확대를 도모한 사례라 할 수 있다.

서보혁은 남한－북한－미국 간 삼각관의 경우, ① 평화, 안보, 통일 등 세 행위자의 이익에 중대한 영향을 미칠 수 있는 사안들이 항상 작동하여 왔고, ② 그것을 둘러싸고 세 행위자간 복잡한 상호작용이 지속되어 왔으며, ③ 일방의 이익 혹은 어느 한 양자관계의 변화가 다른 두 행위자의 이익 혹은 다른 두 양자관계에 영향을 미쳐왔고, ④ 이러한 양상은 오랜 시간을 거쳐 구조화 되었기 때문에 이런 요소와 행동방식에 변화가 없는 한 전략적 삼각관계가 성립할 수 있고 지속될 수 있다고 지적한다. 또한 전략적 삼각관계론으로 남한－북한－미국 간 삼각관계를 논하는 것은 지금까지 한반도 질서가 유지되어 온 요인과 변화 가능성을 삼각관계라는 '중범위 수준'에서 찾는다는 의미를 가질 수 있음을 강조하고 있다.

결국 남한과 북한, 그리고 미국 사이에 디트머가 논의했던 힘의 균형이나 힘의 대등성은 존재하지 않지만 남한-북한-미국 간 삼각관계의 역사적 특수성을 강조하는 방법으로 디트머의 전제를 극복하려는 시도인데 이는 나름의 적실성을 확보하고 있다고 볼 수 있다. 힘이 대등한 국가들 간의 관계에만 전략적 삼각관계 분석틀을 적용할 수 있다면 그 논리적 엄밀성을 유지할 수 있을지는 몰라도 이론의 확장성을 얻는데 실패하여 지나치게 협소한 설명력을 확보하는 것에 그칠 수 있기 때문이다.

한편, 제2차 북핵위기를 중심으로 북한-중국-미국 간 삼각관계를 분석한 이상숙(2009)의 경우는 서보혁의 시도와 큰 틀에서는 궤를 같이하나 이를 좀 더 일반적 차원에서 극복하려는 시도이다. 이상숙은 먼저 디트머의 지적처럼 힘의 대등성이 전제되지 않은 삼국 간의 관계에 전략적 삼각관계 분석틀을 적용하는 것은 일반적 법칙을 이끌어내는 데 적합하지 않다는 데 동의하고 있다.

그러나 이상숙은 단순히 동북아시아에 국한된 북한-중국-미국 간 삼각관계의 특수성을 강조하는 데 그치지 않고, 비대칭관계에서 약소국이 취할 수 있는 전략을 보다 일반적 차원에서 살피고 있다. 그는 일반적으로 약소국의 지도자들은 강대국과의 불평등관계를 평등관계로 변화시킬 수는 없지만 이를 완화하려는 경향이 있으며 이를 위해 약소국은 대개 네 가지 전략을 취하게 된다고 말한다.

그 네 가지 전략이란 ①다자적 연합이나 합의에서 강대국과 같이 참여하는 것, ②지역 연합에서 또는 공동 이익의 문제에 대해 다른 약소국과 같이 참여하는 것, ③약소국이 강대국에 도전할만한 다른 강대국과 동맹을 맺는 것, ④약소국 스스로가 핵무기를 개발하여 강대국으로부터의 치명적 위협에 대항할 대응 위협을 확보하는 것이다.

이상숙은 예컨대 북한의 핵무기 개발은 전형적인 ④번 전략이라고 지적하며 결과적으로 특정 지역 내의 삼각관계에 대한 분석은 '삼각관계 자체의 일반적 특성'과 '비대칭성'을 동시에 검토해야한다고 지적한다.

이상숙의 논의는, 결과적으로 비대칭성이 존재하는 경우의 특수성을 강조했다는 점에선 서보혁과 다를 바가 없을지 몰라도 보다 일반론적으로 비대칭 관계에서의 약소국의 선택을 검토하면서 디트머의 전제가 성립하지 않는 경우에도 전략적 삼각관계 분석틀을 적용할 수 있다는 주장으로 나아갔다는 점에서 보다 진일보한 측면이 있다고 평가할 수 있다.

이와는 달리 디트머의 이론을 언급하지 않고 곧바로 인지적 균형이론을 1980년부터 2000년까지의 남한-북한-미국 간 삼각관계에 적용한 정민수의 경우는 서보혁과 이상숙의 돌파 시도와는 조금 다른 결의 접근이다.

정민수(2007)는 '반미주의'를 핵심 변수로 삼고 앞서 언급했던 인지적 균형이론을 곧바로 분석틀로 사용하고 있다. 정민수는 이 과정에서 전략적 삼각관계 분석틀과 같은 분석 방법을 국가 간 수준뿐만이 아니라 국가 내부 수준에도 적용하고 있는데 이 과정이 아직은 엄밀한 이론적 검토 후에 이루어진 것으로 보이진 않으나 한번쯤 논의를 면밀히 검토하고 다듬어 보완 발전시켜 볼 여지가 있다고 생각한다.

이는, 디트머가 상호 대등한 세 나라의 경우에만 전략적 삼각관계를 적용가능하다고 했으나 이론적 보완을 통해 비대칭적 상황에도 그 틀을 적용할 수 있는 가능성이 열릴 수 있었던 것처럼, 앞으로는 기존에 국가 간 관계에만 적용하던 것을 국가내부, 혹은 국내정치와 국제정치에 공히 동시에 적용할 수 있게 될 가능성이 확보될 수도 있기 때문이다.

또한 정민수는 <그림 5>와 <그림 6>에서 볼 수 있는 것처럼, 인지적 균형이론에 기반을 둔 전략적 삼각관계 분석틀을 국가 내 수준에 적용하려는 시도를 하는 것뿐만 아니라 동북아의 6자회담 당사국 모두를 인지적 균형이론으로 함께 설명하고자 하는 과감한 모델의 확장 및 응용을 선보이고 있다.[4]

물론 '반미주의'라는 추상적 개념을 핵심으로 삼아 그 반미주의의 정도에 따라 동북아 6개국 간의 전략적 관계를 모두 규명할 수 있다는 건 지나친 과욕일 수밖에 없다. 다양한 층위에서 분석틀의 적용가능성을 검토해보고 때로는 고정관념을 뛰어넘어 유연한 상상력을 발휘하는 것은 분명 연구자로써 중요한 덕목이겠으나, 정민수의 논의는 아직 논의가 성기고 촘촘하지 않은 지점들이 많이 엿보이는 동시에 아이디어의 제시 수준에 그치고 있는 측면이 있다.

어쩌면 이는 연구 분과, 즉 field의 차이가 가져오는 차이일 수도 있다. 그러나 다시 한 번 강조하고 싶은 것은 과거 디트머가 양자관계가 아닌 삼각관계에 주목할 필요성을 강조하면서 전략적 삼각관계론의 초석을 놓았던 것처럼, 이 전략적 삼각관계 분석 모델을 4자간, 5자간, 나아가 6자간에도 적용해보려는 시도는 분명 유의미한 것이며 때문에 도전해 볼만한 가치가 있을 수 있다는 점이다.

4) 정민수, "인지적 균형이론을 적용한 분단체제의 거시 메커니즘: 1980~2000년의 남북미 관계를 중심으로,『현대북한연구』, 10권 1호(2007), pp.7~50.

한편, 미중관계의 장래와 한국 외교에 대해 논한 글에서 백창재(2011) 또한 과연 핵을 보유한 초강대국이었던 미국, 소련, 중국을 분석한 디트머의 틀을 세 나라 모두가 초강대국이 아닌 경우에도 적용할 수 있는지에 대해 고찰한 바 있다. 이 문제에 대해 백창재는, 전략적 삼각관계를 구성하기 위한 논리적 요건은 "상대방이 정당한(legitimate), 즉 독립적인 행위자이며 전략적인 중요성(salience)을 지니고 있다고 각국이 인정하는 것"(Dittmer, 1981: 490-491)이기 때문에 세 나라 모두가 초강대국이 아닌 경우에도 디트머의 분석틀을 적용할 수 있다고 보고 있다.

나아가 백창재는 예컨대 미국-중국-한국 간 삼각관계에서 한국은 미국과 중국에 비해 현저히 국력이 작은 행위자이므로 어떠한 삼각관계의 유형에서든 하위 행위자(junior partner)의 지위에서 전략적 선택을 하게 되는데 디트머의 논리는 이 부분까지 살피지 않은 공백이 있으므로 디트머의 논리와 분석틀을 넘어 전략적 삼각관계의 각 유형에서 하위 행위자의 선택과 이해관계에 초점을 맞출 필요가 있다고 지적하고 있다. 이는 앞서 살펴본 이상숙(2009)의 연구와 일맥상통하는 부분으로, 하위 행위자의 지위를 필연적으로 고려할 수밖에 없는 한국의 경우 그 적실성이 더욱 큰 지적이라고 볼 수 있다.

▣ 그림 5 하이더의 인지적 균형이론을 적용한 분단체제의 변동구조{정민수(2007)}

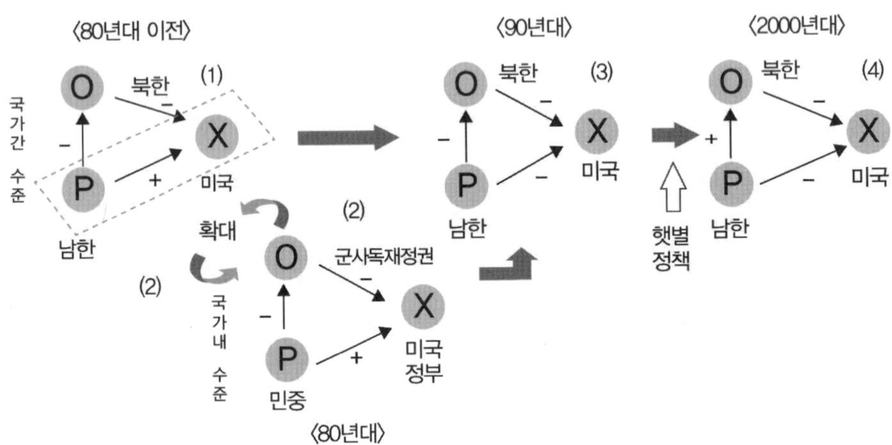

* 참조: + 우호적 관계, - 적대적 관계(pox 관계에서 -가 짝수이면 균형상태임). 특히, 균형이론은 pox 관계가 불균형적일 경우 필연적으로 균형관계로 보정된다는 것을 주장하는 이론임.

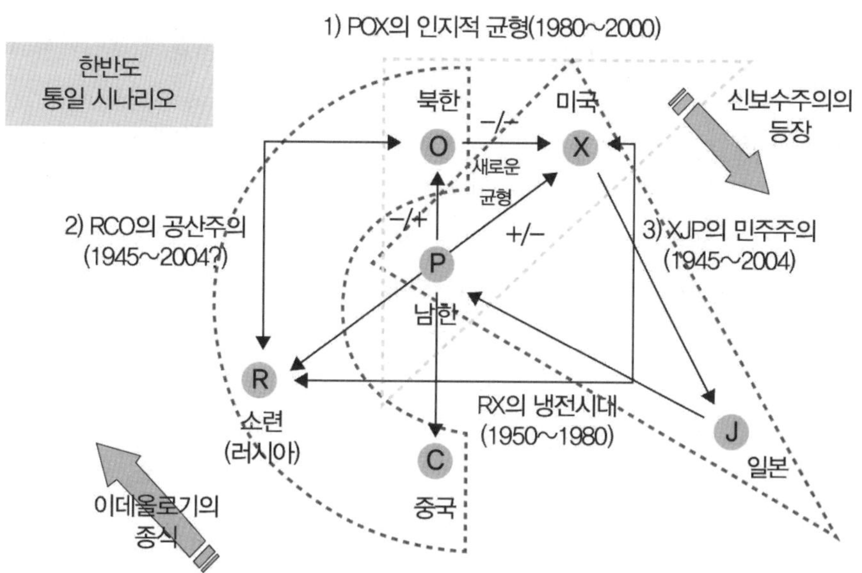

† 이것은 남북미의 균형이론인 pox의 관계를 동북아 6개국으로 확장한 모형으로 이념적 좌표에 따라 RCO의 공산주의 진영과 XJP의 민주주의 · 자본주의 진영으로 구분했다. 각각의집합적 인지에 따라 6개 국가와 3개의 그룹이 각기 그들의 균형관계를 취하는 복합 모델을국현하는 데 활용할 수 있다.

▣ 그림 6 **동북아 6개국의 정세와 복합 인지균형 모델{정민수(2007)}**

4. 분석틀의 구성

지금까지 본 논문에서 주요 분석틀로 활용할 디트머의 전략적 삼각관계론과 함께 그 이론적 연원이 닿아 있는 하이더의 인지적 균형이론을 살펴보았다. 나아가 기존의 전략적 삼각관계 분석틀의 적용 대상을 남한-북한-미국 간 삼각관계로까지 확장하는 것이 가능한지, 가능하다면 그것은 어떠한 이론적 정당화를 통해 가능한 것인지를 살펴보았다. 또한 기존의 이론들이 놓치고 있는 부분인 양자관계의 우호성/적대성의 정도를 섬세하게 포착하기 위한 이론적 모색을 수행하기도 했다.

결론적으로 필자는 일련의 이론적 검토를 통해, 디트머의 전략적 삼각관계 분석틀과 하이더의 인지적 균형이론을 종합한 후 이를 보완하기 위한 이론적 모색을 더하는 작업을 통해 남한-북한-미국 간 삼각관계를 고찰하기 위한 분석틀을 확보하는 것이 충분히 가능하며 이러한 작업의 적실성 또한 분명 존재한다는 판단을 내릴 수 있었다.

최운도(2003)의 분석처럼 디트머의 전제에 매몰되는 것이 아니라, 서보혁(2008)이 지적한 '동북아 국제관계의 특수성'과 백창재(2011), 이상숙(2009)이 소개한 '비대칭관계에서의 약소국의 전략'을 공히 수용하여 전략적 삼각관계 분석틀을 남한-북한-미국 간 삼각관계와에 적용할 수 있다고 보았기 때문이다.

따라서 본 논문은 하이더의 인지적 균형이론과 디트머의 전략적 삼각관계 분석틀을 종합한 분석틀을 통해 남한-북한-미국 간 삼각관계를 분석해보고자 한다. 우선 남한-북한-미국 간 삼각관계를 구성하는 한국, 북한, 미국 세 국가가 형성하는 양자관계는 모두 세 쌍이 존재한다. 남-북관계, 북-미관계, 한-미관계가 그것이다. 이 각각의 관계가 우호적인지 적대적인지를 나누고 우호적이라면 + 부호를 적대적이라면 - 부호를 붙일 것이다.

또한 우호와 적대 각각의 경우 그 정도의 차이가 있을 수밖에 없다는 점을 고려하여 양자 관계의 정도를 부호의 개수로 표현할 것이다. 즉, 양자관계가 우호적인 경우 그 정도에 따라 +, ++, +++로 세분화하여 표기할 것이다. 물론 이는 양자관계가 적대적임을 나타내는 -의 경우 또한 마찬가지다. 적대성의 정도에 따라 -, --, ---로 표기할 것이다.

한편, 우호적이지도 적대적이지도 않은 상태를 0으로 표기할 수도 있다고 보았으나 실제 분석을 수행하는 과정에서 이는 그리 큰 의미가 없다고 결론 내리게 되었다. 실제 그러한 경우가 존재하지도 않을 뿐더러, 각 시기별 삼각관계의 성격을 규정하고자 하는 본 논문의 문제의식 상 논의의 실익이 크지 않다고 보았기 때문이다.

그런데 앞서 간략히 언급한 것처럼 디트머의 전략적 삼각관계 분석틀에서는 양국관계에서의 혜택과 비용의 대칭·비대칭성을 중요하게 고려하고 있다. 그러나 본 논문에서는 디트머의 연구가 주목했던 그 지점을 그대로 원용하지는 않고 있다.

본 논문은 앞서 언급한 것처럼 분석 시기를 구분하고 각 시기별로 세 쌍의 양자관계의 성격을 평가한 후 이를 종합하여 삼각관계의 성격을 규정하는 작업을 통해 삼각관계의 변화 양상을 살피는 데 주목하려 한다.

물론 혜택과 비용의 대칭 내지는 비대칭을 엄밀하게 살피지 않는다하여도 본 논문에서 다루는 남한-북한-미국 간 삼각관계를 구성하는 한미관계와 북미관계의 경우 전형적인 힘의 비대칭이 존재하는 상황이라는 점은 기본적으로 염두에 두고 분석을 수행할 것이며 이는 해당 부분을 서술하는 과정에서 보다 자세히 언급할 것이다.

5. 분석 대상과 분석 시기

본 논문의 분석 시기는 1998년부터 2018년에 이르는 20여년간을 아우른다. 본 연구에서는 지난 20년간의 시기를 모두 여덟 시기로 구분한 후 각 시기별 남한-북한-미국 간 삼각관계의 지속과 변화에 대한 검토를 통해 한국의 대북정책적 함의를 도출하고자 한다. 이를 위한 본격적인 분석에 앞서 본 절에서는 이러한 분석 시기의 구분 기준을 설정하게 된 이유에 대해 논할 것이다.

주지하다시피 본 논문의 분석 시기는 1998년부터 2018년에 해당한다. 1998년부터 2018년까지를 분석 시기로 정하게 된 것은 한국의 정권교체를 중심으로 분석 시기를 설정했기 때문이다. 본 논문은 남한-북한-미국 간 삼각관계를 분석대상으로 삼고 있기에 한국, 북한, 미국 사이의 역관계를 모두 고려해야함은 주지의 사실이나, 한국의 외교 정책적 함의를 도출해내고자 하는 본 논문의 핵심적 문제의식을 고려하여 한국의 지난 세 정권을 중점적으로 살펴보는 것이 가장 우선되어야 한다고 판단했던 것이다.

특히 김대중 대통령의 국민의 정부와 노무현 대통령의 참여정부 시기 10년은 남한-북한 간의 양국관계는 물론 남한-북한-미국 간 삼각관계의 경우에도 그 이전 시기에 비해 현격한 변화를 보였기에 핵심적 분석 시기로 선정하는 것이 필수적이었다.

한편 2008년부터 2017년 초까지 집권했던 이명박 정부와 박근혜 정부의 경우는 그 이전 10년간의 정부가 이룩해 놓은 성과들을 전면적으로 부정하면서 새로운 남북관계 기조를 설정하고 이를 충실히 집행한 정권이었다. 이에 따라 이 무렵의 남한-북한-미국 간 삼각관계가 그 이전 10년 간 유지되어 왔던 것과는 전혀 다른 성격을 갖게 되었음은 물론이다.

그렇기 때문에 이명박 정부와 박근혜 정부 시기를 함께 분석해야만 국민의 정부와 참여 정부 시기의 남한－북한－미국 간 삼각관계와의 충실한 비교가 가능해질 수 있다. 이와 반대로 박근혜 정부 이후 문재인 정부로의 대북정책의 급변 또한 반드시 함께 검토할 필요가 있었다. 결국 이러한 일련의 문제의식 끝에 본 연구는 국민의 정부, 참여 정부, 이명박 정부, 박근혜 정부 및 2018년 현재까지의 문재인 정부를 분석 시기로 설정하게 되었다.

그런데 본 논문은 한국을 중심적인 분석 대상의 하나로 놓고 있긴 하지만 어디까지나 남한－북한－미국 간 삼각관계를 핵심 분석 대상으로 삼고 있다. 남한－북한－미국 간 삼각관계는 남북관계, 한미관계, 그리고 북미관계로 이루어져있다. 이 세 쌍의 양자관계들 각각은 서로 간에 영향을 주고받으며 변화해 왔지만 그렇다고 매 순간 각각의 변화 과정이 서로 기계적으로 연동되어 있는 것은 아니다. 그러므로 남한－북한－미국 간 삼각관계의 변화를 살피기 위한 분기점으로 한국의 정권교체만을 설정하는 것은 충분치 않다. 그렇기 때문에 적실한 분석 시기 구분을 위해 또 다른 요인들을 함께 고민할 필요가 있었다.

삼각관계의 변화에 영향을 주는 요소로는 각국의 정권교체, 각국 간의 정상회담, 무력충돌과 그로 인한 대화의 단절 등은 물론, 북핵 문제와 같이 남한－북한－미국 간 삼각관계에 막대한 영향력을 행사해 온 사항들을 꼽아볼 수 있다. 이처럼 삼각관계의 변화를 추동하는 요인들이 다층적으로 산재해 있음을 생각할 때, 분석 시기 구분의 기준으로 오롯이 '한국의 정권교체'란 요인만을 고려하는 것은 결코 적절치 않은 일임을 재차 확인할 수 있다.

따라서 결론적으로 본 논문은 한국의 정권 교체를 1차적 분기점으로 삼되, 남한－북한－미국 간 삼각관계의 흐름이 전면적으로 변화한 것으로 보이는 시점들 또한 분석 시기 구분의 분기점으로 살펴보고자 한다. 이하에선 본 논문을 통해 살펴볼 시기들을 구성하며 변화를 추동해 온 핵심적 사안들을 간략히 살펴보도록 하겠다. 이런 흐름들에 대한 기본적 논의를 바탕으로 본 논문의 과제인 전략적 삼각관계 분석틀의 적용으로 나아가려 한다. 참고로 이번 연구의 시기 구분과 관련하여 장달중 외(2011년) 연구로부터 많은 도움을 얻을 수 있었다는 점을 밝힌다.

우선, 김대중 대통령의 국민의 정부 시기는 2001년 이전의 미국 클린턴 행정부 시절과 2001년부터의 부시 행정부 시절을 중심으로 남한－북한－미국 간 삼각관계의 양상이 급변하게 된다. 클린턴 행정부 시절은 유례없는 남한－북한－미국 간 삼각관계의 선순환 구조가 형성됐던 시기로, 삼각관계의 세 축 모두가 <그림

2>의 유형(1)에 속하는 상황이었다. 한국과 미국의 행정부가 대북 포용정책을 분명하게 지지함으로써 남북관계와 한미관계는 물론 북미관계의 진전까지 이루어냈던 시기였던 것이다.

물론 이 시기에도 북한의 미사일 발사를 비롯한 갈등이 없었던 것은 아니지만 이토록 분명하게 남한-북한-미국 간 선순환 관계가 확보되었던 것은 사실상 사상 초유의 일이었다. 특히 이후 한국과 미국 양국 정부의 대북 정책 기조가 계속해서 엇갈리거나, 이명박 정부과 부시 행정부의 경우처럼 양국의 대북 정책 기조가 일치하긴 하지만 오로지 대북 압박 정책을 공유하는 경우만이 계속되어옴에 따라 남북관계와 북미관계가 지속적으로 악화일로를 걸어왔던 점을 상기할 때, 대략 1998년에서 2000년 까지의 시기는 가히 남한-북한-미국 간 삼각관계가 가장 이상적인 상태에 있었던 시기로 평가할 수 있겠다. 역사적인 최초의 남북 정상회담 또한 이 시기에 개최되었다는 사실 또한 이러한 평가를 뒷받침해주고 있다.

한편 한국에서는 국민의 정부의 집권이 지속되고 있었던 2001년, 미국에는 부시 행정부가 들어서는 정권교체가 이루어지고 있었다. 부시 행정부의 등장과 함께 미국의 대북정책 기조는 전면적으로 변화하기 시작한다. 네오콘의 득세에 이어 2011년 9.11 사태를 거치면서 대북 적대 정책을 펴기 시작했던 미국은, 2002년에 이르러 급기야 북한을 이른바 '악의 축'으로 지목하기에 이른다. 돌이킬 수 없을 정도로 북한과 미국 간 양국 관계가 악화된 순간이었다.

이 과정에서 북한 또한 2차 북핵위기를 통한 벼랑 끝 전술을 구사하면서 맞불을 놓게 되었는데 이에 따라 남한-북한-미국 간 삼각관계의 가장 중요한 축인 북미관계가 그 뿌리부터 흔들리게 된다. 그 결과 남한-북한-미국 간 삼각관계 또한 그 이전 시기와 전혀 다른 양상으로 변하게 되었던 것이 바로 이 시기였다. 이를 통해 한국 정부의 경우 대북정책 기조의 변화가 없었음에도 불구하고 미국 정부가 교체되고 그 행정부의 정책이 전환됨에 따라 절대적으로 휘둘릴 수밖에 없는 것이 남한-북한-미국 간 삼각관계의 현실이라는 점을 확인할 수 있다.

그렇기 때문에 앞서 말한 것처럼, 필자는 본 연구 과정을 통해 한국의 정권 교체와 한국의 대 북한/대 미국 정책의 기조변화를 분석 시기 구분을 위한 1차적 분기점으로 주목하는 동시에 남한-북한-미국 간 삼각관계에 주요한 변화가 일어난 시점을 특정하여 또 다른 핵심 분기점으로 살펴보고자 한다. 2001년을 기점으로 등장한 부시 행정부의 대북 적대정책과 같은 경우가 그 대표적 사례라 할 수 있는 것이다.

한편 노무현 대통령의 참여 정부 집권기의 경우 그 시작을 북핵 위기와 함께 했다고 볼 수 있을 정도로 북핵 문제가 5년 내내 막강한 규정력을 행사했다고 볼 수 있다. 북핵 문제의 지속은 6자회담 체제의 불안한 지속과 함께 참여 정부 내내 계속되었다. 불안한 지속 속에서도 2005년 9월 4차 6자회담 당사국들은 9.19 공동성명을 이끌어내는 데 성공했으나, 이는 BDA 자금동결 사태로 인해 곧바로 북미간의 대화 단절로 귀결된다. 그야말로 한 치 앞을 내다 볼 수 없는 상황이 계속되었던 것이다.

이 과정에서 참여정부는 기본적으로 전임 정부인 국민의 정부의 대북정책 기조인 햇볕정책을 계승했다. 그러나 참여정부는 시작과 함께 대북송금 특검을 수용함으로써 집권 기간 동안 순탄치않은 남북관계를 감당해야만 했으며 결과적으로 그 전망은 현실이 되었다. 또한 참여정부는 집권 초기에 미국의 요청에 따라 이라크 파병을 하게 되는 과정에서 한미 동맹에 있어 불필요한 갈등에 휘말릴 우려를 안게 되면서 '연루의 딜레마'를 고민하게 되기도 한다.

결과적으로 참여정부는 분명 국민의 정부의 대북정책 기조(나아가 한미정책 기조까지)를 계승했지만 미국 부시행정부의 등장과 제2차 북핵위기와 같은 국제적 제약요건과 대북송금특검과 같은 국내적 제약요건으로 인해 이전의 남한-북한-미국 간 삼각관계와는 다른 양태를 보이게 되었던 것이다. 결국 이러한 흐름 속에 북한이 2006년 7월 미사일 발사와 2006년 10월의 1차 핵실험을 강행하게 되었고 이에 따라 남한-북한-미국 간 삼각관계가 극도로 악화되는 결과로 이어지게 된다.

이런 흐름에 전환의 계기가 되었던 것은 대북 강경 적대 정책을 주도해 왔던 미국 부시 행정부의 2006년 중간 선거 참패와 이를 전후로 한 미국 내 강경파, 이른바 네오콘 들의 세력약화라고 할 수 있다. 이런 변화의 요인들이 한 번에 모든 것을 바꿔낼 순 없었지만 그 영향력이 서서히 커지는 가운데 6자회담 당사국들은 2007년 1월 베를린 합의를 거쳐 2007년 2월의 2.13 합의를 도출하는 데 성공할 수 있었다.

이 과정에서 참여정부가 나름의 역할을 했다고 볼 수 있는데, 결과적으로 2.13 합의로 인한 정세 변화는 2007년 10월의 제2차 남북정상회담으로까지 이어지게 된다. 때문에 필자는 본 연구에서 노무현 대통령의 참여정부 시기를 2003년부터 2006년까지의 시기와 2007년, 이렇게 두 시기로 나누어 살펴보려 한다. 변화가 시작되었던 것은 2006년부터이기는 하지만, 2006년 10월의 1차 북핵 실험으로 인해 남한－북한－미국 간 삼각관계가 극도의 냉각기를 벗어나지 못했다는 점을 고려하면, 역시 2007년 2.13 합의 이후의 변화만이 전면적인 남한－북한－미국 간 삼각관계의 변화로 볼 수 있다고 생각하기 때문이다.

다음으로, 이명박 정부 시기와 박근혜 정부 시기는 기본적으로 큰 틀에서의 남한－북한－미국 간 삼각관계의 변화가 그리 크지 않았던 시기라고 할 수 있다. 우선 이명박 정부는 집권과 함께 이른바 '비핵 개방 3000'이란 슬로건을 내세우면서, 국민의 정부와 참여 정부 십년에 걸친 햇볕정책을 사실상 폐기한다. 이는 대북 포용 정책이란 기조 자체가 전면적으로 배척되고 대북 정책이 강경 기조로 전환됨을 의미하는 것이었으므로 결과적으로 남북관계가 극도로 악화될 수밖에 없었던 것은 너무도 당연한 결과였다.

이런 흐름 속에서 2008년 여름 금강산 관광객 피살 사건을 비롯하여 남한과 북한 간에 여러 충돌들이 이어지더니, 급기야 북한은 2009년 4월의 미사일 발사에 이어 2009년 5월 제 2차 핵실험을 강행하기에 이른다. 전임 정부인 국민의 정부와 참여 정부의 햇볕정책을 일컬어 이른바 '퍼주기'였다며 강력하게 비판하면서 전임 정부와는 정 반대의 대북 정책을 구사해 온 이명박 정부였거늘, 결과적으로 북한의 핵개발을 막지도 못했으며, 남북대화 채널을 확보해내지도 못했던 것이다.

문제는 이런 흐름이 2010년까지도 이어져 천안함 사건과 연평도 포격 사건 등의 참사로 귀결되었다는 점이다. 일방적인 대북 압박 정책이 아무런 결실을 내지 못했음에도 불구하고 계속해서 압박 기조로만 일관함에 따라 사실상 전쟁 직전 수준의 위기 상황을 직면하게 되기도 했다. 그럼에도 이명박 정부는 5.24 조치를 통해 다시금 대북 압박 기조를 더욱 더 강화하는 극히 유연하지 않은 정책으로 일관했다. 이러한 흐름이 지속되어 온 가운데 지난 2013년 2월 12일 북한은 제3차 핵실험을 강행하기에 이르렀던 것이다.

결과적으로 북한의 두 번의 핵실험이 이명박 정부 치하에서 일어났다. 그럼에도 불구하고 정작 과거와 같은 적극적인 대북 외교와 협상은 전무한 상황이 지속되었던 것이 지난 이명박 정부 시기였다고 할 수 있다. 사실상 5년 동안 같은 기조의 남북관계를 이어갔으며, 북미관계 또한 그 다지 큰 변화가 없었기 때문에 이 시기를 하나로 묶어 볼 수도 있을 것이다.

그러나 본 논문은 한국의 대응과 변화를 중심으로 남한–북한–미국 간 삼각관계를 분석해보고자 하였으므로, 5.24 조치 이후 한국의 대북정책이 더욱더 강력한 압박정책으로 전환되었던 2010년을 분기점으로 이명박 정부 집권기를 나누어 살펴보고자 한다. 즉 2008년부터 2009년까지의 시기와, 2010년부터 그 이후의 시기를 나누어 살펴보려 하는 것이다.

한편 박근혜 정부 또한 기존의 이명박 정부 시기의 남북관계 및 남북미 삼각관계와 같은 상황이 지속되었다. 특기할만한 점은 박근혜 정부가 이른바 '통일대박론'을 주창하는 등의 표면적 노력을 보였지만 결국 2016년 2월 10일 남북교류의 상징 중 하나였던 개성공단을 전면 폐지하는 극단적 남북관계 악화로 치달았다는 점이다. 이명박 정부 시기에도 개성공단은 유지되어왔으며 개성공단이 남북간 협상의 카드로 사용된 적은 있어도 전면폐쇄에 이른 것은 처음이었다. 때문에 이는 남북관계가 극히 악화되었음을 보여주는 상징적 사건이라 볼 수 있으며 따라서 2016년 까지를 하나의 시기로 구분하였다.

끝으로, 박근혜 대통령 탄핵에 따라 문재인 정부가 2017년 5월 취임하고 2017년 1월엔 트럼프 대통령이 취임함에 따라 한국과 미국의 정권이 전면적으로 교체되는 2017년을 새로운 시기의 기점으로 삼았다. 특히 2017년 7월 북한의 ICBM 발사 성공 소식으로 인해 기존의 북미관계의 전환이 마련될 여지가 커졌다. 한반도 전쟁위기설까지 등장했던 2017년이었으나 이런 상황은 2018년 2월 평창올림픽을 전후하여 남북관계가 급진전 됨에 따라 변화하기 시작한다. 본 논문이 주장하는 바, 한국은 남북관계를 우호적으로 전환하여 남북미 삼각관계 또한 3자공존의 안정적 선순환구조를 창출해야 한다는 입장에 정확히 부합하는 사례가 현실에서 펼쳐졌던 것이다. 이는 2018년 4월 27일 판문점 선언과 2018년 6월 12일 북미정상회담에 이르는 역사적 사건으로 이어졌다. 본 논문이 2017년부터 2018년 8월 현재까지를 또 다른 시기로 구분한 이유다.

결론적으로, 지금까지 살펴본 사안들의 정리를 통해 본 논문의 분석 시기는 다음과 같이 구분된다.

1. 국민의 정부 시기
   ① 1998년~2000년: 남북미 3각 관계의 선순환
   ② 2001년~2002년: 부시행정부의 대북정책과 2차 북핵 위기
2. 참여 정부 시기
   ① 2003년~2006년: 북핵위기와 6자회담 체제의 불안한 지속
   ② 2007년: 2.13합의 체제와 제2차 남북정상회담
3. 이명박 정부 시기
   ① 2008년~2009년: 대북 정책의 총체적 전환기
   ② 2010년~2012년: 천안함 사건과 연평도 포격사건 이후의 삼각관계
4. 박근혜 정부 시기(2013년~2016년)
   : 남－북－미 삼각관계 악순환의 절정－개성공단 전면폐쇄
5. 문재인 정부 시기(2017년~2018년 8월 현재)
   : 남북관계 전면 전환을 통한 남북미 3각관계의 선순환－판문전선언과 북미 정상회담

이어지는 분석은 다음과 같이 이루어질 것이다. 우선 각 시기별 남한－북한－미국 간 삼각관계가 본 논문이 설정한 전략적 삼각관계 분석틀에 따르면 어떠한 삼각관계 유형에 해당하는지를 밝힐 것이다. 즉 총 여덟 개의 시기가 각각 삼자공존관계와 로맨틱 삼각관계, 그리고 안정적 결혼관계 중 어디에 해당하는지를 규명할 것이다.

그 후 총 여덟 시기 동안의 삼각관계가 각각 어떤 메커니즘을 통해 그 전 시기의 삼각관계로부터 그 다음 시기의 삼각관계로 변화된 것인지 그 변화를 추동한 이유들에 대하여 본 논문이 채택한 전략적 삼각관계 분석틀을 통해 설명할 것이다. 또한 이러한 일련의 분석 과정을 통해 본 논문으로부터 한국 외교정책의 방향설정에 있어 어떠한 함의를 도출해 낼 수 있을 것인지에 대해서도 논해보고자 한다.

끝으로, 본 논문은 각 시기별, 그리고 시기 간의 남한－북한－미국 간 삼각관계를 살펴봄에 있어 삼각관계의 '변화'에 초점을 두려한다는 점을 밝힌다. 또한 이번 연구가 단순히 남북관계와 북미관계, 그리고 한미관계와 같은 각각의 양자관계들을 병렬적으로 서술하는 논의에 그치는 것이 아니라, 세 쌍의 양국관계가 어떻

게 긴밀하게 상호작용해 왔는지를 분석하는 데 초점을 맞추는 '전략적 삼각관계' 분석임을 분명히 밝힌다.

Ⅲ. 국민의 정부 시기 남한-북한-미국 간 전략적 삼각관계의 변화

3장에서는 김대중 대통령 집권기인 국민의 정부 시기의 남한-북한-미국 간 삼각관계를 분석한다. 본 논문은 이 시기를 1기와 2기로 구분해서 살펴본다. 먼저 1기는 1998년부터 2000년에 이르는 시기이며 2기는 2001년부터 2002년을 아우른다. 1기와 2기를 나누는 핵심적 기준은 미국 행정부의 교체라 할 수 있다. 김대중 대통령의 국민의 정부는 집권 5년에 걸쳐 지속적으로 '햇볕정책'을 유지했기 때문에 1기와 2기를 구분 짓는 것은 결국 국민의 정부의 대북 정책을 적극 지지했던 클린턴 2기 행정부로부터 역대 미국 행정부 중 가장 강력한 대북 적대 정책을 구사한 행정부 중 하나인 부시 1기 행정부로의 교체라고 할 수 있는 것이다. 미국 행정부의 교체를 분기점으로 그 전과 후의 남한-북한-미국 간 삼각관계는 급격히 변화하게 된다. 삼자공존 상태로부터 로맨틱 삼각관계로의 전환이 일어나는 것이다. 본 장에서는 1기와 2기 각 시기의 남한-북한-미국 간 삼각관계를 순서대로 살펴보도록 하겠다.

1. 1기(1998년~2000년): 남북미 3각 관계의 선순환과 제1차 남북정상회담

1기는 1998년부터 2000년까지의 시기다. 이 시기의 남한-북한-미국 간 삼각관계는 '삼자공존' 상태라고 볼 수 있다. 1기부터 6기까지를 통틀어 가장 이상적인 남한-북한-미국 간 삼각관계 관계의 선순환 구조가 만들어졌던 시기라 할 수 있다. 이를 표현하고 있는 것이 <그림 7>이라고 할 수 있다.

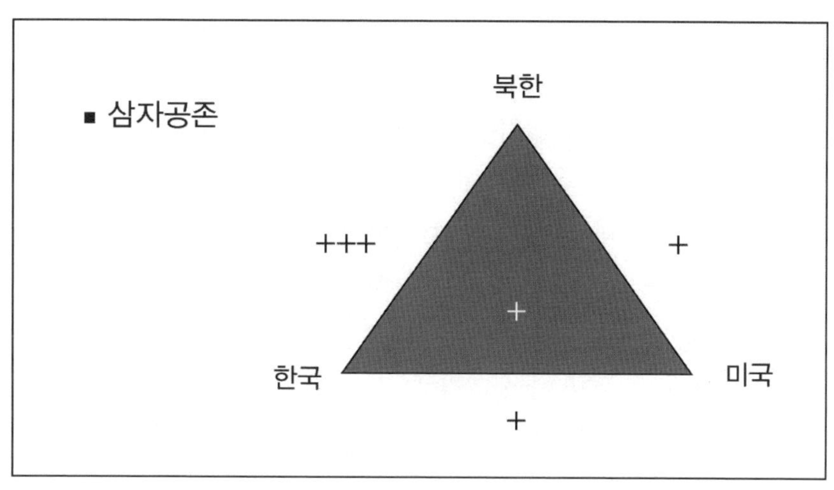

▣ 그림 7　1기(1998년~2000년): 삼자공존

1기의 남한-북한-미국 간 삼각관계를 본격적으로 논하기에 앞서 먼저 남한-북한-미국 간 삼각관계의 한 축을 이루는 한미관계에 대해서 언급할 필요가 있다. 즉, 만약 어떤 삼각관계를 논함에 있어 그 삼각관계를 구성하는 세 쌍의 양자관계 중 한 축이 사실상 실질적으로 변화하지 않는 상수와 같은 것이라면 그 경우에 어떻게 삼각관계의 변화를 살핀다고 할 수 있냐는 반론이 가능한 것이다. 이러한 문제제기는 본 논문 전체를 관통하는 반론이므로 단순히 1기에 대한 서술에만 해당하는 것이 아니라 1기부터 6기까지 전체를 꿰뚫는 발본적인 비판이라고 볼 수 있다.

먼저 본 논문은 남한-북한-미국 간 삼각관계를 구성하는 세 축인 남북관계와 북미관계 그리고 한미관계 중 가장 변화가 적으며 실질적으로 상수에 가까운 것이 한미관계라고 보고 있다. 실제로 본 논문의 분석 결과 1기부터 6기까지에 이르는 모든 기간 동안 한미관계가 우호적인 관계가 아닌 적대적 관계로 변화한 적은 한 번도 없었다. 단지 (+), (++), (+++)과 같은 '정도의 변화'만 있었을 뿐이었다. 어쩌면 이는 사실상 한미동맹에 강력하게 의존할 수밖에 없는 터라 실질적인 운신의 폭이 극도로 제약되어 있는 한국의 구조적 한계를 여실히 드러내는 방증일지도 모른다.

그러나 그렇다고 해서 한미관계가 전혀 변화하지 않는 상수일 뿐이므로 남한-북한-미국 간 삼각관계는 전략적 삼각관계가 아닌 것은 물론 삼각관계라 할 수

조차 없다는 비판에는 동의하기 어렵다. 한반도를 둘러싼 동북아 국제질서에 있어 상존하고 있는 미국의 막강한 영향력을 과소평가하는 것이 심각한 오류로 귀결될 수 있는 것처럼, 그에 못지않게 한국이 주체적으로 선택할 수 있는 운신의 폭을 지나치게 과소평가하는 것 또한 매우 위험할 수 있기 때문이다. 이는 자칫 잘못하면 극히 종속적인 숙명론 내지는 패배주의로 귀결될 수밖에 없기에 더욱 그러하다.

결론적으로 필자는 본 논문에서 한미관계가 남북관계나 북미관계에 비해 역동적인 변화 가능성은 그리 크지 않음을 인정하지만 한국의 입장에서 볼 때 한미관계가 남북관계와 함께 남한-북한-미국 간 삼각관계를 변화시켜 나가는 중요한 지렛대로 기능할 수 있다고 판단하고 있다. 이는 한국이 한미관계를 어떻게 가져가느냐에 따라 남북관계 또한 영향을 받을 수밖에 없다는 점을 고려해 보면 이해가 더욱 쉬울 수 있다. 또한 한미관계가 큰 틀에서 볼 때 우호적이란 점에 있어서는 어느 시기나 유사성을 갖고 있지만 정작 그 정도에 있어서는 분명 변화가 있어 왔다는 점 또한 이를 뒷받침해주고 있다.

이제 <그림 7>을 중심으로 1기의 남한-북한-미국 간 삼각관계에 대해 살펴보도록 하자. 우선 이 시기는 남한-북한-미국 간 삼각관계를 구성하는 세 축인 남북관계와 한미관계, 그리고 북미관계가 모두 우호적이었던 대단히 예외적인 시기라 할 수 있다. 이 시기는 한국에서 김대중 대통령의 국민의 정부가 출범했던 시기로 북한은 김정일 체제가 지속되고 있었으며 미국의 경우 클린턴 2기 행정부가 집권하고 있었던 시기다.

먼저, 앞서 언급한 것처럼 한미관계는 거의 항상 우호적(+)이기 마련이며 1기 또한 이점에서 예외가 없었다. 1기 당시의 한미관계는 우호적이었으며 그렇기 때문에 본 논문은 이를 (+++)로 평가했다.

1기의 남한-북한-미국 간 삼각관계를 주도했던 것은 남북관계였다. 남북관계가 우호적 관계로 재편성된 것은 물론 꾸준히 그 정도가 높아짐에 따라 북미관계 또한 우호적으로 견인했던 측면이 있다고 볼 수 있기 때문이다. 먼저 남북관계에 대해 살펴보자.

1997년 대선을 통해 대통령에 당선된 김대중 대통령의 국민의 정부가 출범했다. 1998년 2월의 일이었다. IMF 구제금융 체제라는 전대미문의 국가적 위기 속에 출범한 국민의 정부는 일단 경제위기 극복이란 과제에 매진할 수밖에 없었다. 국가의 존망이 걸려있는 상황이었기 때문이다.

경제 위기 극복에 우선적으로 모든 국력을 기울이는 한편 남북관계개선을 위한 노력 또한 서서히 추진됐다. 특히 기존의 남북관계 기조와는 차원을 달리하는 '햇볕정책'이란 새로운 기조가 등장하면서 남북관계 전반에 총체적 변화를 불러오기 시작했다. 이 과정에서 1998년 8월 대포동 미사일 발사로 인한 냉각기와 같은 위기가 없었던 것은 아니나 그럼에도 불구하고 국민의 정부의 햇볕정책은 일관되게 유지되었다.

국민의 정부는 집권과 동시에 이러한 노력을 기울이기 시작했으며 이는 결국 2000년 6월 15일 사상 최초의 남북정상회담이란 결실을 맺기에 이른다. 그 이전에도 그 이후에도 이 시기 만큼 남북관계가 우호적이었던 적은 없었다. 본 논문에서 1기의 남북관계를 (+++)이라고 평가한 이유도 바로 여기에 있다.

이 과정에서 주목해야 할 지점은 사실상 남한-북한-미국 간 삼각관계에 가장 큰 규정력을 행사하는 미국 행정부가 국민의 정부의 대북정책인 햇볕정책을 적극 지지하며 후원해 주었단 점이다. 클린턴 2기 행정부는 지속적으로 한국의 햇볕정책을 옹호했으며 이는 북미관계 또한 우호적 관계로 재편되는 결과를 낳았다. 본 논문이 1기의 북미관계를 우호적이었다고(+)로 판단한 이유는 바로 여기에 있다.

이를 종합적으로 살펴보면 1기의 남한-북한-미국 간 삼각관계는 세 양자관계가 모두 우호적 관계를 이루며 '삼자공존'상태를 이루고 있었음을 알 수 있다.

2. 2기(2001년~2002년): 부시행정부의 대북정책과 2차 북핵위기의 시작

2기는 2001년부터 2002년까지의 시기다. 1기와 2기를 나누는 분기점은 앞서 언급했던 것처럼 미국 행정부의 교체다. 클린턴 행정부 2기로부터 부시 행정부 1기로의 정권교체가 1기와 2기를 구분 짓는 핵심 요인인 것이다. 한편 2기의 종점은 국민의 정부가 참여 정부로 교체되는 시점이다. 2기 당시의 남한-북한-미국 간 삼각관계는 전형적인 '로맨틱 삼각관계' 상태였다고 볼 수 있다. 이를 표현하고 있는 것이 <그림 8>이다.

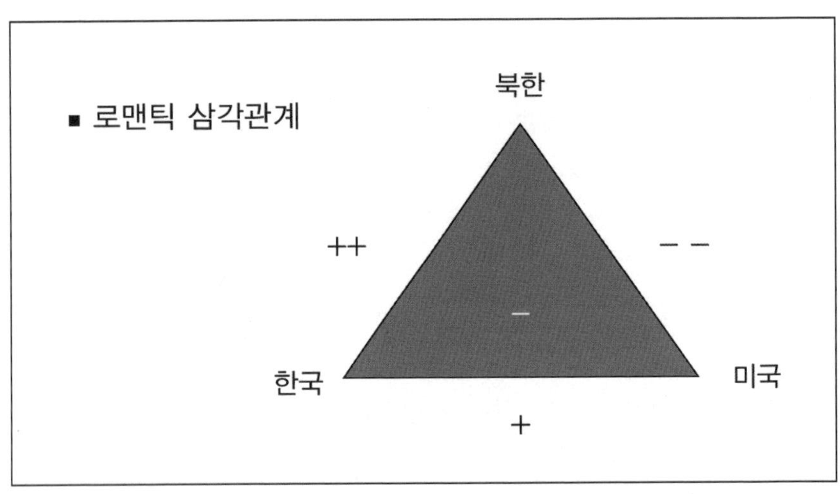

▣ 그림 8 2기(2001년~2002년): 로맨틱 삼각관계

앞서 논의했던 것처럼, 1기의 남한－북한－미국 간 삼각관계는 그 삼각관계를 구성하는 남북관계와 한미관계 그리고 북미관계가 정도의 차이는 있을지언정 기본적으로 모두 우호적인 관계를 이루며 안정적인 삼자공존 상태를 유지했다.

이 무렵 남한－북한－미국 간 삼각관계를 삼자공존 상태로 이끌었던 핵심적 동인은 국민의 정부가 추진했던 새로운 대북정책인 햇볕정책이었다. 남북관계를 지속적인 우호적 관계로 전환시키고 이를 유지하는 데 성공함으로써 이러한 변화를 지지한 클린턴 행정부가 북미관계 또한 우호적으로 이끌어 가도록 유도해냈던 측면이 있는 것이다.

북한 또한 이러한 흐름에 동참하였기에 남한－북한－미국 간 삼각관계가 삼자공존 상태로 귀결될 수 있었음은 물론이다. 남한－북한－미국 간 삼각관계는 어디까지나 세 주체인 한국, 북한, 미국이 모두 상호 전략적으로 판단하고 행동하는 가운데 형성되는 관계이기 때문에 결코 일국의 의도에 따라 모든 것이 결정되는 것이 아니란 점을 고려할 때 이는 자명한 부분이라고 볼 수 있다.

주지하다시피 이러한 1기의 삼자공존 상태에 급격한 균열을 일으켰던 것은 미국 부시 행정부 1기의 집권이었다. 2001년 집권한 부시 행정부는 집권과 함께 미국 본토가 직접 공격당하는 사상 초유의 사건인 9.11 사태를 겪게 된다. 이후 미국의 외교정책은 이른바 네오콘에 의해 좌우되는 국면으로 치닫게 되었다. 부시 행정부의 집권 이후 급부상했던 네오콘은 9.11 사태 이후 본격적으로 공세적 외교

정책을 전면적으로 추진하기 시작했다. 2002년, 북한을 비롯한 소수의 적대국가들을 '악의 축'으로 지목하면서 노골적으로 적개심을 드러냈던 것 또한 일련의 흐름의 자연스런 귀결이었다.

미국 부시 행정부의 등장과 함께 한반도를 둘러싼 국제정세가 급변하기 시작하자 북한 또한 벼랑 끝 전술을 구사하기 시작했다. 제네바 합의 이후 잠잠했던 '북핵위기'가 다시 수면위로 등장했다. 이른바 제 2차 북핵위기의 시작이었다. 북한으로선 생존을 위한 억지력을 확보하는 것이 필수적이며 그 수단으로써 핵보유는 불가피하다는 논리로 벼랑 끝 전술을 계속해서 전개해나갔다.

결과적으로, 이 시기 내내 부시 행정부의 등장과 네오콘의 득세로 인한 노골적인 대북 적대 정책이 전개되었으며 북한 또한 한 치도 물러서지 않으며 핵을 활용한 생존전략을 모색하게 됨에 따라 남한－북한－미국 간 삼각관계의 가장 중요한 축이라 할 수 있는 북미관계가 1기에 비해 전면적으로 전환된 형태인 적대적 관계(－－)로 변화하게 된다.

이 지점에서 남한－북한－미국 간 삼각관계의 핵심적 구성요소인 북미관계에 대해서 잠시 살펴볼 필요가 있다. 이는 앞서 1절에서 한미관계가 사실상 그다지 변화하지 않는 상수와 같음에도 불구하고 과연 남한－북한－미국 간 삼각관계를 전략적 삼각관계로 볼 수 있는 것인지에 대한 문제제기에 대하여 논했던 것처럼, 북미관계에 대해서 또한 본 논문 전체와 연관된 핵심적 반론이 가능한 부분이 있으므로 이에 대해 짚고 넘어가는 것이 합당하다고 보았기 때문이다.

요컨대, 남한－북한－미국 간 삼각관계를 구성하는 한 축으로써의 북미관계와 관련하여 사실상 남한－북한－미국 간 삼각관계는 북미관계에 종속된 것에 불과하지 않냐는 문제제기가 가능하다. 실질적인 패권국인 미국이 한반도를 둘러싼 국제정세에 전방위적으로 미치고 있는 압도적인 영향력을 고려할 때 어찌보면 이는 부인하기 힘든 상식에 가까운 지적일지도 모른다.

즉, 형식적으로 볼 때 남한－북한－미국 간 삼각관계를 구성하고 있는 요소들이 한미관계, 남북관계, 북미관계임은 인정할 수 있을지 몰라도 실질적으로 세 양자관계 중 북미관계의 규정력이 여타 두 양자관계에 비해 너무도 압도적이기 때문에 세 요소들을 동등한 비중으로 전제한 채 전략적 삼각관계를 분석하는 것이 과연 타당한 것인지에 대한 문제제기가 가능한 것이다.

이에 필자는 우선 본 논문을 통틀어 남한－북한－미국 간 삼각관계를 구성하는 세 양자관계 중 북미관계의 영향력이 가장 크다는 사실을 전적으로 인정한다. 북미관계에 대한 논의에 앞서 필자는 앞서 한미관계가 사실상 크게 변화할 가능성이 희박하다는 지적에 대해서 이미 동의한 바 있다. 또한 남북관계의 경우는 한미관계에 비해서는 한국과 북한의 선택 여하에 따라 운신의 폭이 훨씬 큰 것은 사실이지만 실제로 미국 행정부의 한반도 정책과 그 정책의 귀결이게 마련인 북미관계가 어떻게 설정되느냐에 따라 크게 좌우될 수밖에 없는 구조적 한계를 노정해 온 것이 사실이다.

미국의 막강한 영향력 하에서 온전히 자유로울 수 있는 국가는 사실상 전무하며 특히 한국과 같이 미국의 핵심적 이해관계가 걸려있는 동북아 지역에 위치한 국가의 경우 이러한 제약의 정도는 더욱 클 수밖에 없다. 이러한 현실의 옳고 그름에 대한 가치판단을 차치하고 볼 때 현실의 구조적 제약 요건이 실상 대단히 강고함을 인정할 수밖에 없다.

그러나 필자는 본 논문을 통해 미국의 압도적인 영향력과 이로 인한 북미관계의 우선적 규정력을 인정하면서도 동시에 남한－북한－미국 간 삼각관계를 구성하는 세 양자관계는 어디까지나 '전략적 삼각관계'를 구성하며 서로 맞물려 상호작용하고 있다는 점을 강조하려 한다.

본 논문이 지향하는 문제의식은 어디까지나 한국의 입장에서 취해야할 외교정책적 함의를 도출하는 데 있다. 이 점을 다시 한 번 상기한다면 '북미관계의 막강한 규정력'이란 제약조건 하에서 한국이 남북관계라는 지렛대를 통해 나름의 운신의 폭을 확보할 수 있는 가능성의 영역을 도출해낼 필요가 있으며 실제로 그것이 가능함을 본 논문은 논증하고자 한다.

이어지는 분석에서 살펴보겠지만 동일한 미국 행정부 하에서 기존의 북미관계의 양상이 변함없이 지속되고 있었음에도 불구하고 참여 정부와 이명박 정부가 각기 어떤 남북관계를 일구어왔는가에 따라 남한－북한－미국 간 삼각관계가 전혀 다르게 구성될 수 있다는 사실에 주목할 필요가 있다. 이러한 판단을 염두에 두고 다시 2기 당시의 남한－북한－미국 간 삼각관계에 대한 분석으로 돌아가기로 하자.

앞서 언급했던 것처럼 2기의 북미관계는 1기의 우호적인 관계(+)와는 정반대 양상으로 전개되었다. 미국과 북한은 서로를 극도로 적대시했으며 이 결과 명백한 적대적 상호관계(－－)가 설정되었다고 볼 수 있기 때문이다.

한편, 미국에 부시행정부가 집권했음에도 한국과 북한은 1기 당시와 같은 국민의 정부의 집권이 계속되고 있었다. 국민의 정부는 부시 행정부의 대북정책 전면전환에도 불구하고 햇볕정책의 기조를 버리지 않았다. 그 덕분에 1기의 경우와 마찬가지로 남북관계는 기본적으로 우호적인 양자관계가 유지될 수 있었다.

그런데 문제는 이미 논한 바 있듯이 미국 행정부의 대북정책과 그것의 귀결이게 마련인 북미관계의 영향력으로부터 남북관계가 자유로울 수 없었다는 점이었다. 북미관계가 적대적 관계로 전환됨에 따라 전략적 삼각관계의 틀 안에서 남북관계 또한 영향을 받게 되었던 것이다. 이에 따라 남북관계도 1기 당시의 극히 우호적인 관계(+++)로부터 위축된 우호적 관계(++)로 재편됐다고 볼 수 있다.

한편 이 시기의 한미관계는 물론 여전히 우호적(+) 관계를 유지하고 있었으므로 이상의 논의를 종합해 보면 결과적으로 2기 당시의 남한－북한－미국 간 삼각관계는 남북관계(++), 한미관계(+), 그리고 북미관계(--)가 '로맨틱 삼각관계'를 이루고 있었던 상황이라고 볼 수 있다.

로맨틱 삼각관계는 앞서 2장에서 논한 것처럼 서로 적대적인 양국 모두가 동시에 제3국과 우호적인 관계를 맺고 있는 관계라 할 수 있다. 2기의 남한－북한－미국 간 삼각관계에 있어 제3국에 해당하는 것은 한국이다.

로맨틱 삼각관계는 기본적으로 인지적 불균형 상태이며 때문에 인지적 균형 상태로 전환되는 경향을 갖게 된다. 이 때 제 3국이 인지적 불균형 상태로부터 인지적 균형 상태로 전환되도록 힘을 보탤 수 있는 방법은 세 가지가 있다. 2기의 남한－북한－미국 간 삼각관계에 대입하여 설명하자면 세 가지 방법은 다음과 같다.

첫 번째로, 한국이 우호적인 남북관계와 한미관계를 유지하면서 동시에 북한과 미국 사이의 적대적 관계를 우호적 관계로 전환시키기 위해 힘을 보태는 것이다. 만약 이러한 노력이 결실을 맺게 된다면 남한－북한－미국 간 삼각관계는 1기와 같은 삼자공존 상태로 변화할 수 있다. 둘째와 세 번째 경우의 수는 기본적으로, 한국이, 서로 적대관계를 형성하고 있는 북한과 미국 중 한 국가만을 선택한 후 다른 한 국가와 유지해 온 기존의 우호적 관계를 적대적 관계로 전환하는 것이다. 예컨대 한국이 북한을 선택하여 미국과의 우호적 관계를 적대적 관계로 전환하거나 반대로 미국을 선택하여 북한과의 우호적 관계를 적대적 관계로 바꾸는 경우를 상정해 볼 수 있다. 이 때, 어느 경우건 핵심은 오직 한 나라만을 배타적으로 선택한다는 점이다.

그런데 한국이 실제 현실에서 북한과 미국 중 오로지 어느 한 쪽만을 선택하는 전략을 취하는 것은 사실상 선택할 수 없는 방안이라고 할 수밖에 없다. 말 그대로 현실성이 없는 전략인 것이다. 때문에 인지적 불균형 상태인 로맨틱 삼각관계를 인지적 균형 상태로 변화 시킬 수 있는 방법 중 한국이 선택할 수 있는 유일한 대안은 북한과 미국 간의 적대적 관계를 우호적 관계로 전환시키기 위해 노력하는 것뿐이다.

실제로 이는 추후 논하게 될 참여 정부 시기의 4기에 이르러 현실화되는 시나리오이기도 하다. 물론 그 결과에 이르는 과정에 한국의 영향력만이 절대적으로 작용한 것은 아니다. 다만 이 지점에서 도출해 낼 수 있는 것은, 한국이 북미관계가 우호적 관계에서 적대적 관계로 급변하는 속에서도 남북관계를 선불리 적대적 관계로 전환하지 않으면서 햇볕정책을 유지하기 위해 꾸준한 노력을 기울였기 때문에 추후 북미 관계의 변화를 이끌어낼 수 있는 분위기가 무르익었을 때 남한-북한-미국 간 삼각관계를 다시금 이상적 상태인 삼자공존 상태로 전환 시킬 수 있는 동력을 잃지 않을 수 있었다는 점이다.

이는, 남북관계를 적대적 관계로 전환시킴에 따라 실질적으로 한국이 취할 수 있는 대안을 모두 포기해 버린 것과 다름없는 결과를 가져왔던 이명박 정부 시기의 대북정책 및 남북관계와 비교해 볼 때 더욱 명료하게 드러나는 교훈이라고 하겠다. 이에 대해서는 해당 절에서 자세히 논하도록 하겠다.

Ⅳ. 참여 정부 시기 남한-북한-미국 간 전략적 삼각관계의 변화

4장은 노무현 대통령 집권기인 참여 정부 시기의 남한-북한-미국 간 삼각관계를 분석한다. 본 논문은 이 시기를 3기와 4기로 구분하여 분석한다. 먼저 3기는 2003년부터 2006년에 이르는 시기이며 4기는 2007년에 해당한다. 3기와 4기를 나누는 핵심적 분기점은 북핵 위기 당사국들의 협의체인 6자회담의 제5차 3단계 회의를 통해 '9.19 공동성명 이행을 위한 초기 조치인 2·13 합의'가 도출되었던 시점이라 할 수 있다.

3기와 4기는 모두 노무현 대통령과 참여 정부가 집권하던 시기에 해당한다. 참여 정부는 기본적으로 전 정권인 국민의 정부의 대북 정책인 햇볕 정책을 수용했다. 큰 틀에서 기존 정권의 햇볕 정책을 계승한 것은 물론 세부적 사항에 있어서도 기존의 논의와 북한과의 합의 등을 그대로 충실히 이어나가려는 노력을 기울였다. 본 절에서 자세히 논의하겠지만 3기와 4기 모두에 걸쳐 남북관계가 우호적(+, ++)으로 유지되었던 것은 이러한 노력이 있었기에 가능했던 것이다. 참여정부는 정권의 시작을 '제 2차 북핵위기'라는 난제와 함께 시작해야만 했음에도 불구하고 지속적인 노력 끝에 남한-북한-미국 간 삼각관계를 '로맨틱 삼각관계'로부터 '삼자공존 상태'로 전환시키는 데 성공한다.

물론 이는 한국의 독자적 역량만으로 가능했던 것은 아니지만 분명 남북관계를 우호적으로 유지하고 있었기 때문에 기회가 왔을 때 남한-북한-미국 간 삼각관계를 삼자공존 상태로 전환할 수 있었다는 점은 분명하다. 이에 대해서 또한 자세히 후술할 것이다.

문제는 3기와 4기를 구분하는 기준일 것이다. 3기와 4기에 해당하는 시기 중, 본 논문의 관심사인 한국, 북한, 미국이 모두 참여하여 극적인 타결을 이루어냈던 첫 번째 순간은 2005년 9월 19일의 <9.19 공동성명>을 채택했던 순간이었다.

그러나 극적인 타결이 이뤄진지 얼마 지나지도 않아 2005년 10월, 미국은 전격적으로 대북 금융제재를 시작한다. 이어서 2005년 11월엔 미국과 일본 간 정상회담 가운데 부시가 김정일 국방위원장에 대해 '폭군'이라고 지칭하기도 하였으며 2005년 12월 미국의 버시바우 주한대사는 북한을 '범죄정권'이라고 지칭하기도 했다. 이에 극도로 반발한 북한은 6자회담을 무기한 연기하기에 이른다.

그렇기 때문에 결론적으로 2005년 9월 19일의 <9.19 공동성명>은 극적인 전격 타결에도 불구 사실상 그 전과 그 후를 가르는 실질적인 변화를 이끌어내는 데 실패했다. 2005년 9월 19일을 3기와 4기를 나누는 분기점으로 삼는 것이 적절치 않다고 볼 수밖에 없었던 이유다.

본 논문은 3기와 4기를 아우르는 시기를 통틀어, 어떤 하나의 시점을 기준으로 그 이전과 그 이후가 분명히 구분되는 양상을 보이는 것이 2007년 2월 13일의 <2.13합의>라고 보았다. 2.13 합의 불과 넉 달 전 북한이 핵실험을 감행했음에도 불구하고 2.13합의는 9.19 공동성명과는 달리 합의 이후에 실질적인 국면 전환을 이끌어냈기 때문이다.

결과적으로 이러한 일련의 흐름은 2007년 10월 4일의 10.4 남북 정상회담으로 이어지며 남한-북한-미국 간 삼각관계가 분명히 이전 시기와 다르게 전환되었음을 보여준다. 이러한 판단에 의거하여 본 논문은 노무현 대통령의 참여 정부가 집권했던 2003년부터 2007년 2.13 합의 이전 까지의 지난했던 북핵위기의 롤러코스터 국면을 3기로 보았으며, 2.13 합의를 전후한 시기부터 참여 정부의 집권기가 마무리되는 시점 까지를 4기로 규정했다. 이제 본 장에서는 3기와 4기 각 시기의 남한-북한-미국 간 삼각관계를 순서대로 살펴보도록 하겠다.

1. 3기(2003년~2006년): 북핵위기와 6자회담 체제의 불안한 지속

3기는 2003년부터 2006년까지의 시기다. 3기의 시작은 참여정부의 집권이 시작되는 2003년이다. 3기와 4기를 나누는 분기점이자 3기의 종점은 앞서 언급했던 것처럼 2007년 2월 13일의 <2.13합의>다. 9.19 공동성명 이행을 위한 초기조치로써 2.13합의가 채택된 시점이 3기와 4기를 가르며 남한-북한-미국 간 삼각관계의 성격 전환이 이루어졌음을 보여주고 있기 때문이다. 3기의 남한-북한-미국 간 삼각관계는 '로맨틱 삼각관계' 상태였다고 볼 수 있다. 이를 표현한 것이 <그림 9>이다.

3기의 남한-북한-미국 간 삼각관계는 '로맨틱 삼각관계'였다. 그 점에서 2기의 경우와 동일하다. 2기와 3기를 가르는 기준은 국민의 정부로부터 참여정부로의 전환이다. 그런데 앞서 논한 바 있듯이 참여 정부는 국민의 정부가 지속적으로 관철시켜 온 대북정책 기조를 그대로 수용했다. 그 점에서 남북관계는 정도의 차이가 있을지언정 2기와 3기 모두 우호적 관계(++, +)를 유지했다고 평가할 수 있다.

그러나 2기와의 차이점 또한 존재한다. 예컨대 참여 정부는 2003년 대북송금 특검을 실시함에 따라 북한과의 긴장국면을 조성했다. 또한 2004년 7월 정동영 당시 통일부 장관이 김일성 10주기 남측 조문단의 조문을 불허하여 북한측 조평통이 비난 성명을 발표하면서 당시 예정되어 있던 일련의 회담 등이 중단되기도 했다. 이전 정부에 비해 상대적으로 북한과의 갈등이 빈번하게 존재했던 것이다.

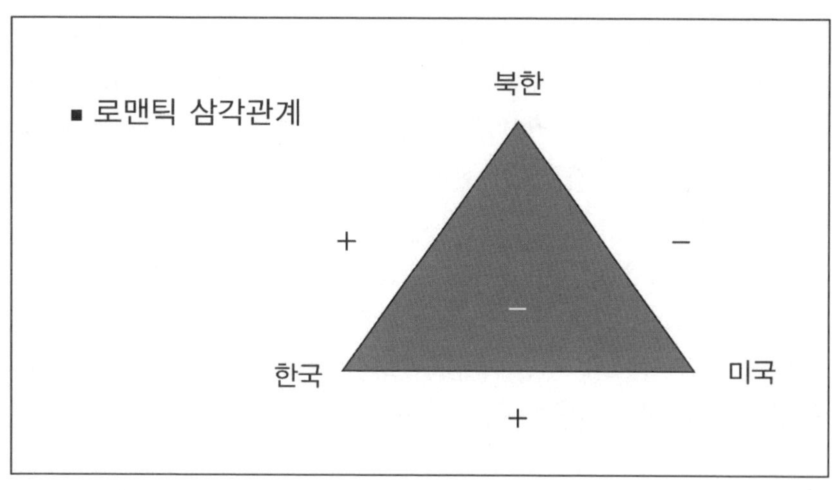

▣ 그림 9 3기(2003년~2006년): 로맨틱 삼각관계

물론 김대중 정부 시기에도 서해에서 북한과의 교전이 발발한 바 있으며 북한이 미사일을 발사하는 등 대북관계가 악화되었던 순간들이 존재했다. 그러나 국민의 정부는 6자회담을 존중하면서도 대북정책 기조로써의 햇볕정책을 주도적으로 밀고나가려는 노력을 끝까지 견지했다. 반면 참여정부는 어디까지나 6자회담과 북핵문제 해결을 우선시하는 한도 내에서만 햇볕정책을 추진함에 따라 국민의 정부에 비해 남북관계가 경색되는 경우가 빈발하게 되었던 것이라고 볼 수 있다.

즉 남북관계라는 지렛대를 주도적으로 활용하면서 이를 통해 북한과의 관계 개선은 물론 남한-북한-미국 간 삼각관계의 선순환 구조를 이끌어내는 동력을 이끌어 내는 데 실패함에 따라 참여 정부 시기의 남북관계는 국민의 정부 시기의 우호적 관계의 정도(1기 +++, 2기 ++)보다 한 단계 낮은 수준의 우호적 관계(+)였다고 평가할 수 있겠다. 한편 3기의 경우, 한미관계 또한 눈여겨 볼 필요가 있다. 물론 결과적으로 3기 당시에도 한미관계는 물론 우호적 관계(+)를 유지했으며 사실상 미국과의 관계는 전혀 흔들리지 않고 굳건하게 유지되었다고 평가할 수 있다.

그러나 노무현 대통령과 참여 정부는, 그것이 비록 한국 정치의 오래된 악습이라 할 수 있는 색깔론의 잔재일지언정, 대통령 선거 과정 전반과 당선 후에 걸쳐 이른바 '반미주의자'라는 의심을 받아왔던 것이 사실이다. 예컨대 두 여중생의 안

타까운 죽음을 애도하며 책임자에 대한 합당한 처벌을 바라는 시민들이 촛불을 들고 거리에 나섰던 2002년, 대통령 선거를 앞둔 상황이었음에도 노무현 당시 대통령 후보는 "반미주의자면 어떠냐"는 말을 남기기도 했다. 따라서 참여 정부 집권 이후 한미관계가 전면적으로 변화할 것이란 예측들이 존재했던 것은 어쩌면 당연한 일이었다.

그러나 지금 이 시점에서 돌이켜 볼 때 결과적으로 노무현 대통령의 참여 정부 시절 한미관계는 그 어느 때 못지않은 확고한 동맹 관계를 다시금 다져 나갔으며 소위 '반미'라고 판단할 수 있는 부분은 그 어디에서도 찾아보기 힘들었다고 볼 수밖에 없다. 한국 진보 진영의 거센 반발에도 불구하고 이라크 파병에 동의했음은 물론 한·미 FTA를 추진했던 것 또한 참여정부였다. 따라서 3기의 한미관계가 우호적 관계였음은 물론이다. 본 논문이 이 시기의 한미관계를 (+)라고 규정지은 이유다.

한편, 3기에 해당하는 시기 미국의 행정부는 부시 1기 행정부와 부시 2기 행정부에 걸쳐 있었다. 2004년 까지가 부시 행정부 1기였다면 2005년부터는 부시 행정부 2기에 해당한다. 또한 이 시기는 이른바 제2차 북핵 위기가 지난하게 계속되고 있었던 시기다. 이러한 상황은 뚜렷한 전환의 계기를 조우하지 못한 채 난항을 거듭하고 있었다. 이런 상황에 반전의 계기를 가져올 것으로 기대를 모았던 것은 역시 2005년 9월 19일의 <9.19 공동성명>이었다. 북핵문제 해결과 한반도 평화체제를 동시에 추진할 수 있는 계기가 될 수 있으리라 기대를 모았던 9.19 공동성명은, 그러나 실질적인 변화를 이끌어내지 못한 채 허무하게 잊혀져갔다. 9.19 공동성명 직후 미국이 대북 금융제재를 시작했던 것이 가장 큰 이유였다.

이 후 미국과 북한은 날선 설전을 이어갔고 결국 북한은 2005년 12월 6자회담을 무기한 연기하기에 이른다. 미국과 북한 사이의 갈등의 골은 깊어만 갔고 이는 2006년 7월 북한의 미사일 발사를 거쳐 2006년 10월 결국 북한의 지하 핵실험이라는 사상 최악의 상황으로 귀결되기에 이른다.

이처럼 상황이 최악의 국면으로 흘러감에 따라 미국 또한 비확산 정책의 실패에 따른 여론 악화를 보고만 있을 수는 없는 상황에 처하게 된다. 이런 일련의 흐름에 결정적 전환의 계기를 가져온 요소 중 하나는 바로 2006년 11월 치러진 중간선거에서 공화당이 참패를 했다는 사실이었다. 이로 인해 그간 대북 적대정책을 주도해 온 미국 내 보수 강경 세력인 네오콘들이 물러나게 되었던 것이다. 이러한 정세의 변화 속에서 다시금 북미 직접 협상이 개시되었고 이것이 3기와 4기를 가르는 분기점인 2007년 2.13합의로까지 이어지게 되었던 것이다.

결론적으로 3기의 북미관계는 기본적으로 적대적 관계(−)를 벗어나지 못했다. 지금까지 논한 남북관계(+)와 한미관계(+), 그리고 북미관계(−)를 종합하면 3기의 남한−북한−미국 간 삼각관계는 로맨틱 삼각관계였다고 할 수 있으며 다만 2기의 로맨틱 삼각관계에 비해 남북관계와 북미관계의 우호성과 적대성의 정도가 조금씩 완화됨에 따라 전체적으로 인지적 불균형의 정도가 조금 약화된 로맨틱 삼각관계였다고 하겠다.

2. 4기(2007년): 2.13 합의 체제와 제2차 남북정상회담

4기는 2007년에 해당한다. 바로 앞항에서 논의한 바와 같이 3기와 4기를 가르는 분기점은 2007년 2.13 합의이다. 기나긴 6자회담 끝에 2005년 9.19 공동성명을 채택했음에도 불구하고 남한−북한−미국 간 삼각관계는 실질적인 변화로 이어지지 못하고 다시금 난항을 거듭했다. 이러한 흐름을 전면적으로 바꾸었던 계기가 바로 2007년의 2.13합의였던 것이다.

한편 4기의 종점은 노무현 대통령의 참여 정부가 그 임기를 종료하는 시점이다. 물론 이 또한 엄밀히 따지자면 2008년 2월을 종점으로 잡아야 하겠으나 논의의 편의를 위해 2007년 까지를 종점으로 보았다. 국민의 정부와 참여 정부의 교체 시기와 마찬가지로 이 경우 또한 2007년 12월 대통령 선거가 치러지고 이에 따라 이명박 대통령이 당선되고 인수위 활동을 시작함에 따라 사실상 2007년을 4기와 5기의 분기점으로 보아도 크게 무리가 없다고 볼 수 있기 때문이다. 결론적으로 4기의 남한−북한−미국 간 삼각관계는 '삼자공존' 상태였다. 이를 보여주고 있는 것이 <그림 10>이다.

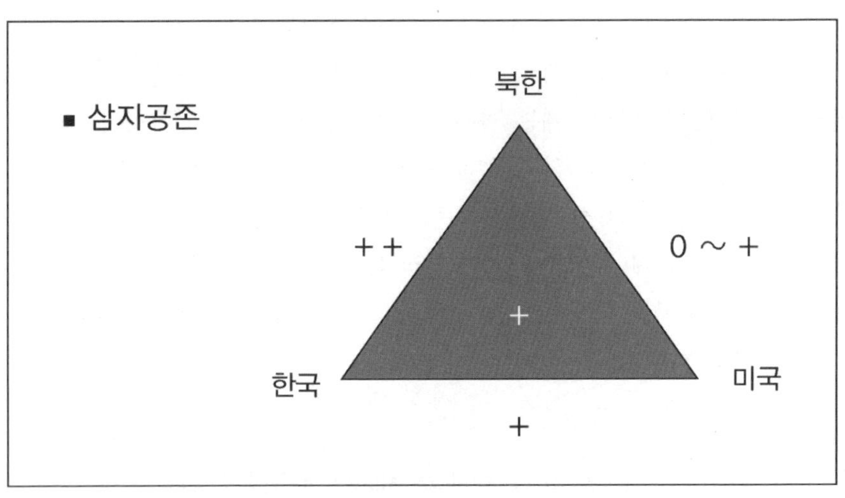

▣ 그림 10 4기(2007년): 삼자공존

4기의 남한-북한-미국 간 삼각관계의 경우 1기 때의 경우와 같은 삼자공존 상태이다. 남한-북한-미국 간 삼각관계의 경우 삼각관계를 구성하는 세 양자관계가 모두 우호적으로 유지되며 상호 선순환 구조를 이루는 삼자공존 상태가 가장 이상적인 상태라 할 수 있다.

앞서 살펴본 것처럼 1기에서 인지적으로 안정적인 삼자공존 상태를 이루고 있었던 남한-북한-미국 간 삼각관계는 부시 행정부의 등장으로 인해 2기와 3기 모두에 걸쳐 인지적으로 불안정한 로맨틱 삼각관계 상태로 전환됐다. 그렇다면 어떻게 4기에 이르러 다시 삼자공존 상태로의 복원이 가능했을까?

핵심적 요인은 물론 앞서 반복적으로 논했던 것처럼 2007년의 2.13합의라고 할 수 있다. 그런데 2005년 9.19 공동 성명 채택에도 불구하고 곧바로 미국의 대북 금융제재가 단행됨에 따라 남한-북한-미국 간 삼각관계가 삼자공존 상태로 전환되지는 않았다는 사실을 고려하면 과연 2007년의 2.13 합의는 어떻게 이러한 변화를 이끌어낼 수 있었는지 묻지 않을 수 없다.

그렇기 때문에 본 논문은 2006년 11월 치러진 미국 중간선거 결과에 주목한다. 부시 행정부의 집권 이후 계속해서 대북 적대 정책을 주도해왔던 공화당 핵심 인사들과 네오콘 세력이 2006년 중간선거를 통해 실각하게 됨으로써 미국의 대북 정책이 변화할 수 있는 여지가 생겼던 것이다.

물론 이러한 변화를 이끌어 낸 또 다른 이유로 북한의 핵실험을 빼놓을 수 없다는 점 또한 자명하다. 2006년 10월 9일 북한은 지하 핵실험을 단행하게 되는데 결과적으로 이는 그간 지속되어온 미국의 대북정책이 사실상 실패했음을 입증하는 가장 강력한 논거가 될 수밖에 없었던 것이다.

북핵 실험으로 입증된 기존 대북 정책의 실패와 중간선거 이후 미국 내 강경파의 실각과 같은 일련의 요인들은 미국 대북정책의 변화를 불러왔고 이러한 변화는 자연스레 다시금 6자회담 테이블로 당사국들을 불러들이는 것으로 귀결되었다.

2007년 2.13합의는 이러한 동북아 국제정세 변화의 자연스런 결과였던 것이다. 따라서 본 논문은 4기 당시의 북미관계를 우호적(+) 관계로 규정했다. 이는 3기와 4기를 구분짓는 가장 큰 변화라 할 수 있다. 물론 <그림 8>에 표기된 것처럼 북미관계를 우호적(+) 관계가 아니라 우호도 적대도 아닌 관계(o)로 판단 할 수도 있다. 이는 논자에 따라 미묘하게 판단이 엇갈릴 수 있는 지점인지라 <그림 8>에는 둘 모두를 표기했다.

그러나 본 논문은 기본적으로 북미관계가 2기와 3기 당시의 명백한 적대적 관계를 청산하고 분명한 전환의 실마리를 찾았던 시기가 4기였다고 보고 있으며 때문에 총론적으로 평가할 때 우호적 관계로 판단하는 것에 크게 무리가 없다고 판단했으며 따라서 이 시기의 남한-북한-미국 간 삼각관계의 성격을 규정함에 있어서도 기본적으로 북미관계를 우호적 관계로 보고 결론을 내렸음을 밝힌다.

한편 4기의 한미관계는 그 이전 시기에 견주어 별 다른 변화가 없는 우호적 관계(+)가 지속적으로 유지됐다. 4기에 해당하는 2007년이 2.13합의를 전후한 시점이었기 때문에 한미관계는 별 탈 없이 말 그대로 우호적인 관계가 흔들리지 않고 계속됐기 때문에 이 시기의 한미관계와 관련해서 특기할 만한 사항은 없다고 하겠다.

끝으로 4기 당시의 남북관계를 살펴볼 필요가 있다. 본 논문은 이 시기의 남북관계를 우호적이라고 보았다. 이 점에서는 그 이전 시기인 3기와 차이가 없다. 그러나 그 정도에 있어 차이가 있다. 4기의 남북관계(++)는 3기의 남북관계(+)에 비해 확연히 진일보했기 때문이다. 2.13 합의 이후 남북 정상회담이 다시 급물살을 타게 됐고 결국 남북 당국은 2007년 10월 4일 남북 정상회담 결과 '남북관계 발전과 평화번영을 위한 선언문'을 발표하기에 이른다. 이른바 10.4 남북 공동성언이 바로 그것이다.

이 지점에서 특기할 만한 것은 노무현 대통령의 참여 정부가 남북정상회담을 비롯한 일련의 대북정책을 북핵문제 해결을 위한 6자회담 결과에 연동시켜 추진했다는 점이다. 이는 1기 당시의 김대중 대통령의 국민의 정부와 차별되는 지점이다. 결과적으로, 참여 정부는 6자회담 결과에 맞추어 남북정상회담을 추진하게 됨에 따라 선도적으로 남북관계를 전환시켜 남한－북한－미국 간 삼각관계에 변화의 동력을 마련하지 못했던 것은 물론, 사실상 레임덕이 시작됐었다고 볼 수밖에 없는 정권 말기에 남북정상회담을 갖고 남북공동성명을 발표함으로써 공동선언의 실질적 가시화 여부를 장담할 수 없는 국면으로 남북관계를 끌고 갔던 것이라고 평가할 수 있다.

총론적 차원에서 참여 정부는 분명 일관된 대북정책을 유지했으며 이 점에선 높은 평가를 받을 만하다. 그러나 인도적 지원까지 북한의 유관 절차 이행 여부에 종속 시키는 것과 같은 조치를 취했던 것은 분명 남북관계라는 지렛대를 활용해 남한－북한－미국 간 삼각관계의 선순환 구조를 이끌어내야만 운신의 폭을 충분히 확보할 수 있는 한국의 입장에서는 경직된 기조로 일관했다는 비판에서 자유롭기 힘들다.

이상의 논의를 종합할 때 결론적으로 4기의 남한－북한－미국 간 삼각관계는 1기 때와 같은 삼자공존 상태였다. 북미관계는 1기 때에 비해 조금 정도가 약하기는 했으나 우호적 관계(+)를 유지했으며, 한미관계는 변함없는 우호적 관계(+)를 지속했다. 남북관계는 1기 때(+++)에 비해선 상대적으로 약화되었으나 큰 틀에서는 우호적 관계(++)를 유지했다. 결론적으로 4기는 1기에 이어 다시금 삼자공존 상태가 복원된 시기였다는 점에 큰 의의가 있다고 하겠다.

이 지점에서 지적하고 넘어가야 할 부분은, 인지적으로 불안정한 로맨틱 삼각관계였던 2기와 3기로부터 인지적으로 안정적인 삼자공존 상태로의 전환에 결정적인 영향을 미친 것은 물론 북미관계의 전환이지만, 어디까지나 한국이 남북관계를 끝까지 우호적 관계로 유지하려는 노력을 포기하지 않았기 때문에 북미관계가 적대적 관계에서 우호적 관계로 전환되는 시점에 남한－북한－미국 간 삼각관계를 삼자공존 상태로 돌려놓는 데 있어 결정적인 일조를 할 수 있었다는 사실이다.

이어서 살펴 볼 5기와 6기의 경우처럼 만약 남북관계가 적대적 관계로 전환되어 버렸다면 설사 북미관계가 우호적 관계로 전환되었다고 해도 남한－북한－미국 간 삼각관계는 삼자공존 상태로 변화할 수 없었을 것이다. 또한 만약 그런 상황이었다면 북미관계가 우호적 관계로 전환된다고 해도 미국을 꼭짓점으로 하는 로맨틱 삼각관계가 설정되게 됨에 따라 한국과 미국의 국력의 극단적 비대칭성을 고려할 때 한국은 극히 제한적인 운신의 폭을 확보하는 데 그칠 수밖에 없었을 것이다.

이어지는 5장에서 다시 논의하겠지만 결국 여기서 확인할 수 있는 것은, 남한-북한-미국 간 삼각관계를 가장 이상적인 상태인 삼자공존 상태로 전환하는 데 보탬이 되기 위해서라도, 또한 북한이나 미국 어느 한쪽만을 선택하는 것이 사실상 불가능한 한국의 현실적 조건을 고려하는 차원에서라도, 한국이 남북관계를 우호적으로 가져가야 한다는 것은 당위적인 판단이기 이전에 지극히 전략적인 대안이기도 하다는 사실이다. 다음으로 한국 행정부인 이명박 정부 시기의 남한-북한-미국 간 삼각관계에 대해 살펴보도록 하자.

V. 이명박 정부 시기 남한-북한-미국 간 전략적 삼각관계의 변화

5장은 이명박 대통령 집권기인 이명박 정부 시기의 남한-북한-미국 간 삼각관계를 분석한다. 본 논문은 이 시기를 5기와 6기로 구분하여 분석한다. 먼저 5기는 2008년부터 2009년에 이르는 시기이며 6기는 2010년부터 2012년까지에 해당한다. 5기와 6기를 나누는 핵심적 분기점은 남북관계가 사실상 파탄으로 치달았던 2010년의 천안함 사태와 5.24조치, 그리고 연평도 포격사건이라 할 수 있다.

5기와 6기는 모두 이명박 대통령의 이명박 정부가 집권했던 시기에 해당한다. 이명박 정부는 국민의 정부와 참여 정부가 지속적으로 추진해 왔던 대북정책인 햇볕정책을 전면적으로 부정하며 소위 '비핵·개방·3000'이라는 캐치프레이즈를 내걸고 새로운 대북정책을 추진해 나갔다. 이 과정에서 국민의 정부와 참여 정부 집권 10년 동안 쌓아왔던 남북 간의 우호적 관계 또한 전면적으로 전환되기에 이른다. 적대적 관계로의 전환이 그것이다.

한편 5기와 6기를 아우르는 시기에는 미국과 북한 행정부의 교체 또한 존재했다. 물론 북한이 김정일 체제로부터 김정은 체제로 전환한 것은 본 논문의 분석 시기 중 가장 뒷부분에 일어난 일이며 북한의 체제 특성 상 큰 틀에서 볼 때 크게 변화가 없었다고 볼 수 있기에 본 논문에서는 집중적인 논의의 대상으로 삼지 않는다.

반면 미국 행정부의 교체는 눈여겨 볼 필요가 있다. 무려 8년에 걸쳐 집권했던 부시 행정부가 오바마 행정부 1기로 교체되었던 것은 한반도 국제정세에 대한 미국의 압도적인 규정력과 공화당과 민주당의 성격 차이를 함께 고려할 때 남한-북한-미국 간 삼각관계의 성격 변화를 가져올 수 있는 핵심적 변수가 될 가능성이 있기 때문이다. 결과적으로 오바마 행정부는 이른바 '전략적 인내'란 이름의 대북정책을 집행했으며 이에 대해선 해당 절에서 후술할 것이다.

앞서 언급한 것처럼 5기와 6기를 가르는 분기점은 2010년에 벌어진 일련의 사건들이다. 때문에 2008년부터 2009년까지의 시기를 5기로, 2010년부터 이명박 정부의 임기가 마무리되는 시기까지를 6기로 보았다. 결론적으로 5기와 6기는 모두 '안정적 결혼'상태였다고 평가할 수 있다. 이제 본 장에서는 5기와 6기 각 시기의 남한-북한-미국 간 삼각관계의 변화를 순서대로 살펴보도록 하겠다.

1. 5기(2008년~2009년): 대북 정책의 총체적 전환기

5기는 2008년부터 2009년까지에 해당한다. 5기의 시작은 이명박 정부의 집권이었다. 이명박 정부는 집권과 함께 '비핵 개방 3000'이란 슬로건을 내세우면서 국민의 정부와 참여 정부 10년 간 유지되어온 햇볕정책을 사실상 폐기한다. 이는 단순한 구호의 전환에 그치는 것이 아니라 대북 포용 정책이란 대북정책의 철학과 기조의 근간 자체를 폐기하는 것이었다. 이로 인해 남북관계가 극도로 악화될 수밖에 없었던 것은 너무도 당연했다.

한국의 대북정책 기조 전환은 북한의 강공 드라이브로 이어졌고 이 과정에서 숱한 충돌이 빚어지게 되었다. 2010년의 천안함 사건과 연평도 포격 사건은 결코 하늘에서 갑자기 뚝 떨어진 사건들이 아니었다. 무수한 전조들이 존재했고 누적된 갈등 구조 속에서 폭발했던 사건들이었다.

남북관계가 우호적 관계에서 적대적 관계로 전환되는 과정 속에서 북미관계 또한 적대적 관계로 급격히 전환되기에 이른다. 이러한 과정에 북의 미사일 발사와 핵실험이 빌미를 주었음은 물론이다. 결과적으로 5기의 남한-북한-미국 간 삼각관계는 우호적인 한미관계(++)와 적대적인 남북관계(--), 북미관계(-)로 구성되는 '안정적 결혼' 상태였다고 볼 수 있다. 이를 보여주고 있는 것이 <그림 11>이라고 할 수 있다.

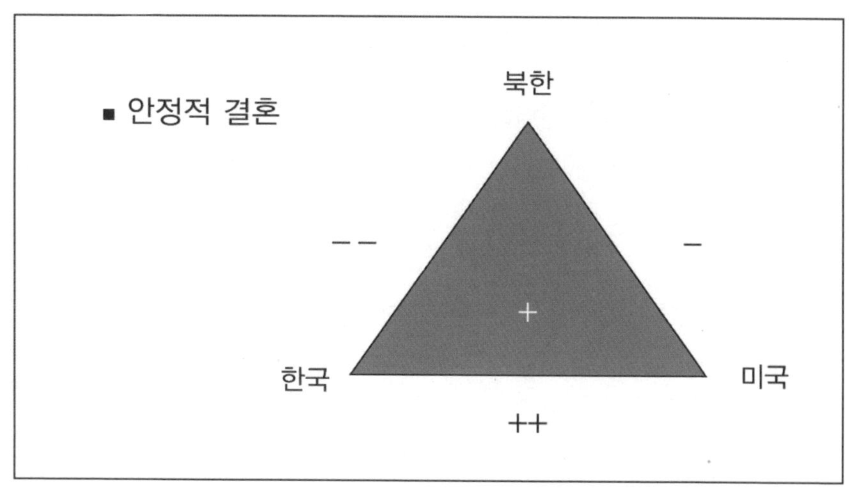

▣ 그림 11 5기(2008년~2009년): 안정적 결혼

5기의 남한－북한－미국 간 삼각관계의 경우 지금까지의 논의에 있어 최초로 등장한 '안정적 결혼 상태'라 할 수 있다. 삼각관계를 구성하는 세 쌍의 양자관계 중 한 쌍만이 우호적이며 나머지 두 쌍은 모두 적대적인 경우가 안정적 결혼 상태라 할 수 있다. 이 경우는 기본적으로 인지적으로 안정적인 상태이며 기존의 상태가 지속되는 경향을 보인다.

예컨대 결혼한 부부가 모두 싫어하는 제3자가 존재할 때 그 제3자를 비난하며 부부간의 우애가 더욱 돈독해지는 경우를 생각하면 이해가 쉬울 것이다. 물론 이는 부부가 아니라 친구 사이, 나아가 국가 간의 경우에도 마찬가지다.

조금 더 부연해보자면, 결혼한 부부가 함께 제3자를 비난하고 그에 맞서 그 제3자 또한 부부를 욕하는 경우라면 갈등의 골은 깊어질지언정 그러한 2:1의 대립 상태가 지속될 것이다. 그런데 문제는 상황이 단순히 상호간 비난을 하는 데 그치지 않고 상호 간 생존 자체를 위협하는 경우라면 이야기가 달라질 수밖에 없다. 남한－북한－미국 간 삼각관계가 안정적 결혼 상태로 전환된 5기와 6기의 경우가 바로 이런 경우였다.

한국, 미국 모두와의 적대적 관계에 처하게 된 북한은 지속적으로 벼랑 끝 전술을 강화하면서 긴장 국면을 고조시켜 협상 테이블로 상대국들을 불러들이기 위한 노력을 게을리 하지 않았다. 그러나 북한의 목표는 쉽사리 달성되지 않았다. 예컨대 2008년 여름 금강산 관광객 박왕자 씨가 피살됐다. 남북관계가 급속도로 냉각된 것은 물론 극도로 적대적인 관계가 일순간에 형성됐다.

이는 수많은 사례들 중 한 가지에 불과했다. 북한은 2009년 4월 광명성 2호를 발사했으며 6자회담 탈퇴를 선언하며 IAEA 미국측 검증요원들을 추방한다. 급기야 2009년 5월에는 제2차 핵실험을 단행하기에 이른다. 2009년 6월 15일에는 미국이 북한의 핵실험을 공식 인정하며 상황은 더욱 악화되기에 이른다.

물론 이러한 일련의 사건들이 벌어지는 흐름 속에 2008년 10월 미국의 힐 차관보의 방북이나 2009년 2월 스티븐 보스워스의 방북, 그리고 2009년 8월 미국 빌 클린턴 전 대통령의 방북과 같은 북미 간 협상이 존재하지 않았던 것은 아니다. 그러나 분명한 것은 적대적 관계로 치달은 북미관계와 남북관계가 전환될 수 있는 결정적인 모멘텀을 찾는 데는 매번 실패하고 있었다는 점이다. 5기의 남한－북한－미국 간 삼각관계를 안정적 결혼상태였다고 판단할 수밖에 없는 이유다.

그런데 5기는 두 국가의 행정부 교체가 이루어졌던 시기다. 세 국가 간의 상호관계가 맞물리며 형성되는 것이 삼각관계란 점을 고려할 때 세 국가 중 두 나라의 행정부가 교체된다는 것은 그야말로 대단히 큰 변화다. 그렇다면 한국과 미국의 행정부가 교체되었던 시기인 5기에 남한－북한－미국 간 삼각관계가 4기의 삼자공존 상태로부터 안정적 결혼 상태로 급변했다면 그러한 변화를 가져온 계기를 한국과 미국의 행정부 교체로부터 찾아보는 것이 합당할 것이다.

앞서 언급한 것처럼 이명박 정부는 기존의 햇볕정책을 노골적으로 부정하며 대북 압박 및 강경 정책으로의 선회를 시도했다. 이 과정에서 핵심적 과제로 언급되었던 것은 북핵문제였다. '비핵·개방·3000'이라는 슬로건 또한 북한이 먼저 핵을 포기하지 않을 경우 그 어떠한 협상도 지원도 있을 수 없다는 '선핵포기론'의 일환이었다.

이명박 정부의 '비핵·개방·3000'정책은, 북핵 문제의 해결을 위한 모든 노력을 기울이는 동시에 남북관계의 특수성 또한 면밀히 고려하여 남북관계를 우호적 관계로 유지하기위해 노력해 왔던 국민의 정부와 참여 정부의 햇볕정책과는 그 결과 궤를 완전히 달리하는 정책이었다.

이명박 정부는 국민의 정부와 참여 정부 집권 10년간의 햇볕정책을 '퍼주기'라며 비판하며 대북정책 기조의 전면적 전환을 강력하게 밀어붙였다. 4기와 5기를 가르는 첫 번째 변화는 북미관계의 변화가 아니라 남북관계의 변화였다. 즉 북미관계가 남한－북한－미국 간 삼각관계에 미치는 압도적 규정력에는 변화가 없었지만, 이 시기만큼은 이명박 정부의 대북 정책 전면 전환과 강공 드라이브가 남한－북한－미국 간 삼각관계의 변화를 선도했다고 판단하는 것이 합당하다.

남북관계의 이러한 급격한 변화가 북미관계의 전환에도 영향을 끼쳤음은 물론이다. 만약 이명박 정부의 이러한 전면적 정책 변화가 없었다면 2007년 10.4 공동선언을 기점으로 확실히 삼자공존 상태로 접어들었던 남한－북한－미국 간 삼각관계가 이토록 순식간에 안정적 결혼 상태로 변화할 이유가 없었기 때문이다.

1기의 경우 남북관계를 우호적 관계로 확고하게 유지했던 것이 북미관계 또한 우호적 관계로 변화하도록 하는데 영향을 미쳤다면, 5기의 경우는 그와 반대로 남북관계가 우호적 관계에서 적대적 관계로 전환되었던 것이 북미관계 변화에 영향을 미쳤던 사례라 할 수 있는 것이다.

한편 이 시기의 한미관계는 우호적 관계를 유지했다. 본 논문은 이 시기의 한미관계를 대단히 우호적(＋＋)인 관계로 평가했다. 이는 사실상 '종속'에 가깝게 미국의 정책을 충실히 따르는 모습을 보였기 때문이다. 물론, 단순히 우호적 관계의 정도가 높다고 해서 무조건적으로 옳은 것이 아니라는 점 또한 유념할 필요가 있을 것이다.

이상의 논의를 종합할 때 결론적으로 5기의 남한－북한－미국 간 삼각관계는 안정적 결혼 상태였으며 이는 적대적인 남북관계(－－)와 북미관계(－), 그리고 우호적인 한미관계(＋＋)가 종합된 결과였음을 알 수 있다.

2. 6기(2010년~2012년): 천안함 사건과 연평도 포격사건

6기는 2010년부터 2012년까지에 해당한다. 앞서 살펴본 것처럼 5기와 6기를 가르는 분기점은 2010년이다. 이는 2010년에 발생한 천안함 사건과 연평도 포격사건 등의 극단적 충돌로 인해 이미 안정적 결혼 상태였던 남한－북한－미국 간 삼각관계가 극도로 안정적인 결혼 상태로 급진전되었기 때문이다.

6기에 이르러 남북관계는 사실상 휴전 이후 최악으로 치달았다는 논의가 등장할 만큼 극도로 적대적인 관계로 귀결된다. 북미관계 또한 별 다른 전환의 계기를 마련하지 못한 채 표류하는 한편 이 와중의 한미관계는 극히 강화되는 경향을 띤다. 결론적으로 이 시기의 남한－북한－미국 간 삼각관계는 극도로 안정적인 결혼 상태였다고 볼 수 있다. 이를 표현하고 있는 것이 ＜그림 12＞이다.

6기의 남한-북한-미국 간 삼각관계의 경우 기본적으로 안정적 결혼 상태라고 할 수 있다. 이는 5기와 같다. 그러나 5기에 비해 확연히 강화된 형태이므로 극히 안정적인 결혼 상태라고 할 수 있다. <그림 10>을 참조하면 쉽게 이해할 수 있듯이 남북관계는 사실상 최악으로 치달았다. 적대적 관계의 정도가 가장 높은(---) 상태였던 것이다. 북미 관계 또한 5기에 비해 더욱 적대적인 관계(--)로 치달았다. 반면 한미관계는 사실상 극히 종속적인 관계라 평할 수 있을 만큼 우호적인 관계(+++)였다.

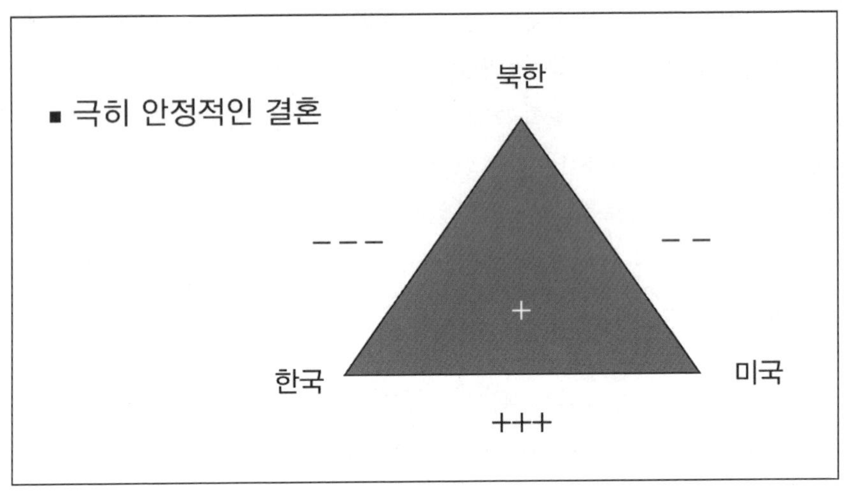

▣ 그림 12 6기(2010년~2012년): 극히 안정적인 결혼

5기와 6기를 나누는 지점은 2010년이다. 특히 2010년 봄 천안함 사건과 그 후속조치로 등장한 5.24조치, 그리고 2010년 가을의 연평도 포격 사건에 이르는 이 세 사안들이야말로 5기와 6기를 가르며 안정적 결혼 상태를 극히 안정적 결혼 상태로 전환시켰던 핵심 요인들이라 할 수 있다.

이명박 정부는 집권과 함께 대북 강경 정책을 펼쳐왔다. 행정부가 교체되면 각 행정부의 철학에 입각하여 정책이 변화하는 것은 너무도 자연스런 일이다. 그런 점에서 이명박 정부가 그 이전의 정부와 다른 대북정책을 채택했다는 사실 그 자체를 비판할 순 없다.

그러나 이명박 정부의 일관된 대북 강경 정책이 북한의 무력충돌이나 핵개발을 막지 못한 것은 물론 실질적인 남북대화 채널을 확보해내지도 못했다면 그것은 참으로 심각한 문제가 아닐 수 없다. 강경 정책을 통해 북한의 강경 정책을 철회시킨 것도 아니고 그렇다고 새로운 전환을 위한 대화를 이끌어냈던 것도 아니기 때문이다. 만약 이명박 정부의 대북 정책에 대한 문제제기가 가능하다면 그 초점은 바로 이 지점을 향해야 할 것이다.

더욱 큰 문제는 2009년의 미사일 발사와 2차 핵실험 이후 2010년의 천안함 사건과 연평도 포격 사건과 같은 참사가 한반도에서 발생하기 시작했다는 점이다. 두 사건 모두 초기대응에 있어 한국 정부가 허둥지둥하는 모습을 보인 것은 물론 5.24 조치라는 초강경 대책을 발표했음에도 불구하고 별 다른 효과를 보지 못한 채 이내 한반도 본토의 민간인이 피해를 입는 연평도 포격사건으로 귀결되기까지 하는 참담한 실패로 귀결되었던 것이 이명박 정부의 대북정책이었던 것이다.

심지어 지난 2013년 2월 12일 북한이 제 3차 핵실험을 강행하기에 이르렀으니 이는 결과적으로 근자에 북한이 감행한 두 번의 핵실험이 모두 이명박 정부에서 행해졌던 셈으로, 이명박 정부의 대북 정책이 과연 어떤 성과를 낸 것인지 의문을 품지 않을 수 없는 이유는 바로 여기에 있다.

2010년 5.24조치를 기점으로 남북관계는 준전시에 가까운 적대적 관계(－－－)로 돌변하였으며 이러한 흐름 속에서 북미관계 또한 더욱 정도가 강화된 적대적 관계(－－)를 유지하게 된다. 한편 6기의 한미관계는 사실상 한국이 미국의 정책에 종속되었다고 평가할 수 있을 만큼 행정부 간에 아무런 갈등이 존재하지 않는 극히 우호적인 관계(＋＋＋)였다.

이상의 논의를 종합해 볼 때 6기의 남한－북한－미국 간 삼각관계는 극히 안정적인 결혼 상태였다고 볼 수 있다. 문제는 안정적인 결혼 상태는 인지적으로 안정적인 상태이므로 기존의 상태가 지속되려는 관성을 갖는다는 점이다. 만약 한국이 국가가 아닌 한 개인이라면 북한이라는 상대 당사자를 영원히 보지 않고 지낼 방법이 있을 수 있다. 그러나 한국의 현실은 필연적으로 북한을 상대할 수밖에 없다는 점이고, 이런 상황에서 지금과 같은 안정적 결혼 상태로 남－북－미 삼각관계가 유지되는 것은 (미국과 달리) 한국으로선 극도의 불안 상태를 감당할 수밖에 없게 된다는 점이다.

물론 현재와 같은 남한－북한－미국 간 삼각관계의 지속이 과연 한국에게 적합한 것일지에 대해선 이견이 있을 수 있다. 특히 대북 포용정책을 주장하는 이들과 강경정책을 외치는 이들 사이의 간극은 말 그대로 심연에 가깝기에 이러한 갈등은 쉽게 아물 수 없는 갈등일 것이다. 그러나 분명한 것은 당위적 판단이 아닌 지극히 실리적이고 전략적인 관점에서 접근하는 경우에도, 한국이 남한－북한－미국 간 삼각관계란 구조적 조건 하에서 최대한의 운신의 폭을 확보할 수 있는 방안은 남북관계를 우호적으로 가져가면서 남한－북한－미국 간 삼각관계가 삼자공존 상태와 같은 선순환 구조로 전환될 수 있는 기회가 찾아오는 순간에 대비하는 것이라 할 수 있다.

1기의 삼자공존 상태가 2기와 3기에선 로맨틱 삼각관계로 변화했었음에도 4기에 이르러 다시 삼자공존 상태가 복원될 수 있었던 결정적 요인 또한 한국 정부가 남북관계를 어떻게든 우호적으로 유지해왔기 때문이라고 볼 수 있다. 이런 맥락에서 5기와 6기를 아우르는 이명박 정부의 대북 정책은 명분도 실리도 찾아보기 어려운 정책이었다고 평가할 수 있다.

Ⅵ. 7기(2013－2016) 박근혜 정부와 남북관계의 파탄 및 남북미 삼각관계의 고착화: 개성공단 전면폐쇄

2012년 12월 19일 대통령선거에서 당선된 박근혜 후보는 2013년 2월 25일 대통령으로 취임한다. 때문에 한국의 정권교체가 남북관계 기조의 변화를 이끌어낼 수 있을 것인지 귀추가 주목될 수밖에 없었다. 그러나 취임 직전인 2013년 2월 12일 북한이 3차 핵실험을 단행함에 따라 기존의 남북관계 및 극히 안정적인 남북미 삼각관계는 그대로 유지될 수밖에 없는 환경이었다. 특히 남북미 삼각관계에 결정적 변수로 작용해온 미국 정부의 대북정책 기조에 조금도 변화가 없었던 터라 더더욱 변화의 계기는 마련되기 어려웠다.

물론 박근혜 정부가 이른바 ‘통일대박론’을 주장하며 남북관계의 전환을 모색하는 듯했던 시점이 존재했다. 그러나 어디까지나 북한의 선핵폐기를 전제조건으로 내건 대화제의였을뿐 아니라 미국의 북한 선제폭격론과 북한붕괴임박론과 병존하는 통일론이었다는 점을 고려할 때 앞서 1기와 4기에서 살펴본 국민의 정부와 참여정부의 남북관계 국면 전환을 통한 남북미삼각관계의 변화와는 질적으로 전혀 다른 차원이었다고 볼 수 있다.

결국 5기와 6기의 '극히 안정적 결혼' 상태의 남북미삼각관계는 박근혜 정부 시기인 7기에서도 그대로 지속되었다고 평가할 수 있다. 차이가 있다면 7기는 5기는 물론 6기보다도 '더욱 안정적인 결혼'상태의 남북미 삼각관계를 형성했다는 점일 것이다. 디트머의 이론을 번역하는 과정에서 '안정적'이라는 단어를 사용하게 되었지만, 여기서 '안정적'이란 말은 긍정적 의미가 아니라, 단순히 '현상유지'가 될 가능성이 높다는 의미일 뿐이다. 문제는 남북관계와 북미관계가 모두 적대적(−)이고 한미관계만이 우호적(+)인 관계의 유지는 한국입장에서 결코 올바른 방향일 수 없다는 점이다. 우리는 북한과 국경을 맞대고 있기 때문에 이러한 적대적 관계가 강화되고 유지되는 것은 그 자체로 국가의 존립의 근간을 흔들 수 있기 때문이다.

여하간 5기와 6기에 이어 7기에 이르기까지 남북관계와 남북미삼각관계의 상태는 조금도 변하지 않고 오히려 기존의 상태가 계속 안좋은 방향으로 강화되어 왔다. 이러한 흐름을 상징하는 사건이 바로 2016년 2월 10일 박근혜 정부에 의해 전격적으로 단행된 개성공단 전면폐쇄라 할 것이다. 주지하다시피 개성공단은 국민의 정부의 '햇볕정책'의 산물로 남북관계와 남북경협의 상징으로 존재해왔다. 중요한 것은 이명박 정부 시기(본 논문의 5기, 6기)의 남북관계 악화에도 불구하고 개성공단 전면폐지는 상상하기 어려운 일이었다는 점이다. 즉, 아무리 남북관계가 악화일로를 걸어왔다해도 개성공단 전면폐지 카드는 넘어서는 안되는 한계선처럼 기능해왔다. 그럼에도 '통일대박론'을 주창하며 2014년 3월 28일 드레스덴 선언을 통해 남북관계 개선을 천명했던 박근혜 정부가 결국 남북관계의 파탄에 다름아닌 개성공단 전면폐쇄를 단행했던 것이다. 결국 남북관계는 본 논문이 분석대상인 1998년 이래로 사상 최악(−−−−−−)에 이른채 전환의 계기를 전혀 찾지 못하고 있었다.

이러한 흐름 속에 북미 관계(−−−) 또한 2014년 4월 26일 오바마 대통령이 북한에 대한 군사력 사용을 주저하지 않겠다는 위협적 발언을 하는 등 악화일로로 치달았다. 박근혜 정부가 출범한 2013년부터 박근혜 대통령 탄핵으로 인해 조기에 퇴진하게 된 2016년에 이르기까지 북미관계는 남북관계의 악화와 항상 그 궤를 같이해왔다. 결론적으로 7기의 남북미 삼각관계는 6기보다도 더욱 강화된 '극단적으로 안정적인 결혼' 상태였다고 정리할 수 있다.

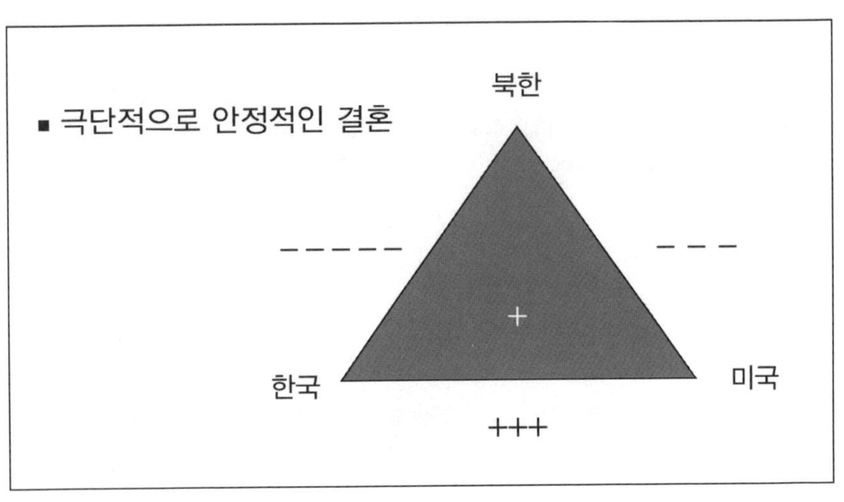

▣ 그림 13 7기(2013년~2016년): 극단적으로 안정적인 결혼

Ⅶ. 8기(2017-2018.6) 한국과 미국의 정권교체 및 남북미 삼각관계의 총체적 대전환: 판문점선언과 북미정상회담

본 논문은 남한-북한-미국간 전략적 삼각관계 분석을 통한 한국의 대북정책적 함의를 도출하는 것을 목표로 한다. 때문에 본논문에서 한국의 국내정치적 요소를 상술하는 것은 적절치 않다. 다만 이는 공지의 사실인 바, 2016년 가을부터 시작된 박근혜 대통령 탄핵국면으로 인해 한국의 정권교체가 기존의 예정(2018년 2월 새로운 대통령 취임 예정)보다 9개월여 앞당겨졌다는 점은 남북미 삼각관계의 변화에 심대한 영향을 미칠 수밖에 없었다.

특히 새롭게 취임한 문재인 대통령이 그간 국민의 정부와 참여 정부가 추진해온 대북 포용정책 기조를 전면적으로 계승할 것임이 분명해보였기 때문이다. 예상대로 문재인 정부는 2017년 5월 10일 대통령 취임식으로부터 불과 두달 뒤인 2017년 7월 6일 베를린 선언을 통해 앞으로의 남북관계의 청사진을 제시하며 대북 포용정책을 통한 기존 기조의 대전환을 예고했다.

한편 2017년은 공교롭게도 미국의 정권교체 또한 이뤄진 한 해였는데, 2017년 1월 20일 트럼프 행정부가 출범하면서 향후 북미관계의 변화가 예상된 시점이기도 했다. “평양에서 김정은 위원장과 햄버거를 먹으며 회담할 수도 있다”는 트럼프 대통령의 호언은 오바마 행정부 8년은 물론 그 이전인 부시 행정부 내내 이어진 대북 강경정책 내지 이른바 '전략적 인내'로 일컬어진 소극적 태도의 변화가 가능할 수도 있음을 보여주었다.

그러나 이러한 기대는 북한이 2017년 7월 5일 대륙간 탄도 미사일(ICBM) 발사에 성공함에 따라 급격히 우려로 전환되었다. 이후부터 북한과 미국은 '백악관을 폭격'한다는 등의 전례없는 '말폭탄'을 주고 받으며 북미관계가 급격히 냉각되기에 이른다. 북한은 이에 아랑곳하지 않고 2017년 9월 3일 제6차 핵실험을 단행하기에 이른다. 종합하자면, 한국 정부(문재인 정부)과 미국 정부(트럼프 행정부 1기)가 모두 교체되었으며, 단순한 교체가 아니라 기존 정부의 대북정책 변화를 시사한 정부가 들어섰음에도 불구하고 상황이 악화되기에 이르렀던 것이 2017년의 중반의 현실이었던 것이다.

그럼에도 한국과 미국 행정부의 교체, 그리고 북한의 ICBM 발사 성공을 통한 핵무력의 확보는 남북미 삼각관계의 변화를 추동할 수밖에 없는 중차대한 변화였던 것은 분명하다. 문제는 변화를 이끌어낼 리더십의 부재였다. 이를 해소해준 것이 2018년 평창올림픽을 전후하여 본격적으로 실행된 '문재인 정부의 운전자론'이라 할 것이다. 물론 이는 북한 김정은 위원장과 미국 트럼프 행정부 모두의 노력과 함께했기 때문에 가능한 변화였을 것이다. 요컨대, 2018년 4월 27일 판문점 회담과 2018년 6월 12일 이뤄진 최초의 북미 정상회담은 남북미 삼각관계가 지난 5~7기의 '안정적 결혼' 상태에서 벗어나 '삼자공존' 상태로 전환되었음을 여실히 보여준 극적인 순간들이었다.

본 논문은 앞서 제 2기와 3기의 불안정한 남북미삼각관계로부터 4기(삼자공존)로의 변화를 이끌어냈던 참여정부의 남북관계 전환을 분석한 바 있다. 북한을 마주하고 살 수밖에 없는 한국의 운명을 고려할 때, 2,3기에서 4기로의 변화야말로 한국 대북정책이 취해야할 가장 바른 태도라는 것이 본 논문의 주장이다. 같은 맥락에서 제 5기와 6기 그리고 7기로 이어진 남북미 삼각관계의 부정적 상태의 고착화에 맞서 전면적 반전을 이뤄낸 제 8기의 문재인 정부의 기조는 남북미 삼각관계를 삼자공존 상태로 전면적으로 전환시키는 데 성공한 모범적 사례라 할 것이다.

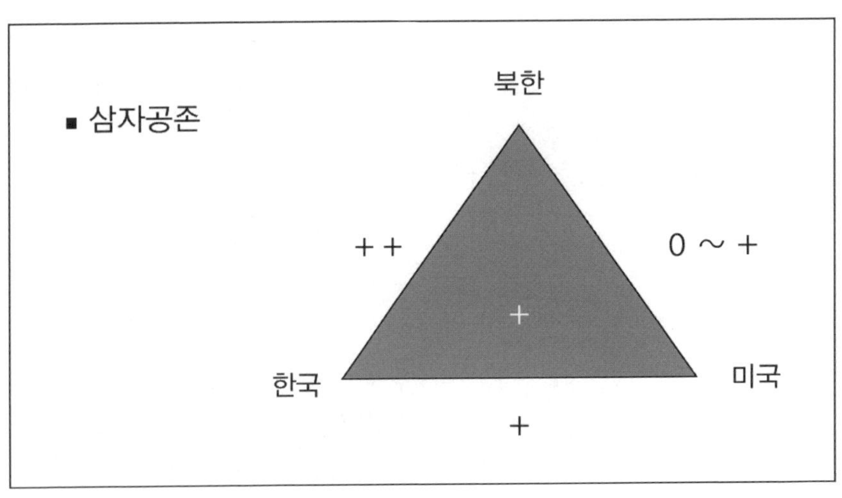

▣ 그림 14 8기(2017년~2018년6월): 삼자공존

Ⅷ. 결론

3장부터 7장까지의 논의를 통해 국민의 정부, 참여 정부, 이명박 정부, 박근혜 정부, 그리고 현재까지의 문재인 정부 집권기인 1998년부터 2018년까지의 시기를 모두 여덟 시기로 구분한 후 각 시기별 남한－북한－미국 간 삼각관계의 구성과 각 시기 사이의 남한－북한－미국 간 삼각관계의 변화 요인들에 대해 살펴보았다. 이하 <표 0>은 3장부터 7장까지의 논의를 종합 정리한 것이다.

본 논문은 하이더의 인지적 균형이론과 디트머의 전략적 삼각관계 분석틀을 종합한 후 이 분석틀을 통해 1998년부터 2012년 까지의 남한－북한－미국 간 삼각관계를 재조명함으로써 남한－북한－미국 간 삼각관계를 이루는 세 쌍의 양자관계들이 어떻게 상호작용하며 삼각관계의 변화를 추동해내는지 밝히고자 하였다. 또한 이러한 분석을 통해 남한－북한－미국 간 삼각관계라는 구조적 제약 하에서 한국이 취해야 할 외교정책적 함의를 도출해내고자 했다. 이제 본 논문의 연구 결과를 소개하며 그 의의와 한계점을 밝혀두고자 한다.

먼저 본 연구를 통해 남한－북한－미국 간 삼각관계에 가장 큰 규정력을 행사하고 있는 것은 여전히 북미관계임을 확인할 수 있었다. 주지하다시피 미국의 영향력은 확고했으며 핵을 동원한 벼랑 끝 전술을 구사하는 북한 또한 북미관계와 북미관계에 의해 결정적 영향을 받아 온 남한–북한–미국 간 삼각관계로부터 자유로울 수 없었기 때문이다.

그러나 동시에 본 연구를 통해 남한–북한–미국 간 삼각관계는 삼각관계를 구성하는 세 쌍의 양자관계들이 서로 상호작용하며 영향을 주고받고 있음을 확인할 수 있었다. 즉 남한–북한–미국 간 삼각관계는 북미관계에 종속된 것이 아니며 남북관계나 한미관계의 변화와도 서로 영향을 주고받고 있었다. 특히 남북관계가 어떻게 설정되는지 여부가 남한–북한–미국 간 삼각관계에 유의미한 영향력을 행사할 수 있는 요소란 점을 분명히 발견할 수 있었다.

남한–북한–미국 간 삼각관계는 남북관계와 한미관계, 그리고 북미관계라는 세 쌍의 양자관계로 구성된다. 이 중 한국의 입장에서 한미관계를 크게 변화시킬 여지는 많지 않다. 옳고 그름을 떠나 가까운 미래에 한국이 한미동맹의 틀을 벗어나거나 한미관계를 적대적으로 전환시킨다는 것은 대단히 어려운 일이기 때문이다.

북미관계 또한 한국의 의도대로 움직일 수 있는 여지는 극히 희박한 것이 현실이다. 결국 한국이 나름의 주도권을 확보하여 남한–북한–미국 간 삼각관계에 실질적인 영향을 끼칠 수 있는 유일한 양자관계는 남북관계 뿐이다. 그렇다면 관건은 남북관계를 어떻게 가져갈 것인가에 달려있다고 볼 수 있다.

본 논문에서 분석한 총 여덟 개의 시기 중 1기부터 4기, 그리고 8기의 남북관계는 우호적이었으며 5기와 6기, 그리고 7기는 적대적이었다. 이 중 가장 이상적인 남한–북한–미국 간 삼각관계는 삼자공존이었으며 이는 1기와 4기 및 7기에 해당했다.

1기의 삼자공존 상태는 2기와 3기에 이르러 미국 행정부의 교체와 대북 적대정책의 등장에 따라 로맨틱 삼각관계로 변화한다. 2기와 3기 당시 로맨틱 삼각관계의 꼭지점에 해당했던 것은 한국이었다. 이 때 한국이 인지적 균형상태를 만들기 위해 취할 수 있는 선택지는 세 가지였다. 그것은 ①북한만을 선택하거나 ②미국만을 선택하거나 아니면 ③북한과 미국의 관계를 적대적 관계에서 우호적 관계로 전환시키는 데 힘을 보태는 것이었다.

한국의 입장에서 북한과 미국 어느 한 쪽만을 택하는 것은 쉽지 않으며 지혜로운 선택일 수 없다. 그렇기 때문에 한국에게 있어 최고의 선택은 북미관계가 전환되도록 힘을 보태는 것이다. 이를 위해선 한국의 운신의 폭이 실재하는 남북관계의 영역을 우호적으로 유지해나가는 것이 무엇보다도 중요하다. 남북관계를 우호적 관계로 유지해나가야지만 추후 한반도 정세의 급변 과정에서 북미관계가 전환되는 시기를 통해 남한－북한－미국 간 삼각관계를 삼자공존 상태로 되돌릴 수 있는 여지를 확보할 수 있기 때문이다. 본 논문에서 검토한 3기로부터 4기로, 더불어 7기에서 8기로의 남한－북한－미국 간 삼각관계가 변화하는 과정을 통해 이를 분명히 확인할 수 있었다.

물론 반례도 존재한다. 4기로부터 5기로의 변화과정이 그것이다. 삼자공존 상태였던 4기로부터 이명박 정부는 사실상 미국만을 택하는 선택을 한다. 이는 한국의 입장에서 운신의 폭을 극도로 제약하는 선택이었던 것은 물론, 실제 북한의 무력도발을 막아내지도, 북한과의 대화 채널을 확보하지도 못하는 실리적으로도 무용한 정책이었다고 볼 수밖에 없다.

결국 한국은 남북관계를 우호적으로 가져가면서 남북관계에 있어 분명한 이니셔티브를 쥘 필요가 있다. 오직 이 경우에만 북미관계와 한미관계에 영향을 미쳐 남한－북한－미국 간 삼각관계를 선순환구조로 재편할 수 있는 가능성이 존재하기 때문이다. 요컨대, 남한－북한－미국 간 삼각관계라는 구조적 제약을 감안할 때 남북관계를 우호적으로 가져가는 것이 한국에게 전략적인 동시에 실리적인 정책임을 확인할 수 있었던 것이다.

이상의 논의를 다시 한 번 요약하면 다음과 같다. 첫째, 남－북－미 삼각관계에 가장 큰 규정력을 행사하고 있는 것은 여전히 북미관계다. 그러나 남－북－미 삼각관계가 북미관계에 종속된 것은 아니며 여타 양자관계의 변화에 따라 달라질 수 있는 여지가 존재하고 있다. 둘째, 한미관계는 세 쌍의 양자관계 중 가장 변화의 폭이 적으나 여전히 상수가 아닌 변수이며 그 때문에 남－북－미 삼각관계는 '전략적 삼각관계'로써 실존한다. 셋째, 특정한 일국의 입장에만 치우치지 않았을 때, 가장 이상적인 남－북－미 삼각관계는 '삼자공존' 상태이다. 넷째, 한국의 입장에서 북한과 미국 어느 한 쪽만을 선택할 수 없는 구조적 한계를 직시할 때 가장 전략적인 선택은, 한국의 규정력이 실재하는 남북관계를 우호적 관계로 유지하면서 북－미 관계가 우호적 관계로 전환되도록 힘을 기울여 결과적으로 남－북－미 삼각관계가 '삼자공존' 상태로 유지될 수 있게 하는 것이다. 이를 정확히 보여주는 사례가 3기로부터 4기로 남－북－미 삼각관계가 변화하는 과정이며, 반대로 4기에서 5기에 이르는 과정은 이의 반례라고 볼 수 있다. 다섯째, 한국은 한미관계와 북미관계에 미칠 수 있는 영향력이 크지 않다. 따라서 남북관계에 있어 분명한 이니셔티브를 유지하는 것이 실리적이며 이는 당위적 판단이기 이전에 전략적 판단에 근거한다.

끝으로 본 연구의 한계점과 보완할 점들에 대해 논하고자 한다. 먼저, 앞서 이론을 분석하는 과정에서 검토한 바 있지만 과연 디트머의 전략적 삼각관계론을 서로 대등한 힘의 균형이 형성되지 않은 상태에도 적용할 수 있는지에 대해 좀 더 정교한 이론적 보완이 필요하다고 생각한다. 이 부분에 대한 이론적 보완이 이루어진다면, 전략적 삼각관계 이론을 좀 더 다양한 층위와 대상에 적용할 수 있을것이기 때문에 충분히 도전해 볼만한 가치가 있다고 생각한다. 특히 정민수(2007)의 분석에서처럼, 이를 국내정치 차원과 국제정치 차원을 함께 아우를 수 있는 분석틀로까지 발전시킬 수 있을지를 검토해 볼 필요가 있다. 예컨대, 국내여론, 자국정부, 타국정부를 삼각관계로 놓는 경우를 생각해 볼 수 있겠다. 또한 전략적 삼각관계가 안보의 영역과 경제의 영역에서 서로 상이하게 작용할 수 있음을 직시할 필요가 있을 것 같다. 사실 기존의 연구들에서도 이 부분은 어물쩍 넘어가는 듯한 경향이 엿보이고, 때문에 이번 글에서 또한 이에 대한 심층적 고찰이나 새로운 분석틀의 정립으로까지 나아가진 못했다.

보다 근본적인 차원에서는, 앞서 언급했던 것처럼 합리적 인간을 기본 단위로 하는 인지 심리학 이론에 기반을 둔 분석틀을 과연 국제 정치 차원에 직접 적용하는 것이 과연 가능한 것인지에 대해서도 보다 발본적인 고민이 필요하다고 생각한다. 본 논문은 2장에서 디트머의 전략적 삼각관계 분석틀을 남한-북한-미국 간 삼각관계에 적용하는 것이 타당한지 여부를 검토한 바 있는데 하이더의 균형 이론을 국가 단위에 적용하는 것이 적실한지 여부에 대해서는 그만큼 상세하게 검토하지 않은 측면이 있다. 물론 여타 선행연구들이 이 지점을 돌파하기 위한 이론적 작업을 기울여온 것은 사실이지만 아직 부족함이 있어 보인다. 만약 이 지점을 정교하게 검토하여 일관된 논리를 세울 수만 있다면 이는 국제정치 현실을 분석하기 위해 심리학의 많은 이론적 자원들을 보다 풍부하게 받아들일 수 있는 토대를 닦는 셈이다. 이는 학제간 연구가 장려되고 있는 요즈음의 추세에 비추어 볼 때에도 대단히 의미있는 작업이 아닐 수 없을 것이다.

끝으로, 전략적 삼각관계를 표기하는 문제에 있어 예컨대 대문자/소문자 구분을 통해 강대국/상대적 약소국을 표기한다던가, 기존에 논의된 것처럼 삼각형의 내각의 크기와 꼭지점 간 선분의 길이를 통해 삼국간의 관계를 정교하게 이미지화한다는 식의 기술적 문제에 대해서도 고민해 볼 필요가 있겠다.

시기	1기			2기		3기				4기	5기		6기			7기				8기	
연도	1998	1999	2000	2001	2002	2003	2004	2005	2006	2007	2008	2009	2010	2011	2012	2013	2014	2015	2016	2017	2018.6
북한							김정일								김정은						
한국	국민의 정부					참여정부					이명박 정부					박근혜 정부				문재인 정부	
남북 관계	+++			++		+				++	-		--			-----				+++	
미국	클린턴 2기			부시 1기				부시 2기					오바마 1기			2기				트럼프 1기	
북미 관계	+			--		-				+	-		--			---				+	
한미 관계	+			+		++				+	++		+++			+++				+	
인지적	안정			불안정		불안정				안정	안정		안정			안정				안정	
삼각관계	삼자공존			로맨틱 삼각		로맨틱 삼각				삼자공존	안정적 결혼		극히 안정적인 결혼			극단적으로 안정적인 결혼				삼자공존	

▮표 0 남한–북한–미국 간 전략적 삼각관계의 변화: 1998년 ~ 2018년 6월

참 고 문 헌

∽

국문

박천우, 남한-북한-미국 간 전략적 삼각관계의 변화, 서울대학교 정치학과 석사학위논문.

백창재, 2011. "미중관계의 장래와 한국외교", 『한국과 국제정치』, 27권 4호. p.80.

서보혁, 2008. "탈냉전기 한반도 안보질서 변화에 관한 연구: 남·북· 미 전략적 삼각관계를 중심으로", 『국가전략』, 제14권 2호. pp.63~83.

이가영 · 나은영, 2011. "TV 드라마의 긴장도에 따른 수용자의 정서 변화와 즐김: 하이더의 균형 이론을 중심으로", 『한국방송학 보』, 25권 2호. p.121.

이상숙, 2009. "북-미-중 전략적 삼각관계와 제2차 북핵위기: 북한의 위기조성 전략을 중심으로", 『국제정치논총』, 제49집 5호. p.132~133.

임기홍, 2012. "관료정치와 대북정책: 김대중 정부와 노무현 정부의 정책결정 비교", 서울대학교 정치학과 석사학위논문. pp.89~127.

임기홍, 2016. [위기와 남북관계], 역사인

장달중 · 이정철 · 임수호, 2011. 『북미대립』, 서울: 서울대학교 출판 문화원. pp.167~225.

정민수, 2007. "인지적 균형이론을 적용한 분단체제의 거시 메커니 즘: 1980~2000년의 남북미 관계를 중심으로", 『현대북한연구』, 10권 1호. pp.7~50.

최운도, 2003. "미·중·일 삼각관계와 그 역학에 관한 시론", 『한국정치학회보』, 37집 3호. pp.189~191.

영문

Dittmer, Lowell. 1981. "The strategic triangle: an elementary game-theoretical analysis.", *World Politics*, Vol.33. pp.485~515.

Heider, Fritz. 1946. "Attitudes and cognitive organization.", *Journal of Psychology*, Vol. 21. pp.107-112.

Womack, Brantly. 2006. *China and Vietnam.* New York: Cambridge University Press. pp.257-258.

Woo Seongji. 2003. "Triangle research and understanding northeast Asian politics," *Asian Perspective*, Vol. 27 No. 2, pp.33-63.

제4회 학봉상

/

우수상

민족통일론에서 시민통일론으로 : 민족주의 통일론의 위기와 대안*

노 현 종**

논문요약

지금까지 논의된 대한민국의 통일론은 좌우를 막론하고 민족주의와 민족 동질성의 회복이라는 가치에 그 뿌리를 두고 있었다. 통일과 관련된 주요 합의문을 살펴보면 민족을 핵심적인 가치로 삼고 있다. 통일과 관련하여 정치적 영역에서 민족의 위치는 굳건하다. 하지만 다른 여러 경험적 연구와 조사를 살펴보면 민족이라는 가치는 명백하게 퇴보하고 있으며 예전과 달리 사회적 연대성을 창출하는 힘도 많이 떨어진 상태이다. 왜냐하면 대한민국의 새로운 세대는 이전보다 개인주의화 되었고 국가가 개인을 동원의 객체로 여기는 것을 선호하지 않기 때문이다. 이러한 사회적 분위기를 반영하지 못한 채 추상적인 '민족'과 '공동체'를 강조하는 현재의 통일론은 지나치게 집단주의적이고 국가 중심적이라고 할 수 있다.

그러므로 이러한 통일론과 사회 인식 사이의 간극을 좁히기 위하여 본 연구에서는 국가와 국가의 통일이 아닌 시민과 시민의 통일을 모색하고자 '시민 통일론'을 제안하고자 한다. 이는 민족주의 통일론을 폐기하는 것이 아니라, 기존의 민족주의 통일론과 반공주의에 기반을 둔 자유민주주의적 통일론에서 도외시되었던 시민적 가치를 추가하여 통일론을 새롭게 제시하는 데 그 목표를 두고 있다. 시민적 가치를 한반도 전역에 확산시키고 능동적인 개인을 형성하며, 공존을 넘어 공변(共變)을 모색하고 인간 없는 개발주의를 지양하는 것이 시민통일론의 핵심이다. 이와 같은 시민통일론이 잘 정착하게 되면 시민적 가치를 훼손할 수 있는 극좌나 극우 정책의 등장을 사회적으로 제한할 수 있을 것이다. 또한 통일담론이 이데올로기 영역이 아닌 전략수립 영역에 집중됨으로 효과적이고 효율적인 통일정책 수립에 도움을 줄 수 있을 것이다.

주제어: 시민, 시민 통일론, 민족 통일론, 통일 정책, 대북 정책

* 본 논문은 사회사상과 문화 21권 3호(2018), pp.1－32 에 실린 논문을 재출간한 것입니다.

** 저자: 노현종(서울대학교 아시아연구소 방문학자)

박명규 선생님과 송호근 선생님의 가르침에 깊이 감사드립니다.

Ⅰ. 서론 및 문제제기

2018년은 훗날 한반도의 정세가 급격하게 요동치고 새로운 질서가 태동된 해로 기록될 것이다. 김정은 국무위원장은 신년사를 통해 남북관계의 개선과 대화의지를 표명하였고, 이는 평창올림픽 당시 김여정 조선로동당 제 1 부부장의 방한으로 가시화되었다. 이러한 여세로 2018년 4월 27일 제3차 정상회담의 개최와 함께 판문점 선언이 나왔다. 북미정상회담을 준비하는 가운데 갈등이 발생하자 예상치 못했던 4차 남북정상회담까지 이루어졌다. 이 기간 김정은 위원장은 중국을 방문하여 여러 가지 제반 사항들을 조정하였다. 한 차례 우여곡절을 겪고 난 후, 6월 12일에 북미정상회담이 최초로 진행되어 한반도 비핵화에 대한 기초적인 청사진이 마련되었다. 비록 전 세계의 기대에 부응할 만한 합의가 도출되지는 않았지만, 평화와 비핵화를 향한 본격적인 프로세스가 이제 막 시작되었다고 할 수 있다. 물론 향후 지금과 같은 평화 분위기가 지속될 수 있을지는 의문이지만, 현재까지는 한반도의 당면 문제를 대화와 협상으로 해결하겠다는 긍정적인 움직임이 유지되고 있다.

남북관계와 외교영역에서 많은 변화가 있었던 시기에 한국사회 특히 청년 세대는 향후 미래의 통일 정책 수립에 영향을 줄 수 있는 중대한 문제를 제기하였다. 그것은 평창 올림픽 당시 남·북한 아이스하키 단일팀을 구축하는 과정에서 청년 세대들이 정부에 큰 불만을 표출한 일이었다. 당시 정부는 남북관계를 개선한다는 정치적인 목적으로 남·북 단일팀을 급조하였고, 이낙연 총리가 언급한 바와 같이 메달권에서 거리가 먼 아이스하키팀을 선정하였다. 정부는 남·북한이 하나 되어서 선전하는 감동의 신화를 만들고자 하였다. 하지만 정부의 기대와는 달리, 청년들은 정치적인 이유로 국가대표 자격을 졸지에 박탈당한 선수들에게 동정하는 입장을 보였으며 정부에 대해 매우 냉담한 반응을 보였다. 이 사건은 보수언론의 왜곡이라고 단순하게 볼 수 없는 문제이다. 지난 보수 정부의 대북정책에 대한 평가와는 별개로 발생한 청년들의 순수한 분노이자 문제제기라고 할 수 있다. 청년들은 단일팀 구성과정을 지켜보면서 이를 과거처럼 민족의 동질성의 회복이라고 생각하지 않았다. 오히려 개인이 응당 누려야 할 권리를 국가가 부정하게 박탈하는 것으로 간주하였다. 이것은 1991년 세계탁구대회에서 남북연합팀에 대한 열광적인 지지와는 전혀 다른 태도이다. '민족의 회복'이라는 기치하에 남북단일팀을 구성하여 사회의 환영과 지지를 기대했던 정부도 이러한 비판적인 지적에 적지 않게 당황한 모습을 보였다.

이 현상을 사회학적 시각에서 바라본다면, 예전처럼 민족이라는 거대담론만으로 사회의 응집력을 형성시켰던 시대는 지나갔다는 것이다. '민족'과 '국가'라는 가치 앞에 개인을 부당하게 희생시키는 것에 대해 한국의 젊은 세대들이 명백히 거부감을 표출하였다. 통일이란 기본적으로 남·북한 사이의 최대공약수를 발견하고 이에 따라 양측 모두 스스로를 변화시키는 지난한 작업이다. 따라서 1980년대와 1990년대에 생각하였던 통일의 모습과 2018년 현재 상상하고 계획하는 통일의 모습은 필연적으로 상이할 수밖에 없다. 왜냐하면 그동안 남·북한 양측 모두에서 경제와 사회, 가치관 등이 크게 변했기 때문이다.

따라서 본 연구에서는 '민족'과 '국가'로 상징되는 기존의 통일론[1)]을 검토하고 여기서 도출된 사안을 토대로 어떻게 새로운 시대적 가치를 반영한 통일론을 구성할 수 있을 지 모색하고자 한다. 통일 대비를 위한 지식인의 임무는 남한과 북한 양측의 사회변동을 포착하여 시대에 알맞은 통일론을 구축하는 것이다. 물론 민주화되고 다원적인 사회에서 하나의 지배적인 통일론을 구축하는 것은 매우 어려운 일이다. 그럼에도 불구하고 많은 사회구성원들이 공감할 수 있는 통일론이 구축되어야만 불필요한 국론의 분열을 막을 수 있다. 뿐만 아니라 이 일은 궁극적으로 정부의 민주적이고 효율적인 정책집행에 기여할 수 있을 것이다.

Ⅱ. 민족통일론과 자유민주주의 통일론의 기원과 한계

1. 민족통일론

(1) 민족통일의 기원

지난 70년 동안 그리고 현재까지도 통일의 궁극적인 당위성은 '민족'의 회복에서 나왔다. 그동안 보수진영[2)]과 진보진영 모두 민족이라는 틀 안에서 통일정책을

1) 통일론과 통일정책은 유사해보이지만 다른 개념이다. 통일론은 이데올로기적이고 규범적인 성격이 강한 논의에 가깝다. 반면 통일정책은 통일론에 따라 실질적인 정책을 수립하고 집행하는 것이다. 이 점은 글의 후반부에서 자세히 논하도록 하겠다.

구상하였다. 이러한 사상의 기원은 백범 김구선생까지 올라간다. 해방공간에서 민족의 분단을 막고자 고군분투하였던 백범 선생은 매우 강력한 종족적 민족주의를 주장하였다. 그는 구체적으로 다음과 같이 언급하였다.

> "철학도 변하고 정치·경제의 학설도 일시적이어니와 민족의 혈통은 영구적이다. 일찍이 어느 민족 안에서나 종교로, 혹은 학설로, 혹은 경제적·정치적 이해의 충돌로 두 파 세파로 갈려서 피로써 싸운 일이 없는 민족이 없거니와, 지내어 놓고 보면 그것은 바람과 같이 지나가는 일시적인 것이요. 민족은 필경 바람 잔 뒤의 초목 모양으로 뿌리와 가지를 서로 걸고 한 수풀을 이루어 살고 있다. 오늘날 소위 좌우익이란 것도 결국 영원한 혈통의 바다에 일어나는 일시적인 풍파에 불과하다는 것을 잊어서는 아니된다(김구, 1997: 424-25)."

김구 선생의 견해로는 '민족'이야말로 한 공동체의 영원한 생명력을 제공해주는 모체였다. 지금의 시각에서 보면, 김구 선생의 위와 같은 언급은 자민족 중심의 인종주의로 비춰질 위험도 있지만, 평화적이고 민주적인 가치가 내장되어 있는 주장이다. 하버드 대학교에서 장기간 교편을 잡으면서 제 3세계의 민족주의를 연구하였고, 대한민국 제 3공화국 당시 대통령제의 헌법을 자문함으로써 한국과 인연이 깊은 루퍼트 에머슨(Rupert Emerson) 교수는 식민지 치하에서 형성된 국가의 민족주의에는 매우 강력한 민주주의적인 요소가 내포되어 있다고 보았다. 그 이유는 다음과 같다. 첫째, 식민지배 하에서 민족주의나 반식민지 운동에 가장 열정적으로 몸을 담았던 인사들은 전통적 봉건 엘리트가 아니라 서구의 민주주의 가치를 지지하는 새로운 엘리트층이었다. 둘째, 이들은 민주주의적인 요소를 강조함으로써 식민지배에 반대하는 세력의 지지뿐만 아니라 비민주적인 봉건적 질서에 반감을 가지고 있었던 사회 구성원들의 지지를 얻을 수 있었다(Emerson, 1960: 213-37).

과거 일제 식민지 상황에서 '민족'은 정치적 기본단위로 인식되었다. 박명규의 연구에 따르면, 구한말 조선의 지식인들은 '국민'이라는 개념이 근대적·정치적 주권을 지닌 사회구성원을 의미한다는 사실을 잘 인식하고 있었다. 하지만 일제 식

2) 한국의 정치지형에서 민족의 통일은 주로 진보진영에 의해 강조되어왔던 것이 사실이다. 따라서 일각에서는 보수진영이 민족분단을 의도적으로 고착화시켜 자신들의 기득권을 재생산하였다는 주장을 펼치기도 한다. 그럼에도 불구하고 보수진영 역시 국제질서의 변화 및 사회의 요구를 완전히 무시하지는 않았으며 '민족'을 자신들의 프레임에 맞추어 수용하였다.

민지 통치 아래로 들어가면서 원래의 '국민'이란 개념은 일제의 통치를 받는 주권 없는 사회구성원이라는 의미로 변질되고 말았다. 이러한 상황에서 정치적 주체로서 '민족'이라는 요소를 강조하기 시작하였다(박명규, 2014: 97-9). 식민지 상황에서 '민족'은 지배자인 일본인과 대비되는 조선인이라는 '혈통적 집단'의 성격과 비민주적인 식민지배에 대비되는 '민주적 가치'가 포함된 개념이었기에 그 자체로 강력한 사회적 연대를 창출해낼 수 있었다. 이처럼 민족에 대한 사회적 인식이 강력하게 남아있었기 때문에 해방 후 대규모의 반탁운동이 진행될 수 있었다. 또한 정치적 주체인 '민족'이 외세에 의해 분열되었기 때문에 이를 회복시키고자 하는 시도는 주권과 자주 회복의 의미를 지니고 있다. 이러한 이유로 민족은 현재에도 정치 영역에서 그 정당성을 인정받고 있다.

(2) '민족' 개념의 위기

한국전쟁 이후 '민족'은 통일정책에서 핵심적인 위치를 차지하지 못하였다. 사실 이승만 대통령은 분단이 공고화되기 시작할 무렵부터 반공주의적인 '일민주의(一民主義)'를 강조하였다. 하지만 이는 체계적인 사상도 아니었다. 비록 자본주의와 비인간성과 공산주의의 폭력성을 극복해야한다고 주장하였지만 이는 사회민주주의 혹은 훗날 기든스의 제 3의 길과 같은 성격의 논의가 아니라 정치적 슬로건에 불과하였다. 또한 여기서 언급된 '일민' 즉 하나의 민족이라는 개념에 기반하여 적극적인 대북정책을 펼치지도 않았다(박찬승, 2010: 226-31). 특히 한국전쟁 이후부터는 북한이라는 집단 자체를 인정하지 않았기에 정치적 주체로서 민족의 역할은 훨씬 더 제한적일 수밖에 없었다. 김동춘이 지적한 바 있듯이, 분단국가로서 남·북한의 적대적 상황은 남·북한의 민족적 동질성과 민족적 정체성의 형성을 억제하거나 심지어 반국가적인 것으로 취급하도록 만들었다(김동춘, 2000: 349). 즉 반공주의가 강력하게 작동하는 공간에서 '이념'과 '국가'를 뛰어넘는 '민족'이라는 것은 매우 불온한 것으로 간주되었다.

일부 지식인 즉 50년대 조봉암과 같은 용기 있는 인사들이 매우 조심스럽게 '평화통일'을 주장하였다. 이는 실현 가능성 없는 무리한 북진통일을 추구할 것이 아니라 공고한 냉전 구조를 민족의 입장에서 극복하는 것이 평화적인 통일이라는 입장이다(서중석, 1995: 319). 그러나 죽산 조봉암 선생의 비극적인 최후가 증명하듯이 이는 정치권에서는 결코 받아들일 수 없는 입장이었다. 하지만 정치적 주체로서 민족의 영향력이 쇠퇴했다 할지라도, 민족에 대한 사회 성원들의 상상력이 완전히 사라진 것은 아니었다. 사회 성원들은 북한을 '용서할 수 없는 민족공동체'로 여겼지만, 북한 체제에 대한 분노와 원망에도 불구하고 여전히 공동의 운명을 지닌 존재라고 간주하였다. 그리고 현재 우리가 가지고 있는 '사악한 북한 지도부'와 '선량한 주민'이라는 이분법적 시각도 이러한 민족공동체라는 관념에 뿌리를 두고 있다.

(3) '민족'의 재등장 및 민족통일론의 제도화

한국전쟁과 냉전체제 아래서 억압된 '민족'이라는 개념은 국제정세의 변화에 따라 다시 대두되기 시작하였다. 일반적으로 많은 사람들이 사회주의 체제에 대한 고정적인 이미지를 가지고 있다. 하지만 사회주의 국가들 역시 많은 개혁과 사회적 변화를 경험했고 이에 따라 냉전 구조에도 큰 변화가 발생하였다. 스탈린 사망 이후 흐루시쵸프는 평화공존론을 제시하였다. 즉 자본주의 국가와 사회주의 국가는 공존할 수 있으며, 의회를 통해 사회주의에 진입할 수 있다는 것이다(Suny, 2011: 423−25). 그리고 흐루시쵸프의 1959년 미국방문, 1969년 아시아 국가에 대한 군사적 개입을 자제한다는 닉슨독트린, 1975년 서방과 공산권간에 맺어진 '헬싱키 선언'등을 살펴보면, 냉전 질서는 그 근본적인 갈등구조 속에서도 안정적인 상태에 있었음을 알 수 있다.

이러한 국제적 흐름에 따라, 우리의 대북정책 역시 북한을 사실상(De Facto) 국가로 인정하고 한반도의 평화적 질서를 수립하기 위해 북한과 협상하기 시작하였다. 이 과정에서 '민족'이라는 개념이 적극적으로 호명되었다. 사실 대북·통일 정책은 분단 이후 1970년까지 북한을 '불인정하던 시기'와 1970년 8월 15일 박정희 대통령의 '평화통일구상선언' 이후 북한을 '인정하는 시기'로 크게 구분할 수 있다(박광기 · 박정란, 2008: 167; 허문영, 2000: 115). 이는 사회주의를 승인한다는 의미가 아니다. 북한이 실재하고 있다는 사실을 인정하고 이에 대응하는 전략을 구축한다는 의미에 가깝다. 후자를 조금 더 세분화하여 1990년대의 본격적인 화해·협력 정책을 포함할 경우, 불인정−인정−화해·협력 시기로 구분할 수도 있다.

이러한 정세 및 인식의 변화는 구체적인 조약과 합의를 통해 나타났으며, '민족'의 가치가 강조되었다. 구체적으로 1972년 7.4 남북공동성명에서 '하나의 민족으로서 민족적 대단결'을 추구한다는 점이 명시되었다. 1992년 2월 19일에 발효된 남북기본합의서 제 15조에는 "민족 전체의 복리향상을 도모하기 위하여"라는 구절이 정확하게 제시되어 있다. 1994년 김영삼 정부는 노태우 정부의 '한민족공동체통일방안'을 계승한 '민족공동체통일방안'을 제안하였다. 물론 국가가 제시한 민족통일론은 전반적으로 보수적인 입장이었다고 평가할 수 있다.[3] 즉 정치 주체로서 민족은 국가가 허락하고 설정한 범위에서만 활동할 수 있었으며, 이를 벗어난 행동은 철저하게 규제되었다.[4] 2000년 6.15 정상회담을 통해 공표된 남북공동선언의 첫 조항에도 "남과 북은 나라의 통일 문제를 그 주인인 우리민족끼리 서로 힘을 합쳐 자주적으로 해결해 나가기로 하였다"는 점을 명확하게 밝히고 있다. 2007년 10.4 남북정상선언에서도 '민족번영'이 강조되었고, 최근의 4.27 판문점 선언에서는 '민족의 화해와 평화'가 강조되었다.

2018년 현재에도 정부는 '민족의 동질성 회복'을 통일의 궁극적인 목표로 삼고 있다. 통일부 소속기관인 통일교육원은 통일의 목표 및 완성을 "사회·문화적 측면에서의 통일은 민족 고유의 동질성을 회복함은 물론, 보다 다양하고 풍부한 사회·문화적 공동체로 발전됨을 의미한다. 우리 민족은 동일한 언어와 문화, 생활을 공유하며 살아왔다.…통일은 두 개의 남북한 체제가 하나로 통합되는 것을 의미하지만 진정한 의미의 통일은 남·북한 주민들이 '우리 의식(we-feeling)'을 가지고 하나의 국가 테두리 안에서 소속감을 공유하는 상태라고 할 수 있다(통일부 통일교육원, 2018: 10)."라고 주장하고 있다.

분단된 조국에서 '민족'의 회복은 어쩌면 사회구성원들이 추진해야 할 필수적인 과제일지도 모른다. 따라서 양국 정상들 혹은 정치지도자들이 '민족'을 강조하는 것은 당연한 의무라고 할 수 있다. 대한민국 헌법 69조에 따르면, 대통령은 취임에 즈음하여 "나는 헌법을 준수하고 국가를 보위하며 조국의 평화적 통일과 국민의 자유와 복리의 증진 및 민족문화의 창달에 노력하여 대통령으로서의 직책을 성실히 수행할 것을 국민 앞에 엄숙히 선서합니다."라는 선서를 하도록 규정하고 있다. 이처럼 정치의 영역에서 '민족'개념이 급격하게 강조되거나 퇴보하지는 않

3) 본 논문에서 다루지는 않지만 당시 '민족'은 국가의 전유물만은 아니었다. 80년대 학생운동은 국가와 외세의 제한에서 벗어나 통일된 민족을 상상하기도 하였다. 하지만 이 운동은 지나치게 반미적이고 친북적인 성향을 띄었기 때문에 사회에 긍정적인 결과를 가져왔다고 보기는 어렵다.

4) 임수경, 문익환의 방북과 처벌이 대표적이다.

았고 비교적 원만한 상태에서 제도화되었다.

(4) 민족통일론의 침체

이산가족 상봉은 분단의 비극을 가장 선명하게 보여준다. 당사자뿐만 아니라 현장의 기자 및 통일부 직원 그리고 일반 시청자 모두 상봉 장면을 보고 눈물을 감추지 못한다. 그리고 사회구성원들은 이 의례를 통해 '민족의 회복'이 얼마나 절실한 것인지를 가슴으로 느끼게 된다. 하지만 이러한 감정적 애잔함과는 별개로 사회는 '민족'을 예전처럼 숭고한 가치라고 여기지 않고 있다. 따라서 이 개념은 예전처럼 자동적으로 사회적 연대를 창출하지 못하고 있는 실정이다.

이처럼 변화된 사회적 분위기는 객관적인 조사를 통해서도 발견된다. 서울대학교 통일평화연구원의 설문 조사에 따르면, 통일의 필요성을 인정하는 입장이 2017년 53.8%에 불과하다. 조사를 시작한 2007년도 63.8%에 비하면 10년 사이 약 10%가량 낮아졌다(서울대 통일평화연구원, 2017: 34). 특히 통일을 해야하는 이유 가운데 '같은 민족이니까'라는 응답은 조사가 시작할 당시 50.7%였지만 이 역시도 지난 10년 동안 약 10% 가량 하락하였다. 2018년 7월 31일 문화체육관광부가 발표한 "남북 관계에 대한 인식 조사"에 따르면, "귀하는 북한 주민을 한민족이라고 생각하십니까?"라는 질문에 전체 국민들 가운데 약 83.6%가 이에 동의했다고 보도하였다. 하지만 통계를 조금 더 구체적으로 살펴보면 만 19세에서 29세의 경우 28.2%, 만30－39세의 20.4%가 북한주민을 한민족으로 인식하고 있지 않는다고 응답하였다. 젊은 세대의 부정적인 응답률은 40대의 15.0%, 50대의 10.5%, 60대 이상의 11.6%를 훨씬 상회하고 있다(문화체육관광부, 2018: 24).

통일에 대한 회의적인 시각은 과거에도 존재하고 있었지만 이는 통일과정에서 발생할 수 있는 경제적·사회적 혼란에 대한 우려가 대부분이었다. 현재와 같이 '민족'회복에 대한 근본적 질문을 던지거나 의심을 한 것은 아니었다. 그렇다고 해서 민족주의와 다소 상반되는 '다문화주의'의 확산으로 인해 민족담론이 약화되었다고 할 수도 없다. 대한민국에 다문화주의가 건강하게 자리잡아 민족주의를 약화시키고 있다는 구체적인 증거는 없다. 구체적인 연구가 아직 나오지는 않았지만, 다문화주의에 반대하는 사회구성원들이 민족의 회복을 지지하는 것은 아니며, 어쩌면 양자 모두를 반대하는 경향도 높을 수 있을 것이라고 사료된다. 이뿐만 아니라 통일론에서 종종 등장하는 '공동체'라는 개념 역시 일종의 노스텔지어 혹은 회복해야 할 이상향으로만 남아있을 뿐, 현재 대한민국의 사회구성원들을 움직이는 실질적인 가치와는 거리가 멀다. 그렇다면 어떠한 사회적 요인이 민족과 통일에 대한 시각의 변화를 초래하였는지는 구체적으로 후술하도록 하겠다.

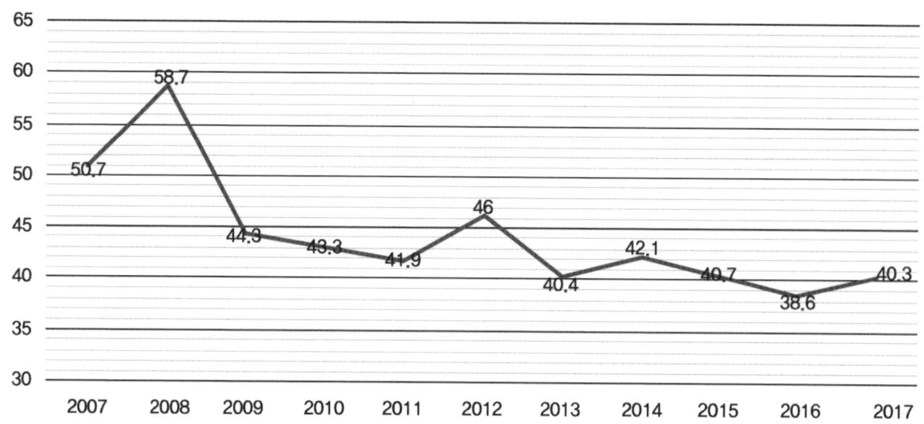

출처: 서울대학교 통일평화연구원 『통일의식조사 2017』를 재구성

▣ 그림 1 **통일의 당위성을 '민족'이라 응답한 비율**

2. 자유민주주의 통일론

(1) 자유민주주의 통일론의 기반

'민족'통일론이 약화된 원인이 반공주의 혹은 보수주의와 깊은 연관이 있다고 여길 수도 있을 것이다. 북한의 천안함 폭침, 연평도 포격, 장성택 처형, 김정남 암살 등과 같은 일련의 사건들은 대한민국 사회구성원들에게 큰 분노와 실망감을 안겨주었다. 이러한 상황과 더불어 민족중심의 통일론과 이를 실천했던 '햇볕정책'을 비판하며 '자유민주주의 통일'담론이 등장하였다. 이 개념은 학술적으로 상세하게 논의된 바도 없고, 구체적인 정책으로 실행된 적도 없는 모호한 통일론이다. 다만 영향력 있는 우파논객인 조갑제 전 월간조선 사장을 비롯한 우파인사들에 의해 통용되는 통일론이며 반세기를 풍미했던 반공주의에 기반한 통일론이라고 할 수 있다. 자유민주주의 통일론은 헌법 4조 "대한민국은 통일을 지향하며,

자유민주적 기본질서에 입각한 평화적 통일 정책을 수립하고 이를 추진한다."에 기반하고 있다. 다만 '자유민주주의 통일론'은 자유민주주의 체제와 시장경제를 북한에 확산시키기 위해 정부와 국제사회(특히 굳건한 한미동맹을 바탕으로)가 총력을 다해 개입해야 한다고 주장한다. 물론 이 통일론에서도 민족이라는 가치를 완전히 부정하지는 않는다. 강력한 독재체제에 신음하는 북한주민들과 그들의 인권을 회복하는 것이 진정한 민족의 회복이라고 간주하고 있으며, 여러 이유로 북한의 지도부와 손을 잡는 것은 반인륜적임과 동시에 반민족적이라고 주장한다.

이 통일론은 '반공주의' 위에 수립되어 있다. 진보진영의 원로학자인 최장집 교수는 "냉전은 한국사회에서 정치의 틀을 조직하고 그 틀 내에서 허용되는 정치적 실천과 이념의 범위를 매우 좁게 제약하는 가장 큰 힘이었다"고 언급하면서 냉전 반공주의야 말로 한국 사회의 '보수성'을 형성한 이데올로기라고 주장하였다(최장집, 2006: 77). 하지만 반공주의는 단순하게 권위주의 국가가 창출해낸 허위 이데올로기라고만 볼 수는 없으며 한국인의 집단적 트라우마에 의해 자발적으로 형성된 부분도 분명 존재한다. 한국전쟁이후 북한의 위협은 실재하였으며 이에 물리적으로 대응하는 것은 사회에서 지지를 받았다. 예컨대, 분단의 한을 노래한 가수 현인의 대중가요 '굳세어라 금순아'의 가사는 북진통일의 희망을 담고 있었다.[5)]

(2) 자유민주주의 통일론의 한계

사실 개인의 자유와 통치체제로서의 민주주의 결합물인 '자유 민주주의'는 선진 사회가 추구해야할 가치 있는 개념이라고 할 수 있다. 하지만 이 역시 우리나라의 현실에서 의미 있는 통일론으로 간주되지 못하고 있으며 광범위한 사회적 지지를 얻지도 못하고 있는 실정이다. 그 이유를 크게 세 가지로 요약할 수 있다.

첫째, '자유민주주의 통일론'을 주장하는 집단의 호전성 때문이다. 어버이 연합 및 태극기 부대들은 이 담론을 강력하게 주장하면서 '종북좌파 척결', '김정은 참수'와 같은 자극적인 용어를 사용한다. 이는 대결을 통해 평화와 통일을 이루겠다는 입장인데, 이 대결의 위험성에 대해서는 별다른 언급이 없다는 것이 문제이다.

둘째, 이분법적인 '반공주의'의 논리를 외교적 혹은 국가 전략수립의 범주를 넘어 온 사회에 적용하고자 하는 것이 문제이다. 개인의 자유와 법치를 위협하고,

5) 구체적으로 가사는 다음과 같다. "금순아 굳세어다오. 북진통일 그날이 되면 손을 잡고 울어보자. 얼싸안고 춤도 추어보자"

역사적으로 계승할 만한 가치가 있는 모범적인 모습을 보여주지 못한 공산주의에 반대하는 것이 현재 대한민국 구성원의 일반적인 입장이라고 할 수 있다. 실제로 보수적인 박근혜 정부가 통합진보당을 내란 음모 혐의로 위헌정당해산 심판을 청구하였고, 헌법재판소가 2014년 12월 19일 해산판결을 내렸을 때, 사회구성원들은 헌법재판소의 결정을 지지하였다. 중앙일보의 여론조사에 따르면, 약 63.8% (매우 찬성 45.4%, 대체로 찬성 18.4%) 가 통합진보당의 해산에 찬성하였으며 24%가 반대하였다. 또한 당시 야당인 새정치민주연합 (현재 더불어민주당) 지지자들의 절반 이상이 헌법재판소의 판결을 지지하였다(중앙일보, 2014). 이처럼 '반공주의'의 가치를 사회구성원들의 상당수가 받아들이고 있다. 그러나 '반공주의'가 사회의 다양한 목소리를 억압하는 방향으로 변질될 경우, 이 통일론은 그 의도를 의심 받을 수밖에 없다.

셋째, 자유민주주의가 주장하는 구체적인 내용이 빈약하다. 근대 민주주의의 사상적 원천이라고 할 수 있는 프랑스 혁명은 자유, 평등, 박애의 정신을 강조하였다. 이 가운데 자유와 평등이라는 가치는 경우에 따라 충돌 할 수 있기 때문에 이를 '어떠한 방식으로 조화롭게 만들 것인가?' 라는 질문은 모든 민주주의 국가가 지니고 있는 근본적인 숙제라고 할 수 있다. 따라서 자유민주주의 통일론이 진지한 통일론으로 자리 잡기 위해서는 통일과정과 통일이후 자유와 평등의 관계를 어떻게 구현할 것인 가에 대한 고민이 필요하다. 또한 남북한 문제를 공통으로 해결할 수 있는 비전이 필요하다. 이를 위해서는 일단 한국사회가 당면한 노동권, 소수자 문제, 비정규직과 같은 문제를 '자유 민주주의' 방식으로 어떻게 해결할 것인지에 대한 대답이 요구된다. 이렇게 얻은 경험과 성과를 통일 한반도로 확장시키는 것이 올바른 전략이라고 할 수 있을 것이다. 하지만 안타깝게도 이러한 내용은 잘 보이지 않는다. 현실은 공허하고 원초적인 시장경제의 근본적 우월성과 향수에 젖은 개발주의 담론만 반복되고 있을 뿐이다.

Ⅲ. 남 · 북한의 사회적 변화

앞에서 언급한 바와 같이 민족주의에 기반한 통일론과 민족을 완전하게 부정하지는 않지만 그보다는 반공주의와 민주주의 및 시장경제를 강조하는 '자유민주주의' 통일론은 양자 모두 그 기반이 약화되고 있는 실정이다. 이는 물론 그 통일론 자체의 결함으로 지적될 수도 있겠지만 보다 근본적으로는 시대의 변화 및 새로운 세대의 등장과 맞물리는 문제이다. 본 장에서는 새로운 세대의 특징과 가치관이 무엇이며 한국사회에 어떠한 변화가 발생하였는지 살펴보도록 하겠다.

1. 새로운 세대의 등장

새로운 시대와 사회는 새로운 세대를 창조해낸다. 세대를 본격적인 사회학의 연구대상으로 삼은 사회학자 칼 만하임(Karl Mannheim)은 사회 정학(靜學), 사회 동학(動學) 그리고 역사사회학적 관점을 통합하여 분석할 것을 권장하였다. 또한 연령이라는 범주를 단순하게 생애주기로 이해하기 보다는 각 세대의 사회적 경험에 주목할 것을 요구하였다. 그 이유는 젊은 시절에 확립된 세계관의 영향력이 일평생 강력하게 작용하기 때문이다. 또한 이 시절 형성된 세계관은 그 후의 사회적 경험을 해석하는 매우 중요한 준거틀이 된다(Mannheim, 1952: 298). 예를 들어 광주민주화운동, 세월호 참사와 같은 국가적 재앙을 맞이한 세대는 빈부 격차나 사회적 지위와 상관없이 이에 대한 문제의식과 비판의식을 장기적으로 지속하고 공유하게 된다.[6]

현재의 청년세대를 20대에 막 진입하는 1999년생부터 40세 이전의 1979년생까지로 정의하는 경우, 각 세대의 구성원들은 상이한 사회· 경제적 여건에서 성장하였으며, 상이한 시기에 청소년기와 성년기를 거쳤다. 현재의 청년세대들의 정서적, 감정적 유산은 86세대를 넘어 90년대 '신세대'로부터 비롯되었다. 1992년 '서태지와 아이들'의 출현은 새로운 담론과 탈이데올로기적인 신인류가 무대 전면에 등장할 것이라는 일종의 예광탄이었다. 박재흥은 90년대 초반에 등장한 '신세대'가 다른 세대와는 질적인 차이를 보여준다고 주장하였다.

---

6) 박재흥은 세대론의 장 · 단점을 다음과 같이 지적하였다. "세대론은 몇 가지 약점을 갖는다. 연속선상에 있는 사람들 (출생시점이든 태도 측면에서이든)을 임의적 기준에 따라 나누는 것도 그렇고, 동질적이라 볼 수 없는 어떤 연령층을 단일세대로 명명하는 것도 그러하다. 이런 약점들이 있음에도 불구하고 세대담론이 꾸준히 재생산되는 것은 '세대'개념만큼 시대 변화를 담아내는 은유로서의 매력을 갖는 용어가 별로 없기 때문이 아닐까 생각한다. 과거 역사를 요약 정리하는 데 세대만큼 편리한 용어가 없고 (예:산업화 세대, 민주화세대) 현재의 시대풍속을 읽어낼 때도 세대론이 능력을 발휘한다(박재흥, 2009:30)."

"우리나라에서 문화적 행태적 특성을 반영한 최초의 영향력 있는 세대명은 1993년 폭발적인 인기를 누렸던 '신세대'이다. 여기서 말하는 '신세대'는 구시대와 대비되는 의미의 보통명사가 아니라 1993년 무렵 20세 전후의 젊은이들을 가리키는 고유명사 급 '신세대'이다. 이 시기는 한국사회가 대중소비사회의 징후를 보이고 문민화를 통해 정치적 안정 국면에 접어들었으며 밖으로는 지구화와 탈냉전 흐름이 전개되던 시기였다. 큰 경제적 어려움 없이 자란 젊은이들은 정치적 쟁점이 실종된 상황에서 관심과 욕구가 다원화되었으며, 소비지향, 개인지향, 탈권위지향적 특성을 보였다. 많은 평론가와 학자들이 '신세대' 현상에 주목하고 담론에 참여한 까닭은, 그들이 386세대를 포함한 그 이전 세대들과 큰 차이를 보였고 앞 세대와의 연속성보다는 깊은 단절을 보였기 때문이다(박재흥, 2009: 18)."

사실 현재의 청년세대 혹은 88만원 세대들은 과거의 '신세대'들과 비록 연령에 따른 경험 차이는 있을지언정 큰 틀에서 이들의 가치관과 삶의 태도를 그대로 이어 받았다.[7] 86세대는 젊은 시절 기성세대에 대항하여 그들만의 정치적 비전, 문화와 담론을 구성하였음에도 불구하고, 삶의 태도에서는 여전히 기성세대와 유사한 원리를 따르고 있었다. 그들은 근검절약을 미덕으로 여겼고, 민족주의적이었으며, 여전히 가부장적 문화의 잔재를 지니고 있었다. 하지만 '신세대'들의 삶의 양식은 이들의 부모 세대나 선배 세대와 다르다고 할 수 있다.

2. 개인주의와 반국가주의의 확산

새로운 청년세대의 등장에도 불구하고 사회가 청년세대의 가치관을 수용한 것은 아니었다. 청년세대의 생활방식과 습속은 기성세대의 문화 및 사회구조와 종종 충돌하여 파열음을 내고 있다. 특히 청년세대들의 가장 큰 특징이라고 할 수 있는 개인주의는 아직 한국사회에서 건강한 모습으로 자리 잡지 못하고 있다. 문유석 판사는 자신의 저서 『개인주의자 선언』에서 개인을 존중하지 않는 문화가 한국사회의 가장 큰 문제점이라고 지적하였다. 그는 개인을 존중하지 않는 집단주의를 풍자와 해학을 곁들여서 비판한다.

7) 88만원 세대는 양극화된 노동시장이 탄생시킨 경제학적 개념에 가깝다. 비록 경제적으로 풍족하지는 않다하더라도, 이들 세대 역시 앞서 언급한 가치들을 기본적으로 내장했다고 보는 것이 타당하다.

“나는 감히 우리 스스로를 더 불행하게 만드는 굴레가 전근대적인 집단주의 문화이고, 우리에게 부족한 것은 근대적 의미의 합리적 개인주의라고 생각한다.… 도대체 우리 사회가 신자유주의 이전에 구자유주의라도 제대로 해본 적이 있는 사회일까? 자본주의 후의 대안을 모색하기 전에 제대로 된 자본주의라도 해본 적이 있나? 근대적 의미의 개인을 존중해 본 경험없이 탈근대 운운하는 것은 시대착오 아닐까?(문유석, 2015: 23-4)”

위와 같은 도발적인 언사가 대한민국 사회에서 가장 보수적인 집단인 법관의 입에서 나왔다는 것이 인상적이다. 이는 그의 개인적인 성향 뿐만 아니라 그의 연령과도 밀접한 관련이 있는 것처럼 보인다. 문유석 판사는 69년생으로 86세대의 막내이지만 신세대로 분류가 가능하다는 점도 분명 영향이 있을 것이다.[8] 이 책은 국립중앙도서관이 뽑은 ‘직장 상사에게 보여주고 싶은 책’ 1위에 선정되었는데, 아마 많은 청년독자들이 개인을 하대하는 한국의 맹목적 집단주의에 질렸기 때문이라고 여겨진다.

개인주의는 개인이기주의와는 구별된다. 개인주의는 ‘개인’을 중요하게 여긴다. 따라서 타인 역시 귀중한 ‘개인’이기 때문에 타인의 자유를 침범하는 것은 ‘개인주의’에 반하는 것이다. 반면 개인이기주의는 자신의 이해관계와 입장을 극대화하여 타인과 사회에게 피해를 입히는 것이라고 할 수 있다. 이러한 교과서적인 진술을 서술하는 까닭은 ‘개인주의’의 기본적인 원칙이 사회에서 잘 지켜지지 않았기 때문이다. 뉴스에 등장하는 각종 엽기적인 ‘갑질’ 혹은 ‘을질’ 등은 타인이 개인으로서 온전한 존재라는 점을 인지하지 못했기 때문에 발생하는 불행한 사건이라고 할 수 있다.

이러한 개인주의적 성향의 발전은 기존의 개인 없는 ‘국가’나 ‘민족’에 대해서도 비판적이다. ‘국뽕’이라는 단어가 그 대표적인 예라고 할 수 있다. ‘국가’와 ‘필로폰’의 합성어인 이 용어는 인터넷에서 자생적으로 발전하였다. 나무위키는 국뽕을 “지나친 애국심 고양과 국가주의 조장에 대한 반감에서 만들어진 신조어…비정상적이고 비합리적인 수준으로 자국을 옹호하며, 그것을 당연시하는 태도”라고 정의하고 있다(나무위키, 2018). 예전에는 상상하기 어려운 의미를 지닌 용어가 인터넷

8) 앞에서 언급한 바와 같이 서태지는 신세대의 상징과 같은 인물이다. 흥미롭게도 저자는 같은 책에서 사법고시를 준비하던 시절 ‘서태지와 아이들’의 콘서트장을 찾았다는 점을 언급한 바 있다.

에서는 상당히 빈번하게 사용되고 있고 일부 언론에서도 종종 사용되고 있다. 국산품 애용과 같은 맹목적인 애국심 마케팅 그리고 개인의 권리를 인정하지 않고 집단만 강조하는 문화는 더 이상 사회로부터 지지를 받지 못하고 있다.

이처럼 개인주의적인 방향으로 변화하는 것은 사회 구성원들의 의식과 가치관뿐만 아니다. 심지어는 가족의 형태마저 개인주의적으로 변화하고 있는 실정이다. 산업화를 경험하면서 가족구조 변동이 전통적 확대가족에서 핵가족으로 변화되었고, 최근에는 핵 가족구조가 약화되는 가운데 1인 가구가 급증하고 있는 현실이다. 이러한 상황에서 우리는 전통적 가족의 메타포를 사용한 통일정책을 경험하고 있다. 이것은 개인에게 엄청난 심리적 부담감을 안겨주거나 통일의 당위성을 추상적 차원 이상으로 받아들이지 못하게 한다. 왜냐하면 현 시점에서 민족이 강조되는 것은 일종의 집단주의를 연상케 하기 때문이다. 또한 청년세대들은 기성세대들이 경험하였던 '공동체적인 삶'을 경험했다고 볼 수도 없다.

이러한 현실 속에서 '반공주의'가 강화되는 것도 자연스러운 일이라고 할 수 있다. 과거의 반공주의가 한국전쟁의 직접적인 트라우마에 의해, 그리고 민주적 정당성이 결여된 독재정권이 만들었던 허위 이데올로기에 의해 지탱되었다면 최근의 반공주의는 보다 더 자율적인 면모를 보인다. 즉 개인들이 느끼기에 공산주의적 사악함이란 '개인'과 '자유'를 허용하지 않는 것이다. 카이스트 문화기술대학원의 이원재 교수의 연구에 따르면, 1970년대 이후 출생한 포스트 86세대들과 2030세대들에게서는 '반북진보'의 성격이 나타났다(중앙일보, 2017). 국내의 사회적 현안에 대해서는 분배를 강조하고 있지만, 북한에 대해서는 86세대들 보다 훨씬 더 보수적 입장을 취한다는 것이다. 이는 분배정책을 통한 사회주의 건설이 아니라, 건전한 개인주의 확립을 목표로 하기 때문이라고 해석할 수 있다. 반면 현재의 북한체제는 이 세대들이 추구하는 가치들과 상반된다. 이처럼 최근의 청년세대들은 개인을 존중하지 않는 정치체제, 문화에 대해 매우 비판적이다. 안타깝게도 민주화를 이룩한 시점부터 지금까지 한국 정치는 이러한 요구를 귀담아 듣지 않고 있으며 특히 통일론의 경우는 지금까지도 전통적인 메타포를 반복하고 있는 실정이다.

3. 북한사회의 변화

한국의 사회적 변동에 따라 기존 통일담론의 적실성이 약화되었다는 점은 앞에서 지적하였다. 하지만 우리는 남한 뿐만 아니라 북한 사회 역시도 상당한 수준으로 변화해왔다는 사실을 인식해야 한다. 과거 김일성 집권당시 북한에서는 지도자에 대한 통상적인 우상화를 뛰어넘는 강력한 신격화가 실시된 바 있다(노현종, 2016). 또한 1960년대 북한은 '사회주의 대가정'론을 제시하면서 수령, 당, 인민의 관계를 아버지 어머니, 자녀의 관계와 동일하다고 보았다. 이에 따라 주민들은 수령을 어버이처럼 섬기고 모실 것을 강요받았다(통일부 통일교육원, 2018: 14－6). 그리고 이러한 전근대적인 가족의 메타포는 아직까지도 북한의 선전물에 종종 등장한다. 또한 북한 정권이 공들여서 기획하는 대형 마스게임이나 의례를 살펴보면 그들이 독재 체제, 민족주의, 집단주의를 표방하고 있다는 사실을 어렵지 않게 발견할 수 있다. 하지만 이러한 사실에도 불구하고 현재 북한에서도 '민족', '국가'와 같은 거대 담론이나 '집단주의'의 성격이 강화되고 있다고 보기는 어렵다. 북한에서도 개인주의적 삶의 양식이 확산되어 가고 있다.

먼저 민족에 대해서 살펴보면, 본래 마르크스는 민족주의에 대해서 적대적이었다. 마르크스가 보기에 민족주의라는 허위의식은 생산관계와 계급관계의 모순을 희석시킬 수 있는 위험성이 있었다. 하지만 레닌과 스탈린은 자본주의적 제국주의의 착취 하에서 피식민지민들의 민족주의는 진보적인 기능을 할 수 있다고 생각하였다. 이러한 전략에 따라 소비에트는 민족주의 의식을 고양시켜 많은 식민지 사회주의자들의 지지를 얻을 수 있었다(Martin, 2001). 또한 우드로 윌슨 대통령의 '민족자결주의'라는 공허한 슬로건을 대체할 수 있었다.

북한의 경우, 1955년부터 '주체'노선을 강조하면서 민족주의를 강하게 제시하기 시작하였다. 스탈린 사후 소련에서는 기존의 전체주의를 부분적으로 수정하기 시작하였고 개인숭배 문화를 개선하고자 시도하였다. 이러한 시류에 따라 헝가리, 폴란드, 체코슬로바키아의 독재자들은 퇴위하게 되었다. 하지만 북한은 이러한 세계적 추세를 거부하였고 소련파의 영향력을 제거하여 독재정치를 강화하는 방향을 택했다. 이를 정당화하기 위해 강력한 민족주의 노선을 발전시키기 시작하였다(Lankov, 2005). 또한 1980년대 중·후반부터 동유럽권에서 체제가 이완되는 여러 가지 현상들을 목격하면서 민족주의를 더욱 강화하였다. 구체적으로 1986년 "조선민족제일주의"라는 구호를 등장시켜 사회주의 이념보다는 민족을 앞세웠다. 이를 통해 '민족'은 사회적 응집력을 형성시킬 수 있었으며 이 유산은 아직까지도 북한에 강하게 남아있다.

이와 같은 민족담론의 강조에도 불구하고 사회의 집단주의적인 성격은 옅어지고 있는 실정이다. 본고에서 장기간의 북한 사회의 변동을 다 상세하게 이야기할 수 없지만 고난의 행군시기 계획경제의 붕괴 및 시장화는 기존의 사회담론에 큰 변화를 가져왔다. 북한지도부는 '주체'라는 용어를 '선군'으로 대체하는 작업을 실시하였다. 그 까닭은 사회구성원들이 '주체사상'을 자의적으로 해석하기 시작하였으며, 이 사상이 일종의 저항 이데올로기로 변화될 수 있는 위험성이 있었기 때문이다. 특히 사회구성원들이 내 인생의 주체는 바로 나 자신이라고 여기기 시작하였다. 서재진은 "주체사상은 의식성, 창발성, 자주성을 강조하는 사상인데, 이러한 사상은 시장에서 생필품을 획득하고 정부에서는 개인의 자력갱생을 강조하고 있는 상황에서 개인적으로 해석되고 있다는 것이다. 의식성, 창발성, 자주성을 발휘해서 각자 생존하는 방식을 터득하고 있다는 의미이다"라고 지적하였다(서재진, 2006: 356).

이렇게 발아한 개인주의는 제한적이지만 실질적인 제도의 변화를 가져오기도 했다. 한 탈북자의 증언에 의하면, 과거에는 인민반 반장이 아무런 허가 없이 기습적으로 문을 열고 각 세대를 점검하였다고 한다. 하지만 이에 대한 주민들의 반발이 계속되자 근래에는 우리나라의 경찰격인 보안원의 동행시에만 가택조사가 가능하도록 변경되었다고 한다. 북한의 도시지역의 경우 의복이나 여성들의 화장에도 많은 변화가 있었다. 밀반입된 한류의 영향을 받아 의복과 화장 방식 역시 전반적으로 자신의 개성을 표출하는 방식으로 변화되었다.

하지만 이러한 사회적 변화들이 북한의 정책에 그대로 반영되는 것은 아니다. 북한은 아직도 '사회주의 대가정'이라는 메타포를 사용하고 있으며, 아직까지는 이를 변화시킬 의지를 보이고 있지 않다. 그러나 비록 더디기는 하지만 북한사회는 개인주의가 확산되는 방향으로 변화하고 있다. 한번 확립된 개인주의는 다시 개인이 부재한 집단주의로 돌아가기가 매우 어렵다. 통일이 언제 이루어질 지는 알 수 없으나, 현재의 추상적 거대담론과 개인 없는 민족주의로는 북한 주민들의 마음을 얻거나 남·북한 사이의 강력한 사회적 연대성을 확립하기 어려울 것이다.

Ⅳ. 순수 이데올로기로서의 '시민통일론'과 정책수립의 기여 가능성

앞 장에서 사회적 변화가 기존의 통일론과 암묵적으로 마찰을 빚고 있다는 점을 살펴보았다. 그렇다면 남·북한 사이의 통합과 화해를 이룩할 수 있고 동시에 실질적인 대북정책 수립에 도움을 줄 수 있는 통일론은 무엇인가? 사실 통일론이 순수하게 이론적인 것에서 그친다면 그 효용성이 감퇴할 수밖에 없다. 반면 구체적이고 전문적인 정책만 가지고는 국론을 모을 수 없다. 그러므로 본 연구는 시민적 가치에 기반을 둔 '시민통일론'을 이론적인 통일론과 구체적인 정책론의 대안으로 제시하고자 한다.

1. 새롭고 능동적 주체인 시민의 개념

아마도 많은 사람들에게 정치적 주체로서의 '시민'은 친숙한 개념이 아닐 것이다. 대한민국에서는 일반적으로 정치적 주체로 '국민'이라는 개념이 사용되고 있기 때문이다. 하지만 최근의 여러 사회과학자들의 연구와 논의들은 '국민'이 아닌 '시민'의 개념을 강조하고 있다. 본 절에서는 이러한 개념적 변화가 어떤 맥락에서 발생하였는지를 간략하게 살펴보고, '시민' 개념의 유용성을 어떻게 통일론에 접목 시킬 수 있는지를 모색해 보도록 하겠다.

최근 '시민'과 관련된 여러 논의들은 '국민'의 개념에 문제를 제기하면서 본격화되었다. 기존의 '국민'이라는 개념은 주권의 소재가 사회구성원들이 아니라 국가에 있는 것처럼 보인다는 것이 최근 학계의 중론(衆論)이다. 역사를 살펴보면 국가는 '국민'이라는 개념을 통해 사회구성원들을 통제하고 동원만 하였지, 그들의 요구를 수용하지는 않았다. 일제 강점기의 '국민정신총동원운동', 박정희 시대의 '국민교육헌장', 그리고 1972년도에 제정된 '국기에 대한 맹세' 등을 통해서 볼 수 있는 국민과 국가의 관계는 위계적이고 수직적이었다.[9] 또 하나의 예를 들자면

9) 1972년 맹세문은 "나는 자랑스러운 태극기 앞에 조국과 민족의 무궁한 영광을 위하여 몸과 마음을 바쳐 충성을 다 할 것을 굳게 다짐합니다." 2007년 "나는 자랑스러운 태극기 앞에 자유롭고 정의로운 대한민국의 무궁한 영광을 위하여 충성을 다할 것을 굳게 다짐 합니다."라고 변경되었다. 이는 개인의 조국인 국가가 개인의 자유를 보장하고 정의를 추구해야 한다는 점

1950–60년대 교실의 급훈을 살펴보면 '필승', '단결', '力', '적중' 등과 같은 군사적인 용어가 사용되기도 하였다. 당시 교육자들이 자유롭고 자발적이고 개성적인 인격체를 육성하기 보다는 국가와 집단에게 도움이 될 수 있는 인력을 생산하고자 하였다는 사실을 간접적으로 유추해볼 수 있다. 앞서 언급한 개인 없는 집단주의와 추상적 민족주의 역시 기존의 '국민'의 틀 안에서 형성된 것이었다. 이러한 상황에서 학계에서는 '시민'이라는 새롭고 능동적인 정치적 주체를 강조하기 시작하였다.

'시민'이란 개념은 본래 서구에서 파생되었다. 이들 국가권에서 사회의 발전을 이룩한 핵심적인 집단은 국가와 귀족이 아닌 상인, 전문가, 학자 등이었다. 경제와 사회는 국가가 아닌 개인들 즉 사적인 영역이 확장되면서 발전되었다. 독일에서 시민사회의 형성을 연구한 역사사회학자 존 킨(John Keane)은 시민층의 발전이 도시의 발전과 밀접하게 연관되어 있다고 보았다. 그는 "폭정에 저항할 수 있는 권리, 왕정의 폐지, 헌법에 대한 습관과 관습, 성문법, 보편선거, 공직 재임기간의 제한들과 같은 권리들은 모두 도시생활에 그 뿌리를 두고 있다(Keane, 2006: 4)"고 주장하면서 새로운 근대적 사회 질서는 도시생활을 매개로 이루어졌으며, 기존의 억압적인 국가와 갈등하면서 성장하였다고 했다. 국가에서 벗어났다는 것은 법을 위반한다는 것이 아니라 시민들 스스로 갈등을 조정할 수 있는 기제를 형성시키며, 이를 유지시킬 수 있는 윤리적 규범을 자발적으로 형성하는 것을 의미한다. 사회학자인 송호근도 이와 유사한 입장에서 시민을 정의하고 있다. '시민'이란 자신의 고유한 자유 및 사익을 추구하면서도 규범을 준수하고, 스스로를 절제하고, 양보를 통해 공익에 기여하는 집단이라고 하였다. 만일 공익을 추구하지 않는 시민이 있다면 그는 시민의 자격을 잃게 될 것이다. 프랑스의 시토엥(Citoyen), 영국의 시티즌(Citizen), 독일의 부르거 (Burger)는 유사한 맥락에서 발전되고 형성되었다고 보았다(송호근, 2015: 371).

반면에 동양에서는 국가가 절대적인 존재였으며 일반 백성들을 주권을 지닌 존재라고 인정하지 않았다. 물론 '이민위천(以民爲天)'이라는 용어가 있어 백성들을 하늘처럼 여기게 하는 것이 군주를 비롯한 지도층의 가장 큰 책임이라고 하였지만, 이것은 주권의 향방이 백성에게 있다는 것을 의미하는 것은 아니다. 또한 서구 제국주의와 일제 제국주의 그리고 국가주도의 발전국가를 경험한 동아시아권

을 명시한 것이다.

에서는 사회 구성원들이 국가에 의해 동원된 경험을 많이 가지고 있다. 이러한 역사적 경험을 비추어 보면 '시민'이라는 정치적 주체가 등장하기에는 매우 척박한 환경이었다.

하지만 이러한 '시민' 역시 몇 가지 문제점을 내포하고 있다. 국가의 억압에서 벗어난 자율적인 존재이며, 그 자유에 대한 대가로 사회적 공공성을 확보하는 것은 매우 중요하다. 그럼에도 불구하고 시민이라는 개념이 지나치게 계급적이고, 전문직 친화적이라는 어감을 지니고 있다. 또한 시민의 권리인 '시민권'이 법적·제도적으로 주어진다고 해서 이것이 모든 구성원들을 자동적으로 자율적인 주체로 변모시키는 것은 아니다. 이러한 문제점을 인식한 인류학자 레나토 로살도는 '문화적 시민권 (Cultural Citizenship)'이라는 개념을 제시한 바 있다. 그는 자신이 직접 제시한 문화적 시민권이라는 용어가 형용 모순적인 면을 지니고 있다는 점을 언급하였다. 왜냐하면 시민권이라는 개념에 이미 평등과 동등함의 개념들이 포함되어 있지만, 사회의 여러 가지 차별기제는 여전히 사라지지 않고 사회구성원들을 억압하고 있기 때문이다. 예컨대 시민혁명이 발생한 이후에도 여성의 참정권은 인정되지 못했으며, 미국에서도 유색인종은 상당히 오랜 시간 참정권을 얻지 못하였고 동등한 사회구성원으로 인정받지 못했기 때문이다(Rosaldo, 1994: 402-3). 따라서 '시민'을 구성하는 작업은 개인의 자유와 존엄성을 사회적으로 승인함과 동시에 지속적인 통찰과 사회운동을 통해서 비-시민의 범주를 줄여나가는 것이라고 할 수 있다.

2. 시민 통일론 : 공존을 넘어 공변으로

앞서 언급한 정치적 주체로서의 '시민'의 개념을 통일론에 접목시켜보도록 하겠다.[10] 구체적으로 시민통일론이 지향하는 바는 크게 네 가지로 나누어 볼 수 있다. 첫째, 시민통일론은 '시민적' 가치를 온 '민족'에게 확산시키는 것을 목표로 한다. 시민통일론은 전략적이고 도구적인 개념이 아니다. 통일 과정과 통일 이후 시대에서 우리가 추구해야할 본질적인 가치를 함축하고 있는 용어이다. 한반도에서 통일

10) 시실 정치적 주체를 지칭하는 개념(민족, 국민, 인민, 시민 등)이 학술적으로 논의된 것은 비교적 최근의 일이라고 할 수 있다. 따라서 시민통일론 외에도 국민통일론, 인민통일론 등이 가능할 수는 있겠지만 이것이 아직까지 학술적 형태로 제시되지는 못하였다. 반면 민족통일론은 매우 장기간 논의되어 왔기 때문에 그 실체와 유래를 파악하는 것이 훨씬 용이하다고 할 수 있다.

이라는 남·북한 용어에 '민족'이 이미 포함되었음을 상기한다면, 시민통일론이 민족통일을 부정하는 것은 아니다. 시민통일론은 기존의 민족통일론에 부재하였던 여러 가지 가치를 추가하여 보다 많은 사회 구성원들이 공감할 수 있는 통일론을 구축하는 것을 목표로 한다. 과거 민족의 통일을 주창하였던 많은 지도자, 사상가, 운동가들이 시민적 가치를 부정했던 것은 아니었다. 다만 냉엄한 분단구조 및 비민주적인 통치체제 하에서는 시민적 가치를 먼저 한국사회에 구현 시킬 수도 없었고, 이를 한반도 전역으로 확장시킨다는 것은 그저 상상에 불과하였다. 그리고 변화된 시대에는 민족이라는 개념 외에도 다른 가치들이 필요하다. 이러한 점을 인식한 박명규는 "21세기 한국에서의 민족주의는 민족적 감정과 정서, 민족 제일의 가치를 절대화하는 것이 아니라 여러 가지 중요한 가치들에 의해 '통제된' 민족주의여야 할 것이다. 민족주의 그 자체가 목적가치가 아니라 보다 중요한 가치를 실현하기 위한 수단적이고 도구적인 것임을 의미한다. 민족주의는 매우 강렬한 정서적 힘과 대중적 동원력을 수반하지만 그것만으로는 늘 불안정하다(박명규, 2006: 428－29)."고 지적하면서 기존의 민족주의가 새롭게 변화해야한다는 점을 강조하였다. 아마도 현 시점에서 민족주의 통일론은 시민적 가치를 담아야만 제대로 기능할 수 있을 것이다. 논리적으로 따져보면, 북한의 무력에 의한 '적화통일'도 분명 '민족통일'이라고 할 수 있다. 하지만 이 경우 우리의 '시민적 가치'는 손상될 수밖에 없는데, 이는 남북한 주민들 모두가 원하는 바가 아니다.

둘째, 통일과정에서 그리고 통일 이후 차별받지 않는 능동적인 개인을 형성하는 것이다. 시민적 통일론이 지향하는 궁극적인 모습은 일반적인 시민운동의 목표와 동일하다. 이병천 교수가 "민주적 시티즌십에 기반을 두고, 계급, 민족, 젠더, 인종, 지역 세대 등 모든 다양한 주체의 위치에서 어떠한 억압도 차별도 받지 않고 인간이라면 마땅히 누려야 할 양도할 수 없는 권리를 추구하며, 이와 동시에 정치공동체에의 적극적이고 능동적인 참여, 이를 통한 시민적 자유와 연대의 삶의 실현을 지향하며 개인의 인권 또한 이를 통해 온전히 보장될 수 있다(이병천, 2004: 34)."라고 언급한 사안과 근본적으로 동일하다. 향후 통일이 가시화되는 시점에는 현재 대한민국에서 진행중인 다문화, 다인종 현상이 더욱 진행될 것으로 보이며 북한 주민들도 동등한 시민이 아니라 타자로 여겨질 가능성이 크다. '시민적 가치'를 확립함으로써 유사하면서도 다른 이 두 문제를 해결할 수 있을 것이다.

셋째, 시민통일론은 평화적 공존을 넘어서 평화적 공변(共變)을 추구한다. 평화

공존을 단순하게 정의하자면 '가시적인 갈등이 없는 상태'라고 할 수 있다. 하지만 이와 같은 수동적인 시도만으로는 진정한 통일을 달성할 수 없다. 평화 공변 즉 '갈등을 유발하는 원인을 제거하고 공통의 비전을 달성하기 위한 공동의 노력'이 보다 진정한 의미의 통일에 가깝다고 하겠다. 현실적으로 이는 북한이 큰 틀에서 자유민주주의와 시장경제를 받아들이는 방향으로 진행될 것이며 북한 주민들은 이 새로운 환경에 적응해야 한다는 것을 의미한다. 다만 자유민주주의와 시장경제를 투명하고 정직하며 인간적인 것으로 만들기 위해서는 남한 사회 역시 상당한 수준으로 변화해야만 한다.

넷째, 시민통일론은 개인과 인간을 존중하지 않는 개발주의를 지양한다. 진보진영의 원로인 한완상 전 통일원 부총리는 최근 언론과의 인터뷰에서 "남과 북이 정치, 경제, 문화적으로 협력하면 세계 5대 강국으로 일어설 수 있다(서울신문, 2018)"고 언급하였다. 최근의 남·북한 간의 화해 협력 분위기 가운데 희망찬 통일 조국의 미래를 위한 덕담이라고 할 수 있다. 남·북한의 경제적 협력을 강조하는 측은 주로 진보진영이라고 할 수 있는데, 놀랍게도 그 방식과 추진내용이 과거 발전국가를 상기시킨다. 아직까지 남·북경협이 초기단계이고 제대로 이루어지지 않았기 때문에 이러한 장밋빛 청사진을 그리는 것이 크게 잘못된 일은 아니다. 다만 본말이 전도될 수 있는 가능성도 염두에 두어야 한다. 남한이 경제발전을 내세워서 북한 주민들을 마음대로 동원하거나 수탈할 수 있는 권리를 부여받는 존재처럼 행동해서는 안된다. 독일의 통일과정에서 나타난 '내부 식민지'화의 문제도 결코 남의 일이 아니기 때문이다.[11] 지난 시절 우리가 성장에 매몰되어 개인의 욕망을 극대화시키면서 사회와 타인을 돌보지 못했던 점을 철저하게 반성하고 이러한 실수를 반복하지 말아야 한다. 더구나 통일이 가시화되는 시점에는 분명 정보화와 탈산업화 산업이 주력이 될 가능성이 높다. '남측의 우수한 기술력과 북측의 풍부한 노동력'이라는 구시대의 개인 없는 발전담론보다는 자발성, 창의력과 친화적인 시민적 가치에 따라 미래 통일산업을 디자인하는 것이 훨씬 중요한 사안이며 또한 효과적인 방법이 될 수 있다.

위에서 언급된 가치들은 통일과정 뿐만 아니라 한국사회의 발전과 성숙을 위해

11) 1999년 노벨상을 수상한 권터 그라스는 독일 통일을 '동독인들에게는 동독 사회주의통일당의 '정치적 독재'로부터 서독 자본의 '경제적 독재'로 이행한 것에 불과하다.'라고 평가 절하한다(김누리, 2005: 303). 우리가 이 주장을 문자 그대로 받아들일 필요는 없지만, 새겨 들어야할 사항이다.

서 사회가 요구하는 사안이라고도 할 수 있다. 요약하자면 시민통일론은 흡사 보수진영에서 주장하는 '자유민주주의 통일론'과 유사한 것처럼 보인다. 하지만 양자간의 결정적인 차이점은 '자유민주주의 통일론'이 '국민'이라는 개념에 입각하여 사회를 동원의 대상으로 간주한다면, 시민통일론은 '국가'나 '민족'보다는 개인을 그 주체로 본다는 점에서 차이가 있다. 또한 개인의 강조는 민족통일론에서도 소홀하게 다루어져 왔던 사항이다. '시민통일론'은 이를 극복하여 남·북한 모두에서 자발적이고 유능한 '개인'이 탄생되도록 노력한다.

3. 순수 이데올로기로서의 '시민통일론'과 실천 이데올로기로서의 '대북·대외정책'

통일정책은 대내, 대북, 대외차원으로 구체화 할 수 있다.12) 앞서 언급한 '시민통일론'은 규범적인 통일정책이며 대내 정책이라고 할 수 있다.13) 하지만 이와 같은 일반론만 가지고는 상대가 있으며, 여러 국내외 요인에 따라 요동칠 수 밖에 없는 대북정책 및 대외정책을 수립하는데는 한계가 있다. 즉 국론을 통합시키는 훌륭한 대내정책을 펼친다고 하여 그것이 자동적으로 성공적인 통일정책으로 이어지는 것은 아니다.

이러한 통일론의 간극을 극복하기 위해 중국연구자인 프란츠 샤먼의 '순수 이데올로기'와 '실천 이데올로기'의 개념을 활용할 수 있다. 순수이데올로기는 조직과 개인에게 의식적인 세계관을 형성하는 기능을 하는 이데올로기라고 정의할 수 있으며, 실천 이데올로기는 도구적인 성격을 가지면서 행동의 합리적인 실현을 위해 고안된 이데올로기라고 할 수 있다. 하지만 샤먼은 이종(異種)의 이데올로기들의 관계가 상호 배타적이지 않고 오히려 상호 보완적인 관계라는 점을 예리하게 지적하였다. 그는 "순수 이데올로기와 실천 이데올로기는 비록 상이하지만 매우 밀접하게 관련되어 있다. 순수 이데올로기가 없다면, 실천 이데올로기는 정당화 될 수 없다. 반면에 실천 이데올로기가 없다면 순수 이데올로기는 실질적인 행동으로 변화할 수 없다."고 하였다(Schurman, 1966: 23). '시민통일론'은 위에서 언급된 순

12) 문성묵은 '대내 정책'을 국민의 의견을 결집하고, 내부적으로 전략과 조직을 수립하는 것으로 보았고, '대북 정책'은 북한을 어떻게 다룰 것인가의 문제로 보고 있다. 또한 '대외 정책'은 주변 강대국들과 어떠한 관계를 형성하여 통일 친화적인 분위기를 형성하는 것가를 고민하는 전략이라고 정의하고 있다(문성묵, 2015: 8).

13) 따라서 본 장에서 대내 정책의 측면은 별도로 다루지 않겠다.

수 이데올로기에 가깝다. 이것만 가지고 통일과 관련한 복잡한 정치적 함수를 풀 수는 없지만, 정책 수립에 큰 역할을 할 수 있다.

> 첫째 시민통일론은 대북 정책에서 중요한 역할을 할 수 있다. 시민적 가치가 기준이 되는 시민통일론에서는 일방적인 퍼주기를 지양하여 장기적이고 안정적인 교류협력정책을 유도할 수 있다. 민족의 영향력이 감소된 현 시대에서는 대북정책이 북한의 경제발전 보다는 시민성의 발전에 일정 수준 기여해야지만 그 성과를 인정받을 수 있다. 북한은 "무엇이 북남관계의 새로운 여정을 가로막고 있는가"라는 로동신문 7월 31일자 사설을 통해서 민족의 회복을 강조하며 경제 제재에 아랑곳 하지 말고 우리민족끼리 교류협력을 확대 및 재추진할 것을 요구하였다(로동신문, 2018). 하지만 대한민국 정부가 대북정책 수립시 '민족회복' 외의 핵심가치를 제시하지 못 하고 북측의 입장을 수용만 한다면 사회로부터 지지를 받기 어려울 것이다. 북측 역시 시민적 규범을 존중한다는 최소한의 의지를 보여주어야지만 경제교류가 지속될 수 있을 것이다. 과거 햇볕 정책으로 대표되는 포용정책은 그 성과에도 불구하고 많은 논란을 야기하였다. 그 까닭은 이 정책이 화해와 협력이라는 가치는 성공적으로 제시하였으나 통일이 지향하는 근본적인 가치를 제시하지 못했기 때문이었다. 즉 '순수 이데올로기'로서의 '시민성'이나 이에 상응할 만한 가치가 부재하였던 것이다.[14)]

햇볕 정책은 시민적 가치를 달성하기 위한 일종의 도구적인 수단이며 과정일 뿐이지 우리가 궁극적으로 추구해야 할 절대적인 가치가 아니다. 북한을 의도적으로 자극할 필요는 없지만 대북정책과 통일정책의 궁극적 가치가 무엇인지를 사회구성원들에게 제시하는 것은 정부와 정당의 의무라고 할 수 있다. 개성공단과 금강산관광을 비롯한 남북경제협력의 목표가 '시민적 가치'의 창출이라면 이는 미래를 위한 투자가 되지만, 이 가치를 망각할 경우 이 정책은 '퍼주기'로 전락할 수 있다. 과거 이러한 점을 소홀하게 간주하였거나 기피하였기 때문에 그 성과가 퇴색되고 말았다. 현 정부는 집권 초기에 적극적인 대북정책을 펼쳐 현재까지 큰 성과를 가져왔다고 평가할 수 있다. 이 때문에 현시점에서는 시민적 가치의 강조 없이도 사회의 지지를 얻을 수 있다. 하지만 향후 빅 이벤트가 종료되고 남북미중

---

14) 예컨대 당시 북한 체제의 세습을 상식이라고 표현 박지원 대표의 발언은 시민권의 확장을 염두에 두지 못한 실언이라고 할 수 있다.

사이의 지루한 줄다리기가 본격적으로 시작되는 시점에서 정책이 지향하는 가치를 명확하게 제시하지 못한다면 지지자들이 이탈할 가능성이 크다. 반면에 시민적 가치를 명확하게 제시하고 이에 따라 교류협력정책을 실시한다면 한다면 국론분열을 방지할 수 있으며, 성향이 다른 후임정부가 들어와도 이를 수용하기가 용이해져 정책의 지속성을 보장할 수 있다.[15)]

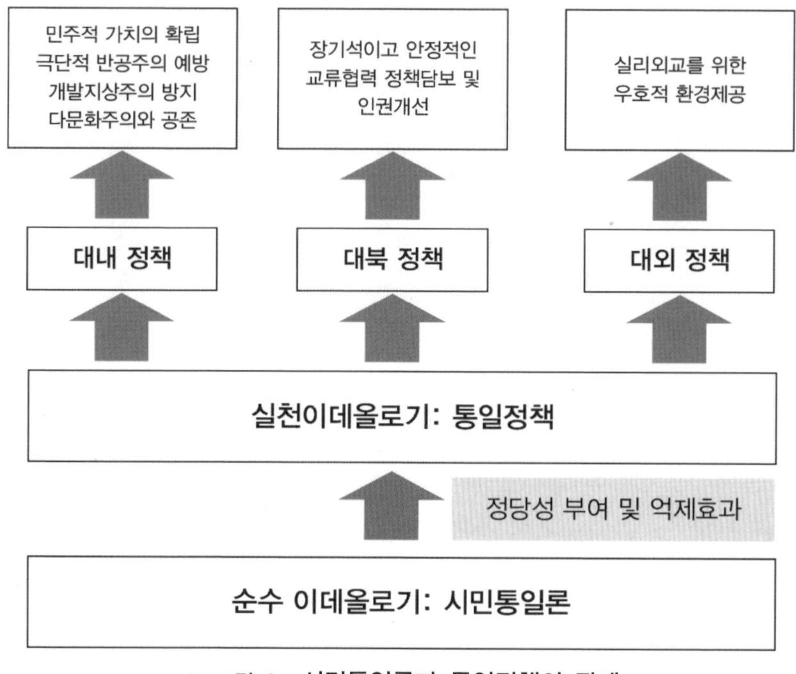

▣ 그림 2 **시민통일론과 통일정책의 관계**

시민통일론은 가장 논란이 되는 북한 인권을 둘러싼 긴장 해결을 위한 청사진을 제시할 수도 있다. 시민을 형성한다는 것은 국가가 개인에게 행하는 부당한 억압을 지양한다는 것을 의미한다. 따라서 시민권(citizenship)에는 이미 인권이라는

---

15) 이러한 측면에서 보면 2007년 10.4 정상회담은 매우 아쉬운 점으로 남는다. 당시 노무현 정부와 여당은 향후 대통령 선거에서 승리할 가능성이 낮음에도 불구하고 북한과 대규모 경협을 약속하였다. 이는 대북정책의 지속성을 보장하기 보다는 보수적인 후임정부의 운신의 폭을 좁히게 하였다. 만일 이 당시 청와대와 이명박 후보 진영 사이에 정책적 조율이 이루어졌다면 교류협력정책이 오히려 지속될 가능성도 있었을 것으로 보인다.

개념이 포함되어 있다. 한국의 정치지형에서 북한 인권에 대한 문제를 제기하는 집단은 남북관계의 개선을 매우 극렬하게 반대한다. 하지만 이러한 '원칙론'만으로는 전략을 수립하기가 쉽지 않다. 특히 헌법적 가치만을 비현실적으로 고수하여 접촉 자체를 거부할 경우 북측을 변화시키가 매우 어렵다. 정책수립과 집행과정에서 헌법의 정신이 발현되어야지, 헌법을 방패삼아 압박정책만 지속하는 것은 올바르지 않다. 현실적으로 북한의 인권상황을 일회에 극적으로 개선하기는 어렵다. 하지만 장기적으로 시민을 구성한다는 목표를 염두에 두고 이를 북측에 지속적으로 요구 할 경우 일정 수준의 성과를 끌어낼 수 있다. 예컨대 북한은 최근 장애인들의 개선된 복지 상황을 여러 온라인 매체를 통해서 적극적으로 선전하고 있다. 태영호 공사의 증언에서도 언급된 것처럼 북측은 장애인 합창단과 체육단을 조직하여 여러 국제행사에 참여하기도 하였다(태영호, 2018: 288-93). 이와 같은 정책은 국제사회에서 지속적으로 북한인권을 거론한 것에 대한 대응으로 나타난 것이라고 할 수 있다. 또한 북한지도부의 입장에서는 북한 사회의 가장 약한 장애인들의 인권을 보장하더라도 이들이 반체제 운동을 실행하기는 어려우며, 정책을 대내 선전으로 활용될 수 있다는 점을 계산하여 취한 새로운 정책이라고 할 수 있다. 이유야 어쨌든 지속적인 문제제기가 북한의 태도를 변화시킨 것이다.

비록 현재 북한에서 상당한 시장화가 진행되고 있음에도 불구하고, 국가와 사상적으로 대립할 수 있는 시민사회가 형성되었다고 평가하기는 어렵다. 현실적으로 외부에서 압력을 가해 시민층을 형성시키는 것은 매우 어렵다고 할 수 있으며, 시민성은 단 기간에 인위적으로 형성될 수 있는 성격의 것도 아니다. 다만 우리정부와 국제사회가 북한의 체제 전환이 아니라 체제 내에서의 변화를 유도할 수 있도록 실현 가능한 목표를 설정하고 구체적인 정책(회유 및 압박)을 수립하고 집행한다면 인권부분의 발전과 사회의 개선이라는 부분에서도 소기의 성과를 거둘 수 있을 것이다.[16)]

둘째 시민통일론은 대외정책에서 중요한 역할을 할 수 있다. 시민통일론은 대외

16) 예컨대 1975년 헬싱키 선언 수준을 목표로 삼거나, 현행 북한 형법을 부분적으로 개선하게 유도하는 것이 현실적이라고 할 수 있다. 실제로 북한은 코소보 전쟁 당시 인권탄압국에 대한 '인도적 개입'이 진행되자 이를 매우 민감하게 받아들였으며, 이후 2004년 실제로 형법을 개정하기도 하였다. 북한 역시도 열악한 인권사항이 경제제재와 군사적 개입의 빌미가 되는 것을 원치 않는다. 즉 사회주의 체제라는 큰 틀 안에서도 시민성을 증가시킬 수 있는 공간을 찾아 이를 확장시키는 것이 정책의 목표라고 할 수 있다. 이점을 효과적으로 활용할 수 있는 지혜가 필요하다.

적으로 실리적 외교를 펼칠 수 있는 환경을 조성하여 각 정책의 전략적 유연성을 담보할 수 있는 장점이 있다. 사실 대북정책은 남북관계와 통일환경의 변화에 따라 강온 양면 전략을 적절히 구사할 때 성과를 낼 수 있는 것이며, 어느 하나의 전략만을 계속해서 사용하면 그 실효성은 제한될 수 있다(변창구, 2011: 197). 만일 대내외적인 환경이 급격하게 변하여 포용정책으로 '시민적 가치'를 수립하기 어렵다면 화해협력 정책을 압박 정책으로 전환시킬 필요도 있다. 가령 천안함 폭침에 대한 이명박 정부의 5·24 조치, 북한의 거듭된 핵실험에 대한 대응으로 행한 박근혜 정부의 개성공단 폐쇄, 문재인 정부의 사드배치는 전략적 결단이라고 할 수 있다. 각 선택에 대한 평가는 상이할 수 있으나 이것이 적어도 '시민통일론'의 가치와 근본적으로 어긋난다고 볼 수는 없다. 왜냐하면 당시 북측의 행위는 평화를 훼손하는 매우 도발적이고 위협적인 행위였다. 같은 논리로 남북대화가 순조롭게 진행되고, 북한이 전향적인 조치를 취한다는 신호를 보낸 다면 여러 가지 과감한 조치를 취하여 평화 수립에 이바지 할 수 있다. 예를 들어 최근의 한미연합훈련의 연기 및 중지는 '나라를 통째로 넘기는 행위'가 아니라 보다 더 안정적인 평화를 구축하기 위해서 전략적으로 용인할 수 있는 정책이다.

만약 평화를 확립하고자 하는 대한민국 정부와 국제사회의 모든 노력이 물거품으로 돌아가고 심지어는 우리의 근본적인 시민적 권리가 위험에 처했다는 결정적이고 명백한 징후들이 포착되었을 경우에는 시민적 가치를 고수하기 위한 최대한의 조치를 취할 수도 있다. 만약 민족에 대한 환상만을 고수하고 있다면 위기의 시점에 대응하지 못 할 수 있다. 이와 유사한 논리로 북한에서 시민적 가치가 점진적으로 확산되고 있는 상황에서는 외세의 지나친 간섭이나 적대적 환경 조성에도 반대할 수 있어야 한다. 즉 고정적이고 불변하는 이데올로기가 아니라 '시민적 가치'의 확장과 축소를 기준으로 삼는다면 국가가 보다 실리적인 대외정책을 펼칠 수 있을 것이다. 또한 주변국들을 설득 압박하는 작업도 더욱 용이하다고 할 수 있다.

이처럼 시민적 가치에 기반한 통일론이 자리를 잘 잡으면 극단적인 호혜적·호전적 정책을 방지할 수 있을 것이다. 물론 현실정치에서 정치 엘리트들이 사회의 요구를 묵살하는 경우를 종종 발견할 수 있다. 또한 좌우논쟁이 사라지는 것도 아니다. 다만 시민적 가치를 모든 정책의 기본적인 규범으로 격상시켜 이를 위반하는 것에 대한 비용을 높게 치르게 만든다면 국내정치의 변화에 따라 통일정책이 급격하게 변화하는 것을 어느 정도 방지할 수 있을 것이다.

V. 결론

본 연구에서는 민족에 기반한 통일론이 사회로부터 큰 지지를 받지 못하며 사회적 연대성을 구성하지 못한다는 점을 지적하였다. 민족의 회복과 국가와 같은 거대담론은 그 집단주의적 속성상 개인을 배제하는 결과를 초래하였다. 이에 따라 다원화되고 개인주의화된 한국 사회에서 이러한 논의들은 예전과 같은 정당성을 확보하지 못한다. 보수진영에서 주장하는 '자유민주주의 통일론' 역시 그 용어의 적합성에도 불구하고, 여전히 개인이 없는 반공주의, '적'과 '아군'의 논리를 안보 영역을 넘어서 온 사회에 적용시키려 하는 공허한 통일론이라는 점을 지적하였다.

하지만 기존의 통일론의 문제점과 사회적 변화를 핑계 삼아 통일정책을 포기해서는 안 된다. 오히려 기존의 민족통일론과 보수적 통일론이 담지 못했던 사항들을 포함하고 발전시켜 사회구성원들의 지지를 얻을 수 있는 새로운 통일론을 구축하는 것이 중요하다. 이에 본 연구는 능동적인 주체인 시민과 시민적 가치를 한반도 전역에 형성시키는 것을 목표로 하는 '시민통일론'을 제안하였다. 국가와 국가 사이의 통일이 아니라, 시민과 시민의 통합을 목표로 양측에서 시민을 형성하는 과정이 현 시대의 가장 설득력 있는 통일론이라고 할 수 있다. 정치는 갈등, 화해 통합을 위한 가장 기초적인 가이드라인 만을 제시해 줄 뿐이며, 궁극적으로 삶의 영역을 개선시키는 것은 사회라고 할 수 있다. 남한에서는 성숙한 민주주의를 형성하고, 인간의 위치를 보다 격상시키는 작업을 실시하여야 한다. 그와 동시에 북한을 이러한 목표와 가치에 부합하는 방향으로 유도해야 한다.

또한 시민적 가치의 확산은 실질적인 대북정책에 정당성을 부여하는 지표가 될 수 있다. 정책 입안자와 오피니언 리더들은 단순한 민족적 감정에 호소하거나 단기적인 이벤트에 집중하기 보다는, 정책의 방향이 '시민적 가치'와 조응하는 지를 끊임없이 고민해야 한다. 그 이유는 사회가 더 이상 민족교류 그 자체를 지지하는 것이 아니기 때문이다. 따라서 대북정책을 통해서 시민적 가치가 확산되고 있다는 성과를 구체적으로 보여 주어야만 사회를 설득하여 장기적인 교류협력 정책이 지속될 수 있다. 시민통일론에 근거한 '시민적 가치'의 확장이 현 시점에서 통일 및 대북정책 수립에 크게 기여할 수 있을 것으로 사료된다.

참 고 문 헌

∽

김경희, 서승욱. 2014 "통진당 해산, 찬성 64% 반대 24%." 『중앙일보』 12.22.
김구. 1997. 『백범일지』. 돌배개.
김누리. 2005. "통일독일의 사회문화 갈등." 『역사비평』. 73: 294-324.
김동춘. 2000. 『근대의 그늘: 한국의 근대성과 민족주의』. 당대.
김연이. 2018. "무엇이 북남관계의 새로운 려정을 가로막고 있는가." 『로동신문』 7.31.
나무위키. 2018. "국뽕" 참조. 최종검색일 2018년 8월 23일.
https://namu.wiki/w/%EA%B5%AD%EB%BD%95
노현종. 2016. "북한 사회주의 신정체제의 종교사회적 기원." 『세계지역논총』 34(4): 239-276.
문성묵. 2015. "통일·대북정책의 일관성 확보 방안." 『전략연구』. 22(2): 5-35
문유석. 2015. 『개인주의자 선언』. 문학동네.
문화체육관광부. 2018. "남북관계에 대한 인식 여론조사 주요결과 발표" 보도자료.
박광기·박정란. 2008. "한국의 통일·대북 정책 60년: 회고와 전망." 『한국정보연구』. 11(1): 161-190.
박명규. 2006. "분단체제, 세계화 그리고 평화민족주의." 『시민과 세계』. 8: 416-430.
박명규. 2014. 『국민·인민·시민-개념사로 본 한국의 정치주체』. 소화.
박민제. 2017. "포스트 86세대는 '진보적이며 反北.'" 『중앙일보』 3. 12.
박재홍. 2009. "세대명칭과 세대갈등 담론에 대한 비판적 검토." 『경제와 사회』. 81: 10-34.
박찬승. 2010. 『민족· 민족주의』. 소화.
변창구. 2011. "한국의 대북정책에 있어서 남남갈등의 요인: 특성과 함의." 『통일전략』. 11(3):173-209.
서재진. 2006. 『주체사상의 이반: 지배이데올로기에서 저항이데올로기로』. 박영사.
서중석. 1995. "한국전쟁 후 통일사상의 전개와 민족공동체의 모색." 역사문제연구소 편. 『분단 50년과 통일시대의 과제』. 309-362. 역사비평사.
송호근. 2015. 『나는 시민인가』. 문학동네.
오경진. 2018. "촛불혁명은 21세기판 3·1운동...남북 협력 땐 5대 강국에." 『서울신문』 7. 18.
이병천. 2004. "세계화 시대 시민국가와 다중적 시민정치를 위하여." 『시민과 세계』. 5: 34-41.

정근식 외. 2017.『통일의식조사 2017』. 서울대학교 통일평화연구원.
최장집. 2006.『민주화 이후의 민주주의: 한국민주주의의 보수적 기원과 위기』. 후마니타스.
태영호. 2018.『3층 서기실의 암호: 전 영국주재 북한공사 태영호의 증언』. 기파랑.
통일부 통일교육원. 2018.『2018 통일문제의 이해』. 통일교육원.
허문영. 1999. "대한민국의 통일정책 변천사."『한국민주시민교육학회보』. 4: 113-129.
Emerson, Rupert. 1960. *From Empire to Nation: The Rise of Self-Assertion of Asian and African Peoples.* Boston: Beacon Press.
Keane, John. 2006. "Cities and Civil Society." pp. 1-36 in *Civil Society: Berlin Perspective 2006*, edited by John Keane. New York and Oxford: Berghan Books.
Lankov, Andrei. 2005. *Crisis in North Korea: The Failure of De-Stalinization, 1956.* Honolulu: University of Hawaii Press.
Mannheim Karl. 1952. "The Sociological Problem of Generation." pp. 276-320 in *K. Mannheim. Essays on the Sociology of Knowledge.* New York: Oxford University Press.
Martin, Terry. 2001. *The Affirmative Action Empire: Nations and Nationalism in the Soviet Union, 1923-1939.* Ithaca: Cornell University Press.
Rosaldo, Renato. 1994. "Cultural Citizenship and Educational Democracy," Cultural Anthropology, 9(3): 402-411.
Schurman, Frantz. 1966. *Ideology and Organization in Communist China.* California: University of California Press.
Suny, Ronald. 2011. *The Soviet Experiment: Russia, the USSR and the Successor States.* Oxford: Oxford University Press.

노현종은 연세대학교 사회학과를 졸업하고 고려대학교에서 북한학을 공부하였으며 서울대학교 사회학과 석·박사 통합과정을 졸업하였다. 또한 싱가포르 Nanyang Technological University, 캐나다 Simon Fraser University, 독일 Humboldt University에서 수학하였다. "1970년대 이후 동독, 베트남, 북한의 체제변동 비교연구"라는 박사논문을 작성하였으며 2021년 서울대 아시아연구소에서 박사학위논문상을 수상하였다. 관심분야는 북한사회, 비교사회주의, 남북관계이다. 출간논문으로는 "북한 사회주의 신정체제의 종교사회적 기원(2016)", "A Comparative Examination of the Ideal Political Leadership Outlined in The Huainanzi(淮南子) and The Prince(2017)"가 있다.

From National Reunification to Civic Reunification: The Crisis of Nationalism and Ethnic-based Reunification Discourse and Its Alternative

Hyun Jong Noh (Seoul National University)

Abstract

Nationalism and the recovery of national and ethnic homogeneity have been at the core of unification discourse. We can easily uncover the impact of nationalism and ethnicity through analysis of significant inter-Korean agreements. The position of nationalism is robust both of the left-right spectrum and overall political sphere. Nevertheless, the retrogression of nationalism is apparent. Unlike in the past, it cannot construct social integrity, because South Korea's new generation is more individualized than its forebears. Moreover, it refuses to be mobilized by the state. In this changed circumstance, the unification discourse, which emphasizes the nation and community, is regarded as outdated and abstractive due to its collectivist and state-centric implications.

To bridge the gap between unification discourse and society's perception thereof, this study suggests "civic unification discourse", which seeks unification between citizen and citizen rather than state and state. It is noteworthy that civic unification discourse does not deny or abandon the nationalist unification discourse. Instead, it seeks to renew it by adding the civic values that were missing from earlier national and ethnic-based unification discourse. It strives to spread civic values to the Korean Peninsula, create autonomous individuals, seek active co-change rather than passive coexistence, and avoid inhumane developmentalism. If civic unification discourse is well settled into the society, it can effectively constrain the radical left's and right's policies, which could harm civic values. Furthermore, civic unification discourse can contribute to policy implementation, because it can constrain discussion to the strategic arena by reducing unnecessary ideological conflict.

Key Word: Citizen, Civic Unification discourse, National Unification discourse, Unification Policy, Inter-Korean Policy.

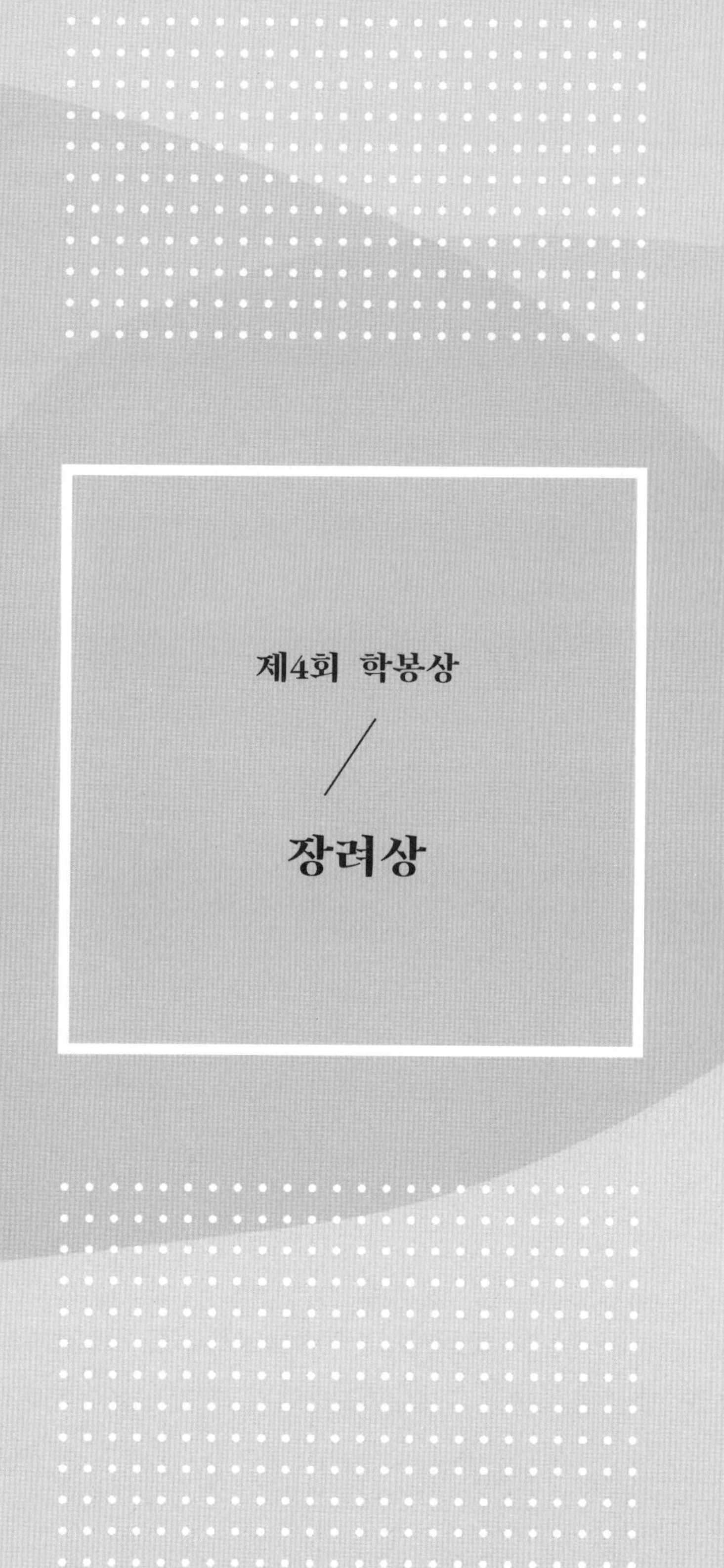

제4회 학봉상

/

장려상

남북 통일합의서의 절차적 요건에 관한 연구
- 통일합의서에 대한 민주적 정당성 부여를 중심으로 -

강민식(책임저자)·김광수

초 록

2018년 4월 27일 남북정상회담은 통일에 대한 새로운 기대감을 불러왔다. 향후 추세를 지켜봐야 하겠으나, 남북관계의 개선과 함께 이를 규율하는 법제도적 관심을 가져야할 때이다. 그러나 남북한의 통일이 결정적으로 가시화되는 시기에서 나타날 수 있는 법적인 쟁점들에 대한 관심은 적은 상황이다. 특히, 통일에 대한 합의가 담길 통일합의서에 대한 연구는 그렇게 많지 않다. 그 연구도 대부분 통일합의서에 담길 내용과 그 법적 성격에 집중되어 있을 뿐, 체결과정에서 나타날 주요 쟁점에 대한 연구는 부족한 상황이다. 본 논문은 통일합의서에는 통일헌법 제정을 위한 헌법적인 내용이 포함되어 있을 것을 전제로 한다.

남북 통일합의서의 법적 성격을 분석하기 위하여 기존에 논의되었던 남북합의서에 대한 논점을 바탕으로 그 성격의 수준을 도출한 결과, 통일합의서는 조약의 성격을 가지며 '법률'의 효력을 발한다는 것을 알 수 있었다. 그러나 통일합의서로 인하여 생기는 실질적인 효력과 영향력은 '헌법'수준이다. 이 경우 자칫 통일합의서 자체에 대한 위헌성 논란으로 인하여 결정적인 시기에 통일에 장애물이 될 가능성이 존재한다. 그러므로, 통일합의서에 헌법적인 효력을 부여하기 위하는 방안을 적극적으로 모색할 필요성이 있다.

이를 위하여 본 논문은 우선 남북 통일합의서의 법적 성격을 분석하기 위하여 기존에 논의되었던 남북합의서에 대한 이론을 바탕으로 그 법적성격이 조약의 성격이며 '법률'수준의 효력을 발한다는 것을 도출할 것이며, 현 법체계에서 체결될 것으로 예상되는 통일합의서에 '헌법'수준의 효력을 위한 민주적 정당성 부여의 중요성을 살펴볼 것이다(Ⅱ), 그 후 이와 관련된 민주적 정당성 부여 절차에서는 기존에 논의되었던 ① 국회의 동의에서의 문제점(동의의 대상 및 시기, 동의 가중 정족수, 국회 동의거부 및 동의절차 누락시 통일합의서의 효력)와 ② 국민투표 방식(헌법 제72조에 의한 방안, 헌법 제72조에 의한 방안, 헌법 제130조에 의한 방안, 남북관계 발전에 관한 법률 개정 방안, 통일합의서 체결 시 발효요건 추가)을 검토하고, 통일합의서의 법적 성격과 함께 고려하였을 때 헌법적인 효력을 부여하기 위한 민주적 정당성을 담보하기에는 현 법체계에 문제점이 있다는 점을 구체적으로 살펴볼 것이다(Ⅲ). 마지막으로는 통일합의서의 법적 성격에 맞는 민주적 정당성 부여 방식을 ① 민주적 정당성 확보를 위한 입법부의 역할 강화를 위한 방안(남북합의서에 대한 국회 동의를 필수적인 요건으로 규정, 헌법 제4조에 통일합의서 체결을 위한 규정 마련), ② 통일합의서 국민투표의 법적근거 마련 방안(법치주의에 따른 남북정책 입안 및 추진, 헌법 제4조에 국민투표절차 마련), ③ 민주적 정당성을 부여하기 위한 국민의 올바른 판단을 위한 제도적 장치로 가칭 '남북합의서의 체결절차 및 이행에 관한 법률' 제정을 제안할 것이다(Ⅳ). 이를 통해 일반론적인 쟁점 중심으로 흐르던 통일합의서 분야에서 한 발 더 나아갈 수 있는 논의를 제공할 수 있도록 하겠다.

주제어 : 남북한, 통일합의서, 민주적 정당성, 국회 동의, 국민투표

Ⅰ. 서 론

1. 통일합의서 체결과 민주적 정당성 부여를 위한 연구의 필요성

2018년 4월 27일에 이뤄진 남북정상회담은 70년이 넘는 분단역사에서 전환점이 될 것이라는 기대감을 주었다. 특히 지금까지 북한에서 진행된 몇 차례 정상회담과 달리, 통일의 당사자인 남과 북의 정상이 그들을 가로막은 경계선, 그 중간인 판문점에서 만났기에 그 목적뿐만 아니라 상징성도 크게 다가온다. 또한 남북 단일팀의 평창 동계올림픽과 자카르타-팔렘방 아시안게임 등의 참가, 2020년 도쿄 올림픽에도 남북 단일팀 규모에 대한 논의 등은 기존의 단발성 이벤트 이상의 실질적인 기대감을 고조시키고 있다.[1] 향후, 미국과 중국 등의 움직임에 따라 남북관계가 어떻게 전개될 것인지는 지켜보아야 하겠으나, 남북한이 통일을 하게 될 결정적인 시기에서 드러날 수 있는 법적인 쟁점들에 대한 대비는 그 중요성과 상

1) 본 논문의 작성일이 2018년 8월 31일임을 미리 밝혀둔다.

징성을 고려하였을 때 사전에 미리 검토할 필요가 있다.

기존 통일국가의 사례를 보아도 알 수 있듯이, 통일시기 남북한은 구체적인 통일방법과 기본적인 원칙 등의 내용을 규정할 통일합의서를 체결할 가능성이 농후하다.[2] 또한 통일합의서는 새로운 한반도 공동체의 기본가치와 질서를 규정할 통일헌법 제정이라는 후속조치와도 밀접한 관계가 있으며[3], 이를 위한 기본적인 전제가 될 것이다. 그러므로 통일과정에서 통일합의서가 미칠 그 영향력을 고려하였을 때, 이를 미리 연구하고 검토하는 것은 매우 중요하다고 할 수 있다.[4]

한편, 통일합의서의 기능과 영향력, 통일헌법과의 상관관계에서 도출되는 헌법규범적인 성격을 고려하였을 때, 미래에 체결될 통일합의서에 민주적 정당성을 확보하는 것이 중요하다. 헌법제개정권력자인 국민들의 합의에 따른 민주적 정당성이 존재하지 않는 통일합의서는 단순한 정치적 합의로 그칠 수 있기 때문이다. 현재의 법제도로 비추어보았을 때, 통일합의서에 법적효력은 헌법 제3조와 헌법 제4조의 규범조화적인 해석을 바탕으로 나타난 남북특수관계론과 이를 근거로 한 '남북관계 발전에 관한 법률'에 따라 부여될 것으로 보인다. 그러나 이러한 법제도적인 장치에 대한 개선은 꾸준히 요구된다. 현재의 법률과 남북합의서의 규범력을 부여하는 법제도 장치는 통일합의서의 법적 효력을 부여하기에는 면밀히 살펴볼 필요가 있으며 현재의 남북합의서만을 중심으로 고려된 체계가 통일합의서 체결을 위해서도 그 타당성 여부도 함께 고민하여야 한다.[5] 남북 양 당사자들이 상호

2) 동서독은 '조약'이라는 명칭으로, 예멘은 '협정' 또는 '합의서'라는 명칭들로 체결되었다. 이러한 통일과정에 대한 연구로는 통일부, 『독일통일 총서』, 통일부, 2013 ; 김철수, 『한국통일의 정치와 헌법』, 시와 진실, 2017 ; 장명봉, "남북예멘통일헌법에 관한연구", 한국공법학회 공법연구 제21집, 1993, 113 - 156면 ; 국토통일원, 『예멘 통일관계 자료집』, 국토통일원, 1990 등.

3) 통일헌법에 대한 연구로는 김철수, 『한국통일의 정치와 헌법』, 시와 진실, 2017 ; 성낙인, "통일헌법의 기본원리 소고", 서울대 법학 제53권 제1호, 서울대학교 법학연구소, 2012 ; 이효원, "통일헌법의 제정 방법과 국가조직", 서울대학교 법학 제55권 제3호, 서울대학교 법학연구소, 2014 ; 전종익, "통일헌법의 기본권체계", 법조 제61권 제2호, 법조협회, 2012 ; 도회근, "통일헌법의 기본원리", 법조 제64권 제10호, 법조협회, 2015 ; 박정원, "통일헌법에 관한 골격구상", 공법연구, 1998 참조.

4) 통일합의서에 대한 연구로는 이효원, "남북한 통일합의서의 법적 쟁점과 체결방안", 법조협회 법조 제60권 제11호, 2011 ; 조재현, "통일의 과정과 통일합의서에 관한 연구", 동아법학 제66권, 2015 ; 안동인, "통일합의서의 발효 및 시행에 관한 試論", 행정법연구 제52호, 2018 ; 정재황 · 류지성, "대한민국 통일과도기의 법적논점", 한국공법학회 공법연구 제46집 제2호, 2017 참조.

5) 그 동안 남북간에 진행된 총 668건의 회담과 남북한이 체결, 채택한 합의서, 공동보도문 등은 총 260건이다. 이 중 남북합의서로 선언된 것은 총 167건이며, 공동보도문으로 선언된 것은 총 87건이며, 기타자료 총 6건이다. 그나마도 국회의 비준을 통해 조금이나마 민주적 정당성

평등한 관계 속에서 진행하는 통일과정과 이를 뒷받침하는 통일합의서에 대한 법적 근거의 부재는 통일이란 큰 파급력을 지니는 사건을 대비하기에는 지극히 부족할 것으로 보인다. 정치적인 변화에 따라가지 못하는 법적 현실, 통일이 더 이상 하나의 '구호'로만 그치는 것이 아닌 현실가능성 있는 사건으로 이어지기 위해서는 통일합의서의 효력을 부여하기 위한 구체적인 논의가 필요하다. 그러므로 남북한의 운명을 결정할 통일합의서를 양국 지도자들의 정치적인 행위로 그치게 할 것이 아닌, 민주적 정당성을 부여하기 위한 논의를 필요로 하는 것이다.

2. 연구 방법 및 범위

본 논문은 기존 학자들의 연구 성과를 바탕으로 문제점을 알아보고 대안을 도출하는 문헌 연구 방식으로 진행한다. 먼저 남북 통일합의서의 법적 성격을 분석하기 위해 기존에 논의되었던 남북합의서에 대한 이론을 바탕으로 그 성격의 수준을 도출하면서 민주적 정당성 부여의 중요성을 살펴볼 것이다(Ⅱ). 그 후 이와 관련된 민주적 정당성 부여 절차에서 기존에 논의되었던 ① 국회의 동의와 ② 국민투표 방식을 검토하고 통일합의서의 법적 성격과 함께 고려하여 문제점을 구체적으로 살펴볼 것이다(Ⅲ). 마지막으로는 통일합의서의 법적 성격에 맞는 민주적 정당성 부여 방식을 ① 민주적 정당성 확보를 위한 입법부의 역할 강화, ② 통일합의서 국민투표의 법적근거 마련, ③ 가칭 '남북합의서의 체결절차 및 이행에 관한 법률' 제정을 제안할 것이다(Ⅳ). 이를 통해 일반론적인 쟁점 중심으로 흐르던 통일합의서 분야에서 한 발 더 나아갈 수 있는 논의를 제공할 수 있도록 하겠다.

Ⅱ. 남북 통일합의서의 주요 내용과 법적 성격

1. 통일합의서의 주요내용

통일합의서는 전문과 총강으로 구성되어 통일의 기본원칙, 통일의 방법, 통일국

이 부여된 합의서로는 '남북사이의 투자보장에 관한 합의서' 등 총 13건에 불과하다. (2018. 8. 31. 기준)

출처 : 통일부 남북회담본부 홈페이지, 주소 : https://dialogue.unikorea.go.kr, 검색일 : 2018. 8. 31.

가의 국호·국기·국가·수도, 통일헌법, 통일국가의 정부형태, 통일국회, 통일과정의 법률체계 등의 내용을 포함할 것으로 보인다.[6] 또한, 독일통일조약을 바탕으로 하였을 때 국가조직 및 법질서의 통합을 구체적으로 규율한다.[7] 이 때, 국가조직은 입법부·사법부·행정부의 제도 및 인적통합을 의미하며, 기존의 남북한의 입법작용, 행정작용, 사법작용 등의 구체적인 내용을 세부적으로 규율할 것이다.[8] 이러한 규율은 남북한의 헌법규범의 통합을 위한 전제조건이 될 것이며, 통일합의서의 내용은 통일한국 헌법제정의 기준이 될 가능성이 높다.

2. 선행 이해 – '남북한 특수관계론'의 의미

통일합의서의 발효 절차와 법적 성격을 이해하기 위해서는 '남북한 특수관계론'의 의미를 살펴볼 필요가 있다.[9] 현재의 법제도를 살펴보았을 때, 통일합의서는 남북합의서의 한 종류로 헌법 제3조와 헌법 제4조의 규범조화적 해석과 이를 바탕으로 한 '남북관계 발전에 관한 법률'에 근거하여 효력을 발할 것으로 보이기 때문이다.[10] 남북간의 관계와 관련된 규범적인 기준과 그 효력을 발하도록 하는 이론적인 근거로 '남북한 특수관계론'이 있다.[11] 이 이론은 북한은 국내법적으로는 헌법상 불법단체 또는 국가보안법상 반국가단체로서의 지위를 가지지만 이와 동시에 평화통일을 위한 대화와 협력의 동반자로서의 지위를 이중적으로 가진다는 헌법재판소와 대법원의 견해와 일치하며,[12] "남한과 북한의 관계는 국가 간의 관계가 아닌 통일을 지향하는 과정에서 잠정적으로 형성되는 특수관계(남북관계 발전에 관한 법률 제3조 제1항)"이며, 동시에 "남한과 북한의 거래는 국가 간의 거래가

6) 이에 대한 자세한 내용은 이효원(주3), 앞의 논문 참조.
7) 이에 대한 자세한 내용은 조재현(주3), 앞의 논문, 271면 참조.
8) 김승대, 『통일헌법이론 - 동서독과 남북한통일의 비교법론-』, 법문사, 1996, 140면.
9) 이에 대해서는 이효원, 『남북교류협력의 규범체계』, 경인문화사, 2006 ; 제성호, "남북합의서에 대한 국내법적 효력부여 문제", 법조 통권 제571호, 2004 ; 최대권, "남북합의서와 관련된 제반 법문제 - 특히 특수관계의 의미를 중심으로 -", 법학 통권 제34권 1호, 서울대 법학연구소, 1996 ; 이주현, "남북한특수관계의 의미, 남북교류와 관련한 법적 문제점(2)", 법원행정처, 2003 ; 박정원, "남북합의서의 헌법적 쟁점과 과제", 헌법학연구 제19권 제4호, 한국헌법학회, 2013 등.
10) 헌법 제3조(영토조항)과 헌법 제4조(평화통일의 원칙)의 규범조화적은 해석에 대해서는 이효원(주7), 앞의 책 참조.
11) 이효원(주9), 앞의 책, 158면.
12) 헌재 1993. 7.29. 92헌바48, 헌재 2000. 7. 20. 98헌바63, 헌재 2005. 6. 30. 2003헌바114, 대법원 2011. 7. 28. 2009도9152 등.

아닌 민족내부의 거래(동 법률 제3조 제2항)"라는 해석과도 밀접한 관련이 있다. 또한, 통일정책의 입안 및 추진의 근거가 되며, 남북관계에 있어서 국가권력행사의 정당성을 부여하며, 남북관계의 법령과 남북합의서 체결과 그 효력과도 밀접한 관련이 있다.[13] 더불어, 남북합의서의 성격과 규율영역도 함께 제시하고 있다.

한편, 사실적인 측면에서 남북한이 현실적으로 국제사회에서 독립된 주권을 가진 국가로서 인정받고 활동하고 있다는 것을 고려하여야 한다.[14] 즉, 북한도 독립된 국제법상 주체로서의 지위를 갖고 있기에 한반도에는 사실상 두 개의 국가가 존재한다는 입장이다.[15] 이러한 시각은 남북합의서가 규율하는 내용의 국제법적 영역과 국내법적 영역을 함께 살펴보게끔 한다. 즉, 국제법적 관점에서 보았을 때 남북한은 각각 국제법의 주체가 되기에 남북합의서는 국제법 주체가 체결하는 조약으로 볼 수도 있을 것이다. 남북한의 통일의지와 결정은 헌법적 사항이기 때문에 국내법적 영역의 특성도 가지며,[16] 이와 동시에 민족자결권에 입각한 통일의지와 이를 선포한 국제법적 영역의 특성도 가질 수 있기 때문에 대내외적인 규범력을 확보할 수 있다고 볼 수 있다.

3. 통일합의서의 법적 성격

통일합의서는 '남북특수관계론'과 그 이론이 구체화 된 '남북관계 발전에 관한 법률'에 의하여 체결 및 발효가 될 것이다. 대화와 협력을 바탕으로 한 통일합의서 체결은 남북한이 그 체결주체가 된다. 이에 대해서는 북한실체를 규범적으로 인정하므로 국제법원칙이 적용되는 것이 원칙이라고 하겠다. 한편, 남북합의서는 크게 조약과 신사협정으로 구별할 수 있을 것인데 조약의 성격을 갖는 남북합의서는 일반 조약의 법적 효력과 동일할 것이며, 신사협정도 남북한의 책임 있는 당국자의 협의 및 서명으로 이루어지기에 최소한 금반언의 법적 효과가 있다고 할 수 있다.[17] 통일합의서는 남북한의 국정 최고책임자가 체결할 것인 바, 국가작용에 관한 근본사항과 국민의 기본권에 대해 중대한 영향을 미치는 입법사항 등이

---

13) 이효원(주9), 앞의 책, 157면.
14) 김영석, 『국제법』, 박영사, 2010, 105 - 160면.
15) 이효원, 『통일헌법의 이해』, 박영사, 2016, 71면.
16) 이효원, 앞의 책, 70면.
17) 제성호, "6 · 15남북공동선언과 후속문서의 법적 성격과 효력", 저스티스 제60호, 2001, 198-199면.

포함될 것이다. 통일합의서를 체결하게 될 경우에는 앞에서 언급한 주요내용(통일국가의 구성과 조직에 대한 기본적인 사항)이 포함될 것이므로 당연히 그 법적 구속력을 인정하려는 남북 당국의 의도가 존재한다고 볼 수 있다. 그러므로 통일합의서는 헌법 제60조 제1항, 그리고 '남북관계 발전에 관한 법률'과 같은 현재의 법체계 하에서 국회의 동의를 받아야 하는 조약의 성격을 지닌다고 할 수 있다. 즉, 통일합의서는 최소한 조약의 성격을 지니게 된다. 조약의 성격을 갖는 남북합의서의 효력을 발하기 위하여 '남북관계 발전에 관한 법률'은 남북합의서의 체결·비준(제21조), 남북합의서의 공포(제22조), 남북합의서의 효력범위 등(제23조), 본 법률이 제정되기 이전의 남북합의서의 효력(부칙 제2항)의 내용을 담고 있다.

4. 남북 통일합의서의 규범적 효력과 헌법적 효력 인정의 필요성

통일합의서가 국회 동의를 받아야 하는 조약이라면, 그 법적 효력을 검토할 필요가 있다. 우리 헌법 제6조 제1항은 조약의 국내적 효력을 일반적으로 일원론에 입각하여 해석하는 것으로 보인다. 헌법재판소 역시 조약과 일반적으로 승인된 국제법규는 국내법과 동일한 효력이 있다고 판단하여 위헌법률심판의 대상인 법률의 범위에 조약도 포함된다고 결정한 바 있다.[18] 이러한 일원론에 의할 경우 헌법은 조약에 대하여 우월한 효력이 있다는 전제하에, 조약과 국내법은 동등한 효력을 가지며 '신법우선의 원칙', '특별법우선의 원칙'에 따른 우열을 다룰 수 있다. '남북관계 발전에 관한 법률'도 남북합의서의 효력범위 등에 대하여 규정하면서 별도의 입법적 조치가 필요에 대한 규정을 두지 않고 있어 일원설의 입장에 따른 것으로 판단된다. 결국 국회 동의를 받은 통일합의서 국내법과 동일한 효력을 가진다. 한편, 국내법은 법률과 명령 등이 존재하는데, 통일합의서에 국회의 동의를 받게 된다면 일원설에 입각하여 '법률'의 효력을 갖게 될 것이다. 그러나 통일합의서가 '실질적인 의미'의 헌법규범의 내용을 담고 있음에도 '형식적인 해석'에 따를 경우 헌법적 효력을 인정할 수 없다는 문제점이 발생한다. 형식적인 해석론에서 발생하는 이러한 문제점은 통일합의서가 남북한의 헌법을 개정과 한반도의 통일헌법 제정을 구속할 수 있는지 여부로 이어진다. 또한, 법률의 효력을 갖는 통일합의서가 헌법 규범적인 행위를 요구하기 때문에 위헌성 문제도 불거질 수 있

18) 헌재 2001. 4. 26. 99헌가13 ; 2001.9.29. 2000헌바20 ; 서울고등법원 2006.7.26. 2006토1 등.

다. 한편, 헌법재판소는 "조약에 의하여 기본권이 침해되었음을 이유로 헌법소원을 청구하는 경우에는 조약의 국내법적 효력이 법률과 동일한 것인지, 명령·규칙과 동일한 것인지를 묻지 아니하고 공권력의 행사에 해당한다고 하여, 조약의 위헌성을 심사할 수 있다"는 입장이며,[19] 조약에 국회의 동의를 거치지 아니하는 등의 절차상 하자가 있고, 그러한 조약이 재판의 전제가 된 경우, 법원은 헌법재판소에 위헌법률심판을 제청할 수 있다는 입장이다.[20][21] 앞서 본 바와 같이 통일합의서에는 국내법적 효력이 인정되고, 조약에 준하는 지위를 가지기 때문에 조약의 경우와 마찬가지로 헌법소원 및 위헌법률심판 제청이 가능할 것으로 보인다.

즉, 형식적인 해석론에 의하여 법률적인 효력만 인정하게 된다면 통일국가 완성에 장애요소가 될 수 있다. 남북한이 체결하는 통일합의서의 헌법사항으로 통일합의서가 헌법에 위반되어 무효가 되거나 헌법적 조치를 취할 수가 없다면 실질적인 행동으로 이어질 수 없기 때문이다. 그러므로, 통일합의서에 헌법사항이 포함될 경우를 위한 헌법적 효력부여 장치를 마련해야 한다. 이러한 장치로 제일 타당한 것은 '민주적 정당성 강화'와 '국민의 주권적 의사 확인'하는 것이 될 것이다. 그러므로 '국회의 동의 절차'와 '국민투표'와 관련된 법제도를 검토할 필요가 있다.

Ⅲ. 남북 통일합의서의 절차적 문제 검토

1. 국회의 동의 절차

(1) 통일합의서에 있어서 국회의 역할

국회는 국민주권주의에 따라 국민의 의사를 대변하여 민주적 정당성을 강화하는 기관이다. 국민을 대표하여 기본권 수호라는 의무와 헌법상 지위를 갖고 있는 국회는, 법률을 제정하는 입법권과 함께 행정부에 대한 국정통제권 등을 보유하고 있다.[22] 이러한 권한을 바탕으로 국회는 국민적 요구를 수렴함과 동시에 통일담론을 형성하여 실질적인 평화통일의 토대를 구축하는 역할을 맡게 된다. 한편, 국

19) 헌법재판소 2001. 8. 21 선고 99헌마189 등 ; 헌법재판소 1990. 10. 15 선고 89헌마178 등.
20) 헌법 제107조 제1항 법률이 헌법에 위반되는지가 재판의 전제가 된 경우 법원은 헌법재판소에 제청하여 그 심판에 따라 재판한다.
21) 박창순, "조약체결에 대한 국회의 권한에 관한 연구", 박사학위논문, 건국대학교, 2014, 159면.
22) 성낙인, 『헌법학』, 법문사, 2017, 423면.

회도 헌법 전문, 헌법 제3조, 헌법 제4조, 헌법 제92조에서 나타나는 헌법상 국가의 통일의무를 준수해야 한다. 이는 남북합의서와 통일합의서 체결에서의 국회기능도 중요하다는 것이다. 즉, 통일에서의 중심적인 역할은 행정부만이 아닌 것이다.[23] 그러므로 행정부와의 협의와 견제를 통하여 국가목표 실현의 공조관계를 형성해야 할 것이다.[24]

통일합의서가 포함하는 헌법사항에도 불구하고, 통일합의서의 체결은 현행 법체계상 기존 남북합의서의 절차에 따를 것이다. 그런데 '남북관계 발전에 관한 법률' 제21조 제1항과 제2항은 체결·비준의 주체가 대통령인 점, 남북합의서 비준을 위하여 사전에 국무회의의 심의를 거치도록 하는 점, 관련된 대통령 업무를 통일부 장관이 보좌한다는 점 등을 종합적으로 보게 된다면, 통일합의서에 규정될 내용과 기본적인 원칙 및 방침은 행정부를 중심으로 진행될 것이다. 하지만, 통일합의서 체결의 영향력을 감안했을 때, '민주적 정당성'을 부여하는 국민대표기관인 국회의 역할이 강조되어야 한다. 그런 의미에서 '남북관계 발전에 관한 법률' 제21조 제4장이 규정하고 있는 남북합의서 체결과정에서의 국회동의 관련규정은 매우 중요하다고 할 수 있다.

(2) 통일합의서에 대한 국회동의 절차의 필요성

대한민국 헌법은 제66조 제1항에서 "대통령은 국가의 원수이며, 외국에 대하여 국가를 대표한다."라고 하여 국가를 대표한 외교적 권한을 대통령이 행사할 수 있도록 규정하고 있으며, 헌법 제73조에서는 "대통령은 조약을 체결·비준하고, …" 라고 규정하여 국가원수이자 행정부 수반인 대통령이 조약체결권을 갖고 있음을 규정하고 있다. 한편, 헌법 제60조 제1항은 "국회는 상호원조 또는 안전보장에 관한 조약, 중요한 국제조직에 관한 조약, 우호통상항해조약, 주권의 제약에 관한 조약, 강화조약, 국가나 국민에게 중대한 재정적 부담을 지우는 조약 또는 입법사항에 관한 조약의 체결·비준에 대한 동의권을 가진다."라고 규정하면서 국회에 조약체결·비준에 영향력을 행사할 수 있는 권한을 부여한다. 이는 대통령을 위시로 한 행정부가 조약을 자의적으로 체결하는 것을 방지하며, 조약체결을 통한 관련된 국내법적 효력에 민주적 정당성을 부여하고 있는 예외적·부차적 권한이라고 할

23) 오연천, "통일에 대비한 국회의 역할", 2002년 국회 연구용역 보고서, 6면.
24) 김윤호, "통일정책과정에서의 당정협조에 관한 연구", 한국외대 박사학위 논문, 2011, 2면.

수 있다.[25] 이러한 규정은 체결·공포된 조약에 국내법적 효력을 갖도록 하는 헌법 제6조 제1항 "헌법에 의하여 체결·공포된 조약과 일반적으로 승인된 국제법규는 국내법과 같은 효력을 가진다."라는 조항과 함께 입법부의 대통령의 조약체결권에 대한 행정부 통제라는 권력분립의 원칙이 현실화된 것이다. 즉, 입법권 본질과 밀접한 관련이 있는 중요한 조약에 대해서 국민 대표기관인 국회의 동의절차를 거치게 하는 것이다.[26)]

남북합의서의 법적 성격을 조약으로 보고 있는 '남북관계 발전에 관한 법률' 제21조 제3항은 "국회는 국가나 국민에게 중대한 재정적 부담을 지우는 남북합의서 또는 입법사항에 관한 남북합의서의 체결·비준에 대한 동의권을 갖는다."라고 규정하고 있다. 이는 헌법 제60조 제1항과 동일한 취지의 내용을 담고 있는 것으로 보이지만, 헌법 제60조 제1항의 '상호원조 또는 안전보장에 관한 조약', '중요한 국제조직에 관한 조약', '우호통상항해조약', '주권의 제약에 관한 조약', '강화조약'과 같은 내용을 명확하게 규정하고 있지 않다. 그 이유로는 남북관계에서 발생될 것으로 예상되는 내용만을 열거하였기 때문으로 보인다.[27] 즉, 남북한은 상호 국가승인을 하지 않기 때문에 국가를 대상으로만 체결할 수 있는 위 헌법 제60조 제1항의 내용의 합의를 규정하지 않은 것으로 보인다.[28] 또한, 행정협정으로 보이는 남북합의서에 대한 국회 동의도 동법 제21조 4항에서 "대통령이 이미 체결·비준한 남북합의서의 이행에 관하여 단순한 기술적·절차적 사항만을 정하는 남북합의서는 남북회담대표 또는 대북특별사절의 서명만으로 발효시킬 수 있다."라고 하면서 필수가 아니라고 규정한 취지도 그러한 연장선에 있는 것으로 보인다.

남북합의서의 국회 비준 및 동의는 그 합의서가 조약으로서의 효력이 있음을 전제로 한다. 위에서 열거된 조약 중 어떠한 조약이 해당하는 것인지 살펴볼 필요가 생긴다. 그러나 합의서들 중 어떠한 것이 국가 또는 국민에게 직접적인 효과에 대한 결과를 주는 합의서인지와 간접적인 효과에 대한 결과를 주는 합의서인지는 분명하지 않다. 즉, 국회 비준동의가 필요한 합의서의 기준이 명확하지 않다고 할 수 있다.

---

25) 김부찬, "조약체결에 대한 국회 동의권에 관한 고찰 - 헌법 제60조 제1항의 개정 및 조약체결 절차법의 제정 필요성과 관련하여 -", 국제법학회논총 52(2)권, 2007, 60면.

26) 한편, 행정협정, 조약 실시를 위해 필요한 사항, 행정부 권한에 관한 사항은 동의를 필요로 하지 않는다.

27) 이효원(주3), 앞의 논문, 23면. 한편, 이에 대하여 이러한 열거내용들이 제외된 것은 헌법규정에 비하여 제한적으로 열거한 것으로 남북합의서에 대한 국회동의 대상에서 제외되는 문제점이 있다고 보는 입장도 있다. 배종인, 『헌법과 조약체결』, 삼우사, 2009, 255면 재인용.

28) 이효원, 『통일헌법의 이해』, 박영사, 2016, 86-87면.

한편, 헌법 제60조 제1항과 '남북관계 발전에 관한 법률' 제21조 제3항 중 국회 동의대상이 되는 '입법사항'은 국회 입법절차가 반드시 필요한 것을 그 대상으로 한다. 법률을 통하여 국민의 권리 및 의무에 영향을 미치는 사항을 추가적으로 이행하기 위해서는 국회 입법절차를 거쳐야 하기 때문이다. 이는 국민을 대표하고 민주적 정당성을 담보하는 국회가 가지는 본연적인 역할이라 할 수 있다. 그러므로 이러한 내용을 담고 구체적인 실현을 담보할 남북합의서에 국회의 동의절차가 빠져서는 아니될 것이다. 그러나 '중대한 재정적 부담'또는 '입법사항'으로 고려해야 할 합의서만이 아니라도 그 동의절차를 폭넓게 가져갈 필요성은 존재한다. 통일합의서라는 종착점에 도달하기 위해 그 과정에서 도출되는 남북합의서에 민주적 정당성이 부여된다면 그 규범적 정당성이 더 강화될 수 있기 때문이다.[29] 또한 통일합의서에 대한 동의를 위하여 국회가 참고하고 활용할 수 있는 수단은 그 민주적 정당성을 더욱 강화할 수 있다. 그 수단은 크게 입법적 수단과 비입법적 수단으로 구분할 수 있을 것이다. 입법적 수단은 법률제정권, 비준에 대한 동의권, 예산결산에 대한 심의 및 확정권, 국정에 대한 조사권 및 감사권 등이 있으며, 비입법적 수단으로는 상임위원회의 활동, 정부에 대한 질의, 결의안에 대한 채택, 청문회 및 공청회 등이 있다.[30]

한편, 통일합의서는 국가작용의 근본사항 및 국민 기본권에 중대한 영향을 미치는 입법사항이 포함되므로 헌법 제60조 제1항 또는 '남북관계 발전에 관한 법률' 제21조 제2항에 따른 국회 동의가 당연히 필요할 것이다. 통일합의서를 조약으로 인정하지 않는 입장에서도 남북통일이 수반하는 광범위한 법적 효과를 고려했을 때 통일합의서를 중요한 '조약'의 개념에 포함한다고도 보고 있다.[31] 그러므로 통일합의서에 대한 국회 동의절차를 강화하는 것이 타당하다고 할 것이다.

29) 이와 같은 취지로 이효원(주28), 앞의 책, 86－87면. 단, 이 때에도 국회는 권력분립의 원칙을 넘지 않는다는 전제가 있어야 할 것이다.

30) 김종수 · 탁용달, "대북정책 수행에 있어 국회 역할 제고 방안 연구", 통일부 용역과제 연구보고서, 2013, 20－21면.

31) 김승대, 『통일헌법이론 - 동서독과 남북한통일의 비교법론－』, 법문사, 1996, 312면.

(3) 국회 동의와 관련된 주요 쟁점

1) 동의의 대상 및 시기

'남북관계 발전에 관한 법률' 제21조는 "국회는 국가나 국민에게 중대한 재정적 부담을 지우는 남북합의서 또는 입법사항에 관한 남북합의서의 체결·비준에 대한 동의권을 가진다."고 하여 합의서에 대한 국회의 동의권을 규정하고 있다. 하지만, 동의권의 대상이 '체결·비준에 대한 동의권'인지 '체결에 대한 동의권' 및 '비준에 대한 동의권'인지 명확하지 않다. 전자는 체결과 비준을 통합하여 한 번의 국회 동의권을 행사할 수 있다고 해석할 수 있는 반면, 후자는 체결과 비준 각각에 대하여 국회 동의권을 행사할 수 있다고 해석할 수 있다.[32] 이러한 해석의 주된 이유는 '남북관계 발전에 관한 법률' 제21조의 "체결·비준" 중 '·'를 문리해석할 때 발생한다. 이러한 해석의 차이점은 남북합의서의 체결·비준에 있어서 어디까지 국회 동의의 대상이 될 수 있는가의 문제를 야기할 수도 있다. 해석에 따라서는 통일합의서 체결과정에 국회의 적극적인 관여의 근거가 될 수도 있다.

한편, 북한은 통일합의서의 법적 효력을 북한 조약법에 따라서 부여할 것으로 보이나, 합의서에 대한 효력을 부여하는 절차 또는 그 동의권에 대해서는 명확히 알려져 있지 않다. 북한은 별도의 국민투표법을 제정하지 않았으며, 헌법상 국민투표를 위한 절차도 규정하고 있지 않고 있다. 다만, 북한 조약법의 제13조가 "나라의 자주권과 최고리익에 관계되는 중요조약은 최고인민회의에서 비준한다. 국가의 명의로 체결한 조약과 최고주권기관의 비준을 받기로 체약상대방과 합의한 조약은 최고인민회의 상임위원회가 비준하며 정부의 명의로 체결한 조약과 정부의 승인을 받기로 체약상대방과 합의한 조약은 내각이 승인한다."고 하여 비준권한만을 명시하고 있는데, 지난 남북경협합의서들이 최고인민회의상임위를 통한 내부절차를 거쳤다는 통보로 보았을 때, 남북합의서도 조약에 준하여 비준하고 있는 것으로 추정된다. 북한은 체제특성인 민주적 중앙집권제에 의할 경우 최고지도자와 최고인민회의의 의견일 불일치할 확률은 매우 적으며, 그러므로 통일합의서 체결시에도 남한과 같이 '동의권'에 대한 문제가 드러나지 않을 것으로 보인다. 그러나 남한은 국가의 주권자인 국민의 기본권을 보호를 위한 권력분립원칙에 입각한 '동의권'문제가 대두될 것이며, 이 때 국회의 매우 중요한 기능이다. 현 법체

32) 정인섭, "조약의 체결 · 비준에 대한 국회의 동의권", 서울국제법연구 15권 제1호, 2008, 103-104면.

계상 통일합의서의 체결절차는 '남북관계 발전에 관한 법률'에 따라 대통령(행정부)가 주도할 것이다. 그러므로 실질적인 헌법사항과 국민에게 미치는 영향을 고려했을 때, 대통령(행정부)의 결단에만 맡겨서는 안되며, 국회가 합의서의 체결과 비준에 동의권을 행사해야 한다고 할 여지도 분명히 존재한다.

이에 대한 정부측 입장은 체결과 비준을 함께 통합하여 '조약'에 대한 기속적 동의를 구한다는 입장이며, 대다수의 학자들도 이와 비슷한 입장이다.[33] 이러한 입장에 따르면, 합의서도 조약처럼 체결과 비준을 통합하여 귀속적 동의를 구하게 될 것이다. 국회의 합의서에 대한 체결·비준에 대한 동의는 일정한 합의서만을 대상으로 국내법적 효력을 갖도록 하는 절차적 요건이라고 할 수 있다.[34] 한편 이에 대하여 체결권은 행정부에게만 있는 것이 아닌 국회와 나누어 행사되는 것이라는 견해도 있는데, 이는 국회의 참여가 단순한 보충적인 역할로 끝나는 것이 아니라고 본다.[35]

무엇에 대하여 동의권을 행사하는지를 정확히 검토하기 위해서는 그 헌법상 조약에 대한 입법취지를 살펴보자. 건국헌법 제42조는 "조약의 비준에 대하여 동의권을 가진다"고 규정하고 있다가 1962년 제3공화국 헌법 제56조 1항부터 "조약의 체결·비준에 대한 동의권을 가진다"라는 현재 규정과 유사한 문구로 변경하였다.[36] 제3공화국 헌법 제정당시 전문위원 심의록에 이러한 변경과 관련된 내용을 확인할 수는 없었으나, 당대 교과서들이 모든 조약이 항상 비준절차를 거치는 것이 아닌 서명만으로 발효될 수도 있기에 이러한 조약에 대한 국회 동의의 대상은 '체결'로 규정한 것이라고 볼 수 있다.[37] 유진오 박사는 건국헌법 제42조의 조약성립과정에 대하여 "조약에 대한 국회의 동의는 조약 비준에 대한 동의이므로, 조약 체결은 순전히 대통령의 권한에 속하고 국회의 동의를 요하지 않는다. 다만 조

---

33) 김선택, "헌법 제60조 제1항에 열거된 조약의 체결 · 비준에 대한 국회의 동의권", 헌법재판소 헌법판례연구회 발표문, 2006, 34면 ; 이상훈, "헌법 제60조 제1항에 대한 고찰 : 국회동의의 법적 성격 및 입법사항에 관한 조약을 중심으로", 국제법 동향과 실무 제2권 제3호, 2003, 96면 ; 배종인, "대통령의 조약 체결비준권과 이에 대한 국회의 동의권", 세계헌법연구 제12권 1호, 2006, 142면; 김부찬, "조약체결에 대한 국회 동의권에 관한 고찰", 국제법학회논총 제52권 제2호, 2007, 68-69면.

34) 정진석, "조약의 체결 · 비준에 대한 국회의 동의", 서울국제법연구 제11권 제1호, 2004, 162면.

35) 제성호, "조약의 체결 · 비준에 대한 국회동의권", 국제법학회논총, 제33권 제2호, 1988, 284-285면.

36) 이창열, "헌법상 조약체결권의 통제에 관한 일고찰", 미국헌법학연구 제22권 제1호, 2011, 279면.

37) 정인섭(주32), 앞의 논문, 106면.

약 체결은 실제에 있어서는 대통령이 직접 행하는 일이 거의 없고 전권위원이 이를 행하는 것이 통례이다. 조약의 비준은 전권위원에 의하여 이미 체결된 조약을 국가의 원수가 서명, 승인하여 효력을 발생케 하는 행위를 말하는데, 이 때 국회는 동의를 하는 권리를 가지는 것이다."고 설명하였다.[38)]

종합적인 판단해보자면, 통일합의서 체결은 체결능력 있는 당사자의 전권대표 선임 및 조약체결 교섭, 기속적인 동의, 조약안의 채택과 확정, 비준서인 문본의 교환 또는 기탁 등과 같은 절차를 거칠 것이고, 통일합의서의 체결안 확정 전에는 국무회의 심의, 국회 동의 절차 후 국내법적일 효력을 발하기 위한 '공포'를 통하여 이루어지고 발효될 것이다.[39)] 이러한 모든 절차에 따라 실질적 효력을 가지게 되는 경우 '체결'이 되었다고 할 것이다. 이는 '체결'의 의미에 이미 동의와 비준 절차를 포함하고 있는 것이다. 조약에 관하여 헌법 제6조 제1항 "헌법에 의하여 체결·공포된 조약과…."의 규정은 이러한 의미가 담겨있다고 볼 수 있을 것이다.[40)] '남북관계 발전에 관한 법률' 제21조에서 나타난 '체결·비준'도 동일한 의미가 담긴 것으로 보아야 할 것이다. 그러므로, 국회 동의권의 대상은 '체결'과 '비준'을 별도가 아닌 함께 보아야 하는 것이다. 또한, 국회 동의의 취지가 대통령을 위시로 한 행정부의 조약체결권을 국회과 부분적으로 견제하기 위하여 마련된 것임을 감안하면[41)], 통일합의서의 '공포'전에 동의절차를 거치는 것이 타당하다고 할 수 있다. 그리고 이 절차에 따라 통일합의서 '체결·비준'이 완료된다고 할 수 있을 것이다.

2) 동의의 가중 정족수

통일합의서의 형식적인 해석에 따를 경우 '법률'수준의 효력을 갖는다는 것을 앞서 살펴보았다. 그러나 실질적인 '헌법적 규범력'을 내용으로 담기에 이를 보완하기 위한 검토가 필요하다. 즉,'남북관계 발전에 관한 법률' 제21조 제1항 및 2항에서의 국회동의만으로 헌법수준의 효력을 발할 수 있는지, 그리고 그와 동시에 국회 동의에 필요한 가중정족수의 타당성을 살펴보아야 하는 것이다.

현대국가는 대부분 국민주권주의를 채택하고 있으며, 정치적 기본원리로 민주

38) 유진오, 『헌법해의』, 명세당, 1949, 106면.
39) 김부찬(주33), 앞의 논문, 79-80면.
40) 김부찬(주33), 앞의 논문, 80면.
41) 이창열, 앞의 논문, 283면.

주의 원리를 두고 있다. 다수결에 의한 의사결정방식은 크게 만장일치제, 단순다수결, 일반다수결, 가중다수결이 있다. 이 중 가중다수결은 단순 다수의 찬성 이상으로 소수의 찬성까지 얻어야 의사가 결정되는 방식인데, '헌법규정의 보호 및 안정성을 추구하는 경우'와 '권력분립원칙의 예외가 있는 경우' 등 다수파 의견에 좌우되는 것이 바람직하지 않은 경우에 규정된다는 것을 알 수 있다.[42] 즉, 특별히 보호해야 할 대상이 존재하거나 이를 변경하더라도, 반대되는 소수의 의사를 최소화하기 위한 장치라고 할 수 있다. 현행 헌법이 담고 있는 국민주권주의, 민주주의, 권력분립원칙 등은 연혁적으로 보았을 때 현대 입헌국가들이 절대로 포기할 수 없는 원칙이며, 자유민주적 기본질서를 유지하기 위한 최소한의 장치들이다. 이들은 특히 보호되어야 하는 가치이자 원칙들이며 이들은 통일합의서 체결과정에서 절대로 간과해서는 안되는 것들이다. 그러므로 가중정족수의 목적과 보호대상을 고려했을 때에 통일합의서 체결과정에 적용하여 절차적 타당성을 확보할 필요가 있다. 가중정족수의 숫자를 '4/5', '3/4', '2/3', '1/2' 등 어떠한 것으로 결정할 지에 대한 방법과 모델은 다양할 것이며, 실제로 경제이론을 바탕으로 선호도에 따른 방식도 사회과학적으로 제시되고 있다.[43]

그러나 통일합의서는 실질적인 헌법개정을 유인할 것이며 동의에 대한 정족수는 헌법규정의 내용을 체계정합적인 판단으로 도출하는 것이 타당해 보인다. 우리 헌법규정의 조약의 동의 정족수는 재적의원 과반수 출석 및 출석의원 과반수 찬성을 요구한다[44] 이러한 요건은 남북합의서 정족수에도 동일하게 적용되고 있다고 할 수 있다. 현행 법체계에서는 통일합의서도 남북합의서의 정족수와 동일하게 처리될 수 밖에 없다. 그러나 통일합의서의 '실질적인 헌법 규범력'을 고려했을 때, 국회 동의는 최소한 헌법개정에 준하는 가중정족수에 의하여야 한다. 헌법 제10장에서는 헌법개정을 위한 국회의원 발의 정족수를 재적의원 2/3으로 가중정족수에 대한 내용을 규정하고 있다.[45] 이 가중정족수는 일반법률의 제개정을 위한

42) 김선화, "대의 민주주의와 다수결원리 : 가중다수결을 중심으로", 법과사회 52호, 2016, 9면.
43) 이러한 모델과 방식의 사례에 대하여 김선화, 앞의 논문, 11－16면 참조.
44) 헌법 제49조 국회는 헌법 또는 법률에 특별한 규정이 없는 한 재적의원 과반수의 출석과 출석의원 과반수의 찬성으로 의결한다. 가부동수인 때에는 부결된 것으로 본다.
45) 헌법에 규정된 헌법개정절차를 정리해보면, 헌법개정은 국회재적의원 과반수의 발의로 제안되며(제128조 제1항), 제안된 헌법개정안은 대통령이 20일 이상의 기간 이를 공고하여야 한다(제129조). 국회는 헌법개정안이 공고된 날로부터 60일 이내에 의결하여야 하며, 국회의 의결은 재적의원 3분의 2이상의 찬성을 얻어야 한다(헌법 제130조 제1항). 국회 의결 후 30일 이내 국민투표를 통하여 국회의원선거권자 과반수 투표와 투표자 과반수의 찬성을 얻도록 하

출석의 기준을‘재적의원의 과반수 출석보다 가중된 과반수 출석’으로 요구하고, 헌법개정 등 중요사항의 의결을 ‘과반수의 찬성보다 가중된 2/3이상 찬성을 요건으로 하고 있다. 통일헌법과 밀접한 관련을 가질 통일합의서의 정족수도 이를 근거로 하여야 할 것이다.

실제, 가중정족수에 대해서는 헌법사항이 담긴 조약을 체결했던 외국사례 등에서도 참조가 가능하다. 네덜란드의 경우 헌법에 영향을 미칠 수 있는 조약에 대하여 2/3의 의결을 요건으로 하여 비준동의토록 하고 있고,[46] 오스트리아도 헌법수준에서 고려해야 할 규범적인 내용을 담은 조약을 체결해야 할 경우, 헌법개정과 동일한 2/3의 의결을 요건으로 한다.[47] 한편, 프랑스는 국제형사재판소(International Criminal Court : ICC) 관할권 승인과 같이 헌법조항 개정이 필요한 경우 헌법개정 후 조약을 체결하는 방법을 채택하였는데,[48] 이는 헌법과 저촉되는 사항을 체결할 경우 이를 헌법적인 수준에서 체계정합적으로 상응하는 정족수 요건을 마련해야 함을 시사한다. 하지만, 현행 ‘남북관계 발전에 관한 법률’은 통일합의서 체결을 위한 가중정족수에 대한 고려가 갖추어진 규정이 마련되어있지 않기에 보완이 필요하다고 할 수 있다.

3) 국회의 동의거부 또는 동의절차 누락시 통일합의서의 효력

앞서 보았듯이 통일합의서의 효력의 담보는 국회동의에 대한 고려를 필수적으로 해야 하기에 이는 하나의 ‘요건’이라고 할 수 있다. 문제는 국회가 통일합의서에 대한 동의를 거부한 경우이다. 즉, 국회의 동의가 없이 체결이 완료되지 않았음에도 대통령(행정부)이 ‘공포’의 절차를 거쳐 발효할 경우인 것이다. 통일합의서는 그 중요성에 비추어 보았을 때 가중정족수를 요건으로 국회의 동의를 얻는 것이 가장 타당하다다. 그러나 그렇지 못하였을 경우에도 통일합의서 효력의 유효여부는 어떻게 될 것인가를 고민해 보아야 한다.

통일합의서에 담긴 실질적인 헌법사항을 형식적인 헌법으로 규정하는 것은, 그 내용에 담긴 법체계상 헌법 기본원리나 기본질서의 중요한 부분을 명확히 하기

고 이 조건을 충족할 시에 헌법개정은 확정된다(헌법 제130조 제2항, 제3항).

46) 김대순, 『국제법론』 제19판, 삼영사, 2017, 201면.

47) 최재훈 외, 『국제법신강』 제2판, 신영사, 2004, 90면.

48) 이에 따라 ICC규정은 최소한의 헌법적 지위와 그 보장을 받은 것으로 평가된다고 본 입장에 대하여, A. Cassese, International Law(2nd. ed.), Oxford University Press, 2005, p.228(김대순, 앞의 책, 202면 재인용) 참조.

위하여 두는 것이다. 실질적 헌법사항이 무엇이냐는 헌법에서 가지는 비중 또는 그 중요도를 근거로 판단할 수 있을 뿐, 그 이상은 아니라고 할 수 있다. 이는 실질적인 헌법사항이 중요하다고 하더라도 성문헌법에 명시적인 규정이 되지 않았을 경우에는 헌법에 해당하는가의 여부를 고민케 하는 것이다. 헌법개정은 "헌법의 규범적 기능을 높이기 위해 헌법이 일정한 절차에 따라 헌법전의 조문 내지는 문구를 명시적으로 고치거나 바꾸는 것을 말하며... 헌법개정은 '형식적 의미'의 헌법, 즉 성문헌법과 관련된 개념인 것이다."[49] 그렇다면 통일합의서에 실질적인 헌법사항을 담겨있다고 하더라도 그 자체를 헌법으로 볼 수는 없다. 그렇다면 현재의 '남북관계 발전에 관한 법률' 제21조의 국회의 동의가 없다고 한다면 그 효력을 발생하는 절차를 준수하였다고 볼 수밖에 없다.

또한 '남북관계 발전에 관한 법률' 제22조는 "국회의 동의 또는 국무회의 심의를 거친 남북합의서를 법령 등 공포에 관한 법률의 규정에 따라 대통령이 공포"하도록 하고 있다. 이 중 '공포'를 해야 하는 합의서는 "국회의 동의 또는 국무회의 심의"를 거친 것이다. 이 때, 조항의 문구인'또는'을 선택적으로 할 수 있는 사항으로 해석하게 된다면 국무회의의 심의와 같은 절차만 거쳐도 국회동의 없이 체결 및 공포하게 될 수 있다는 것을 의미한다. 환언하면 "국가나 국민에게 중대한 재정적 부담을 지우는 남북합의서 또는 입법사항"에 대하여 동의권을 가져야 하나,[50] 동의가 없어도 공포가 가능함을 의미할 수도 있다. 동 법률 제21조 제4항과 함께 살펴보면,[51] 조약의 행정협정에 해당한다고 할 수 있는 부속합의서의 경우, 국회 동의를 필요로 하지 않는다는 점을 규정하고 있다. 그러나 통일합의서의 경우처럼 "국가나 국민에게 중대한 재정적 부담을 지우는 남북합의서 또는 입법사항"에도 선택적으로 동의를 거치지 않을 수 있는 가능성 존재는 유의해야 할 것이다.

그러나 이러한 해석은 현 법률이 통일합의서에 의한 고려없이 남북합의서만을 대상으로 하고 있다는 법현실적인 측면에서 나타날 수 밖에 없는 결론이다. 남북합의서의 법적 효력을 발하도록 하는 '남북관계 발전에 관한 법률'은 제정이유에 "남북관계가 급속하게 발전함에 따라 대북정책의 법적 기초를 마련할 필요성이

49) 헌재 2004. 10. 21. 2004헌마554 · 556(병합).

50) 헌법 제60조 제1항에서의 조약에서 열거된 내용과 남북관계 발전에 관한 법률에 열거된 내용이 상이한 것은 남북이 상호 국가승인을 전제하지 않기에 규정된 것이는 점은 앞서 살펴보았다.

51) 남북관계 발전에 관한 법률 제21조 4항 대통령이 이미 체결 · 비준한 남북합의서의 이행에 관하여 단순한 기술적 · 절차적 사항만을 정하는 남북합의서는 남북회담대표 또는 대북특별사절의 서명만으로 발효시킬 수 있다.

증대되고 있으며 특히 남북간 합의서에 법적 실효성을 부여함으로써 남북관계의 안정성과 일관성을 확보하는 것이 중요한 과제가 되고 있어, 남한과 북한간의 기본적인 관계, 국가의 책무, 남북회담대표의 임명 및 남북합의서의 체결·비준 등에 관한 사항을 규정함으로써 대북정책이 법률적 기반과 국민적 합의 아래 투명하게 추진되도록 하려는 것임."이라고 명시하고 있다. 통일이 당면한 시기에 대한 고려는 없는 법률이며 현재 남북관계를 발전과 관련된 규범적 미비점을 보완하기 위함을 의미한다. 즉, 남북합의서의 효력에 대한 내용만을 중심으로 본 것이다. 반면, 통일합의서는 그 자체로 새로운 공동체를 형성하고 발전시켜 통일헌법을 제정하기 바로 직전의 '종착점'에서 나타난다는 점을 주지하여야 한다. 결국, 현재의 남북관계 발전에 관한 법률은 조약처리 절차와 유사하게 남북합의서를 처리하기 위한 규정일 뿐이며, 현 법체계를 종합적으로 살펴보았을 때 현재의 상황에서는 대통령과 행정부의 통일합의서 체결과 발효절차에 따르기만 하면 유효라고 할 수 있다. 이러한 상황은 통일합의서에 담겨야 할 민주적 정당성에 대한 고려가 없는 공백상태라고 볼 여지가 있다.

통일합의서는 기존 남북합의서를 바탕으로 통일을 특수하게 규율하지만, 기본적인 형식은 합의서라고 할 수 있다. 그렇기 때문에 현행 법체계에서는 헌법과 남북관계 발전에 관한 법률의 적용을 받을 수 밖에 없다. 통일합의서의 내용을 보았을 때 단순히 "국가나 국민에게 중대한 재정적 부담"을 지우거나 "입법사항"에 해당하는 합의서로만 보아서는 이해해서는 곤란하다. 그러므로 동의절차 강화로 민주적 정당성을 강화하는 '실질적으로는 헌법개정에 준하는 절차'를 상정해야 할 것이다. 한편, 현재 동의권과 관련하여 기존 남북합의서들에 대해서도 가급적 폭넓게 국회 동의절차를 거치는 것을 정례화 하는 것이 바람직할 것으로 보인다.[52] 통일합의서와 남북합의서는 별도의 합의서가 아니다. 수많은 남북합의서를 통하여 축적된 통일의지가 통일합의서를 통하여 최종적으로 나타나는 것이다. 즉, 남북합의서의 연장선에서 통일합의서가 나타나는 것이며, 그러한 연속성이 강조되어야 한다. 또한 이러한 동의는 일원설에 따라 남북합의서의 가부여부를 결정할 뿐 별도의 입법절차도 필요한 것이 아니기에 그 부담도 크지 않다.

통일합의서에 대한 체결권한은 현행법상 대통령에게 있다. 그럼에도 행정부와 입법부 사이의 정치현실적인 공조관계를 유지하는 것은 국회가 보유한 민주적 정

52) 이효원(주28), 앞의 책, 86-87면.

당성을 담보하며, 통일합의서와 남북합의서의 규범력을 강화시킬 수 있다. 그러므로 헌법규범적 측면과 정치현실적 측면에서 통일합의서에 대한 국회 동의를 '필수요건'으로 받도록 하는 것을 고려할 필요가 있을 것이다.

2. 국민투표 절차

(1) 국민투표의 필요성

남북한이 통일합의서를 체결할 경우 국민투표의 필요성의 검토는 직접적인 민주적 정당성 확보라는 측면에서 규범력을 확보할 수 있는 수단이 된다. 이를 검토하기 위해서는 법규범적 측면과 정치적 측면을 다르게 검토해야 할 것이다. 사실 앞에서 논의한 바와 같이 현행 법체계만을 기준으로 했을 때, 통일합의서는 조약의 성격으로 기존 남북합의서의 절차에 따라 체결·공포하면 될 뿐 국민투표는 반드시 필요한 것은 아닌 것으로 보인다.[53] 하지만, 헌법규범적·정치적 측면에서는 한반도 통일이라는 중대한 사안을 주권자의 민주적 정당성을 직접적으로 확인할 수 있고, 실질적인 정치사회적 통합에 기여할 수 있기 때문에 국민투표가 필요하다. 그러므로 통일합의서의 규정사항은 국가안위에 관하여 열거한 주제인 통일을 포함하고 있고, 헌법적으로도 중대한 문제를 포함하므로 현행 제도의 허용범위 내에서 최대한 국민투표를 할 수 있는 방안을 모색해야 한다. 또한, 통일합의서가 체결된 이후 통일헌법을 제정하기까지 분단기간만큼 심도있는 조율이 필요하기 때문에 더욱 국민의 주권적 의사를 확인할 필요가 생긴다.

이러한 주권적 의사를 확인하고자 국민투표를 실시한 사례는 외국사례에서도 어렵지 않게 찾아볼 수 있다. 유럽공동체 및 유럽연합 성립과정에서 영국은 1975년 유럽공동체 잔류 여부에 대한 국민투표를 실시하였던 사례가 있고, 2016년에도 EU 잔류 여부에 대한 국민투표 실시하였다. 그 외에도 벨기에, 프랑스 등 유럽 여러 국가들은 마스트리히트 조약(Treaty of Masstricht), 리스본 조약(Treaty of Lisbon) 등의 사례가 있었으며, 스코틀랜드의 독립에 관한 영국의 국민투표법 실시사례 등도 알려져 있다. 국가연합 및 국가의 독립 등을 결정하기 위한 국민투표는 단순히 정치적인 의미 이상으로 규범적인 의미도 함께 갖고 있다. 게다가 정보통신기술의

53) 이러한 입장과 관련하여 조정현, "통일합의서의 법적 성격 및 체결 절차에 관한 고찰", 국제법평론 제49호, 국제법평론회, 2018, 137면 참조.

발달과 함께 직접민주제를 실현할 수 있는 현실적인 기반도 이미 마련되고 있어 있다.

한편, 통일합의서에 대해 국민투표의 절차를 거칠 것인지에 관하여는 독일의 사례도 참고할 수 있다. 동서독은 통일조약에 대하여 각각 의회의 동의를 거쳤을 뿐, 별도로 국민투표를 거치지 않았다. 그 이유로는 동독의 연방내 주민들이 스스로의 서독의 연방으로 흡수하기로 결정하였기 때문이다. 이에 따라 헌법 개정 성격을 갖는 통일조약을 체결하면서, 통일헌법의 제정이 아닌 서독기본법 개정을 내용에 담았다. 통일조약 제1장은 서독기본법 제23조 2항에 근거하여 동독의 가입으로 독일연방공화국 소속이 된다는 것을 규정하였고, 연방수도는 베를린으로, 가입일인 10월 3일은 독일 통일절이자 법정공휴일로 삼기로 하였다.[54]

그러나 그 와중에서도 새로운 통일헌법 제정의 가능성은 두고 있다. 동독과 서독은 통일조약 제5조에서 통일 후 2년 내에 통일관련 문제해결을 위해 기본법을 보완 또는 개정토록 권고하였다. 서독 기본법은 전문에 “모든 독일 국민이 자유로운 민족자결로 독일의 통일과 자유를 완성할 것을 요청”한다고 하여 민족자결에 의한 통일을 추구하면서도, 제146조에서 “이 기본법은 독일 민족이 자유로운 결단으로 제정한 헌법이 효력을 발생하는 날 효력을 상실한다.”라고 규정하고 있었다.[55] 서독기본법 제146조을 근거로 하여 통일을 위한 국민투표의 가능성을 규범적으로 둔 것이었다. 이는 통일독일 달성 후에도 제146조에 근거하여 전체 독일국민의 자결권을 행사와 이를 통한 신헌법 제정의 제도적 장치를 마련한다는 것이다. 동서독은 통일을 달성한 이후 독일기본법의 개정 또는 신헌법의 제정 여부에 대해 다양한 논쟁이 있었다. 그 논쟁에서의 주요 쟁점은 기본법 상 제79조에 따른 개정의 방법과 제146조에 따른 제정의 방법이 있었는데 어떠한 방법을 선택할 지의 문제였다.[56] 이것은 통일조약에 의해 개정된 서독 기본법 제146조에 대한 해석과 관련된 것이었다. 비록, 독일은 통일 후 25회에 걸쳐 개정의 방법을 선택하였으나, 독일은 통일국가를 달성한 이후에도 여전히 기본법에 제146조를 그대로 두고 있다.[57] 이는 미래지향적인 국가공동체에서 민주적 정당성이 갖는 중요성을

54) 김철수, 『한국통일의 정치와 헌법』, 시와 진실, 2017, 294－295면.
55) 김철수, 앞의 책, 282－283면.
56) 주요 쟁점과 양 방법에 대한 입장에 대하여 김철수, 앞의 책, 351－354면 참조.
57) 독일 기본법 제146조 독일 통일과 자유 성취 후 전체 독일국민에게 적용되는 이 기본법은 독일국민이 자유로운 결정으로 의결되는 헌법의 효력발생일에 효력을 상실한다. 세계법제정보센터 인터넷 주소 : http://world.moleg.go.kr (검색어 : 독일 기본법)

간과하지 않고 있음을 의미한다.

통일한국의 경우는 동서독과 상황이 다르다. 동독주민이 스스로의 결단으로 서독의 편입을 결정하였다. 하지만, 북한에서는 이와 유사한 급변사태가 일어날 가능성이 현재까지는 보이지 않는다. 그렇다면 남북간 교류협력을 활성화하고 신뢰가 구축된 상태에서 단계적이고 점진적인 통일을 상정하는 것이 타당할 것이다. 한편, 현 정부는 평화 공존, 공동 번영을 비전으로 삼으며 남북간 '상호 존중'과 '평화'를 최우선 목표로 하여 추진할 것이며, 그 중에서도 이를 제도화하여 정책의 '지속가능성'을 담보하려고 한다.[58] 특히 중점을 두고 있는 제도화 방향이 남북정상회담과 주요 남북합의서의 규범력 확보가 될 것이다.[59] 이러한 흐름에서 아직 간과되고 있는 통일합의서의 규범력 확보와 민주적 정당성 부여를 위한 검토를 미리해 둘 필요가 있다.

(2) 통일합의서에 대한 국민투표 방안

1) 조약체결 절차와 검토 대상

현행 법체계에 따라 통일합의서의 체결절차의 순서를 살펴보면, "① 양당사자의 문안합의(가서명) → ② 관계부처 합의 → ③ 법제처 심사 → ④ 국무회의 상정 → ⑤ 대통령 재가 → ⑥ 조약의 서명 → ⑦ 국회의 비준동의 → ⑧ 비준서 교환 → ⑨ 공포(관보 게시)"가 될 것이다(이하 '통일합의서 체결절차 순서').[60][61] 이러한 체결절차 과정에서 어느 시기에 어떠한 방식으로 주권적 의사를 확인하는 국민투표를 할 것인지에 따라 크게 헌법 제72조에 의한 국민투표, 헌법 제130조에 의한 국민투표, 남북관계 발전에 관한 법률 개정을 통한 국민투표, 통일합의서에 국민투표를 거치는 내용을 포함하는 것을 고려할 수 있을 것이다.[62] 본 논문에서는 이 4가지 방안에 대하여 자세히 검토하여 볼 것이다.

---

58) 통일부, 2018년 통일백서, 통일부, 2018, 13면 참조.

59) 박정엽(조선일보, 2018.08.16.), 文대통령 "9월 남북정상회담전 판문점선언 국회비준해달라", 주소 : http://news.chosun.com/site/data/html_dir/2018/08/16/2018081602026.html

60) 이효원, "남북한 통일합의서의 법적 쟁점과 체결방안", 법조 60권 11호, 2011, 19면.

61) 단, 조약과 달리 체결절차의 법적근거는 남북관계 발전에 관한 법률 제21조 ~ 제23조에 의한다.

62) 국민투표에 대한 방안을 제시한 연구는 이효원, 『통일헌법의 이해』, 박영사, 2016, 90 - 91면이 유일하며, 본 논문에서는 이 방안에 대한 내용을 세부적으로 분석하고 검토할 것이다.

2) 헌법 제72조에 의한 국민투표 방안

헌법 제72조는 "대통령은 필요하다고 인정할 때에는 외교·국방·통일 기타 국가안위에 관한 중요정책을 국민투표에 붙일 수 있다."라고 규정하면서 대통령이 직접 국민의 의사를 정책에 반영하고 그 정당성을 확보토록 하고 있다. 이는 대통령이 헌법기관인 국회가 아닌 직접 국민에게 의사를 호소할 수 있는 수단이라고 할 수 있는데, 대통령의 재량적 권한에 속하고 있다고 보는 것이 일반적인 학설이다.[63] 한편, 헌법재판소도 동일한 입장이다.[64]

이러한 해석에 의할 경우 헌법 제72조의 국민투표는 임의적 국민투표라고 할 수 있다.[65] 국민투표 대상인 "외교·국방·통일 기타 국가안위에 관한 중요정책"은 헌법상 예시적 규정이라고 할 수 있다. 통일합의서에 대하여 국민의 의사를 묻기 위해 국민투표에 부치는 것이 대통령의 헌법상 의무라면 따라야 한다. 하지만, 헌법 제72조에 의한 국민투표는 민주적 정당성을 확보하고, 실질적인 정치·사회적 통합 달성을 위한 정치적 결단으로 실시할 수 있을 뿐이다. 이는 정치적 사실의 문제로 규범의 문제는 아니라고 할 수도 있다. 결국 의견을 듣고 조언을 구할 뿐인 국민질의에 대한 법적구속여부는 최종적인 결정권자인 대통령에게 달려있다고 할 수 있다.[66]

헌법개정 내용이 담길 통일합의서는 최소 조약적인 성격을 가질 것인데, 헌법 제72조에서 투표의 대상으로 규정하는 '외교·국방·통일 등 국가안위에 관한 대통령의 중요정책'은 헌법 제60조와 남북관계 발전에 관한 법률 제21조의 '국민에게 중대한 재정적 부담을 지우는 합의서' 또는 '입법사항'에 해당한다. 즉, 국회 동의가 필요한 사항에 대하여 국회가 아닌 국민에게 대통령이 직접 의사를 묻도록 할 수 있다. 비록, 통일합의서 체결권이 대통령에게 있다고 하더라도 국회의 동의권

---

63) 성낙인, 앞의 책, 574면.

64) "헌법 제72조는 국민투표에 부쳐질 중요정책인지 여부를 대통령이 재량에 의하여 결정하도록 명문으로 규정하고 있고 헌법재판소 역시 위 규정은 대통령에게 국민투표의 실시 여부, 시기, 구체적 부의사항, 설문내용 등을 결정할 수 있는 임의적인 국민투표발의권을 독점적으로 부여하였다고 하여 이를 확인하고 있다. 따라서 특정의 국가정책에 대하여 다수의 국민들이 국민투표를 원하고 있음에도 불구하고 대통령이 이러한 희망과 달리 국민투표에 회부하지 아니한다고 하여도 이를 헌법에 위반된다고 할 수 없고 국민에게 특정의 국가정책에 관하여 국민투표에 회부할 것을 요구할 권리가 인정된다고 할 수도 없다." 헌재 2005. 11. 24. 2005헌마579.

65) 한수웅, 『헌법학』, 법문사, 2016, 1221면.

66) 한편, 법적 구속력을 인정해야 한다는 견해로는 한수웅, 앞의 책, 1221면.

을 통하여 제한토록 하는 것이 헌법제정의 취지라고 한다면, 행정부와 입법부의 관계는 상호공조적인 관계를 권력분립원칙에 입각하여 조율하여야 할 것이다. 그러나 이러한 전제없이 헌법 제72조에 근거한 국민투표를 정치적인 도구로 활용한다면, 또다른 헌법기관인 국회를 중요한 정책결정에서 배제하는 결과로 이어질 수 있다. 특히, ⑦ 국회의 비준동의 단계의 전과 후 중 어느 시기에 실시해야 하는지의 여부는 논의의 대상에서 벗어나게 되고, 국회 동의권 자체를 간과하는 것이다. 이는 중대한 입법사항으로 볼 수 있으며, 통일 후에도 국회의 역할이 분명히 존재할 것임에도 강행되는 중대한 입법권 침해로 이어질 수 있는 것이다.[67]

한편, 헌법안과 또 통일헌법안이 헌법 제72조의 '중요정책'에 포함되는 것인지도 검토할 필요가 있다. 이는 통일합의서에 따른 헌법개정사항을 합의서 체결권자인 대통령의 권한으로 직접 처리가능한 지를 살펴보는 것이다. 헌법 제128조에 의하면 헌법 개정은 대통령 발의로도 시작된다. 이 발의안이 '중요정책'에 해당하는 것으로 본다면, 국민투표에 의하여 사실상 헌법개정여부가 결정된다. 이는 국민투표 부의권이 하나의 수단으로 국민의 의사를 무시할 수 없는 의회의 입법권을 침해하는 결과로 이어진다. 이는 국회의결권을 침해할 여지가 있으며, 오히려 헌법상 권리분립원칙의 훼손우려도 발생할 수 있다. 또한, 헌법 제130조 제2항은 국민투표절차를 거치게 되어있는데, 헌법개정절차를 재차 투표를 거쳐야 한다는 모순점도 발견된다. 즉, 헌법조문의 입법취지와 다르게 중복적인 헌법개정절차를 거치는 결과가 되는 것이다. 이를 종합적으로 검토한다면, 헌법 제72조에 의한 국민투표 방안은 통일합의서를 대상으로 보는 것이 부적절하다고 할 수 있다.

3) 헌법 제130조에 의한 국민투표 방안

통일합의서를 헌법 제130조 헌법개정절차에 따라 통일합의서를 부의하는 방안도 살펴볼 수 있다. 통일합의서는 남북의 통일을 남북주민의 기본권, 국가조직 등의 기본적인 사항들을 규정하게 될 것이다. 이는 통일합의서 체결이 실질적으로 헌법 개정을 이끌 수 있는 규범력을 지니게 됨을 의미한다. 정부와 국회간 긴밀한 공조에 따라 가중정족수에 따른 국회의 동의를 거치고 헌법 제130조에 규정된 국

67) 헌법상 국민주권주의의 중요성, 그리고 이를 보장하기 위한 국회가 존재하기에 국민투표 실시가 곧 국회권한을 침해하는 것은 아니며, 오히려 국민주권주의를 직접적으로 실현하는 것이 아닌가 하는 반론이 있을 수도 있다. 하지만 이러한 입장은 현행 헌법에 규정된 개정조항의 취지를 간과하고 있으며, 자칫 정치공학적으로 악용될 여지가 존재한다. 이는 우리 경성헌법이 가지고 있는 특성과도 조화되지 않는다고 할 것이다.

민투표절차에 따르는 것이다. 이 방안은 '통일합의서 체결절차 순서'① – ⑦단계 후에 국민투표를 시행하는 것이다.

이 방안에 따르면 헌법개정효력을 발하는 헌법개정과 절차적인 측면에서 매우 유사해진다. 그러할 경우 통일합의서의 내용을 그대로 헌법개정의 효력으로 인정할 수 있을 수 있게 된다. 그 가능성을 살펴보기 위해서 국민투표와 우리 헌법 제130조를 검토할 필요성이 있다. 우리 헌법에 규정된 헌법개정절차는 국민투표유형 중 헌법국민투표(Verfassungs refrendum)에 해당한다고 볼 수 있다. 이 유형은 헌법제정 또는 개정에서 절차에 따라 국민의 인준을 받도록 하는 제도인데, 우리 헌법 제130조에 규정된 헌법개정절차는 국민이 투표주체가 되어 국가기관과 국민의 기본권에 대한 내용을 형성한다.[68] 그러한 의미에서 헌법 제72조 국민투표가 '임의적' 국민투표인 반면, 헌법개정국민투표는 그 실시가 필요적으로 요구되는 '필요적' 국민투표라고 할 수 있다.[69] 우리 헌법상 대부분의 의사결정은 대통령 및 국회와 같은 대의기관이 할 수 있도록 규정되어 있다. 하지만, 이들에게 실질적인 권한을 부여하고 새로운 헌정질서에 스스로 구속하기 위한 최종결정은 주권자인 국민에게 있다. 통일합의서를 통하여 의도되는 헌법의 변화는 그런 의미에서 '필요적' 국민투표라고 할 수 있다. 한편, '필요적' 국민투표는 중대한 사항에 대한 결정을 내리기 위하여 그 요건을 매우 엄격하게 하고 있다. 헌법개정의 경우와 같이 중대한 사항에 잦은 변화가 생긴다면 사회의 법적안정성이 약화되고, 그 규범력이 약화된다. 그러므로 우리 헌법은 헌법개정절차와 같은 '필요적' 국민투표의 경우 가중정족수에 따른 국회의결 후 국민투표로 확정하는 절차로 규정하고 있다.[70]

헌법 제130조에 의한 국민투표 방안을 실시한다면 이러한 이유로 가중정족수에 따른 국회의 동의, 국민투표의 절차를 거칠 것이다. 그렇다면 '통일합의서 체결절차 순서'를 보았을 때, ⑦ 국회의 비준동의 단계와 ⑧ 비준서 교환 단계 사이에 실시해야 할 것이다. 그러나 헌법 제130조 국민투표 방안은 헌법 제72조의 국민투표 방안처럼 현행헌법의 제도를 이용하기에 신속성과 편리성을 도모할 수 있지만, 헌법 제130조 국민투표 방안은 현행 헌법 개정을 위한 절차일 뿐, 통일합의서에 대한 국민의사 확인의 절차로는 적합하지 않다.[71] 또한, 법률의 효력을 갖고 있는

---

68) 신규하, 『국민투표에 관한 연구』, 서울대학교 박사학위 논문, 2013, 120면.

69) 한수웅, 앞의 책, 133면.

70) 우리의 구조와 달리 다른 국가들은 사정에 따라 헌법개정절차의 구조는 다양한데 이러한 세부규정에 대해서는 김대혁, 『헌법개정방법의 이원화에 관한 연구』, 서울대학교 석사학위논문, 2008 참조.

통일합의서를 통하여 현행 헌법을 개정한다는 결과를 낳아 자칫 통일합의서에 대한 위헌문제가 대두될 수도 있다.

4) 남북관계 발전에 관한 법률 개정 방안

이 방안은 통일합의서의 체결과 발효절차를 헌법개정과 같은 수준에서 국회 재적의원 2/3이상의 특별의결정족수와 국민투표를 거치도록 규정하여 민주적 정당성을 강화하는 것이다. 이 방안은 '통일합의서 체결절차 순서' 중 ⑦ 단계를 강화하고 ⑦ 단계와 ⑧ 단계사이에 국민투표를 하도록 법률을 개정하는 것이다.

현행 남북관계 발전에 관한 법률은 제21조 제3항을 통하여 동의권을 행사한다는 규정을 두고 있을 뿐, 가중정족수와 관련된 규정없이 단순히 동의를 한다고 규정할 뿐이다. 그 동의와 관련된 정족수도 헌법 제49조 "국회는 헌법 또는 법률에 특별한 규정이 없는 한 재적의원 과반수의 출석과 출석의원 과반수의 찬성으로 의결한다. 가부동수인 때에는 부결된 것으로 본다."에 따르기에 현재는 가중된 정족수에 따른 적용을 할 수 없다. 하지만 헌법 동조에서 특별한 규정을 두게 된다면 가중정족수에 따른 의결이 가능할 것이고, 이에 따른 법률개정의 가능성도 마련될 것으로 보인다.

하지만, 국민투표는 현행 헌법 제72조와 헌법 제130조에서만 조항근거가 있다. 그러므로 법률에 의하여 국민투표가 가능한지, 그 근거를 둘 수 있는지 검토가 필요하다. 이를 살펴보기 위하여 현행 헌법에 직접민주주의는 대의제로 어떻게 반영이 되어있는지를 짚고 갈 필요가 있다. 대의제는 대부분의 시민들이 각자 생업이 있으며, 그 생활영역 외의 문제를 직접적으로 관심을 둔다거나 하는 시간적 여유가 없다는 현실적인 필요성에 의하여 생겨났다. 또한 복잡해진 사회구조와 전문지식으로 이를 다루기 위한 필요성이 대두되기에 직접민주주의를 그대로 구현하는 것은 현실적인 한계가 있다고 할 수 있다. 이를 극복하면서 동시에 민주주의가 가진 핵심적인 내용을 구현하기 위하여 주권자를 대신한 선출된 대표자에 의한 정치가 제도화되었다. 이러한 배경에 근거하였을 때, 국민투표는 민주주의에서 주권의 소유자, 주권 발현의 형태 등이 현실적으로 나타난 대의제 이전에 지향했던 제도라는 의미를 담고 있다. 그러므로 직접민주주의에 의하여 규율될 필요가 없는 영역(전문적인 지식과 식견을 바탕으로 사회를 이끌어야 할 필요가 있는 영역)에서는, 국

71) 이효원(주28), 앞의 책, 100면.

민의 대표자는 국민 개개인의 의사에 기속되지 않아야 하며, 국민 전체의 이익과 그 추정된 의사를 추구해야 한다는 자유위임의 영역에 존재하는 것이다.

통일합의서 체결과 이에 대한 동의도 이러한 측면에서 자유위임에 따를 것이고, 이에 대한 책임도 법적인 책임이 아닌 정치적 책임에 국한될 가능성이 있다.[72] 그러나 통일합의서의 체결은 앞에서 언급한 직접민주주의과 함께 대의제의 현실적인 실현에 영향을 끼칠 것이고 이는 국민의 주권에 직접적인 영향으로 헌법질서 자체의 변화를 야기할 것이다. 또한, 그동안 주권행사를 위임할 수 밖에 없었던 사회의 복잡성과 전문적인 식견의 문제와 그로 인해 나타나는 대의제의 전제조건인 국민들의 공간적·시간적·현실적인 참여제한도, 이 '중요한' 사안에서는 제약이 되어서는 안될 것이다. 통일합의서와 같이 직접적인 헌법현실변화를 받아들일지 여부의 최종적인 결정은 국민이 해야 할 것이다.

한편, 헌법에 직접 명시되지 않은 상태에서도 국민투표와 같은 직접민주주의를 실시한 사례로 지방자치단체의 주민투표를 참조할 필요가 있다.[73] 지방자치단체의 주민투표권을 규정하는 근거로 헌법 제8장 제117조－제118조에 따른 지방자치법 제14조와 주민투표법이 있다. 주민투표의 법적 성격에 대하여 헌법재판소는 "주민투표는 지방자치단체장의 재량에 의한 임의적 청문으로 전혀 법적 구속력이 생기지 않는다."는 유권해석을 하였으나,[74] 지방자치단체장 및 지방의회는 주민투표결과 확정된 내용대로 행정·재정상 필요한 조치를 하여야 한다(주민투표법 제24조 5항)는 내용을 통하여 구속력을 부여하였다. 또한, 주민투표결과로 확정된 사항은 2년 이내 이를 변경 또는 새로운 결정을 할 수 없도록 제한하고 있다(주민투표법 제24조 6항). 한편, 주민투표법 제24조 4항은 국가정책에 관한 주민투표인 때에는 관계 중앙행정기관의 장에게 주민투표결과를 통지하여야 한다고 하는데 이 부분에 있어서는 현행 헌법 제72조에 따른 국민투표와 일정부분 동일한 법적 성격을 갖고 있다고 할 것이다.[75] 지방자치단체에 구속력을 갖도록 하는 조항을 통하여 직접민주주의적인 요소를 가미시켰다는 점에서 의미가 있다고 할 수 있다. 이는 지방자치단체의 주민투표제도가 법률을 통하여 실시되었듯이, 국민투표도 법

---

72) 정종섭, 『헌법학원론』, 박영사, 2016, 923면.

73) 국민투표 유형을 refrendum의 성격으로 보았을 경우 국민투표와 주민투표는 정책결정에 영향을 미친다는 점에서 유사하다고 할 수 있다.

74) 헌재 1995. 3. 23. 94헌마175 ; 헌재 1994. 12. 29. 94헌다 201.

75) 주민투표의 효력은 투표 유형에 따라 구분될 수 있다고 한다. 정경화, 『공공갈등 해결수단으로 주민투표제도의 개선방안』, 국회입법조사처 연구용역, 2012, 50면 참조.

률로도 가능할 수 있음을 보여준다.

허나, 지방자치단체의 직접민주제에 대한 근거와 관련 법률이 헌법 제8장의 지방자치제도를 근거하여 실시는 가능하나, 통일에 있어서의 직접민주제의 헌법적 근거가 될 수 있는지에 대해서는 고민이 필요하다. 통일합의서에 있어서 국민투표의 가능성을 살펴볼 수 있는 것으로는 헌법 제72조와 헌법 제130조를 살펴볼 수 있다. 하지만, 이 국민투표들도 각 제도의 목적, 그리고 행사절차와 구속력 등을 고려하면 문제점이 존재한다.[76] 그렇다면, 남북관계 발전에 관한 법률에 국민투표를 할 수 있도록 규정을 두는 것은 헌법적 근거의 부재로 규범체계상 타당하지 않을 수 있다고도 할 것이다. 즉, 민주주의의 주권적 기능을 구현하기 위한 정당성과 목적의 존재는 이론적으로는 있다고 주장할 수도 있으나, 규범적으로는 헌법에 이러한 국민투표제도를 법률에 위임하고 있는 근거는 찾아볼 수 없다. 그러므로 법률개정은 법률상 근거를 마련한다는 의의가 있기는 하겠으나 헌법적 근거가 없기에 체계정합적으로 문제가 발생할 여지가 있다. 이를 해결하는 방안으로 통일합의서를 위한 국민투표의 내용을 최소 헌법개정을 통하여 추가하는 것도 고려할 만 할 것이다.

5) 통일합의서 체결 시 발효요건 추가

이는 통일합의서 내에 민주적 정당성을 강화하는 내용을 담는 방안이다. 구체적인 내용으로 통일합의서에 대해 남한과 북한이 각각 국회의 '특별의결정족수'와 '국민투표'를 거치도록 규정하는 내용을 포함하는 것이다. 이러한 요건을 추가로 둔다면 통일합의서를 근거로 한 통일과정에 국내법적·국제법적인 정당성을 부여할 수 있으며, 동시에 북한주민의 국민투표도 유도할 수 있는 법적근거로 작용할 수 있기 때문이다. 물론, 남한과 북한의 합의를 전제로 했을 경우에야 가능할 것이라는 정치·현실적인 부분도 분명히 존재하지만, 규범적인 차원에서는 통일합의서에 대한 자체적인 효력을 강화할 수 있다.[77]

하지만, 만약 통일합의서에 그 내용이 포함되어 체결한다고 하더라도 국민투표를 실시토록 하는 국내법에는 그 공백이 존재한다는 문제점이 있다. 대한민국 헌법과 법률체계는 국민투표의 시행과 관련하여 헌법 제72조와 헌법 제130조만을 전제로 하고 있다. 헌법과 관련된 내용은 앞서 살펴보았고, 이를 세부적으로 규정

---

76) 관련된 내용은 앞서 살펴보았던 바와 같음.
77) 이효원(주28), 앞의 책, 86-87면.

하는 법률인 ‘국민투표법’에서도 제1조는 “이 법은 헌법 제72조의 규정에 의한 외교·국방·통일 기타 국가안위에 관한 중요정책과 헌법 제130조의 규정에 의한 헌법개정안에 대한 국민투표에 관하여 필요한 사항을 규정함을 목적으로 한다.”라고 한다. 그 문제점은 앞서 언급한 쟁점을 토대로 하여 일부 해결되었다면 문제는 발생할 소지가 없을 것이다. 그러나 헌법조항의 근거없는 국민투표가 필요하다면 그 보완을 검토하여야 할 것이다. 통일합의서 체결 이전의 국민투표를 위한 내용을 헌법과 법률차원에서 마련이 된다면 통일합의서의 규범력이 확보될 수 있을 것으로 보인다.

3. 검 토

통일합의서에 민주적 정당성을 부여하기 위해 위에서 살펴본 다양한 방식을 이용할 수 있지만 결정적인 문제점이 존재한다. 먼저 국회의 동의를 얻는 절차는 애초부터 법률의 효력 정도를 부여하는데 초점을 맞추고 있어, 법률의 효력을 훨씬 넘어서서 헌법적 효력까지 발휘하는 통일합의서에 민주적 정당성을 부여하기에는 부족한 측면이 있다. 또한 국민투표 방식 중 헌법 제72조의 방식을 사용한다면, 해석론으로 법적 구속력을 인정한다고 하더라도 국민이 국가 정책에 건의 또는 자문한다는 의미에서 벗어나기 힘들 것이다. 헌법 제130조의 헌법개정절차를 적용하는 방법도 생각해볼 수는 있으나 법률의 효력을 갖는 통일합의서로 인하여 헌법개정이 생긴다면 오히려 통일합의서의 위헌문제가 나타날 수 있다. 남북관계 발전에 관한 법률을 개정하는 방식은 현행 헌법이 국민투표와 관련한 직접적인 규정을 헌법 제72조와 제130조만 인정하고 있는데 체계정합적인 측면에서 타당하지 않다. 마지막으로 통일합의서 내에 발효요건을 추가하여 민주적 정당성을 얻는 방법은 기존의 문제점을 인식하고 해결하고자 하는 고민이 엿보이는 좋은 대안인 것으로 판단된다. 그러나 기존 국민투표법과의 충돌 문제뿐만 아니라, 통일합의서가 중요하다는 건 쉽게 인정할 수 있으나 이를 이유로 헌법 규정인 민주적 정당성 부여 방식을 조약과 유사하게 법률적 효력을 가지는 통일합의서가 사용한 뒤, 스스로 민주적 정당성을 얻어 헌법적 효력으로 격상시킨다는 방식은 약간 성급한 결론으로 도달하는 것 같아 아쉬움이 남는다. 즉, 통일합의서의 문제는 헌법적 효력이 필요한 중요한 문제이기 때문에 당연히 민주적 정당성을 부여받는 방법이 필요하다. 정리해서 말하면, 중요하기 때문에 기존 법률 체계의 해석에 따른 해결 방안보다 새로운 방안의 모색이 필요할 수 있다.

Ⅳ. 남북 통일합의서의 민주적 정당성 부여 방안

1. 민주적 정당성 확보를 위한 입법부의 역할 강화

(1) 남북합의서의 국회 동의를 필수적인 요건으로 규정

앞의 Ⅲ. 1. 다. (3)에서 살펴보았듯이 현재 법체계에서는 국회가 동의를 거부하였거나 또는 국회 동의절차를 누락했을 경우에도 통일합의서의 효력은 공포를 통하여 그대로 발효될 수 있다. '남북관계 발전에 관한 법률' 제22조가 "국회의 동의 또는 국무회의의 심의를 거친" 남북합의서를 공포한다고 규정하기 때문이다. "또는"의 문리적 해석에 따라서 남북합의서는 국회 동의 없이도 공포될 가능성이 있다. 만약, 조약체결권을 갖고 있는 대통령의 의지가 일방적으로 관철된다면, 중요한 합의서에 대한 국회의 입법권이 침해될 가능성이 있다. 통일의 의무와 이를 수범하는 국가기관은 행정부와 입법부 모두가 해당된다. 그리고 통일은 어느 일방만의 목표 또는 목적도 아니다. 그러므로 양 기관은 평상시부터 상호공조관계를 제도적으로 강화할 필요가 있다. 이러한 안정화는 대통령의 조약체결권과 국회의 입법권을 서로 조화로이 조정하고 서로의 권한을 존중한다는 측면에서 권력분립의 원칙을 유지하는 것과도 맥락을 같이 한다. 그러므로 동법 제21조에서처럼 이미 합의한 내용을 단순히 이행하는 것에 대한 동의는 필요하지 않더라도 법률적 효력을 갖는 동의는 포괄적으로 국회의 동의를 거치도록 하는 것이 향후 정책적으로 유용할 것이다. 그리고 다수의 남북합의서 체결이 통일합의서라는 결과물로 이어질 것이므로 중장기적인 관점에서도 유용할 것으로 보인다. 그러므로 이를 제도화하기 위하여 다음과 같이 법률이 제정 및 개정되어야 할 것으로 보인다.

남북관계 발전에 관한 법률 제22조

개정 前	개정 後
제22조(남북합의서의 공포) 제21조의 규정에 의하여 국회의 동의 또는 국무회의의 심의를 거친 남북합의서는 「법령 등 공포에 관한 법률」의 규정에 따라 대통령이 공포한다.	제22조(남북합의서의 공포) 제21조의 규정에 의하여 국회의 동의와 국무회의의 심의를 거친 남북합의서는 「법령 등 공포에 관한 법률」의 규정에 따라 대통령이 공포한다.

(2) 헌법상 통일합의서 체결을 위한 국회동의의 가중정족수 반영

헌법을 개정하려고 할 때도 앞서 살펴본 바와 같이 '필요적' 국민투표는 엄격한 요건을 거쳐야 한다. 그러므로 통일합의서를 위해서는 국민투표뿐만 아니라 국민투표에 대한 국회의 의결도 당연히 필요하게 된다. 앞서 지속적으로 강조한 바와 같이 통일합의서에 헌법적 효력은 중요하기 때문에 헌법개정절차에 준하는 엄격한 민주적 정당성 부여 방식이 필요한 것이다. 뒤에서도 함께 설명하겠지만(Ⅳ. 3 논의 참조) 국회의 의결 규정은 국민투표 규정과 함께 규정하여 해결해야 할 것으로 보인다.

헌법 제4조

개정 前	개정 後
대한민국은 통일을 지향하며, 자유민주적 기본질서에 입각한 평화적 통일 정책을 수립하고 이를 추진한다.	① (생략) ② 〈신설〉 국회는 통일합의서가 체결된 날로부터 60일 이내에 의결하여야 하며, 국회의 의결은 재적의원 3분의 2 이상의 찬성을 얻어야 한다. ③ ~ ④ (바로 뒤의 Ⅳ. 3. 논의 참조.)

2. 통일합의서 국민투표의 법적근거 마련 : 헌법 및 관련 법률 개정

통일합의서에 민주적 정당성을 부여하기 위해서는 기존 헌법이 전제하고 있는 헌법 제72조와 헌법 제130조 외의 또다른 국민투표제도를 정비하는 방식으로 추진하는 것이 타당할 것이다.

이러한 정비는 특히 평화통일을 담고 있는 헌법 제4조에 규정할 필요가 있다. 통일합의서 문제는 단순한 남북합의서가 아닌 헌법 제4조를 바탕으로 한 평화통일 정책과 나란히 하는 문제이기 때문이다. 기존 헌법 제4조는 헌법 제3조와 함께 각각 통일의 의무를 정당화하는 큰 축의 역할을 담당했다. 특히, 평화통일과 관련된 대부분의 정책은 헌법 제4조를 통해서 그 목적과 정당성을 받았다. 지금까지 진행되어 온 남북합의서와 남북교류도 헌법 제3조와 헌법 제4조의 조화로운 해석을 통하여 그 규범력을 정당화시켰다는 점에서 그 의의는 크다.[78)]

그러한 의미에서 헌법 제4조를 조금 더 자세히 살펴볼 필요가 있다. 헌법 제4조는 "대한민국은 통일을 지향하며, 자유민주적 기본질서에 입각한 평화적 통일 정책을 수립하고 이를 추진한다."라고 단순히 선언적이고 추상적으로만 규정한다. 현재 남북의 관계는 이 헌법 제4조를 바탕으로 한 '남북교류협력에 관한 법률'과 '남북관계 발전에 관한 법률' 등에서 "남한과 북한의 관계는 국가간의 관계가 아닌 통일을 지향하는 과정에서 잠정적으로 형성되는 특수관계로, 남한과 북한 간의 거래는 국가간의 거래가 아닌 민족내부의 거래"로 규정하고 있다. 이에 따라 남북합의서의 법적 효력의 근거를 부여하고 있으며, 그에 따른 절차를 규정하고 있다. 이러한 배경을 바탕으로 하였을 때, 향후 통일정책은 고도의 정치행위 또는 국제정치적 현실에 좌우되는 것이 아닌 규범적인 기준을 바탕으로 규율되어야 한다. 그러므로 기존 남북합의서와 더 나아가 통일합의서 체결을 법치주의적인 측면으로 이끌기 위해서는 '평화적 통일 정책을 수립하고 추진하기 위하여 필요한 사항은 법률로 정한다.'와 같은 내용이 포함되어야 할 것으로 보인다.[79)]

한편, 헌법적 효력이 필요한 통일합의서에 민주적 정당성을 부여하기 위해서는 헌법 제72조나 헌법 제130조와 같은 국민투표 조항이 들어갈 필요성이 있다. 그 중에서도 헌법적 개정과 같은 효력을 부여하는 헌법 제130조의 내용을 포함하는 것이 타당할 것으로 보인다. 그런 의미에서 현행 헌법 제4조를 제4조 제1항으로 변경하고, 제2항을 추가하여 "국회는 통일합의서가 체결된 날로부터 60일 이내에 의결하여야 하며, 국회의 의결은 재적의원 3분의 2 이상의 찬성을 얻어야 한다.",[80)] 제3항은 "통일합의서는 국회가 의결한 후 30일 이내에 국민투표에 붙여 국회의원선거권자 과반수의 투표와 투표자 과반수의 찬성을 얻어야 한다.", 제4항은 "평화적 통일정책을 수립하고 추진하기 위하여 필요한 사항은 법률로 정한다."라고 개정할

---

78) 이에 대하여 Ⅱ. 2 참조.

79) 한편, 이러한 법치주의적인 측면에서의 이론과 실제 법체계가 있음에도 불구하고, 국회 헌법개정특별자문위원회 토의안(2009년 · 2014년 · 2017년)과 대통령이 발의한 헌법개정안에는 기존의 헌법규정을 그대로 유지하는 입장이었다는 점은 아쉬운 부분이라고 할 수 있다.

80) 국회의 의결과 그 정족수에 대해서는 앞의 Ⅳ. 1. 가.와 함께 살펴보아야 할 것이다.

필요가 있다고 제안한다. 이렇게 국민투표 조항을 신설하면 통일합의서의 헌법적 효력에 민주적 정당성을 부여할 수 있을 것이며, 통일 공동체로 나아가는 통일 대한민국의 국민 통합 기능에도 도움이 될 것이라 예상한다.

이러한 대안에 대해 통일합의서가 사실상 헌법적 효력이 있다고 하더라도, 헌법이라는 명문 규정 내에 "통일합의서"라는 구체적 명칭과 함께 절차를 규정하는 것은 헌법을 남용하는 것이라는 비판이 있을 수도 있을 것이다.81) 그러나 헌법 제110조 제4항처럼 절차 규정을 통해 권리나 제도를 인정하는 경우는 우리 헌법에도 이미 존재하고 있고, 절차 규정 속에서도 그 절차의 전제가 되는 기본권과 제도가 존재하기에 국민의 헌법 의지를 파악할 수 있을 것이라고 생각한다.82) 이런 점에서 헌법 내에 이 국민투표 절차 규정을 두는 것은 평화통일을 지향한다는 점을 헌법을 통해 다시 강조하기 때문에 그 의미가 더 크다고 할 수 있을 것이다.

헌법 제4조

개정 前	개정 後
대한민국은 통일을 지향하며, 자유민주적 기본질서에 입각한 평화적 통일 정책을 수립하고 이를 추진한다.	① 대한민국은 통일을 지향하며, 자유민주적 기본질서에 입각한 평화적 통일 정책을 수립하고 이를 추진한다. ② 〈신설〉 국회는 통일합의서가 체결된 날로부터 60일 이내에 의결하여야 하며, 국회의 의결은 재적의원 3분의 2 이상의 찬성을 얻어야 한다. ③ 〈신설〉 통일합의서는 국회가 의결한 후 30일 이내에 국민투표에 붙여 국회의원선거권자 과반수의 투표와 투표자 과반수의 찬성을 얻어야 한다. ④ 〈신설〉 평화적 통일 정책을 수립하고 추진하기 위하여 필요한 사항은 법률로 정한다.

국민투표법 제1조

81) 이에 대한 논의와 대안은 앞서 Ⅲ.에서 살펴본 바와 같이 많진 않다. 이 비판도 기존 연구를 통해 나온 비판이 아니라 필자들의 논의 결과 나온 가상 비판인 점을 밝힌다.

82) 헌법 제110조 제4항은 "비상계엄하의 군사재판은 군인·군무원의 범죄나 군사에 관한 간첩죄의 경우와 초병·초소·유독음식물공급·포로에 관한 죄중 법률이 정한 경우에 한하여 단심으로 할 수 있다. 다만, 사형을 선고한 경우에는 그러하지 아니하다."라고 규정하여, 헌법 규정 내에 '사형' 제도를 언급하고 있는 유일한 조항이다. 사형제도 존치를 주장하는 사람들은 이 규정을 통해 헌법이 사형 제도를 인정한다고 주장하고 있고, 사형제도 폐지를 주장하는 사람은 이 규정이 단순한 절차 규정이자 사형 선고를 심급제 원칙을 강화하여 억제하려고 하는 제한 규정으로 하고 있다. 이런 의미에서 살펴보더라도 절차 규정 속에서도 입법자인 국민의 헌법 의지와 선언을 100%는 아니라고 하더라도 어느 정도 도출해낼 수 있을 것이라고 생각한다.

개정 前	개정 後
이 법은 헌법 제72조의 규정에 의한 외교·국방·통일 기타 국가안위에 관한 중요정책과 헌법 제130조의 규정에 의한 헌법개정안에 대한 국민투표에 관하여 필요한 사항을 규정함을 목적으로 한다.	이 법은 헌법 제72조의 규정에 의한 외교·국방·통일 기타 국가안위에 관한 중요정책, 헌법 제130조의 규정에 의한 헌법개정안에 대한 국민투표, 기타 헌법개정을 요하는 국민투표에 관하여 필요한 사항을 규정함을 목적으로 한다.

3. 가칭'남북합의서의 체결절차 및 이행에 관한 법률' 제정 제안

남북합의서 중 통일합의서를 포함한 국민에게 중대한 재정적 부담을 지우는 남북합의서 또는 입법사항의 기준이 명확하지 않다. 하지만, 통일을 위해서라면 모든 남북합의서에 대한 동의요건을 필수적으로 하는 것이 타당할 것이다. 이 때 통일과 관련된 사항은 종국적으로 국민의 결단으로 이어질 것이기에 그 과정에서 국민들이 판단할 수 있도록 적극적인 정보제공을 필요로 한다. 그리고 이러한 과정을 거치는 과정에서 통일합의서의 배경, 취지, 연혁, 내용 등을 더욱 확실하게 이해하고 판단할 수 있다. 그러나 현재 남북합의서와 관련하여 이러한 제도적인 장치는 마련되어 있지 않다. 그러므로 이러한 측면에서 그 절차를 제도적으로 구축할 필요성이 있다. 그러므로 '남북합의서 체결절차 및 이행에 관한 법률(이하 : 남북합의서 체결법)'을 제정할 필요가 있을 것으로 보인다. 이 법률은 일반적인 조약과 관련하여 이러한 내용을 담고 있는 '통상조약의 체결절차 및 이행에 관한 법률(이하 : 통상조약법, 법률 제14840호)'을 참조한 것이다.

남북합의서 체결법은 남북합의서의 체결절차 및 이행에 관하여 필요한 사항을 규정함으로써 국민의 이해와 참여 증진을 통한 남북합의서 체결의 절차적 투명성 제고, 효율적인 협상 추진, 합의서 이행과정에서 국민의 권리와 이익을 확보하여 진정한 통일에 이바지하려는 것을 그 목적으로 해야 할 것이다.

주요내용으로 정부는 남북합의서 체결절차 및 이행에 관한 정보의 공개 청구가 있는 경우 공공기관의 정보공개에 관한 법률에 따라 정보를 청구한 자에게 공개를 하여야 하며, 남북합의서의 협상진행을 이유로 공개를 거부하여서는 안 될 것이다. 또한, 정부는 국회의 관련 위원회 또는 특별위원회의 요구가 있으면 관련사항을 보고하거나 서류를 제출하여야 할 것이다. 또한 대통령 또는 합의서를 체결하는 부서의 장관은 합의서 협상 개시 전 합의서 체결계획을 수립하고, 이를 지체없이 국회 외교통상통일위원회에 보고하여야 할 것이다. 또한, 합의서에 대하여 대통령을 보좌하는 통일부 장관은 합의서 체결의 결과 후 나타나게 될 영향평가 및 개선방안 등 이행상황을 평가하고 그 결과를 국회 외교통상통일위원회에 보고하여야 할 것이다. 더불어 이에 대한 대책도 마련할 것으로 보이는데, 통일부 장관의 자문에 응하기 위하여 민간자문위원회를 두는 방안도 생각해볼 만하다. 단, 직무수행과정에서 알게 된 비밀도 분명히 존재하기 때문에 이에 대하여 비밀엄수 서약을 의무로 두고 이를 어길 시에는 형법에 따른 처벌을 가하도록 할 필요성이 있을 것으로 보인다.

V. 결 론

남북한 긴장 완화와 더불어 지속적인 교류가 기대되는 지금, 이에 대비하는 법적 논의와 정비는 상대적으로 부족한 것으로 보인다. 특히 양 당사자의 평화적인 대화와 협상 속에서 진행하는 통일합의서에 대한 논의는 더 부족한 것으로 보인다. 비록 남북합의서에 준하여 국회의 동의를 얻거나, 기존 국민투표 조항을 이용하거나, 통일합의서 내에 발효요건을 추가하는 방식 등의 대안은 있었지만, 통일합의서의 특수한 성격을 제대로 반영하지 못한 아쉬움을 남긴다.

이런 차원에서 통일합의서에 민주적 정당성을 부여하기 위해 앞에서 언급한 헌법과 관련 법률의 개정이 필요할 것이라 생각한다. 관련 법률을 정비하여 국회의 동의와 국민투표를 받을 수도 있겠지만, 통일합의서의 헌법적 효력을 강조한다면 헌법 규정 내에 국회의 동의와 국민투표를 받도록 하는 규정의 추가·신설이 필요하다고 생각한다. 특히 이 절차 규정은 절차의 공정성뿐만 아니라 평화 통일을 지향하는 대한민국이라는 선언적 의미를 더 강조할 수 있어 세계 평화에 한 단계 더 기여할 수 있을 것이라 예상한다.

단순히 우연한 기회로만 인식할 수 있겠지만 그 기회를 잡기 위해선 이전부터 많은 노력이 존재했다는 것은 우리의 일천한 경험만으로도 잘 알 수 있다. 그것이 정말 우연한 기회라고 할지라도 그런 상황 속에서 우리가 해야 할 일은 모든 상황을 가정한 뒤에 그러한 우연을 필연으로 바꾸고 하는 매일 매일의 노력일 것이다. 70여 년의 분단 뒤에 얻은 전환의 시기 내, 통일합의서의 문제도 이와 같을 것이다. 우연처럼 보이는 필연이 단순한 우연으로 끝나지 않게 지금부터라도 긍정적인 논의가 필요할 것이다.

참 고 문 헌

∽

1. 단행본

국토통일원,『예멘 통일관계 자료집』, 국토통일원, 1990

김대순,『국제법론』 제19판, 삼영사, 2017

김승대,『통일헌법이론 - 동서독과 남북한통일의 비교법론-』, 법문사, 1996

김영석,『국제법』, 박영사, 2010

김철수,『한국통일의 정치와 헌법』, 시와 진실, 2017

배종인,『헌법과 조약체결』, 삼우사, 2009

성낙인,『헌법학』, 법문사, 2017

유진오,『헌법해의』, 명세당, 1949

이효원,『남북교류협력의 규범체계』, 경인문화사, 2006

이효원,『통일법의 이해』, 박영사, 2014

이효원,『통일헌법의 이해』, 박영사, 2016

정종섭,『헌법학원론』, 박영사, 2016

최재훈 외,『국제법신강』 제2판, 신영사, 2004

통일부, 2018년 통일백서, 통일부, 2018

통일부,『독일통일 총서』, 통일부, 2013

한수웅,『헌법학』, 법문사, 2016

2. 논문

김선택, "헌법 제60조 제1항에 열거된 조약의 체결·비준에 대한 국회의 동의권", 헌법재판소 헌법판례연구회 발표문, 2006

김부찬, "조약체결에 대한 국회 동의권에 관한 고찰 - 헌법 제60조 제1항의 개정 및 조약체결절차법의 제정 필요성과 관련하여 -", 국제법학회논총 52(2)권, 2007

김선화, "대의 민주주의와 다수결원리 : 가중다수결을 중심으로", 법과사회 52호, 2016

김종수·탁용달, "대북정책 수행에 있어 국회 역할 제고 방안 연구", 통일부 용역과제 연구보고서, 2013

도회근, "통일헌법의 기본원리", 법조 제64권 제10호, 법조협회, 2015

박정원, “남북합의서의 헌법적 쟁점과 과제”, 헌법학연구 제19권 제4호, 한국헌법학회, 2013
박정원, “통일헌법에 관한 골격구상”, 공법연구, 1998
박창순, “조약체결에 대한 국회의 권한에 관한 연구”, 박사학위논문, 건국대학교, 2014
배종인, “대통령의 조약 체결비준권과 이에 대한 국회의 동의권”, 세계헌법연구 제12권 1호, 2006
성낙인, “통일헌법의 기본원리 소고”, 서울대 법학 제53권 제1호, 서울대학교 법학연구소, 2012
신규하, “국민투표에 관한 연구”, 서울대학교 박사학위 논문, 2013
안동인, “통일합의서의 발효 및 시행에 관한 試論”, 행정법연구 제52호, 2018
오연천, “통일에 대비한 국회의 역할”, 2002년 국회 연구용역 보고서
이상훈, “헌법 제60조 제1항에 대한 고찰 : 국회동의의 법적 성격 및 입법사항에 관한 조약을 중심으로”, 국제법 동향과 실무 제2권 제3호, 2003
이주현, “남북한특수관계의 의미, 남북교류와 관련한 법적 문제점(2)”, 법원행정처, 2003
이창열, “헌법상 조약체결권의 통제에 관한 일고찰”, 미국헌법학연구 제22권 제1호, 2011
이효원, “남북한 통일합의서의 법적 쟁점과 체결방안”, 법조 60권 11호, 2011
이효원, “통일헌법의 제정 방법과 국가조직”, 서울대학교 법학 제55권 제3호, 2014
이효원, “남북한 통일합의서의 법적 쟁점과 체결방안”, 법조 60권 11호, 2011
장명봉, “남북예멘통일헌법에 관한연구”, 한국공법학회 공법연구 제21집, 1993
전종익, “통일헌법의 기본권체계”, 법조 제61권 제2호, 법조협회, 2012
정경화, “공공갈등 해결수단으로 주민투표제도의 개선방안”, 국회입법조사처 연구용역, 2012
정재황·류지성, “대한민국 통일과도기의 법적논점”, 한국공법학회 공법연구 제46집 제2호, 2017
정만희, “통일헌법을 위한 단계적 헌법개정”, 동아법학 제66호, 동아대학교 법학연구소
정인섭, “조약의 체결·비준에 대한 국회의 동의권”, 서울국제법연구 15권 제1호, 2008
정진석, “조약의 체결·비준에 대한 국회의 동의”, 서울국제법연구 제11권 제1호, 2004
조정현, “통일합의서의 법적 성격 및 체결 절차에 관한 고찰”, 국제법평론 제49호, 국제법평론회, 2018
조재현, “통일의 과정과 통일합의서에 관한 연구”, 동아법학 제66권, 2015
제성호, “6·15남북공동선언과 후속문서의 법적 성격과 효력”, 저스티스 제60호, 2001
제성호, “조약의 체결·비준에 대한 국회동의권”, 국제법학회논총, 제33권 제2호, 1988
최대권, “남북합의서와 관련된 제반 법문제 – 특히 특수관계의 의미를 중심으로 -”, 법학통권 제34권 1호, 서울대 법학연구소, 1996

3. 학위논문

김대혁,『헌법개정방법의 이원화에 관한 연구』, 서울대학교 석사학위논문, 2008
김윤호,『통일정책과정에서의 당정협조에 관한 연구』, 한국외대 박사학위 논문, 2011
신규하,『국민투표에 관한 연구』, 서울대학교 박사학위 논문, 2013

4. 참조판례

헌재 1990.4.2. 89헌가113
헌재 1990.6.25. 90헌가11
헌재 1990. 10. 15. 89헌마178 등
헌재 1993. 7.29. 92헌바48
헌재 2000. 7. 20. 98헌바63
헌재 2001. 4. 26. 99헌가13
헌재 2001. 8. 21 선고 99헌마189 등
헌재 2001. 9. 29. 2000헌바20
헌재 2004. 10. 21. 2004헌마554·556(병합)
헌재 2005. 11. 24. 2005헌마579
헌재 2005. 6. 30. 2003헌바114
대법원 2011. 7. 28. 2009도9152 등
서울고등법원 2006.7.26. 2006토1 등

제5회 학봉상

/

연구논문부문 장려상

신뢰정부 구현을 위한 새로운 접근
: 신뢰와 불신의 비대칭성, 그리고 신뢰수준별 차이를 중심으로

이하영·강혜진

초록

한국 사회 전반에 불신이 팽배한 현 상황에서 성공적인 국정운영을 위해서는 무엇을 변화시켜야 할까? 이는 대답하기 쉽지 않은 질문이다. 오늘날 사회 전반에 퍼져 있는 불신 현상은 국가 발전을 저해하는 요인으로 작용하고 있고, 특히 정부에 대한 불신이 심각하다는 점에서 더욱 그러하다. 잘 알지 못하는 타인을 신뢰할 수 있는지 묻는 사회 신뢰도 조사(OECD, 2016)에 따르면, 한국 국민의 26.6%만이 타인을 신뢰할 수 있다고 응답하였고 이는 사회 신뢰도 1위인 덴마크(74.9%)와 비교하면 3분의 1 수준에 불과하다. 정부에 대한 신뢰도(OECD, 2019) 역시 39% 수준으로 국민 10명 중 6명 넘게 정부를 신뢰하지 않는 것으로 나타났다. 국민의 불신을 해소하고 신뢰를 제고하기 위해 심도 있는 정부신뢰 연구가 그 어느 때보다 필요한 시점이다. 그러나 신뢰라는 개념 자체도 매우 복잡하고, 신뢰가 형성되는 메커니즘 또한 여러 요인의 결합 양상에 따라 다양한 국면으로 전개되는바 국민에게 신뢰받는 정부의 구현은 그 중요성만큼이나 달성하기 녹록치 않은 과제이다.

정부신뢰는 성공적인 국정운영의 전제조건으로서 국민의 순응과 협력을 확보하는데 중요한 요인으로 작용한다는 점에서 오랫동안 정치학 및 행정학 분야의 관심 연구주제로 다루어져 왔다. 하지만 기존연구들은 정부신뢰가 형성되는 복잡성에 비해 지나치게 단순하고 일률적인 접근방식을 취하였다는 비판을 면하기 어렵다. 정부신뢰의 영향요인에 관한 실증연구는 각 요인의 독립적인 선형관계 또는 많아야 두세 요인 간의 상호작용 관계를 전제하고, 조건부 평균 접근을 통해 각 요인이 정부신뢰의 평균값에 미치는 영향을 추정하는 경우가 대부분이다. 즉, 정부에 대한 신뢰가 증가할 때든 감소할 때든, 다른 요인들과의 결합이 어떠하든, 정부를 현재 얼마나 신뢰하든 간에 각 요인이 정부신뢰에 언제나 대칭적이고 동일한 영향을 미친다고 보는 것이다. 이러한 접근으로는 신뢰와 불신이 과연 단일한 연속선상에서 일어나는 현상인가를 둘러싼 이론적 논쟁에 답하기 어렵고, 실제 국정운영 시 정부 신뢰도 관리에 도움이 되는 실효성 있는 시사점을 도출하는 데에도 한계가 있기 마련이다. 이에 본 연구는 기존연구의 한계를 극복하기 위해 퍼지셋 질적비교분석과 분위 회귀분석이라는 새로운 방법론을 활용하여 그동안 간과되었던 정부신뢰와 불신의 비대칭성, 요인 간 결합 양상에 따른 차이, 그리고 현재 정부신뢰 수준에 따른 차이를 분석에 반영하였고, 이를 통해 정부신뢰가 변동하는 메커니즘을 좀 더 정교하게 포착해보고자 하였다. 먼저 정부신뢰와 관련된 이론적 논의 및 선행연구의 동향을 살펴본 뒤, <연구 1>에서 퍼지셋 분석을 통해 정부신뢰와 정부불신을 발생시키는 메커니즘, 즉 요인의 결합이 어떻게 상이한지 살펴보았고, <연구 2>에서 분위 회귀분석을 통해 정부에 대한 신뢰 수준에 따라 정부신뢰에 영향을 미치는 핵심 요인이 어떻게 달라지는지 살펴보았다.

<연구 1>의 퍼지셋 분석 결과, 여당지지 여부에 따라 정부에 대한 신뢰와 불신의 발생 가능성 자체가 상당히 달라지는 것으로 나타났다. 여당을 지지하는 국민은 정부신뢰가 발생할 가능성은 다양하게 열려 있었던 반면, 설령 정부가 무능하고 부패한 경우라도 정부불신이 발생하지 않았다. 여당을 지지하지 않는 국민은 정부불신이 발생할 가능성은 열려 있었던 반면, 정부가 유능하고 청렴한 경우에도 정부신뢰는 쉽게 발생하지 않았다. 이는 오늘날 한국 사회가 직면한 편 가르기 갈등의 심각한 교착 상태를 잘 보여주는 결과이며, 어느 진영이 집권하든 상대편으로부터 신뢰를 확보하기 매우 어려운 상황임을 보여준다. 한편, 정부신뢰와 정부불신이 발생하는 메커니즘의 차이도 확인되었다. 정부불신의 경우 정부의 부패만이 핵심 조건에 포함되었는바 이는 정부의 기능적 측면보다는 윤리적 측면에 대한 실망이 특히 중요한 발생조건으로 작동함을 의미한다. 반면, 정부신뢰의 경우에는 정부의 능력과 청렴 모두 핵심 조건에 포함되었다. 다만, 여당을 지지하지 않는 국민은 정부의 부패 수준이 낮은 경우에만 신뢰가 발생했다는 점에서 정부신뢰가 발생하려면 정부의 윤리적 측면에 대한 기대가 반드시 충족되어야 함을 시사한다. 마지막으로, 여당을 지지하지 않는 국민 중 소득과 교육수준이 낮은 고령층과 소득이 낮고 교육수준은 높은 저령층의 경우 정부가 보여주는 능력과 부패 수준에 따라 불신과 신뢰가 발생할 가능성이 동시에 열려 있는 것으로 나타났다. 즉, 이들은 여당을 지지하지 않을지라도 정부가 유능하고 청렴하면 신뢰가 발생할 여지가 존재하는바 한국 정부가 국민의 불신을

극복하고 신뢰받는 정부로 거듭날 수 있을 것인지 결정짓는 일종의 캐스팅 보트로 작동할 수 있다.

<연구 2>의 분위 회귀분석 결과, 정부의 능력이 국민의 정부신뢰를 제고하는 효과는 신뢰 수준이 높은 국민에게서 더욱 크게 나타난 반면, 정부의 도덕성 중 청렴성이 정부신뢰를 제고하는 효과는 신뢰 수준이 낮은 국민에게서 더욱 크게 나타났고, 공정성의 영향은 신뢰 수준에 따라 유의한 차이를 보이지 않았다. 정부의 선의는 신뢰 수준이 중간 이상인 국민에 한하여 정부신뢰를 제고하는 효과가 유의한 것으로 나타났다. 이는 정부를 신뢰하는 국민의 정부신뢰 수준을 더욱 높이기 위해서는 정부의 기능적 측면에 대한 기대를 충족시키는 것이 더욱 중요한 반면, 정부를 신뢰하지 않는 국민의 정부신뢰를 회복하기 위해서는 정부의 윤리적 측면에 대한 기대를 충족시키는 것이 더욱 중요함을 보여준다.

본 연구는 오늘날 한국 정부에 대한 국민의 불신이 해소되지 못하고 있는 이유가 무엇이며, 불신을 극복하고 신뢰받는 정부로 거듭나기 위해 정부가 어떤 노력을 기울여야 하는지에 대해 실마리를 제공한다. 기존연구에서 간과되어온 신뢰와 불신의 비대칭성, 요인 간 결합 양상에 따른 차이, 현재 정부신뢰 수준에 따른 차이를 분석에 고려하여 정부신뢰가 변동하는 메커니즘을 좀 더 정교하게 포착하였고, 이는 국민의 소득 및 교육 수준에 따라, 연령에 따라, 그리고 집권여당을 지지하는지 여부 등에 따라 정부가 각 집단의 불신을 극복하고 신뢰를 제고하기 위해서는 어떤 전략적 접근을 취해야 할지 판단하는데 유용한 기초자료가 될 수 있다. 그리고 이때 국민의 기대에 부응하기 위한 정부의 노력과 더불어 이러한 정부의 노력과 성과를 바탕으로 자신의 신뢰와 불신을 변화시킬 용의, 즉 국민의 열린 태도가 뒷받침되어야 한다는 점 또한 본 연구의 중요한 시사점이다. 여당지지 여부에 따라 정부에 대해 맹목적인 신뢰나 무조건적인 불신을 보인다면 건전한 신뢰정부의 구현은 요원할 것이다. 마지막으로 본 연구는 정부신뢰와 정부불신이 단일 차원의 연속선상에 있는 개념이 아니라 서로 구분되는 메커니즘을 지닌 별개의 개념일 수 있다는 이론적 주장을 뒷받침하는 경험적 근거를 제공한다는 점에서도 의의를 지닌다.

Ⅰ. 서론

정부에 대한 국민의 신뢰는 정책과정에서 국민의 순응과 협력을 확보하고(Levi, 1998; Sears & Cirtin, 1982; 박희봉 · 이희창 · 조연상, 2003) 정부가 성공적으로 국정을 운영할 수 있도록 돕는 중요한 원동력이다(Miller, 1974). 이에 우리 정부는 '국민에게 신뢰받는 정부'를 구현하고자 정부신뢰도 개선을 정부혁신의 3대 목표[1)]중 하나로 삼아 다양한 정책적 노력을 기울여 왔다(행정안전부, 2020). 그러나 정부신뢰를 확보하기 위한 지속적 노력에도 불구하고 여전히 한국 사회 전반에는 정부에 대한 불신이 팽배해 있는 상황이다. 2019년 발표된 경제협력개발기구(OECD)의 정부신뢰도[2)] 조사에 따르면 한국 정부에 대한 국민의 신뢰도는 39%로 국민 10명 중 6명 넘게 정부를 신뢰하지 않는 것으로 나타났고, 이는 OECD 회원국 평균(45%)에 미치지 못하는 저조한 수준이다(OECD, 2019). 그렇다면 오늘날 한국 정부에 대한 국민의 불신이 해소되지 못하고 있는 이유는 무엇이며, 정부는 어떤 노력을 통해 국민의 불신을 극복하고 신뢰받는 정부로 거듭날 수 있을 것인가? 본 연구는 이러한 질문에 답하기 위한 실마리를 찾아가는 시도이며, 정부에 대한 국민의 신뢰가 증감하는 메커니즘을 분석하여 효과적인 정부신뢰 개선방안을 마련하는데 기여하고자 한다.

정부신뢰는 정치·행정학 분야의 오랜 연구주제인 만큼 이미 많은 선행연구를 통해 정부신뢰에 영향을 미치는 다양한 요인을 탐색하고 그 영향력을 입증하려는 시도가 이루어져 왔다(e.g., Brehm & Rahn, 1997; Cirtin & Green, 1986; Hethrington, 1998; Miller, 1974; 강혜진 · 박은형, 2018; 금현섭 · 백승주, 2015; 김병규 · 이곤수, 2009; 김상돈, 2020; 박희봉 · 신중호 · 황윤원, 2013; 신상준 · 이숙종 · 김보미, 2018; 이영미, 2018; 이지호 · 이현우, 2015; 정광호 · 이달곤 · 하혜수, 2011; 황창호 · 김영주 · 문명재, 2015; 황창호 · 김태형 · 문명재, 2017). 그러나 정부신뢰가 변동하는 메커니즘의 복

1) 우리 정부는 '국민이 주인인 정부'라는 비전을 실현하고자 2018년부터 「정부혁신 종합 추진계획」을 수립하여 OECD 정부신뢰도 10위권, OECD 더 나은 삶의 질 지수 10위권, 국제투명성기구 부패인식지수 20위권 진입을 정부혁신의 3대 목표로 삼아 추진해왔다(행정안전부, 2020).

2) OECD(World Gallup Poll)는 각국의 시민 1,000명을 대상으로 "당신은 정부를 신뢰하는가?(Do you have confidence in national government?)"라고 질문하고, 이에 대해 그렇다고 응답한 사람의 비율을 계산하여 해당 국가의 정부신뢰도를 산출한다.

잡성에 비해 기존 연구가 취해온 접근방식은 지나치게 단순하고 일률적인 측면이 있다. 정부신뢰의 영향요인에 관한 실증연구는 각 요인의 독립적인 선형관계 또는 많아야 두세 요인 간의 상호작용 관계를 전제하고 조건부 평균 접근을 통해 각 요인이 정부신뢰의 평균값에 미치는 영향을 추정하는 경우가 대부분이다. 즉, 정부에 대한 신뢰가 증가할 때든 감소할 때든(i.e., 선형관계), 다른 요인들과의 결합이 어떠하든(i.e., 독립관계), 정부를 현재 얼마나 신뢰하든(i.e., 조건부 평균 접근) 각 요인이 정부신뢰에 언제나 대칭적이고 동일한 영향을 미칠 것으로 보는 것이다. 이러한 일률적인 접근으로는 복잡한 현실을 포착하는 데 한계가 있기 마련인바 본 연구는 바로 이 부분에 주목하여 기존연구에서 간과되어온 다음의 세 가지 이슈를 분석하고자 한다. 첫째, 정부신뢰를 발생시키는 요인과 정부불신을 발생시키는 요인은 어떻게 다른가? 둘째, 각 요인이 정부신뢰에 미치는 영향은 다른 요인들과의 결합 양상에 따라 어떻게 달라지는가? 셋째, 정부에 대한 현재 신뢰 수준에 따라 정부신뢰에 영향을 미치는 핵심 요인은 어떻게 달라지는가? 본 연구는 그동안 간과되었던 정부신뢰와 정부불신의 비대칭성, 요인 간 결합 양상에 따른 차이, 현재 정부신뢰 수준에 따른 차이를 반영함으로써 국민의 정부신뢰가 변동하는 메커니즘을 좀 더 정교하게 포착할 수 있는바, 실효성 있는 맞춤형 정부신뢰 개선방안을 마련하는 데 유용한 기초 자료가 되리라 기대한다.

이어지는 본 연구의 구성은 다음과 같다. 먼저 정부신뢰와 관련된 이론적 논의 및 선행연구의 동향을 살펴본 뒤, <연구 1>에서 퍼지셋 질적비교분석을 통해 정부신뢰의 증감을 발생시키는 요인 결합이 어떻게 다른지 살펴본다. 뒤이어 <연구 2>에서는 분위 회귀분석을 통해 정부에 대한 신뢰 수준에 따라 정부신뢰에 영향을 미치는 핵심 요인이 어떻게 달라지는지 살펴보고, 마지막으로 본 연구결과가 갖는 이론적·실천적 함의를 논의한다.

Ⅱ. 이론적 논의

1. 정부신뢰의 개념

정부신뢰(trust in government)는 “정부에 대한 국민의 기본적인 감정적·평가적 정향(Hetherington, 1998; Stoke, 1962)”으로 신뢰의 대상과 내용에 따라 다양하게 정의되는 다차원적 개념이다(박통희, 1999: 5). 정부신뢰는 신뢰의 대상에 따라 공공부문 종사자에 대한 미시적 신뢰, 정부기관 및 제도에 대한 중범위적 신뢰, 정부 일반에 대한 거시적 신뢰로 구분될 수 있고(Grimmelikhuijsen, 2012: 41-43), 신뢰의 내용을 기준으로 정부의 구체적인 정책·성과 등 기능적 측면에 대한 신뢰와 정부의 규범적 역할·도덕성 등 윤리적 측면에 대한 신뢰로 구분될 수 있다(Easton, 1965). 기존연구에서는 대부분 다수의 정부기관 내지 행위자를 포괄하는 복합적 대상에 대한 신뢰이자(김병섭·강혜진, 2015: 118) 그러한 대상의 기능적 측면과 윤리적 측면을 모두 포함하는 개념으로 정부신뢰를 정의하고 있다(e.g., Barber, 1983; 김현구 · 이승종 · 최도림, 2009; 박순애, 2006; 이하영 · 이수영, 2017).

2. 정부신뢰의 영향요인

정부신뢰는 국민의 순응을 유도하여(Levi, 1998; Sears & Cirtin, 1982; 박희봉 외, 2003) 정책과정의 안정성과 정당성을 확보하는데 기여한다는 점에서 성공적인 국정운영을 위한 핵심 요인이다(Miller, 1974). 이에 정부신뢰는 정치·행정학 분야의 오랜 연구주제로 중요하게 다루어져 왔고, 특히 정부신뢰를 제고하기 위한 처방적 목적에서 정부신뢰의 영향요인을 밝히기 위한 시도가 많은 연구를 통해 이루어져 왔다(e.g., Brehm & Rahn, 1997; Cirtin & Green, 1986; Hethrington, 1998; Miller, 1974; 강혜진 · 박은형, 2018; 금현섭 · 백승주, 2015; 김병규 · 이곤수, 2009; 김상돈, 2020; 박희봉 외, 2013; 신상준 외, 2018; 이영미, 2018; 이지호 · 이현우, 2015; 정광호 외, 2011; 황창호 외, 2015, 2017). 정부에 대한 국민의 신뢰 수준은 여러 차원의 요인들이 복합적으로 작용하여 결정되는데, 선행연구에서 확인된 영향요인은 크게 신뢰 주체로서 국민의 개인적 특성(e.g., 성별, 연령, 교육수준, 소득수준, 정치성향, 주관적 계층의식, 생활만족도, 행복 등), 신뢰 대상으로서 정부의 특성(e.g., 효과성, 효율성, 공정성, 청렴성, 투명성, 대응성 등), 그리고 국민과 정부가 처해 있는 사회·문화적 환경의 특성(e.g., 국내총생산, 경제성장률, 소득 불평등, 시민참여, 일반신뢰, 후기물질주의 가치관 등) 등으로 분류될 수 있다(Bouckaert & Van de Walle 2001; Nye, Zelikow, & King, 1997; 정광호 외, 2011).

정부가 추진하는 중점정책(e.g., 부동산 정책, 일자리 정책)의 연이은 실패[3]에서부

3) 위문희, ""일자리 성공 못했다" 정책실패 인정한 문 대통령", 중앙일보, 2018년 12월 11일. (https://news.joins.com/article/23200450); 김민혁, "전셋집 사수 '을과 을의 전쟁'...부동산

터 최근 발생한 각종 고위공직자 비리 사건(e.g., 세금 탈루, 자녀 입시비리, 성 관련 범죄)에 이르기까지 정부의 무능과 부도덕을 드러내는 사건들이 반복적으로 발생하고 있음을 고려할 때, 오늘날 한국 사회 전반에 자리 잡은 정부불신은 신뢰 주체인 국민 개인의 특성이나 사회·문화적 환경의 특성도 중요하게 작용하지만, 신뢰 대상인 정부가 드러낸 무능과 부도덕에 기인하는 측면이 특히 클 것으로 생각된다(이하영 · 이수영, 2017: 139). 아울러 본 연구는 국민의 정부신뢰를 제고하기 위하여 정부가 어떤 노력을 기울여야 할지 실마리를 제공하는 처방적 시사점을 도출하고자 하는바, 오늘날 한국 사회의 현실과 연구목적을 고려하여 아래에서는 정부신뢰의 다양한 영향요인 중에서도 신뢰 대상인 정부의 특성에 초점을 두고 논의를 전개하였다.

선행연구에서 국민의 정부신뢰에 영향을 미치는 정부의 특성은 효과성, 효율성, 전문성, 공정성, 청렴성, 정직성, 일관성, 투명성, 개방성, 대응성, 봉사성 등 매우 다양하게 제시된다(e.g., Bulter, 1991; Dasgupta, 1988; Deutsch, 1962; Mayer, Davis, & Shoorman, 1995; McAllister, 1995; Mishra, 1996; 김현구 외, 2009; 박순애, 2006; 박통희, 1999; 박희봉 외, 2013; 손호중, 2016; 손호중 · 채원호, 2005; 오경민 · 박흥식, 2002; 이지호 · 이현우, 2015; 최예나, 2018; 황창호 외, 2015). 이러한 요인들은 크게 정부의 역량(competence)과 가치(value)라는 범주로 구분될 수 있고(OECD, 2017), 여기서 역량은 국민이 원하고 기대하는 수준의 서비스를 전달하기 위한 정부의 능력을 의미하며, 가치는 정부 활동에 대한 조언이나 정보를 제공하는 원칙을 말한다(OECD, 2017; 한국개발연구원, 2018: 3 재인용). 생각건대, 정부의 역량에는 효과성, 효율성, 전문성, 대응성, 봉사성 등의 요인이, 정부의 가치에는 공정성, 청렴성, 정직성, 일관성, 투명성, 개방성 등의 요인이 포함될 수 있을 것이다(OECD, 2017; 경기개발연구원, 2010; 한국개발연구원, 2018). 한편, Mayer et al.(1995)[4]의 연구에서 제시된 능력(ability), 도덕성(integrity), 선의(benevolence)라는 범주를 사용하여 위의 요인들을 구분할 수도 있다. 여기서 능력은 정부가 국정운영을 잘할 수 있게 하는 일련의 기술, 역량, 특성을 말하고, 도덕성은 정부가 국민이 받아들일 수 있는 원칙과

정책실패가 부른 '웃픈현실'", 서울경제, 2020년 7월 20일. (https://www.sedaily.com/NewsVIew/1Z5DK3AA3V)

4) Mayer et al.(1995)의 연구는 조직 내 구성원들 간 대인 신뢰에 관한 연구이기는 하나, 신뢰 대상과 관련된 영향요인을 능력, 도덕성, 선의로 구분하는 그들의 범주화 방식은 이후 정부신뢰에 관한 연구에서도 널리 활용되고 있다(e.g., Bulter, 1991; Deutsch, 1962; 박통희, 1999; 이헌수, 1999).

가치를 준수하고 있는 정도를 말하며, 선의는 정부가 국민의 이익을 위한 선의의 행동을 하는 정도를 말한다(Mayer et al., 1995: 717－20). 이때 정부의 능력에는 효과성, 효율성, 전문성 등의 요인이, 정부의 도덕성에는 공정성, 청렴성, 정직성, 일관성, 투명성, 개방성 등의 요인이, 정부의 선의에는 대응성, 봉사성 등의 요인이 포함될 수 있을 것이다(OECD, 2017; 경기개발연구원, 2010; 한국개발연구원, 2018).

3. 선행연구의 검토

정부신뢰의 영향요인은 이미 많은 선행연구를 통해 경험적 증거가 축적되어온 주제이기는 하나, 정부신뢰가 변동하는 메커니즘의 복잡성에 비해 기존 연구가 취해온 접근방식이 지나치게 일률적이라는 점에서 한계가 있다. 대부분의 선행연구는 단순히 정부신뢰에 유의한 영향을 미치는 요인을 확인하거나 일부 요인 간 상호작용 효과를 확인하는데 초점을 두고 있다(e.g., Brehm & Rahn, 1997; Cirtin & Green, 1986; Hethrington, 1998; Miller, 1974; 강혜진 · 박은형, 2018; 금현섭 · 백승주, 2015; 김병규 · 이곤수, 2009; 김상돈, 2020; 박희봉 외, 2013; 신상준 외, 2018; 이영미, 2018; 이지호 · 이현우, 2015; 정광호 외, 2011; 황창호 외, 2015, 2017). 이러한 일률적인 접근 하에서는 정부신뢰와 관련된 다음의 중요 이슈들이 간과될 수밖에 없는바, 무수히 많은 경험 연구가 진행되어왔음에도 불구하고 여전히 상당한 연구의 공백이 존재한다.

첫째, 정부신뢰와 정부불신을 발생시키는 요인이 상이할 수 있다. 신뢰가 증가하는 메커니즘과 감소하는 메커니즘이 상이할 수 있다는 주장 제기된 이래(Kramer, 1996; Lewicki, McAllister, & Bies, 1998; Sitkin & Roth, 1993), 경영학이나 심리학 분야에서는 실증분석을 통해 상대(e.g., 조직, 상관, 판매자)에 대한 신뢰와 불신에 특히 두드러진 영향을 미치는 요인을 구분하려는 시도가 꾸준히 진행되어왔다(e.g., Cho, 2006; Conchie, Taylor, & Charlton, 2011; Lee, Lee, & Tan, 2015; Moody, Galletta, & Lowry, 2014; Ou & Sia, 2009; Sirdeshmukh, Singh, & Sabol, 2002). 이에 반해 정부신뢰와 정부불신의 영향요인을 구분하려는 시도는 거의 찾아보기 어렵고, 신뢰가 발생할 때나 불신이 발생할 때나 각 요인의 영향은 대칭적이라는 전제하에 대부분의 경험 연구가 이루어지고 있다. 이에 본 연구는 정부신뢰와 정부불신의 영향요인이 상이할 수 있다는 가능성을 열어두고, 실증분석을 통해 어떤 요인이 정부신뢰 또는 정부불신에 특히 두드러진 영향을 미치는지 구분하여 살펴보고자 한다.

둘째, 기존연구에서는 정부신뢰 또는 정부불신이 발생하는 인과적 복잡성이 충분히 고려되지 못하고 있다. 정부신뢰의 각 영향요인은 다른 요인들과 어떻게 결합하느냐에 따라 정부신뢰에 상이한 영향을 미칠 수 있고(i.e., 같은 요인, 다른 결과), 정부신뢰를 발생시키는 인과경로 또한 다양하게 존재하기 마련이다(i.e., 같은 결과, 다른 요인). 그러나 정부신뢰에 대한 대부분의 실증연구는 각 요인의 독립적인 선형관계를 전제하고 다른 요인이 일정하게 유지된다는 조건 하에 특정 요인의 독립적인 영향이 어떠한지 추정하거나, 많아야 두세 요인 간의 상호작용 효과만을 모형에 반영하고 있다. 즉, 정부신뢰가 증감하는 복잡한 현상을 지나치게 단순한 시각에서 접근함에 따라 현실을 제대로 포착하지 못한다는 한계가 있다. 이에 본 연구는 신뢰 주체인 국민의 특성과 신뢰 대상인 정부의 특성이 어떻게 결합할 때 정부신뢰 또는 정부불신이 발생하는지, 즉 정부신뢰는 어떤 다양한 인과경로에 의해 증감하는지 분석함으로써 기존 논의의 지평을 확대하고자 한다.

셋째, 정부신뢰에 관한 대부분의 실증연구는 통상최소자승(Ordinary Least Squares: OLS) 방식을 사용하여 각 요인이 정부신뢰의 평균값에 미치는 영향을 분석하는 조건부 평균 접근(고길곤, 2020: 1－2)을 취하고 있다. 즉, 각 요인이 평균적인 정부신뢰 수준을 가진 국민에게 미치는 영향이 정부신뢰 수준이 매우 낮거나 매우 높은 국민에게서도 동일하게 나타날 것이라는 전제하에 분석이 이루어져 왔다. 그러나 정부에 대한 신뢰가 어느 정도인지에 따라 정부를 신뢰 또는 불신하게 된 이유가 다를 수 있고, 이에 따라 정부에 대한 평가나 기대에 두드러진 영향을 미치는 요인도 달라질 가능성이 있다. 현재 한국 사회의 경우 정부를 극도로 불신하는 국민이 빠르게 늘고 있음을 고려할 때, 어찌 보면 평균적인 정부신뢰 수준을 가진 국민보다도 정부를 극도로 불신하는 국민의 신뢰를 회복하는 것이 더욱 시급한 과제일 수 있는데, 기존의 평균 중심 접근방식으로는 이들의 신뢰 제고에 필요한 충분한 정보를 얻을 수 없다. 따라서 본 연구는 정부에 대한 신뢰 수준에 따라 각 요인이 정부신뢰에 미치는 영향 혹은 정부신뢰를 발생시키는 핵심 기제가 어떻게 달라지는지 살펴보고자 한다.

Ⅲ. 연구 1 : 정부신뢰와 정부불신의 비대칭성

1. 연구의 문제의식

첫 번째 연구에서는 정부신뢰와 정부불신의 비대칭성에 대해 탐색하고자 한다. 앞서 언급한 바와 같이, 기존 연구에서는 대체로 정부신뢰에 어떤 요인들이 영향을 미치는지를 중심으로 접근하고 있어 신뢰와 불신의 형성 메커니즘이 다를 수 있다는 점을 고려하고 있지 않다는 한계가 있다. 불신은 신뢰가 낮은 상태이지만 신뢰를 높이는데 중요한 요인과 불신을 해소하기 위해 중요한 요인은 다를 수 있다. 이는 신뢰와 불신을 동일 차원의 연속적 개념을 볼 수 있는가에 대한 논란의 여지가 있기 때문이다(박천오, 1999: 50). 예를 들어, 박통희(1999)가 주장하는 바와 같이 신뢰와 불신은 상호 독립적인 현상이고, 신뢰와 불신이 공존할 가능성 역시 존재하기 때문이다. 하지만 이와 관련된 뚜렷한 연구결과는 나타나지 않는 상황으로 알려져 있다(박천오, 1999: 50).

신뢰와 불신의 관계에 대해서 학자들은 여러 논의를 하고 있다. Luhmann(1968: 104)은 체계에 대한 신뢰를 논하면서 결정적으로 신뢰가 중단되는 임계점에서 불신이 끼어든다는 특징이 있다고 이야기하면서, 불신과 신뢰 상실 간 양자택일의 기능적인 공존을 제시하였다. Offe(1999: 124)는 신뢰를 공중이 믿는 배경 조건에 대한 확신이라고 규정하고 민주주의를 위해서는 배제된 자의 연대와 함께 필연적으로 불신이 전제되어야 한다고 주장한다(노진철, 2014: 254 재인용). LaPorte & Metlay(1996) 역시 성숙한 민주주의 사회에서 신뢰는 깨지기는 쉬워도 구축하기는 어려우며, 이러한 신뢰와 불신의 소통은 여전히 비대칭적으로 일어난다고 지적한다(노진철, 2014: 254 재인용).

여러 연구들이 신뢰와 불신을 연속선 상으로 보고, 이를 통하여 영향요인과 신뢰의 선형관계에 집중하고 있지만, 본 연구에서는 신뢰와 불신의 공존 내지는 비대칭적 현상에 집중하고자 한다. 이러한 현상에 관심을 두게 된 계기는 정부신뢰를 제고시키고자 다양한 노력을 기울이고 있음에도 불구하고, 정부, 특히 그중에서도 정치적 지도층에 해당하는 청와대, 중앙정부 고위층에 대한 저조한 신뢰가 계속되고 있다는 데 있다.[5] 따라서 신뢰를 높이기 위한 노력뿐만 아니라, 불신을

5) 역대 국민인식조사를 통하여 나타난 신뢰도의 상대적 순위를 비교해 보면, 수집 가능한 1992

야기하는 원인이 무엇인지 어떤 상황에서 신뢰가 더 제고되고, 불신이 더 해소되는지 조금 더 구체적인 처방을 내려야 할 필요성이 있는 것이다. 따라서 본 연구의 연구문제는 "정부신뢰와 정부불신을 가져오는 요인이 어떻게 다른가?"이다.

본 연구에서는 이를 검증하기 위하여 퍼지셋 질적비교분석의 조건결합적 접근 방식(configurational approach)을 활용하고자 한다. 기존의 접근 방식인 변수 간 독립적인 선형관계로는 정부신뢰와 정부불신을 이해하는데 한계가 크다. 그 이유는 동일한 조건이라도 다른 조건과 어떻게 결합하느냐에 따라서 결과가 달라질 수 있고, 동일한 결과에 도달하는 다양한 경로 즉, 다양한 조건결합 역시 존재할 수 있는데 이에 대한 접근이 부족했기 때문이다. 어떤 요인이 어느 정도 영향을 미친다는 단선적인 관계를 통해서는 신뢰를 높이거나 불신을 해결하는데 구체적인 방향성을 제시하기 어렵다는 한계가 있다. 따라서 본 연구에서는 정부신뢰를 제고하고 불신을 완화하기 위한 방안을 모색하기 위하여 정부신뢰와 정부불신의 비대칭적 형성의 가능성을 탐색적으로 접근해보고자 한다. 이러한 접근은 앞서 언급한 바와 같이 신뢰와 불신이 연속선 상의 개념이 아닐 가능성에 대한 이론적 논의에 대한 실증연구로서의 의미를 가질 것이다.

2. 연구설계 및 방법론

(1) 자료수집 및 설문 내용

본 연구에서는 한국사회종합조사(Korean General Social Survey, KGSS) 자료를 사용하여 퍼지셋 질적 비교분석 방법으로 분석하였다. 해당 조사는 전국 만 18세 이상의 성인 남녀를 모집단으로 하여 다단계지역확률표집(multi-stage area probability sampling) 방식으로 표본을 추출하였으며 대면면접(person to person interview) 방식으로 진행되었다. 본 연구에 사용된 연도는 2014년 자료로서 시민권(Citizenship) 모듈을 활용하였으며, 주요 내용은 정부에 대해서 시민들이 어떻게 생각하는지, 사회의 주요기관들에 대한 신뢰도, 사회 전체에 대한 신뢰도, 한국 사회 전반에 대한 시민들의 인식을 묻는 광범위한 질문을 포함하고 있다.

년의 전국여론조사부터 2018년 행정연구원의 사호종합실태에 이르기까지 청와대, 고위관료 등에 대한 인식은 일반 공무원에 비해서 신뢰도가 매우 낮다는 것을 확인할 수 있다.

(2) 변수의 측정

주요 변수의 측정과 눈금 매기기(calibration)는 <표 1>과 같이 진행하였다. 먼저 결과변수인 정부신뢰는 "중앙정부부처 지도층", "청와대 지도층"에 대한 신뢰 혹은 불신 정도로 측정하였다. 주요 조건 중 정부와 관련된 특성(government attributes)은 정부역량과 정부부패로 측정하였다. 구체적으로 정부역량은 한국 정부가 여러 이슈에 대하여 잘 대처하고 있는 정도에 대한 응답으로 구성되었고, 정부부패는 한국의 "공무원", "행정기관"이 부패와 연관되어있는 정도에 대한 응답으로 측정하였다. 개인특성(individual attributes) 변수는 교육수준은 최종학력으로, 연령은 2014년 기준으로 당시의 만 나이, 경제수준은 월평균 가구소득, 여당지지 변수는 2014년 당시 여당을 지지하는지 여부로 측정하였다.

▮표 1 변수의 측정 및 눈금 매기기

Conditions	Measurement	Full membership	Crossover point	Full non-membership
정부신뢰 (TRU)	________에 대한 신뢰도 중앙정부부처 지도층 청와대 지도층	1	1.5	3
정부역량 (CAP)	한국정부는 ________에 잘 대처하고 있다. 홍수 및 태풍 급격한 기후변동 황사 및 가뭄 지진 및 쓰나미 먹거리 위험 정신건강 위해요소 노후불안 가족해체 고령화 폭력범죄 인적재난 및 산업재해 실업 및 빈곤 주택 및 전세가격 불안 금융불안 경기침체 및 저성장 북한위협 및 북핵문제 개인인권 및 자유침해 주변 강대국 견제	1	3.261	6.652

	민주주의 위기 원전사고 환경오염 자원부족 및 고갈 방사성폐기물 저장 및 관리			
정부부패 (CRT)	한국의 ________이 부패와 연관되어 있는 정도 공무원 행정기관	1	3	5
교육수준 (EDU)	최종학력	1	4	6
연령 (AGE)	2014년 당시 만 나이	25	45	65
경제수준 (ECO)	월평균 가구소득	75	375	900
여당지지 (RPTY)	2014년 당시 여당을 지지하는지 여부	0	0.5	1

주) 각 변수의 측정 척도(단위)는 다음과 같음
정부신뢰 : 1=거의 신뢰하지 않음, 2=다소 신뢰, 3=매우 신뢰
정부역량 : 1=전혀 잘못 대처하고 있음…, 4=중립…, 7=전적으로 잘 대처하고 있음
정부부패 : 1=거의 없음, 2=조금 있음, 3=어느 정도 있음, 4=많이 있음, 5=거의 대부분
교육수준 : 0=무학, 1=초졸, 2=중졸, 3=고졸, 4=전문대졸, 5=대졸, 6=석사, 7=박사
연령 : 만 나이/ 경제수준 : 만원/ 여당지지 : 2014년 당시 여당=새누리당

(3) 분석방법

본 연구의 분석은 퍼지셋 질적비교 분석(Fuzzy-set Qualitative Comparative Analysis, FsQCA) 방법론을 선택하였다. FsQCA는 퍼지셋 질적비교분석 방법은 불리언대수를 활용한 질적비교분석에 퍼지집합의 개념을 추가한 연구방법으로서 변수중심연구와 사례중심연구를 결합한 분석이다(Ragin, 2000). 본 연구에서는 서베이 결과를 활용하여 퍼지셋 점수를 부여하는 방식으로 Schneider & Wagemann (2012)의 직접 눈금 매기기 방식을 통하여 본 연구의 분석자료의 값을 부여하였다 이렇게 퍼지셋 질적분석 방법의 활용한 것의 장점은 변수들 간 독립적인 선형관계로 정부신뢰/정부불신 이해하는 데 한계를 보완할 수 있다는 점에 있다. 동일 조건이라도 다른 조건과 어떻게 결합하느냐에 따라 결과가 달라질 수 있고, 동일

한 결과에 도달하는 다양한 경로 역시 다양한 조건결합 방식으로 존재할 수 있기 때문이다. 신뢰를 향상시키는데 있어서의 조건과 불신을 해소하는데 필요한 조건이 달라진다면 정책적 접근 방향 역시 달라질 수 있다.

3. 분석결과

FsQCA 분석결과를 살펴보면 다음과 같다. 정부신뢰/불신이 발생하기 위하여 반드시 필요한 조건은 무엇인지(i.e., 필요조건), 어떤 조건 또는 조건의 조합이 존재하면 정부신뢰/불신이 발생하게 되는지(i.e., 충분조건) 차례로 분석하였다. 특히 어떤 조건들이 국민들의 정부신뢰/불신에 보다 중요한 영향력을 갖는지 확인하기 위해 핵심적인 조건(core causal condition)과 부수적인 조건(peripheral causal condition)을 구분하여 분석을 실시하였다(Andrews, Beynon, & McDermott, 2016: 250). 이 때 핵심 조건이란 “관심 있는 결과에 대해 강력한 인과 관계를 보이는 조건”을 의미하고, 부수 조건이란 “결과에 대해 상대적으로 약한 인과 관계를 보이는 조건”을 말한다(Fiss, 2011: 398).

(1) 정부신뢰의 필요 · 충분조건 검증결과

필요조건 검증 결과 정부신뢰에 대한 단일한 필요조건은 확인되지 않았고(consistency threshold ≥ .90; Schneider & Wagemann 2012: 144), 충분조건 검증 결과는 <표 4>에 제시된 바와 같다. 정부신뢰가 발생하기 위한 핵심 조건으로는 높은 정부능력*낮은 경제수준(CAP*~ECO), 낮은 정부부패*높은 교육수준(~CRT*EDU), 낮은 정부부패*여당지지(~CRT*RPTY), 낮은 연령*여당지지(~AGE*RPTY) 등의 네 가지 조건결합이 확인되었고(parsimony solution), 이러한 조건들은 복잡해(complex solution)를 구성하는 조건의 조합에도 포함된다(T1~T7).

정부신뢰가 발생하기 위한 복잡해에서 확인된 부수 조건들을 살펴보면 다음과 같다. T1(CAP*~CRT*~EDU*AGE*~ECO; consistency=.914, raw coverage=.257)에서는 핵심 조건인 높은 정부능력, 낮은 경제수준과 더불어 낮은 정부부패, 낮은 교육수준, 높은 연령 등의 세 가지 부수 조건이 확인되었다. 즉, 교육수준이 낮고 연령이 높고 경제수준이 낮은 국민들은 정부의 능력이 우수하고 부패 수준도 낮은 경우에 정부에 대한 신뢰가 발생할 가능성이 큰 것으로 나타났다. 동일한 핵심 조건을 포함하는 T2(CAP*EDU*~ECO* RPTY; consistency=.893, raw coverage=.367)에서는 높은 교육수준, 여당지지 등의 두 가지 부수 조건이 확인되었다. 즉, 교육수준이 높고 경제수준이 낮고 여당을 지지하는 국민들은 정부의 능력이 우수할 때 정부에 대한 신뢰가 발생할 가능성이 큰 것으로 나타났다.

T3(~CRT*EDU*~AGE*~ECO; consistency=.894, raw coverage=.381)에서는 핵심 조건인 낮은 정부부패, 높은 교육수준과 더불어 낮은 연령, 낮은 경제수준 등의 두 가지 부수 조건이 확인되었다. 이는 교육수준이 높고 연령이 낮고 경제수준이 낮은 국민들의 경우 정부 부패 수준이 낮을 때 정부에 대한 신뢰가 발생할 가능성이 높음을 의미한다.

다음으로 T4, T5, T6은 정부신뢰의 핵심 조건인 낮은 정부부패와 여당지지를 포함한다. 핵심조건과 더불어 T4에서는 낮은 교육수준, 낮은 경제수준(~CRT*~EDU*~ECO* RPTY; consistency=.919, raw coverage=.275), T5에서는 낮은 교육수준, 높은 연령(~CRT*~EDU*AGE*RPTY; consistency=871, raw coverage=.272), T6에서는 높은 정부능력(CAP*~CRT*RPTY; consistency=871, raw coverage=.516) 등의 부수조건이 확인되었다. 여당을 지지하는 국민들 중 교육수준과 경제수준이 모두 낮거나(T4) 교육수준이 낮고 연령이 높은 경우(T5)에는 정부의 부패수준이 낮으면 정부신뢰가 발생할 가능성이 큰 것으로 나타났고, 그 외 여당을 지지하는 국민들의 경우 정부의 부패 수준이 낮을 뿐만 아니라 능력도 우수하면 정부에 대한 신뢰가 발생할 가능성이 큰 것으로 나타났다.

마지막으로 T7에서는 핵심 조건인 낮은 연령, 여당지지와 더불어 높은 교육수준이 부수 조건으로 확인되었다(EDU*~AGE*RPTY; consistency=.828, raw coverage=.446). 즉, 여당을 지지하는 국민들 중 교육수준이 높고 연령이 낮은 국민들은 정부의 능력이나 부패 수준에 관계없이 정부신뢰가 발생할 가능성이 높은 것으로 나타났다.

이러한 결과는 신뢰를 발생시키는 요인에 대한 기존 연구에서 나타난 결과들과 일맥상통하면서도 기존 연구에서의 단선적 결과를 보완할 수 있는 이점이 있다. 조건 결합적 접근방식(configurative approach)을 취하는 FsQCA에서는 조건 또는 조건의 조합에 따라 동일한 결과(equifinality)에 도달하는 다양한 경로가 존재할 수 있음이 강조된다(Ragin, 2008: 54). 본 연구결과 또한 여당지지 여부, 경제수준, 교육수준, 연령 등의 조건들이 어떻게 결합 되는지에 따라 정부신뢰가 발생하는 경로가 어떻게 달라지는지 <표 2>와 같이 요약될 수 있다. 가장 주목할만한 점은 여당지지 여부에 따라 정부신뢰가 발생할 수 있는 가능성이나 이를 위한 구체적인 경로에 있어서 큰 차이를 보인다는 점이다. 먼저, 여당을 지지하지 않는 국민들은 정부의 능력이나 부패 수준에 관계없이 정부신뢰가 발생할 수 있는 경로가 제약되는 경우가 많았다(e.g., 1, 4, 5, 6, 7, 8). 즉, 정부의 능력이 우수하고 부패 수준이 낮은 경우라 할지라도 여당을 지지하지 않는 국민들로 하여금 정부에 대한 신뢰를 발생시키기 어려움을 의미한다. 반면, 여당을 지지하는 국민들은 정부의 기능적 측면(i.e., 우수한 능력)이나 윤리적 측면(i.e., 낮은 부패수준)에 대한 기대가 충족될 경우 정부신뢰가 발생할 수 있는 경로(e.g., CAP*~CRT, CAP, ~CRT)가 다양하게 존재하는 것으로 나타났고(e.g., 9, 10, 12, 13, 14, 16), 일부는 아예 정부의 능력이나 부패 수준과 무관히 정부를 신뢰할 가능성이 높은 것으로 나타났다(e.g., 11, 15). 따라서 여당을 지지하지 않는 국민들에 비해 여당을 지지하는 국민들은 정부에 대한 신뢰가 발생할 수 있는 여지가 훨씬 큰 것으로 판단된다. 이러한 결과는 정부신뢰가 당시 정권 자체에 대한 평가와 연동되어 나타날 가능성이 있다는 연구와 맥락을 같이한다고 볼 수 있다(김병섭 · 강혜진, 2015). 본 연구의 분석에서는 중앙정부의 지도층과 청와대 지도층을 대상으로 하였기 때문에 이러한 경향이 더 강하게 나타났을 것으로 해석할 수 있다.

아울러 여당 지지 여부에 따라 정부신뢰가 발생하기 위한 핵심 조건이나 구체적인 경로 또한 다소 차이를 보이는 것으로 나타났다. 여당을 지지하지 않는 경우 정부신뢰가 발생할 수 있는 모든 경로에 정부의 낮은 부패수준(~CRT)이라는 조건이 포함되어 있는바 (e.g., 2, 3), 이는 정부의 윤리적 측면에 대한 기대 충족이 정부신뢰의 발생을 위해 특히 중요함을 시사한다. 반면, 여당을 지지하는 경우에는 정부의 능력이 우수하면 부패 수준에 관계없이 정부에 대한 신뢰가 발생할 수 있는 경로도 존재하는 것으로 나타났다(e.g., 12). 이는 여당을 지지하지 않는 경우에 비해 여당을 지지하는 경우 정부의 기능적 측면에 대한 기대 충족 또한 정부신뢰 발생을 위한 핵심 조건으로 작동할 수 있음을 보여준다.

▮표 2 개별 특성에 따른 정부신뢰에 대한 퍼지셋 질적비교분석 결과

No.	개인특성(Individual attributes)				Recipe for trust building
	여당지지	경제수준	교육수준	연령	
1	지지안함	저소득	저학력	낮음	{∅}
2	지지안함	저소득	저학력	높음	CAP*~CRT
3	지지안함	저소득	고학력	낮음	~CRT
4	지지안함	저소득	고학력	높음	{∅}
5	지지안함	고소득	저학력	낮음	{∅}
6	지지안함	고소득	저학력	높음	{∅}
7	지지안함	고소득	고학력	낮음	{∅}
8	지지안함	고소득	고학력	높음	{∅}
9	지지함	저소득	저학력	낮음	~CRT
10	지지함	저소득	저학력	높음	~CRT
11	지지함	저소득	고학력	낮음	{U}
12	지지함	저소득	고학력	높음	CAP
13	지지함	고소득	저학력	낮음	CAP*~CRT
14	지지함	고소득	저학력	높음	~CRT
15	지지함	고소득	고학력	낮음	{U}
16	지지함	고소득	고학력	높음	CAP*~CRT

이러한 결과는 정부 여당을 지지하지 않은 사람들에 대한 신뢰의 형성 조건을 고려하여 정부의 신뢰 제고 노력을 기울일 필요가 있음을 제시한다. 즉, 여당을 지지하는 사람들에게는 정부의 능력을 향상시키기 위한 노력, 정책을 만들어내고 이끌어가는 방식을 통하여 접근할 여지가 있는 것이다. 반면, 그렇지 않은 사람들에게는 최소한의 도덕성 측면에서의 노력이 필요하다는 것을 보여주는데, 이러한 결과는 자신의 편과 반대편 사이의 인식의 괴리가 한국사회의 심각한 문제상황임을 알려준다. 이는 특정 정치 대상에 대한 감정적 태도가 그 대상에 대한 편향적 평가를 적극적으로 유도한다는 연구(e.g., Lodge & Taber, 2013; Redlawsk, 2002) 등에서 나타나는 바와 같이 지지하지 않는 정당이 정부를 구성하였을 때 그러한 태도가 정부신뢰로까지 연결됨을 보여준다. 신뢰의 형성이 이렇게 된다면, 정부신뢰가 정치적 이념이 정책지지에 미치는 영향을 조절할 가능성을 보여준 한국의 연구(금현섭 · 백승주, 2010)나 미국의 연구(e.g., Rudolph & Evans, 2005; Rudolph, 2009)

결과를 설명하는 토대가 될 수 있다.

(2) 정부불신의 필요 · 충분조건 검증결과

필요조건 검증 결과 정부불신이 발생하기 위한 필요조건은 확인되지 않았고(consistency threshold ≥ .90; Schneider & Wagemann 2012, 144), 충분조건 검증 결과는 <표 4>에 제시된 바와 같다. 정부불신이 발생하기 위한 핵심 조건으로는 여당을 지지하지 않을 것(~RPTY), 그리고 정부의 부패수준이 높을 것 등의 두 가지 조건이 확인되었으며(parsimony solution), 이러한 조건들은 복합해(complex solution)를 구성하는 조건의 조합에도 포함된다(D1, D2).

정부불신이 발생하기 위한 복합해에서 확인된 부수 조건들을 살펴보면 다음과 같다. D1(consistency=.916, raw coverage=.178)에서는 정부불신의 핵심 조건인 여당 비지지(~RPTY), 높은 정부 부패(CRT)와 더불어 낮은 교육수준(~EDU), 높은 연령(AGE), 낮은 정부능력(~CAP) 등의 세 가지 부수 조건이 확인되었다. 즉, 여당을 지지하지 않고 교육수준이 낮고 연령이 높은 국민들은 정부의 부패수준이 높고 능력이 낮은 경우에 정부에 대한 불신이 발생할 가능성이 큰 것으로 나타났다. 동일한 핵심 조건을 포함하는 D2(consistency=.898, raw coverage=.245)에서는 높은 교육수준(EDU), 낮은 연령(~AGE), 낮은 경제수준(~ECO), 낮은 정부능력(~CAP) 등의 네 가지 부수조건이 확인되었다. 즉, 여당을 지지하지 않고 교육수준이 높고 연령이 높고 경제수준이 낮은 국민들은 정부의 부패수준이 높고 능력이 낮은 경우에 정부불신이 발생할 가능성이 큰 것으로 확인되었다. 이러한 결과 역시 기존 연구에서 제시된 개인적 특성에 따른 결과와 유사한 측면이 있다. 즉, 현 정부를 구성하는 정치적 성향이 진보적인 만큼 보수적 경향을 지닌 높은 연령대에서는 불신할 가능성이 높은 것이다. 불신의 경우에도 신뢰의 경우와 유사하게 여당 지지 여부가 핵심조건이었으며, 또 다른 핵심 조건은 정부의 부패수준이었다. 정부능력보다는 정부부패가 더 중요한 영향을 미치는 것으로 나타났다. 분석결과를 보다 구체적으로 살펴보면, 여당을 지지하지 않는 저학력*고령, 저소득*고학력*저령인 국민들에게서 정부불신 특히 두드러지게 발생할 수 있다. 따라서 정부불신을 발생하지 않게 하려면 정부능력 올리거나 정부부패 낮추어야 할 것이 해결책으로 제시될 수 있다. 특히, 정부불신에서 정부능력은 주변 조건(peripheral condition)으로, 정부부패는 핵심 조건(core condition)으로 도출된 것도 주요 연구결과이다.

▌표 3 개별 특성에 따른 정부불신에 대한 퍼지셋 질적비교분석 결과

No.	개인특성(Individual attributes)				Recipe for trust erosion
	여당지지	경제수준	교육수준	연령	
1	지지안함	저소득	저학력	낮음	{∅}
2	지지안함	저소득	저학력	높음	~CAP*CRT
3	지지안함	저소득	고학력	낮음	~CAP*CRT
4	지지안함	저소득	고학력	높음	{∅}
5	지지안함	고소득	저학력	낮음	{∅}
6	지지안함	고소득	저학력	높음	~CAP*CRT
7	지지안함	고소득	고학력	낮음	{∅}
8	지지안함	고소득	고학력	높음	{∅}
9	지지함	저소득	저학력	낮음	{∅}
10	지지함	저소득	저학력	높음	{∅}
11	지지함	저소득	고학력	낮음	{∅}
12	지지함	저소득	고학력	높음	{∅}
13	지지함	고소득	저학력	낮음	{∅}
14	지지함	고소득	저학력	높음	{∅}
15	지지함	고소득	고학력	낮음	{∅}
16	지지함	고소득	고학력	높음	{∅}

▮표 4　정부신뢰/정부불신에 대한 충분조건 검증결과

Conditions	Trust							Distrust	
	T1	T2	T3	T4	T5	T6	T7	D1	D2
CAP	**●**	**●**				•		⊖	⊖
CRT	⊖		**⊖**	**⊖**	**⊖**	**⊖**		**●**	**●**
EDU	⊖	•	**●**	⊖	⊖		•	⊖	•
AGE	•		⊖		•		**⊖**	•	⊖
ECO	**⊖**	**⊖**	⊖	⊖					⊖
RPTY		•		**●**	**●**	**●**	**●**	**⊖**	**⊖**
Complex solution									
Consistency	.914	.893	.894	.919	.874	.871	.828	.916	.898
Raw coverage	.257	.367	.381	.275	.272	.516	.446	.178	.245
Unique coverage	.026	.008	.031	.003	.014	.034	.043	.050	.116
Solution consistency				.794				.895	
Solution coverage				.711				.294	
Parsimonious solution									
Consistency	.840		.824		.811		.769	.846	
Raw coverage	.519		.554		.588		.540	.360	
Unique coverage	.036		.033		.069		.068	.360	
Solution consistency				.732				.846	
Solution coverage				.830				.360	

4. 결과의 해석

본 연구는 정부신뢰와 불신의 발생기제의 차이가 생길 수 있음을 보여주기 위한 탐색적 연구로서 신뢰와 불신의 비대칭성을 주장하는 이론적 논의를 지지하는 결과를 보여주었다. 분석결과에서 가장 주목할 만한 것은 정부를 운영하는 지도층을 중심으로 측정한 정부신뢰는 특히, 여당 지지여부와 절대적으로 연결된다는 점이다. 이는 한국 사회가 현재 직면하고 있는 편 가르기의 갈등과 교착이 팽배한 상황에서 어느 쪽이 집권하던지 간에 상대편에 대한 신뢰를 얻기가 매우 어려운 구조임을 보여준다.

하지만 여당 지지 여부가 중요한 요인으로 작용한다고 해도 정부능력과 정부부패에 대한 조건 역시 신뢰의 형성과 불신의 해소에 시사점을 제공해줄 수 있다는 점 역시 확인되었다. 즉, 신뢰와 불신의 형성에서의 비대칭성에 대한 가능성이다. 신뢰의 형성에서는 개인이 처한 상황적 특성 이외에 중요한 부분이 여당지지 집단에서는 정부의 능력, 그렇지 않은 경우에는 정부부패가 더 중요한 요인으로 도출되었다. 교육수준이 낮고 연령이 높고 경제수준이 낮은 집단의 경우에는 정부능력이 높고 부패수준도 낮은 경우 신뢰가 발생하는 것으로 나타난 것은 사람들에게 정부신뢰를 더 끌어내기 위해서는 정부가 능력과 도덕성 모든 측면에서 잘 운영되어야 하는 어려운 과제임을 알 수 있다. 반면, 여당을 지지하는 국민들은 정부의 능력이 부패수준과 상관없이도 정부신뢰가 발생된다는 점은 더더욱 지지하지 않는 집단에 대해 정부의 능력과 도덕성을 보여줄 필요가 있다는 것을 보여준다. 정부불신의 경우에는 여당을 지지하지 않고, 정부부패 수준이 높은 경우라는 간략해를 제시할 수 있는데, 불신의 경우에는 특히 정부의 도덕성이 중요한 요인으로 작용할 수 있다는 점을 보여준다.

Ⅳ. 연구 2 : 신뢰 수준별 정부신뢰의 핵심 요인 차이

1. 신뢰 수준별 정부신뢰의 핵심 요인 차이

본 연구의 두 번째 연구 질문은 “정부에 대한 현재 신뢰 수준에 따라 정부신뢰에 영향을 미치는 핵심 요인이 어떻게 달라지는가?”이다. 국민의 정부신뢰에 영향을 미치는 요인은 크게 정부의 능력, 도덕성, 선의와 관련된 요인으로 구분될 수 있는데(Mayer et al., 1995), 본 연구에서는 정부에 대한 현재 신뢰 수준이 어느 정도인지에 따라 이러한 요인 중 특히 중요하게 작동하는 요인이 어떻게 달라지는지 확인하고자 한다. 생각건대, 현재 정부신뢰 수준이 높은 국민(이하 ‘고신뢰자’)은 그동안의 경험을 바탕으로 정부에 대한 긍정적 평가나 태도가 활성화되어 있고,

반대로 현재 정부신뢰 수준이 낮은 국민(이하 '저신뢰자')은 정부에 대한 부정적 평가나 태도가 활성화되어 있을 것이다. 최근 신뢰와 관련하여 긍정적·부정적 과정을 활성화하는 기제 및 그 양상이 상이하다는 주장에 힘이 실리고 있음을 고려할 때(e.g., Cho, 2006; Conchie et al., 2011; Lee et al., 2015; Sitkin & Roth, 1993; 노진철, 2014; 박통희, 1999), 정부에 대한 긍정적 과정이 상대적으로 활성화되어 있는 고신뢰자와 정부에 대한 부정적 과정이 상대적으로 활성화되어 있는 저신뢰자의 경우 정부신뢰에 영향을 미치는 핵심 요인이 다를 것으로 예상한다.

선행연구에 따르면 신뢰(cognitively-activated trust)는 상대에 대한 지식, 자신에게 돌아올 보상이나 위험에 대한 예상 등에 바탕을 둔 인지적 과정이 강력하게 작용하는 반면, 불신(affectively-activated distrust)은 상대에 대한 부정적 감정에 바탕을 둔 정서적 과정이 강력하게 작용하는 경향을 보인다(McAllister, 1995; Lee et al., 2015). 따라서 정부에 대한 신뢰 수준이 높은 고신뢰자는 인지적 기제가, 정부에 대한 불신 수준이 높은 저신뢰자는 정서적 기제가 상대적으로 활성화되는바, 정부신뢰의 영향요인 중 인지적 기제의 성격이 강한 요인은 고신뢰자에게, 정서적 기제의 성격이 강한 요인은 저신뢰자에게 특히 중요한 영향을 미칠 것이라 예상된다. 먼저, 정부의 능력은 성공적인 국정운영을 가능케 하는 일련의 기술·역량으로서(Mayer et al., 1995: 717-8) 주로 인지적 평가를 통해 국민의 정부신뢰에 영향을 미친다. 따라서 정부의 능력이 정부신뢰를 제고하는 효과는 인지적 기제가 활성화되어 있는 고신뢰자에게서 특히 두드러지게 나타날 것이다. 반면, 정부의 도덕성은 국민이 받아들일 수 있는 원칙과 가치를 정부가 준수하는 정도로서(Mayer et al., 1995: 719-20) 가치체계의 공유 등 주로 정서적 과정을 통해 국민의 정부신뢰에 영향을 미친다(Barber, 1983; Yamagishi, Cook, & Watabe, 1998). 따라서 정부의 도덕성이 정부신뢰를 제고하는 효과는 정서적 기제가 활성화되어 있는 저신뢰자에게서 특히 강하게 나타날 것이다. 마지막으로 정부의 선의는 정부가 국민을 돕고자 하는 의지를 갖고 국민의 이익을 위한 행동을 하는 정도를 말하며(Mayer et al., 1995: 718-9), 정부가 국민을 돕고자 하는 동기는 정서적으로, 실제로 국민의 이익에 도움이 되고 있는지에 대한 평가는 인지적으로 정부신뢰에 영향을 미치는 바 정서적·인지적 기제로서의 성격을 동시에 보인다. 따라서 정부의 선의는 인지적 기제가 강력하게 작용하는 고신뢰자와 정서적 기제가 강력하게 작용하는 저신뢰자의 정부신뢰에 모두 중요한 영향을 미치므로 신뢰 수준에 따른 영향력 차이가 나타나지 않을 것이다.

한편, 정부신뢰의 영향요인에 따라 정부와 관련된 긍정적·부정적 정보에 부여되는 가중치가 달라진다는 점(Kim et al., 2004, 2006; Madon, Jussim, & Eccles, 1997; Martjin et al., 1992; Reeder et al., 2001) 또한 본 연구의 예상을 뒷받침하는 근거가 될 수 있다. 정보의 진단성 이론(information dignosticity theory)에 따르면 사람들은 어떤 정보가 자신이 직면한 판단에 얼마나 도움이 되는지 평가하여(Feldman & Lynch, 1988) 해당 정보에 가중치를 부여하는데(Reeder & Brewer, 1979), 신뢰 대상의 능력과 도덕성의 경우 다음과 같은 이유로 능력은 긍정적 정보에, 도덕성은 부정적 정보에 더 큰 가중치가 부여된다(e.g., Kim et al., 2003; Madon et al., 1997; Martijn et al., 1992; Reeder & Brewer, 1979). 먼저, 능력에 대한 긍정적 정보는 상대가 유능한 경우에만 관찰될 수 있지만, 부정적 정보는 상대가 무능한 경우 외에도 상대가 능력은 있으나 이를 발휘할 의지가 없는 경우에도 관찰될 수 있다. 따라서 긍정적 정보가 상대의 능력에 대한 더 확실한 정보라고 평가되어 더 큰 가중치가 부여된다. 마찬가지 이유로 도덕성에 대한 부정적 정보는 상대가 부도덕한 경우에만 관찰될 수 있지만, 긍정적 정보는 상대가 도덕적인 경우 외에도 상대가 부도덕하지만 이를 감추는 경우 관찰될 수 있다. 따라서 부정적 정보가 상대의 도덕성에 대한 더 확실한 정보라고 인식되어 더 큰 가중치가 부여된다(Kim et al., 2006: 51). 이러한 논리를 정부신뢰에 적용해 보면 정부의 능력은 긍정적 정보에 더 큰 가중치가 부여되는바 고신뢰자에게서 그 영향이 더욱 크게 나타나는 반면, 정부의 도덕성은 부정적 정보에 더 큰 가중치가 부여되는바 저신뢰자에게서 그 영향이 더욱 크게 나타날 것이라 예상된다. 한편, 선의의 경우 정보의 진단성과 관련하여 선행연구에서 특별히 언급된 바는 없으나, 긍정적·부정적 정보 모두 정부가 선의인 경우와 선의가 아닌 경우에만 관찰될 수 있다는 점에서 양자에 유사한 가중치가 부여되므로 신뢰 수준에 따른 영향력 차이가 나타나지 않을 것이다. 이에 본 연구는 상기의 논의를 종합하여 본 연구에서는 다음과 같이 가설 2-1, 2-2, 2-3을 설정하였다.

가설 2-1. 정부의 능력이 국민의 정부신뢰에 미치는 정(+)의 영향은 정부신뢰 수준이 높은 국민에게서 더 크게 나타날 것이다.

가설 2-2. 정부의 도덕성이 국민의 정부신뢰에 미치는 정(+)의 영향은 정부신뢰 수준이 낮은 국민에게서 더 크게 나타날 것이다.

가설 2−3. 정부의 선의가 국민의 정부신뢰에 미치는 정(+)의 영향은 정부신뢰 수준에 따라 유의한 차이를 보이지 않을 것이다.

2. 연구설계

(1) 자료수집 및 응답자 특성

표 5 응답자 특성

변수	구분	빈도(명)	비율(%)	변수	구분	빈도(명)	비율(%)
성별	남성	3,490	50.1	월평균 가구 소득 (만원)	200 미만	623	8.9
	여성	3,507	49.9		~ 400 미만	2,511	35.9
연령	20대 이하	1,287	18.4		~ 600 미만	2,575	36.8
	30대	1,268	18.1		~ 800 미만	1,082	15.5
	40대	1,380	19.7		~1,000 미만	168	2.4
	50대	1,409	20.1		1,000 이상	38	0.5
	60대 이상	1,653	23.6	혼인 상태	배우자 없음 (미혼/이혼/사별)	2,022	28.9
교육 수준	중졸 이하	647	9.3				
	~ 고졸 이하	2,563	36.6		배우자 있음 (기혼/사실혼/별거)	4,975	71.1
	~ 대졸 이하	3,729	53.3				
	대학원 이상	58	0.8	N=6,997			

본 연구는 서울대학교 행정대학원 서베이연구센터의 2019년 「정부역할에 대한 국민인식조사」 자료를 사용하였다. 정부역할에 대한 국민인식조사는 전국에 거주하는 만 19세 이상 성인남녀를 표집 대상으로 하는 전국 단위의 횡단 조사로, 정부 운영에 대한 국민의 인식을 조사하여 효과적인 정책 수립의 기초 자료를 마련하고자 2014년부터 실시되고 있다. 본 연구에 사용된 2019년 조사의 경우 시도별·시군구별 모집단 크기를 바탕으로 다단계 층화집락추출방식을 통해 총 6,997명의 유효표본이 추출되었고, 분석은 전체 유효표본을 대상으로 진행되었다. 응답자의 구체적인 인구통계학적 특성은 <표 5>과 같다.

(2) 변수의 측정[6)]

1) 종속변수

본 연구는 정부신뢰를 “정부에 대한 국민의 감정적·평가적 정향”으로 정의하고(Easton, 1965; Heatherington, 1998; Miller, 1974; Newton, 1999) 중앙행정기관, 광역지방자치단체장, 검찰, 경찰, 군에 대한 신뢰 수준을 묻는 5개 문항의 평균값으로 정부신뢰를 측정하였다. 다양한 정부기관 및 공직자에 대한 신뢰 수준을 종합하여 정부 일반에 대한 신뢰 수준을 측정하는 것은 많은 선행연구에서 활용되어온 방식이기도 하다(e.g., Espinal, Hartlyn, & Kelly, 2006; 강혜진 · 박은형, 2018; 김왕식, 2011; 이하영 · 이수영, 2017). 모든 응답은 4점 척도로 구성되었으며 점수가 높을수록 정부신뢰 수준이 높음을 의미한다.

2) 독립변수

본 연구는 정부의 능력, 도덕성, 선의를 각각 “정부가 국정운영을 잘할 수 있게 하는 일련의 기술, 역량, 특성”, “정부가 국민이 받아들일 수 있는 원칙과 가치를 준수하고 있는 정도”, “정부가 국민의 이익을 위한 선의의 행동을 하는 정도”라고 정의하고(Mayer et al., 1995), 이를 측정하기 위한 하위 대용변수로 효과성(능력), 공정성과 청렴성(도덕성), 대응성(선의) 등 4개 변수를 사용하였다. 효과성은 지난 1년간 각 정책 분야에서 보인 정부의 노력이 성공한 정도를 묻는 13개 문항의 평균값으로 측정하였고, 공정성은 우리나라 정부의 공정성 수준을 묻는 단일 문항으로, 청렴성은 민원 공무원이 금품을 수수할 가능성 및 고위 관료가 기업의 부정청탁을 수락할 가능성을 묻는 2개 문항을 역코딩(reverse coding) 한 평균값으로 측정하였으며, 대응성은 공공서비스 관련 불만이 신속하게 해결될 가능성을 묻는 단일 문항으로 측정하였다. 효과성 문항의 응답은 5점 척도, 나머지 문항의 응답은 11점 척도로 구성되었고 점수가 높을수록 정부의 효과성, 공정성, 청렴성, 대응성이 높음을 의미한다.

---

6) 정부신뢰에 대한 각 설명변수의 상대적 영향력을 비교하기 위하여 분석에는 상이한 척도로 측정된 연속형 변수들을 모두 표준화하여 사용하였다.

3) 통제변수

본 연구는 선행연구를 통해 정부신뢰에 유의한 영향을 미치는 것으로 확인되어 온 성별, 연령, 교육수준, 혼인상태, 소득수준, 지역 등의 객관적 특성과 주관적 계층의식, 정치성향, 일반신뢰 수준 등의 주관적 특성을 통제하였다(Brehm & Rahn, 1997; Heatherington, 1998; Hibbing & Theiss-Morse, 1995; 강혜진 · 박은형, 2018; 금현섭 · 백승주, 2015; 이하영 · 이수영, 2017; 황창호 외, 2015). 성별(1=남성, 0=여성), 교육수준(중졸이하=ref./고졸이하/전문대졸이하/대졸이하/대학원이상), 혼인상태(1=배우자 있음, 0=배우자 없음), 소득수준(빈곤층/중산층=ref./상류층), 지역(17개 광역지방자치단체) 등의 객관적 특성은 가변수로 측정하였고, 연령은 조사 당시의 만 나이로 측정하였다. 주관적 특성은 자기 보고식 설문을 사용하여 주관적 계층의식은 현재 자신이 어떤 사회 계층에 속해 있다고 생각하는지 묻는 단일 문항(9점 척도)으로, 정치성향은 본인의 정치성향이 얼마나 보수적인지 묻는 단일 문항(5점 척도)으로, 일반신뢰는 사회를 전반적으로 신뢰하는 정도를 묻는 단일 문항(4점 척도)으로 측정하였다. 점수가 높을수록 주관적 계층의식, 보수적 정치성향, 일반신뢰 수준이 높음을 의미한다.

4) 측정 타당도 및 신뢰도

본 연구와 같이 하나의 구성개념을 측정하기 위해 여러 개의 항목을 사용한 경우(i.e., 정부신뢰, 효과성, 청렴성) 각 구성개념과 이를 측정하는 항목 간 일치 정도, 즉 구성개념이 측정 항목들을 통해 제대로 측정되었는지 타당도(validity) 검증이 필요하다. 확인적 요인분석 결과 모든 측정 항목의 표준화된 요인 적재량이 통계적으로 유의하고 0.5를 상회하는바 수용 가능한 수준의 집중타당도를 확보한 것으로 판단된다(Bagozzi & Yi, 1991). 구체적인 확인적 요인분석 결과는 <부록 2>에 제시하였다. 다음으로, 동일한 구성개념을 측정하는 항목들 사이에 내적 일관성이 확보되는지 검토하기 위해 신뢰도(reliability) 분석을 실시하였고, 정부신뢰, 효과성, 청렴성의 Cronbach's alpha 값 모두 0.7을 상회하는바 내적 일관성 수준 또한 양호한 것으로 확인되었다(Nunally, 1978).

▮표 6 변수의 측정

변수			측정	척도
종속	정부신뢰		중앙행정기관(중앙부처)에 대한 신뢰도	4점
			광역지방자치단체장(특별시, 광역시, 도)에 대한 신뢰도	
			검찰에 대한 신뢰도	
			경찰에 대한 신뢰도	
			군에 대한 신뢰도	
독립	능력	효과성	지난 1년간 외교·통일·안보 분야 정책 성공 정도	5점
			지난 1년간 교육 분야 정책 성공 정도	
			지난 1년간 보건의료 분야 정책 성공 정도	
			지난 1년간 복지 분야 정책 성공 정도	
			지난 1년간 환경 분야 정책 성공 정도	
			지난 1년간 부동산 분야 정책 성공 정도	
			지난 1년간 문화예술 분야 정책 성공 정도	
			지난 1년간 고용노동 분야 정책 성공 정도	
			지난 1년간 경제 분야 정책 성공 정도	
			지난 1년간 저출산대응 분야 정책 성공 정도	
			지난 1년간 안전재난관리 분야 정책 성공 정도	
			지난 1년간 산업 및 공정거래 분야 정책 성공 정도	
			지난 1년간 에너지 정책 분야 정책 성공 정도	
	도덕성	공정성	우리나라 정부의 공정성	11점
		청렴성	민원인이 신속한 행정처리를 위해 공무원에게 부적절한 금품을 건넬 경우, 공무원이 이를 수수할 가능성 (역코딩)	11점
			기업이 부정청탁을 하면서 고위 관료에게 은퇴 후 취업을 제안할 경우, 고위 관료가 제안을 수락할 가능성 (역코딩)	
	선의	대응성	국가기관의 공공서비스에 불만을 제기할 경우, 그 문제가 신속하게 해결될 가능성	11점
통제	성별		1=남성, 0=여성	더미
	연령		연령(만)	연속
	교육수준		중졸이하(=ref.)/고졸이하/전문대졸이하/대졸이하/대학원 이상	더미
	혼인상태		1=배우자 있음, 0=배우자 없음	더미
	소득수준		빈곤층/중산층(=ref.)/상류층 빈곤층 : 월평균 가구소득 중위 50% 미만 중산층 : 월평균 가구소득 중위 50% 이상 150% 미만	더미

	상류층 : 월평균 가구소득 중위 150% 이상	
지역	서울(=ref.)/부산/대구/인천/광주/대전/울산/세종/경기/강원/충북/충남/전북/전남/경북/경남/제주	더미
주관적 계층의식	스스로 생각하는 본인의 현재 사회 계층	9점
정치성향	정치성향이 보수적인 정도	5점
일반신뢰	우리 사회를 전반적으로 신뢰하는 정도	4점

(3) 분석방법

본 연구는 정부에 대한 현재 신뢰 수준에 따라 정부신뢰에 영향을 미치는 주요 요인이 어떻게 상이한지 확인하기 위하여 분위 회귀분석(Quantile Regression: QR)을 실시하였다. 기존에 통용되어온 통상최소자승회귀분석(Ordinary Least Squares: OLS)은 각 설명변수가 종속변수의 평균값에 미치는 영향을 추정하는 조건부 평균 접근을 취한다(고길곤, 2020: 2). 따라서 정부신뢰 수준이 평균적이지 않은 경우, 즉 정부에 대한 신뢰가 아주 높거나 낮은 국민의 정부신뢰 영향요인을 분석하는 데에는 한계가 있기 마련이다. 만약 현재의 정부신뢰 수준에 따라 각 영향요인의 회귀계수 크기가 다를 경우 OLS 회귀분석으로는 이러한 차이를 식별하기 어렵고 부분적인 정보만을 제공하게 된다. 이에 본 연구는 정부신뢰 수준에 따라 구분된 분위 집단별 분석을 가능하게 하는 QR 방식을 사용하여 현재 정부신뢰 수준에 따라 정부신뢰에 영향을 미치는 주요 요인이 어떻게 달라지는지 확인하였다. 먼저, OLS 회귀분석을 통해 각 설명변수가 정부신뢰의 평균값에 미치는 영향을 확인한 뒤, 분위 회귀분석을 통해 이러한 설명변수의 영향이 정부신뢰의 수준에 따라 달라지는지, 즉 분위별 회귀계수 간 차이가 존재하는지 살펴보았으며, 마지막으로 분위 간 회귀분석(inter-quantile regression)을 통해 이러한 분위별 회귀계수의 차이가 통계적으로 유의한 차이인지 검정하는 순으로 분석을 진행하였다. 모든 분석에는 STATA 16.0 프로그램을 사용하였다.

3. 분석결과

(1) 기술통계 및 상관분석 결과

▌표 7　기술통계 및 상관분석 결과

(음영 : p<.05)

변수		평균	표준편차	최소	최대	상관관계																		
						1	2	3	4	5	6	7	8a	8b	8c	8d	8e	9	10a	10b	10c	11	12	13
1	정부신뢰	2.42	.54	1	4	1.00																		
2	능력_효과성	3.06	.54	1	4.77	.39	1.00																	
3	도덕성_공정성	5.56	1.60	0	10	.25	.34	1.00																
4	도덕성_청렴성	4.60	1.94	0	10	.22	.11	–.13	1.00															
5	선의_대응성	5.79	1.59	0	10	.15	.18	.42	–.09	1.00														
6	성별	.50	.50	0	1	–.03	–.02	–.03	–.02	–.00	1.00													
7	연령	46.50	14.69	19	89	.03	–.03	–.02	.03	.01	–.04	1.00												
8	교육수준																							
8a	중졸이하(ref.)	.09	.29	0	1	–.02	–.03	.02	.02	.03	.07	.44	1.00											
8b	고졸이하	.37	.48	0	1	.01	–.02	–.03	.02	–.00	.08	.32	–	1.00										
8c	전문대졸이하	.12	.32	0	1	.00	.02	.03	.03	.00	.01	–.15	–	–	1.00									
8d	대졸이하	.41	.49	0	1	–.00	.02	–.00	–.05	–.02	.12	–.48	–	–	–	1.00								
8e	대학원이상	.01	.09	0	1	–.00	–.00	–.00	–.02	–.01	.02	–.01	–	–	–	–	1.00							
9	혼인상태	.71	.45	0	1	–.02	–.03	.03	–.02	.01	.02	.51	.02	.22	.03	.22	.01	1.00						
10	소득수준																							
10a	빈곤층	.05	.22	0	1	.02	–.02	–.03	.04	–.02	.03	.26	.36	.04	.05	.14	.01	.04	1.00					
10b	중산층(=ref.)	.76	.43	0	1	–.04	.02	.02	–.01	.01	.01	–.06	.07	.07	.05	.04	.06	.10	–	1.00				
10c	상류층	.19	.39	0	1	.03	–.01	–.01	–.01	–.00	.03	–.08	.13	.05	.03	.13	.07	.09	–	–	1.00			
11	주관적 계층의식	4.79	1.25	1	9	.06	.12	.27	–.14	.21	.00	–.05	–.08	–.02	–.00	.06	.02	.04	–.08	.02	.02	1.00		
12	보수적 정치성향	2.85	.92	1	5	–.01	–.13	–.24	.08	–.13	.01	.28	.14	.10	–.03	–.16	–.02	.11	.12	–.03	–.04	–.14	1.00	
13	일반신뢰	2.71	.51	1	4	.29	.29	.39	.07	.23	–.04	.02	.03	.02	.01	–.03	–.02	.02	–.02	.02	–.01	.10	–.12	1.00

주) 연속형 변수 간 상관분석은 Pearson correlation, 연속형·이분형 변수 간 상관분석은 point biserial correlation, 연속형·순서형 변수 간 상관분석은 Spearman correlation, 이분형 변수 간 상관분석은 phi coreelation 분석을 실시하였다.

주요 변수의 기술통계 및 상관분석 결과는 <표 7>에 제시하였다. 종속변수인 정부신뢰는 4점 만점에 평균 2.42점(SD=.54)으로 보통 수준에 미치지 못하였고, 독립변수 중 정부의 효과성은 5점 만점에 평균 3.06점(SD=.54), 공정성과 대응성은 10점 만점에 각각 평균 5.56점(SD=1.60), 5.79점(SD=1.59)으로 보통 수준을 상회하는 것으로 나타났다. 반면, 정부의 청렴성은 10점 만점에 평균 4.60점(SD=1.94)으로 보통 수준에 미치지 못하였다. 다음으로 주요 변수 간 상관관계를 살펴보면 종속변수인 정부신뢰는 정부의 효과성(r=.39), 공정성(r=.25), 청렴성(r=.22), 대응성(r=.15) 등 모든 독립변수와 통계적으로 유의한 정(+)의 상관을 보였다($p<.05$). 이 중에서도 특히 정부의 능력과 관련된 효과성이 정부신뢰와 가장 큰 정(+)의 상관을 보이는 것으로 나타났고, 뒤이어 정부의 도덕성과 관련된 공정성과 청렴성, 마지막으로 정부의 선의와 관련된 대응성 순으로 정부신뢰와 큰 상관성을 보였다. 한편, 모든 상관계수의 절댓값이 0.9를 넘지 않고 각 변수의 분산팽창지수(variance inflation factor: VIF) 또한 1.03~5.81(mean VIF=1.69)로 10을 넘지 않는바, 변수 간 다중공선성(multicollinearity) 문제는 크게 우려되지 않는 것으로 확인되었다(Hair et al., 2006; Wooldridge, 2013).

(2) 회귀분석 결과

1) OLS 회귀분석 결과

OLS 회귀분석 결과(표 8), 정부의 효과성($\beta=.141$, $p<.001$), 공정성($\beta=.075$, $p<.001$), 청렴성($\beta=.081$, $p<.001$), 대응성($\beta=.022$, $p<.01$) 모두 정부신뢰에 유의한 정(+)의 영향을 미치는 것으로 나타났다. 각 변수의 상대적인 영향력 크기를 살펴보면, 특히 정부의 능력과 관련된 효과성이 정부신뢰에 가장 강력한 정(+)의 영향을 미치는 것으로 나타났고, 뒤이어 정부의 도덕성과 관련된 청렴성, 공정성, 마지막으로 정부의 선의와 관련된 대응성 순이었다. 이는 평균적인 정부신뢰 수준을 지닌 국민의 경우 정부의 능력, 도덕성, 선의 순으로 정부신뢰에 중요한 영향을 미침을 의미한다.

2) 분위 회귀분석 결과

정부신뢰의 수준에 따라 구분된 분위 집단별(i.e., q10=초저신뢰, q25=저신뢰,

q50=중신뢰, q75=고신뢰, q90=초고신뢰) 회귀분석을 통해 각 요인이 정부신뢰에 미치는 영향이 분위에 따라 상이한지 검정하였다(표 8, 표 9). 먼저, 정부의 능력과 관련된 효과성은 정부신뢰의 모든 분위에서 정부신뢰에 통계적으로 유의한 정(+)의 영향을 미치는 것으로 나타났고($p<.001$), 효과성의 회귀계수는 정부신뢰 수준이 낮은 저분위에서 정부신뢰 수준이 높은 고분위로 갈수록 더 커지는 경향을 보였다($\beta_{.10}=.118$, $\beta_{.25}=.126$, $\beta_{.50}=.131$, $\beta_{.75}=.151$, $\beta_{.90}=.142$). 이때 정부신뢰 수준이 높은 75분위에서의 효과성 회귀계수는 정부신뢰 수준이 낮은 10분위($diff_{.75-.10}=.032$, $p<.10$)와 25분위($diff_{.75-.25}=.025$, $p<.10$), 정부신뢰 수준이 중간인 50분위($diff_{.75-.50}=.020$, $p<.10$)에서의 효과성 회귀계수보다 통계적으로 유의하게더 큰 것으로 확인되었다. 이는 정부의 능력이 국민의 정부신뢰를 제고하는 효과가 정부신뢰 수준이 높은 국민에게서 더욱 크게 나타남을 보여주는 결과인바, 가설 2-1은 지지되었다.

정부의 도덕성과 관련된 공정성 또한 정부신뢰의 모든 분위에서 정부신뢰에 통계적으로 유의한 정(+)의 영향을 미치는 것으로 나타났다($P<.001$). 공정성의 경우 정부신뢰 수준이 높은 고분위에서 정부신뢰 수준이 낮은 저분위로 가면서 회귀계수가 일관되게 증가하지는 않았으나, 정부신뢰 수준이 높은 75분위 이상보다 정부신뢰의 50분위 이하에서 회귀계수가 더 크게 추정되었다($\beta_{.10}=.083$, $\beta_{.25}=.087$, $\beta_{.50}=.083$, $\beta_{.75}=.061$, $\beta_{.90}=.072$). 이때 정부신뢰 수준이 낮은 25분위에서의 공정성 회귀계수는 정부신뢰 수준이 높은 75분위에서의 공정성 회귀계수보다는 유의하게 더 큰 것으로 확인되었으나($diff_{.75-.25}=-.025$, $p<.10$), 정부신뢰 수준이 매우 높은 90분위나 정부신뢰 수준이 중간인 50분위에서의 공정성 회귀계수와는 통계적으로 유의한 차이를 보이지 않았다. 정부신뢰 수준이 매우 낮은 10분위에서 의 공정성 회귀계수는 다른 어떤 분위의 회귀계수와도 유의한 차이가 나타나지 않았다. 이는 정부의 도덕성이 정부신뢰를 제고하는 효과가 정부신뢰 수준이 낮은 국민에게서 더욱 크게 발생할 것으로 예상한 가설 2-2를 충분히 뒷받침하지 못하는 결과이다.

▮ 표 8　OLS 회귀분석 및 분위 회귀분석 결과

변수			OLS	QR				
				q=.10	q=.25	q=.50	q=.75	q=.90
독립	능력	효과성	.141*** (19.47)	.118*** (8.09)	.126*** (11.40)	.131*** (12.07)	.151*** (12.78)	.142*** (11.11)
	도덕성	공정성	.075*** (9.10)	.083*** (5.17)	.087*** (6.86)	.083*** (7.72)	.061*** (4.94)	.072*** (5.75)
		청렴성	.081*** (11.72)	.111*** (8.41)	.089*** (8.78)	.082*** (9.23)	.055*** (5.56)	.047*** (5.03)
	선의	대응성	.022** (2.94)	.021 (1.53)	.012 (1.00)	.028** (3.07)	.040*** (3.66)	.033** (2.88)
통제	성별		−.022† (−1.66)	−.039 (−1.45)	−.056** (−2.93)	−.039* (−2.32)	.004 (0.19)	−.019 (−0.95)
	연령		.002** (3.27)	.003* (2.37)	.002* (2.14)	.003** (3.09)	.002* (2.04)	.001 (1.18)
	교육수준	고졸이하	.030 (1.09)	.049 (0.85)	.023 (0.55)	.014 (0.40)	.061 (1.54)	.042 (0.84)
		전문대졸이하	.046 (1.36)	.077 (1.11)	.060 (1.20)	.067 (1.57)	.053 (1.09)	−.026 (−0.43)
		대졸이하	.039 (1.25)	.070 (1.08)	.059 (1.32)	.063 (1.52)	.051 (1.11)	.003 (0.06)
		대학원이상	.081 (1.06)	−.034 (−0.20)	.082 (0.73)	.028 (0.29)	.128 (1.11)	.022 (0.28)
	혼인상태		−.062*** (−3.55)	−.133*** (−4.11)	−.070** (−2.64)	−.033 (−1.44)	−.047† (−1.91)	−0.37 (−1.43)
	소득수준	빈곤층	.065* (2.03)	.015 (0.18)	.062 (1.10)	.075† (1.86)	.138** (2.87)	.074 (1.22)
		상류층	.004 (0.21)	.001 (0.04)	−.009 (−0.34)	−.016 (−0.71)	.024 (0.99)	.010 (0.39)
	주관적 계층의식		.014* (2.03)	.014 (1.06)	.017† (1.69)	.008 (0.94)	.017† (1.84)	.017 (1.34)
	보수적 정치성향		.011 (0.01)	.010 (0.70)	.021† (1.80)	.019* (2.05)	.009 (0.87)	−.003 (−0.28)
	일반신뢰		.071*** (9.73)	.080*** (6.03)	.081*** (7.48)	.075*** (8.50)	.066*** (5.71)	.052*** (3.97)
상수			2.954*** (59.14)	2.303*** (24.22)	2.636*** (35.71)	2.926*** (45.83)	3.266*** (46.93)	3.601*** (44.08)
지역			Yes	Yes				
Adj R2			.223	−				
Pseudo R2			−	.159	.137	.121	.105	.106
N			6,997	6,997				

주) 괄호는 t−값; † <.10, * <.05, ** <.01, *** <.001; Bootstrap(1,000) S.E.

한편, 정부의 도덕성과 관련된 또 다른 변수인 청렴성의 경우 모든 분위에서 정부신뢰에 통계적으로 유의한 정(+)의 영향을 미치는 것으로 나타났고($p<.001$), 청렴성의 회귀계수는 정부신뢰 수준이 높은 고분위에서 정부신뢰 수준이 낮은 저분위로 갈수록 일관되게 더 커지는 경향을 보였다($\beta_{.10}=.111$, $\beta_{.25}=.089$, $\beta_{.50}=.082$, $\beta_{.75}=.055$, $\beta_{.90}=.047$). 이러한 분위 간 회귀계수 차이가 통계적으로 유의한 차이인지 검정한 결과, 정부신뢰 수준이 매우 낮은 10분위에서의 청렴성 회귀계수가 정부신뢰 수준이 낮은 25분위에서의 청렴성 회귀계수보다 유의하게 더 크고($diff_{.25-.10}=-.022$, $p<.10$), 정부신뢰 수준이 중간인 50분위에서의 청렴성 회귀계수가 정부신뢰 수준이 높은 75분위에서의 청렴성 회귀계수보다 유의하게 더 큰 것으로 나타났다($diff_{.75-.50}=-.026$, $p<.01$). 이는 정부의 도덕성이 국민의 정부신뢰를 제고하는 효과가 정부신뢰 수준이 낮은 국민일수록 더욱 크게 나타남을 보여주는 결과인바, 가설 2-2는 청렴성에 한하여 부분적으로 지지되었다.

마지막으로 정부의 선의와 관련된 대응성은 정부신뢰 수준이 중간 이상인 50분위 이상에서만 정부신뢰에 통계적으로 유의한 정(+)의 영향을 미치는 것으로 나타났고($p<.01$), 유의성이 확인된 50분위 이상에서는 분위별 회귀계수 간 통계적으로 유의한 차이가 나타나지 않았다($p>.10$). 이는 정부의 대응성이 정부신뢰를 제고하는 효과가 정부신뢰 수준이 중간 이상인 국민에 한하여 발생함을 보여주는 결과이다. 따라서 정부신뢰의 수준에 따라 정부의 선의가 정부신뢰를 제고하는 효과에 유의한 차이가 없을 것으로 예상한 가설 2-3은 지지되지 않았다.

정부신뢰 수준에 따라 정부의 능력, 도덕성, 선의가 정부신뢰에 미치는 영향이 어떻게 변화하는지 도식화하면 <그림 1>과 같다. 정부신뢰에 대한 효과성의 회귀계수는 정부신뢰 수준이 높은 고분위로 갈수록 커지는 경향을 보이며 우상향 형태로 나타난 반면, 정부신뢰에 대한 청렴성의 회귀계수는 정부신뢰 수준이 낮은 저분위로 갈수록 커지는 경향을 보이며 좌상향 형태로 나타났다. 한편, 정부신뢰에 대한 공정성과 대응성의 회귀계수는 분위에 따른 차이나 뚜렷한 경향이 드러나지는 않았다.

▮표 9 분위 간 차이의 유의성 검정 결과(inter–quantile regression)

변수			Inter–quantile									
			q25–q10	q50–q10	q75–q10	q90–q10	q50–q25	q75–q25	q90–q25	q75–q50	q90–q50	q90–q75
독립	능력	효과성	.008 (0.65)	.013 (0.87)	.032† (1.92)	.024 (1.31)	.005 (0.51)	.025† (1.86)	.016 (1.02)	.020† (1.90)	.011 (0.76)	–.009 (–0.74)
	도덕성	공정성	.004 (0.28)	–.000 (–0.01)	–.021 (–1.13)	–.011 (–0.56)	–.004 (–0.35)	–.025† (–1.82)	–.014 (–0.93)	–.021† (–1.89)	–.011 (–0.78)	.011 (0.88)
		청렴성	–.022† (–1.89)	–.029* (–2.18)	–.056*** (–3.54)	–.065*** (–3.94)	–.007 (–0.80)	–.034** (–2.78)	–.043** (–3.33)	–.026** (–2.87)	–035** (–3.17)	–.009 (–0.93)
	선의	대응성	–.009 (–0.76)	.007 (0.48)	.019 (1.13)	–.002 (–1.12)	.016 (1.58)	.028* (2.05)	.021 (1.45)	.012 (1.32)	.005 (0.41)	–.007 (–0.68)
통제	성별		–.017 (–0.76)	–.001 (–0.03)	.042 (1.45)	.019 (0.63)	.017 (0.95)	.059** (2.66)	.037 (1.47)	.043* (2.56)	.020 (0.93)	–.023 (–1.23)
	연령		–.001 (–0.75)	–.000 (–0.17)	–.001 (–0.74)	–.002 (–1.12)	.001 (0.69)	–.000 (–0.17)	–.001 (–0.65)	–.001 (–0.97)	–.002 (–1.27)	–.001 (–0.70)
	교육수준	고졸이하	–.026 (–0.54)	–.035 (–0.60)	.012 (0.18)	–.007 (–0.10)	–.009 (–0.26)	.038 (0.81)	.019 (0.33)	.048 (1.37)	.028 (0.56)	–.019 (–0.45)
		전문대졸이하	–.018 (–0.30)	–.010 (–0.14)	–.024 (–0.31)	–.103 (–1.22)	.008 (0.17)	–.006 (–0.11)	–.086 (–1.25)	–.014 (–0.33)	–.094 (–1.53)	–.079 (–1.57)
		대졸이하	–.011 (–0.19)	–.007 (–0.11)	–.019 (–0.27)	–.067 (–0.87)	.003 (0.08)	–.009 (–0.16)	–.056 (–0.91)	–.012 (–0.28)	–.059 (–1.02)	–.048 (–1.00)
		대학원이상	.116 (0.83)	.062 (0.38)	.162 (0.93)	.056 (0.31)	–.054 (–0.54)	.047 (0.35)	–.060 (–0.50)	.100 (0.99)	–.007 (–0.06)	–.107 (–1.08)
	혼인상태		.062* (2.13)	.100** (3.08)	.086* (2.34)	.095* (2.38)	.037 (1.54)	.024 (0.78)	.033 (0.93)	–.014 (–0.59)	–.005 (–0.16)	.009 (0.37)
	소득수준	빈곤층	.047 (0.70)	.061 (0.77)	.124 (1.39)	.059 (0.60)	.013 (0.28)	.076 (1.28)	.012 (0.16)	.063 (1.46)	–.002 (–0.03)	–.065 (–1.24)
		상류층	–.010 (–0.33)	–.018 (–0.53)	.022 (0.60)	.008 (0.21)	–.008 (–0.33)	.032 (1.12)	.018 (0.58)	.040† (1.74)	.026 (0.91)	–.014 (–0.58)
	주관적 계층의식		.003 (0.25)	–.006 (–0.45)	.002 (0.15)	.003 (0.16)	–.009 (–0.94)	–.001 (–0.06)	–.000 (–0.02)	.008 (1.02)	.009 (0.71)	.000 (0.04)
	보수적 정치성향		.012 (0.83)	.010 (0.64)	–.001 (–0.05)	–.014 (–0.77)	–.002 (–0.16)	–.013 (–0.91)	–.026† (–1.66)	–.011 (–1.05)	–.025† (–1.73)	–.014 (–1.20)
	일반신뢰		.001 (0.06)	–.005 (–0.35)	–.014 (–0.90)	–.028 (–1.60)	–.006 (–0.57)	–.015 (–1.13)	–.029† (–1.81)	–.009 (–0.97)	–.023† (–1.72)	–.014 (–1.13)
상수			.299*** (3.49)	.594*** (5.99)	.966*** (8.36)	1.240*** (11.26)	.296*** (4.25)	.667*** (7.70)	1.04*** (10.03)	.371*** (5.39)	.745*** (7.74)	.374*** ()4.90
지역			Yes									
N			6,997									

주) 괄호는 t–값; † <.10, * <.05, ** <.01, *** <.001; Bootstrap(1,000) S.E.

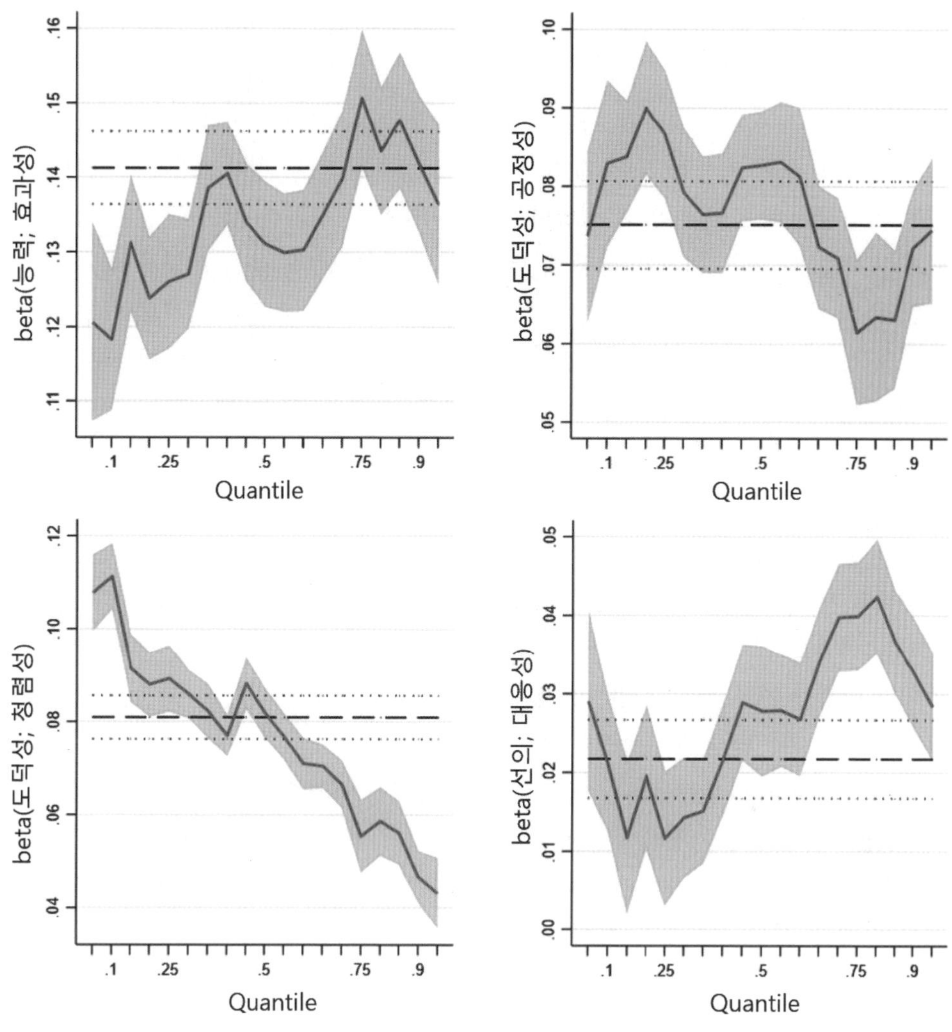

▣ 그림 1 OLS 회귀분석 및 분위 회귀분석 결과

V. 결론

본 연구는 퍼지셋 질적비교분석과 분위 회귀분석 방식을 사용하여 1) 정부신뢰와 정부불신이 발생하는 메커니즘이 상이한지, 2) 정부에 대한 현재 신뢰 수준에 따라 정부신뢰에 영향을 미치는 주요 영향요인이 상이한지 확인하였다. 구체적인 분석결과와 그에 따른 시사점을 요약하면 다음과 같다.

첫째, 퍼지셋 질적비교분석 결과, 여당지지 여부에 따라 정부에 대한 신뢰나 불신이 발생할 가능성에 상당한 차이가 있는 것으로 나타났다. 여당을 지지하는 국민은 정부에 대한 기능적 또는 윤리적 기대가 충족될 경우 정부신뢰가 발생할 수 있는 가능성이 다양하게 열려 있었던 반면, 여당을 지지하지 않는 국민은 정부신뢰가 발생할 수 있는 여지가 상당히 작은 것으로 나타났다. 특히 여당을 지지하는 국민 중 일부(e.g., 고학력*젊은층)는 정부의 능력이나 부패 수준과 상관없이 무조건 신뢰가 형성되는 경우도 있었던 반면, 여당을 지지하지 않는 국민의 대부분은 설령 정부의 능력이 우수하고 부패 수준이 낮을지라도 신뢰가 형성되기 어렵다는 흥미로운 결과가 도출되었다. 정부불신의 발생도 유사한 양상을 보였는데, 여당을 지지하지 않는 국민은 정부에 대한 기능적·윤리적 기대가 충족되지 않으면 정부불신이 발생할 가능성이 열려 있었던 반면, 여당을 지지하는 국민은 설령 정부가 무능하고 부패하더라도 정부에 대한 불신이 발생하지 않는 것으로 나타났다. 정부신뢰는 여당을 지지하지 않는 국민이라도 정부에 대한 기능적·윤리적 기대가 충족되면 발생할 가능성이 작게나마 존재했던 반면, 정부불신의 경우 여당을 지지하는 국민에게서는 발생할 가능성이 없는 것으로 나타났다는 점에서, 여당지지 여부는 정부신뢰보다 정부불신의 발생에 더욱 결정적인 조건으로 작동함을 보여준다. 여당지지 여부에 따라 정부에 대한 신뢰와 불신의 발생 가능성 자체가 크게 달라짐을 확인한 본 연구결과는 오늘날 한국 사회가 직면한 편 가르기 갈등의 심각한 교착 상태를 잘 보여주는 결과이며, 어느 진영이 집권하든 간에 상대편으로부터 신뢰를 확보하기 매우 어려운 상황임을 시사한다.

정부신뢰와 정부불신이 발생하는 메커니즘이 상이하다는 점 또한 퍼지셋 질적비교분석을 통해 확인된 중요 결과이다. 정부에 대한 신뢰와 불신을 발생시키는 구체적인 조건 및 각 조건의 상대적 중요성이 상당히 다른 것으로 나타났다. 정부불신을 발생시키는 핵심 조건에는 정부의 무능과 부패 중 부패만 포함되었고, 이는 정부의 기능적 측면보다는 윤리적 측면에 대한 실망이 정부불신의 발생에 특히 중요한 조건으로 작동함을 시사한다. 한편, 정부신뢰를 발생시키는 핵심 조건에는 정부의 능력과 청렴 모두 포함되었으나 여당을 지지하지 않는 국민의 경우 정부의 부패 수준이 낮은 경우에만 정부신뢰가 발생할 수 있었다는 점에서 이들의 정부신뢰를 발생시키기 위해서는 정부의 윤리적 측면에 대한 기대가 반드시 충족되어야 함을 시사한다.

마지막으로 퍼지셋 질적비교분석을 통해 정부신뢰와 정부불신이 발생할 가능성이 특히 어떤 특성을 지닌 국민에게서 크게 나타나는지 확인한 결과, 여당을 지지하지 않는 국민 중에서도 교육수준이 낮은 고령층(저소득*저학력*고령, 고소득*저학력*고령)과 소득이 낮고 교육수준은 높은 저령층(저소득*고학력*저령)의 경우 정부가 무능하고 부패하면 정부불신이 발생하는 것으로 나타났다. 눈여겨볼 만한 점은 이들 중 소득과 교육수준이 낮은 고령층(저소득*저학력*고령)과 소득이 낮고 교육 수준은 높은 저령층(저소득*고학력*저령)의 경우 여당을 지지하지 않더라도 정부가 유능하고 부패하지 않은 모습을 보이면 정부신뢰가 발생했다는 점이다. 즉, 이들은 정부가 보여주는 능력과 부패 수준에 따라 정부에 대한 불신과 신뢰가 발생할 가능성이 동시에 열려 있다는 점에서 한국 정부가 국민의 불신을 극복하고 신뢰받는 정부로 거듭날 수 있을 것인지 결정짓는 일종의 캐스팅 보트로 작용하리라 생각된다.

둘째, 분위 회귀분석 결과, 현재 정부에 대한 신뢰 수준이 어느 정도인지에 따라 정부의 능력, 도덕성, 선의가 정부신뢰에 미치는 영향의 강도가 달라지는 것으로 나타났다. 정부의 능력이 정부신뢰를 제고하는 효과는 정부신뢰 수준이 높은 국민에게서 더욱 크게 나타난 반면, 정부의 도덕성이 정부신뢰를 제고하는 효과는 청렴성의 경우에는 정부신뢰 수준이 낮은 국민에게서 그 효과가 더욱 크게 나타났으나 공정성이 정부신뢰를 제고하는 효과는 정부신뢰 수준에 따라 유의한 차이를 보이지 않았다. 마지막으로 정부의 선의는 정부신뢰 수준이 중간 이상인 국민에 한하여 정부신뢰를 제고하는 효과가 유의한 것으로 나타났다. 이는 정부를 신뢰하는 국민의 정부신뢰 수준을 더욱 높이기 위해서는 정부의 기능적 측면에 대한 기대를 충족시키는 것이 더욱 중요한 반면, 정부를 신뢰하지 않는 국민의 정부신뢰를 회복하기 위해서는 정부의 윤리적 측면에 대한 기대를 충족시키는 것이 더욱 중요함을 시사한다.

이렇듯 정부신뢰와 정부불신이 발생하는 메커니즘이 상이하고 이 과정에서 여당을 지지하는지 여부 및 정부에 대한 현재 신뢰 수준에 따라 핵심 영향요인이 달라진다면, 정부불신을 극복하기 위한 노력과 정부신뢰를 제고하기 위한 노력을 동시에 기울이되 국민의 특성에 따른 차이를 고려한 차별화 전략이 필요할 것이다.

이미 정부에 대한 신뢰 수준이 낮은 국민 또는 여당 비지지자로서 정부신뢰가 낮아질 가능성이 큰 국민에게는 정부에 대한 윤리적 기대를 충족시켜 주는 것, 특히 부패를 저지르지 않는 청렴한 모습을 보여주는 것이 정부신뢰를 제고하는데 효과적이며 필수적이다. 이를 위해 고위공직자 부정부패에 대한 엄단 및 실효성 있는 재발 방지대책 마련(e.g., 공직비리 원스트라이크아웃제 도입, 고위공직자범죄수사처 신설), 철저한 공무원 윤리실태 점검, 권력 기관의 민주적 개혁 등 지속적인 반부패 개혁을 추진할 필요가 있다(한국개발연구원, 2018). 한편, 정부에 대한 신뢰 수준이 높은 국민 또는 여당 지지자로서 정부신뢰가 높아질 가능성이 큰 국민의 경우 정부에 대한 기능적 기대를 충족시켜 주는 것 또한 신뢰 제고를 위해 중요하다. 특히 최근 정부가 추진하는 중점정책(e.g., 부동산 정책, 일자리 정책)의 연이은 실패로 정부 능력에 대한 국민의 실망이 높아지고 있음을 고려할 때, 정부는 국민의 수요를 파악하여 적확하고 시의성 있는 정책을 개발·전달할 수 있는 전문성을 배양해야 할 것이다. 마지막으로, 국민의 기대에 부응하기 위한 정부의 노력도 중요하지만, 국민도 이러한 정부의 노력과 그 성과를 편견 없이 평가하여 정부에 대한 자신의 신뢰 또는 불신을 변화시킬 용의가 있어야 한다. 본 연구에서처럼 국민이 정부가 보여주는 능력이나 부패 수준과 상관없이 여당을 지지하지 않는다고 해서 무조건 정부를 불신한다면 정부가 어떤 노력을 기울이더라도 신뢰받는 정부를 구현하기 어려워진다. 아울러 여당을 지지한다고 해서 정부에 조건 없는 맹목적 신뢰를 보이는 것 역시 조건 없는 불신만큼이나 국정운영에 바람직하지 않으며 정부에 대한 건전한 신뢰라고 보기는 어려울 것이다.

본 연구는 오늘날 한국 정부에 대한 국민의 불신이 해소되지 못하고 있는 이유가 무엇이며, 국민의 불신을 극복하고 신뢰받는 정부로 거듭나기 위해 정부가 어떤 노력을 기울여야 하는지 실마리를 제공한다는 점에서 연구의의를 지닌다. 무엇보다 정부신뢰와 정부불신의 비대칭성, 요인 간 결합 양상에 따른 차이, 현재 정부신뢰 수준에 따른 차이를 분석에 고려하여 국민의 정부신뢰가 변동하는 메커니즘을 좀 더 정교하게 포착하였다는 점, 그리고 이를 통해 구체적이고 실효성 있는 맞춤형 정부신뢰 제고방안을 마련하는데 유용한 기초자료를 제공하였다는 점에서 그 실천적 의의가 인정될 수 있다. 아울러 정부신뢰와 정부불신의 비대칭성에 대한 이론적 논쟁은 꾸준히 제기되어 왔으나 이에 대한 실증 연구는 거의 부재한 상황이었는바, 본 연구는 정부에 대한 신뢰와 불신이 단일 차원의 연속선 상에 있는 개념이 아니라 서로 밀접하게 관련되지만 구분되는 메커니즘을 지닌 별개의 개념일 수 있다는 이론적 주장을 뒷받침하는 경험적 근거를 제공한다는 점에서 이론적 의의를 지닌다.

다만 본 연구의 결과를 해석함에 있어서 다음과 같은 한계에 유념할 필요가 있다. 우선, 횡단 연구라는 점에서 인과성 추정에 한계가 있고 정부신뢰의 동태적 특성을 반영하지 못하였다. 추후 연구에서는 패널 자료를 사용하여 내생성 문제를 완화하고 정부신뢰가 시간의 흐름에 따라 어떻게 변화하는지(within-variation) 포착할 수 있는 모형을 설계하는 것이 바람직할 것이다. 아울러 단일한 인식조사 자료를 사용하였다는 점에서 방법 분산(method variance)에 의해 변수들 간의 관계가 과다 추정되었을 가능성(i.e., 동일방법편의)이 존재한다. 따라서 추후 연구에서는 정부의 능력, 도덕성, 선의를 측정할 수 있는 경성 지표를 발굴하여 자기응답식 설문에 대한 의존을 낮추고 추정 편의를 축소하기 위한 노력이 요구된다. 마지막으로 본 연구는 2차 자료상의 한계로 정부신뢰에 영향을 미치는 정부의 다양한 특성을 모형에 충분히 반영하지 못하였다. 추후 연구에서는 본 연구에서 다룬 효과성(능력), 청렴성과 공정성(도덕성), 대응성(선의) 외에 다양한 요인을 포괄하여 좀 더 종합적인 모형을 추정하는 것이 바람직하리라 생각된다.

참 고 문 헌

ග

Andrews, R., Beynon, M. J., & McDermott, A. M. (2016). Organizational capability in the public sector: A configurational approach. Journal of Public Administration Research and Theory, 26(2), 239-258.

Bagozzi, R. P., & Yi, Y. (1991). Multitrait-multimethod matrices in consumer research. Journal of consumer research, 17(4): 426-439.

Barber, B. (1983). The logic and limits of trust.

Bouckaert, G., & Van de Walle, S. (2001, September). Government performance and trust in government. In Paper for the Permanent Study Group of Productivity and Quality in the Public Sector at the EGPA Annual Conference, Vaasa, Finland, September (pp. 5-8).

Brehm, J., & Rahn, W. (1997). Individual-level evidence for the causes and consequences of social capital. American journal of political science, 999-1023.

Butler Jr, J. K. (1991). Toward understanding and measuring conditions of trust: Evolution of a conditions of trust inventory. Journal of management, 17(3), 643-663.

Cho, J. (2006). The mechanism of trust and distrust formation and their relational outcomes. Journal of retailing, 82(1), 25-35.

Citrin, J., & Green, D. P. (1986). Presidential leadership and the resurgence of trust in government. British journal of political science, 16(04), 431-453.

Conchie, S. M., Taylor, P. J., & Charlton, A. (2011). Trust and distrust in safety leadership: mirror reflections?. Safety Science, 49(8-9), 1208-1214.

Dasgupta, P. (1988) 'Trust as a Commodity'. In Gambetta, D. (ed.) Trust Making and Breaking Cooperative Relations. Cambridge, MA: Blackwell, pp. 49–72.

Deutsch, M. (1962). Cooperation and trust: Some theoretical notes.

Easton, D. (1965). A systems analysis of political life. New York: University of Chicago.

Espinal, R., Hartlyn, J., & Kelly, J. M. (2006). Performance still matters: Explaining trust in government in the Dominican Republic. Comparative Political Studies, 39(2): 200-223.

Fiss, P. C. (2011). Building better causal theories: A fuzzy set approach to typologies in organization research. Academy of management journal, 54(2), 393-420.

Grimmelikhuijsen, S. (2012). Linking transparency, knowledge and citizen trust in government: An experiment. International Review of Administrative Sciences, 78(1), 50-73.

Hair, J. F., Black, W. C., Babin, B. J., Anderson, R. E., & Tatham, R. L. (2006). Multivariate data analysis (6th ed.). Prentice-Hall International, New Jersey.

Heatherington, M. J. (1998). "The political relevance of political trust," American Political Science Review, 791-808.

Hibbing, J. R., & Theiss-Morse, E. (1995). Congress as public enemy: Public attitudes toward American political institutions. Cambridge University Press.

Kim, P. H., Dirks, K. T., Cooper, C. D., & Ferrin, D. L. (2006). When more blame is better than less: The implications of internal vs. external attributions for the repair of trust after a competence-vs. integrity-based trust violation. Organizational behavior and human decision processes, 99(1), 49-65.

Kim, P. H., Ferrin, D. L., Cooper, C. D., & Dirks, K. T. (2004). Removing the shadow of suspicion: the effects of apology versus denial for repairing competence-versus integrity-based trust violations. Journal of applied psychology, 89(1), 104-118.

Kramer, R. M. (1996). Divergent realities and convergent disappointments in the hierarchic relation: Trust and the intuitive auditor at work. In R. M. Kramer & T.R. Tyler (Eds.), Trust in Organizations: Frontiers of Theory and Research (pp. 216－245). Thousand Oaks, CA: Sage.

La Porte, T. R., & Metlay, D. S. (1996). Hazards and institutional trustworthiness: Facing a deficit of trust. Public administration review, 341-347.

Lee, J., Lee, J. N., & Tan, B. C. (2015). Antecedents of cognitive trust and affective distrust and their mediating roles in building customer loyalty. Information Systems Frontiers, 17(1), 159-175.

Levi, M. (1998). "A State of Trust". Braithwaite, In V., & Levi, M. (Eds.). (2003). Trust and Governance. Russell Sage Foundation.

Lewicki, R. J., McAllister, D. J., & Bies, R. J. (1998). Trust and distrust: New relationships and realities. Academy of Management Review, 23, 438－458.

Lodge, M., & Taber, C. S. (2013). The Rationalizing Voter. Cambridge University Press.

Luhmann, N. (1968). Trust and power: Two Works by Niklas Lumann, Chichester: Willey.

Madon, S., Jussim, L., & Eccles, J. (1997). In search of the powerful self-fulfilling prophecy. Journal of personality and social psychology, 72(4), 791.

Martijn, C., Spears, R., Van der Pligt, J., & Jakobs, E. (1992). Negativity and positivity effects in person perception and inference: Ability versus morality. European Journal of Social Psychology, 22(5), 453-463.

Mayer, R. C., Davis, J. H., & Schoorman, F. D. (1995). An integrative model of organizational trust. Academy of management review, 20(3), 709-734.

McAllister, D.J. (1995), "Affect- and cognition-based trust as foundations for interpersonal cooperation in organizations", Academy of Management Journal, Vol. 38 No. 1, pp. 24-59.

Miller, A. H. (1974). "Political Issues and Trust in Government: 1964-1970", The American Political Science Review. 68(3): 951-972.

Mishra, A. K. (1996). Organizational responses to crisis: The centrality of trust. In R. M. Kramer & T. R. Tyler (Eds.), Trust in organizations: Frontiers of theory and research, 261-287. Thousand Oaks, CA: Sage.

Moody, G. D., Galletta, D. F., & Lowry, P. B. (2014). When trust and distrust collide online: The engenderment and role of consumer ambivalence in online consumer behavior. Electronic Commerce Research and Applications, 13(4), 266-282.

Newton, K. (1999). "Social and Political Trust in Established Democracies," In Norris, Pippa(ed.) Critical Citizens: Global Support for Democratic Government. Oxford, UK, Oxford University Press, 169-187.

Nunnally, J.C. (1978), Psychometric Theory, McGraw-Hill, New York, NY.

Nye, J. S., Zelikow, P., & King, D. C. (1997). Why people don't trust government. Harvard University Press.

OECD. (2017). Trust and public policy: How better governance can help rebuild public trust. OECD Public Governance Reviews, 2017.

OECD (2019), Government at a Glance 2019, OECD Publishing, Paris, https://doi.org/10.1787/8ccf5c38-en.

Offe, C. (1999). Demokratie und Vertrauen. Transit, (18), 118-131.

Ou, C. X., & Sia, C. L. (2009). To trust or to distrust, that is the question: investigating the trust-distrust paradox. Communications of the ACM, 52(5), 135-139.

Ragin, C. C. (2000). Fuzzy-set social science. University of Chicago Press.

Reeder, G. D., & Brewer, M. B. (1979). A schematic model of dispositional attribution in interpersonal perception. Psychological Review, 86(1): 61-79.

Redlawsk, D. P. (2002). Hot cognition or cool consideration? Testing the effects of motivated reasoning on political decision making. The Journal of Politics, 64(4):

1021-1044.
Rudolph, T. & J. Evans. (2005). “Political trust, ideology, and public support for government spending.” American Journal of Political Science, 49(3): 660-671.
Rudolph, T. (2009). “Political trust, ideology, and public support for tax cuts.” Public Opinion Quarterly, 73(1): 660-671.
Schneider, C.Q. & C. Wagemann. 2012. Set-Theoretic Methods for the Social Sciences: A Guide to Qualitative Comparative Analysis. New York: Cambridge University Press.
Sears, D. O., & Citrin, J. (1982). Tax Revolt. Boston: Harvard University Press.
Sirdeshmukh, D., Singh, J., & Sabol, B. (2002). Consumer trust, value, and loyalty in relational exchanges. Journal of marketing, 66(1), 15-37.
Sitkin, S. B., & Roth, N. L. (1993). Explaining the limited effectiveness of legalistic “remedies” for trust/distrust. Organization Science, 4, 367－392.
Stoke, D.(1962). Popular Evaluations of Government. In H. Cleveland & H. D. Lasswell(eds). Etihcs and Bigness. New York: Harper.
Wooldridge, J.M. (2013). Introductory econometrics: A modern approach (5thed.). Mason, OH: South-Western, Cengage Learning.
Yamagishi, T., Cook, K. S., & Watabe, M. (1998). Uncertainty, trust, and commitment formation in the United States and Japan. American Journal of Sociology, 104(1), 165-194.

강혜진·박은형. (2018). 전자정부 이용이 정부신뢰에 미치는 영향에 관한 연구: 매개효과 탐색을 중심으로. 한국행정논집, 30(2): 307-333.
경기개발연구원. (2010). 지방정부 신뢰도 측정 및 강화방안 : 경기도정을 중심으로.
고길곤. (2020). 분위회귀분석. 미출간 원고.
금현섭·백승주. (2010). 정치적 이념, 정부신뢰 그리고 정책지지. 행정논총, 48(4): 201-228.
김병섭·강혜진. (2015). 신뢰가 정부역할에 대한 국민태도에 미치는 영향에 관한 연구: 정권 교체 및 신뢰 대상에 따른 방향성 차이를 중심으로. 한국사회와 행정연구, 26(1): 115-137.
금현섭·백승주. (2015). 경제적 불평등과 정부신뢰: 불평등에 대한 태도를 중심으로. 행정논총 (Korean Journal of Public Administration), 53(1): 1-33.
김병규·이곤수. (2009). 정치경제적 관점에서 본 정부신뢰의 영향요인-이명박정부에 대한 국민인식을 중심으로. 한국행정논집, 21(3), 893-915.
김병섭·강혜진. (2015). “신뢰가 정부역할에 대한 국민태도에 미치는 영향에 관한 연구”.

한국사회와 행정연구, 26(1), 115-137.
김상돈. (2020). 사회경제적 지위가 일자리복지 정책지지와 정부신뢰에 미치는 영향. 공공사회연구, 10(1), 5-32.
김왕식. (2011). 정부신뢰에 미치는 영향요인에 관한 연구: 사회문화적 접근방법과 제도적 성과 접근방법의 검증. 사회과학연구, 27(2): 141-161.
김현구·이승종·최도림. (2009). 정부신뢰의 지표체계 개발 및 적용: 외부신뢰와 내부신뢰의 비교분석. 행정논총, 47(3), 1-24.
노진철. (2014). 불확실성 시대의 신뢰와 불신. 서울: 한울아카데미.
박순애. (2006). 정부에 대한 이해와 정부 신뢰의 관계. 한국행정학보, 40(2), 73-97.
박천오. (1999). 정부관료제에 대한 시민의 불신 원인과 처방에 관한 이론적 고찰, 행정논총. 37(2): 47-71.
박희봉·신중호·황윤원. (2013). 정부신뢰의 요인-정부정책인가? 정치태도인가?-. 한국정책학회보, 22(1), 465-492.
박희봉·이희창·조연상. (2003). 우리나라 정부신뢰 특성 및 영향 요인 분석. 한국행정학보, 37(3), 45-66.
박통희 (1999). 신뢰의 개념에 대한 비판적 검토와 재구성. 한국행정학보, 33(2): 1-17.
손호중. (2016). 지방정부 신뢰의 영향요인에 관한 연구. 한국지방자치연구, 17(4), 135-154.
손호중·채원호. (2005). 정부신뢰의 영향요인에 관한 연구: 부안군 원전수거물처리장 입지사례를 중심으로. 한국행정학보, 39(3), 87-113.
신상준·이숙종·김보미. (2018). 경제적· 정치적 정부성과에 대한 인식이 정부신뢰에 미치는 영향의 탐색: 아시아 5 개국 국민들의 인식 비교를 중심으로. 아세아연구, 61(3), 109-142.
오경민·박흥식. (2002). 정부신뢰 수준의 측정과 비교에 관한 연구. 한국정책학회보, 11(3), 113-137.
이영미. (2018). 사회정의에 대한 인식과 사회적 박탈감이 정부신뢰에 미치는 영향: 서울시민을 대상으로. 한국행정논집, 30(1), 195-218.
이지호·이현우. (2015). 정부신뢰의 한국적 의미와 측정: 반응성, 효율성 그리고 공정성. 한국정치연구, 24(3), 1-27.
이하영·이수영. (2017). 정부의 위험유형별 관리능력과 정부신뢰의 관계에 대한 연구-소득계층의 조절효과를 중심으로. 한국정책학회보, 26(3): 135-169.
이헌수. (1999). 국민의 행정 신뢰에 관한 영향요인 분석: 공무원에 대한 신뢰를 중심으로. 한국행정학보, 33(2), 37-56.
정광호·이달곤·하혜수. (2011). 지방정부 신뢰요인의 탐색. 한국행정학보, 45(4),

181-201.
최예나. (2018). 공공가치가 정부 신뢰에 미치는 영향 연구: 정보비대칭성의 조절효과를 중심으로. 지방정부연구, 22(2), 1-21.
한국개발연구원. (2018). 국민중심 정부혁신을 통한 정부신뢰도 제고방안 연구.
행정안전부. (2020). 2020 정부혁신 종합 추진계획: 국민이 체감하는 확실한 변화.
황창호·김영주·문명재. (2015). 행정가치에 대한 국민인식이 정부신뢰에 미치는 영향. 한국행정학보, 49(4): 123-150.
황창호·김태형·문명재. (2017). 정책홍보· 정책수단· 정책산출 그리고 정부역량이 정부신뢰에 미치는 영향: 국민인식조사를 중심으로. 정부학연구, 23(1), 223-254.

부록 1 신뢰에 대한 논리적 지형의 진리표

CAP	CRT	EDU	AGE	ECO	RPTY	Dis-trust	Raw con-sistency	# of cases
0	1	0	1	0	0	1	0.920	13
0	1	1	0	0	0	1	0.916	16
0	1	0	1	1	0	1	0.902	36
0	0	0	1	0	0	0	0.895	12
0	0	1	0	0	0	0	0.893	12
1	0	1	0	0	0	0	0.873	10
1	0	0	1	0	0	0	0.871	13
0	0	0	1	1	0	0	0.864	26
1	0	0	1	1	0	0	0.843	30
0	1	0	1	1	1	0	0.744	33
0	0	0	1	0	1	0	0.723	10
1	1	1	1	0	1	0	0.717	13
0	1	1	0	1	1	0	0.703	17
0	0	0	1	1	1	0	0.692	29
0	1	1	0	0	1	0	0.687	22
1	0	1	1	1	1	0	0.680	10
0	0	0	0	0	1	0	0.676	13
1	0	0	1	0	1	0	0.674	26
1	0	1	1	0	1	0	0.661	21
1	1	1	0	1	1	0	0.660	10
0	0	1	0	1	1	0	0.657	13
1	1	1	0	0	1	0	0.656	29
0	0	1	0	0	1	0	0.643	24
1	0	0	1	1	1	0	0.643	37
1	0	0	0	0	1	0	0.626	25
1	0	0	0	1	1	0	0.622	25
1	0	1	0	0	1	0	0.581	72
1	0	1	0	1	1	0	0.575	47

부록 2 확인적 요인분석 및 신뢰도 분석결과

변수	측정	비표준화 적재량	표준화 적재량	S.E.	p	Cronbach's α
정부 신뢰	중앙행정기관(중앙부처)에 대한 신뢰도	1.000	.682	.008	.000	.784
	광역지방자치단체장(특별시, 광역시, 도)에 대한 신뢰도	.953	.664	.009	.000	
	검찰에 대한 신뢰도	.921	.572	.010	.000	
	경찰에 대한 신뢰도	1.054	.693	.008	.000	
	군에 대한 신뢰도	.966	.639	.009	.000	
효과성	지난 1년간 외교·통일·안보 분야 정책 성공 정도	1.000	.644	.008	.000	.881
	지난 1년간 교육 분야 정책 성공 정도	.899	.625	.008	.000	
	지난 1년간 보건의료 분야 정책 성공 정도	.740	.537	.009	.000	
	지난 1년간 복지 분야 정책 성공 정도	.709	.504	.010	.000	
	지난 1년간 환경 분야 정책 성공 정도	.886	.613	.008	.000	
	지난 1년간 부동산 분야 정책 성공 정도	.998	.623	.008	.000	
	지난 1년간 문화예술 분야 정책 성공 정도	.727	.533	.009	.000	
	지난 1년간 고용노동 분야 정책 성공 정도	.984	.665	.008	.000	
	지난 1년간 경제 분야 정책 성공 정도	.985	.653	.008	.000	
	지난 1년간 저출산대응 분야 정책 성공 정도	.924	.568	.009	.000	
	지난 1년간 안전재난관리 분야 정책 성공 정도	.839	.603	.008	.000	
	지난 1년간 산업 및 공정거래 분야 정책 성공 정도	.830	.604	.008	.000	
	지난 1년간 에너지 정책 분야 정책 성공 정도	.871	.641	.008	.000	
청렴성	민원인이 신속한 행정처리를 위해 공무원에게 부적절한 금품을 건넬 경우, 공무원이 이를 수수할 가능성 (역코딩)	1.000	.815	.020	.000	.813
	기업이 부정청탁을 하면서 고위 관료에게 은퇴 후 취업을 제안할 경우, 고위 관료가 제안을 수락할 가능성 (역코딩)	1.013	.839	.020	.000	

χ^2 = 2248.00(df=166, p<.001), RMSEA=.042(90% CI, .041~.044), SRMR=.035, CFI=.952, TLI=.945

필자 소개

요네즈 토쿠야(米津篤八) 한국어 번역가, 히토쓰비시대학 대학원 사회학연구과 박사과정

오카미 히로시(岡見浩史) 게이오대학교 사무직원

이경은 한국지방행정연구원 부연구위원

홍윤표 수원대학교 행정학과 객원교수

박미희 사회복지공동모금회 나눔문화연구소 연구위원

홍백의 서울대학교 사회복지학과 교수

송은호 서울대학교 물리천문학부 물리학전공 박사과정

이가현 북경대학교 국제관계학과 석사과정

원숙연 이화여자대학교 행정학과 교수

강태영 언더스코어 대표

박천우 변호사

오현정 변호사

노현종 서울대학교 아시아연구소 방문학자

강민식 육군3사관학교 조교수

김광수 한국형사 · 법무정책연구원 연구원

이하영 서울대학교 행정대학원 국가리더십연구센터 연구원

강혜진 경남대학교 행정학과 조교수

학봉상 수상논문집 1 (2015~2020)

초판발행 2022년 2월 10일

편저자 서울대학교 법학전문대학원
펴낸이 안종만·안상준

편 집 한두희
기획/마케팅 조성호
표지디자인 BEN STORY
제 작 고철민·조영환

펴낸곳 (주) 박영사
서울특별시 금천구 가산디지털2로 53, 210호(가산동, 한라시그마밸리)
등록 1959. 3. 11. 제300-1959-1호(倫)
전 화 02)733-6771
f a x 02)736-4818
e-mail pys@pybook.co.kr
homepage www.pybook.co.kr
ISBN 979-11-303-4036-4 93360

정 가 39,000원